KB242071

워킹 푸어,
빈곤의 경계에서 말하다
Working Poor

THE WORKING POOR : Invisible in America
by David K. Shipler

Copyright © 2004, 2005 by David K. Shipler

All rights reserved.
This Korean edition was published by Humanitas in 2009 by arrangement with Alfred A. Knopf, a division
of Random House, Inc., New York through KCC(Korea Copyright Center Inc.), Seoul.

이 책은 (주)한국저작권센터(KCC)를 통한 저작권자와의 독점계약으로 도서출판 후마니타스에서 출간되었습니다.
저작권법에 의해 한국 내에서 보호를 받는 저작물이므로 무단전재와 복제를 금합니다.

워킹 푸어, 빈곤의 경계에서 말하다

1판 1쇄 펴냄 2009년 10월 12일
1판 5쇄 펴냄 2013년 11월 18일

지은이 | 데이비드 K. 쉬플러
옮긴이 | 나일등

펴낸이 | 박상훈
주간 | 정민용
편집장 | 안중철
책임편집 | 이진실
편집 | 윤상훈, 최미정, 장윤미(영업)
업무 지원 | 김재선

펴낸 곳 | 후마니타스(주)
등록 | 2002년 2월 19일 제300-2003-108호
주소 | 서울 마포구 합정동 413-7번지 1층(121-883)
편집 | 02-739-9929, 9930 제작·영업 | 02-722-9960 팩스 | 02-733-9910
홈페이지 | www.humanitasbook.co.kr

인쇄 | 천일 031-955-8083   제본 | 일진제책 031-908-1407

값 19,000원

© 데이비드 K. 쉬플러, 2009
ISBN 978-89-90106-98-8 03300

이 도서의 국립중앙도서관 출판시도서목록(CIP)은 e-CIP 홈페이지(http://www.nl.go.kr/ecip)에서 이
용하실 수 있습니다.(CIP제어번호: CIP2009002998)

워킹 푸어,
빈곤의 경계에서 말하다

데이비드 K. 쉬플러 지음   나일등 옮김

후마니타스

데비에게

일러두기

1. 한글 전용을 원칙으로 했다. 고유명사의 우리말 표기는 국립국어원의 외래어 표기법을 따랐다. 그러나 관행적으로 굳어진 표기는 그대로 사용했으며, 저자가 인터뷰한 인물들, 미국의 기업 명칭, 상표명 등은 가독성을 고려해 원어를 따로 병기하지 않았다.

2. 본문에서 대괄호([ ])와 각주는 모두 옮긴이의 첨언이다.

3. 단행본, 정기간행물에는 겹낫쇠(『 』)를, 논문이나 논설 등에는 큰 따옴표(" ")를, 영화를 비롯한 예술 작품에는 홑꺾쇠(〈 〉)를 사용했다.

내가 이 책에서 다루고 있는 사람들은 대부분 분노할 여유조차 없는 사람들이다. 하루하루 힘겹게 반복되는 일상과 싸우느라 지쳐 있는 사람들. 받고 있는 임금만으로는 도저히 가난으로부터 벗어날 수 없는 사람들. 그래서 현재의 삶이 미래를 위한 삶이 되지 못하고 가난의 덫을 더욱 강화시키고 마는 사람들. 우리는 그런 사람들을 가리켜 "워킹 푸어"working poor [*]라고 말한다. 하지만 이는 매우 모순적인 말이다. 왜냐하면 미국은 열심히 일하는 사람이 가난해져서는 안 되는 나라이기 때문이다.

1997년, 미국이 최고의 번영을 누리고 있을 당시, 나는 그 번영 너머에 있는 노동자들을 찾아다니기 시작했다. 나는 워싱턴의 흑인 거주구, 뉴햄프셔의 백인 마을, 클리블랜드와 시카고의 공장 및 직업훈련소, 애크런과 로스앤젤레스의 공영주택단지, 보스턴과 볼티모어의 영양실조 클리닉, 캘리포니아의 노동 착취 공장,[**] 노스캐롤라이나의 농장 등지에서 그들을 만났다.

[*] 문맥에 따라 '근로 빈곤'을 함께 사용했다.

[**] 노동 착취 공장sweatshop
열악한 노동조건과 매우 낮은 임금으로 노동자를 고용해 운영하는 공장이나 상점.

나의 목적은 단순했다. 그 사람들의 생활을 허락하는 한에서 철저히 조사해 그들을 빈곤으로 내모는 원인과 결과의 헝클어진 실타래를 풀어내는 것이 그것이었다. 한두 번의 만남으로 끝나는 경우도 있었으나 대부분은 5~6년간 지속적으로 참여 관찰을 실시했다. 나는 그들과 함께 호황과 불황을 경험했다. 그리고 그들이 승진과 파산, 결혼과 이혼, 자녀의 탄생과 가족의 죽음을 경험하는 것을 곁에서 지켜보았다.

국가 경제의 부침은 그들에게 그다지 큰 영향을 미치지 않았다. 호경기 때나 불경기 때나 그들은 언제나 고통스러웠다. 심각한 우울증으로 무력감, 패배감, 자포자기에 빠지는 이들도 있었다. 칼 샌드버그Carl Sandburg의 말을 빌리자면, "희망에 지쳐, 꿈도 사라진" 이들이었다. 반대로 꿈과 결단력을 잃지 않고 자신의 능력에 대한 신뢰감과 의욕에 가득 차 있는 이들도 있었다. 그들은 현재 자신이 처한 상황에 대해 좀처럼 화를 내는 일이 없었지만, 한번 화를 내기 시작하면 그 대상을 잘못 짚어 아내나 아이들, 동료에게 분노를 표출했다. 또 직장이나 정부, 국가, 부유층을 합당하게 비난할 수 있는 경우에도 그렇게 하지 않았고, 자기 자신을 탓했다. 그리고 이런 처세가 때로는 결과적으로 이득이 되는 경우도 있었다.

같은 사람을 몇 년에 걸쳐 수십 번 이상 만나다 보면 자연스럽게 그 사람이 좋아지게 된다. 그러므로 나는 당연히 그들 편이다. 그러나 나는 가능한 한 이데올로기적 렌즈를 배제한 채 객관적이고 투명한 눈으로 그들을 바라보려 노력했다. 이 책이 그리고 있는 빈곤의 모습은 완고한 보수 진영에게도, 정열적인 진보 진영에게도 곤혹스러운 것이 될 것이고, 적어도 나는 그렇게 되었으면 하고 바라고 있다. 왜냐하면 내가 발견한 현실이란 보수나 진보 어느 쪽의 정치적 의제와도 일치하지 않는 것이었기 때문이다. 나는 두 입장의 양극에 있는, 오랫동안 당연시되어 온 전제들에 도전해 그것을 무너뜨리고 싶다.

이 책에서 다루고 있는 주제는 미국인이 스스로에 관해 믿고 있는 것의 심장부를 건드린다는 점에서 매우 민감한 주제라고 할 수 있다. 따라서 많은 미국인 독자들은 이 책을 끝까지 읽어 나가는 데 어려움을 느낄지도 모른다. 나는 이런 독자들이 보다 넓은 시야와 통찰력을 가지고 책에서 묘사된 사람들이 경험하고 있는 모순된 삶을 이해해 주길 매우 간절히 바라고 있다. 우리가 이 문제에 맞서기 위해서는 정치적 이해관계를 넘어설 필요가 있다.

이 책에 등장하는 사례 대부분은 연방 정부의 공식적인 빈곤선을 기준으로 약간 낮거나 약간 높은 수준의 생활을 하고 있는 가족들의 이야기이다. 빈곤을 다루면서 이런 사람들을 연구한다는 것이 조금 이상하게 보일 수도 있을 것이다. 하지만 그들은 안이하게 만들어진 빈곤 정의定義의 경계선에서 살고 있는 사람들이며, 바로 그런 사실이 그들을 의미 있는 존재로 만들어 준다. 그들을 통해 우리는 빈곤에서 탈출하려고 할 때 맞닥뜨리게 되는 장애물이 무엇인가를 똑똑히 볼 수 있기 때문이다. 빈곤의 경계선에서 우리는 빈곤의 심연을 명확하게 볼 수 있게 된다.

'빈곤'이라는 용어의 정의에는 만족스럽지 못한 부분이 있다. 빈곤은 단순히 정부가 정한 연소득 금액에 의해 선을 그어 구분할 수 있는 그런 것이 아니다. 실생활에서 빈곤은 일련의 구획이 없는 영역이며, 사회가 통상적으로 인식하고 있는 것보다 더 광범위한 궁핍 상태를 의미한다. 실제로는 공적으로 '가난하다'고 인정된 사람들보다 더 많은 수의 사람들이 빈곤과 관련된 문제를 겪고 있다. 따라서 나는 '가난하다'라는 말을 통계학자들이 사용하는 것처럼 사용하지는 않을 것이다. 나는 '가난하다'라는 말을 정확하게 정의 내리지 않은 채, 가난이 수반하는 모든 문제와 더불어 경제적으로 최하층의 수준에 있음을 의미하는 말로 사용할 것이다.

워킹 푸어에 관해 논의하기 위해서는 그들의 고용주에 관해 논의할 필요가 있다. 따라서 이 책에는 고용주들 — 값싼 노동력을 통해 이익을 얻고 있는 고용주들과 스스로 경영하고 있는 사업체를 유지하기 위해 필사적으로 노력하고 있는 기업

가나 경영자들—도 등장한다. 그리고 또한 상황을 바꾸기 위해 노력하고 있는 교사나 의사 등 전문가들도 등장할 것이다.

나는 인구 통계학적인 차원에서 대표적 사례를 묘사할 생각은 없다. 그러나 마치 미국의 실제 상황을 대변하기라도 하듯, 이 책에서 다루고 있는 워킹 푸어는 대부분이 여성이다. 그들은 결혼하지 않은 자녀들과 함께 살고 있으며, 낮은 수입과 양육에 필요한 많은 것들 때문에 괴로워하고 있다. 이 책에 등장하는 사람들은 대부분 미국 시민이지만, 합법적으로든 불법적으로든 이민자의 노동이 미국의 성장과 안녕을 위해 필수 불가결한 것이라면 그들도 논의의 무대에 등장할 권리가 있다. 이 책을 읽는 독자들은 그들의 이야기도 접할 수 있을 것이다.

이 책에 등장하는 사람들의 인종은 백인, 흑인, 아시아계, 히스패닉이다. 미국의 빈곤에는 민족적·인종적 경계가 없다. 많은 아프리카계 미국인은 인종차별과 고정관념으로 인해 고통받고 있으며, 열악한 공립학교 안에서, 그리고 황폐한 마을 안에서 그들만의 특수한 벽에 부딪히고 있다. 이는 특히 그들이 육체노동자의 지위에서 벗어나 관리직에 상당하는 지위로 나아가고자 할 때 더욱 두드러진다. 노예제의 유물은 아직까지도 완전히 사라지지 않은 채 남아 있으며, 전체 저소득층 가운데 흑인이 차지하는 비율이 이상할 정도로 높은 이유 중 하나도 인종적 편견에 관한 미국의 기나긴 역사에서 찾을 수 있을 것이다.

빈곤은 모든 인종을 괴롭히는 보편적인 고난을 의미한다. 노동 세계의 저변에 있는 백인 역시 흑인이 참고 견디고 있는 장애의 전부는 아닐지라도 흑인들이 겪고 있는 것과 비슷한 종류의 장애를 겪고 있다. 따라서 나는 이전 저작『이방인들의 나라』*A Country of Strangers*에서 흑인과 백인의 장벽에 관해 썼던 것과는 달리, 이번에는 인종의 경계선을 넘어서 보다 넓게 공유되고 있는 빈곤의 동태에 초점을 맞추었다.

이 책에 가공의 등장인물은 없다. 나는 그런 조작을 일체 하지 않았다. 등장인물은 모두 실재하는 사람들이다. 이름을 밝히지 말라고 부탁받은 경우에는 성을 뺀 이름만을 언급하거나 가명을 사용하거나 임의로 선택한 이니셜을 사용했다.

이름을 밝힌 사람들 중에는 내가 감사해야 할 사람들이 많다. 나의 아내 데비는 교사와 사회복지사로서의 능력을 발휘해 교육과 육아라는 복잡한 문제에 관해 내가 눈뜰 수 있게 해주었고, 솜씨 좋게 원고를 다듬어 주었다. 그녀는 내가 집에 가지고 들어오는 방대한 이야기들을 더 잘 이해할 수 있도록 도와주어 보다 풍부한 작업을 가능하게 해주었고 언제나 내가 관찰한 것을 생각하고 또 생각하도록 자극해 주었다. 나의 두 아이, 로라와 마이클은 능숙한 필자인 동시에 날카로운 관찰자로서 나에게 많은 제안을 해주었고, 덕분에 원고는 많은 부분에서 좋아질 수 있었다. 이들의 도움으로 보다 좋은 책을 만들 수 있었다. 나의 맏형인 조너선은 원고를 세련되게 교열해 주었고 유익한 의견을 들려주었다.

많은 사람들이 많은 시간을 할애해 나를 도와주었다. 본문에서 미처 언급하지 못했거나 충분히 감사를 표시하지 못한 사람들은 다음과 같다. 빈곤 운동가들을 소개해 주고 원고의 많은 부분에 관해 조언을 해준 나의 친구이자 뉴햄프셔 주, 전前 주의회 의원인 데이빗 앨리슨. 뉴잉글랜드 지방의 가난한 사람들을 돕고 있는 레베카 젠테스, 낸시 제토, 밥 올콧. 로스앤젤레스에서 한국계 노동자와 중남미계 노동자를 원조하는 유력 난제의 대표인 로이 홍, 빅터 내로. 기업 경영에 관해 무지한 나를 일깨워 준 패션 디자이너 겸 제조업자인 나의 사촌 마리아 보이체코프스키. 로스앤젤레스 잡스 플러스Jobs Plus[고용 촉진 단체]의 모니크 데이비스, 루어데스 카스트로, 리처드 케인스. 워싱턴의 퍼스트 록 침례교회의 리처드 코빈 목사. SOME 고용훈련센터 소장 제임스 백워드. 미국의 수도 워싱턴이 안고 있는 빈곤에 관해 날카로운 통찰을 제공해 준 루퍼스 펠더와 브렌다

힉스. 원고에 대해 논평해 주고 보스턴 메디컬 센터의 진료소와 연구원들을 소개해 준 젊고 유능하고 헌신적인 소아과 의사 조슈아 샤프스타인. 보스턴 메디컬 센터 의사인 데버러 프랭크, 배리 주커만. 볼티모어의 '성장 및 영양 클리닉'Growth and Nutrition Clinic 대표 모린 M. 블랙. 델라웨어 대학의 그웬 B. 브라운. 애크런 YWCA의 데이 케어 센터 대표 낸시 라이스. 클리블랜드 고용훈련센터 소장 메리 라포테. 캔자스시티 지역 투자 위원회의 브렌트 숀델메이어. 애크런과 워싱턴 D.C.에서 각각 학교장을 맡고 있는 통찰력이 넘치는 앤소니 마라노, 시어도어 힌튼. 로스앤젤레스에서 내가 한국인과 인터뷰할 때 통역을 도와 준 줄리아 송이 그들이다.

나의 에이전트인 에스더 뉴버그는 이 기획의 시작 단계부터 나를 열심히 응원해 주었다. 또 편집자 조너선 시걸은 원고를 열정적으로 환영해 주면서 값진 조언을 해주었다. 이 두 사람 모두에게 매우 감사하다.

만약 이 책이 단편소설 모음집이라고 한다면 독자들은 등장인물들과 함께 줄거리를 따라가며 가족의 비극과 영웅적 무용담 같은 이야기를 읽어 나가게 될 것이다. 그러나 이 책에는 클라이맥스도 없고 이야기의 막장도 없다. 인생에는 결코 막장이나 클라이맥스가 존재하지 않으며 많은 문제들은 해결되지 않은 채 그렇게 계속되는 것이기 때문이다.

D. K. S.

2003년 7월

빈곤의 경계에서

꿈꾸는 데 지쳐, 꿈도 사라진

_ 칼 샌드버그

세차장에서 일하는 그 남자에게는 정작 자기 차가 없었다. 은행에서 지급 완료된 수표를 정리하는 일을 하는 그녀에게 통장에 남은 돈이라고는 고작 2달러 2센트뿐이었다. 의학 교과서 원고를 교열해 주고 시급을 받는 한 여성은 10년 동안 치과에 가지 못하고 있었다.

이것이 우리가 보지 못하고 있는 미국의 모습이다. 미국 사회의 밑바닥에는 번영의 그림자 아래서 보이지 않는 존재로 살며, 풍요와 빈곤 사이의 어스름 속을 걷고 있는 많은 사람들이 존재한다. 부자이건 가난하건 중산층이건 상관없이 당신은 매일 그들을 만나고 있다. 그들은 패스트푸드점에서 당신에게 빅맥을 내어 주고, 월마트에서 당신이 물건 찾는 것을 도와준다. 그들은 당신의 먹거리를 수확하고, 당신의 사무실을 청소하고 당신의 옷을 재봉한다. 캘리포니아의 공장에서는 당신 아이의 자전거에 달릴 헤드라이트를 포장하고 있고, 뉴햄프셔의 공장에서는 당신 집의 리모델링에 사용할 벽지 샘플을 만들고 있다.

그들이 겪고 있는 빈곤은 눈에 보이지 않는다. 개중에는 생활보호, 마약중독, 무주택 상태에서 벗어나는 과정에 있는 이들도 있지만 대부분은 저임금 노동의 덫에 걸려 허우적거리며 살고 있다. 그들의 아이들 중에는 영양실조에 빠져 있는 경우도 있다. 성적 학대를 받은 아이도 있다. 다 쓰러져 가는 집에 사는 아이도 있고, 그 때문에 천식에 걸려 며칠 동안 학교를 쉴 수밖에 없는 아이도 있다. 학교에 나가더라도 안경이 없어 칠판에 적힌 글씨를 알아보지 못하는 아이도 있다.

이 책은 그들과 그들의 가족, 그들의 꿈, 그들의 개인적 실패, 나아가 그들의 나라 미국이 안고 있는 보다 큰 실패에 관한 이야기이다. 미국이 미증유의 풍요를 구가하는 동안, 저임금 노동자들은 '근면이 빈곤을 해결한다'는 미국적 교리에 지속적으로 의문을 제기해 왔다. 근면이 실제로 좋은 결과를 낳는 경우도 있었다. 반면 근면이 결코 좋은 결과를 낳지 못한다는 사실을 배운 이들도 있다. 그리고 여전히 많은 사람들이 저임금에 고되고 험한 일을 전전하며 극빈 상태와 진배없는, 공식적 빈곤선의 경계 바로 위를 아슬아슬하게 걷고 있다. 유복한 가정에서는 일종의 불편함밖에 되지 않는 것 ─ 사소한 자동차 고장, 단기간의 질병, 육아에 따른 애로 사항 ─ 이 그들에게는 일생일대의 위기로 다가온다. 그것이 그들의 취업 상태를 직접적으로 위협하기 때문이다. 그들은 수입의 전부를 지출하기 때문에 저축으로 돌릴 여유 자금 같은 것은 없다. 그들에게 날아오는 청구서에는 언제나 '독촉'이라는 문구가 들어가 있다. 그들의 은행 잔고는 매우 적든가 아예 없기 때문에 은행을 이용하기 위해서는 신용이 있는 미국인보다 더 많은 수수료나 금리를 지불해야 한다. 경제가 활황일 때에도 그들은 빈곤의 경계 언저리에서 크게 벗어나지 못했고 경기가 나빠지자 다시 이전의 위기 상태로 돌아왔다.

연방 정부의 복지 개혁은 수백만에 이르는 수급자들의 수급 기간을 제한함과 동시에 노동의 의무를 부과해 그들을 대단히 곤란한 상황에 빠뜨렸다.* 미국이 번영을 구가하던 1996년에 제정된 이 개혁 법안은 당초 많은 복지 수급자들의 기대를 받으며 출발했는데, 이는 이 법안이 그들로 하여금 의존적 세계에서 벗어나 능동적이고 도전적이며 희망적인 노동 문화를 실현하도록 해줄 것이라는 기대 때문이었다. 실제 일부 빈곤층 사람들은 이 조치를 통해 자신감을 얻게 되었고 자녀들로부터 존경을 되찾을 수 있었다고 말한다. 운이 좋거나 재능이 있는 사람들은 더 높은 자리, 더 높은 보수를 향해 출세의 사다리를 올라가기도 했다. 그러나 더 많은 사람들은 생활수준이 나아지지도 않았고 임금도 올라가지 않았다. 그들은 여전히 저축도 할 수 없고, 제대로 된 의료 서비스도 받을 수 없다. 좀 더 좋은 지역으로 이사하는 일도, 미래의 성공을 보장해 주는 학교에 아이들을 보내는 일도 불가능하다. 이들은 우리가 잊고 사는 미국인들forgotten Americans 이다. 이들은, 생활보호로부터 자립하고 난 이후에는 미국 시민으로서 인정을 받지만, 현재의 삶을 개선시키고자 노동시장에서 발버둥치고 있는 동안에는 이 나라의 레이더망에 포착되지 않는 사람들이다.

빈곤으로부터 벗어나 안심하고 살 수 있기 위해서는 일정한 조건이 완벽하게 갖춰질 필요가 있다. 그 조건으로 숙달된 기능, 충분한 초임 급여, 승진 가능성이 있는 직업 등을 들 수 있다. 또한 목적이 명확해야 하고, 강한 의지를 지녀야 하며, 빚이나 질병, 중독증이 없어야 하고, 제대로 된 가족과 훌륭한 친구 관계망, 민간이나 정부 기관으로부터 적절한 원조도 있어야 한다. 여기에 열거한 조건의

수급자의 2년 이내의 취로 의무와 5년 이내의 수급 기간 제한 등을 담은 것으로 정식 명칭은 '개인 책임과 근로 기회 조정법'(PRWORA : Personal Responsibility and Work Opportunity Reconciliation Act)이다.

어느 하나라도 결여되면 그것은 문제의 시작을 의미한다. 왜냐하면 가난하다는 것은 완전히 무방비 상태에 있다는 것을 의미하기 때문이다. 그것은 헬멧도 패드도 착용하지 않고, 훈련도 받은 적이 없고, 경험도 없는, 평균 체중이 45킬로그램밖에 되지 않는 약골 팀에서 쿼터백을 맡는 것과 같다. 여유 자금이라는 완충장치도 없고, 부패한 지역사회의 위협과 유혹에 대한 방어막도 없으며, 낯선 사회에 대한 적응 훈련도 하지 못한 가난한 개인은 언제나 얻어맞고 멍들고 패배를 반복할 수밖에 없는 것이다. 예외적으로 이 실패의 악순환이 깨지는 경우 비로소 그것은 아메리칸드림의 실현으로서 추앙받는다.

미국 사회에는 빈곤의 원인이 매우 불명확하며 따라서 그 해결책 또한 불분명할 수밖에 없다고 치부해 버리는 분위기가 존재한다. 미국인들이 가진 신화American Myth는 '최하층에서 태어나더라도 노력만 한다면 얼마든지 잘살 수 있다'는 가정을 전제로 하고 있다. 그리고 우리들은 그 가정이 언제나 옳은 것이었으면 하고 생각한다. 그리고 현실이든 허구이든 간에 그 믿음을 긍정해 주는 사례를 매우 좋아한다. 호레이쇼 앨저˙는 지금은 더 이상 읽지 않는 19세기 작가이지만, 그의 이름은 누더기를 걸친 부지런한 한 소년이 대부호로 입신양명했다는 이야기와 동의어로서 우리들의 뇌리에 새겨져 있다. 이 고전적인 이민 이야기는 "황금의 문"을 향한 "가난한 이민자들"(자유의 여신상에 새겨져 있는 문구)의 발걸음

˙ 호레이쇼 앨저Horatio Alger(1832~99)

19세기 말 미국에서 최고의 인기를 누리면서 당시 사회적 영향력이 가장 컸던 작가이다. 그의 소설 『누더기 딕 : 구두닦이들과 함께 보낸 뉴욕의 거리 생활』*Ragged Dick : Street Life in New York With the Bootblacks*(1867)은 가난한 구두닦이 소년이 근면 성실한 태도를 통해 부자가 된다는 줄거리로, 이 소설이 선풍적인 인기를 끌자 이후 30여 년간 1백여 권이 넘는 책에서 이와 비슷한 식의 이야기가 반복되었다. 이 이야기들은 미국인의 어휘에 '앨저 영웅'이라는 새로운 단어를 만들어 냈을 정도다. 그가 강조한 주제는, 가난하지만 정직하고 근면한 소년이 희망을 잃지 않으면 언젠가는 정당한 보상을 받게 된다는 것이다. 앨저의 소설이 엄청난 대중적 인기를 누린 것은 미국이 산업화되면서 자수성가한 부호들이 생겨났고, 이로 인해 출세의 기회가 무궁무진해 보였던 당시의 시대적 분위기 때문이었다.

에 대한 뿌리 깊은 반감에도 불구하고 여전히 미국인의 마음을 흔들고 있다.[1] 미국인들은 한편으로 이민자들의 유입을 꺼려하면서도, 근면한 노동과 철저한 검약을 통해 궁핍한 이민자가 성공한 기업가로 변신하는 이야기에 도취된다. 조지 W. 부시는 첫 정부 제1차 각료 임명에서 흑인 두 명과 히스패닉계 한 명, 여성 두 명을 포함시켰는데, 이와 관련해 어떤 메시지를 의도한 것이 아니냐는 질문을 받자 이 신화를 입에 올렸다. 신임 대통령은 이렇게 대답했다. "물론이지요. 미국은 열심히 일하는 사람, 인생에서 올바른 결정을 내릴 줄 아는 사람이라면 원하는 것은 무엇이든지 이룰 수 있는 나라입니다."[2]

물론 이 신화도 나름의 가치가 있다. 그것은 국가와 국민 모두에게 엄격한 기준을 요구한다. 국가는 스스로를 동화 속 기회의 땅으로 만들기 위해 노력해야만 하고, 국민은 그 기회를 이용하기 위해 노력해야만 한다. 이 관념은 "공민권 운동"과 "빈곤과의 전쟁"을 수행하는 주요 원동력이 되었고, 현재에도 풍요의 한가운데에 끈질기게 남아 있는 빈곤을 완화시키도록 끊임없이 고무하는 역할을 하고 있다.

그러나 이 신화는 책임을 전가하는 수단을 제공하기도 한다. 청교도 전통에 따르면, 근면은 실리적인 것일 뿐만 아니라 도덕적인 것이기도 하다. 따라서 근면하지 않은 것은 곧 윤리적인 결함으로 이해된다. 그리고 이 무정한 논리는 가혹한 판결을 내리게 한다. 만약 어떤 이의 근면이 성공으로 이어진다면, 또 노동이 미덕이라면, 그리고 사회의 모든 이들이 노동을 통해 성공을 손에 넣을 수 있다면, 근면하게 노동하지 않는다는 것은 곧 일탈과 낙오를 의미하게 되는 것이다.

시장이 공정하고 최종적인 심판자라면 저임금은 노동자의 책임이 된다. 낮은 임금은 그의 낮은 노동 가치를 반영할 따름이기 때문이다. CNN의 주디 우드러프는 2000년 3월에 공화당 대통령 후보자들 간의 토론 프로그램에서 앨런 키예스*에게 도덕성 지표가 일부 개선되고 있음에도 불구하고 어째서 도덕성이 낮아지고 있다고 생각하는지에 대해 질문한 적이 있었다. 그러면서 그녀가 도덕성 개선을 나타내는 지표로 언급한 것은 범죄율 저하와 혼외 출산 저하, 그리고 '복지 수급률' 저하였다. 복지는 확실하게 부도덕의 지표가 되어 있었던 것이다.

그 반대의 극단에는 개인의 빈곤에 대한 책임은 주로 사회에 있다고 보는 미국의 반反신화American Anti-Myth가 있다. 이 시각에서 보면, 인종차별과 경제력의 위계서열제는 열악한 학교와 제한된 기회만이 존재하는 궁핍한 지역사회라는 병리 현상을 만들어 내는 원인이 된다. 빈곤층 아이들은 각종 비행과 마약에 물들고 저임금에 장래성 없는 직업으로 내몰리게 되는 것이다. 여기서 개인은 노동 착취적이며 이윤 추구에만 골몰하는 기업을 포함해 개인으로서는 제어할 수 없는 거대한 힘의 희생자가 되고 만다.

1962년 마이클 해링턴이 『또 다른 미국』*에서 감동적으로 표현한 반反신화는 많은 사람들의 의식을 일깨워 주었다. 해링턴이 그려 낸, 수많은 빈곤층이 존재하는 '보이지 않는 나라'에 관한 거대한 초상은 당시 풍요 속에 눈이 멀어 있던 미국인들로서는 생각지도 못한 사실의 폭로였다. 그것은 린든 B. 존슨이 "빈곤과의 전쟁"을 실행하는 데도 도움이 되었다. 그러나 존슨의 운동은 미국을 진정으로 단결시키지 못했고 승리를 거두지도 못했다.

● 앨런 키예스Alan Keyes(1950~)
보수적 성향의 흑인 정치인으로 아파르트 헤이트를 실시하는 남아프리카 공화국에 대해 미국이 경제 제제를 가하는 데 반대하는 레이건 정부의 정책을 옹호하기도 했다.

● 마이클 해링턴Michael Harrington(1928~89)
생전에 미국에서 가장 유명한 사회주의자였으며, 그의 책 『또 다른 미국 : 미국의 빈곤』*The Other America: Poverty in the United States*은 가장 영향력 있는 빈곤 연구 가운데 하나로, 케네디 행정부와 이후 린든 B. 존슨의 '빈곤과의 전쟁'에도 큰 영향을 미쳤다. 『보스턴 글로브』는 메디케이드, 메디케어, 식품 쿠폰, 그리고 사회보장 혜택의 확장이 해링턴의 아이디어에서 따온 것이라고도 평가했다. 그는 유명한 보수파들뿐만 아니라 신좌파 운동의 젊은 급진주의자들과도 충돌했으며, 아서 슐레진저 경은 그를 가리켜 미국의 "책임감 있는 유일한 래디컬"이라고 하여, 정치적 좌파와 그를 구분했다.

40년 후, 미국은 경제적으로 번영을 이루었으나 가진 자와 갖지 못한 자 사이의 격차는 확대되었다. 상위 10퍼센트는 평균 83만 3,600달러의 순자산을 보유하고 있는 반면, 하위 20퍼센트는 총자산이 7,900달러에 지나지 않는다.[3] 미국인의 평균수명은 일본, 홍콩, 이스라엘, 캐나다, 서유럽의 모든 주요 국가보다도 짧아졌고 영아 사망률은 높아졌다.[4] 이런 중요한 사실들은 많은 이들에 의해 지적되고 연구되고 문서화되고 논의되었으나 뚜렷한 해답을 내리지 못한 채 방치되었고, 결국 오랜 시간을 거치며 많은 이들의 관심사에서 벗어나게 되었다. 사람들은 이제 더 이상 이런 문제를 다루면서 충격을 받거나 분노를 느끼기 어렵게 되었고 따라서 행동을 이끌어 내는 것은 더욱 어렵게 되었다.

물론 현실 속의 사람들을 간단하게 신화 혹은 반反신화에 적용시킬 수는 없다. 이 책에 등장하는 모든 노동자가 완전히 고립된 상태에서 원조를 전혀 받고 있지 못하다고는 할 수 없다. 그러나 바라는 것을 모두 실현시킬 수 있는 상태에 있지도 않다. 이들은 개인의 책임과 사회의 책임이라는 양극단의 중간 영역에서 각자 특수한 지점에 위치해 있다고 할 수 있다. 개개인의 인생은 잘못된 선택과 불운이 뒤엉킨 결과물인 동시에, 선택하지 않은 기로와 출생이나 환경이라는 우연에 의해 선택이 불가능했던 기로의 합성물이기도 하다. 어떤 사람의 빈곤이 그 자신의 현명하지 못한 행위 — 학교 중퇴, 혼외 출산, 약물 사용, 직장에서의 만성적인 지각 — 와 전혀 관계없는 사례를 찾기는 힘들다. 또한 부모의 현명하지 못한 육아, 불충분한 교육, 미래가 보이지 않는 마을, 건강을 위협하는 허름한 가옥 등과 같이 부모로부터 물려받은 환경과 조금도 관련되어 있지 않은 사례를 찾는 것도 힘든 일이다.

빈곤 문제에서 개인의 책임을 어떻게 정의할 것인가는 복지 정책을 비롯한 사회정책에 대한 논쟁에서 지속적으로 다루어 온 문제이기는 하지만 특정 사례에서조차도 개인의 역할에 관해 명확한 해답이 나오는 경우는 매우 드물다. 빈곤한 사람들은 부유한 사람들과 비교해 스스로 결정을 내리는 것에 익숙하지 않으며, 냉혹한 행정 기구로부터 몸을 보호하는 일 또한 녹록치가 않다. 기술과 경쟁을 원동력으로 하는, 위험에 가득 찬 맹렬한 세계를 항해하기 위해 필요한 예민함도 부족하다. 그들의 개인적인 실수는 보통 더욱 큰 결과를 낳으며, 그들의 개인적 성취에 대해서는 매우 작은 보상만이 돌아올 뿐이다. 사적인 것과 공적인 것의 상호작용은 대단히 복잡하게 얽혀 있어서 직업훈련과 같은 원조는 각 개인의 필요에 정확히 들어맞아야 한다. 그리고 여기에는 컴퓨터를 사용하거나 선반을 움직이는 등의 "하드 스킬"*뿐만 아니라 동료와 협력하는 방법, 자발적으로 질서에 순응하는 법, 오랜 세월의 가난 때문에 마음속에 맺혀 있을지도 모르는 깊은 분노를 제어하는 법 등의 "소프트 스킬"**도 포함된다. 학업, 연애, 일 등에서 실패를 거듭해 온 사람은 스스로에게 성공의 잠재력이 있다는 사실을 잊어버리곤 하는데, 직업훈련소의 교사들은 이것을 깨닫지 못하는 한 성공으로 이어지는 문도 열리지 않는다는 사실을 강조한다. 빈곤에서 탈출하기 위해서는 능숙한 손재주뿐만 아니라 감정을 능숙하게 다루는 기술도 익히지 않으면 안 되는 것이다.

빈곤으로부터 빠져나오는 것은 여권을 보여 주고 국경을 넘는 것과 같은 그런 종류의 것이 아니다. 궁핍과 만족 사이에는 다양한 경계가 존재하며, 모든 사람이 동일한 기준을 공유하고 있는 것은 아니다. 워싱턴에 사는 마른 체격의 50

● 하드 스킬hard skill
직장 등의 특정한 환경에 적용하기 위해 필요한 구체적이면서 기술적인 능력을 말한다. 예를 들어 타자치는 기술, 특정 기계의 조작 능력, 외국어 능력 등이 여기에 해당된다.

●● 소프트 스킬soft skill
사회적인 상호작용, 업무 수행 등에 활용되는 개인적인 능력을 말한다. 크게 내면적 요소와 관계적 요소로 나누기도 하는데, 예를 들어 책임감, 유머, 일관성, 낙관적 태도, 강한 동기 등은 내면적인 요소이고 리더십, 대화 기술, 매너, 사교성 등은 관계적 요소이다.

대 남성 타이론 픽슬리는 이렇게 이야기한다. "주급으로 집세를 낼 수 있다면 그것으로 저는 만족해요. 한 달치 집세를 내기 위해 두 주 동안 저금하지 않아도 되니까요." 일용직과 헤로인 중독이라는 힘겨운 상황에서 탈출하기 위해 노력해 온 그는 특별히 많은 것을 바라지 않았다. 그는 그저 이렇게 말할 뿐이었다. "아등바등하면서 살고 싶지는 않아요. 마음 편하게 지낼 수 있다면 그걸로 족해요. 한 평짜리 방만 얻을 수 있다면 그걸로 충분해요. 그 정도 집세라면 내 월급으로 모든 청구서를 해결할 수 있거든요. 한 푼도 저축하지 못해도 괜찮아요. 예금계좌가 없다는 것과 내가 편하게 지내지 못한다는 것은 아무런 관계가 없어요."

풍요로운 나라에 사는 사람들은 대부분이 타이론 픽슬리보다 더 큰 욕망을 가지고 있다. 미국의 TV에서는 24시간 내내 사람들의 욕망을 부추기는 광고를 내보내며, 이런 가지각색의 욕망은 이내 필요로 변하게 된다. 프랭크 디커슨은 이렇게 설명한다. "생활보호를 받고 있는 싱글 마더를 상상해 봅시다. 그녀의 어머니 역시 생활보호를 받고 있고 그녀에게는 아이가 6~8명 있다고 해봅시다. 만약 그녀가 자신의 삶에 필요한 것을 모두 가지기 원한다면 아마 현실적으로 그녀가 손에 넣을 수 있는 것은 아무것도 없을 것입니다." 빌딩의 경비원으로 일하고 있는 그는 필요한 것을 손에 넣기 위해 약물을 거래하고 있었다. "아이들은 멋진 테니스화, 최신 유행 재킷을 갖고 싶어 해요. 아이들이 6~8명이나 있고 소득이라곤 생활보호 수당밖에 없는 엄마가 그런 것을 사줄 능력이 있을 리가 없지요. 어른이 될수록 그런 욕구는 더욱 커지게 되고 그럼 그 욕구를 어떻게 채울까요? 마약을 다룰 수밖에 없는 거예요. 그런 거예요. 밖에 나가 거래만 하면 갖고 싶은 것을 가질 수가 있으니까요. 자동차도, 아파트도, 옷도." 프랭크 디커슨은 3년간을 형무소에서 보냈다. 그러나 그와 그의 아내는 그가 마약으로 벌어들인 돈으로 메릴랜드 교외에 있는 집을 구입할 수 있었다.

이렇듯 빈곤에 대해 쉽사리 정의를 내리기는 힘들다. 빈곤이란 절대적인 것

— 기본적인 생필품을 얻을 수 있는 능력의 결핍 — 일수도 있고, 상대적인 것
— 특정 시대나 장소에 퍼져 있는 라이프스타일을 얻을 수 있는 능력의 결핍 —
일수도 있다. 빈곤은 보편적인 척도나 불평등의 지표에 의해 측정될 수 있는 것
이 아니다. 사전적 정의조차 모두가 동일한 것은 아니다. 어떤 사전에서는 빈곤
을 "생활 수단의 결핍 또는 부족"이라고 단적으로 정의한다.[5] 또 어떤 사전은 "물
질적 요구 혹은 안락함을 얻기 위한 수단의 결여"라고 정의한다.[6] "통례 혹은 사회
적으로 합의된 정도의 금전이나 물질적 소유를 결핍하고 있는 상태"라고 정의하
는 사전도 있다.[7]

미국인이 빈곤이라고 정의하는 것은 대부분 세계적인 기준이나 역사적인 기
준에서 볼 때 사치스러운 것들에 속한다. 시골에 사는 러시아인은 자동차가 없
고 주택에 중앙난방 시스템이 없어도 가난하다고 생각하지 않는다. 그러나 같은
조건으로 시골에 사는 미국인은 스스로를 가난하다고 생각한다. 베트남 사람들
은 손수 물을 대고 물소로 논밭을 갈며 초가집에 살고 있다고 해서 가난하다고
여기지 않는다. 그러나 노스캐롤라이나의 농장 노동자는 손으로 오이를 수확하
고 한 상자에 1달러를 받고 허름한 트레일러 주택에 살고 있기 때문에 가난한 사
람으로 간주된다. 전 세계적으로 봤을 때 가난한 사람들 대부분은 미국의 가난
한 사람들을 에워싸고 있는 아파트, 전화, TV, 수도, 의료품, 그 밖의 생활 편의
시설에 눈이 휘둥그레질 것이다. 하지만 그런 사실이 빈곤한 자가 빈곤하지 않
다는 것을 의미하지는 않는다. 그리고 빈곤의 경계에 서있는 사람들이 벼랑 끝
에 위치하고 있다는 것을 부정해 주지도 않는다. "미국의 빈곤층은 홍콩이나 16
세기의 경우와 비교하면 가난하다고 할 수 없다. 그들은 지금 이곳 미국이라는
곳에서 비로소 가난해지는 것이다." 마이클 해링턴은 홍콩이 급격하게 성장하기
전에 이렇게 썼다. "그들은 이 나라의 다른 사람들이 향유하고 있는 것을 기준으
로 봤을 때 빈곤해지는 것이다. 사회가 그럴 의지만 있다면 언제라도 제공할 수

24

있는 그런 것들을 기준으로 볼 때 빈곤하다는 것이다. 그들은 사회의 중심으로부터 벗어난 곳에서 생활하고 있다. 부유한 미국을 묘사하고 있는 영화나 잡지들은 그들로 하여금 스스로를 국내 난민으로 여기게 한다. …… 모든 사람들이 밥 반 그릇을 먹고 있는 사회에서 밥 한 그릇을 먹는다는 것은 그만큼의 유능함과 성공을 나타내는 증표가 될 것이다. 그리고 그 증표는 사람들로 하여금 열심히 일하도록 재촉하고 잠재 능력을 발휘하도록 자극하는 역할을 할 수도 있다. 그러나 대다수가 영양가 있는 한 끼의 식사를 하는 사회에서 밥만 다섯 그릇을 먹는다는 것은 비극이 된다."[8]

사실 부유한 나라에서 가난하다는 것은 가난한 나라에서 가난한 것보다 더 견디기 힘든 일일지도 모른다. 미국은 이미 가난을 헤쳐 나가는 능력을 대부분 잃어버렸기 때문이다. 하노이의 슬럼가에 가보면 빈 병과 막대기, 자전거의 녹슨 바퀴를 가지고 장난감을 만들어 내는 아이들을 쉽게 발견할 수 있다. 그러나 로스앤젤레스의 슬럼에 가면 플라스틱 장난감이나 비디오게임에 매달려 있는 아이들을 발견하게 된다. 내 아들 마이클은 캄보디아에서 생활한 적이 있었는데, 그곳 사람들이 필요한 물건을 스스로 만들어 내는 능력이나, 미국에서라면 이미 버려졌을 만한 물건을 주워 수리해 내는 능력을 보고 경탄을 금치 못했다고 한다. 프놈펜(캄보디아의 수도)에서 TV 리모컨이 고장 났을 때 마이클은 단돈 1달러로 거리 상점에서 리모컨을 수리할 수 있었다고 한다.

미국의 연방 정부는 빈곤을 매우 단순하게 정의한다. 2004년 현재의 정의에 따르면 성인 1인과 미성년자 3인으로 이루어진 가정의 경우 연봉이 19,223달러 이하일 때 빈곤층으로 규정되는데, 이 액수는 한 사람이 한 해 52주에 한 주당 40시간, 즉 연간 2,080시간 노동하는 것과 시급으로 9.24달러를 받는다는 가정

당사자들에게 빈곤의 정의를 내리게 하면
지갑에 돈이 얼마나 있는지 뿐만 아니라
마음속에 무엇을 생각하고 있는지를 이야기한다.

아래 계산된 것이다. 시급 9.24달러는 연방 정부가 정한 최저임금보다 4.09달러나 높은 숫자다.[9]

　1990년대 경기상승기에는 소득이 계속 상승해 공적인 빈곤율은 낮아졌다. 2000년에 빈곤율은 인구 대비 11.3퍼센트로, 1993년의 15.1퍼센트보다 낮아졌다. 그 후 경기하강기를 맞아 조금 상승했고 2003년에는 12.5퍼센트가 되었다. 그러나 이 숫자는 오해를 낳기 쉽다. 연방 정부의 빈곤선은 제대로 된 생활을 위해 필요한 액수에 훨씬 못 미치는 수준에서 정해져 있는데, 왜냐하면 국세 조사국은 1964년 사회보장청에 의해 고안된 방식을 (네 번의 작은 수정을 거치긴 했으나) 여전히 사용하고 있기 때문이다. 그 방식은 "검소한 장바구니"에 들어가는 비용의 약 세 배를 빈곤의 수준으로 설정하고 있다. 이런 계산 방식은 1955년의 가계 지출 패턴을 분석해 얻은 것으로서, 당시에는 평균적인 가족이 수입의 3분의 1을 식료품을 사는 데 지출하고 있었다. 현재 평균적인 가계가 식료품비로 가계의 약 6분의 1밖에 지출하고 있지 않는 상황에서 이런 식의 계산법은 타당하지 않다. 그런데도 정부는 "검소한 장바구니"에 3을 곱하는 식의 계산을 해왔으며, 중간 중간 물가 상승률을 감안해 약간씩 조정하는 수준에 머물렀을 뿐, 반세기에 걸쳐 극적으로 변화한 라이프스타일에 관해서는 조금도 관심을 기울이지 않고 있다.[10]

　그 결과 마땅히 빈곤층으로 포함되어야 할 가계 수가 과도하게 축소되었고 현실은 미화되었다. 국세 조사국과 전미과학아카데미National Academy of Sciences가 시험하고 있는 보다 정확한 계산 방식에서는 식량, 의복, 주거, 전기·수도·가스 등 실제로 생활에 들어가는 비용을 계산에 넣고 있다. 이에 따르면 식품 쿠폰, 정부 지원을 받는 주택, 연료비 보조, 학교급식 등 현재의 계산에서는 빠져 있는

26

급부금이 수입에 포함된다. 또한 육아, 의료비, 의료보험료, 사회보장임금세[실업 보험에 해당] 같은 현재에는 무시되고 있는 지출이 생계비로 계산된다. 이 방식에 기초해 1998년 상황을 계산해 본 결과 전체 인구 중 빈곤층의 비율은 약 3퍼센트가 올라갔고, 보다 정확하게는 공식적인 수치인 3,450만 명보다 약 790만 명이 많은 4,240만 명이 빈곤층으로 분류되었다.[11] 같은 방식을 조금 수정한 최근의 계산에 따르면, 2001년에 빈곤층은 0.6퍼센트 증가했다.[12] 물가와 라이프스타일을 고려한 이런 식의 지속적인 수정은 빈곤과 관련된 급부를 보다 많은 가정에 지원할 수 있는 근거를 마련해 줄 것이다. 주에 따라서는 아이들의 의료보험을 포함한 몇 가지 제도가 이미 빈곤선 기준 최대 150~200퍼센트에 해당하는 수입을 가진 세대까지 보조하고 있다.

그러나 만약 개정된 빈곤 계산법이 도입된다 해도 그것은 한 가족이 처한 상황의 순간적인 정지 화상을 제공해 주는 것밖에 되지 않을 것이다. 이런 식의 스냅사진으로는 동영상을 통해서만 파악할 수 있는 생활의 부침浮沈을 보지 못하게 된다. 이런 식으로는 특정 해의 수입과 지출만을 계산하고 자산과 부채를 계산하지 않음으로써 과거를 무시해 버리게 된다. 그러나 과거는 현재를 압박하고 구속하는 처치 곤란한 무거운 짐이다. 그들이 현재보다 훨씬 높은 수준의 임금을 받는다 하더라도 임금의 대부분은 학자금 대출, 자동차 할부금, 카드 빚 등으로 인한 이자를 지불하는 데에 사용될 것이고 결국 이전보다 더 나은 생활을 하는 것은 불가능하다는 사실을 깨닫게 될 뿐이다.

● 식품 쿠폰food stamp
식품 쿠폰 프로그램과 WIC 프로그램을 통해 발행되고 있는 일종의 바우처(voucher)로 미국 농무성(USDA)이 관할하며 각 주정부에 의해 운영되는 식량 공적부조 프로그램이다. 4인 가족 기준으로 월 소득 2,500달러 이하를 지급 대상으로 하고 있으며 대상자에게는 1인당 약 1백 달러어치의 식품 쿠폰이 매달 지급된다. 식품 쿠폰으로 구입이 가능한 물품은 식재료, 가정 재배용 종자 및 작물, 비알코올음료 등으로 제한되어 있으며, 식품 쿠폰 사용 시 소비세는 면제된다.

"절망이요."
뉴햄프셔의 15세 소녀는 이렇게 말한다.

한편, 빈곤층 혹은 빈곤의 경계에 서있는 당사자들에게 빈곤의 정의를 내리게 하면 지갑에 돈이 얼마나 있는지뿐만 아니라 마음속에 무엇을 생각하고 있는지를 이야기한다.

"절망이요." 뉴햄프셔의 15세 소녀는 이렇게 말한다.

"절망이 아니에요. 무력감이에요." 로스앤젤레스의 한 남성은 이렇게 말한다. "왜 열심히 노력해야 하죠? 내 옷차림, 고등학교 중퇴한 학력, 검은 피부, 갈색 피부, 황색 피부, 트레일러 주택에서 성장했다는 사실을 보고는 아무도 고용하려고 하지 않잖아요."

"마음의 상태입니다." 워싱턴의 한 남성은 말한다. "나는 정신적인 것이 물질적인 것보다 훨씬 중요하다고 믿습니다."

"나는 매우 부자입니다." 제록스 사무기기를 다루는 일을 구한 뒤 빈곤에서 탈출할 수 있었던 한 여성은 이렇게 말했다. "물질적인 것만이 빈곤을 결정하지 않기 때문이죠. 나는 내가 누구인가를 알고 지금 어디를 향해 가고 있는가를 알고 있어요."

중산층 가정에서 성장했고 이후 빈곤에 빠진 여성은 자신의 "문화 자본"cultural capital을 찬미했다. 그것은 책, 음악, 지식에 대한 애착과 아이들과의 친밀한 관계를 의미했다. "어떤 의미에서 우리는 조금도 가난하지 않아요. 우리는 아주 풍요로운 인생을 살고 있어요." 그녀는 말했다. "가난을 느끼는 경우는 매우 드물죠. 가난하다고 느낄 때는 아파도 병원에 가지 못할 때나 자동차가 고장 나도 수리받으러 가지 못할 때 정도에요."

따라서 실질적으로 모든 가족에게 빈곤의 구성 요소는 경제적인 것이기도 하고 심리적인 것이기도 하다. 또한 개인적인 것이기도 하고 사회적인 것이기도 하다. 그리고 과거의 것이기도 하고 현재의 것이기도 하다. 빈곤과 관련된 모든 문제는 단단히 얽혀 있어서 한 사건이 다른 사건의 영향력을 증폭시킨다. 운이 없어 발생한 하나의 사건은 연쇄반응을 일으켜 원래의 원인과는 전혀 동떨어진 결과를 낳을 수 있다. 허름한 아파트는 아이의 천식을 악화시키고 악화된 천식으로 인해 구급차를 부르는 빈도가 잦아지게 되며 이는 지불할 수 없는 의료비를 발생시킨다. 지불할 수 없는 의료비는 아이 어머니의 신용 기록을 망쳐 놓고 따라서 자동차 할부금의 이자를 인상시킨다. 그렇게 아이의 어머니는 부득이하게 중고차를 구입할 수밖에 없고, 값싼 중고차는 그녀가 정해진 시간에 출근하는 것을 방해한다. 그 결과 그녀는 소득 능력과 승진에서 제약을 받게 되고 결국 허름한 아파트를 벗어나지 못하게 된다. 독자들은 1장에서 이와 같은 여성의 삶을 만나게 될 것이다. 그녀를 비롯한 모든 워킹 푸어 부모들이 경험하고 있는 개인적인 문제들을 계산한다면, 전체는 부분의 합 이상이 될 것이다.

그러므로 이 책의 각 장은 빈곤의 한두 가지 요소에 초점을 맞추고 있지만, 빈곤을 경험하고 있는 이들의 앞을 가로막고 있는 거의 모든 문제들이 모든 장에 걸쳐 등장하고 있다. 노동에 관한 장에서 육아 이야기가 나올 수도 있고, 건강에 관한 논의에서 주택 문제가 튀어 나올 수도 있다. 실험실에서 특정 독소를 추출하는 것과 같은 방법으로 개인의 문제를 분리시키는 것은 자연스럽지 않을 뿐만 아니라 무의미하다. 우리가 다루는 문제들은 대부분 다른 문제에 의해 발생되는 것이고 그것들 사이의 화학반응이 전체 상황을 악화시키고 있기 때문이다.

문제가 서로 얽혀 있다면 그 해결책 역시 그러할 것이다. 직업 대책만으로는 충분하지 않다. 의료보험만으로도 충분하지 않다. 개선된 주택 환경만으로도 충분하지 않다. 의지할 만한 교통수단, 세밀한 가계 관리, 효과적인 육아와 학교교육도 각각이 고립되어 실현된다면 충분하지 않다. 근로 빈곤의 수렁에서 빠져나올 수 있도록 해주는 단일 변수는 존재하지 않는다. 다양한 요인들로 이루어진 전체 구조에 손을 대는 경우에만 미국은 스스로가 천명한 신화의 공약을 달성할 수 있게 될 것이다.

우리에게 필요한 첫 걸음은 그 문제들을 이해하는 것이고, 우리의 가장 기본적인 문제는 우리가 그 사람들을 보고 있지 않다는 점이다. 열심히 일하는데도 가난한 사람들은 우리에게 익숙한 풍경 속에 녹아 있어서 우리 눈에 잘 띄지 않는다. 그들은 전문적인 분석가들조차 아무렇지 않게 무시해 버리고 있는, 눈에 보이지 않는 미국, 침묵하고 있는 미국을 만들어 내고 있다. 콜로라도 대학의 마이클 골드스타인 교수는 PBS[전미 공공방송]에 출연해 다우존스 공업 평균 지수*에서 울워스사가 월마트**로 대체된 이유를 이렇게 설명했다. "모두들 교외에 살고 있으니까요. 더 이상 도심부에 있는 상점에는 가지 않게 되지 않았습니까?"[13]

국영라디오방송의 해설자인 팀 브룩스는 예전에 영화관의 비싼 팝콘 가격에 관해 재기 넘치는 이야기를 한 적이 있었다. 작은 팝콘 한 봉지가 5달러나 한다는 사실에 분개한 그는 팝콘 판매의 실비용을 조사하기 시작했다. 팝콘 한 봉지를 살 때 담겨 있는 약 150그램의 팝콘을 슈퍼마켓에서는 23.71875센트에 살 수 있었고, 그렇게 따졌을 경우 영화관 경영자가 약 23킬로그램의 팝콘을 사는 데 드는 비용은 16.5센트에 불과하다는 계산이 나왔다. 그는 넉넉잡아서 팝콘을 조

● 다우존스 공업 평균 지수Dow Jones industrial average
뉴욕 증권시장에 상장되어 있는 주식 가운데 우량 기업 주식 30개를 표본으로 산출되는데, 미국 증권시장의 동향과 시세를 알려 주는 대표적인 주가지수다.

●● 울워스Woolworth와 월마트Wal-Mart
모두 미국을 대표하는 슈퍼마켓 체인이지만, 울워스는 주로 도심부에서 점포를 운영하는 소매 체인이고, 월마트는 교외에 점포를 운영하는 창고형 유통업체이다.

리하는 데 들어가는 전기세를 5센트, 봉지 값을 1센트로 계산에 추가했다. 총비용은 22.5센트. 소비세를 빼면 4.075달러의 이윤, 즉 원가의 1,811퍼센트가 이윤으로 남는다는 계산이 나왔다.[14]

그런데 이상의 설명에 따르면 영화관은 노동자를 전혀 고용하지 않아도 팝콘 판매대를 운영할 수 있는 놀라운 능력을 가지고 있는 것이 된다. 브룩스가 카운터 뒤의 사람들에 관해 조금이나마 고려하고 있다는 느낌은 들지 않는다. 1,811퍼센트의 이윤을 크게 손상시키지 않을 이들 노동자의 미미한 임금은 브룩스의 계산에서 완전히 빠져 있다. 콘을 튀기는 사람, 봉지에 담는 사람, 봉지를 건네고 돈을 받는 사람은 투명 인간임에 틀림없다. 라디오 프로그램 담당자 가운데 이런 사실을 눈치 챈 이는 아무도 없었다.

나는 사람들이 이런 노동자들을 볼 수 있게 되길 바란다. 그리고 거기에 이 책이 조금이나마 도움이 되었으면 한다.

1

돈 그리고 그 반의어

빈곤 지역의 세금 신고 시기는 4월이 아니라 1월이다. 그리고 "소득세"는 납부하는 것이 아니라 받는 것이다. W-2[*]가 도착하면 노동자는 국세청이 환급해 줄 환급금을 마음속에 그리며 신고 대행업자를 찾아간다. 그리고 신고 대행업자들은 1996년 연방의회가 생활보호 수급 기간 제한 조치[**]를 실시한 이래, 가난한 노동자들을 기만하고 농락하며 이득을 취해 왔다. 국세청이 발급해 주는 수표에는 원천 징수된 세금의 환부금뿐만이 아니라 근로장려세제[***]라고 하는 추가 급부금도 포함되어 있다. 이 환부금과 급부금은 저임금 노동자 세대를 원조해 주기 위한 것으로 지급된 급부금은 은행에 저축되는 경우도 있기는 하지만 대부분의 경우 연체된 청구서를 처리하거나 평소 월급으로는 도저히 살 수 없는 필수품을 사기 위해 사용되기도 한다.

애크런 시에서 보육사로 일을 하고 있는 크리스티는 세금을 낼 정도의 벌이는 아니지만 근로장려세제를 통해 한 해에 1,700달러를 받고 있다. 그 돈으로 그녀는 구세군이 운영하는 중고 가구점에 가지 않고도 공영주택 거실에 놓을 새 소파 세트를 살 수 있었다.

캐롤라인 페인이 받은 급부금은 뉴햄프셔에 있는 집의 계약금으로 사용됐다. "나는 내 급부금으로 1천 달러의 계약금을 치렀어요." 그녀는 자랑스럽게 말했

---

[*] W-2
확정 신고 용지. 근로소득 급부를 받기 위한 서류.

[**] 생활보호 수급 기간 제한 조치
'개인 책임과 근로 기회 조정법'(Personal Responsibility and Work Opportunity Reconciliation Act) 시행을 비롯한 1996년의 일련의 복지 개혁은 수급 권리와 노동 의무를 연계시키는 것을 주목적으로 했는데, 생활보호 수급 기간 제한 조치 역시 이런 개혁의 일환으로 실시되었다.

[***] 근로장려세제EITC : Earned Income Tax Credit
공제 전의 소득 세액이 세액 공제액보다 작을 경우 그 차액을 현금으로 지급하는 제도.

다. 그녀는 그 집을 5년 후에 팔 것이고 그때 드는 이사 비용은 딸에게 빌릴 생각이다. 그리고 딸에게 빌린 돈은 "급부금이 또 들어오면" 갚을 예정이다.

"급부금이 나올 테니까 고정자산세는 낼 수 있을 겁니다." 벌목 일을 하며 아이들과 함께 트레일러 생활을 하고 있는 톰 킹은 이렇게 말했다.

클리블랜드의 빵 공장에서 일하기 시작한 데브라 홀은 처음으로 세금 환부를 신청한 뒤 잔뜩 기대감을 품고 있었다. "나는 2,079달러를 환급받게 돼요! 그걸로 뭘 할 거냐고요? 청구서를 전부 정리할 거예요." 그녀는 의기양양하게 말했다. "집에 있는 물건들은 모두 헌 것들이에요. 새것은 하나도 없어요. 환급금을 받으면 아주 유용하게 쓸 수 있을 거예요. 또 자동차도 고칠 거예요. 아, 근데 청구서가 우선 제일 급하죠. 신용 등급 문제도 있으니까요. 연체돼 있는 채무를 모두 갚아야지요. 아마 모두 그렇게 써버릴 것 같아요."

근로장려세제는 정부의 원조와 노동자의 자립이라는 쌍방의 장점이 잘 취합되어 있어서 진보 진영과 보수 진영 모두에서 환영받는 몇 안 되는 빈곤 추방 프로그램 중 하나다. 근로 소득이 없으면 급부금을 받을 수 없고, 급부는 소득 신고와 연결되어 있기 때문에 소득 신고를 하지 않으면 혜택을 받을 수 없다. 이런 점에서 이 프로그램은 몰래 일하고 현금으로 임금을 받아 국세청을 거치지 않는 편이 훨씬 낫다고 생각하는 저임금 노동자들 — 특히 불법체류 이민자 — 을 배제하고 있다고 할 수 있다. 그러나 그들 역시 신고를 하는 편이 결국은 이득이 된다. 왜냐하면 벌어들인 소득을 전부 손에 넣을 수 있고 거기에다 급부금까지 받을 수 있기 때문이다. 예를 들어 2003년 기준으로 아이를 한 명 이상 부양하는 노동자의 급부금 지급 상한 기준은 3만 3,692달러 이하로 매우 높은 수준으로 설정되어 있다. 이것은 해당 노동자의 임금에 시간당 1~2달러를 추가시키는 것과 같은 액수다.

1975년에 시작된 이 프로그램은 레이건, 부시, 클린턴 대통령 재임 기간 동안 확충을 거듭하며 2003년에는 1,800만 세대에 320억 달러 이상을 보조했다. 재무성은 잘못 신고된 신청서들(그것이 의도한 것이든 의도하지 않은 것이든 간에) 때문에 골머리를 앓고 있는데, 잘못 신고된 사례는 전체 건수의 27~32퍼센트에 달하는 것으로 파악되고 있다.[1] 한편 신청 자격이 있는 사람 가운데 약 10~15퍼센트가 신청을 하고 있지 않다.[2] 그 첫 번째 이유는 고용주나 노동조합이 이 제도의 존재를 가르쳐 주지 않기 때문이다. 예를 들어 워싱턴에 있는 지방 노동조합의 위원장 두 명 — 한 명은 빌딩 관리 노동자 대표, 다른 한 명은 주차장 관리원 대표였다 — 은 내가 근로장려세제 이야기를 하기 전까지 이 제도에 관해 한 번도 들어 본 적이 없다고 했다. 또한 나는 W-5라는 신청 양식에 관해 알고 있는 노동자나 관리자를 단 한 사람도 만나지 못했다. 이 서류는 고용주가 작성해 제출하는 것으로 저임금 종업원이 급부를 미리 받을 수 있도록 해주는 서류다. 나는 W-5에 관해 데브라에게 말해 주었고 그녀는 자신이 일하는 빵 공장을 찾아갔다. 데브라가 W-5에 관해 문의하자 공장의 급여 지급 담당 사무원은 데브라의 말을 끝까지 듣지도 않고 자신은 그것에 관해 아는 것이 없다고 말했다. 이후 신고 대행업자는 데브라에게 급부를 미리 받아 봤자 좋을 것은 아무것도 없으니 확정 신고 후에 급부금 전액을 한꺼번에 받으라고 조언해 주었다.

물론 그 편이 더 나을 것이다. 신고 대행업자에게는 말이다. 신고 대행업자는 교묘한 수법으로 저임금 노동자의 환부금과 급부금에서 가능한 한 많은 논을 떼먹는 장치를 고안해 왔다. 최신식 전자 신고, 신속한 은행 계좌 입금, "신속한 환급"이란 말로 그럴싸하게 꾸며진 고금리 대출, 이 모든 것들은 현금이 절실하게 필요한 사람들에게 일순간 돈이 무더기로 쏟아질 것이라고 약속한다. 문제는 이런 서비스를 받기 위해서는 돈이 든다는 점이다.

신고 대행업자는 지명도 있는 회사의 지점 영업소이건 허름한 수표 할인 업소이건 가리지 않고 자신들의 영업 활동을 전개해 왔다. 그들은 고객이 충분한 계산 능력, 용기, 신속한 서류 작업, 수급에 필요한 컴퓨터와 은행 계좌만 있다면 완전히 무료로 처리할 수 있는 1040 양식[확정 신고 용지 서식의 하나]을 대신 처리해 주는 대가로 불법적인 수수료를 챙기고 있다. 그러나 저임금 노동자들은 대부분 계산 능력도, 용기도, 컴퓨터도 없고 많은 경우 은행 계좌조차 가지고 있지 않다. 정부를 통해 얻을 수 있는 추가 수입은 그들에게 매우 절실한 소득이 되기 때문에, 그들은 일체의 절차를 신속하고도 정확하게 처리하고자 1백 달러나 되는 귀중한 돈을 기꺼이 포기한다. "무척 무서워요." 데브라 홀은 말한다. 그녀는 21년간의 생활보호 수급에 종지부를 찍은 후, 이 단순한 신고를 마치기 위해 95달러를 수수료로 지불했다. "뭐가 그렇게 무서운지 나도 잘 모르겠어요. 나는 그저 한 번에 잘 처리됐으면 하고 바랄 뿐이에요."

어쩌면 그녀의 선택은 현명한 것이었는지도 모른다. 왜냐하면 가난하기 때문에 받게 되는 부당한 처우 중 하나로, 1999년 이래 국세청의 세무조사를 받는 경우가 늘어났기 때문이다. 1999년에 연소득 2만 5천 달러 이하 납세자에 의한 소득 신고 가운데 1.36퍼센트가 조사를 받았다. 그에 반해 연소득 10만 달러 이상 납세자의 소득 신고가 조사를 받은 경우는 1.15퍼센트에 불과했다. 이 세무조사는 공화당 의회 지도자들이 근로장려세제의 남용을 방지하기 위한 목적으로 제안하고 추진한 것이었다. 국세청은 곧 비난 여론에 직면하게 되었고 그에 대한 조치로 2000년에는 연소득 10만 달러 이상 납세자에 의한 신고의 1퍼센트를 조사하고 연소득 2만 5천 달러 이하 신고자는 0.6퍼센트를 조사하도록 해 반대로 균형을 맞추었다. 그 후 조사 비율은 위아래로 변동을 거듭하다가 2001년에는 각각 0.86퍼센트와 0.69퍼센트, 2002년에는 0.64퍼센트와 0.75퍼센트가 되었다.[3] 즉, 국세청이 세무조사관 수를 줄임에 따라 한때는 그 조사 비율이 10퍼센트에까지 이르렀던 고액 납세자에 대한 조사가 극적으로 줄어든 것이다. 고소득 계층에 대한 조사를 통해 국가가 잃어버린 세입의 상당 부분을 회복시킬 수 있는데도 이와 같은 조치가 시행된 것이다.

에본 존슨은 국세청이 그녀에게 세금과 벌금과 이자로 2,072달러를 부과하고 나서는 절대로 혼자서 신고를 하지 않게 되었다. 온두라스에서 온 그녀는 보스턴의 청소 회사에서 오전 5시부터 일을 했다. 회사는 원천징수도 하고 있지 않았고, W-2의 신청 용지를 보내 주는 일도 일체 없었다. 그녀는 이 두 가지가 모두 회사가 지켜야 할 의무 사항이라는 사실을 모르고 있었다. "나는 혼자서 확정 신고를 하고, 서류를 기입했어요. 모든 것이 순조로웠죠." 그러나 그것은 전혀 순조롭지 않았다. "3, 4년이 지난 뒤, 국세청에서 연락이 왔어요. 2,072달러를 내야 한다는 것이었어요. "내가 왜 이 돈을 내야 하죠?" 하고 물어보니까 그들은 내가 세금 신고를 하지 않았다고 했어요. 나는 했다고 하고 그들은 하지 않았다고 하고. 그래서 저는 할 수 없이 국세청에 1,072달러를 송금하겠다고 편지를 보냈어요. 1,072달러라고 적은 이유는 그때 나한테 돈이 그것밖에 없었기 때문이었죠. 얼마 남지 않은 돈은 소액 할부금을 내는 데 써야만 했고요. 그런데 그들이 어떻게 했는지 아세요? 제 통장에서 돈을 빼갔어요. 있는 돈 전부를요."

그 일 이후 그녀는 매년 1백 달러를 기꺼이 신고 대행업자에게 지불하고 있다. 매년 1백 달러를 마음의 평화를 위해 지출하는 것이다. "국세청에 두 번 다시 찍히고 싶지 않아요." 그녀는 말했다. "신고 대행업자가 신고 서류를 작성하고 사인하고, 모든 일을 알아서 처리해 줘요. 만에 하나 실수가 있더라도 신고 대행업자가 국세청과 교섭해 줘요."

2월 막바지. 워싱턴 14번가로 곧게 뻗은 음산한 대로변에 H&R 블록사가 장 큰 규모의 신고 대행업체]의 지점 사무실이 있었다. 사무실 내부는 마치 선거가 끝나고 일주일 정도가 지난 선거 본부처럼 한산한 모습을 하고 있었다. 컴퓨터 스크린은 대부분 꺼져 있었고 실내 분위기는 조용하게 가라앉아 있었다. 하나를 제외하고 모든 책상은 빈 상태였고, 방 한구석 책상에는 예전에 버지니아 도서관에서 무상으로 확정 신고 서류 작성 일을 한 경험이 있는 클라우디아 리베라가 앉아 있었다. 그녀와 칼 케이튼이라는 매니저는 한창 바쁜 시즌이 끝나 한가한 상태였고 키보드 앞에 앉아 나에게 친절하게 설명을 해주기 시작했다.

납세자에게 필요한 모든 서류 하나하나에 수수료가 붙는다. 1040 양식에는 41달러, 근로 소득 급부금에는 10달러, W-2에는 장당 1달러 등. 전자 신고는 그 외에 25달러가 추가로 붙는다. 따라서 W-2 두 장이 필요한 간단한 확정 신고를 전자 신고로 하기 위해서는 총 78달러가 필요하게 된다. 여기서 끝나지 않는다. 블록사는 벼랑 끝 생활을 하고 있는 사람들을 대상으로 다양한 서비스를 준비해 놓고 있었다. 은행 계좌가 없는 경우에는 한 번 인출하는 데 2달러의 수수료가 붙는 은행 카드에 환부금을 넣어 준다. 혹은 일시적인 계좌를 열어 국세청으로부터 지급된 돈을 24.95달러의 수수료를 받고 예탁해 주기도 한다. "신속한 환급"이라는 블록사의 유혹에 넘어가 하루나 이틀 만에 수표를 받고자 한다면 환급 금액에 따라 추가로 50~90달러를 지불해야 한다. 14번가의 수수료는 환부금 2백 달러에 50달러, 2천 달러 이상의 경우 90달러로 설정되어 있었다.[4]

이런 시스템은 실질적으로 기간이 대단히 짧게 설정된 대출 서비스, 즉 사채 대출과도 같은 것이다. 국세청에 따르면 전자 신고를 하고 대체로 2주 반 정도의 기간을 기다리면 수표를 손에 쥘 수 있다고 한다. 만약 환부금이 은행 계좌로 직접 입금되면 그것보다 약 5일 정도 기간이 앞당겨진다. 신청 후 하루나 이틀 후에 받을 수 있는 "신속한 환급" 대출의 최장 대출 기간은 15일이다. 이 서비스를 이용했을 경우 2천 달러에 대한 수수료는 90달러가 되는데, 이는 연이자율 108

퍼센트에 상당하는 금액이다. 최단 대출 기간은 4일인데, 이 경우 2천 달러에 대한 연이자율은 410퍼센트, 2백 달러일 때는 2,281퍼센트에 달하게 된다(이 최고 비율이 적용되는 경우는 다음과 같이 타이밍이 완전히 겹쳤을 때이다. 즉, 국세청의 매주 마감일인 목요일 정오까지 확정 신고가 이루어지고, 금요일에 은행이 영업을 마치기 전까지 대출된 수표가 지급되지 않아 납세자가 월요일까지 자신의 계좌에 대출된 수표를 맡길 수 없게 된 상태에서, 국세청이 다음 금요일에 환부금을 직접 은행에 예탁하는 신속함이 겹칠 경우이다).[5]

잇따른 민사소송의 결과, 버지니아 주 노퍽 시 연방 재판소는 블록사에 대해 대출 상품을 선전할 때 "신속한 환급"이라는 오해의 소지가 다분한 단어를 사용하지 못하도록 명령했다. 그러나 블록사는 "신속한 환급"을 전자 신고의 경우에만 해당하는 말로 새로 정의 내린 뒤 선전을 계속하고 있다. 블록사는 이 대출 상품을 "환부 선지급 론"으로 부르고 있으나 이것은 신속한 환급을 바라고 블록사를 찾아오는 저임금 노동자 대다수가 전혀 모르고 있는 구별법이다. 2000년에는 480만 명의 납세자를 대상으로 대출이 이루어졌다.

내가 인터뷰한 노동자들 가운데 이 대출 서비스를 이용하고 있는 어느 누구도 계약의 조건이나 옵션을 제대로 이해하고 있지 못했다. 헥터 델가도와 마리벨 델가도 부부는 노스캐롤라이나에서 야채를 수확하고 포장해 연간 2만 8천 달러의 수입을 얻고 있는 사람들이다. 내가 그들의 트레일러에 함께 앉아 그들의 확정 신고서를 훑어보고, 그것이 어떤 방식으로 되어 있는가를 설명하자, 그들은 넋이 나간 표정이 되었다. 그들은 확정 신고서를 작성하고, 그것을 전자 신고하고, 국세청으로부터 1307.05달러를 선금으로 받기 위해 블록사에 109달러를 수수료로 지불하고 있었다. 그들이 사인한 신청 용지에 표시된 대출금리는 연 69.888퍼센트였으나 그들은 그런 내용이 적혀 있다는 사실조차 알지 못했다. 블록사 사원들은 상세하게 적힌 계약 조건을 내보일 때조차 "대출"이라는 단어의 사용을 피하고, 대신 "이틀 만에 환급 가능"two-day refunds이란 말을 사용하도록 훈련되어 있었다. 이 사실은 메릴랜드 재판소가 대부 수속에 관한 공소를 심리할 때 밝혀진 사실이다. 환부금 대출 상품은 1999년 블록사 전체 이익의 8퍼센트를 차지할 정도로 잘나가는 상품이었다. 그 이유는 블록사의 자회사가, 하우스홀드 뱅크[대출·신용회새가 대행 판매한 환부금 대출 상품의 이자 가운데 49.99퍼센트에 해당하는 수수료를 챙겨 갔기 때문이었다.

블록사가 델가도 부부에게 행한 부정은 이것만이 아니었다. 그들은 1월에 전자 신고를 한 뒤 국세청으로부터 2주 안에 수표가 지급될 것이라는 연락을 받았음에도 불구하고 부부에게 거짓말을 했다. 마리벨에 따르면, 그들은 "6~8주는 기다려야 한다"고 거짓말을 했다. 이것은 명백한 속임수다. "청구서를 지불하기 위해 돈이 필요했어요." 마리벨은 설명한다. "일부는 멕시코에 송금하고 나머지는 저축해 둬요. 격주마다 멕시코로 1백 달러씩 보내고 있어요. 식구들이 많거든요."

H&R 블록사는 기만적인 융자 방식에 대해 제기된 집단소송을 10년간 질질 끈 후, 2000년, 아무런 위법행위도 인정하지 않은 채, 2,500만 달러의 합의금 지불에 동의함으로써 소송을 정리했다. 이 회사의 홍보 담당자에 의하면 회사가 변경한 유일한 관행은 융자 수속 최초 단계에서 연방법이 요구하는 대부 조건의 제시를 실시하고 있다는 것이었다. 그렇다면 적어도 사원은 구두로 계약 조건을 설명하고 있을까? 홍보 담당자는 이렇게 말했다. "고객의 질의에 달려 있습니다. 고객이 물어 온다면 신고 대행업자는 그에 답할 의무가 있습니다." 그러나 많은 고객들은 무엇을 물어봐야 하는지조차 모르고 있다.

빈곤은 피가 흐르는 상처와도 같은 것이다. 그것은 방어력을 약화시키고 저항력을 감소시키고 포식자들을 불러들인다. 악덕 고리대금업자들은 유흥가와 뒷골목에서뿐만 아니라 방탄유리 너머에 앉아 합법적인 영업도 하고 있다. 그들의 광고 포스터는 미국 전역의 1만여 곳에 나붙어 있으며, 금전적으로 어려움을 겪고 있는 많은 이들을 쉴 새 없이 유혹하고 있다. "페이데이 론",* "신속대출", "저리 융자." 가난한 노동자계급 거주구에 있는 수표 환금소나 거리의 점포에서 쉽게 볼 수 있는 광고 문구들이다. 악덕 금융업자들은 12개 이상의 전국 체인으로 조직되어 있으며, 연리 5백 퍼센트 이상의 수수료를 받아 챙기고 있다.

이들은 긴급 서비스도 제공한다. 가령 요금이 연체되어 전화 회선 사용 중지 명령이나 전기 서비스 중단 통지가 날아왔는데, 현금은 한 푼도 없고 청구서는 산더미같이 쌓여 있을 때, 급여일까지는 아직 2주나 남았고 그 전에 전화와 전기가 끊겨 버릴 것 같을 때, 수표 환금업을 겸하고 있는 근처 잡화점 남자가 구원의 손길을 내민다. 만약 1백 달러가 필요하다면 당신은 2주 후 날짜가 기입된 120달러짜리 수표를 그에게 써주기만 하면 된다. 그는 당일로 현금 1백 달러를 마련해 줄 것이고 당신의 은행 계좌에 급여가 들어올 때까지 수표는 그가 가지고 있게 된다. 또는 수표를 바로 반환받고 싶다면 현금 120달러를 마련해 가기만 하면 된다. 어느 쪽이든 2주에 20퍼센트 이자율로 하루 1.428퍼센트, 1년이면 521퍼센트에 달하는 금리다.

급여일 이후에도 돈에 쪼들리는 경우, 혹은 120달러의 수표가 부도나 되돌아오더라도 걱정 없다. 방탄유리 너머의 남자는 당신이 대출금 금액을 늘리는 것을 쌍수를 들며 반길 것이다. 물론 20달러의 수수료를 추가해서 말이다. 이런 식

● 페이데이 론payday loan
주급을 받기 이전에 급한 돈이 필요할 경우 이용하는 소액 대출 서비스

의 악순환은 일리노이에서 광범위하게 일어나고 있다. 일리노이 주 조사관에 따르면, 일리노이에서 거래되는 페이데이 론 전체의 77퍼센트가 이런 유형이라고 한다. 고객들은 평균 10회의 연쇄 대출을 하고 있으며, 그것은 처음 빌린 금액의 두 배에 해당하는 수수료를 총액으로 지불해야만 함을 의미한다.[6] 결국 최초의 수수료를 지불하기 위해 다른 페이데이 론 업자로부터 돈을 빌리지 않으면 안 되는 것이다. 그리고 이 악순환은 끝을 모르고 반복된다.

더욱이 일부 주에서는 수표가 사용되고 있다는 이유로 페이데이 론을 법적인 대출 행위로 인정하지 않고 있기도 하다. 따라서 수표가 부도나서 되돌아오면 미변제 대출에 따른 벌칙보다 더 무거운 벌칙이 적용된다. 가령 인디애나 주의 한 여성은 빌린 돈 3백 달러에 30달러의 수수료를 합해 총 330달러의 수표를 썼는데, 그 수표가 부도나 되돌아오자 은행과 페이데이 론 업자는 이 여성에게 80달러의 수수료를 부과했다. 그리고 얼마 지나지 않아 페이데이 론 업자는 그녀를 고발해 피해액의 세 배인 990달러, 변호사 선임비로 150달러, 소송비용으로 60달러를 받아 챙겼다. 결국 3백 달러에 대해 총 1,310달러를 청구한 셈이다.[7]

사기꾼들은 각종 재단으로부터 즉시 급부를 받을 수 있다는 허위 약속으로 가난한 노동자들을 꾀어내기도 한다. 우편 선전물 문구에 따르면 누구나 재단 이름과 주소가 적힌 리스트를 보고 19.95~49.95달러를 입금한 뒤 애절한 호소의 편지를 쓰기만 하면 된다. 한 선전 문구는 이렇게 말한다. "돈이 필요한 진실한 이유를 가지고 있는 사람들에게 돈을 기부하고 싶어 하는 민간 재단이 문자 그대로 몇 백 개나 있습니다." "많은 재단은 돈의 사용 용도가 합법적이기만 하다면 당신이 돈을 어떻게 쓰던지 간에 전혀 신경을 쓰지 않습니다. …… 청구서를 지불하거나, 여름휴가를 떠나거나, 긴급히 필요한 곳에 쓰거나, 필요한 것을 사거나 말입니다." 이런 말도 안 되는 거짓말 탓에 크고 작은 재단들에 집 수리비, 의료비, 부채 변제를 위해 돈이 필요하다는 사람들의 필사적인 요청이 쇄도 한다. 2001년에 오하이오 주 재판소는 이런 방식으로 사람들을 속여 적어도 50만 달러를 갈취한 사기꾼에게 징역 5년을 선고했다. 뉴저지의 한 남자는 이런 방식으로 한 주 동안 3만 달러를 긁어모아 검찰에 고발됐다.[8]

사기 행위가 빈발하는 또 다른 훌륭한 무대는 바로 직장이다. 로스앤젤레스의 한국 식당은 웨이터와 요리사를 사취詐取하는 독창적인 방법 탓에 정부의 조사 대상이 되곤 한다. '한국 이민노동자 지원 협회' 대표인 로이 홍에 따르면, 웨이터와 요리사 대부분은 한국이나 중남미에서 온 이민자들이라고 한다. 그들은 대부분 한국식 습관대로 일정액의 급여를 월급으로 받는데, 대부분의 경우 주州 임금법에 저촉되는 하루 12시간, 주 6일 근무가 강요되고 있다. 연방 최저임금이 시급 5.15달러인 데 반해 캘리포니아 주에서는 시급 6.75달러의 최저임금이 웨이터에게 적용되기 때문에, 많은 식당 점주들은 타임카드를 속여 종업원이 단시간 교대 근무를 하고 있는 것처럼 장부를 조작한다.

몇몇 식당들은 세금 부담을 줄이기 위해 종업원이 받은 팁의 총액을 부풀려서 W-2 서류를 작성한다. 예를 들어 손님이 20달러의 식사를 신용카드로 계산하고 2달러의 팁을 추가했다면, 식당 주인은 종업원에게 2달러의 팁을 주지만 국세청에 신고할 때는 종업원에게 3달러의 팁을 지불했고 식사비로 19달러를 받았다고 신고한다(기업은 개인과 마찬가지로 소득이 2만 5천 달러 이하일 경우 세무조사를 더 자주 받는다).

한국 이민노동자 지원 협회는 여러 캠페인을 펼치고 있는데, 그 가운데 하나가 바로 빌딩 관리 회사의 악질적인 수법을 폭로하는 캠페인이다. 로스앤젤레스의 작은 한국계 청소 알선업체는 새로 이민 온 동포들을 달콤한 말로 유혹한다. 일자리가 절실히 필요하지만 영어가 서툴고 불법체류 사실이 밝혀질까 두려움에 떠는 신참 이민자들은, 치과 의사, 의사, 법률가, 회사 중역 등이 사무실을 두고 있는 상업빌딩을 청소해 월 1천 달러 이상의 수입을 올리는 청소 하청업자가 될 수 있다는 유혹에 넘어가기 십상이다. 알선업자들은 이민자들에게 계약금 명목으로 두 달 반치의 임금을 내기만 하면 누구나 청소 하청업자가 될 수 있다고 꾀어낸다.

많은 한국인들은 서로 돈을 모아 계를 조직해 경제적 곤란을 헤쳐 나가는 등 넓은 가족 관계를 믿고 미국으로 건너오기 때문에, 계약금을 준비하는 것은 그다지 어렵지가 않다. 로이 홍에 따르면, "그들은 청소 회사를 차릴 수 있을 것이라는 희망에 저금한 돈을 몽땅 털어 건넨다." 한국 이민자들은 주로 밤에 사무실을 청소하며 몇 달 동안은 그럭저럭 잘 지낸다. 그러나 알선업자는 빌딩의 관리자로부터 아직 임금을 받지 못했다는 핑계를 대며 임금을 체불하기 시작한다. "정신을 차려 보면 어느새 수천 달러의 부담을 안게 되고, 이게 도대체 어떻게 된 일인가 하고 눈을 비비게 됩니다." 로이의 설명에 따르면, 결국 서너 달 후 알선업자가 나타나서는 '열쇠 내놓고 여기서 나가!'라고 소리를 친다고 한다.

"제가 무슨 잘못이라도 했나요?"

"당신은 일하는 태도가 너무 불손해."

그리고 다음 "하청업자"에게 달콤한 말을 건넨다. 두 달 반치의 임금을 준비할 수 있는 사람에게 말이다.

번듯한 거대 기관들도 가난한 사람들을 농락하고 있다. 잔액이 적은 예금자를 원하는 은행은 거의 없다. 법적으로 최저 예금 잔액이 설정되어 있지 않은 주에서는 은행이 터무니없이 높은 금액을 최저 잔액으로 설정하고 그 기준에 미달하는 예금주에게는 터무니없는 수수료를 부과하기도 한다. 많은 빈곤 지역에는 은행 지점이 단 한 곳도 설치되지 않은 경우가 많다. 이로 인해 저수입 세대는 추가 비용이 드는 수표 환금 서비스를 울며 겨자 먹기로 사용할 수밖에 없고, 이를 통해 이런 종류의 서비스업체 점포망은 전국적으로 증식하게 되었다.

가난한 사람들을 대상으로 하는 "라이프 라인" 계좌*를 주州 법으로 의무화하고 있는 곳에서도 라이프 라인 계좌 서비스를 적극적으로 선전하는 곳은 좀처럼 찾아보기 힘들다. 왜냐하면 은행 입장에서 볼 때 이 서비스는 손해를 보는 경우가 많기 때문이다. 많은 지점 종업원들은 라이프 라인 계좌의 존재 자체도 모를 뿐더러 잠재적 고객인 가난한 사람들 역시 마찬가지다. 뉴욕 주의 금융계에서 가장 확실하게 지켜지고 있는 비밀은, 은행이 '개설시 최저 25달러의 예금, 1센트의 최저 잔고, 월 3달러의 수수료로 한 달간 8회까지 수수료가 면제되는 예금 인출 가능'한 조건의 계좌를 제공하도록 주州 법으로 의무화되어 있다는 사실이다. 대부분의 예금자는 이런 사실을 모르고 있으며, 거대 은행들의 보고에 따르면 이런 계좌를 개설하고 있는 사람은 극히 일부에 지나지 않는다.[9]

그 이유 중 하나로 생각할 수 있는 것이, 많은 노동자들이 비밀스럽게 일하고 자신의 수입이 기록에 남지 않는 것을 선호하기 때문이라고 할 수 있다. 또 어쩌면 은행과 관련해 주위에서 전해 들은 악랄한 소문을 믿고 있기 때문일지도 모른다. "돈을 숨겨 놓는 방법이 있어요." 웬디 왁슬러는 말한다. 그녀는 딸과 함께 생활하고 있으며, 이제 막 생활보호에서 벗어나 일자리를 구한 상태였다. "저는 은행보다 안전을 택했어요. 대신 이자는 포기했죠. 하지만 만약 은행이 파산하더라도 제가 돈을 잃진 않잖아요! 저는 은행이 돈을 어떻게 관리하고 있는지 잘 알아요. 돈은 맡긴 사람 이름으로 되어 있지만 다른 누군가에 의해 다시 거래돼요. 그게 바로 은행에 맡겨진 돈이 움직이는 시스템이죠. 그래서 만약 맡긴 돈을 모두 찾고 싶더라도 그 돈을 바로 받을 수는 없어요. 며칠은 기다려야 돈을 받을 수가 있죠. 제가 들은 바로는 그래요. 은행에 맡긴 돈은 이 사람 손에서 저 사람

● 라이프 라인life line 계좌
가처분소득이 적은 저소득층을 금융 경제 체제로 끌어들여 금융 경제의 활성화와 개인 경제의 건전한 성장을 도모하기 위해 만들어진 은행 서비스. 저소득층도 기본적인 은행 서비스를 이용할 수 있도록 하는 목적도 포함하고 있다. 일반적인 계좌와는 달리 계좌 개설 시 요구되는 금액이 낮고 최저 잔고 역시 낮게 설정되어 있다.

주 복권은 슬럼가 한구석에서
맹렬히 팔려 나간다.

손으로 돌고 도는 거죠."

웬디는 맡긴 돈을 찾을 때 들어가는 시간에 대해서는 잘못 알고 있었지만 그녀가 의심하는 바는 이해할 만하다. 미국 사회는 민간업자와 정부가 하나가 되어 빈곤층으로부터 푼돈을 긁어모으는 수많은 테크닉을 고안해 왔다. 사람들은 복권에 당첨되어 가난한 상황으로부터 벗어나길 바라고 있고, 주 복권은 슬럼가 한구석의 판매소에서 맹렬히 팔려 나간다. 크고 작은 기업들이 미국의 소비 문화를 이용해 사기 행각을 벌이고 있다. 끊임없이 반복되어 들려오는 판매 문구의 달콤한 속삭임은 계약서의 단서 조항과 비슷해 보이지만 전혀 다른 것이다. 모든 것은 완벽하게 합법적이다. 단지 서명하기 전에 주의 깊게 듣고, 읽고, 그 바닥의 거래 방식에 관해 조금은 알아 두고 있지 않으면 안 된다는 것뿐이다.

데브라 홀을 유혹한 것은 20대 초반의 딸을 위해 산 휴대전화였다. 휴대전화 가격은 믿을 수 없을 정도로 싸 보였다. "구입하는 건 간단했어요." 그녀는 회상했다. "저는 사용 가능한 신용카드가 없었는데, 그래도 점원은 휴대전화를 계약해 주었어요. 계약서는 점원이 작성했고 전 그저 서명만 했어요. 읽을 시간은 당연히 없었죠. …… 여직원은 아주 듣기 좋은 말만 했어요. 한 달에 9달러만 내면 된다는 거예요. 하지만 그건 지어낸 이야기란 걸 나중에 알았어요." 자릿수 하나가 빠져 있던 것이었다. "나중에 알고 보니 한 달에 98달러였어요. 저는 속아서 3년 계약을 해 버렸어요. 그들은 2천 분 무료 통화가 제공된다고 했고 주말 통화도 분명히 무료라고 했어요. 그런데 그게 아니었어요. 모든 요금이 청구되었고 저는 그걸 두 번이나 지불했어요. 그들은 제게 전화를 걸어와서는 밀린 요금을 내지 않으면 고발할 거라고 위협했지만, 제가 두 번 요금을 지불했다는 건 인정하더군요. 전 그 직원에게 이건 사기라고 했죠."

데브라와는 달리 앤 브래시는 지프 체로키[오프로드 지프차]를 임대할 때 계약서를 유심히 읽었다. 그녀는 임대 기간이 자신에게 불리하다는 사실을 알고 있었지만 부득이한 선택을 할 수밖에 없었다. 10년 전 이혼한 직후 그녀와 두 아이는 일시적으로 노숙인 상태가 된 적이 있었다. 그녀가 연소득 2만 3천 달러짜리 편집 일을 구하기 전까지는 아이들의 양육비와 자유계약 편집 일을 해서 벌어들이는 돈을 합해 연 1만 달러 정도가 들어왔다. 그녀는 단지 뉴햄프셔의 눈 속을 뚫고 통근할 수 있는 믿을 만한 차가 필요할 뿐이었다. "도요타를 가지고 있어요." 그녀는 말한다. "시동 장치에 이상이 있고, 문 앞쪽 패널은 녹이 슬어서 금이 가 있어요. 아마 자동차 검사도 통과하지 못할 거예요. …… 현재 차 앞부분이 고장나 있어요. 브레이크도 고쳐야 하고요." 그녀는 저금도 카드도 차를 고칠 돈도 없었다. 십대인 그녀의 아이들, 샌디와 샐리는 자동차보험료를 절약하면 차를 바꾸는 데 도움이 될 것이라 생각해 1년 동안 운전면허 취득을 연기하기로 했다.

그때, "때마침 차 한 대가 들어왔죠. 플레인필드의 한 젊은 남자가 지프차의 임대를 그만두겠다는 거였어요. 결혼 때문에 지출이 늘어났다면서요. 임대 기한은 아직 15개월이 남은 상태였고요. (판매 대리점) 사장이 제게 전화를 걸어와, '대신 임대계약을 이어받지 않을래요? 계약금 같은 건 일체 필요 없습니다'라고 하더군요. 그래서 저는 그러겠다고 했죠. 지난주에요. 이런 젊은 애들이나 타는 기름 잡아먹는 큰 차를 놀고 다니는 건 소금 우습게 보이죠!" 이 임대계약은 한 달에 293달러로, 그녀가 그럭저럭 유지할 수 있을 정도였으나 문제는 임대 기간이 만료되는 시점에 발생했다. 계속해서 차를 소유하고 싶다면 1만 7천 달러를 마련해야만 했다. 만약 그렇게 하지 않는다면 그녀에게 부여된 3만 6천 마일을 초과한 만큼의 요금을 내야 했다. 즉, 1마일(약 1.6킬로미터)당 15센트의 요금을 지불해야 하는데, 그녀의 미터기는 5만 3천 마일을 가리키고 있었으므로 그녀는 2,500달러를 지불해야 했다. "제 형편상 2,500달러를 마련하는 건 불가능하니까 차를 살 수밖에 없었어요. 제 신용 상태는 엉망이었죠." 그녀는 학자금 대출로 1만 2천 달러, 신용 카드 부채로 1만 2천 달러를 체납하고 있었다. 같은 교회에 다니는 아는 부부와 연대보증을 선 이후에야 겨우 자동차 구입에 필요한 돈을 대출받을 수 있었다. 그것도 이자율 24퍼센트로. 전 주인인 남자의 허락을 받아 자동차 소유주 이름을 적는 란에 그의 이름을 기입하고 나서야 이자율은 19퍼센트로 내려갔다. 대출 상황은 매달 394.45달러였고, 납입은 지프 체로키가 고철 덩어리가 될 때까지 계속될 것이다.

높은 이자율은 저임금 노동자들의 발목을 붙잡는 가장 흔한 덫일 것이다. 결혼 당시에 앤은 안정된 신용도와 저금리를 누리던 중산층이었다. 그러나 이혼 이후 그녀의 위치는 급격히 추락했고, 얼마 후 완전한 빈곤과 구분 짓는 유일한 경계로 그녀에게 남은 것은 네 장의 얇은 플라스틱 조각뿐이었다. 한 장은 디스커버, 다른 한 장은 시티뱅크, 나머지 두 장은 시어스 카드였다. 예금 잔액이 점점 바닥을 향해 가면서 그녀는 자동차 수리비, 아이들의 건강을 유지하는 데 들어가는 비용, 아이들의 지적인 욕구를 채우기 위해 들어가는 비용 등 정당한 지출이라고 생각되는 것들에만 카드를 썼다. 크로스컨트리 스키 세트나 딸 샌디의 컴퓨터 같은 것들에 말이다. 샌디는 이후 다트머스 대학의 전액 장학금을 받게 된다. "신용카드는 자전거 같은 것을 살 때만 썼어요." 그녀는 강조했다. "감자칩이나 바비 인형을 사는 데 쓴 것이 아니라 책 종류, 아이들을 더 큰 사람으로 키우고 앞으로의 생활을 더 풍요롭게 만들고 성장에 도움이 되는 것들에만 카드를 썼죠."

'현재'는 언제나 불확실한 '미래'와 딜레마 관계에 있다. "크리스마스 선물은 항상 성대하게 준비했죠." 그녀는 고백한다. "왜냐하면 내년에도 크리스마스를 올해처럼 보낼 수 있을지 자신이 없었거든요." "엄마는 매년 크리스마스 때마다 내년에는 파티를 할 수 없을 거라고 말했어요." 거실에서 노트북 컴퓨터를 만지 작거리던 샐리가 말했다.

앤의 친척들은 그녀에 대해 비판적이었다. "우리들이 만약 크리스마스 시즌에 쇼핑을 잔뜩 하고 라즈베리도 한 상자 가득 산다고 하면, 그건 용서받을 수 없는 일이에요. 왜냐하면 우리에게는 그럴 만한 여유가 없으니까요." 그녀는 말한다. "예. 맞아요. 우리는 그런 종류의 선택을 해서는 안 돼요. 저는 가끔 사람들이 이렇게 이야기하는 것을 들어요. '어머, 저 사람들 좀 봐. 저 사람들은 생활보호를 받고 있잖아. 식품 쿠폰을 가지고 있어. 그런데 TV 같은 건 뭐하러 사는 거지?' …… 저는 미래가 불확실한 일상을 경험하고 있는 사람들이 느끼는 스트레스와 고통을 잘 알고 있어요. …… 그런 일상은 정말 고통스럽죠. 하지만 그런 고통을 건전한 방법으로 푸는 사람들이 있어요. 예를 들어 신용카드를 사용해 크로스컨트리 스키를 타든가 하는 것으로요. …… 예. 무책임한 일이죠. 하지만 매우 건전한 방법이지 않나요?" 그녀는 웃는다. 그러나 그 웃음이 즐거워 보이지는 않는다.

카드빚의 귀결은 눈덩이처럼 불어나는 청구서다. 게다가 그녀의 신용카드 등급은 AAA가 아니기 때문에 최대 23.999퍼센트의 이자가 부과된다. 더 중요한 것은 그녀의 급여가 — 거의 매날 대출금 이자와 청구서 요금을 성실히 내는 동안 — 카드 대금 지불 기일에 늦지 않고 낼 수 있을 만큼 일정하게 지급되지 않는다는 사실이었다. 그녀는 카드 회사가 원금에 연체료를 더해 터무니없는 이자를 부과하고 있다는 사실을 잘 알고 있었다. 그녀가 카드 사용을 그만두고 난 이후로도 차입 잔고는 계속 상승해 갔다.

이런 비슷한 상황은 미국 내 모든 지역을 막론하고 조금이라도 체납이 생기는 경우 동일하게 발생하고 있으며, 만성적인 문제를 일으키고 있다. 대출업자(돈을 빌려 주는 측. 은행, 카드 회사 등)는 고객의 신용 기록을 조사해 그들을 "서브프라임"으로 분류한다. 이 분류에 들어가면 높은 수수료와 금리가 부과되지만, 정작 고객 본인은 그런 사실을 눈치조차 못 챌 때가 많다. 왜냐하면 대출업자에게 소비자의 신용 등급을 결정하는 기준 점수를 공개하도록 의무화하고 있는 주州는 손가락 안에 꼽을 만큼 적기 때문이다. 점수는 최저 375에서 최고 900까지 부여되며, 다섯 개의 요소를 기준으로 정해진다. 지불 기일의 엄수, 부채 금액, 지금까지의 신용카드 사용 기간(길수록 좋다), 신청되어 있는 추가 신용의 크기(적을수록 좋다), 두 개 이상의 신용거래를 함께 이용하고 있는가의 유무(주택 대출과 자동차 대출은 신용카드보다 우선시된다)가 그것이다. 물론 대출업자는 가끔씩 사실을 잘못 파악한다. 그러나 그것은 그들에게 유리한 쪽으로 작동된다. 『소비자 리포트』*Consumer Reports*에 따르면, 서브프라임의 총 대부액은 1994년에서 1999년 사이에 (많은 원인들이 있지만 특히 거대 은행들의 탓으로) 370억 달러에서 3,700억 달러로 증가했다. 또한 1990년대에는 대출업자들이 "건전한 수준으로 설정되어 있던 기존의 대출 기준을 완화시켜 (소비자의 변제 능력 수준을 무시한 채) 닥치는 대로 소비자들을 유혹했는데, 동시에 대출 상환의 엄격한 기준은 기존과 동일하게 유지함으로써 결국 모든 비난이 서브프라임 고객에게 돌아가도록 했다. 대출업자들은 일제히 서브프라임 고객들을 비난하며 그들에게 매우 높은 이자율과 수수료를 부과해 징벌을 가하는 조치를 취했다. 현재 대출업자들은 대학생 ─ 16세 청소년까지 포함하는 ─ 을 새로운 표적으로 노리고 있다."[10]

앤의 말에 따르면, 그녀의 딸 샌디 브래시는 아이비리그 학생으로 돈은 한 푼도 없지만, "적어도 하루 한 건 이상의 대출 제안을 받는다"고 한다. 대출업자들의 적극적인 공세와 간편한 대출 과정으로 인해 개인 파산을 신청하는 십대들의 수가 급격하게 늘어나고 있다고 앤의 금융 상담사는 말한다. 앤에게 파산을 고려한다는 것은 있을 수 없는 일이었다. 어느 날 그녀는 거실 책상에 머리를 싸매고 앉아 확정 신고서에 적힌 숫자들을 계산하며 지출 내역을 정리하고 있었다. 그녀는 하얀 메모장에 숫자 목록을 적어 내려갔으나 모두 그다지 큰 숫자는 아니었다. "모르겠어요." 그녀는 말했다. "더 이상 의욕도 안 나네요. 절망적이에요. 여기서 벗어날 방법은 없어요." 나는 많은 사람들이 개인 파산을 이용해 궁지에서 벗어나고 있다고 그녀에게 말했다. "그것은 생활보호를 받는 것과 마찬가지잖아요. 하고 싶지 않아요." 그녀는 날카롭게 받아쳤다. "저는 단지 제가 갚아야 할 의무가 있는 돈을 갚고 싶을 뿐이에요." 불안하면서도 우울한 고음의 목소리로 그녀는 이렇게 말했다. "하지만 이런 이자율이라면 그것도 불가능해요. 아이들이 다 클 때까지는 양육비로 매년 1천 달러 정도가 더 들 거라는 것은 알고 있지만 어떻게 다른 방법을 찾을 수가 없어요. 그래서 전 빚을 얻었고, 그에 대한 책임을 져야 한다는 것도 알고 있어요. 그래서 지금 이런 상황에 처해 있는 거구요."

어떤 의미에서 앤은 내가 전국 각지 —뉴햄프셔의 작은 마을, 노스캐롤라이나의 농장, 로스앤젤레스의 공영주택단지 —를 돌아다니며 만난 저임금 노동자들의 전형적인 모습이었다. 그들은 흑인이나 백인, 히스패닉이나 아시아계, 미국에서 태어났거나 새로 이민 온 자들로 각양각색의 배경을 가지고 있었지만, 그 어떤 경우에도 분노에 사로잡혀 있는 모습을 보이지는 않았다. 앤 역시 누구를 비난하거나 하는 일은 하지 않았고, 사회 전체를 비판하지도 않았다. "지금 이런 상황에 처해 있기는 하지만, 이것도 제가 선택한 결과예요." 그녀는 분명하게 말했다. "신용카드 회사가 사람들의 약한 부분을 노리고 어처구니없이 높은 이자율을 부과하고 있다는 사실은 분명 잔인한 일이지만, 그럼에도 불구하고 카드를 사용하기로 결정한 것은 바로 저였어요. 이후 저는 2년 동안 카드에는 손도 대지 않았고 전화도 받지 않았어요." 그녀는 수금원의 목소리를 듣는 것이 싫어서 전화를 받지 않았다고 했다. "그들은 갖가지 말투와 목소리로 전화를 걸어 와요." 그들은 자동 응답기에 이런 메시지를 남긴 적도 있었다. "이 번호로 지금 즉시 전화하시오."

그녀는 이런 종류의 이야기를 할 때면 언제나 자신이 "불평"을 털어놓는 것에 대해 사과했다. 그러나 생각해 보면 나는 그녀가 불평을 털어놓도록 부추기는 쪽이었다. 나는 그녀에게 끊임없이 질문을 해댔다. 현재의 상황을 어떻게 생각하는가? 기분은 어떤가? 무슨 생각을 하고 있는가? 안락한 중산층 가정에서 자란 사람에게 빈곤의 경계에 서있다는 것은 얼마나 낯선 일인가?

"때로는 단돈 2달러가 없어서 쩔쩔매고, 25달러를 언제나 거금처럼 느낄 수밖에 없는 상황. 그런 상황은 어느 누구도 겪고 싶어 하지 않을 거예요." 그녀는 마치 여전히 낯선 경험을 하고 있는 사람처럼 말을 이었다. "보통 사람들은 2달러 때문에 울고 25달러 때문에 웃는 그런 일은 없지요. 그렇지 않나요? 그러니까 평범한 삶을 사는 사람들 말이에요." 그녀는 절망적인 표정으로 웃었다. "삶이 이렇지 않았던 때 말인가요? 기억이 안 나요. 평범한 삶이 기억이 안 나요. 밤이고 낮이고 온갖 걱정들이 머릿속에서 떠나질 않아요. 자동차를 제대로 손보지 않았는데 잘 굴러갈 수 있을까? 이걸 어떻게 할까? 이건 꼭 해야만 해. 이건 어떻게 처리하지? 청구서들을 어떻게 연장시키지? 만약 갑자기 예상 밖의 일이 일어난다면……"

5월. 그녀의 자동차 임대 기한이 만료되기 3달 전, 그녀의 전남편이 매주 1백 달러씩 보내던 아이들의 양육비가 끊겼다. 샐리가 열여덟 살이 되었기 때문이다. 그것은 일종의 데드라인 같은 것으로 앤은 결국 개인 파산을 고려하지 않을 수 없다. 그것은 그녀의 신조와는 맞지 않는 것이었지만 그 방법 이외에 가계부의 숫자를 맞출 수 있는 방법은 없었다. 그러나 그녀는 곧 자신이 너무 가난해서 파산선고도 할 수 없다는 사실을 알게 되었다. 변호사 비용으로 7백 달러, 신청 수수료로 2백 달러가 필요했기 때문이었다. 그녀는 파산 신고를 하는 대신 금융 상담사를 찾았다.

정기적인 납입을 통해 원금 상환이 가능하다고 인정되는 경우에는 금융 상담사가 신용카드 회사와 이야기해 이자율을 0%로 낮추는 교섭을 하기도 하는데 앤의 경우에는 그런 선택을 하기에도 너무 가난했다. 앤의 소득은 불규칙하고 매우 낮았으며 지출해야 할 금액이 너무 많았고 소유하고 있는 자산도 거의 없었다. 결국 상담사는 원금 상환이 전혀 불가능하다는 판단을 내렸고 일단 신용카드 청구서의 지불을 그만두고 우선 집세와 전기 요금을 내면서 파산선고에 필요한 돈을 모아 파산 신청을 하도록 조언했다. 그녀는 이를 악물고, 앤의 말을 빌리자면 "도덕적 물음은 한편에 접어 두고," 3월분 신용카드 청구서는 지불하지 않고 식비를 줄여 7개월 동안 저금한 뒤 10월에야 파산 신청을 위한 9백 달러를 모을 수 있었다. 그러나 그것은 축하할 만한 일이 못되었다. "저는 2주 간격으로 약 860달러를 벌었어요." 그녀가 설명했다. "격주로 받는 수표의 절반은 집세로, 나머지 절반은 자동차로 나가요. 그리고 전기, 가스, 수도세하고 출퇴근 교통비가 나가죠. 속옷을 새로 살 돈도 없었어요. 올해는 크리스마스 파티도 할 수 없겠죠. 아이들과 같이 식사는 할 생각이지만……. 미안해요. 불평할 생각은 없었어요."

이자율이 아파트의 상태에 따라 결정된다는 것은 표면상으로는 기묘하게 보인다. 왜냐하면 낡은 아파트에서 생활한다는 것은 위생적으로 안전을 보장받지 못한다는 것을 뜻하며, 청결하지 못한 환경은 질병의 발생 빈도를 높이고 의료비 지출을 늘어나게 한다. 높은 의료비 부담은 신용카드 등급에 영향을 미치고, 낮은 신용카드 등급으로는 신뢰할 만한 성능을 가진 자동차를 살 수 없으며, 질 나쁜 자동차는 노동자가 제시간에 출근하는 것을 방해한다. 시간 약속을 지키지 못하는 노동자는 직장 내에서 신뢰를 얻기 힘들어지며, 승진이나 임금 상승의 기회를 잡기 어렵게 되고, 따라서 현재의 낡은 아파트에서 벗어날 수 없게 된다. 가족은 계속해서 낡은 아파트에 갇히게 되는 것이다. 빈곤이라는 복합적인 결핍은 그런 것이다. 빈곤의 완전한 구조가 세워지기까지 한 요소는 다른 요소들을 보강한다. 리사 브룩스의 경우 역시 그러했다.

그녀는 스물네 살밖에 안 되었지만 피로로 인한 눈 밑의 기미 때문에 얼굴은 또래보다 늙어 보였다. 그녀의 금발 머리는 스트레스와 관리 부족으로 덥수룩해져 있었다. 정신장애를 가진 이들의 사회 복귀 훈련 시설에서 도우미로 일하고 있는 그녀는 상냥하고 꼼꼼한 성격으로 맡은 일을 잘해 나갔으나 시급은 8.21달러밖에 받지 못했다. 그것은 그녀가 네 아이들에게 매우 적은(연방 정부가 정한 빈곤선에서 연간 2천 달러 정도 밑도는) 수입밖에 가져가지 못한다는 것을 의미했다.

그녀는 뉴햄프셔 주 뉴포트의 황량한 지역에 위치한 아파트(최근 연구에 따르면 이런 아파트는 소아천식을 유발하고 악화시킨다)에 살고 있었다. 리사는 천식을 유발하는 곰팡이나 진드기, 쥐 배설물, 바퀴벌레 같은 것에 주의를 기울여 본 적이 한 번도 없었다. 그러나 그녀는 비치가(街)의 찬바람이 새는 낡은 목조 아파트로 이사 오고 나서 아홉 살 난 아들 니콜러스의 증상이 악화되었다는 사실은 알 수 있었다.

니콜러스는 (앞이 보이지 않는) 할머니와 집에 있을 때, 갑자기 호흡곤란을 일으킨 적이 두 번 있었다. 그때마다 그녀는 911에 전화를 걸어 구급차로 신속하게 니콜러스를 병원으로 데려갈 수 있었다. 처음에는 클레어몬트였고, 두 번째는 뉴런던이었다. 두 군데 응급실에서 모두 산소호흡과 스테로이드 처치를 받았다. 그러나 가족 의료보험 측 — 리사가 격주로 95달러를 내고 있던 — 은 구급차 사용을 의사가 정식으로 허가하지 않았다며 두 차례의 구급차 비용 240달러와 250달러의 지급을 거절했다. 리사는 보험 규약과 수속을 제대로 이해하고 있지 못했으며, 이의신청을 어떻게 해야 하는지도 몰랐다. "진료소와 보험회사하

빈곤이라는 복합적인 결핍은 그런 것이다.
빈곤의 완전한 구조가 세워지기까지
한 요소는 다른 요소들을 보강한다.

고 싸웠어요." 그녀는 불만을 드러냈다. "그들은 그저 뭐가 어쨌든지 간에 내가 돈을 내야 한다고만 하는 거예요."

그녀는 파산 직전의 상태에서 임시변통으로 생활해 왔기 때문에 청구된 금액을 일시불로 지불할 수 없었고, 그 결과 미지불한 구급차 비용이 그녀의 신용 보고서에 기록되었다. 그녀가 트레일러를 구입해 지금 사는 곳보다 더 나은 곳으로 이사하기 위해 대출을 신청하려고 했을 때, 그녀의 신용 보고서에 미지불된 구급차 청구서가 포함되어 있다는 사실이 드러났고, 신청은 거절당했다. 출퇴근에 필요한 신뢰할 만한 성능의 차를 구입하고자 했을 때도 그녀는 거부당했다. 그래서 1989년식 도지 캐러밴이 전기 계통에 치명적인 고장을 일으켰을 때, 그녀는 신용 조사가 필요 없는 중고차 매장으로 향할 수밖에 없었다. 그러나 중고차 매장에서는 15.747퍼센트의 이자를 부과한다. 그녀는 주행거리 8만 2천 마일의 1995년식 플리머스 네온을 구입하는 데 5,800달러를 썼다. 그리고 새로 산 플리머스 네온은 발전기 불량과 그 밖의 잦은 고장으로 매달 1, 2백 달러를 잡아먹었다.

리사와 고금리 대출에 관해 이야기한 그날, 나는 우연히 보험회사로부터 부탁하지도 않은 자동차 구입 자금 대출 안내서를 받았다. 거기에 적혀 있는 이자율은 7.5퍼센트로 리사가 부담하고 있는 이자율의 절반 이하였다. 나한테는 자동차 구입 자금 대출이 필요 없었고, 바로 그 사실이 이자율이 낮은 원인이었다. 자유 시장경제에서는 (사채를 발행하는 기업의 경우와 마찬가지로) 재정적으로 불안정한 사람일수록 빌린 돈의 이자율이 높아진다.

가난한 사람과 은행 투자가 사이에는 한 가지 공통점이 있다. 그들은 모두 돈에 관해 생각하는 데 많은 에너지를 쏟는다. 그들은 판단하고, 예측하고, 계획을 세우고, 그들이 내린 결정은 모두 커다란 중요성을 가진다. "배가 고파지면 먹는 것에 온 신경이 집중된다. 청구서를 지불하는 데 악전고투하다 보면 돈은 비극적인 수준으로까지 중요하게 된다." 세바스찬 융거Sebastian Junger는 그를 벼락부자로 만들어 준 베스트셀러 『퍼펙트 스톰』The Perfect Storm에서 이렇게 묘사했다.[11] 돈이 비극적 수준으로까지 중요한 사람들은 선택을 내릴 때마다 매번 힘겨운 과정을 거친다. 광고 전단지를 뒤지고, 쿠폰을 모으고, 재활용 매장을 샅샅이 뒤져 특가품을 찾는다. 그러나 한편에서는 저축을 할 만큼 충분한 돈을 벌어 본 적이 한 번도 없기 때문에 저축의 이점을 모르고 현금을 그대로 써버리는 사람들도 있다.

그들은 미국의 향락주의 가치관과 가난한 자들은 절제하고 포기하고 참아야 하며 즐거움을 추구해서는 안 된다는 가치관 사이에서 갈등하고 있다. 그래서 앤 브래시가 라즈베리를 사는 것을 두고 사람들은 눈살을 찌푸리는 것이고, 그 밖의 많은 가난한 사람들에게도 케이블 TV 시청 같은 행위는 방자한 행위로 비판 받는다. 빈곤 추방과 관련된 일을 하는 사람들 중에도 매달 케이블 TV 시청료를 내는 사람들을 보며 불쾌한 감정을 드러내는 경우가 있다. 그리고 내가 보기에 가장 혹독한 비판자들은 많은 경우 스스로가 이전에 가난했던 사람들이다.

헌신적인 열정을 가지고 빈곤가족을 돕는 단체들의 모임에 참석하다 보면, 클라이언트들[복지 서비스를 받는 사람들]의 방만한 지출에 대해 가차 없이 비판하는 이들을 종종 발견할 수 있다. 그들은 그것이 마땅히 해야 하는 일이라도 되는 듯 생각하고 있는 것 같았다. 그런 식으로 남의 흠을 들춰내길 좋아하는 사람들은, 반드시라고 해도 좋을 만큼 자신이 어렸을 적에 생활보호 대상자였다든가, 미혼모였다면서 절망적 경험과 불행한 기억에 관해 과시하듯 이야기를 꺼낸다.

그들이 경험한 과거의 빈곤은 발언의 정당성을 인정받는 근거가 되는 것이다. 일찍이 빈곤의 굴레에서 벗어난 경험이 있는 그들은 낙오된 사람들이 기회를 헛되이 낭비하는 것을 그냥 참고 보기 어려워한다.

뉴햄프셔 주 클레어몬트 시의 밸리 지역 병원에서 열린 토론회에 참석한 낸시 제토 역시 열변을 토했다. 그녀는 세상 물정에 밝은 케이스 매니저*로 섬유 공장과 신발 공장의 폐쇄로 실업 상태가 된 가난한 백인을 대상으로 하는 진료·의료 프로그램 "파트너스 인 헬스"**에서 일을 했다. 매사추세츠 주 사우스 홀리오크의 공영주택에서 자란 그녀는 생존을 위해 필요한 방법을 아주 잘 알고 있었다. 지급받은 식품 쿠폰을 내다 팔거나, 빨래 건조대에 걸려 있는 남의 옷을 훔쳐 입거나, 슈퍼마켓 선반에서 재빨리 음식을 훔쳐 먹는 방법 같은 것들을 말이다. 그녀는 의료 문제와 의료 서비스에 관한 동료들의 자세한 분석을 몇 분 동안 경청한 후, 이렇게 거침없이 말했다. "저는 주州에서 나오는 돈을 받는 사람들은 모두 강제로라도 가계 운영에 관한 상담을 받도록 해야 한다고 생각해요." 그녀는 단언했다. "그들 가운데 많은 이들이 전화 요금으로 150달러나 쓰고, 또 케이블 TV 시청료로 90달러나 내고 있다는 사실을 저는 잘 알고 있어요."

"그리고 모두 통화 중 대기 서비스에 가입해 있지요." 낸시의 강한 어조 때문

● 케이스 매니저Case Manager
'사례 관리자'로 번역되기도 한다. 복합적 요인으로 보호가 필요한 상태에 있는 이들에게 지역사회가 가진 다양한 자원을 연결시켜 관리하는 원조 대책이다. 간호사나 사회복지사 등이 겸임하는 경우가 많다.

●● 파트너스 인 헬스Partners In Health, PIH
매사추세츠 주, 보스턴 시에 기반을 둔 비영리 보건 의료 단체. 지역의 자매단체들과 장기적인 파트너십을 맺음으로써 가난한 이들에게 양질의 의료 서비스를 제공하는 것을 목적으로 한다.

인지 약간 부드러운 어조로 한 사회복지사가 덧붙였다. 다른 사람들도 모두 이 불만 섞인 이야기에 동조했다. 한 초등학교 교장은 몸이 아픈 여학생 때문에 그 집에 전화를 걸려고 했으나 전화가 불통이었다며 이렇게 말했다. "그 학생은 이렇게 말하더군요, '네. 우리 집은 전화 요금도 케이블 TV 요금도 낼 형편이 안 돼요.' 전화 요금도 낼 형편이 못 되면서 케이블 TV에는 가입하고 있다는 사실을 듣고 놀랄 수밖에 없었습니다." 교장의 이야기를 들은 사람들은 이해할 만하다는 듯 고개를 끄덕였다.

"그 사람들 냉장고에는 우유가 없어요. 그러나 케이블 TV는 있지요." 브렌다 세인트 로렌스는 말한다. 그녀는 갖가지 문제로 고통받고 있는 젊은 엄마들을 돕는 프로그램에서 가정방문원으로 일하고 있었다. 브렌다의 클라이언트들은 브렌다의 상냥하면서도 강한 면을 사랑했다. 클라이언트들은 그녀에게서 지금껏 경험해 보지 못한 애정을 느낄 수 있었다. 검약, 자조, 금욕, 물려받은 옷과 직접 재봉한 옷에 대해 그녀의 부모가 가지고 있는 자긍심, 생활보호와 식품 쿠폰의 수급 거절 등 브렌다는 그녀가 노동계급의 아이로 성장하며 얻은 교훈들을 상담에 응용했다. 생존을 위한 그녀의 처방은 성실한 노동과 현명한 선택이라는 두 가지로 축약될 수 있었다. "우리는 이 가치들을 클라이언트들이 최우선순위로 여기도록 노력하고 있습니다." 그녀는 망설임 없이 말했다. 그녀의 불만 사항은 클라이언트들이 돈이 많이 든다며 의료보험에는 가입하려 들지 않으면서 2백 달러나 되는 비디오와 TV 세트는 사려고 한다는 것이었다.

"그것은 한순간의 만족일 뿐이며 현실도피입니다." 그녀의 동료 중 한 사람도 거들었다. 옳은 말이다. 왜 아니겠는가? 그러나 이렇게 물을 수도 있다. 그것의 어디가 그렇게 나쁜 것인가? 세상에는 TV로의 도피보다도 더 나쁜 도피 방법이 많이 있다. 그리고 TV라고 하는 매체에 의해 형성된 미국 내의 보편적인 기반을,

어째서 가난한 사람들은 공유해서는 안 된다는 것인가? 불과 수십 년 전까지만 해도 복지 수급자는 전화 같은 사치품을 소지하는 것이 허용되지 않았다는 사실을 상기해 볼 필요가 있다. 전화는 아이들이 다치거나 병에 걸렸을 때 도움을 요청할 수 있게 해주고 구직을 용이하게 한다는 주장에 의해 전화 소지 금지 조치는 사라지게 되었다.

많은 빈민 운동가들은 가난한 사람들이 중산층의 즐거움을 추구해서는 안 된다는 생각이 옳지 못한 것이라고 느끼고 있다. 일부 원조 제공자들은 가난한 사람들에게 금욕적인 생활 태도를 강요하는 가치관에 대해, 모든 계급과 문화와 인종을 둘러싼 높은 경계선 위에서 사람을 내려다보는 것과 같은 인상을 받는다고 이야기한다. 그러나 이런 저항감은 예전에는 가난했으나 지금은 원조를 제공하는 쪽에 선 사람들 사이에서는 그다지 일반적이지 않은 것 같다. 그들은 클라이언트들 — 조직적 혹은 비조직적인 사기꾼들에 의해 돈을 갈취당하거나 무계획적인 쇼핑으로 스스로가 돈을 탕진하는 사람들 — 의 돈 쓰는 습관과 같이 자신들의 주장을 뒷받침하는 좋은 예를 많이 알고 있다. 예를 들어, 약물이나 알코올의존증 치료 프로그램Alcoholics Anonymous[알코올의존증 치료를 돕기 위한 민간단체. AA로 불리기도 한다]에서 회복 단계에 있는 환자들이 돈을 낭비하는 것을 본 경험을 바탕으로 사회 복귀 훈련 시설에서도 프로그램 참여자들의 임금을 제삼자가 관리하는 계좌에 예탁하도록 해야 한다고 주장하기도 한다.

브렌다는 그녀가 담당하는 젊은 엄마들을 그런 식으로 강제할 수는 없었지만 자신이 원하는 방향으로 지도하기 위해 노력했다. "식료품점에 가기 전에는 반드시 목록을 작성하도록 하고 있어요." 그러나 그런 노력도 소용없었다. "청구서를 내기 위해 모아 놓은 돈이 음료수나 담뱃값으로 나가요. 또 대부분이 애완동물을 키우고 있지요." 그녀가 칭찬을 아끼지 않는 가족은 아이들이 무료 급식을 받을 수 있는데도 자존심 때문에 그것을 거절하는 그런 종류의 빈곤가족이다.

"진짜로 모범적인 빈곤가족은 영양가 있는 도시락을 어머니가 직접 싸주지요." 한 교장 선생님이 말한다. "트윈키[크림이 들어간 작은 스펀지케이크] 같은 것이 아니라 정성 들여 만든 샌드위치와 과일을 싸줍니다." 당시 테이블에서 오고간 사례들이 진정 '모범적인 빈곤가족'을 대표하는 사례인지는 확인할 수 없다. 왜냐하면 무절제한 행동보다 '무절제하지 않은 행동'은 기억하기가 더 어렵기 때문에 이들이 이야기하는 사례가 진정 얼마만큼의 신빙성을 가지고 있는지는 장담할 수 없기 때문이다.

낭비가는 낸시의 눈에 금방 들어온다. 그녀는 처방약을 받기 위해 찾아온 한 남성을 기억하고 있었다. 제약 회사는 유통기한이 다된 약을 되도록 빨리 처분하기 위해 기부할 곳을 찾곤 하는데, 낸시는 그런 제약 회사의 요구에 언제라도 대응할 수 있도록 필요한 사무를 미리 처리해 놓을 필요가 있었기 때문에 잔업을 하는 날이 많았다. 그날도 언제나 그랬듯이 잔업을 하고 있었다. 한 남성이 찾아와서 약이 필요하다고 했고, 이야기를 나누던 도중 그가 집 거실에 전 채널을 시청할 수 있는 케이블 TV를 계약한 사실을 알게 되었다. 낸시는 화를 내면서 이렇게 말했다. "당신이 케이블 TV 시청료로 한 달에 90달러를 쓰고 있는데, 왜 내가 당신의 약값 40달러를 위해 내 시간을 낭비해야 하죠?"

낸시는 아파트 뒤에 있는 테라스에 앉아 서늘한 바람을 맞으며 담배를 피우던 할머니 리사 버틀러를 좋아했다. 리사가 사는 곳은 워싱턴의 베닝 테라스로 마을 대부분이 흑인 빈민 지역이었다. 그녀의 딸 다이앤은 7월의 어느 날 밤 12시, 레크리에이션 센터 문을 나오다가 달리는 승용차에서 쏜 총에 맞아 숨졌다. 다이앤에게는 네 살, 여덟 살, 열여섯 살 된 자식들이 있었다. 낸시의 할머니 리사는 그런 상황을 헤쳐 나가기 위해 절약하는 기술을 필사적으로 연마할 수밖에 없었다. 그녀는 이웃들에게 끊임없이 절약에 관해 충고하곤 했다. 만약 절약을 주제로 세미나를 열어 강사를 초빙한다면 아마도 — 실제로도 그래야 마땅하다

—그녀가 가장 적합한 강사가 될 것이다.

그녀는 사회보장 급부를 받고 있었기 때문에 생활보호 수급액은 딸보다 적었다(딸이 받는 금액은 월 5백 달러, 리사가 받는 금액은 379달러였다). 식품 쿠폰의 경우 그녀의 딸은 4백 달러어치, 리사는 180달러어치를 받았다. 리사와 그녀의 죽은 남편은 한때는 수위로 일하다가 이후에는 레스토랑에서 요리사로 일했다. 그녀에게 연금은 없었다. “형편이 어렵다고 생각한 적은 한 번도 없어. 나는 시골 할머니거든. 경제에 맞게 절약하는 법을 잘 알고 있지.” 그녀는 문법에 맞지 않는 영어로 이렇게 말하고는 담배 연기를 내뿜었다. 그녀는 40년 전에 미시시피에서 이주해 왔기 때문에 그녀를 시골 할머니라고 불러도 무리는 없을 것이다. 그러나 그녀는 손자들이 요구 사항을 내세우거나 떼를 쓸 때면, 마치 언제 전진하고 후퇴해야 하는지 잘 알고 있는 노련한 야전 사령관과도 같이 아이들을 어떻게 구슬리고 달래야 하는지 잘 알고 있었다. “우리 애들은 시시한 것은 원하지 않아.” 그녀는 자랑스럽게 이야기한다. 아이들은 아이스크림을 파는 트럭이 마을 안을 돌아다닐 때 트럭을 향해 뛰어가는 것이 금지되어 있었다. 아이스크림이나 과자, 사탕, 음료수는 집에 사 놓는 편이 더 싸게 먹힌다. 그녀는 물론 세일을 유심히 체크하고 있으며, 세이프웨이나 자이언트, 샤퍼스 웨어하우식할인 슈퍼마켓 체인틀]에서 파는 케첩이나 콜라의 가격은 외우고 있을 정도다. “수요일에 전단지를 받아 메모해 놓지. 콜라는 한 상자에 1달러 89센트. 세일해서 69센트가 되면 두세 상자 사놓아. K마트는 한 병에 69센트짜리 케첩하고 머스터드소스를 팔고 있지. 그걸 세이프웨이에서 가장 싼 값에 사면 1달러 23센트고.” 훈제 쇠고기를 싸게 팔 때는 많이 사 놓는다. “그걸 네모 반듯이 잘라 스튜에 넣을 고기로 쓰지. 때로는 페이퍼 스테이크를 만들기도 하고. 세일할 때는 많이 사놔. 차는 없지만 여기저기 잘 돌아다녀. 내 장갑차, 버스를 타고." 혼자서 나르지 못할 정도로 물건을 많이 산 경우에는 아는 동료에게 5달러를 사례로 주고 도움을 받는다. "일요일에 재활용 매장에 가서 베개 커버가 딸린 시트 4세트, 매트리스 커버 4장, 커피 컵 8잔, 그리고 싱글 침대까지 전부해서 43달러를 주고 샀어. 옆집 사람은 매일같이 재활용 매장에 가는 사람인데, 나는 그에게 '당신은 돈을 잘못 쓰고 있어'라고 말해 주지." 리사 버틀러는 자신의 말을 들어주는 사람이라면 누구에게나 어떻게 하면 쇼핑을 잘할 수 있는지 그 비법을 전수해 준다.

빈민 운동가들은 학교에서 가계 관리와 관련한 필수과목을 개설해 주길 바라고 있는데, 실상은 정반대의 교육이 이루어지기도 한다. 빈곤층이 밀집해 있는 워싱턴 어느 지역의 학교에서는 4학년 학생들에게 스탠퍼드 9 학력고사[매년 봄에 실시되는 전미 표준 학력 시험]를 준비시킬 때, 다음과 같은 지문이 실린 연습 문제를 이용했다.

> 빅터는 무엇보다도 돈을 좋아했습니다. 그는 친구가 거의 없었습니다. 그는 즐거운 일에는 결코 돈을 쓰려 하지 않았습니다. 그는 가난에 처한 사람들에게 돈을 주는 일 같은 것은 절대로 하지 않았습니다. 그는 오직 일과 저금만 할 뿐이었습니다. 말할 것도 없이 빅터는 비참한 기분이 들 때가 많았습니다.
> 도리언은 전혀 달랐습니다. 그는 즐거운 시간을 보내는 것을 매우 좋아했습니다. 영화나 연극을 보러 가는 것을 좋아했습니다. 열심히 일했지만 그에게 돈은 중요하지 않았습니다. 누군가가 돈을 좀 빌려 달라고 부탁하면 그는 언제나 선뜻 내주었습니다.

검약을 구두쇠로, 노동을 고통으로, 낭비를 관대함과 행복으로 혼동하고 있는 이 연습 문제는 학생들에게 빅터와 도리언의 다른 점에 관해 가장 적절한 설명을 고르도록 지시했다. 정답은 다음과 같았다.

"도리언은 다른 사람들을 도왔고, 빅터는 돕지 않았다."[12]

아이들에게 자선을 가르칠 때 근로와 검약을 폄하할 필요는 없다. 모두가 알고 있듯이 돈이 조금 필요하다고 해서 돈을 숭배해서는 안 되지만, 돈이 조금도 없는 상황이라면 틀림없이 돈은 중요하다.

현금이 부족한 상황에 대처하는 방법으로 가장 일반적인 것이 바로 물물교환이다. 어떤 경우 그것은 단순한 호의처럼 보이기도 한다. 리사 버틀러의 이웃에 사는 마키타 반스는 정비사 친구에게 부탁해 매우 적은 돈으로 차를 수리했고, 대신 쇼핑을 해준 친구를 위해 자기 차를 빌려 주기도 했다. 그녀와 친구는 낮에 서로 돌아가며 아이들을 돌봐 주기도 했는데 금전적인 거래는 없었다.

교환이 더욱 노골적으로 이루어지는 사례도 있다. 낸시 제토는 자궁 적출 수술을 받는 대가로 수술을 해준 의사의 사무실에서 일을 해주었다. 중년의 도서관 사서 린(가명)은 어린 시절 테네시에서 매우 가난하게 보낼 때 생긴 물물교환의 습관을 아직도 간직하고 있었고, 동유럽의 빈곤을 경험하고 극복한 뒤 현재는 학교 선생님으로 일하는 그녀의 남편도 마찬가지였다. "저보다 재봉 일을 잘하는 친구가 있어요." 린은 말한다. "그녀가 바느질을 해주면 저는 항상 그녀의 집을 청소해 주지요." 그녀의 남편은 아마추어 목수 실력을 살려 가구 제작소 뒤편에 버려진 목재를 주워다가 식기 선반이나 책꽂이 같은 것을 만든다. 린은 그가 만든 식기 선반을 "세상에서 가장 맛있는 블루베리 파이를 만드는 친구"의 블루베리 파이와 교환했다고 한다. "어쩔 때는 자동차 수리와 교환하기도 해요." 그리고 그녀의 조카는 사무실 책꽂이를 받는 대신에 그들의 컴퓨터를 조립해 주었다.

린은 그런 소박한 거래의 노하우가 지역사회에서 제대로 활용되고 있지 못하고 있으며 그런 분위기 자체가 점점 사라져 가고 있음을 안타까워했다. "우리는 직접 옷을 만들어 입어요." 그녀는 말한다. "우리가 먹는 야채는 모두 제가 기르고 절인 것이고, 남편은 지금까지 살던 집을 모두 직접 수리하고 어떤 때는 새로

짓기까지 했어요. 가전제품을 수리할 때도 사람을 부른 적은 한 번도 없어요."

그들은 매우 신중한 태도로 중산층 진입을 시도하고 있었다. "50대 후반이 되고 나서야 우리들은 사치라고 부를 수 있는 것들을 하기 시작했죠." 예를 들면? "예를 들면……, 크리스마스에 8달러짜리 와인 한 병을 사서 둘이 마셨어요. 아직 조금 남아 있어요. 벌써 한 달이나 지났지만요. 어젯밤에도 조금 마셨어요."

그녀의 검약은 빈곤에 대한 불안에서 생겨난 것이기는 하지만 이제는 그녀의 자긍심이 되어 있었다. "얼마만큼 돈을 버는가는 그다지 중요하지 않아요. 얼마만큼 돈을 쓰느냐가 중요하죠." 그녀는 힘주어 말했다. "억만장자에서부터 최하 극빈층에 이르기까지 모든 사람에게 해당하는 말이에요. 그리고 저는 이것이야말로 미국의 가장 큰 문제라고 생각해요. 이게 필요하다, 저게 필요하다, 최신 상품, 최첨단의 제품, 최고의 것 등등 자기 회사 제품을 사라고 외쳐 대는 광고들. 이 제품이 당신에게는 필요하다고 외쳐 대는 광고들. 제가 보기에 바로 이것이야말로 미국의 문제예요."

확실히 낭비는 가난한 사람들만의 전유물은 아니다. 톰 울프Tom Wolfe는 『허영의 불꽃』The Bonfire of the Vanities이라는 작품에서 호레이셔 앨저가 그렸던 것과는 정반대되는 미국의 모습을 훌륭하게 묘사하고 있다. 이 소설에 등장하는 증권 거래사는 이렇게 외친다. "나는 이미 일 년에 1백만 달러씩 적자를 보고 있다고!"

다음은 소설에서 발췌한 부분이다.

무서운 숫자가 그의 머릿속을 어지럽게 뛰어다닌다. 작년 총수입은 98만 달러였다. 그러나 아파트를 사기 위해 대출한 180만 달러의 변제가 매달 2만 1천 달러씩 나간다. 연봉 1백만 달러의 인간에게 한 달 2만 1천 달러는 돈도 아니었다. 그는 당시 그렇게 생각했다. 그러나 그것은 사실 너무 무거워 짓눌려 으깨져 버릴 것만 같은 짐이었다. 일 년으로 따지자면 25만 2천 달러 …… 세금을 고려하면 25만 2천 달러를 지불하기 위해 42만 달러의 수입이 필요하게 된다. 작년 연봉에서 그것을 뺀 나머지 56만 달러 가운데 4만 4,400달러가 매달 아파트 관리비로 들어갔다. 11만 6천 달러가 사우샘프턴의 올드 드로버스 무어링 레인에 있는 집을 위해 필요하다(저당권 설정 주택 담보대출의 변제가 이자를 포함해 8만 4천 달러, 난방·수도·광열·보험·수리에 드는 돈이 1만 8천 달러, 잔디 깎기와 울타리 관리에 6천 달러, 세금이 8천 달러). 집과 레스토랑에서 쓸 유흥비가 3만 7천 달러. 이 정도는 다른 집과 비교하면 검소한 편이다. 사우샘프턴에서 열었던 캠벨의 생일 파티에도 카니발 놀이 기구를 한 대밖에 놓지 못했다(물론 그것에 딸린 조랑말과 마술사는 필수였기 때문에 부르지 않을 수 없었다). 그렇게 해서 4천 달러로 어떻게든 때울 수 있었다. 탈리아페로 학교의 학비가 학교 버스비를 포함해서 연간 9,400달러. 가구와 의복 청구서 액이 약 6만 5천 달러에 달한다. …… 시중들(보니타, 미스 라이온스, 청소하는 루실, 사우샘프턴의 잡용부 호비)을 합쳐서 연간 6만 2천 달러. 남는 것은 겨우 22만 6,200달러, 한 달로 치면 1만 8,850달러, 거기에 세금이 추가되고 …… 두 대의 자동차 주차장비(월 840달러), 식비(월 1,500달러), 클럽 회비(월 250달러) 등 여기저기 들어갈 곳이 많은데 ─ 소름끼치는 사실은 작년에 98만 달러 이상을 지출했다는 사실이다. 아무래도 이곳저곳 절약할 필요가 있을 듯하다. ─ 하지만 그 정도로는 턱도 없을 것이다 ─ 만약……, 최악의 사태가 일어난다면![13]

숫자의 크기는 훨씬 작지만 현실 세계에서도 비슷한 패턴을 윌리 구델과 사라 구델 부부의 경우에서 찾을 수 있다. 갓 20대를 넘긴 두 사람에게는 어린 자녀가 셋 있었고 두 사람 모두 정리되지 못한 어린 시절의 기억을 간직하고 있었다. 그들은 성장 과정에서 자포자기적인 행동 ─ 윌리는 음주, 사라는 폭력 ─ 을 반복했고 이 습관은 지금까지도 계속 이어지고 있었다.

그들은 사라의 할머니가 소유하고 있는 낡은 집 2층에 살고 있었다. 비바람에 풍화된 건물은 뉴햄프셔 주 클레어몬트 중심부의 낡은 집들이 빼곡히 십자 모양으로 교차하는 길 가운데에 마치 당장이라도 썩어서 무너질 것만 같은 모습으로 처량하게 서있었다. 사라의 할머니는 집을 수리할 만한 여유가 없었다. 집에서 제대로 작동하는 것은 샤워기, 세탁기와 건조기, 부엌의 배수구 정도로 극히 일부에 지나지 않았다. 창문은 망가졌고 거실에는 카펫 대신 다 벗겨진 바닥재만 남아 있었다. 벽 한편에는 장난감이 가득 쌓여 있었고 높은 CD 수납장, 오디오 세트, 커다란 TV 세트가 장식장을 차지하고 있었다. 세 살과 한 살이 된 두 아이는 발가벗은 채 기저귀만 차고 있었다.

뉴잉글랜드의 많은 공장 도시들처럼 클레어몬트 역시 고풍스런 정취가 그대로 남아 있는 것은 귀여운 이름이 붙은 지명뿐이었다. 슈거리버Sugar River, 섬머 스트리트Summer Street, 플레전트 스트리트Pleasant Street, 펄 스트리트Pearl Street······. 공장들이 철수하기 시작하면서 괜찮은 직장은 대부분 사라지고 생활비를 겨우 벌 수 있을 정도의 일을 어렵사리 구할 수 있을 뿐이었다. 그나마도 일을 유지하기 위해서는 고된 노동을 감수해야만 했고, 이는 마치 모래를 씹는 것과 같은 악전고투의 연속이었다. 펄 스트리트에 살고 있는 윌리와 사라는 다른 사람들보다는 운이 좋은 편이었다. 왜냐하면 윌리는 사라의 양아버지를 통해 매사추세츠에 건축 중인 사탕 공장과 제약 공장에 시트 재질의 금속 지붕을 붙이는 일을 구할 수 있었기 때문이다. 각각의 공장까지 차로 가는 데 매일 두 시간 반이 걸렸지만, 시급으로 13~20달러를 벌 수 있었다. 벌이가 좋았던 해에는 3만 1천 달러까지 벌기도 했다. 문제는 그들이 그 돈을 다 써버린다는 데 있었다. 그것도 습관적이고 무의미하며 만족스럽지 못한 일상 잡화를 구입하면서 순간적인 즐거움을 얻는다는 것이 문제였다. 담배만 일주일에 50달러, 그 밖에 옷, 신발, CD 등등. 거의 매일 저녁은 맥도날드나 피자헛, 타코벨에서 외식. 그들에게는 은행 계좌가 없었다.

윌리는 호리호리한 체격에 안경을 쓰고 더부룩한 갈색 머리를 하고 있었고 온화한 인상에 태도는 여유로웠다. 그는 가끔 보일 듯 말 듯 미소를 짓곤 했는데, 그래서인지 조금 멍해 보이기도 했다. 그러다가는 마치 자신이 정체 모를 혼란 속에 빠져 있다는 사실을 깨닫고 돌연 주위를 둘러보는 사람의 표정 같은 그런 표정을 짓곤 했다. 아이들은 손쓰기 힘들 정도로 극성스러웠다. 세 살 난 코디는 이미 그 눈 속에 거친 분노감을 표시하며 어른 남성과 비슷한 깊은 분노를 담은 목소리로 소리를 질러 대곤 했다. 코디가 여동생을 때리면 이번에는 여동생이 갓난아기인 막내를 때렸다. 실은 코디는 윌리의 친한 친구와 생김새가 많이 닮아 있었는데, 얼마 지나지 않아 코디의 진짜 아버지가 그 친구라는 사실이 밝혀졌다. 그러나 윌리는 관대하게도 아내의 첫아이를 자신의 양자로 삼았다.

사라는 짧고 삐죽삐죽하고 붉은 머리카락에 오른쪽 귀와 오른쪽 눈썹에는 피어싱을 하고 있었다. 얼굴은 매우 창백했고 가끔 무뚝뚝한 표정을 지었다. 그녀의 창백한 얼굴은 (극성맞은 아이들을 밖에 데리고 나가 햇빛을 받으며 에너지를 발산시키기보다는) 집에 틀어박혀 대부분을 침대 위에서 보내는 그녀의 취향을 나타내고 있었다. 그녀는 낙담과 포기 상태에서 기인하는 불편한 심기로 칭얼대듯 말했다. "저는 어렸을 때 성적 학대를 받은 적이 있어요. 두 번." 그녀는 나와 처음 만났을 때 이렇게 이야기했다. "아빠와 엄마가 헤어지고 아빠가 집을 나가 버렸을 때 엄마는 다시 어린 시절로 돌아간 것 같았어요. 뭐, 열여덟 살 때 저를 낳았으니까요. 엄마는 뻔질나게 술집을 들락거렸죠. 그때 저는 아홉 살이었는데, 혼자 빈 집을 지키곤 했어요. 무척 힘들었어요. 양부모 집에 맡겨진 적도 있었고, 수용 시설에 들어가 있던 적도 있어요. 삼촌하고 동네 어른들은 저를 성폭행하기도 했어요. 그 때문에 지금도 정신 건강에 문제가 많아요. 일도 못하고 있죠. 심각한 불안, 공황, 심리적 외상 후 스트레스 증후군, 그 밖에 이런저런 증상으로 고통받고 있어요. 약물 공포증도 심해서 상담을 받으러 다니고는 있지만 치료약도 먹지 못하고 있죠." 그녀는 말보로 담배에 불을 붙였다. 니코틴은 그녀가 공포를 느끼지 않는 약물이었다.

　사라 역시 술집을 들락거렸다. 그녀도 다시 아이로 돌아갈 필요가 있었기 때문이다. 그녀는 그렇게 설명했다. 그리고 스물한 살이 되던 해, 그녀는 윌리와의 결혼 생활에 마침표를 찍었고, 품 안에는 세 명의 아빠 사이에서 태어난 네 명의 아이가 남게 되었다. 그녀는 아이들에게 정크 푸드를 먹였고 일관성 없는 태도로 아이들을 대했다. 어떤 때는 아이들이 하고 싶은 대로 그냥 내버려 두다가도, 똑같은 행동에 대해 불같이 화를 내며 혼을 내는 경우도 있었다. 사라의 입에서 나오는 으름장이나 야단 ― 비디오 빌리러 가는 것을 금지시킨다거나 침대로 가도록 명령하는 등의 ― 은 바람에 나부끼는 나뭇잎과 같이 일정치 않아서 아무런 효과가 없었다.

　가정방문원인 브렌다는 이 가정의 상황에 심각한 우려를 나타냈다. 나 역시 사라와 윌리가 함께였을 때 두 사람을 만나러 집에 찾아간 적이 있었다. 코디가 선풍기를 틀고 손가락을 날개 안으로 집어넣으려 하자 부부는 그다지 엄하지 않은 태도로 코디에게 주의를 주었다. 어느 날은 코디가 보호망이 없는 창문틀로 기어 올라가는 것을 보고 윌리가 엄하게 "창문에서 내려와" 하고 말했지만, 코디는 태연스럽게 윌리를 무시했다. 한번은 사라가 자고 있는 상태에서 한 살 반 된 케일라가 담배를 씹으며 라이터를 입에 물고 있는 것을 브렌다가 발견한 적도 있었다. 당시 케일라는 지저분한 화장실에서 놀고 있었으며, 코디는 불이 붙어 있는 가스레인지 쪽으로 의자를 끌어당기고 있었다. 나는 케일라가 운동화로 아기의 얼굴을 치고 플라스틱 의자로 머리를 내리치려는 것을 보았다. 코디는 울부짖었고 윌리가 케일라를 제지했다. 그러나 아이들은 그것보다 심하지 않은 행동에 대해 더 심한 벌을 받고 있는 것처럼 보였다. 케일라는 거실을 걸어 다니면서 치즈를 먹어도 된다는 허락을 받았지만 치즈를 거실 바닥에 떨어뜨리자 ― 이를 허락해 줄 때 이미 충분히 예상 가능한 결과였는데도 ― 가혹한 벌을 받아야만 했다. 윌리와 사라 모두 아이들과 놀아 주는 법을 모르는 것 같았다. 그들이 산 고가의 장난감들은 대부분 집안을 어지럽게 나뒹굴고 있을 뿐이었다. 음주운전으로 면허가 정지된 이후 윌리가 토요일 오후를 즐겁게 보내기 위해 생각해 낸 아이디어는 아이들과 함께 월마트에 가는 것이었다. 브렌다의 사무소와 주(州) 아동보호국은 아이들을 이 집에서 빼내기 위해 재판을 신청했지만 판결은 뜻대로 나오지 않았다.

사라의 결혼 생활은 내내 엉망진창이었다. 엄마가 양아버지를 때리는 것을 보며 자란 사라는 윌리에게도 똑같은 행동을 했다고 고백했다. "윌리를 마음껏 두들겨 팼어요. 윌리는 일 년에 네 번 정도 새 안경을 맞춰야 했죠." 나는 그녀에게, "당신은 스스로 한 발짝 거리를 두고 자신이 무슨 행동을 하고 있는지 관찰할 수 있는 능력을 가진 사람입니다. 따라서 앞으로 변화를 이끌어 낼 수 있지 않을까요?" 하고 물었다. 그녀는 작은 목소리로 대답했다. "저는 완전 절망적이에요. 갈 때까지 갔다는 느낌이 들어요……."

폭력을 모면하기 위해 윌리는 돈으로 그녀를 구슬렸다. "은행에 돈을 맡길 수도 있다는 것은 알아요." 그는 말한다. "하지만 어느 쪽이 더 효과적인 방법이죠? 은행에 돈을 맡기는 것과 안정된 가정생활을 하는 것 중에서요. 현실적으로 말이에요." 그는 희미한 미소를 띠고 사라를 바라보았다. 당시 그들은 내 부탁으로 한 달 정도 가계부를 쓰고 있었는데, 윌리나 사라 모두 절약하고자 한다면 지출의 많은 부분을 충분히 절약할 수 있을 것이라고 생각하고 있었다.

"6백 달러 정도요." 윌리는 어림잡아 이야기했다. 절약으로 그들의 생활은 어떻게 달라졌을까? "끔찍했어요." 그가 말했다. "당신이 좀 말해 봐." 그는 사라 쪽을 바라보았다. 사라는 입을 다물고 있었다. "지금은 안 될 것 같군요. 아시죠? 그녀가 안고 있는 문제들. 이것저것 여러 가지로 항상 우울해 하는 것 같아요. 돈을 쓰고 있지 않으면 언제나 침울해지죠." 그러나 아무리 많은 CD를 사도 그녀의 행복감은 오래가지 못했다. "그날 하루만이에요." 그녀가 말했다. "아니, 가게 문을 나설 때까지예요." 윌리가 다시 말했다.

그들의 생활비 지출 내역은 터무니없는 정도는 아니었다. 그들은 한 달 집세로 사라 할머니에게 3백 달러를 냈는데 여기에는 전화세가 1백 달러 정도 포함되어 있었으며 전기세와 케이블 TV 요금은 포함되어 있지 않았다. 그러나 윌리의 장거리 통근에는 (면허를 정지당해 동료의 차를 얻어 타고 갔던 때를 제외하고는) 기름 값으로만 매달 수백 달러가 들었다. 그들은 돈이 없어 보험도 들지 못한 자동차에 매달 220달러를 쓰고 있었으며, 전기제품이 돌아가지 않기 때문에 세탁소에 옷을 맡기는 비용으로 한 달에 약 2백 달러를 썼다. 그리고 연체된 요금 4백 달러 때문에 가스 공급은 끊긴 상태였고, 외식비로 월 2백 달러를 썼다. 사라는 요리가 가능할 정도로 감정적으로 안정된 날은 별로 없었고, 윌리는 14시간 동안 일을 하고 집으로 돌아오면 너무나 피곤해 했다.

또한 그들은 스스로를 엄격하게 통제하지 못하는 경우가 많았다. "우리 둘 다 너무 어려서……." 윌리는 설명한다. "게다가 우리 둘 다 어렸을 때 너무 없이 자란 탓에, 생일이나 크리스마스 같은 날 적당한 수준을 모르고 낭비해 버리기 일쑤예요."

4월 중순부터 5월 중순까지의 가계부를 들여다보면, 집세, 자동차 할부금, 그 밖의 기본 생활비에 더해 윌리가 벌어들인 2,500달러를 거의 전부 써버릴 정도로 지출이 많았음을 알 수 있다.

식품 잡화 (기저귀와 담배 포함)	467.19달러
비디오 대여	53.93달러
외식	214.45달러
기타	785.09달러

식품 잡화에는 하루 3.99달러 하는 런처블 같은 고가의 품목도 포함되어 있었다. 런처블은 코디가 유치원에서 유일하게 집어던지지 않는 도시락 세트다. '기타' 카테고리는 다섯 개 항목으로 되어 있었는데, 그 구체적인 목록은 윌리도 사라도 잊고 있었다. 거기에는 2~5달러 정도의 자잘한 잡비를 포함해 161달러짜리 콘서트 티켓(오지 오스본 공연), 결혼식에 입고 갈 52달러짜리 옷, 생일이나 결혼식이나 (영악한 상술에 의해 탄생한 기념일인) 어머니의 날에 산 45~50달러 하는 선물들에 이르기까지 여러 가지가 포함되어 있었다.

그들이 주로 줄이려고 노력한 곳은 윌리의 지출이었다. 그는 항상 즐겨 피우던 캐멀 담배를 피우는 대신 4달러짜리 말보로를 피우는 데 동의했다. 담배를 아예 끊는 것은 전혀 고려의 대상이 되지 않았다. 음식점, 인스턴트식품, 정크 푸드를 이용하지 않는 것은 실행 불가능한 자기희생과도 같은 것이어서 가정방문원인 브렌다가 이 점에 관해 조언이라도 할라 치면 사라는 화를 내며 대꾸했다. "브렌다의 예산 계획은 마치 일주일 내내 햄버거와 으깬 감자만 먹으며 살라는 것과 같았어요. 나는 그런 식으로 살기 싫어요!" 사라는 코웃음을 쳤다. "나는 내가 좋아하는 것을 먹을 거예요."

만약 사라와 윌리가 검소한 생활을 모범적으로 실천했다 하더라도 그들의 생활은 과거의 무거운 부채 때문에 그다지 개선되지 못했을지 모른다. 윌리가 지붕 일을 얻기 전, 수입이 적었을 당시에도 그는 이미 전화세 7백 달러, 지불이 연체된 자동차 할부금 5천 달러, 의료비 1만 달러를 빚지고 있었다. 빚이 있는 윌리는 전화를 가질 수가 없었다. 사라가 전화를 가질 수 있었던 것은 단지 그녀의 연체된 전화 요금이 법적으로 책임이 없는 18세 이전에 생긴 것이기 때문이었다. 아마 머지않아 그녀는 이런 상황에 있는 일부 부모들이 쓰는 수법을 시도하지 않으면 안 될 것이다. 즉, 아이들 명의와 사회보장번호를 사용해 전화를 개통하는 것이다.

윌리의 의료비는 의료보험에 가입하지 않은 노동자가 부담하게 되는 전형적인 형태로 그에게 부과되었다. 그는 토건업이라는 일의 특성상 각지를 돌아다녀야 했고 치과에 갈 돈도 없었기 때문에 충치를 그대로 방치해 두었다. 그리고 앓던 종기가 악화될 때면 언제나 진통제와 항생제를 맞기 위해 가장 가까운 응급실로 향할 수밖에 없었다. 법률적으로 병원 응급실은 보험 가입자나 미가입자 모두 치료해 줄 의무가 있으나 이후 청구서를 요구할 수 있다. 그리고 그것은 대부분 엄청난 금액일 때가 많다. 청구 금액은 윌리가 지불할 수 있는 범위를 크게 벗어나는 것이었고, 이는 그의 신용 등급을 망쳐 놓았다.

"가난." 사라는 자신들의 사회경제적 계층 수준을 설명하면서 날카로운 비웃음 소리를 냈다.

"우리는 스스로를 가난하게 하고 있어." 윌리가 동조하며 말했다. "우리가 조금만 더 영리했더라면 삶의 방향이 좋은 쪽으로 흘러갔을 수도 있었을 거예요. 일주일에 7백 달러를 벌 때도 있었으니까요. 지금보다 더 나은 생활을 할 수 있다는 사실은 알고 있어요. 하지만 우리 둘 다 집에 가만히 있지 못하는 성격이라, 좋아, 이 돈으로 맛있는 것 사먹으러 가자! 하고 외치게 돼요. 그리고는 그걸로 끝이죠." 그는 슬픈 표정으로 웃었다. "만약 주머니에 10달러가 있다면, 밖에 나가 아이스크림이나 저녁을 사먹느라 그 10달러를 써버리고 말겠죠. 기분도 언짢고 집에 있기도 싫으니까요. 돈을 쓰면 간단하게 인생이 편해져요. 그런 느낌이 들어요."

사라는 나름대로 가난의 정의를 내렸다. "우리는 저금할 돈이 한 푼도 없어요. 우리에게는 우리 것이라고 부를 수 있는 가정이 없어요."

"우리 책임입니다." 윌리가 말했다. "저는 그 책임을 다른 어느 누구에게도 떠넘기고 싶지 않아요." 윌리가 판금 일로 벌어들이는 소득으로 봤을 때 그의 가족은 연방 정부가 정한 빈곤선보다 위쪽에 위치하고 있었지만, 약간의 복지 수당을 신청해 받을 수 있을 정도로 낮은 수준이었다. 아이들은 연방 정부에 의해 출자되는 주州 아동 의료보험 프로그램*의 수급 자격이 인정되어 우유, 시리얼, 땅콩버터, 분유, 기타 식품을 여성·영유아·어린이 특별 영양 강화 프로그램[*]으로부터 수급 받고 있었다. 일시적이었지만 확정 신고를 하던 몇 해 동안에는 원천 징수세의 환부를 포함해 근로 소득 급부금을 받던 때도 있었다.

어느 해, 그들은 국세청으로부터 받은 수표의 일부를 문신을 새기는 데 사용했다. "우리는 아직 어린애 같은 어른이죠." 사라가 말했다. "그래서 때로는 어린애처럼 행동해요." 윌리는 팔에 마법사를 새겼다. 사라는 셔츠를 걷어 등에 있는 문신을 보여 주었다. 등에는 가시로 그려진 하트가 새겨져 있었다.

● 아동 의료보험 프로그램Children's Health Insurance Program
연소득이 메디케이드 수급 자격보다는 많지만 민간 의료보험에 가입하기에는 역부족한 가정의 아이들을 대상으로 한 주 정부의 의료보험 프로그램.

● WICSpecial Supplemental Nutrition Program for Women, Infants, and Children
주 정부 등에 의해 실시되는 여성, 영유아, 어린이 대상의 특별 영양 강화 프로그램.

2

열심히 일해도 소용없다

가난이라는 장벽으로 인해 재능을 발휘할 수 없는 이들에게

발전이란 쉬운 일이 아니다.

_유베날리스 『풍자시집』

크리스티가 하는 일은 노동자의 노동에 의존하고 있는 현재의 경제체제에서 없어서는 안 되는 일이다. 그녀는 매일 아침 낡은 1986년식 폭스바겐을 타고 공영주택 아파트에서 오하이오 주 애크런의 YWCA 보육원까지 출근해 그곳에서 어린아이들을 돌보는 데 하루를 소비한다. 그리고 그녀 같은 사람들 덕분에 아이들의 부모는 일터에 갈 수 있다. 이런 일을 하는 사람들이 전국에 충분하지 않다면 미국의 번영에 노동이라는 연료를 충분히 채우는 일은 불가능할 것이다. 또한 그녀의 인내와 배려가 없다면 아이들 역시 피해를 입을 것이다. 왜냐하면 그녀가 하는 일은 보모 이상의 일이기 때문이다. 그녀는 아이들을 가르치고 엄마같이 보살펴 주고 마음의 안정을 찾을 수 있도록 도와주며, 때로는 아이들을 가정 폭력으로부터 구출해 내기까지 했다. 이렇게 중요한 일을 하는 그녀는 봉사의 대가로 격주에 약 330달러의 보수를 받았다. 그 수입으로는 그녀의 두 아이를 자신이 일하고 있는 보육원에조차 맡기는 것이 불가능했다.

크리스티는 다부진 인상의 여성으로 스트레스와 고혈압으로 고생하고 있었는데, 그녀가 처한 상황과는 대조적으로 쾌활한 성격에 잘 웃는 사람이었다. 그녀에게는 계좌를 개설할 만한 돈이 충분치 않았다. 일정 기간 동안 은행에 맡길 수 있는 여유 자금이 없었기 때문이다. 아무리 신중하게 쇼핑을 해도 매번 청구서 지불 기한을 맞추지 못했고 항상 연체료가 부과되었다. 그녀는 낮은 임금 덕에 식품 쿠폰과 집세 보조금을 받을 수 있었지만, 임금이 조금이라도 오를라치면 정부 당국은 곧 급부금을 삭감해 버렸다. 그 탓에 그녀는 열심히 일한 대가로 벌을 받고 있다는 느낌까지 받곤 했다. 1996년의 복지 개혁 이후, 개인 책임과 근로 기회 조정법 규정에 따라 생계를 꾸려 나가게 된 그녀는 복지 개혁의 출구 없는 덫에 빠져 있었다. 이 법률의 이름은 의회와 백악관이 빈곤의 원인과 해결 방안을 어떻게 보고 있는가를 여실히 드러내고 있다.

당초 이 새로운 법은 경제 호황과 더불어 생활보호 취급 건수를 급감시키는 효과를 가져왔다. 연방 정부는 주 정부가 기간 제한과 노동조건을 유연하게 운용할 수 있도록 허가해 주었고, 일부 주에서는 처음으로 정부, 산업계, 자선단체의 연합체를 만들어 효과적인 취업 훈련과 고용 촉진을 위한 작업에 착수했다. 그러나 가장 취직하기 쉬운 일에는 세 가지 특징이 있었다. 저임금에다 회사 복지나 수당이 없고 장래성이 없는 것이다. 어번 인스티튜트Urban Institute[공공 정책 싱크 탱크]의 2002년 보고서에 따르면, "일자리를 구한 사람들 중 대다수는 지금까지 받아 오던 식품 쿠폰과 의료보험 같은 지원을 받을 수 없게 되었고, 일하지 않았을 때와 비교해 생활이 더 좋아지는 경우는 전혀 없었다. 종종 더 나빠지기도 했다."[1]

크리스티는 자신이 그런 사례라고 생각하고 있었다. 그녀의 지갑에서 신용카드를 닮은 유일한 물건은 "오하이오"Ohio라고 인쇄되어 있는, 어둠을 밝히는 등대가 스케치되어 있는 청록색 플라스틱 카드였다. "오"o자 안쪽에는 금색 사각형 컴퓨터 칩이 들어 있었다. 매월 두 번째 출근 날짜에 그녀는 월그린[편의점 체인], 세이브-어-랏[식품 체인], 애플[슈퍼마켓 소매점]에 설치된 전용 기계에 그 카드를 집어넣고 자신의 ID 번호를 입력한다. 그러면 136달러의 급부금이 컴퓨터 칩에 입력된다. 이것이 그녀가 사용하고 있는, 현재 발행되고 있는 방식의 '식품 쿠폰'이다. 불법으로 양도하거나 매매하거나 도난당할 우려가 적고 계산대에서 순번을 기다리고 있을 때도 그다지 사람들 눈에 띄지 않아 체면을 손상시키는 일도 없는 방식이다.

이 카드에 들어오는 돈이 그녀가 그 달 처음으로 얻는 수입이자 처음으로 지출할 수 있는 수입이다. 이 카드로는 식재료만 살 수 있고 인스턴트식품이나 애완동물 사료 같은 것은 살 수 없다. 카드의 지출 내역은 10월에 그녀가 내 부탁

80

으로 쓰고 있던 가계부의 첫 번째 항목 첫째 줄에 적혀 있었다.

"2일. 136달러어치 식품 쿠폰 사용"

즉, 급부금은 그녀가 받은 그날로 모두 지출된 것이다. 사흘 후, 그녀는 식료
잡화를 사기 위해 25달러의 현금을 추가로 마련해야 했다. 10월 10일에는 54달러,
그리고 12일에는 15달러 이상이 더 필요했다. 통상적으로 식품 쿠폰이 식비의 2
분의 1에서 4분의 3밖에 충당하지 못한다는 사실을 수급자들은 곧 깨닫게 된다.

식품 쿠폰 카드의 이월 잔액조차도 크리스티의 급여가 조금씩 올라감에 따라
서서히 깎여 내려갔다. 그것은 이 급부금이 소득에 근거해 지급되고 있기 때문이
다. 필요성이 낮아지면 수급액도 낮아진다. 경제적 측면의 고통 이외에도 수급자
들은 지옥과도 같은 심리적 고통을 겪어야만 한다. 크리스티는 세 달에 한 번씩 반
나절의 휴가를 얻어(반나절 임금을 포기하고) 급여 영수증과 공공요금 청구서, 집세
영수증 등을 담은 봉투를 들고 성미 까다로운 담당 케이스워커를 찾아가 모든 사
항을 일일이 확인 받아야 한다. 케이스워커는 주에서 정한 계산식을 적용해 그녀
의 식품 쿠폰 할당액과 자녀의 의료보험 가입 자격 적부를 산정한다. 크리스티가
훈련 과정을 수료해 시급이 10센트 오르면 식품 쿠폰 금액은 10센트 깎인다.

그렇게 해서 그녀의 손에는 한 달에 6달러가 쥐어졌다. 이 과정은 그저 한 번
불쾌해 하고 말 그런 종류의 것이 아니다. 이전에 생활보호를 받았다가 현재는
직장을 얻어 스스로 일해 돈을 벌고 있는 사람들은 대부분 식품 쿠폰, 의료비 보
조, 주택 등을 지급하는 관료 기구와 영원히 헤어질 수 있다는 사실에 기뻐한다
고 한다. 그중에는 한 번 생활보호로부터 벗어나면 수급 자격이 완전히 없어진
다고 잘못 생각하고 있는 사람들도 있다. 굴욕감과 번거로움을 감수하는 것보다
차라리 권리를 잃는 편이 더 낫다고 생각하는 사람들도 있다. 그러나 크리스티
의 경우 조용히 항복하는 것은 그녀의 성격에 맞지 않았다. 스스로 관료 기구와
교섭을 시도하는 사람들이 대부분 그렇듯, 그녀 역시 철저한 준비와 끈질긴 노

력으로 싸움을 계속했다. 어느 날, 그녀의 담당 케이스워커가 공공요금 청구서가 첨부되지 않았다며 일방적으로 그녀의 식품 쿠폰 지급을 보류했고, 크리스티는 그날 오후 바로 상급 관계 기관에 진정서를 제출했다.

"저는 바로 다음날 그녀에게 청구서를 우송했어요." 크리스티가 말했다. 그러나 2주가 지난 뒤에도 카드는 비어 있었다. 크리스티는 케이스워커에게 전화를 했다. "그녀는 정말 무례했어요." 크리스티는 당시를 회상하며 말했다. "전화를 받더니 다짜고짜 '몇 가지 서류를 더 보내 달라고 내가 말하지 않았나요?'라고 하더군요. 그래서 우편물은 확인해 봤냐고 물었죠." 케이스워커의 대답은 '아니요'였다. 크리스티가 보낸 서류는 다른 우편물들과 함께 쌓여 있었고 케이스워커는 그것을 확인하지 않은 상태였다. "그녀는 이렇게 말했어요. '아, 식품 쿠폰을 처리하려면 일반적으로 두세 달은 기다려야 돼요.' 그런데도 그녀는 제게 연락을 안 한 거예요. 저는 어쩔 수 없이 그녀의 감독자를 찾아갔어요." 그리고 식품 쿠폰은 지급되었다.

한쪽 발을 조심스럽게 노동의 세계에 딛고, 다른 한쪽은 여전히 복잡한 제도의 세계에 걸치고 있는 사람은 균형을 잃기가 쉽다. 상사와 좋은 관계를 유지하고, 믿을 만한 보육원을 찾아내고, 미납 청구서로 인한 마찰에 대처하는 것은, 경험이 거의 없는 크리스티 같은 사람의 입장에서 볼 때 하나의 거대한 압력으로 다가온다. 그리고 복지 서비스 제공자라기보다는 마치 검찰처럼 보이는 관료 기구의 관리 감독이 거기에 더해진다면, 크리스티처럼 고혈압이 생겨나도 전혀 이상할 것이 없을 것이다.

그녀는 당연히 받아야 할 것을 받기 위해 탄원과 동시에 나름의 편법을 시도하기도 했다. 그녀는 남자 친구이자 자신의 아들의 아버지이기도 한 케빈과 남모르게 동거하고 있었다. 그녀는 만약 공영주택 당국이 동거 사실을 알게 되면 틀림없이 그녀를 공영주택에서 쫓아낼 것이라고 생각하고 있었다. 케빈이 전과자(폭행죄로 징역 2년)이고, 얼마 되진 않지만 돈을 벌고 있다는 사실 때문에 공영주택 입주 자격이 없어져 버릴 수 있다는 생각 때문이었다. 정부의 원조와 완전한 빈곤 사이의 간격은 매우 미미해서 작은 거짓말도 때로는 커다란 중요성을 가진다.

케빈은 친절하게 생긴 램프의 요정 같은 모습을 하고 있었다. 127킬로그램의 건장한 체구, 깨끗하게 면도한 빡빡머리에, 오른쪽 귀에는 작은 귀걸이를 하고 있었다. 그의 수입은 불안정했다. 날씨가 나쁘지 않은 날에는 정원사 밑에서 시급 7.40달러를 받고 일을 했다. 정원사는 추수감사절 날 한해의 일을 마치는 의미로 케빈에게 칠면조 한 마리를 보너스로 주었다. 그리고 케빈은 겨울 동안 내내 실업자로 지냈다. 그는 트럭 운전이나 고기를 자르는 일을 하고 싶어 했다. 징역살이 중에 훈련 과정을 수료해 정육 기술 면허를 가지고 있었지만, 그가 형무소에서 딴 면허를 보여 주면 고용주는 그에게 칼을 쥐어 주려고 하지 않았다.

크리스티의 살림은 더욱 쪼들려 갔고, 그녀가 쓴 지출 내역에서 여가 비용이나 사치품을 발견하려면 눈을 크게 뜨고 꼼꼼히 살펴보지 않으면 안 될 정도였다. 5일, 그녀는 케빈이 매주 양육비로 주는 37.68달러를 받았다(크리스티는 딸의 진짜 아버지로부터는 한 푼도 받고 있지 않았다. 진짜 아버지는 폭행죄로 장기 복역 중이었다). 같은 날, 그녀는 5달러어치 기름을 차에 넣고, 다음날에는 자기 돈 6달러로 보육원 아이들을 동물원에 데려갔다. 8일은 급여일이었는데 급여로 받은 330달러짜리 수표는 받는 그대로 전부 사라졌다. 그 내역을 살펴보면, 우선 그녀가 '세금'이라고 부르는 3달러가 있다. 그것은 수표를 현금화하기 위해 우편 환전 등에 붙는 수수료 중 하나 — 당좌 예금 계좌를 가지고 있지 않기 때문에 추가되는 수수료 — 다. 172달러는 그 자리에서 집세로 나갔다. 그 안에는 10달러의 연체료가 포함되어 있었다. 그녀는 집세를 매달 초 정해진 날까지 낼 수 있을 만큼 돈이 있던 적이 한 번도 없었기 때문에 항상 연체료를 물어야 했다. 그리고 다음으로 가게에 미리 예약해 놓은 선물 값으로 31.47달러(10월이었기 때문에 그녀는 서서히 크리스마스를 준비하기 시작했다), 자동차 기름 값으로 10달러, 두 아이에게 사줄 신발값 40달러, 중고 가게에서 산 코듀로이 바지가 5달러, 셔츠가 5달러, 똑딱단추가 달린 바지에 10달러를 썼고, 격주로 지불하는 자동차 보험료로 47달러를 냈다. 이것으로 330달러는 모두 사라졌다.

공공요금이나 다른 청구서는 월말에 나오는 두 번째 수표로 지불한다. 전화 요금은 대체로 한 달에 43달러 정도, 아파트 가스 요금은 43달러, 전기 요금 46달러, 처방약 값은 8~15달러가 들었다. 다달이 내는 차 할부금은 150달러, 의료 보험 72달러, 케이블 TV 시청료는 43달러였다. 케이블 TV 시청을 위해 허리띠를 졸라매고 다른 부분에서 희생을 감수하는 저소득층에게 케이블 TV는 더 이상 사치품이라고 할 수 없을 것이다. 현대 미국 문화는 TV에 상당 부분 의존하고 있기 때문에 케이블 TV가 제공하는 폭넓은 정보 접근 수단이 없다면, 가난한 사람들은 점점 더 사회로부터 격리되어 소외될 것이다. 게다가 케이블 TV는 비교적 싼 가격으로 오락 거리를 제공해 준다. "기본 채널만 보고 있어요." 크리스티는 설명한다. "그런데 왜 그런지 안테나는 달려 있는데 채널이 나오지 않아요. 전파가 안 잡히는 것 같아요." 그녀와 케빈은 레슬링을 보고 싶어 했고 하루빨리 TV가 수리되길 바라고 있었다.

크리스티의 예산이 빡빡한 이유 중 하나는 그녀가 바쁘게 일하는 엄마들을 위한 — 혹은 집에 있는 재료로 요리하는 방법을 전혀 배우지 못한 사람들을 위한, 가격이 비싸고, TV 광고를 통해 자주 접할 수 있으며, 간단하게 준비할 수 있고, 오랫동안 저장이 가능한 — 스낵이나 정크 푸드, 인스턴트식품을 자주 애용하기 때문이었다. 크리스티에 따르면, 주식인 햄버거 치킨과 함께 "소시지도" 산다. "그리고 TV 디너[도시락 형태로 된 냉동식품]도 사요. 칠면조나 솔즈베리 스테이크[쇠고기를 갈아 스테이크 모양으로 만든 냉동식품]는 피곤에 지쳐 돌아와도 오븐에 넣고 돌리기만 하면 바로 먹을 수 있거든요. 아이들은 피자를 좋아해요. 냉동 피자도 사죠. …… 아침에 일찍 일어나 나가야 하기 때문에 아이들이 아침에 먹을 것도 사놓아요. 시리얼 바 같은 것들요. 그런데 아세요? 그런 것들은 매우 비싸요! 팝 타르트[토스트기로 가열해 먹는 어린이용 간식], 시리얼 바, 그라놀라[곡물·견과류 등을 섞은 아침 식사용 시리얼] 같은 것들이요." 핫 시리얼 같은 값싼 시리얼은 주말같이 그녀가 시간이 있을 때만 등장한다. "핫 시리얼도 먹기는 하지만 평일에는 일일이 챙겨 줄 시간이 없어서 그냥 도시락에 시리얼을 챙겨 줘요. 우리 아들은 우유 없이 과자처럼 먹는 걸 좋아해서 도시락에도 시리얼을 넣어 줘요. 코코아 퍼프나 코코아 댓들 다 아침 식사용 콘 시리얼 같은 걸요." 그녀는 웃었다. "럭키 참스[아침 식사용 시리얼의 인기 브랜드]도요. 아들은 음식을 가리지 않아요. 딸은 편식을 하죠." 이런 종류의 과자 비슷한 시리얼은 가격이 매우 비싸다. 내가 사는 곳의 슈퍼마켓에서 럭키 참스는 매우 비싸다. 400그램 한 상자당 4.39달러나 한다. 오트밀은 그 세 배의 양을 거의 같은 가격인 4.29달러에 살 수 있다.

크리스티와 케빈은 주로 먹는 것으로 기분 전환을 했다. 열한 살 난 딸이 좋은 성적을 받아 오면 상으로 푼돈을 모아 비싸지 않은 근처 레스토랑을 찾아 저녁을 먹었다. 주로 멕시코 요리가 나오는 레스토랑을 가거나 그날이 수요일이라면 길 아래쪽의 라이언스[스테이크 하우스]로 갔다. 라이언스는 그들이 사는 흑인 지구의 끝에 있었는데, 수요일은 스테이크의 날이었다. 그곳은 넓고 북적대며 주로 가족을 대상으로 하는 뷔페식 레스토랑이었다. 카운터에는 김이 모락모락 나는 감자, 완두콩, 두툼한 쇠고기가 차려져 있었고 다양한 인종의 할아버지, 할머니, 아빠, 엄마, 아이들이 북적거리며 유쾌한 분위기를 자아내고 있었다. 서로 밀고 밀리며 붐비는 가운데 일인당 9달러만 내면 마음껏 요리를 담을 수 있는 접시에 한가득 음식을 실어 날랐다.

가끔씩 크리스티와 케빈은 스스로에 대한 선물로, 1층 크리스티의 방 뒤에 있는 그릴용 드럼통 안에 숯을 채우고 불을 피워 닭고기나 갈비 바비큐를 한 뒤 친구들을 초대해 밀러 맥주와 함께 만찬을 즐겼다. 취할 정도로 많이 마셨을까? 나의 물음에 케빈은, "음……." 하고 길고 낮은 소리로 대답했다.

"음……." 크리스티가 대신 말을 이었다. "아이들이 있는 곳에서는 취하지 않아요. 그래서 클럽에 가죠. 그러고 나서 집에 돌아와 잡니다." 그녀는 즐겁게 웃었다. 그녀는 분스 팜 와인, 마니슈위츠 크림, 폴 마종 브랜디를 좋아했다. 그것은 그녀가 나를 위해 기입한 기록의 첫 항목, 10월 12일 "한 병당 15달러"에 해당하는 것이었다. 그러나 그녀는 알코올의존증은 아니었다. 또한 동네 가득한 마약 밀매상들의 끊임없는 유혹에도 불구하고 크리스티와 케빈은 지금까지 마약에는 손댄 적이 없다고 분명히 말했다.

"크리스티는 노는 걸 좋아해요." 그녀의 어머니가 지적하듯 말했다. 그녀의 엄마 글래디스(가명)는 고등학교를 중퇴하고 몇 년 동안 생활보호를 받으면서도 세 아이들을 대학에 보내고자 하는 꿈을 잊지 않았다. 꿈에 대한 열정은 그녀의 아이들 중 둘을 대학에 보낼 수 있게 해주었다. 크리스티의 오빠는 회계사가 되었고 언니는 은행의 융자 담당자가 되었다. 그러나 크리스티는 끝내 고등교육을 마치지 못했다. 그녀는 마지못해 애크런 대학에 들어갔고 집에서 학교를 다녔지만 결국에는 가난에 질려 학교를 그만두었다. 그녀는 대학 2학년 말 때부터 학교를 나가지 않고 일을 하기 시작했다. 당시 그녀는 그 선택을 그다지 중대한 것으로 생각하지 않았으나 현재는 달랐다.

"크리스티는 현실에 대해 그다지 심각하게 생각하지 않는 것 같았어요." 글래디스는 설명한다. "지금은 그것이 얼마나 중요한 것인지 온몸으로 느끼고 있지요." 그녀가 느끼는 중대함의 크기는 현재 그녀가 얼마만큼 절실하게 일을 원하는가를 보면 쉽게 알 수 있었다. 그녀는 아이들을 위해 일하는 것을 좋아했지만 대학 졸업장 없이 헤드 스타트 프로그램*에서 책임 있는 자리를 맡는 것이 얼마나 어려운가를 절실하게 느끼고 있었다. 하물며 공립학교의 교사가 되는 것은 말할 필요도 없을 것이다. 그녀가 일할 수 있는 곳은 재정적으로 불안정한 YWCA 보육원밖에 없었다. YWCA 보육원에서 맡고 있는 어린이 중 95퍼센트는 저소득 세대 가정의 아이들로서 정부가 풀타임 보육비로 주 99~114달러를 지원하는데, 이 금액은 보육원의 주된 수입원인 오하이오 주 복지서비스국Department of Human Services에 의해 설정된 금액이었다. 보육원이 지출하는 많은 경비를 고려한다면 보육사들에게 시급 5.30~5.90달러 이상을 지불하기에는 불충분한 금액이라는 사실을 알 수 있다.

크리스티가 이전에 하던 일도 홀리데이 인의 프론트 담당, K마트의 금전 출납원, 술집 웨이트리스, 각종 식당의 조리사, 식당 웨이트리스, 카운터 점원 등과 같은 것으로 그녀를 최저임금 수준에 붙잡아 두는 직종들이었다. 그녀는 소매점 판매원이나 버스 운전사, 갱생원의 간수와 같은 직업으로 전직하기 위해 어설픈 양성 프로그램에 열심히 참여했지만 (그녀를 포함한 수강생 모두가) 과정을 끝내더라도 시험에 합격해 일자리를 얻기란 거의 불가능했다. 왜 대학으로 돌아가지 않는가에 대해 그녀는 단 두 마디로 대답했다.

"게으름, 나태함……." 그녀가 자신을 게으르다고 생각하는 것은 이상한 일이었다. 왜냐하면 그녀가 하고 있는 일은 웬만한 사람의 체력과 정신력으로는 하루 만에 기진맥진해질 정도로 힘든 일이었고, 그 정도의 낮은 임금으로 생활을 유지한다는 것 자체가 대단한 노력을 요하는 것이었기 때문이다. 청구서가 밀려오면 언제나 "청구서 하나는 지불하고 다른 청구서는 미뤄 둔 채 연체된 다른 청구서를 지불해요. 제가 지불하는 것들은 대부분 연체된 청구서들이에요.

● 헤드 스타트 프로그램Head Start preschool program
저소득층 가정 출신의 취학 전 아동에게 다방면에 걸친 포괄적 서비스를 제공해 빈곤의 악순환을 끊겠다는 취지에서 만들어진 아동 보육 프로그램. 무료 혹은 저렴한 비용으로 조기 유아 교육을 제공한다.

그런 식으로 돌아가면서 지불해요. 근데 전화 청구서는요, 매월 제때 내야 해요. 그렇게 하지 않으면 큰일 나거든요. 다음 달에는 두 배, 그다음 달에는 세 배가 되고 그다음에는 전화가 끊겨 버려요. 전 거의 매달 통화 정지 통고를 받아요. 매월 요금을 지불해도 매월 통화 정지 통고를 받아요. 대개 청구서 납입 기한은 월초에 몰리잖아요. 근데 급여는 월초에 나오지 않아요. 그래서 열 군데에서 청구서가 날아와도 열 군데 전부 한꺼번에 지불하는 건 불가능하죠. 매번 우선순위를 결정해야 해요. 이런 식이다 보니 매달 통화 정지 통고가 날아오고 언제나 진짜로 통화 정지 직전까지 가요. 그러면 전화를 해서 사정을 해요. 이렇게요. '여보세요, 조금만 틈을 줘요. 아직 전화 끊지 말아요. 조금이라도 보낼 테니까요'라고. 그리고 수중에 있는 150달러 중 일부를 들고 자동차 딜러에게 갑니다. 그 사람들은 참 이상해요. 협상에 응해 주니까요. 정말로 좋은 사람들이죠. 그들은 제가 가면 이렇게 말해요. '어이, 미스 V, 오늘은 뭘 가지고 오셨나?' 그리고 이렇게 한마디 던지죠. '달마다 꼭 뭔가는 가지고 오네요.' 예, 맞아요. 지불액의 절반 이상은 가지고 가요. 매달. 그리고 저는 이렇게 말하죠. '나도 밥 먹을 돈은 빼 놓아야죠. 안 그래요? 아저씨들?'"

그녀는 빡빡한 스케줄 때문에 수많은 수수료와 벌금을 내야 한다. 여름에 아이들이 다녔던 보육 프로그램도 마찬가지였는데, 결국 그녀는 수수료 때문에 보육 프로그램을 그만둘 수밖에 없었다. YWCA 보육원에 아이들을 정시에 데려다 주기 위해서는 매달 수수료로 10달러가 추가로 들었는데, 그녀는 그 돈을 낼 형편이 되지 않았고 어머니 글래디스가 손자들을 방과 후에 돌봐 주곤 했다. 여름에는 아이들을 보이스 앤 걸스 클럽[전국적인 비영리 아동 보육 시설]에 각각 7달러를 내고 보냈다. 그러나 클럽은 아이들을 맞이하는 시간을 엄격하게 규정해 — 금요일을 뺀 나머지 날에는 오후 3시, 금요일은 오후 1시 — 적용했다. 어느 금요일, 글래디스는 그 시간을 잊어버리고 말았다. 클럽 측은 직장에 있는 크리스티에게 연락도 하지 않고 시간을 재기 시작해, 최초 5분간 한 사람당 10달러, 이후부터는 조금 낮은 비율로 벌금을 계산해, 최종적으로 한 시간 이상 늦게 글래디스가 아이들을 데려다 줄 때까지 가산한 벌금을 부과했다. 그것은 한 아이당 80달러에 달하는 금액으로 크리스티가 도저히 부담할 수 없는 금액이었기 때문에 아이들은 클럽을 그만둘 수밖에 없었다. 그녀의 생활 전반에 걸쳐 이런 모든 작은 실수는 중대한 결과를 부르곤 했다.

크리스티의 직업이 이 나라의 행복에 얼마나 중요한가와는 상관없이, 그녀는 이렇다 할 승진의 기회도 없는 저임금 노동에 묶여 언제까지나 고생을 감내해야만 하는 운명에 빠진 사람처럼 보였다. 그녀가 안정된 경제생활을 누리기 위해서는 거의 모든 것들이 완벽하게 조정되어 있어야 할 필요가 있었다. 그녀는 사회로 첫발을 내딛는 출발점에서 몇 가지 실수들을 저질렀기 때문에 고등교육을 받을 수 있는 지원과 적절한 분야의 직업훈련이 필요한 상태였다. 단순하게 근면하게 일하는 것만으로는 충분치 않은 것이다. 근면이라는 경건한 미덕을 손상시키는 이런 사실은 결코 우리들이 바라던 것이 아니다. 그러나 고용주가 이 사회에 필수 불가결한 노동에 대해 더욱 많은 금액을 적극적으로 지불하려고 하지 않는 한 빈곤의 경계에서 열심히 일하는 사람들은 현재의 상황에서 벗어나지 못할 것이다. 그리고 노동을 향한 미국의 열렬한 찬가는 불협화음을 연주하게 될 것이다.

데브라 홀에게도 노동은 좋은 결과를 가져오지 못했다. 쓸모없는 노동력으로 분류되어 있는 생활보호 상태의 많은 엄마들이 노동시장에서 경험하는 것과 마찬가지로 그녀 역시 노동시장에 들어간 이후, 그녀를 둘러싼 모든 상황이 변했다는 것을 깨달았다. 단, 물질적인 생활수준에서는 아무런 변화가 없었다. 그녀는 통근을 위해 자동차를 사야만 했고, 새벽이 밝아 오기 전에 일어나야만 했고, 새로운 기능을 습득하기 위해 머리를 쥐어짜야 했고, 직장에서의 인종 간 마찰에 휘둘려야만 했다. 가계 예산은 더욱 꼬여 갔지만 흑자는 전혀 없었다. 그녀가 얻은 유일한 이득은 주로 감정적인 종류의 것 — 자기 자신이 살아 있다는 느낌 — 이었고 그래서 약간은 망설이면서도 열심히 일할 수 있다는 사실을 기쁘게 생각했다.

데브라는 클리블랜드의 쇠퇴한 지구에 어머니가 소유하고 있는 2세대 주택 1층에서 그럭저럭 지내고 있었다. 다행스럽게도 그녀는 어머니의 원조를 받을 수 있었지만 만약 자유 시장경제의 원리에 기초해 계산된 미미한 임금만으로 생활해야 했다면 아마도 형편없는 월세 아파트에 갇혀 지낼 수밖에 없었을 것이다. 그녀가 살고 있는 집은 페인트칠을 다시 할 필요가 있었고 지붕에는 판자를 대야 했지만, 방은 넓은 편이었고 집이 위치한 곳도 그렇게 나쁜 환경은 아니었다.

현관문 너머로부터는 이웃집 현관 계단에 앉은 두 젊은 여자가 피우는 마리화나의 달콤한 냄새가 흘러들어 왔다. 데브라 집 정면의 커다란 창문에는 커튼이 쳐져 있었다. 한낮인데도 거실 안은 어두웠다. 그녀는 오전 3시 반부터 11시 반까지 빵 공장에서 교대 근무를 마치고 돌아온 뒤 계속 소파에 누워 잠을 자고 있었다. 오른쪽 주머니 위에 '데브라'라고 쓰인 명찰이 박음질 된 하얀 작업복 셔츠를 입은 채로 말이다. 그녀의 검은 머리는 말끔히 정리되어 있었고 넓은 얼굴은 끊임없는 미소로 밝게 빛나고 있었다. 그녀가 빈곤에 관해 이야기하는 도중에 괴로움을 참으려고 어떻게든 웃어 보이려 할 때마다 그 미소는 가끔씩 희미한 슬픈 빛을 띠곤 했다.

TV는 켜져 있었고, 직립형 전기 청소기가 거실 중앙에 놓여 있었다. 탁자 가장자리를 장식하고 있는 것은 두 아이들의 사진이었다. 둘째 아들은 다운 증후군이 있었고, 첫째 딸은 은행 말단 직원으로 일하며 그럭저럭 경력을 쌓아 가고 있었다. "그 애가 생활보호를 받지 않고 살아갈 수 있어서 참 다행이에요." 데브라는 깊고도 분명한 목소리로 말했다.

21년의 세월 동안 그녀를 따라다닌 모든 것들(영수증 없이 현금으로 급여가 지급되는 가정부나 술집 호스티스와 같은 — 그녀의 말을 빌리자면 — '어둠의 일'과 생활보호 급부 수표)은 그녀가 열여덟 살 때 딸을 낳으면서부터 시작되었다. 생활보호를 받으면서 한편으로 소득을 신고하지 않은 채 일을 계속하는 이런 방식의 노동 형태가 일반적으로 널리 퍼져 있다는 사실을 생각하면, 복지 개혁이 궁극적으로 목표로 하고 있는 '복지에서 노동으로'welfare-to-work는 '오직 노동'work only이라고 부르는 편이 더 적당할 것이다. 왜냐하면 소득이 조금이라도 늘면 그만큼 복지가 줄어드는 탓에 사람들의 실제 소득은 줄어들기 때문이다. "이제 이렇게 부업을 하는 데 익숙해졌어요." 데브라는 설명한다. "일주일에 아마 120달러 정도 벌고 있을 거예요. 하룻밤에 30달러 정도를 보수로 받고 팁도 조금 있으니까요. …… 그래서 이젠 익숙해졌고 바깥 세상일은 완전히 잊었어요. 지금 하는 일을 그만두는 것은 무리예요."

서른아홉 살 데브라에게는 내세울 만한 기술이 아무것도 없었다. 그녀의 학력은 시익 선문대학Community College 중퇴였다. "저는 학교에 전혀 관심이 없었어요." 그녀는 고백한다. 그녀는 스스로를 '게으름뱅이'로 단정 짓고 결코 일에 손을 대려 하지 않았다. 그녀는 생활보호 수당으로 받는 수표, 불법 소득, 사회보장청에서 그녀의 아들에게 주는 생활보호 보충 급부금으로 생활하고 있었다. 간호학교 교육을 받고 있는 그녀의 아들은 아직 십대였다. 그즈음 복지 개혁은 그녀의 편법적인 소득을 더 이상 불가능하게 만들려 하고 있었다. 1996년 복지 개혁 법안은 주 정부가 생활보호 수급 기간을 제한하고 수급에 따른 노동조건을 부과할 수 있도록 허가했고, 오하이오 주는 데브라에게 취업을 하든가 직업훈련을 받든가 어느 한쪽을 선택하도록 강제할 수 있는 권한을 얻게 되었다.

그래서 데브라는 클리블랜드 고용훈련센터에 등록했다. 고용훈련센터의 관리자는 (기계공, 용접공 같은 노동자 공급을 원하는) 지역 중소기업의 중역들이 맡고 있는 경우가 많다. 데브라는 정장을 차려입는 것보다 캐주얼한 옷을 입는 것을 더 좋아했기 때문에 창고 일을 선택했다. 그녀가 배우는 일은 업계의 용어를 쓰자면 '선적과 하적' 일이었다. 현장 훈련의 일부로 센터는 작은 공업단지의 회사들을 위해 UPS 소포를 발송해 주는 일을 하고 있었다. 데브라는 타자 치는 방법, 자동화된 UPS시스템 조작법, 물품 목록을 붙이는 법, 지게차 운전 등을 배웠다. 이에 대해 그녀는 이렇게 말했다. 이 코스를 통해 "안정감을 얻을 수 있었어요. 취직만 할 수 있다면 뭐든지 좋으니까 기술을 배워 무슨 일이든 하고 싶다는 생각이 들었어요." 그녀에게 의욕이 생긴 것은 인생에서 처음 있는 일이었는데, 그녀는 이 코스를 통해 생활보호로부터 벗어나는 것도 나쁘지 않을 것이라는 생각까지 가질 수 있었다. "모든 사람들은 끊임없이 앞으로 전진하고 있어요. 그리고 앞으로도 계속 그럴 테죠." 그녀는 상상했다. "자라고 있는 아이들에게 자기보다 더 나은 삶을 살 수 있도록 많은 것을 전수해 줄 거예요. …… 우리들이 이런 훈련 센터에 들어와 하면 된다는 것을 보여줄 수 있다면 우리 아이들의 모범이 될 수 있겠죠."

이것은 데브라가 아직 훈련생이었던 시절의 모습이다. 취업을 하게 되자 상황은 달라졌다. 그녀를 기다리고 있던 것은 밝기만 한 미래가 아니었다. 우선 그녀는 통근을 위해 장거리 버스 대신 자가용을 이용해야만 했는데, 그녀가 구입한 자동차는 결코 싼 값이 아니었고, 또한 그럼에도 불구하고 그녀가 지각하지 않고 회사에 출근할 수 있을 만큼 신뢰할 만한 성능의 차도 아니었다. 다음으로 그녀는 올랜도 베이커리로 가야만 했는데, UPS에는 남아 있는 일자리가 없었기 때문이었다. 지게차 자격증, 신중히 작성한 이력서, 새로 몸에 익힌 면접 기술을 가지고 그녀는 모든 질문에 훌륭하게 대답할 수 있도록 만반의 준비를 해갔지만 이야기할 기회를 전혀 얻지 못했다. 다만 한 남성을 따라 빠르게 공장의 여기저기를 안내받은 뒤, 이런 질문을 받았을 뿐이다. "아침 7시까지 출근할 수 있어요?"

그녀는 당황했다. "인터뷰 질문에 대비해서 그토록 반복해서 연습을 했는데, 7시까지 출근할 수 있느냐고 물어본 게 다였어요." 그녀는 쓴웃음을 지었다. "저는 지게차 운전사로 고용될 거라고 생각하고 있었어요." 그녀가 말을 이었다. "지게차 운전을 하고 싶었어요. 공장에는 지게차가 있었으니까요. 트럭에 짐을 싣는 독dock에서 지게차를 쓰고 있었어요. 트럭에 짐을 올리고 그 밖에 여러 가지 일을 하기 위해서는 지게차가 필요했죠. 그런데 지게차를 운전하는 사람들은 전부 남자였어요!" 그녀는 큰소리로 외쳤다. 출근 첫날, 공장에 도착했을 때 그녀는 컨베이어 벨트 작업 라인에 배치되었다. "저기 잠깐만요." 그녀는 감독자에게 말했다. "전 지게차 운전면허도 가지고 있는데요."

"음, 근데 지게차 운전 일은 비어 있는 자리가 전혀 없어요." 감독자가 말했다.

그곳에서 하는 일은 아마도 단 하나의 명령문으로 요약할 수 있을 것이다.

'옆 사람이 하는 일을 잘 보고 그대로 따라 하시오'.

데브라는 마늘 라인에 서서 옆 사람을 유심히 관찰해 똑같이 빵을 뒤집는 일부터 시작했다. 컨베이어 라인의 종업원들은 아침 7시에 일을 시작해 그날 생산된 모든 제품이 포장될 때까지 공장을 나갈 수 없었는데, 퇴근 시간은 대개 오후 5시, 때로는 6시까지 늦어졌다.

"그곳 사람들 모두가 견디기 힘들어 했어요." 그녀는 말한다. "마늘빵, 마늘 스틱, 마늘 롤 케이크 ― 회사는 기회가 있을 때마다 다른 종류의 빵을 가지고 와서 그 빵에 마늘 향을 집어넣을 수 있는지 확인했어요." 빵이 슬라이서를 통과한 다음에는, "그것을 분리해서 평평하게 눕혀야 돼요. 그러고 나서 빵을 펼쳐 놓는 사람 옆에 있는 두 사람이 빵이 제대로 평평하게 놓였는지, 두 장이 겹쳐진 것은 없는지 확인을 해요. 그리고 버터를 통과해요. 향수 같은 버터가 있어요. 그리고 다음은 냉동고로 가는데, 빵을 쌓는 사람이 네 명 있어요. 그중 한 명이 최종 확인을 하고 나머지가 포장을 하지요."

노동자들은 노동조합에 가입되어 있었지만 그곳의 노동환경은 단체협약에 기술되어 있는 것과는 거리가 멀었다. 급여는 점심시간과 9시간 노동이 끝난 뒤 주어지는 15분의 휴식 시간까지 계산해 시급 7달러였다. 복지 혜택은 종업원이 6개월 이상 근무하지 않으면 제공되지 않았다. 공장 일은 중노동은 아니었지만 데브라의 정신적·육체적 능력의 한계에 도전하는 것이었다. "첫날, 거기서 일한 느낌은, 이런 일 하려고 온 게 아닌데 하는 느낌이었어요. 아주 끔찍했어요." 그녀는 또 웃었다. "몸 전체가 욱신거렸어요. 맙소사. 그리고 벨트에서 끊임없이 재료가 나오기 때문에 계속 벨트를 보고 있을 수밖에 없어요. 나오는 속도도 엄청 빨라서 내 앞에 왔는가 하면 어느새 지나가 버리는 거예요. …… 진짜 울음이 나올 것만 같았어요. 더 이상 못할 것 같았죠."

그로부터 얼마 후 마늘 공정에서 벗어날 수 있는 고마운 기회가 찾아왔다. 교대 근무 탓에 새벽 두 시에 일어나야만 했지만 그녀는 빵을 봉지와 상자에 넣는, 보다 스트레스가 적은 일로 옮겨갈 수 있었다. 그러나 긴장으로부터의 해방감도 잠시였다. 데브라가 포장 일을 배우고 얼마 안 되어 감독이 느닷없이 나타나 그녀를 조작법도 모르는 기계로 배치시켰고, 그녀는 다시 공황 상태에 빠졌다. "저는 그 기계의 이름조차 몰랐어요." 그녀는 말했다. "그저 가끔 사람들이 이렇게 말하는 것을 들을 뿐이었죠. '자네는 넘버 투야.' 저는 '그게 무슨 말이에요?'하고 물었어요." 넘버 투는 사실 그 기계의 이름이었다. 데브라의 설명에 의하면 넘버 투는 "스위치를 누르는" 사람이 필요한 거대한 장치를 가리켰다. "기계에다 봉지를 넣고, 봉지의 지퍼가 제대로 열려 있는지 확인하고 기계를 정해진 방식으로 조정해야 해요. 햄버거 빵, 핫도그 빵, 기타 종류의 빵 등 빵 종류에 따라서요. 같은 공정의 다른 곳에서는 슬라이서를 세팅해서 빵을 잘라요. 그게 얼마나 어려운지 아마 상상도 못하실 거예요." 그녀는 악몽을 꾸고 있었다. "저는 여전히 갈피를 못 잡고 있어요. 공중에 붕 떠 있는 느낌만 계속 받을 뿐이에요. 이 기계 때문에……. 일하는 도중에 실수를 저질러서 감독이 노발대발하는 꿈을 꾸곤 해요. 무슨 말인지 아시죠? 일이 집까지 따라다녀요……. 고작 7달러 때문에 이런 경험을 해야 한다니 말도 안 돼요." 몇 달 뒤, 그녀의 임금은 시급 7.90달러로 올라갔다.

흑인인 데브라는 자신이 인종적인 이유로 부당한 대우를 받고 있다는 느낌을 받았다. "회사가 히스패닉에게는 관대해 보였어요." 그녀는 이렇게 주장했다. "한 히스패닉 사람 옆에서 일을 하고 있었거든요. 근데 그 사람은 작업 속도를 따라가지 못했어요. 빵이 전부 겹쳐졌는데도 그걸 그대로 상자에 넣어 평평하게 눌러 담고 있었어요. 그러자 상사가 오더니 크게 화를 내기 시작했죠." 그녀는 영어를 못 알아듣는 척했고 그 탓에 데브라가 표적이 되었다. "잠깐만요." 그녀가 반론했다. "'저 사람은 나만큼 영어를 잘해요. 그리고 저 사람이 작업을 잘 못했다는 이유로 제게 와서 책임을 묻지 마세요. 저는 저 사람이 한 상자를 만드는 동안 세 상자나 만들고 있었어요.'라고 따졌죠. 그런데 그녀는 스페인 동료에게 달려가더니 계속 스페인어로만 말하면서 계속 뭐라고 지껄이는 거예요. 어떤 상황인지 아시겠죠? 맙소사. 정말 그런 건 딱 질색이에요. 정말로요." 데브라는 자신의 승진과 임금 인상 가능성에 대해 확신을 가질 수 없었다. 그녀가 감독들에게 감독 직급으로 승진할 경우 받을 수 있는 급여 수준에 관해 물으면, 그들은 항상 애매하게 "여러 가지 경우가 있을 수 있다"고 대답했다. 그녀는 명확한 수치를 알 수 없었기 때문에 목표로 하는 임금이 얼마인지에 대해서도 알지 못했다. 그녀는 저임금에서 헤어나지 못하는 자신과 자기 가족의 현실이 숙명처럼 느껴졌다. 그녀는 아버지에 관해서는 거의 아무것도 몰랐고 그가 어떤 일을 했는지도 기억하지 못했다. 어머니는 청소 일을 했고 생활보호 급부에 의존해 살아 왔다. 형제 가운데 두 명은 총에 맞아 숨졌다. 한 명은 술집에서 일어난 싸움으로, 한 명은 차 안에서. 셋째는 강도죄로 형무소에 있고, 넷째는 트럭 운전을 하고 있고, 다섯째는 퇴직자 복지 센터에서 급사 일을 하고 있었다. 자매 중 하나는 공장에서, 다른 하나는 바에서 일하고 있고, 셋째는 손자를 돌보고 있었다. 데브라의 딸은 은행 출납계에서 영업부서로 한 걸음씩 조심스럽게 경력을 쌓아 가고 있었는데, 데브라에게 가장 큰 기쁨은 딸이 잊지 않고 피임을 하고 있다는 사실이었다. "전 행운아예요. 그 애한테 설교도 많이 했거든요." "젊은 나이에 할머니가 되지 않았다는 사실이 참 다행이에요."

데브라의 은행 계좌에는 잔액이 거의 없었다. 임금은 빵 공장에서 직접 입금되었지만 입금되자마자 바로 지출되고 만다. "아마 계좌에는 매주 8달러 정도 남아 있을 거예요." 그녀는 말했다. "현금인출기에서 10달러 이하는 인출할 수 없거든요. 그래서 계좌에 5달러가 남아 있더라도 5달러를 손에 쥘 수는 없어요." 그녀가 은행 창구에 가면 은행은 3달러의 수수료를 뗀다. 어느 해 1월, 그녀는 너무나도 돈에 쪼들린 탓에 가게 앞에 설치된 페이데이 론 기계를 이용해 두 주 동안 1백 달러를 빌렸는데, 총 15달러의 수수료를 지불해야만 했다.

빵 공장의 동료 노동자들은 우울한 분위기 속에 갇혀 있었다. 그곳에서는 그녀에게 용기를 북돋아 주는 사람이 하나도 없었다. 일을 시작했을 당시, 동료들은 차례로 그녀에게 이렇게 경고했다. "조만간 이곳을 떠나고 싶어 할 거예요." 그녀는 같은 경고를 고등학교 동창이었던 보조 감독으로부터도 들었다. "데브라, 네가 여기서 일하고 싶어 하지 않는 거 나도 알아"라는 친구의 말을 그녀는 기억하고 있었다. "여기서 얼마나 일했어?" 데브라가 되물었다. "11년 동안." 친구는 대답했다. "그리고 저는 아무 말도 할 수 없었어요." 데브라는 내게 말했다. "하지만 마음속에서는 이렇게 말했죠. '도대체 여기서 그렇게 오랫동안 뭘 하고 있는 거야!'라고요."

미국의 부자들은 최전성기를 구가하고 세기는 새로운 밀레니엄을 맞이했다. 미국은 사치에 열중하고 각종 마이크로칩으로 넘쳐 났으며 방탕한 소비를 통해 세계를 향해 과시해 댔다. 집, 차, 주식 자산, 평균수명. 인류 역사상 이렇게 많은 사람들이 이렇게 완벽하게 안락해진 적은 일찍이 없었다.

그러나 캐롤라인 페인은 그런 사람들 축에 들지 못했다. 새해를 맞이하고 몇 주 지난 어느 날, 그녀는 부엌 테이블 앞에 앉아 자신의 과거를 돌아보고 있었다. 세 가지 목표 가운데 두 개는 달성한 상태였다. 그녀는 2년 과정의 준학사이기는 하지만 대학 졸업증을 받았다. 또 노숙인 시설을 나와 자신의 집을 가질 수 있었다. 집 소유권의 대부분은 은행이 가지고 있기는 했지만 말이다. 세 번째 목표, 즉 그녀가 말하는 '월급이 높은 일'은 아직 달성하지 못했다. 1970년대 중반, 그녀는 버몬트에 있는 한 공장에서 시급 6달러를 받고 플라스틱제 담배 라이터와 질레트 면도기 날의 케이스를 만드는 일을 했다. 2000년, 그녀는 뉴햄프셔의 대형 슈퍼마켓 월마트에서 상품 진열과 계산대 일을 하고 시급 6.80달러를 벌고 있었다. "슬픈 일이에요." 그녀는 분명히 말했다. "며칠 전에 그것에 대해 생각해 봤어요. 20년 전보다 80센트 더 벌고 있을 뿐인 거 있죠." 생활비의 물가 상승을 고려한다면 감소라고 봐야 마땅할 것이다. 그리고 그녀는 그때 그것이 앞으로 얼마나 더 슬픈 일로 발전할 것인지 알지 못했다.

캐롤라인의 이야기는 미국의 번영 속에 가려져 보이지 않는 모두가 잊고 있는 이야기이다. 세기의 전환과 경제적 호황은 그녀에게 아무런 변화도 가져오지 않고 그대로 스쳐 지나갔다. 그 이유는 명확하게 꼬집을 수는 없었지만 음습한 종류의 것이라고 표현할 수 있을 것 같다. 그녀는 백인으로 인종차별의 피해자는 아니다. 그녀는 태만한 동료나 친지들에 대해 비판적이었으며 스스로도 게으름을 피우는 일은 결코 없었다. 그녀는 시간관념이 철저했고 좀처럼 일을 쉰 적도 없었으며, 밤교대 근무도 싫어하는 내색 없이 감수했고, 일하는 태도도 성실했다. 월마트 매니저인 마크 브라운은 진심으로 그녀를 "나이스 레이디"Nice Lady라고 불렀다. "그녀는 독립적인 사람이에요." 그는 이렇게 평했다. "언제나 스스로 배우고, 자신을 발전시키죠. 그녀는 잠재력이 있어요. 틀림없이 승진할 수 있을 겁니다." 그러나 그녀는 승진하지 못했다. 한 번도. 그리고 더 이상 그런 상황에 놀라지 않게 되었다. 왜냐하면 쉴 틈 없이 이어지는 일 속에서 그런 상황이 너무나 길게 지속되었기 때문이다. 그러나 그녀는 마크 브라운의 칭찬에는 굉장히 놀랐다. 내가 그의 말을 전하자 그녀는, "진짜요?" 하고 되물었다. 그녀는 상품 진열대에 새로 나온 비디오테이프들을 정돈하고 있었다. "저는 여기 사람들이 저를 좋아한다고 생각하지 않거든요. 대개는 저에 대해서 좋지 않게 말하지요."

이렇게 의미 없이 흘러가는 인생 속에서 많은 선량한 미국인들은 꿈을 포기한다. 그들은 다시 생활보호 상태로 주저앉든가 작업반장이나 부서 관리자나 오피스 매니저가 될 자신을 더 이상 상상하지 않게 된다. 캐롤라인은 50세로, 매우 긴 세월 동안 실망을 안고 살아온 까닭에 그녀의 절망은 어찌 보면 매우 합당한 것처럼 보였다. 그녀는 가끔씩 우울증 치료를 받았고 아스피린 과다 복용으로 자살을 시도한 적이 한 번 있었다. 그럼에도 그녀는 여전히 삶과 싸우고 있었다. 그녀는 이메일 주소 상에서 자신을 "럭키 레이디"Lucky Lady라고 부르고 있었다. 자동 응답기 메시지에는, "오늘 하루도 멋진 하루가 되기를!"이란 말이 녹음되어 있다. 그녀는 기업의 이익 구조에 관한 거창한 생각이나 사회의 불공평함에 대한 부정적인 의견 따위는 갖고 있지 않았다. 그저 금전상으로 최소한의 안정을 얻고자 하는 바람뿐이었다. 그녀의 근면과 끈기는 그녀가 현재 하고 있는 일과 너무나 어울리지 않았고, 오히려 단순 반복적인 일에서 오는 단조로움과 불협화음을 내고 있는 것처럼 보였다. 그녀는 몇 번이고 여러 판매 부문 관리직에 지원했지만 그때마다 남자 직원이 우선시되었고 — 또는 그녀가 유심히 관찰한 바에 따르면, 더 젊고 날씬한 여성이 먼저였다 — 그녀는 언제나 무시되었다. "전 뼈가 부서지도록 일했어요. 말투가 거칠어서 미안해요. 전 아주 오랜 기간 같은 자리에만 있었어요." 그녀는 분명하게 말했다. "하지만 그런 사실은 전혀 고려의 대상이 되지 않았어요."

24시간 영업점의 입장에서 그녀의 유연한 근무시간은 매우 가치 있는 것이었지만, 그녀는 야간 교대 근무 수당으로 1달러를 더 받을 뿐이었다. 그녀는 승진하기 위해 많은 노력을 했고, 평소에도 갑작스런 시간 변경이나 대리 근무에 대응할 수 있도록 언제나 준비 태세를 하고 있었다. 심지어 그녀의 열네 살 난 딸 앰버를 집에 혼자 두어야만 하는 저녁 시간대에도 그랬다. 캐롤라인에게는 자동차가 없었다. 가는 데만 약 20분 정도 걸리는 거리를 걸어서 통근했고 아무리 궂은 날씨에도, 아무리 늦은 시간에도 걸어서 회사를 왕래했다.

어느 추운 금요일, 그녀는 악화되기 쉬운 허리 통증이 도지지 않도록 조심하면서 얼어붙은 길을 매우 조심스레 걷고 있었다. 평소처럼 오전 10시에 집을 나와 일터를 향해 가고 있었는데, 도중에 오전 1시부터 시작하는 교대 근무에 나오라는 전화를 받았다. 그 자리에서 그녀는 집으로 다시 돌아왔고, 그리고 다시 매장으로 갔다. 그녀는 그날, 얼마 안 되는 돈을 벌기 위해 한 시간 동안 같은 길을 세 번이나 왔다 갔다 한 것이다. 그리고도 그녀는 싫은 내색 없이 지시된 일을 모두 끝마쳤다. 회사 측이 그녀도 잘 아는 한 남자를 그녀보다 높은 임금으로 고용한 다음에도 마찬가지였다. "그 사람은 전기제품 판매장에서 밤에 일을 했었는데, 가끔씩 보면 가만히 서서 TV를 보거나 딴청을 피우고 있었어요." 그녀는 슬픈 목소리로 나지막하게 말했다. "그는 열심히 일을 한 적도 없고 특별한 성과를 낸 적도 없었는데 회사는 아무 말도 하지 않았어요. 제가 그 사실에 관해 불만을 토로하면 당신 일이나 신경 쓰라는 말이 돌아오곤 했죠."

그녀는 (남자 대리나 과장들로부터 흑심 어린 시선을 받는) 늘씬한 여성들도 당해 내지 못했다. "젊은 여자애들이 이쪽 일을 많이 하고 있죠." 캐롤라인은 설명했다. "제 외모가 실제 나이보다 더 늙어 보이죠? 사람들은 저를 앰버의 할머니로까지 생각해요. 할머니로 보일 만큼 힘든 삶을 살고 있는 거요."

승진한 사람들은 캐롤라인에게는 없는 뭔가를 갖고 있는 경우가 많았다. 그들에게는 성한 치아가 있었다. 캐롤라인은 이가 없었다. 만약 이가 있었다면 실제보다 열 살이나 늙어 보이는 일은 없었을 것이다. 그러나 그녀의 치아는 빈곤, 다시 말해 그녀가 치과 의사의 진찰을 받을 수 없었던 지난 10년의 세월 탓에 사라진 것이었다. 플로리다에서 생활보호를 받으며 지내던 당시, 그녀의 치아는 대부분이 충치를 앓거나 이미 곪아 있는 상태였다. 그녀는 두 시간에 걸친 힘든 수술을 받아 그것을 모두 뽑아냈고 그녀의 얼굴은 움푹 패여 들어가 언제나 풀이 죽은 표정으로 변해 버렸다. 플로리다 주의 메디케이드® 규정은 틀니를 해넣

● 메디케이드medicaid
생활 빈곤자를 위한 연방 정부와 주 정부의 공적 의료 부조 제도로 65세 미만의 저소득층과 장애인을 대상으로 한다. 메디케어가 전적으로 연방 정부에 의해 운영되는 것과는 달리, 연방 정부와 주 정부가 공동으로 재정을 보조하고 운영은 주에서 맡게

는 경우 치아가 하나도 없을 경우에만 보험이 적용되도록 되어 있다. 따라서 치아가 일부라도 남아 있는 경우에는 치료를 받지 못하게 되는 것이다. 마지막으로, 정말 불행스럽게도, 메디케이드에 의해 비용이 지불된 그 틀니는 그녀의 구강 구조와 제대로 맞지 않아서 틀니를 껴도 제대로 말을 할 수가 없었다. 결국 그녀는 틀니를 착용하지 못했다. 틀니를 조정하는 데는 250달러 정도가 필요했고 그녀에게 그런 돈은 없었기 때문이다.

(미국인이 투표권만큼이나 소중히 하도록 교육받아 온) 가지런하고 하얀 치아를 드러내며 활짝 웃는 그런 미소를 잃어버렸기 때문에 그녀를 승진에서 배제시켰다고 인정할 고용주는 아무도 없을 것이다. 캐롤라인은 잇몸을 보이지 않으면서도 상냥한 표정으로, 얼굴 전체로 웃는 법을 터득했지만, 안타깝게도 미국 문화가 추구해 온, 기쁨에 가득 찬 눈부신 광선을 쏟아 내는 그런 미소로는 보이지 않았다. 치아를 보이는 일이 명문화되어 있지는 않지만 미소 자체가 직무 내용의 일부가 되는 그런 직종에서, 그녀는 다른 사람들을 당해 낼 수가 없었다. 그녀가 클레이몬트 저축은행의 창구 직원 자리에 지원했을 때도 그녀는 창구 직원이 아닌 안쪽 사무실에서 서류를 정리하는 일로 채용되었고 그나마도 결국에는 해고당했다. 월마트가 고객 서비스 매니저의 후보로 그녀의 이름을 올리는 경우에도 항상 승진되는 사람은 그녀가 아닌 다른 누군가, 성한 치아를 가지고 있는 사람이었다.

캐롤라인의 얼굴은 빈곤이 사람들에게 부여하는 약점을 상징적으로 보여 주는 워킹 푸어의 얼굴이다. 그 약점은 다른 결점들보다 눈에 두드러지기는 하지

되어 있다. 메디케이드의 혜택을 받기 위해서는 저소득층일뿐만 시민권자나 등록된 외국인이어야 하는 등의 기준을 충족시켜야 하며, 그 결과 미국에서 가장 큰 규모의 의료 프로그램인데도 저소득층의 대략 60퍼센트가 메디케이드의 혜택을 받지 못하고 있다.

만약 그녀가 가난하지 않았다면
치아를 잃어버리는 일은 없었을 것이며,
만약 치아를 잃지 않았다면
계속 가난할 이유가 없었을지도 모른다.

만 빈곤을 반영하고 강화하는 눈에 보이지 않는 다른 약점들과 사실상 조금도 다르지 않다. 만약 그녀가 가난하지 않았다면 치아를 잃어버리는 일은 없었을 것이며, 만약 치아를 잃지 않았다면 계속 가난할 이유가 없었을지도 모른다. 빈곤은 한순간도 방심할 수 없는 기묘한 실타래와도 같다. 빈곤에서 하나의 요인은 스스로 되먹임 현상을 일으켜 결국 뫼비우스의 띠와 같은 인과관계의 실타래를 만들어 낸다. 문제는 그 실타래의 어느 부분부터 분석을 시작하는가에 달려 있다. 많은 보이지 않는 미국인들처럼 캐롤라인은 원인과 결과의 연쇄를 몸소 체현하고 있었다.

오랜 기간 캐롤라인을 원조하고 있는 케이스워커이자 가정방문원인 브렌다 세인트 로렌스에 따르면, 캐롤라인은 종종 빈곤이 수반하는 우울증 때문에 자포자기 상태의 마비성 발작으로 고통받고 있었다. "어떤 때는 정말로 필요한 때에도 데오도란트를 뿌리지 않아요. 샤워도 하지 않고, 머리는 엉망이 되죠." 브렌다는 말한다. "그녀는 골초예요. 종종 옷에서는 진하게 밴 담배 냄새가 나죠."

나는 그녀를 인터뷰해 온 지난 5년간 그런 그녀의 모습을 한 번도 보지 못했지만, 자신의 클라이언트들과 같은 세계 출신인 브렌다는 그들의 생활에 보다 쉽게 파고들어 갈 수 있었다. 브렌다는 유복하게 자라 대학원을 졸업한 전문가가 아니었다. 그녀는 노동자계급 출신으로 고졸 학력이었다. 그녀는 위에서 내려다보는 태도를 취하지 않았지만 직접 판단을 내렸으며, 원조를 받는 사람들에게 애정을 가지고 다가감으로써 언제나 그들로부터 따뜻한 환영을 받을 수 있었다. 그녀는 캐롤라인을 비난하기보다는 이해하려고 노력했다. "우울증에 걸린 사람은 의욕을 가질 수가 없어요." 브렌다는 말한다.

빈곤에 갇혀 있는 대부분의 노동자들과 마찬가지로 캐롤라인 역시 다양한 요인이 얽혀 만들어 낸 희생자라고 할 수 있다. 외견을 통해 알 수 있는 것들은 물론이고 어린 시절의 과거, 결혼 생활, 읽고 쓰지 못하는 약점 등 그녀에게 부족한 모든 것들이 자유 시장 체제의 불공평함, 무자비함과 얽혀 있었다. 때로는 개인적인 시련이 그녀의 마음을 일에 집중할 수 없을 정도로 심하게 휘저어 놓기도 한다. 그리고 이 나라 경제력이 확대되고 있는 순간에도 그녀의 임금은 오르지 않고 앞이 보이지 않는 역류에 휩쓸려 가는 것 같았다. 호황 후에 경기가 퇴조하더라도 그녀의 낮은 위치에는 변함이 없다. 그녀는 상점에서 공장으로, 공장에서 상점으로, 화려하지 않은 직종 사이의 수평 이동을 계속한다. 이런 패턴은 불황 속에서도 취업률과 시간당 임금에 전혀 변화가 없는 많은 싱글 부모들의 삶을 대표한다.[2]

캐롤라인의 아버지는 학교의 급사로, 어머니는 가끔씩 공장에서 일을 했다. 그녀는 자신의 어린 시절에 대해 이렇게 이야기했다. "우리는 아이들에게 필요한 애정과 안정감을 충분히 받지 못했어요." 또한 물질적으로도 풍요롭지 못했다. "어릴 적 저는 항상 만족할 만큼 뭔가를 가져 본 적이 없었어요." 유년기 이후로도 빈곤은 계속되었다. "저는 언제나 무언가를 갖고 싶어 했죠. 그래서 요즘에도 가끔 도가 지나칠 정도로 돈을 쓸 때가 있어요." 그녀는 사십대 후반이 된 캐롤라인이 여전히 순간의 만족을 추구하는 십대들 같다고 말한다. 브렌다는 캐롤라인과 협력해 가계 예산에서 지출을 억제해 보려고 노력했다. "캐롤라인은 자신이 구입한 물건들에 대해 스스로가 충분히 가질 자격이 있다고 이야기하죠. 열심히 일했고, 죽기 전에 좋은 물건을 갖고 싶다고 말해요." 그리고 브렌다는 이렇게 덧붙였다. "저도 식구가 여덟이나 되는 가족에서 자랐어요. 생활에 꼭 필요한 것에만 지출할 수밖에 없었죠. 먹는 것이 가장 중요했고, 그다음이 집세를 내는 거였죠. 전기와 가스도 끊기지 않게 하는 것이 중요했고요."

캐롤라인이 집을 사고 나서 브렌다는 그녀가 전보다 성숙해졌음을 느꼈다. 그러나 어린 시절의 습관을 완전히 버리는 것은 힘들었고 과거에 진 빚도 쉽사리 해결되지 않았다. 캐롤라인이 어렸을 적 가족은 여러 번 이사를 다녔고 그녀의 교육도 연속해서 중단될 수밖에 없었다. 그녀는 1학년과 2학년을 뉴햄프셔 주 메리던에 위치한 교실이 4개밖에 없는 학교에서 다녔는데, 읽는 능력에 문제가 있었기 때문에 그곳에서 2학년을 유급했다. "읽는 속도가 느렸어요." 그녀는 고백한다. "그리고 주위가 조용하지 않으면 제대로 읽을 수가 없었어요. 한 자 한 자 읽었죠. 사람들 앞에서 읽는 것도 잘 못했어요." 그녀에게는 어머니나 아버지가 글을 읽어 준 기억이 없다. "어린 자식들이 있으면서도 엄마는 엄마 역할을 제대로 하지 않았어요." 3학년 때 그녀의 가족은 사이렌이 수시로 울리고, 차도 많고, 뛰어놀 곳도 없는, 매사추세츠 주 레민스터의 상업 지구에 있는 한 신발 가게로 이사했다. 그리고 다음 해, 뉴햄프셔 주 킨에 있는 트레일러 파크로 또다시 이사를 했다. 그곳에서 그녀는 4, 5, 6학년을 보냈다.

6학년 어느 날, 놀이터에서 집으로 걸어오고 있는 도중에 언니의 친구와 우연히 만난 그녀는 돌연 눈앞이 깜깜해지는 이야기를 들었다. 아버지가 집을 나가려고 짐을 싸고 있다는 것이었다. 캐롤라인은 어찌된 영문인지 전혀 알 수 없었다. "그리고 저는 집까지 한달음에 달려갔어요." 그녀는 그때 일을 회상했다. "트레일러 문을 열었던 걸 기억해요. 그리고 아버지가 짐을 꾸리고 있는 걸 보았죠. 트레일러는 2층짜리였어요. 전 사다리를 타고 올라가 울고 또 울었어요." 그리고 그녀의 마음속에는 불신의 씨앗이 싹트기 시작했다. "가족 간에는 대화가 전혀 없었어요. 정말 견디기 힘들었죠. 아버지가 올라오더니 우리들에게 말을 걸려고 했어요. 아버지는 자신이 떠나려 한다는 사실이 그렇게 나를 당혹스럽게 할 줄은 몰랐다며 정말로 놀랐다고 했어요. 전 쾌활한 아이였거든요. 하지만 사실은 전혀 행복하지 않았어요. 그래도 항상 웃으며 다녔죠. 사람들이 실제 내 모습과 달리 생각하도록 그랬던 것 같아요."

그녀가 대학 때 쓴 작문에 따르면 그때 이후로 그녀는 스스로를 "이리저리 옮겨 놓을 수 있는 하나의 가구 같은 것에 불과한" 존재로 느끼게 되었다고 한다. 거주가 불안정한 탓에 친구 관계도 오래가는 경우가 없었다. 그녀는 숙모와 함께 메리던으로 돌아와 8, 9학년을 보냈다. 그 사이 남동생과 여동생은 다른 집에 맡겨졌다. 그리고 어머니는 재혼했다. "새아버지는 술을 많이 마셨어요." 그녀는 말했다. "그는 저한테서 재미를 보려고 했어요. 난 무서웠죠. 엄마한테는 아무 말도 못했어요. 어떤 건지 알죠? 결국 내 몸을 지키기 위해 폭력적인 수단까지 사용할 수밖에 없었어요. 위협을 느끼면 그가 다가오지 못하도록 주먹을 휘두르고 발로 걷어찼어요."

캐롤라인은 양아버지와 같이 살고 싶지 않았기 때문에 고등학교는 매년 다른 곳에서 다녔다. 1학년 때는 뉴햄프셔 주 레버넌으로 가 예전에 보모 아르바이트를 하면서 알게 된 한 여성의 집에 신세를 지며 보냈다. 2학년 때는 대부분을 킨에 돌아와 보냈다. 그리고 3학년은 친아버지와 살기 위해 버몬트 주 우드스톡에서, 4학년은 매사추세츠 주 노스필드에서 보냈다. 그곳에서 그녀는 영예로운 졸업장을 받을 수 있었다. "세 형제 중에서 고등학교를 졸업한 사람은 저 혼자였어요." 그녀는 자랑스럽게 말했다. "남동생은 군대에 갔고 여동생은 열다섯 살에 결혼을 했어요. 그다지 자랑거리는 안 되지만 나름대로는 만족하고 있어요. 우리 어머니나 아버지도 고등학교는 졸업하지 못했거든요."

1969년. 졸업 두 달 후, 캐롤라인은 결혼을 했다. "지금 돌이켜 보면 그때 결혼을 하는 게 아니었는데 하고 가끔씩 생각하곤 해요." 그녀는 말했다. "저는 어렸고 안정을 원하고 있었죠. 또 아마 당시에는 그 사람을 진짜로 좋아하고 있었는지도 모르죠. 그래서 결혼한 것 같아요. 결혼하면 일이 잘 풀릴 것이라는 강한 확신이 있었죠. 정말 고리타분한 믿음이죠. 전 사람에 집착하기 쉬운 성격인 것 같아요. 그도 그럴 것이 어린 시절에 충분한 애정이나 안정이나 대화 같은 것이 전혀 없었으니까요. 만약 어떤 남자가 절 좋다고 하면 마치 그 사람이 내 첫사랑인 양 매달리는 거예요. 별로 좋지 않은 성격이죠. 그 사실을 오랜 세월을 지나면서 깨닫게 되었어요."

그녀는 결혼해서 세 아이를 낳았고 14년 동안 결혼 생활을 유지했으나 남편의 외도를 계기로 의심의 늪에 빠지게 된다. 남편을 공업학교에 보내고, 아이들을 키우고, 애완동물의 사료 값을 대기 위해 그녀는 공장에서 야간 근무를 했다. 그리고 일을 마치고 돌아온 어느 날, 남편이 낯선 여자와 함께 침대에 누워 있는 모습을 발견했다. 부부 관계는 불신으로 물들어 갔고 곧 결혼 생활은 파국을 맞이하게 되었다.

그녀에게는 자신의 권리를 지켜 줄 변호사를 고용할 돈이 없었고 한시라도 빨리 결혼 생활에서 벗어나고자 하는 마음이 컸기 때문에, 결과적으로 그녀에게 남은 것은 아이의 양육비로 남편이 부쳐 오는 매달 4백 달러가 전부였고 집은 나누어 갖지 못했다. "좋은 집이었어요." 그녀는 우울한 목소리로 말했다. "그 집은 제가 임신했을 때 지은 통나무집이었어요. 우리는 우리만의 다리를 만들려고 했어요. 저는 통나무로 된 지붕 달린 다리를 원했죠. 결국 그 바람은 이루어지지 않았지만요. 뭐 어차피 당시에는 세금을 낼 형편도 못되었고요." 그녀는 과거의 기억에 젖어 조용하게 흐느끼고 있었다.

캐롤라인은 당당하게, 그리고 바보스럽게도 전남편의 부모가 그녀와 아이들이 트레일러를 놓고 살 수 있도록 제공해 준 땅을 거절했다. 그들에게 신세를 질 이유가 전혀 없다고 생각했기 때문이다. 그녀는 작은 아파트를 빌렸고 생활보호와 장래성 없는 일 사이를 오가며 생활을 유지해 나갔다. 그녀는 빈 캔을 주워 부족한 수입을 보충하려고도 했다. "아이들과 야구 시합을 구경하기 위해 근처 학교에 가곤 했었는데요, 그럴 때면 핸드백에 비닐봉지를 넣어 가곤 했죠." 그녀는 회상했다. "시합이 끝나면 비닐봉지를 들고 돌아다니면서 버려진 캔을 샅샅이 살펴보고 5센트짜리 캔만 골라 담았어요." 큰 딸은 그런 엄마가 창피해 될 수 있는 한 멀리 떨어져 자전거를 타고 가곤 했다. "계산을 해봤어요. 이 돈으로 우유를 사고 빵을 사고 여러 필요한 것들을 사고……. 그런 게 다 도움이 되었어요. 하지만 딸아이에게는 좋지 않은 기억을 남겨 주었죠. 애가 크면서 점점 더 그런 것들을 싫어하더라고요."

고독과 불안을 해소하기 위해 캐롤라인은 재혼을 했다. 그러나 이번에는 전보다 더 나빴다. 새 남편 버넌 페인은 그녀를 모욕하고, 때리고, 질투로 인한 분노를 쏟아 냈다. 그는 캐롤라인이 일하던 간호 시설 근처를 지나가다가 우연히 젊은 남자와 캐롤라인이 이야기를 하는 것을 발견하고는 그녀를 폭행한 적도 있었다. 그러나 그때 그녀가 이야기를 나누었던 "남자"는 머리를 짧게 자른 여자였음이 나중에 밝혀졌다. 이런 결혼 생활은 2년이나 계속되었다. "당시 저는 남자라는 존재를 증오하기까지 했어요." 그녀는 말했다. "남자는 거짓말만 늘어놓는 쓸모없는 존재였어요. 당신은 아니라고 할지도 모르겠지만." 그녀는 선거 때 어쩌다가 투표를 할라치면 일부러 여성 후보자에게 표를 던졌다.

그럼에도 여전히 그녀는 인생의 반려자가 될 남자를 찾고 있었고, 남자에 의해 생긴 마음의 상처를 안고 살아가는 모든 싱글 마더들에게서 종종 나타나는 패턴을 반복했다. 애정에 기반을 둔 파트너십을 갈망하면서도 그것을 만들어 낼 수 없는 가난한 여성은 빈곤층에서 특히 두드러진다. 이들은 싱글 마더일 뿐만 아니라 싱글 저임금 노동자이기 때문이다.

캐롤라인의 넷째 아이 앰버는 문제의 두 번째 결혼에서 얻은 아이다. 내반족[발목 관절 이상으로 발목 밑이 굽어 발바닥이 안쪽으로 향하게 된 발]인 것을 제외하면 검은 머리카락에 작은 체격의 소녀는 건강해 보였다. 그러나 시간이 흐를수록 감출 수 없는 문제의 징후들이 나타나기 시작했다. 앰버는 캐롤라인의 다른 아이들보다 걷는 것이 늦었고 기저귀를 떼는 것도 늦었다. 처음에 그녀는 그것이 흔히 있을 수 있는 작은 차이일 뿐이라고 생각했다. "앰버는 TV를 보고 많은 것을 혼자서 익히곤 했어요." 그녀는 회상했다. 그러나 이후 미취학아동 프로그램을 통해 실시된 테스트에서 앰버에게 몇 가지 부분에서 학습상의 "지체"가 있다는 사실이 밝혀졌다.

이혼 후, 앰버는 격주 주말과 여름 1~2주간을 아버지 버넌과 지냈다. 한번은 앰버가 손가락에 화상을 입고 돌아온 적이 있었고 그것을 누군가가 버몬트 아동 보호과에 신고한 일이 있었다. "보호과 사람들이 오더니 일하고 있던 저를 그 자리에서 어떤 방으로 데려갔어요. 그리고 제가 일을 마치고 집에 돌아가기 전에 앰버를 제게서 떼어 놓겠다고 겁을 줬어요." 당시 아동보호과는 범인과 범죄 사실 모두 착각하고 있었다. 그러나 그들이 캐롤라인에 대한 의심을 풀지 못했던 것은 한 익명의 집요한 신고가 원인이었는데, 캐롤라인은 그 익명의 제보자로 자신의 어머니 — 캐롤라인은 '뒤통수를 친 인물'이라고 표현했다 — 를 의심하고 있었다. "제가 이렇게 그 애의 팔을 잡았을 때도 엄마는 이렇게 말했어요. '아아, 애를 다치게 하지마!'" 주(州)는 이 안건을 계속 추적해 나갔고 어느새 캐롤라인은 딸의 양육권을 다투는 입장에 서게 되었다. "앰버와 함께 살기 위해 저는 재판을 걸고, 부모 교실에도 다녀야 했어요."

가족 내의 마찰이 직장에 영향을 미치지 않는 일은 거의 없다. 직장에서 필요로 하는 기술이나 영향력 있는 지위를 가지고 있는 종업원은 힘든 시기에도 너그럽게 봐줄 가치가 있을지 모른다. 하지만 캐롤라인에게는 그런 종류의 자본이 거의 없었기 때문에 그녀의 개인적인 시련을 고용주가 인내해 주리라 기대하는 것은 불가능에 가까웠다. 가정생활에서 오는 스트레스가 커질수록 직장 생활은 더욱 위험에 처하게 된다. 그것은 작업 결과가 형편없어지고, 승진에서 실패하며, 경력도 쌓이지 않고, 매번 일터를 바꾸어 가며 단속적인 이력을 반복할 수밖에 없음을 의미했다. "모두들 신경이 곤두서 있는데다가 일에서 오는 스트레스가 장난이 아니거든요. 옆에서 누가 힘들어 하든 말든 전혀 신경을 쓰는 분위기가 아니었죠." 그녀는 말했다. 그러나 한밤중에 공장에서 울고 있는 그녀를 발견하기란 어려운 일이 아니었다. "아마도 다들 제게 무슨 일이 일어났다는 것쯤은 알고 있었을 거예요."

그런 일상의 투쟁을 반복하면서도 캐롤라인은 사무직 기능 훈련 프로그램을 마치고 생활보호로부터 벗어나 보험회사의 접수 담당 일을 구해 그럭저럭 살아갈 수 있었다(당시 그녀에게는 아직 치아가 있었다). 그녀는 전화를 받고 우편물을 분류하고 보험계약 신규 서류를 타이핑했다. "그건 정말로 좋은 경험이었어요." 그녀는 말했다. 만약 앰버와 관련한 여러 스트레스가 그녀의 일을 방해하지 않았다면 그녀는 그 일을 계속하고 있었을 것이다. "회사에서 제게 업무 평가가 좋지 않다고 몇 번 주의를 줬어요. 아마 그때 여러 가지 문제들로 정신이 없었기 때문이었을 거예요." 그녀는 100퍼센트 해고될 것이라는 직감이 들었고 곧 스스로 회사를 그만두었다. 그녀의 표현을 빌리자면 "일을 정리했다."

그녀는 괜찮은 사무직을 찾기 위해 열심히 노력했고 계속해서 입사 지원서를 내고 다녔지만 연락이 오는 곳은 단 한 군데도 없었다. 그녀는 이유를 알기 위해 전화를 걸어 보기도 했지만 그럴 때면 언제나 다른 지원자가 대졸 학력이기 때문이라는 대답을 들어야만 했다. 그래서 그녀는 학위를 따기로 결심하고 학자금 대출을 받아 버몬트 주의 존슨 주립 대학에 입학해 회계와 경영에 관련된 수업을 듣기 시작했다.

그즈음 그녀는 곧 다섯 살이 되는 앰버가 자위행위를 하기 시작했다는 사실을 알게 되었다. "아이들이라면 결국 언젠가는 경험하게 되는 거지만 우리 애는 너무 집중하는 것 같았어요." 캐롤라인은 말했다. "점점 눈에 띄기 시작했어요.

목욕시킬 때면 언제나 자기 몸을 만지곤 했어요. 작은 신호들이 있었지만 그것이 어떤 사실을 증명하기는 힘들었죠. 그 애는 아직 사실을 밝히고 나에게 말할 수 있는 나이가 아니었거든요. 제가 내리는 판단은 모두 그 애의 행동을 보고 짐작할 수 있는 것들이 전부였으니까요. 하지만 어쨌든 저는 왠지 찜찜한 기분을 떨쳐 낼 수가 없었어요." 앰버가 아버지, 그리고 그의 부인과 함께 주말을 보내고 헤어질 때는, "곧장 제게 오곤 했어요. 그리고 제가 '아빠한테 뽀뽀해야지'라고 말하면 애가 뒤로 물러서는 거예요."

앰버가 아버지와 헤어지고 집에 돌아온 어느 날, 캐롤라인은 앰버를 목욕시키다가 이상한 흔적을 발견했다. "앰버의 몸이 앞에서 뒤까지 벌겋게 변해 있는 걸 발견했죠. 틀림없이 뭔가 잘못됐다고 생각했어요." 불안해진 캐롤라인은 대학 친구인 티나에게 부탁해 앰버와 단둘이서 이야기를 나눠 보고 알아낼 수 있는 것이 없는지 봐 달라고 부탁했다. "그러고 나서 티나는 이렇게 말했어요. '캐롤라인. 아……, 어떻게 이야기를 해야 하지? 아마 지금부터 내가 말하게 될 사실을 너는 믿지 못할 거야.'"

캐롤라인과 티나는 앰버를 병원으로 데리고 갔고 의사는 앰버의 몸에서 성관계의 흔적을 찾아내 사실을 확인시켜 주었다. 곧 앰버의 아버지를 경찰에 신고했고 캐롤라인의 생활보호 케이스워커도 조사를 위해 소환되었다. 티나와 케이스워커가 앰버에게 질문을 하는 동안, 캐롤라인과 경관 한 명이 매직미러 뒤에서 그 모습을 관찰했다. 앰버는 티나에게 한 이야기를 그대로 반복했고 아버지 버넌 페인에게는 접근 금지명령이 내려졌다. 캐롤라인은 버넌에게서 달아나기 위해 앰버와 함께 플로리다로 이사했고, 몇 년간 방랑 생활을 했다. 그리고 그 사실은 캐롤라인의 공부뿐만 아니라 앰버의 교육에도 영향을 미쳤다.

약 십 년 후, 캐롤라인이 앰버에게 아버지가 죽었다는 소식을 전하자 당시 열네 살이었던 앰버는 돌연 안도감을 분출하며, "잘됐다, 잘됐다"라고 말했다. 앰

캐롤라인이 앰버에게 아버지가 죽었다는 소식을 전하자
당시 열네 살이었던 앰버는 돌연 안도감을 분출하며,
"잘됐다, 잘됐다"라고 말했다.

버의 '지체'는 플로리다에서 더욱 두드러졌다. 앰버가 1학년이 되었을 때 치른 재시험에서 IQ는 가벼운 지적 장애 범위 내의 최소 수치에 해당하는 59였다. 지적 장애는 저소득 가정의 아동에게 많이 나타나는 장애다. 그러나 앰버는 (앰버의 상황을 조금이나마 개선시켜 줄지도 모르는) 특수교육을 지속적으로 받지 못했다. 왜냐하면 캐롤라인이 여기저기 집을 옮겨 다니던 부모님의 행동 양식을 그대로 반복했기 때문이다. 좁고 낡은 아파트에서 살다가 지저분한 트레일러로, 다시 지저분한 트레일러에서 다 쓰러져 가는 아파트로, 또 어떤 때는 앰버와 단 둘이서 살다가, 어떤 때는 친구들과 함께 살고, 어떤 때는 남자 친구와 함께 살기도 했다. 그녀는 주로 플로리다 주 뉴 포트 리치를 전전하다 이후에는 윈터 헤이븐에 사는 사촌의 트레일러로 옮겼고, 그리고 다시 뉴 포트 리치로 돌아왔다. 3년간, 앰버는 서너 곳의 학교를 다녔다. 그리고 다시 캐롤라인은 북쪽으로 이동해 뉴햄프셔로 갔고 거기서 다시 몇 번 학군을 이동했다. 그녀가 계산하기에 앰버가 거친 학교는 전부 합쳐 7~8곳이 넘었다. "앰버는 어쩌면 어디든지 들고 다니던 작은 봉제 인형과도 같은 존재였는지도 몰라요." 캐롤라인의 케이스워커 브렌다는 말한다. 브렌다는 캐롤라인에게 정착할 곳을 정하고 이사 습관을 버리도록 강하게 설득했다. 정착하지 않으면 교사와 카운슬러가 앰버의 상태를 제대로 파악할 수 없게 되고 효과적인 원조를 제공할 수 없게 된다고 브렌다는 캐롤라인에게 조언해 주었다. 이 조언은 캐롤라인이 자기 소유의 집을 마련하고 나서 얼마 동안, 그리고 그 후 내 집 마련이라는 성취가 불운과 계산 착오의 결과 도로 아미타불이 되기까지 효력을 유지했다. "그녀는 앰버에게 무척이나 잘해 주었어요." 브렌다는 말한다. "저는 지금까지 수많은 가족들을 만나 왔는데 캐롤라인 같은 사람은 정말 드물었어요. 가끔 캐롤라인 같은 사람을 또 만났으면 하고 바라기도 해요."

안정된 교육이 과연 어느 정도 앰버에게 도움이 되는가에 대한 명확한 증거는 아무것도 없다. 앰버가 다니는 중학교의 교장은 그녀의 상태를 "언어장애로 인한 학습지체"로 진단했다. 앰버는 읽고 쓰는 것은 겨우 할 수 있었지만, 손목시계의 시간을 쉽게 읽지 못했고 4달러짜리 물건을 살 때 점원에게 10달러를 건넸을 경우 거스름돈을 받아야 한다는 사실을 이해하지 못했다. 하지만 앰버는 엄마가 악보의 음표에 문자로 표시를 해주면 플루트로 그것을 연주할 수 있었다. 앰버는 댄스 스쿨에서 체조 레슨을 받았고, 캐롤라인은 댄스 스쿨의 스튜디오를 일주일에 한 번씩 청소해 주는 것으로 학비를 대신했다. 또 앰버는 몬트리올로 수학여행 갔던 일에 관해서는 또박또박 분명하게 설명할 줄 알았다. 앰버가 하는 설명을 들었다면 아마 그녀가 지적 장애를 가지고 있다고는 생각하지 못했을 것이다. 앰버는 열심히 집안일을 도왔고 전자레인지를 사용해 스스로 요리를 할 줄도 알았다. 그러나 앰버는 간질 증상으로 인해 발작의 위험성이 있기 때문에 혼자 두지 말라는 충고를 받은 상태였다. 캐롤라인은 끊임없이 일하는 시간을 변경해 가며 앰버를 돌봐야 했기 때문에 일정이 복잡하게 얽혀 있는 일상을 보낼 수밖에 없었고 그런 일상의 연속은 그녀를 불안에 휩싸이게 했다.

사회보장은 앰버에게 매달 장애 수당을 지급해 주었지만, 경제적으로 여유가 있는 부모라면 장애인 딸을 위해 썼을 법한 비싼 가정교사나 치료법에 드는 돈까지 제공해 주지는 않았다. 학교 관계자들은 캐롤라인에게 집에서도 앰버를 집중적으로 돌보도록 요청했지만 캐롤라인에게는 지적 장애 아동을 어떻게 돌봐야 하는지와 관련된 기술이나 전문 지식이 없었다. "어떤 모임에서 그들은 저한테 다가오더니 딸에게 글 읽는 법을 가르치는 것은 저의 의무라며 얼굴을 맞대고 이야기하더군요." 캐롤라인은 불만을 털어놓았다. "전 이렇게 말했어요. '잠깐만요. 전 싱글 마더예요. 딸을 키우고 있어요. 일도 하고 있고요. …… 세금도 전

부 내고 있어요. 당신들이야말로 당신들의 일을 해주세요'라고요. 그러자 그들은
저를 불쾌하게 쳐다보고는 아무 말도 하지 않았어요." 그녀의 케이스워커인 브
렌다도 같은 이유로 캐롤라인과 부딪쳤다. "전 캐롤라인에게 이렇게 말하곤 했
어요. '밤에는 앰버 옆에 앉아 책을 읽어 주는 게 좋겠어요. 10분이나 15분이라
도 좋으니까.' 그러면 캐롤라인은 이렇게 대꾸하죠. '그건 제 담당이 아니라 교사
의 몫'이라고요."

결국 앰버가 받은 교육은 최소한의 자금으로 운영되는 클레어몬트 공립학교
의 특별 수업을 받은 것이 전부였다. 마을은 재정적으로 매우 곤란한 상태였는
데, 한 지역단체가 그런 사실에 주목해 뉴햄프셔 주 최고재판소에 주 정부가 가
난한 학군에 보조금을 지급하도록 요구하는 재판을 시작했고, 이 재판은 최종적
으로 승리를 거두었다. 그러나 판결은 효과적으로 실행되지 않았고, 클레어몬트
—1인당 수입 면에서 뉴햄프셔 주 259개 지자체 가운데 236위를 차지하는—
는 여전히 교사들에게 부당하게 낮은 임금을 지급하고 있었다. 앰버는 자신이
성장하지 못하고 그 자리에 멈춰 있다는 것을 느꼈고 맹렬하게 욕구불만을 표출
했다. 앰버가 고등학교에 입학해 요리, 수표 기입법, 독립적 생활에 필요한 기초
적인 기술 등을 주로 가르치는 '직업 기술반' — 읽는 법은 거의 혹은 전혀 가르
치지 않는 — 으로 배치 받고 나서는 더욱 심해졌다.

만약 앰버가 (돈으로 구입 가능한 종류의) 트레이닝을 받았다면 상태가 호전되
었을까 하는 문제에 대해서는 이론의 여지가 있을 수 있다. 경제적 여유는 앰버
의 상태에 어느 정도 영향을 미칠 수 있었을까? 앰버를 아홉 살 때부터 진찰해
온 소아과 의사 스티븐 블레어는 오랜 시간 동안 고민한 뒤 신중하게 대답했다.
"매우 작은 변화겠지요" 그리고 이렇게 덧붙였다. "본질적인 변화는 가져오지 못

했을 겁니다."

한편으로 대다수의 지적 장애 전문가들은, 잭 P. 숀코프Jack P. Shonkoff가 기초적인 소아과 교과서에서 서술하고 있듯이, "아이 개개인에 맞춘 치료와 교육 서비스와 더불어 아이의 가족들에 대한 유연한 지원 서비스"가 필요하다고 이야기한다. "이런 종류의 서비스가 최선의 형태로 공급되기 위해서는 공급자가 효과적이고 기능적인 시스템을 통해 수급자의 가족을 집중적으로 관리하는 것이 절대적으로 필요하다. 그리고 적응이란 환경적 요소와 상호 의존적이며 상호 영향을 끼친다는 사실을 확실하게 인지하고 있지 않고서는 불가능하다."[3]

하지만 이는 캐롤라인에게 파리로 장기 휴가를 다녀오는 것이 어떻겠냐고 제안하는 것과 같은 정도로 현실성이 없는 이야기이다.

캐롤라인은 앰버와 함께 버몬트에서 벗어나기 위해 공부를 중단할 수밖에 없었다. 나중에 그녀는 플로리다의 웹스터 칼리지에서 다시 공부를 시작해 오피스 기술과 정보처리 과정의 2년짜리 준학사를 수료했다. 그녀는 동시에 1만 7천 달러의 학자금 대출을 떠안게 되었고, 연체하고 있는 납입금의 총액은 2만 달러에 달했다. 교육은 훌륭한 투자라는 예로부터의 지혜와는 대조적으로 캐롤라인의 학위는 엄청난 돈 낭비였다는 사실이 나중에 밝혀졌다. 그녀는 정작 교육을 받은 분야와 관련해서는 전혀 일자리를 구할 수 없었고 고졸 학력 이상을 요구하는 일에는 전혀 취업할 수 없었다. 물론 그녀가 받은 것이 학사 졸업장이었다면 상황은 나아질 수도 있었을 것이다. 그러나 준학사 자격으로는 아무것도 변화시킬 수 없었다.

캐롤라인은 플로리다에서 뉴햄프셔로 돌아온 뒤 생활보호를 받고 있는 숙모와 2주 정도 함께 지내면서 행정기관과 으레 겪는 불합리한 마찰을 해결한 적이 있었다. 그녀는 관청으로부터 복지 급부와 주택 보조를 받는 최선의 방법은 홈리스 시설에 들어가는 것이라는 말을 듣고 그대로 했다. 그렇게 해서 그녀의 문

교육은 훌륭한 투자라는, 예로부터의 지혜와는
대조적으로 캐롤라인의 학위는 엄청난 돈 낭비였다.
그녀는 정작 교육을 받은 분야와 관련해서는
전혀 일자리를 구할 수 없었다.

제는 긴급 처리 안건으로 분류되었고, 불과 3주 만에 — 미국 주요 도시에 살고 있는 사람들의 경우보다 백배는 빠른 속도다 — 개인 소유 아파트의 임차인이 될 경우 그 대부분의 집세를 정부가 제공해 주는 섹션 8[주택도시개발청이 저소득층의 집세를 보조해 주는 프로그램] 증명서를 손에 쥘 수 있었다. 그리고 그녀는 꿈을 향해 한 걸음씩 나아가기 시작했다. 내 집 마련의 꿈을 향해 말이다.

일주일 내내 그녀는 두 가지 파트타임 일을 했다. 하나는 상점에서 시급 5.25달러를 받고 하는 일이었고, 다른 하나는 시급 ‘4달러’를 받고 자신도 가입되어 있는 로열 오더 오브 무스[가족 레크리에이션을 위한 사교 클럽]의 지역 지부에서 전화 받는 일과 잡일을 하는 것이었다. 2년간 캐롤라인은 체납되어 있던 청구서를 대부분 지불하고, 새로 구입할 집을 찾는 데 진지하게 임할 수 있을 정도로 돈을 모을 수 있었다.

당시 캐롤라인은 깨닫지 못하고 있었지만, 그녀는 주택 모기지 론을 받기 위해 필요한 모든 요건을 갖추고 있었다. 그 요건 가운데는 근면하게 일한 기록이나 신망 있는 사람들과의 관계도 포함된다. 이 두 가지는 일하고 있다는 사실에 의해 발생하는 무형의 혜택이라고 할 수 있다. 게다가 그녀에게는 앰버의 사회보장 급부 형태로 매달 지급되는 안정된 소득이 있었다. 저임금 노동자 가운데 이와 같이 정부나 개인 연결망으로부터 확실한 수입을 보장받는 사람은 극소수라고 할 수 있다.

그런데 캐롤라인의 경우 가장 핵심이 된 요건은 다름 아닌 그녀가 일하는 직장의 상사였다. 그는 부동산 업자이기도 했는데 그의 친구 중 한 명이 우연히 슈거리버 저축은행의 이사장으로 승진했다. 그 은행가는 캐롤라인을 만나고 나서 그녀에게 감동해서는 캐롤라인의 상사에게 이렇게 말했다. “그녀는 끼니를 거르는 한이 있더라도 청구서만큼은 틀림없이 지불할 타입의 여성으로 보이는군요."
그녀 스스로는 이 평가에 그다지 동의하지 않았지만 말이다. 캐롤라인은 자신의
신용 상태가 좋아 보이도록 하기 위해 처리해야 할 두세 가지 청구서가 있었는
데, 원하는 집이 아직 팔리지 않고 남아 있는 동안 그것들을 처리하기 위해 꼬박
1년을 소비했다. 그러던 중 집의 매매가격이 내려갔고 드디어 은행이 주택 모기
지 론을 승인했다.

　월 514달러인 앰버의 사회보장 급부가 슈거리버 은행 계좌로 바로 입금되었
고 거기에서 주택 모기지 론의 매달 납입금이 자동으로 인출되어 나갔지만 캐롤
라인은 개의치 않았다(생활보호 보충 급부금은 앰버의 아버지가 죽은 후 736달러로 올랐
지만 그 돈은 들어오는 즉시 나갔고 대개 잔액은 1백 달러도 안 되었다). 이런 자금을 주
택 모기지 론 지불에 충당하는 것은 정당한 것이라고 캐롤라인은 스스로를 납득
시켰다. 왜냐하면 언젠가는 앰버가 이 집을 상속받게 될 것이라고 생각했기 때문
이다. 결국 앰버도 빈곤을 벗어날 수 없을 것이라는 가정에서 나온 결론이다. 앰
버의 장애가 없었다면 모기지 론도 없었을 것이라는 사실이 끔찍할 따름이다.

1891년에 지은 아늑한 회색 미늘벽 건물은 꽁꽁 얼어붙은 거리에 다른
집들과 나란히 서있었다. 그 집은 곧 수리에 들어갈 예정이었는데 연방 정부의
프로그램 덕에 벽의 판자를 갈고, 칠을 다시 하고, 함석지붕을 제거할 수 있었다.
이것도 정부의 원조를 잘 받아 내는 캐롤라인의 능력 덕분이었다. 창문은 현재
창틀에 플라스틱판을 대고 스테이플로 고정해 방풍을 하고 있었고 뒷문에는 "메

리 크리스마스"라고 적힌 카드가 걸려 있었다. 만약 이 집이 있는 곳이 다른 장소, 다른 시기였다면 많은 돈을 들여 보수할 만한 충분한 가치가 있다고 할 정도로 고풍스럽고 매력적인 집이었다. 그러나 뉴잉글랜드 중심부 근처의 인적 드문 오래된 마을에 위치한 그 집은 캐롤라인이 1997년에 발견했을 당시 3만 7천 달러밖에 나가지 않았다. 소득세 환부금으로 1천 달러의 계약 수수료를 내고 그녀는 (슈거리버 저축은행과 공동 명의이긴 하지만) 집 주인이 될 수 있었다.

소유와 자립이라는 그녀의 만족감에 가격을 매길 수는 없었다. 그녀는 집안을 자랑스럽게 안내해 주었다. 거실에는 베이지색 소파가 두 개, 꽃무늬 벽지, 노란색 커튼, 낡은 TV과 비디오 플레이어, 빨간 방울 목걸이를 단 고양이 플루피, 부엌 뒤에는 식료품 창고와 저장실, 어른이 된 아들의 사슴 사냥용 석궁, 그리고 지하실에는 세탁기와 건조기와 석유난로가 있었다. 2층에는 그녀가 앰버, 앰버의 선생님, 스쿨버스 운전사에게 크리스마스 날 선물하기 위해 직접 짠 아름다운 숄이 잘 개어져 있었다.

캐롤라인은 봉제 공장에서 봉제 일을 하다가 해고당한 뒤에는 자신이 살았던 홈리스 시설에서 주당 몇 시간씩 시급 6달러를 받으며 연료비 원조 프로그램에 지원하는 사람들을 도와주는 일을 했다. 겨울이 끝날 무렵 그녀는 다시 실직 상태로 돌아왔다. 다시 봄이 찾아오고 그녀는 탐브랜즈사의 탐폰 공장에서 시급 6.50달러를 받고 일하기 시작했다. 그러던 어느 날 몇 시간씩 계속 앉아 일을 하던 도중 다리에 극심한 통증이 느껴졌다. 통증은 더욱 심해져 결국 응급실로 실려 가게 되었는데, 통증의 원인은 등에 있었다.

"의사가 그러더군요. '가능한 한 하룻밤 동안 일을 쉬고 휴식을 취했으면 합니다. 다리를 쉬게 해주세요. 누워서요'라고요." 그녀는 프록터 앤 갬블의 자회사인 탐브랜즈에 전화를 걸어 등이 아프니까 일요일 근무는 넣지 말아 달라고 전했다. 월요일 아침, 전화가 울렸다. 더 이상 회사에 나올 필요가 없다는 전화였

빈곤의 경계에서 일한다는 것은 미국 산업계의 가장
냉혹한 지점에서 일한다는 뜻이다.

다. 그래서 그녀는 봉제 공장으로 다시 돌아갔다. 이후로도 그녀는 두세 차례 해
고당했다. 빈곤의 경계에서 일한다는 것은 미국 산업계의 가장 냉혹한 지점에서
일한다는 뜻이다.

캐롤라인이 접수 담당 직원으로 지원했다가 거부당한 적이 있는 클레어몬트
저축은행은 다시 그녀에게 연락을 취해 서류 정리 일에 지원해 보라고 권했다. 캐
롤라인은 앞으로 시급이 10, 11달러로 오를 것이라고 기대하면서 주 25시간, 시급
7달러로 일을 시작했다. 다행스럽게도 이 일은 그렇게 고통스럽지는 않았다. 업무
를 하는 동안 번갈아 가며 앉았다 일어섰다를 반복할 수 있었기 때문이었다. 그녀
의 주요 업무란 서류 정리함의 지급 완료 수표를 가지고 고객 계좌가 칸막이로 분
리되어 있는 커다란 서랍을 오가는 일이었다. 각각의 계좌에는 서명 카드가 붙어
있는데 캐롤라인은 (그녀 말고도 같은 일을 하고 있는 다른 모든 사람들은) 각각의 수표
를 서명과 대조, 확인한 후 수표를 적절한 계좌에 정리하는 일을 했다.

그녀는 그 일이 마음에 들었다. 은행은 집에서 걸어서 금방 갈 수 있는 거리
에 있었고 그녀에겐 직장에서 입기에 적당한 옷도 있었다. 그녀는 다른 업무도
배우려고 생각하고 있었다. 당시 그녀 자신의 은행 계좌에는 2.02달러가 있었다.
그녀의 어머니는 죽음을 목전에 두고 있었다. 어머니와의 지옥 같은 관계도 마
지막을 맞이하고 있었던 것이다. 그러나 그것은 물론 결코 끝나지 않는 그런 것
이었다. 오랜 세월 생겨난 온갖 종류의 감정에 눌어붙어 지우려 해도 절대로 지
워지지 않는 그런 것 말이다. 어머니가 죽고 나서 캐롤라인은 자신도 모르는 사
이에 우울증에 빠지게 된다. 카운슬링을 받으러 갔을 때 진찰도 같이 받았고 우
울증 진단이 내려졌다. "제가 우울증이라고는 생각하지 못했어요. 알아차리지
못한 거죠." 은행 동료들은 점점 늘어만 가는 그녀의 실수를 알아채기 시작했다.

118

한 여성 은행원에 따르면, "평균적으로 1년에 서너 번 정도 고객으로부터 잘못된 수표를 받았다는 연락을 받았다." 그녀는 이름을 밝히는 것을 원하지 않았다. "그런데 최근에는 8주 동안 연락을 서너 번씩 받았어요. 우리는 모니터링을 시작했고 행원들에게 이중으로 체크하도록 지시했죠. 그리고 어디에서 실수가 발생하고 있는지를 찾아냈죠."

캐롤라인이 호출되었다. "일을 따라가는 속도가 느리다는 이야기를 들었어요"라고 말한 그녀는 자신이 몇 군데 실수한 부분이 있었을지도 모른다고 인정했다. 그러나 다른 사람들도 서류 정리를 하고 있었다고 했다. "실수에 관해 책임을 추궁당했지만 그 실수가 전부 제 탓은 아니라는 생각이 들어요. 무슨 말인지 아시겠죠? 저는 그러는 동안에도 입원과 퇴원을 반복하며 임종이 가까워진 엄마의 수발을 들고 있었어요. 의사는 엄마가 언제 임종을 맞이할지 모른다고 그랬죠."

앞서 은행원은 수표의 색깔이 다르기 때문에 그것을 혼동하는 일은 거의 없다고 강조했다. 그는 캐롤라인의 주의력이 산만해져 있던 것은 아닌지 추측했다. "그녀는 자기가 해야 할 일을 배우는 데 어려움을 겪었어요. 이 일 말고도 그녀가 해줘야 할 일이 많이 있었는데 전혀 진도가 나가지 않았어요. 고객에게 우송될 명세서를 모아서 잘못된 부분이 없는지 확인하도록 했는데……, 그것조차 제대로 하지 못했어요. 마이크로필름 작성도요. 작업 결과를 마이크로필름으로 정리 보존하는 체계적인 방법이 있거든요. 근데 그녀는 그걸 제대로 외우지 못했고 결국 우리는 그녀에게 그 일을 시키는 것 자체를 포기하게 됐어요. 그래서 그녀는 문서 정리만 맡고 있었는데요, 그것도 그다지 능숙하다고는 할 수 없었어요……. 그녀는 자신이 실수를 저지르고 있다는 사실을 전혀 받아들이려고 하지 않았어요. 실수는 분명히 그녀에게서 나온 것인데도요. 솔직하게 말씀드리면 전 그녀가 더 잘 할 수 있을 거라고 생각했었어요. 하지만 문제가 많이 있었죠. 최대한 객관적으로 말씀드리는 거예요. 마침 우리들은 골치 아픈 업무를 처리한 직후였거든요. 그래서 모두 지쳐 있는 상태였죠. 마침 그때 사람이 하나 나가고 그 빈자리에 그녀가 들어오게 된 거예요. 완전히 지쳐 있는 우리들은 그녀에게 신경 쓸 여유가 없었죠."

등의 통증이 심해진 캐롤라인은 사회보장청을 통해 생활보호 보충 급부금을 신청했다. 심사 결과를 기다리는 동안 그녀는 다른 일을 하는 것을 피했다. 자신의 신청이 무효가 되지 않도록 생활보호 상태로 되돌아가 기다리고 또 기다렸다. 이렇게 그녀는 등의 상태를 악화시키고, 생활보호 보충 급부금을 신청하고, 승인을 기다리는 수개월 동안 실직 상태를 유지했고 전형적인 저소득 노동자의 한 사람이 되었다. 6개월 뒤, 캐롤라인은 신청이 기각되었다는 연락을 받았고 다시 일자리를 구하기 시작했다. 그리고 이번에는 월마트에서 일하게 되었다.

그곳에서는 또 다른 문제가 그녀를 기다리고 있었다. (메디케이드에 의해 진료비가 지불되는) 척추 지압사로부터 받은 치료 덕분에 캐롤라인의 등 상태는 좋아졌으나 동시에 그녀는 복지 법률에 관한 유쾌하지 않은 교훈을 얻었다. "제가 더 이상 가입되어 있는 의료보험이 없다는 사실을 깨달았죠." 어느 날, 그녀는 절망적인 목소리로 이렇게 말했다. 병에 걸려 의사를 찾았고 처방전을 받아 약을 처방하러 약국에 갔을 때 거기서 그녀는 자신이 직장이 있기 때문에 메디케이드를 받을 자격이 없다는 사실을 알았다(앰버의 메디케이드는 앰버의 장애 때문에 유효했다). "전 그런 사실을 몰랐어요." 그녀는 약값으로 11달러를 내야만 했고 다음날 눈을 검사받기 위해 한 예약을 취소했다. 더구나 이제 더 이상 척추 지압 같은 것은 받으러 갈 수 없었다. "또 결국 계속 일을 해야만 했어요. 일하지 않으면 돈을 낼 수 없으니까요. 이미 지압사한테는 외상이 150달러 있었구요."

월마트는 의료보험을 제공하고 있었지만 그녀는 보험료가 너무 비싸다고 생각했다. 더욱이 그녀는 연간 250달러의 자기 부담금을 감당할 수 없었기 때문에 (그 수가 점점 더 증가하고 있는) 4,500만 명의 보험 미가입자 대열에 끼게 되었다.

보험에 가입하지 않은 미국인들 가운데는 그들의 고용주로부터 제공되는 보험을 거부하는 저임금 노동자가 많다. 그들은 장기적으로 봤을 때 거액의 의료비가 나간다는 것을 생각지 못하고 근시안적으로 매주 나가는 비용을 비싸다고 생각해 버리고 만다. 그것은 도박과도 같은 것이다. 그런데 캐롤라인은 운이 좋았다. 다음 해, 등의 통증은 일을 계속할 수 있을 정도로 좋아졌다. 그녀는 보험이 없는 상태로 한 번도 정기검진을 받지 않았고 심각한 병에 걸리지도 않았다.

캐롤라인에 의하면 103번 국도를 따라 자리한 월마트 매장의 주위를 일주하면 약 1.6킬로미터가 된다고 한다. 매장 부지는 거대했다. 그곳에서는 잔디 깎는 기계에서부터 잘게 간 쇠고기까지 모든 것을 팔고 있었고, 게다가 가격은 마을 중심부에서 살아남기 위해 발버둥치고 있는 소규모 가게들보다 훨씬 쌌다. 직원들은 계절마다 약 300~330명이 들어오거나 나가는데, 푸른 작업복을 입고 시종 웃음을 띠며 놀랄 만큼 친절하게 고객 서비스를 제공하도록 훈련받는다.

그곳의 매니저 마크 브라운은 상품 가격을 인상하지 않고도 직원들의 급여를 올리는 것이 가능하다고 인정했다. 그는 매장 내 스낵바에 앉아 식품 잡화 코너 주변을 관찰하면서 계산대에서 도움을 요청한다는 안내 방송에 귀를 기울이기도 하는 등, 마치 다음에 닥칠 재난을 기다리는 교장 선생님처럼 관할구역 주변을 돌아보고 있었다. 그의 나이는 서른한 살이었으나 대학생 정도로 어리게 보였고 고향인 미주리 주 남동부 특유의 콧소리가 섞인 억양으로 이야기를 했다. 그는 조지아 주의 다른 매장에서 전근해 온 터였고 이곳 뉴햄프셔에서는 취미로 스키를 배우고 있었다.

직원들은 시급 6.25달러에서 시작하며, 밤 근무는 시급 1달러가 추가된다. "최전선의" 24개 계산대 중 하나에서 근무할 경우 25센트가 추가로 더 지급된다. 그러나 만약 직원들의 기본급을 시급 6달러가 아닌 8달러로 올리면 매장의 경영 상태는 어떻게 변할까? "음……, 전혀 변화가 없을 거라고 생각해요." 상품 가격을 올려야만 하는 것은 아닐까? "아니요. 기업의 가격 결정 구조라는 것이 있으니까요. 우리 방식은 매주 경쟁 상대의 매장으로 나가 가격을 확인합니다. 우리 매장의 각 부서 매니저들은 일주일에 한 번씩 밖에 나가 경쟁 상대를 관찰하고 그것을 기준으로 우리 매장의 가격을 결정합니다. 우리에겐 지역별로 설정되어 있는 핵심적인 가격 결정 구조가 있어요. 분명 우리 매장의 기준가격은 물가가 싼 아칸소 주보다 높을 거예요. 그러니까 아칸소보다 우리 매장의 가격이 더 높게 되지만 그래도 여전히 이 지역에서는 기준가격이 되는 겁니다. 그렇게 기준가격을 정한 뒤 밖에 나가 경쟁 매장의 가격을 점검합니다. 그래서 만약 우리 쪽의 가격이 상대보다 비싸다면 가격을 내리는 거죠." 그렇다면 시급을 6.25달러에서 8달러로 상승시켜도 충분히 이익을 얻을 수 있다는 것일까? "아마 그럴 겁니다. 만약 우리들이 임금을 인상하면 의심의 여지없이 다른 모든 매장들도 그렇게 하지 않으면 안 될 겁니다. 그리고 만약 우리들이 낮은 가격을 충분히 유지한다면 경쟁 매장으로 갈 손님들이 우리 매장으로 쇼핑하러 오겠죠." 임금의 상승은 크던 작던 어떤 영향을 미치지 않을까? "다른 부분에서 경비를 줄이지 않으면 안 되겠지요. 모든 매장에 예쁜 풍선을 다는 일 같은 건 불가능하겠지요. 필수적이지 않은 것들은 절약해야 할 겁니다." 사흘 후 월마트사는 1999년의 순이익이 5,580억 달러로 전년보다 26퍼센트 늘어났다고 발표했다.

캐롤라인은 부서를 이동하거나 근무시간이 변경되는 일이 반복되었지만 임금은 매우 좁은 범위에서 맴돌 뿐이었다. 시급이 6.25달러에서 6.80달러로 올랐고 가끔 밤 근무를 했을 때 7.50달러까지 받아 보았다. 그녀의 근무시간은 변동이 너무 많아서 예측하기 힘들었고, 그래서 자금 사정을 조금이나마 낫게 했을지도 모르는 부업을 하는 것은 도저히 불가능했다. 그녀는 더 높은 직위에 계속해서 지원했지만 그때마다 좀 더 경험이 필요하다는 이야기를 들어야만 했다.

"11월에 이 달의 최우수 금전 출납원이 됐어요!" 그녀는 기쁜 목소리로 전했다. "워싱턴에 세워질 제2차 세계대전 퇴역 군인 기념비 모금에서 1,500달러 이상을 모았거든요. 그걸로 최우수 금전 출납원에 뽑혔어요." 그녀는 또 한 손님이 보스턴 브루인스(아이스하키 팀) 시합 티켓 72장을 그녀의 카운터에서 계산하려 할 때, 그를 설득해서 클레어몬트 소방서에 기부금을 내도록 했고, 그 일로 펩시에서 주말여행 티켓을 선물 받았다. 그녀는 전국 어디든 매리어트 호텔 4인실에 공짜로 묵을 수 있는 숙박권을 얻었다. "하지만 호텔까지는 알아서 가야 해요." 그것이 문제였다. 목적지는 누군가 차로 데려다 줄 수 있는 가까운 장소여야만 했다. 하와이 같은 곳은 전혀 고려 대상이 되지 않았고 뉴욕 역시 마찬가지였다. 그녀는 뉴햄프셔 주 내로 생각했다. "레버넌의 여기가 좋을 것 같은데." 그녀는 말했다. "만약 맨체스터까지 태워다 줄 사람이 있다면 좋겠는데. 앰버는 쇼핑센터 구경을 좋아해요. 저는 한 번도 가본 적이 없지만요. 그냥 구경만 할 거예요."

결국 캐롤라인과 앰버, 캐롤라인의 친구와 아이 이렇게 모여 뉴햄프셔 주 베슬리헴에 있는 호텔을 향해 북쪽으로 차를 몰았다. 거기서 그들은 노스 콘웨이의 작은 쇼핑센터에 들렀다. "이걸 샀어요." 앰버가 말했다. "전등이에요. 빙글빙글 돌아가는 토끼 모양 전등이요. 여행 중에 입을 트레이닝복도 샀어요."

"제가 2년 동안 입던 재킷은 옆구리가 터졌어요." 캐롤라인이 말했다. "쇼핑센터의 한 가게에서 이 겨울 코트를 샀어요. 원래는 1백 달러 하는 코트인데, 가격이 79.99달러로 내렸거든요. 근데 그 가게에서 빅 세일을 하고 있어서 31.99달러에 이걸 살 수 있었어요. 잘 샀죠?"

월마트는 매우 높은 이직률을 기록하고 있었고 마크 브라운은 이직률이 얼마나 높은지에 대해서는 말하기 꺼려했다. 하지만 그는 지난 몇 년간 월마트가 번창할 수 있었던 이유에 관해서는 분명했다. "최근 경제가 매우 호황이라는 사실과 관계가 있다고 생각합니다. 마을 안을 가든지 밖을 가든지 어디서나 '종업원 모집 중'이라는 벽보를 볼 수 있습니다. 그러니까 만약에 종업원이 적절한 대우를 받지 못한다면 그냥 그곳을 나가 버리면 그만입니다. 아주 경쟁이 치열하죠." 그래서 월마트는 종업원에게 회사의 이익 배당을 나누어 주어 그들을 붙잡아 두려고 애썼다. 일정 계좌에 80퍼센트는 주식으로, 나머지는 현금으로 입금되어 관리되고, 종업원에게는 1년 후부터 지급되기 시작해 7년 동안 전액이 지급된다.

하지만 이 유혹은 캐롤라인에게는 소용없는 것이었다. 그녀는 지붕과 문, 창문을 새로 하기 위해 1만 9천 달러의 두 번째 모기지 론을 받은 상태였고, 당장 쓸 돈이 필요했다. "매장 측이 짠 근무시간표는 때로는 10시부터 7시까지, 때로는 9시부터 4시까지, 때로는 7시부터 4시까지, 어떨 때는 밤늦은 시간일 때도 있고, 게다가 그게 어느 날 근무인지도 알 수가 없어요. 이틀 쉬는 날은 그게 어느 요일이 될지 예상할 수 없어요. 지난 주 일요일에는 앰버의 연주회가 있어서 휴가를 신청했거든요. 비번으로 해달라고 말했죠. 그런데 그날 밤 집에 돌아와 보니 자동 응답기에 메시지가 남겨져 있었어요. '잠시 일하러 와줄 수 있을까?'라고요. 전 그렇게 했지요. 일하러 갔어요. 시간외근무로요. 전 한 번도 회사에 '안 된다'라고 말한 적이 없어요. 그런데 왜 그들은 내 급여를 조금이라도 올려 줄 생각이 없는 걸까요." 그것이 호경기 때 회사가 "직원"들을 대한 방법이었다. 한편 경기가 침체된 지역 혹은 불황 중에는 일부 월마트에서 법률로 정해진 시간외수당을 지불하지 않기 위해 매니저가 편법으로 타임카드를 찍기 전이나 찍은 후에 직원들에게 일을 강요했고 일부 매장들이 고발 조치되어 있었다.

"월마트의 경영자는 저임금 종업원에게 요구하고 있는 것과 같은 수준의 정직함을 경영자 자신들에게 요구하고 있지 않다"고 바바라 에렌라이히Barbara Ehrenreich는 그녀의 저서 『빈곤의 경제』Nickel and Dimed에서 쓰고 있다. 그녀는 이 책을 쓰기 위한 현장 조사로 미네소타 주의 한 월마트에서 일을 했다. "2000년 4월, 내가 월마트에 지원했을 때 나는 다음의 질문에 '잘못' 대답을 했다고 주의를 받았다. 문제는 '규칙은 언제나 엄격하게 지켜져야만 한다'는 명제에 어느 정도 찬성하는지 그 정도를 체크하는 것이었고 나는 '매우' 찬성한다고 대답했다. 그러나 정답은 '무조건적으로' 찬성한다는 것이었다. 분명하게 드러나고 있듯이, 월마트가 완전히 무시하고 있는 규칙 가운데 하나는 연방 정부의 '공정 노동 기준법'Fair Labor Standards Act이다. 이 법은 종업원이 주 40시간 이상 일했을 경우 1.5배의 시간외수당이 지급되어야 한다는 것을 의무로 하고 있다." 그녀의 설명에 따르면, 노동자는 "근무 시간에 해당 일 이외의 다른 일을 조금이라도 하는 것"을 의미하는 "시간 도둑질"을 하지 않도록 경고 받고 있지만 "노동자의 시간은 도둑질당하더라도 문제가 되지 않는다."[4]

캐롤라인이 일하는 뉴햄프셔 매장에서 시간외근무 문제는 없었지만, 남부 여섯 개 주 매장의 종업원들은 주당 40시간이라는 노동시간을 초과했음에도 회사 측이 시간외근무를 수당 없이 강제했다며 집단소송을 제기했다. 종업원 측 변호사는 회사가 추가로 얻게 된 이익을 계산했다. 이에 따르면, 한 매장에서 250인의 시간제 "사원"이 일주일간 각각 1시간의 수당 없는 시간외근무를 했다고 치면, 합계 250시간의 임금이 지급되지 않은 것이며, 이것이 한 달이면 1천 시간이 되고, 1년이면 1만 2천 시간이 된다. 텍사스 주에는 300개 이상의 월마트 매장이 있는데, 텍사스 주에서만 본래 종업원에게 돌아가야 할 3천만 달러 이상의 금액이 절약되는 것이다.[5]

캐롤라인에 따르면, 그녀는 지금까지 어떤 위반도 저지르지 않았고 문제를 일으키지도 않았으나 출세는 생각처럼 쉽게 되지 않았다. 그녀를 마음에 들어 하던 매니저 마크 브라운은 펜실베이니아로 전근 갔고 그녀의 승진은 더 이상 불가능해 보였다. 월마트에서 일한 지 일 년 반이 지났을 때, 그녀는 인력 파견 회사와 계약을 하고 월요일부터 금요일까지 낮 시간 동안 벽지 샘플 책을 만드는 시급 7.50달러짜리 일을 구했다. 그리고 월마트의 어시스턴트 매니저를 찾아가 보다 높은 임금을 얻기 위해 일을 그만두겠노라고 통고했다. 그녀는 통쾌해 했다. "언젠가 그들은 후회하게 될 거예요." 캐롤라인은 말했다. "그들은 어떤 사람을 놓쳤는지 모르고 있어요." 앰버가 옆에서 거들었다. "우리 엄마는 세상에서 제일 좋은 엄마고요, 제일 멋진 사람이에요."

한 달 후, 인력 파견 회사는 시급 10달러를 주는 탐폰 공장에 그녀를 파견했다. 그것은 지금까지 받았던 것 중 가장 높은 시급이었다. 그녀는 그 일을 받아들였지만 한 가지 문제가 있었다. 프록터 앤 갬블사는 근무시간을 교대제로 운영하고 있었는데, 우선 한 주간은 오전 5시 반에 집을 나와 오후 2시 반에 일이 끝났고, 그다음 주에는 오후 1시 반에 집을 나와 오후 10시 반에 일이 끝났고, 세 번째 주에는 오후 9시 반에 집을 나와 오전 6시 반에 일이 끝났다. "스윙 시프트"swing shifts라고 부르는 이 교대 근무제는 수면, 체력, 일상생활의 기본 요건과 같은 문제를 차치하고라도 캐롤라인이 앰버를 위해 세워 놓은 계획을 엉망으로 만들었다. 캐롤라인은 앰버가 혼자 있는 일이 없도록 가끔은 세입자를 들여 방을 빌려 주든지 홈리스 가족을 머물게 하는 등의 방법을 고안해 냈으나 이 방법은 그리 오래가지 못했다. 사생활 침해 문제와 절도 문제 등이 발생했고 세입자들이 집주인 행세를 하는 등의 문제가 발생했기 때문이다.

그녀가 스윙 시프트로 일하는 동안 집에서 같이 지냈던 한 가족은 성가신 문제를 많이 일으켰고 결국은 쫓아낼 수밖에 없었다. "일종의 홈리스 같은 사람들이었어요." 그녀는 말했다. "아시다시피 제가 마음이 여린 편이잖아요. 부탁을 거절하지 못하고 집에 머물게 했어요. 그들에게는 어린애가 셋 있었어요. 남편은 자동차 사고인가 하여튼 그래서 보호관찰 중에 있었고요……. 그들은 집세로 일주일에 1백 달러를 냈어요. 마지막 두 주간은 내지 않았고요. 처음엔 겨울 동안만 머물겠다고 했어요. 저는 그저 단기로 세입을 들일 생각이었어요. 어린애들은 집 안에 벽지 같은 것을 다 망치고 다녔어요……. 그러다가 남자한테 임신한 정부와 이미 태어난 아이까지 있다는 사실이 드러났어요." 그들은 생활보호 급부금과 빈곤가족을 위해 정부가 운영하는 영양 보충 사업에서 나오는 식품 쿠폰을 받고 있었지만, 사실 남편에게는 마루를 깔고 카펫을 까는 본업이 있었다. "그들은 돈을 잘 벌었어요." 캐롤라인은 분개하며 말했다. "그들이 제게 사실을 있는 그대로 정직하게 말했는지도 의심스러워요. 그들은 결혼도 하지 않은 상태였어요. 이런 식으로 제도를 이용하면서 아무런 처벌도 받지 않는다는 데 화가 났어요."

하지만 세입자가 없으면 앰버를 봐줄 사람이 없어져 버린다. 캐롤라인은 부득이하게 오후와 밤 근무시간 동안 앰버를 집에 혼자 둘 수밖에 없게 되었다. 그녀는 탐폰을 상자에 넣는 기계를 조작하면서도 앰버에 대한 걱정을 떨쳐 버릴 수 없었다. 앰버의 소아과 의사 스티븐 블레어는 "지금은 앰버를 혼자 둬서는 안 된다고 생각합니다"라고 충고했다. 의사는 앰버의 간질 발작과 인지능력 문제를 고려했을 때, "위험 상황에 빠지기 매우 쉽다"며 걱정했다. 그는 "저녁 짧은 시간" 동안만이라면 앰버를 혼자 두어도 큰 문제가 없을 것이라고 했지만 "저라면 연속해서 몇 시간 동안 그 애를 혼자 있게 하지 않을 겁니다"라고 말했다.

어느 날은 앰버가 학교 선생님에게 날이 저문 후 집에 혼자 있는 것이 얼마나 무서운가에 대해 고백한 적이 있었다. 선생님은 앰버를 매우 걱정했다. "그 애는

스스로 자기 자신을 지키는 것이 불가능합니다." 클레어몬트 중학교 교장인 도
널드 R. 하트는 이렇게 이야기했다. "앰버는 열네 살에 불과하고 바로 그게 우리
가 걱정하는 바입니다. 어린 여자아이는 밤에 혼자 두어서는 안 됩니다. 앰버는
무서워하고 있었어요. 밤에 문을 노크하는 사람이 있다고 해요. 장애가 없는 열
네 살 아이의 경우에도 우리들은 같은 반응을 보일 것입니다. 아이들이 언제 마
약이나 알코올, 섹스 문제에 휘말리게 되는가에 대한 통계를 보면 방과 후 집에
있는 시간대가 가장 확률이 높다는 것을 알 수 있습니다."

그렇다면 학교는 앰버의 원조를 위해 무엇을 했는가? 이 질문은 캐롤라인으
로 하여금 과거의 끔찍했던 망령을 상기시키도록 한다. 학교 선생님들은 캐롤라
인을 아동방임 및 학대로 고발 조치할 것이라고 겁을 주었던 것이다. "아동방임
을 발견했을 때 우리들은 그것을 신고할 법적 의무가 있습니다." 하트는 말했다.
"아동 학대, 아동 방임, 그리고 그 비슷한 종류의 일이 일어나고 있다는 것을 알
고도 통고하지 않으면 법률 위반이 됩니다."

2000년 10월 말, 대통령 선거전은 절정을 맞고 있었다. 나라는 정치에 온정
신이 팔려 있는 것처럼 보였다. 그러나 캐롤라인은 아니었다. 그녀는 직장 일과
딸을 돌보는 두 가지 일을 병행하는 방법을 찾기 위해 필사적이었으며, 목소리
는 분노와 두려움으로 떨고 있었다. 그 유명했던 뉴햄프셔 주 예비선거[*]도 캐롤
라인의 의식에는 아무런 기억의 흔적도 남기지 않고 이미 오래전 지나간 일이

● 뉴햄프셔 주 예비선거

미국에서 각 당의 대통령 후보는 당원들만 참여하는 코커스와 당원 이외의 일반 유권자도 참여하는 예비선거(프라이머리)에
의해 결정된다. 대부분의 주는 후자의 예비선거 제도를 따르고 있는데, 뉴햄프셔 주에서 가장 먼저 치러진다. 뉴햄프셔는 유권
자 수라고 해봐야 70만 정도에 불과하고 대도시가 없는 아주 작은 주이지만, 최초로 치러지는 예비선거라는 이유 때문에 전체
대통령 선거에 지대한 영향을 미치는 것으로 유명하다. 이 예비선거에서 패배하고도 대통령이 된 사례는 지금까지 세 차례에
불과할 정도다. 2000년 2월 1일 치러진 뉴햄프셔 예비선거에서는 맥케인이 부시를 누르는 이변이 일어나 큰 이슈가 되었다.
반면, 민주당 경선에서는 예상대로 앨 고어가 빌 브래들리에게 승리를 거두었다.

되어 있었다. 그녀는 후보자들이 뉴햄프셔 주를 종횡무진하고 다닐 때도 보러 가지 않았다. 기억을 더듬어 보면 그녀가 이전에 투표를 해본 적이 있는지조차 불확실했다.

"생각이 안 나요." 그녀는 솔직하게 말했다. "아마 그때도 일하고 있었을 거예요. 투표 안 했을 거예요." 그리고 거실 TV에서 앨 고어와 조지 W. 부시가 격렬하게 토론하고 연설하고 공약을 발표할 때도 그녀는 두 남자에게 관심을 가질 여유가 없었다. "그들이 하는 말을 제대로 들어 본 적이 없어요." 그녀는 말했다. "그런 것은 지금 제게는 사소한 문제예요. 또 후보자들은 완전한 거짓말쟁이이기도 하고요. 그들은 이걸 하겠다, 저걸 하겠다 하면서 사람들에게 말만 늘어놓지요. 전 클린턴이 싫어요. 그 사람은 여자랑 바람피우고 하면서 좋은 모범이 되지 못했어요. 부인이 아직도 이혼하지 않은 건 바보 같은 일이라고 생각해요."

물론 클린턴은 입후보하지 않았었다. 그러나 그녀는 고어에게도 책임이 있다고 생각했다. "그는 부통령이에요. 벌어지고 있는 사태에 대해 틀림없이 어떤 방책이 있었을 거예요. 넘버 투잖아요. 어째서 좀 더 적극적으로 개입해서 사태를 바로 잡으려고 하지 않았을까요?" 그런 이유로 그녀는 부시를 좋게 보고 있었지만, 그가 돈이 아주 많다는 사실은 전혀 모르고 있었다. "나 같은 상황을 경험한 적이 있고, 그런 상황을 벗어난다는 사실이 어떤 것인지 아는 사람, 의욕 있는 인물이 필요해요. 하지만 그런 인물이 나타나는 일은 없겠죠. 만약 투표한다면 성실한 여성 후보에게 하고 싶어요. 여자 대통령을 보고 싶어요. 부자가 대통령이 되는 것은 보고 싶지 않아요. 원조를 필요로 하는 사람들에게 손을 내밀어 줄 수 있는 상식을 가진 사람을 보고 싶어요. 무슨 말인지 알겠죠? 현재 미국 사회의 구조는 바르게 고칠 필요가 있어요. 빈곤에서 벗어나기 위해 스스로 열심히 노력하는 사람들을 응원해 줄 인재가 필요해요." 그녀는 투표하러 가지 않았고 11월 7일은 그냥 그렇게 흘러갔다.

주 아동보호국에 고발될 위험에 처한 캐롤라인은 앰버를 돌볼 사람을 찾기 위해 출근을 포기하고 전화와 인터넷에 매달려 있었다. 미국 대부분의 저임금 노동자들과는 달리 캐롤라인에게는 컴퓨터가 있었다. 시어스 백화점 신용카드로 할부 구매한 것이었다. 그녀는 컴퓨터게임을 하거나 이메일 보내는 것을 좋아했고, 어떨 때는 인터넷에서 괜찮은 남자를 물색하기도 했다. 그러나 지금 이 기계는 문제 해결을 위한 필사적인 도구가 되어 있었다. 장애우를 위한 주지사 홈페이지, 장애아 가족을 위한 부모 연합, 사회보장청, 보건복지부, 연방 정부 가족 지원 프로그램, 장애 어린이 가족을 위한 정보센터 등등⋯⋯. 그녀는 기관이나 단체의 홈페이지를 찾아 차례차례 전화를 했다. 그러나 얻은 것은 아무것도 없었다. "모두들 도움을 주려 애썼지만 저에게 도움이 될 만한 지원은 아무것도 없는 것 같았어요." 앰버는 생활보호를 통해 보육 지원을 받기에는 나이가 너무 많았고, 사회보장을 통해 보육 지원을 받기에는 나이가 너무 어렸다.

그녀에게 정작 필요한 것은 한 달이라는 시간이었다. 캐롤라인은 매사추세츠에 사는 젊은 부부 한 쌍을 알고 있었는데, 일 때문에 캐롤라인의 집에서 얼마 동안 신세를 지고자 부탁을 해온 터였다. 만약 이들이 캐롤라인의 집에 머물게 된다면 저녁 시간과 밤 시간에 앰버를 봐줄 사람이 생기게 되는 것이었다. 그러나 캐롤라인이 공장 감독에게 전화를 걸었을 때, 그는 자리를 한 달씩이나 비워 둘 수는 없다며 이미 인력 파견 회사에 다른 사람을 구해 달라고 이야기해 놓은 상태라고 했다. 감독은 일할 사람이 필요했다.

학교에서는 교장인 도널드 하트가 학교의 심리학 전문가, 지역 카운슬링 기관 대표, 청소년 보호 운동가, 생활 지도원들로 이루어진 그의 '동료 그룹'과 앰버에 대한 문제를 논의하고 있었다. "전 그들에게 앰버 엄마가 밖에서 일하고 있는 동안 앰버를 위해 제공될 수 있는 서비스가 어떤 것이 있는지 물어봤습니다." 그가 말했다. "하지만 제공될 수 있는 건 아무것도 없었습니다."

"다른 사람에게 줄 여윳돈 같은 건 없어요." 캐롤라인은 이렇게 덧붙였다. "지금은 소액 청구서만이라도 연체하지 않고 낼 수 있도록 최선을 다하고 있어요. 전 지금 실업자라서 생활보호를 신청해야만 해요. 겨우 몸을 일으켰다고 생각하면, 또 바로 누군가가 때려눕히는 식이지요. 만약 제가 일을 하지 않는다면 그것은 (또한) 아동 방치가 되어 버려요. 아이를 먹이지 않고 입히지 않으니까요."

이 뒤얽힌 퍼즐에서 가장 기묘해 보이는 것은 가장 확실한 해결책으로 보이는 방법을 아무도 시도하려 하지 않는다는 사실이었다. 공장이 캐롤라인을 낮 근무시간으로 돌리기만 하면 그녀의 문제는 사라질 것이다. 그녀는 그 이야기를 공장에 했으나 거절당했다. 그러나 도움 주는 일을 전문으로 하는 사람들 — 교장, 의사, 그 밖에 그녀가 연락을 취한 수많은 기관들 — 중 어느 누구도 수화기를 들고 공장장이나 현장 주임, 또는 그녀의 직장에서 권한을 가지고 있는 사람에게 호소하려 하지 않았다.

실제 미국의 빈곤 운동에서는 (소수의 예를 제외하고) 고용주에 대해 그것이 법률 위반이 아닌 이상, 접촉하지 않고, 출입하지 않고, 협상의 대상으로 하지 않는다는 문화가 넓게 퍼져 있는 것처럼 보인다. 예를 들어, 영양실조 어린이들을 치료하는 가장 높은 수준의 사회적 문제의식을 가지고 있는 의사나 심리학자들은 정부 기관이 식품 쿠폰, 의료보험, 주택 등을 제공하도록 끊임없이 부르짖고 있는데, 그러나 아이들의 부모들이 영양가 있는 식품을 살 수 있도록 임금을 올려주도록 고용주를 설득해 본 적이 있느냐고 물어보면 의사들은 그런 생각에 놀라움을 표시한다. 첫째, 그런 생각은 그들 머릿속에 떠오른 적이 없고, 둘째, 그런 것은 도움이 되지 않을 것처럼 보이기 때문이다. 이 제안을 들은 그들은 양 손바닥을 내밀며 어깨를 으쓱거리곤 한다. 임금은 시장에 의해 결정되는 것으로 시장에 관대함을 기대하는 것은 불가능하다. 시장은 항소가 불가능한 최종 심판자인 것이다.

어쩌면 그 말은 맞는 말일지도 모른다. 캐롤라인의 허가를 얻어 나는 그녀가 일하는 공장의 감독에게 전화를 걸었다. 그리고 스윙 시프트제를 실시하는 이유가 무엇인지 물어보았다. 나는 그 이유가 저녁이나 밤 시간대에만 일을 해도 상관없는 그런 사람을 찾기가 어렵기 때문에 교대제를 도입해 노동 공급을 확보하려는 것으로 추측하고 있었다. 하지만 감독은 끝내 회신하지 않았다. 나는 공장의 자동 응답기에 여러 차례 메시지를 남겼고 겨우 데버러 개러티라는 무뚝뚝한 인사과 매니저에게서 답을 들을 수 있었다. 그녀는 캐롤라인이 인력 파견 회사를 통해 고용된 파견 노동자이기 때문에 공장은 그녀에 대한 하등의 책임이 없고 그녀의 근로시간 혹은 스윙 시프트에 관해서도 어떤 코멘트도 할 수 없다고 대답했다. 어쨌든 캐롤라인은 다음 주가 낮 근무를 할 차례이기도 하고, 자신을 대체할 사람을 아직 구하지 않은 상황이라 다시 공장으로 출근했다. 학교 측은 아동 방치 신고를 하고 있지 않았지만 그 가능성은 계속 그녀 곁을 맴돌았다.

이후에 내가 뉴햄프셔 주와 메인 주의 탐브랜즈 공장 인사 책임자인 케빈 패러다이스를 통해 들은 바에 따르면, 회사는 윤번제 시프트 운영에 대한 합리적 근거를 가지고 있었다. "낮 근무와 밤 근무를 교대로 실시함으로써 종업원들이 공장 업무 전반을 이해할 수 있게 된다"고 그는 설명했다. 줄곧 밤 근무시간대에 일하는 사람들은 업무의 전체 흐름에 대한 이미지를 놓치기 쉬워 모든 공정이 어떤 목적으로 돌아가고 있는지 잊어버리기 쉽다는 것이다. 그리고 이것은 다음 교대 근무자들에게 문젯거리를 남긴다. 그는 이것을 "입장 차이에서 기인하는 소통 단절"이라고 불렀다. 또한 야간 노동자는 승진이 어렵다는 이유도 있었다.

왜냐하면 밤에는 경영 간부와 접촉하는 일이 거의 없기 때문이다. 하지만 이런 이론적인 주장들은 캐롤라인에게는 그다지 의미가 없었다.

그 후 작은 기적이 일어났다. 캐롤라인과 함께 홈리스 시설에서 일했던 동료가 우연히 교회에서 한 여성을 알게 되었는데, 그녀가 필요하다면 언제라도 앰버를 자신의 농장에 맡겨도 된다고 제안해 왔던 것이다. 그렇게 하면 캐롤라인은 일자리를 잃지 않아도 된다. 최종적으로는 매사추세츠의 젊은 부부가 예정보다 빨리 이사를 와, 앰버가 농장에 간다는 선택지는 고려하지 않게 되었다. 그러나 결국 캐롤라인은 그 부부를 쫓아내 버렸다. 그들이 사사건건 기웃거리고 참견하길 좋아했기 때문이었다. 그녀는 근처에서 주 50달러에 앰버를 돌봐 줄 사람을 찾았다. 그것은 사실상 캐롤라인의 시급을 1.25달러 깎아 먹는 것과 마찬가지였다. 그러나 그녀는 아직 재정적으로 여유가 있었다.

"하느님의 신비한 힘이죠." 그녀가 말했다. "저에게는 수호천사가 있어요." 그녀는 천사의 도움을 믿고 있기는 했지만 돈이 저절로 굴러 들어오기를 바라지는 않았다. "일확천금을 꿈꾸지는 않아요. 전 그저 평균 정도만 되었으며 해요. 제 생각에 부자들 역시 골치 아픈 문제가 많을 것 같아요. 전 그저 평범한 삶을 살고 싶어요."

그러나 현재 그녀가 살고 있는 삶은 '잊힌 미국'에서의 평범한 삶이다. 그런 생활에서는 신이 내린 작은 축복도 희미하게만 빛날 뿐이며 그나마도 손에 쥐기가 어렵고 손에 쥔다 하더라도 이내 사라져 버리고 만다. 수개월 동안 캐롤라인은 탐폰 공장에 정규직으로 취직하기를 희망해 왔다. 처음 그녀는 파견 노동자로서 5백 시간 일을 해야 지원이 가능하다고 들었고 그다음에는 1천 시간 일해야 한다는 대답을 들었다. 그러다가 한 젊은 남자가 파견 노동자로 불과 한 달 일

"전 그저 평범한 삶을 살고 싶어요."
그러나 현재 그녀가 살고 있는 삶은 '잊힌 미국'에서의
평범한 삶이다.

하고 나서 정규직으로 고용된 사실을 알게 되었다. 그녀가 그 절차에 관해 질문하자 감독은 소리쳤다. "우리는 필요한 사람만 뽑는다고!" 게다가 정규직에 지원하기 위해서는 필기시험을 치러야 했는데 시험을 치르는 시간은 급여에 계산되지 않았다. 그리고 몇몇 노동자들은 교대 근무시간이 일정하게 배정되기도 했는데, 그녀의 낮 시간 근무 요청은 거부당했다.

그래서 그녀는 프록터 앤 갬블사를 떠나 벽지 샘플 책을 만드는 공장으로 다시 돌아왔다. 월요일부터 금요일, 오전 7시 반부터 오후 4시까지 일을 했고, 시급은 10달러에서 7.50달러로 내려갔다. 그녀는 되도록 긍정적으로 생각하려고 애썼다. 앰버를 돌보기 위해 매주 들어가는 50달러가 절약되기도 하고 앰버도 그쪽이 더 만족스러운 것 같았기 때문이다. 또한 연료비 원조, 즉 난방용 등유 비용을 보조하는 정부 프로그램에 지원할 수 있는 자격이 될 정도로 수입이 줄어든 것도 다행스럽게 여겨졌다. 그러나 지원이 시작된 것은 2월부터였다.

경기가 나빠지면서 프록터 앤 갬블사는 탐브랜즈의 공장을 폐쇄하기에 이르렀는데, 캐롤라인은 그곳을 그만두길 잘했다고 생각했다. 한편 그녀는 경기 침체로 인한 변화를 그다지 느끼지 못하고 있었다. "별로 달라진 것을 모르겠어요. 전 항상 살려고 몸부림쳐 왔고 지금도 변함이 없어요." 그녀는 경력이나 승진의 기회 없이 일자리 이곳저곳을 옮겨 다니는 수평 이동을 반복했다. 사소한 말다툼 끝에 벽지 공장을 나온 뒤로는 사진 앨범 제조 공장에 시급 7달러로 일하다가 그다음에는 컴버랜드 팜즈의 편의점과 주유소에서 시급 7.50달러로 일했다.

"유일하게 정말 짜증이 나는 것은 드라이브-오프예요." 그녀는 말했다. 드라이브-오프란 차에 기름을 가득 넣은 뒤 그대로 달아나 버리는 것을 말한다. "만약 그게 5달러어치 이상에다 자주 일어난다면 해고당할 수도 있어요." 그러나 얼

마나 자주 일어나는 것이 '자주'인가는 모르는 일이었다. 고용주는 그것을 분명하게 말하지 않음으로써 고용자들을 쩔쩔매게 하는 것이었다.

그녀는 여전히 빈곤의 경계에서 생활하고 있었고 어쩌면 한 번의 드라이브-오프가 그녀를 실직자로 만들 수도 있었다. 빚은 여전히 청산되지 못한 채 그녀를 괴롭혔고 한결같이 줄어들 기미조차 보이지 않았다. 삶은 가혹하고 위험하게 느껴졌다. 들어오는 돈은 모두 나갔고 아직 신용카드 대금으로 1만 2천 달러, 학자금 대출로 2만 달러, 집을 구입하는 데 들어간 두 개의 모기지 론으로 5만 4천 달러의 빚이 있었다. 그녀가 하고 있는 일을 생각하면 이 무거운 빚에 대항해 어떤 진전을 기대하는 것은 전혀 불가능해 보였다. 그녀는 탈출이 불가능한 노동 지옥에 빠져 있었다. 스스로가 이런 가혹한 현실을 점차 깨닫게 되고 더 이상 승진은 없다는 사실을 받아들이면서 그녀는 지금까지 한 번도 고려해 본 적이 없는 것에 대해 생각해 보기 시작했다. 바로 파산이다. 법률적으로 파산을 하더라도 그녀가 진 학자금 대출 빚은 면제받을 수 없고 모기지 론 대출금도 집을 포기하지 않는 이상 사라지지 않는다. 하지만 신용카드 빚은 없어지게 되는데, 그것은 그녀의 짐을 상당 부분 덜어 줄 것에 틀림없었다.

문제는 캐롤라인이 그런 수단을 취하는 것이 도덕적으로 올바르지 않다고 생각한다는 데 있었다. 최근 그녀는 새 가전제품을 할부로 산 상태였고 브렌다는 그녀에게 파산 선언은 일종의 도둑질과 같다고 말했다. "그녀가 제게 와서 그런 이야기를 했을 때 전 상처를 받았어요"라고 캐롤라인은 인정했으나 그것은 한 가지 사실을 깨닫게 해주었다. 이전보다 나아지기는 했으나 여전히 그녀의 소비 스타일이 무절제하다는 사실이다. 그녀에게는 새 출발이 필요했다. 그녀는 고생을 감내해 가며 파산 신청과 변호사 비용, 그리고 이사 비용에 필요한 8백 달러를 모으기 위해 돈을 저축했다. "너무 힘들어서 우울증에 걸릴 정도였어요." 그녀는 말했다. "그건 제 자존심과 관련된 문제였고, 다른 사람들은 모르게 하고 그녀는 경기 침체로 인한 변화를 그다지 느끼지 못하고 있었다. "별로 달라진 것을 모르겠어요. 전 항상 살려고 몸부림쳐 왔고 지금도 변함이 없어요."

싶었어요."

앰버는 학교교육의 한계에 부딪히고 있었다. 그녀는 읽기 공부를 하고 싶어 했으나 학교는 주 1시간의 개별지도만을 제공할 뿐이었다. 또 그녀는 자기 능력의 한계 이상으로 수학 공부에 대한 열정을 가지고 있었다. 앰버는 학교의 정규과정에서 공부하기를 간절히 바랐다. 그녀가 보기에 '직업훈련반'이나 '기술반'은 자기보다 학습 능력이 떨어지는 학생들, 바보로 낙인찍힌 학생들이 가는 곳이었고 그녀 스스로는 정규 과정에 들어가고 싶어 했다. 한 커뮤니티 센터의 카운슬러인 베스(가명)는 학교 측과 면담을 가진 후 이렇게 결론 내렸다. "학교는 앰버가 필요로 하고 간절히 원하는 것들을 제공해 주고 있지 않습니다. 그 애가 필요로 하고 원하는 것은 보통 학급에서 공부하는 것이지만 그것은 허락되지 않았어요. 너무나 안타까운 일입니다. 왜냐하면 앰버는 충분한 자질이 있기 때문입니다." 앰버는 또 "계속적이고 집중적인 읽기 지도"가 필요하다고 베스는 판단했다. 그런데도 학교에서는 요리, 쇼핑, 세탁 등 그녀가 이미 알고 있는 일에 대한 교육만 받았다. 이전에 근처 마을에서 정서적 장애가 있는 아이들에 관한 준전문가로 일한 경험이 있는 카운슬러 베스가 앰버의 이런 상황을 학교 관계자들에게 전달하자, 그들은 베스를 "비웃었다." 베스는 있을 수 없는 일이라는 듯 말했다. 돈 있는 사람들의 경우가 종종 그러하듯 만약 캐롤라인도 자신의 의견을 피력하고 압력을 가하기 위해 심리학자나 변호사를 고용할 수 있었다면 아마 그들을 비웃지 않았을 것이다.

앰버가 보통 학급으로 들어갈 능력이 되는지 안 되는지에 관해서는 의문의 여지가 있을 수 있다. 학교 소속의 심리학자는 지난해 일련의 테스트를 통해 앰버가 경도 혹은 중간 정도의 지적 장애가 있다는 것을 확인했다. IQ 테스트에서는 숫자 연산에서 문장 표현에 이르는 여러 분야에 걸쳐 43~57점 사이의 결과가 나왔다. 검사 보고서에는 "앰버가 자신의 생일이 언제인지 알지 못한다"고 되어 있었다. "앰버는 적절한 단어를 고르는 데 어려움을 겪고 있다. 산수 능력은 덧셈 뺄셈을 하기 위해 손가락을 세는 것에 의지하는 정도의 수준이다."

앰버에게 가장 적합한 코스가 어떤 것이든 간에 캐롤라인은 그 코스를 제공할 클레어몬트 시스템의 능력에 대해 점차 믿음을 잃게 되었다. 캐롤라인에게는 사립학교의 학비를 댈 능력은 없었지만 전남편의 딸이 살고 있는 인디애나 주 먼시에 앰버를 보내 그곳의 공립학교를 다니게 할 수 있었다. 그곳의 학교는 장래성이 있어 보이는 학교였는데, 전남편의 딸이 마침 "남편이 군 복무를 하는 동안"에는 앰버를 맡아 주겠다고 제안해 왔다.

"전 그곳의 선생님들과 이야기를 나누었어요." 베스가 말했다. "그들은 저에게 학교가 어떤 분위기인지 말해 주었어요. 그곳의 특수교육 담당 교사와도 이야기를 나눴어요. 그녀는 매우 적극적이며 친절했고 전 앰버가 필요로 하는 것이 무엇인지 확실하게 설명을 했지요. 그녀의 대답은 긍정적이었어요. '우리 학교에는 전문 프로그램이 있거든요. 앰버도 다른 아이들과 함께 고등학교 생활을 하게 될 거고, 앰버가 하고 싶은 모든 것을 할 수 있게 될 거예요.'"

9월까지 앰버는 인디애나에서 지냈다. 앰버는 완전히 학교생활에 빠져 있었다. 성인반의 글자 수업에 참가하고, 일주일에 세 번 개인 교습으로 읽기와 산수를 공부했다. 그리고 곧 보다 높은 수준의 특수교육반으로 올라갈 예정이었고, 봄에는 시험을 보기로 되어 있었다. 그녀는 자신이 앞으로 나아가고 있다는 사실을 느끼고 있었다. 전화 너머로 들리는 앰버의 밝은 목소리는 캐롤라인에게 기운을 불어넣어 주었다. 그러나 종종 발전은 비싼 대가를 요구하기도 한다.

캐롤라인은 먼시에 일거리가 많다는 이야기를 듣고 곧 딸이 있는 먼시로 갈 준비를 했다. 그러나 지금 있는 곳을 떠나기 위해서는 소중한 집을 내놓아야만 했다. 왜냐하면 집을 다른 사람에게 임대해 놓고 멀리 떨어져 있는 것이 아무래도 마음에 걸렸기 때문이다. 세입자가 집을 망쳐 놓을 수도 있고, 집수리를 감독하기 위해 먼 거리를 왔다 갔다 할 교통비도 없었다. 이 가난한 동네에 돈을 투자할 사람을 찾기까지 수개월이 걸렸고 결국 손해도 이익도 남지 않는 7만 9천 달러에 집을 팔았다. 이 가격은 그녀가 투자한 3만 7천 달러를 크게 웃도는 가격이었으나 그녀에게 남는 이익은 단돈 1센트도 없었다. 그녀는 슬픈 목소리로 "싸게 팔아 치워 버렸어요"라고 말했다.

그녀가 주택 소유자로서 보여 준 책임감은 집의 가치를 올렸고, 동시에 역설적이게도 자산 가치를 깎아 내렸다. 그녀는 장기간에 걸쳐 집의 유지와 수리를 해왔다. 그녀에게는 아직 최초의 모기지 론으로 약 3만 4천 달러의 부채가 있었다. 그리고 두 번째 모기지 론은 1만 9천 달러에 추가로 선불 이자가 붙어서 약 2만 달러 이상의 빚으로 불어나 있었다. 페인트칠을 벗기고 벽 판자를 가는 데 이용한 연방 정부 보조금 1만 7천 달러는 각각 집을 5년 이내에 파는가, 10년 이내에 파는가에 따라서 비율이 조정되어 변제하도록 되어 있었다. 따라서 캐롤라인은 1만 6천 달러에 가까운 돈을 내야 했고, 그녀가 갚아야 할 빚은 모두 합해 7만 달러가 되었다. 부동산 중개 수수료와 세금, 그리고 기타 비용을 합쳐 약 3백 달러의 부족분이 생겼으나 부동산 업자가 친절하게도 수수료를 깎아 주어 이를 벌충해 주었다. 5년 반에 걸친 모기지 론과 이자 납부는 아무런 이득을 남기지 않았고, 그녀의 꿈도 하나 사라졌다.

12월 초순, 뉴햄프셔에 겨울이 찾아왔을 때 캐롤라인의 지갑은 거의 텅 빈 상태였다. 이삿짐 트럭을 빌릴 여유도 없었다. 결국 버라이존사(거대 통신 회사)에서 (적당한 노동시간에 적당한 임금을 받으며) 일하고 있는 큰 딸로부터 7백 달러를 빌렸고, 휴일을 반납하고 온 두 친구가 뉴욕 북부의 사나운 눈보라를 헤치고 트럭으로 캐롤라인을 인디애나까지 태워다 주었다. 여정 중간에 캐롤라인은 작은 전원도시들의 풍경을 바라보며 행복감에 빠져들었다. 그러나 먼시는 그다지 친절한 곳이 아니었다. "집도 잃고 친구와도 헤어져서 무척 쓸쓸해요." 캐롤라인은 슬퍼했다. "하지만 뉴햄프셔에 있을 때는 돈도 많이 들었고, 그런 상황에서 벗어날 수 있었다는 것에는 감사해요." 전남편의 딸 집에서 6주간 머문 뒤, 그녀는 마을의 황량한 공영주택단지에 있는 작은 아파트를 얻었다. "동네에서 가장 좋은 곳은 아니지요." 그녀는 에둘러 표현했지만, 사실 그곳은 마약 상인과 매춘부가 넘쳐 나는 곳이었고, 그녀가 일하는 편의점에서 두 블록 떨어진 곳에서는 총기 사건이 일어난 적도 있었다. "이 근처 일은 전혀 돈이 안 돼요." 그녀가 받는 시급은 복지 혜택 없이 4.5달러였고, 이 액수는 25년도 더 전에 버몬트의 플라스틱 공장에서 받던 시급 6달러보다도 더 낮은 것이었다. "전 전혀 앞으로 나아가질 못하고 있어요."

6개월 후, 정부의 원조를 얻어 내는 탁월한 능력 덕분에 그녀는 몇 가지 중요한 자금 지원을 얻을 수 있었다. 첫 번째로 안전한 지구에 위치한 공영주택의 입주를 허가받았다. "정말 다행이에요." 그녀가 말했다. 두 번째로 새로운 틀니를 해넣기 위한 약 4백 달러가 넘는 치료비를 메디케이드를 통해 어렵게 받아 낼 수 있었다. 나머지 치료비 322달러는 스스로 마련한다는 조건이었다. 그녀의 빈털터리 은행 계좌에 그만한 돈은 없었기 때문에 큰 딸한테서 돈을 빌렸다. 새로운 치아는 그녀에게 자신감을 주었다. "익숙해지려면 시간이 조금 걸리겠지만 제 입에 딱 맞는 것 같아요." 그녀는 희망찬 목소리로 말했다. 틀니가 편안하게 느껴지게 되면 면접에도 틀니를 끼고 나갈 것이었다. 이후 그녀는 편의점 일을 구했다. 시급은 7달러로 올라갔고 어시스턴트 매니저가 되기 위한 트레이닝도 시작했다. 이것이 그녀의 대차대조표에서 낙관적 측면이었다.

그러나 부채의 측면에서 볼 때 상황은 가혹했다. 먼시에 이사 오며 기대했던 이점들은 점차 사라졌고 의심만 남게 되었다. "이곳에서는 친구를 사귀기 어려운 것 같아요." 그녀는 말한다. "제 자신을 솔직하게 드러내기가 어려워요." 가계 상황도 더 안 좋아졌다. 그녀는 인디애나 주의 소득세에 입을 다물지 못했다(뉴햄프셔에서는 소득세를 내지 않아도 됐다). 거기에 시의 세금과 국가의 세금이 추가된다. 그녀의 저임금으로는 지출을 따라잡을 수 없었다. "전 빈털터리예요." 그녀는 담담히 말했다. 또한 이사 오게 된 이유, 즉 앰버의 미래에 대한 기대도 현재는 불투명해졌다. 앰버는 더 공부하고 싶어 했으나 캐롤라인은 더 이상 개인 지도로 진행되는 읽기 수업에 월 140달러를 낼 형편이 안 됐다. 게다가 그녀의 말에 따르면, 학교에서는 앰버에게 돈 쓰는 일이 헛된 짓이라고 보고 있었다. 앰버는 앞으로 더 이상 읽기 교육을 받지 못하게 될 것이다.

돈이 언제나 치료약이 되지는 않지만 어떤 문제를 다른 문제로부터 분리시켜 주는 경우는 많다. 돈이 있는 부모라면 보금자리를 옮기거나 재산을 처분하지 않아도 앰버의 문제에 대응할 수 있었을 것이다. 그런 부모는 서비스를 구입할 것이고 고난에 대처하기 위해 모든 능력을 발휘할 것이다. 그리고 그들의 가정과 직장, 생활 방식이 보호받을 수 있도록 방어벽을 세울 것이다. 하지만 가난한 이가 세운 벽은 얇고 깨지기 쉬우며 문제들은 서로 복잡하게 연결된 고리처럼 연쇄 작용을 일으킨다.

3

제3세계를 수입한다

지치고 가난한 이들이여,

자유롭게 숨쉬기를 갈망하는 무리들이여,

너의 대지로부터 버림받은 가엾은 이들이여,

나에게 오라.

_엠마 래저러스

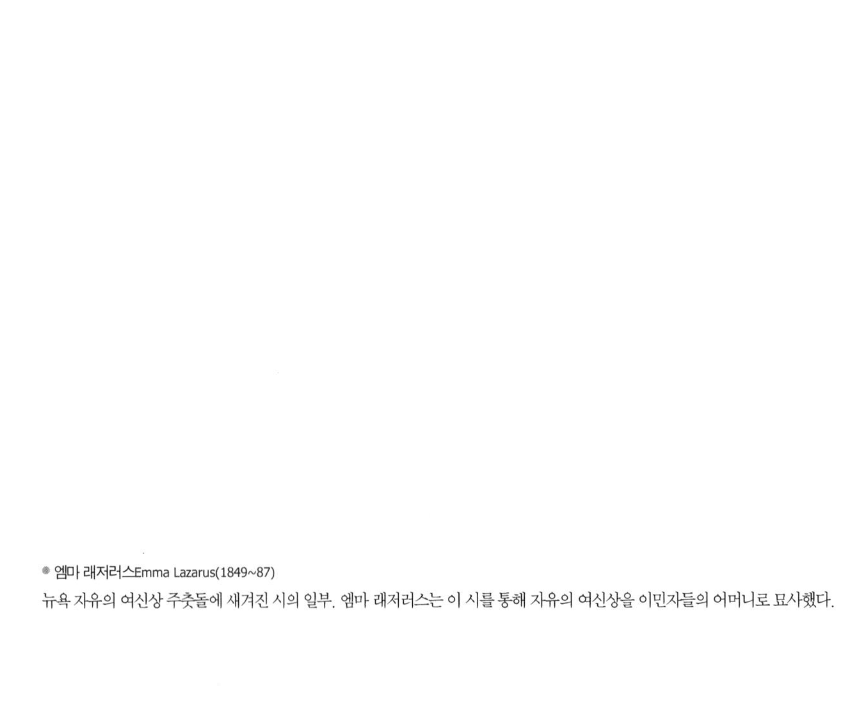

● 엠마 래저러스Emma Lazarus(1849~87)
뉴욕 자유의 여신상 주춧돌에 새겨진 시의 일부. 엠마 래저러스는 이 시를 통해 자유의 여신상을 이민자들의 어머니로 묘사했다.

사치품은 가난한 노동자의 손에서 생산된다. '개발도상'국의 을씨년
스러운 공장에서뿐만 아니라 이곳 미국 땅에서도 부와 가난은 교차한다. 풍요로
운 삶을 찾아 건너온 이민자들은 가난도 함께 짊어지고 들어온다. 그리고 물결
치는 번영의 바다 한가운데에 빈곤이라는 섬을 만든다. 이민자들은 (비록 조국에
서의 벌이보다 훨씬 높은 금액이기는 하나) 보잘것없는 임금을 벌기 위해 그들이 동
경해 마지않는 미국인들을 먹여 주고 입혀 주고 돌봐 준다.

그들은 감자 농장에서, 봉제 공장 다락방에서, 세탁소에서, 식당에서, 교외
부유층의 화려한 정원에서 땀을 흘린다. 로스앤젤레스 5번가와 윌샤이어 대로
에서 팔리는 고가의 옷들은 스프링가와 8번가의 낡은 블록에서 가난한 멕시코
인, 타이인, 온두라스인 그리고 한국인들에 의해 재봉된 것이다. 우리는 우아한
드레스와 세련된 블라우스를 보고 옷이 완성되기까지 이민자들이 감내해야만
했던 고통을 상상할 수 있지만 그것이 마네킹과 함께 화려한 쇼윈도 안에서 빛
나고 있을 때 모든 고통의 얼룩은 마법처럼 사라진다.

뉴요커가 로스앤젤레스의 불규칙하게 뻗어 있는 넓은 거리를 보며 도시를 상
상하기란 쉬운 일이 아니다. 낮은 키의 집들과 창고들. 넓은 고속도로. 점점이 산
재한 공장들이 태평양 쪽에서 동쪽으로, 마치 육지가 무한한 자원이라도 되는
듯 한없이 펼쳐져 있기 때문이다. 그러나 의류 지구만은 예외로, 그곳은 팽팽한
긴장감이 감도는 도시 분위기를 풍긴다. 고층 건물들은 높이 솟아 거리에 그림
자를 드리우고 있고 사람들은 각양각색의 피부색을 하고 각양각색의 언어로 떠
들어 댄다. 혼란스러운 활기로 가득 찬 맨해튼 의류 지구까지 가지 않아도 뉴요
커는 여기서 충분히 고향의 느낌을 얻을 수 있을 것이다. 의류가 가득 담긴 손수
레가 도로와 트럭 사이를 분주하게 오고가며 낡은 건물들 사이를 누빈다. 점심
시간이 되면 삐걱거리는 엘리베이터가 고층건물에서 사람들을 거리로 토해 낸
다. 근면한 사람, 꾀부리는 사람, 정직한 사람, 부패한 사람…… 전 세계에서 모

인 이들은 대부분이 아시아계 또는 중남미계이고, 흑인과 백인은 가끔씩 눈에 띌 뿐이다. 타코스[멕시코 요리의 일종] 판매차 몇 대가 건물 사이 골목길과 주차장 길을 따라 목 좋은 곳에 자리를 잡는다. 노동자들과 그들의 관리자들은 재빨리 점심을 해치우고 다시 재봉 기계와 옷감으로 가득 찬 작업장으로 돌아간다.

칸달라리아는 9년 전에 멕시코에서 이주해 온 이후, 마치 우후죽순처럼 생겨났다 바람 불면 사라지는 땀방울처럼 금세 흔적도 없이 사라지는 여러 공장을 전전하며 지금껏 일해 왔다. 그녀는 일하는 속도가 아주 빨랐고 또 그래야만 했다. 임금은 작업량에 따라 지급되었는데, 재봉틀로 청바지에 지퍼를 하나 달 때마다 0.75센트를 받았다. 임금 계산은 단순 명료하고 냉혹했다. "75센트 벌기 위해서는 지퍼 100개를 달아야 해요." 그녀는 말한다. 캘리포니아 주 법정 최저임금인 시급 5.75달러[*]를 벌기 위해서는 한 시간에 767개의 지퍼를 달아야 하기 때문에 지퍼 하나를 다는 데 5초 이상 걸려서는 안 된다. "전 꽤 빠른 편이에요." 칸달라리아는 이렇게 말하며 초보 일꾼들보다 빠른 자신의 작업 속도를 자랑했다. "지퍼 1,200개에서 1,600개를 한 단위로 치면 전 네 개 단위 분량을 하루에 해요." 하루에 8시간 일한다고 하면 최고 시급 6달러를 버는 셈이다.

그러나 여기에는 함정이 있다. 그녀의 감독자인 '안'이라는 베트남 여성은 칸달라리아의 작업량과 최저임금 간의 차이를 기록해 왔다. 그리고 칸달라리아가 최저임금만큼의 작업 분량을 하루에 다하지 못했을 경우, 우선 최저임금의 돈을 내어 주고 나머지 작업 분량을 칸달라리아가 갚아야 할 빚으로 처리했다. 칸달

2007년 1월에는 7.50달러로, 2008년 1월부터는 8달러로 인상되었다.

그러나 그것이 마네킹과 함께 화려한 쇼윈도 안에서
빛나고 있을 때
모든 고통의 얼룩은 마법처럼 사라진다.

라리아가 최저임금분을 초과하는 작업을 했을 경우, 그 초과분이 빚을 차감하게
된다. 이런 방식은 비록 칸달라리아가 받는 임금의 상한선을 제한하기는 했어도
많은 의류 산업 노동자들이 최저임금 이하의 급여를 받는 상황에 비하면 그리
나쁘지 않은 처우였다. 하지만 반대로 최저임금분만큼의 작업량을 따라가지 못
하는 노동자는 해고되었다.

칸달라리아는 아침 7시부터 일을 시작했지만 안은 기록상의 노동시간을 줄이
기 위해 9시가 될 때까지 타임카드를 찍지 않았다. 칸달라리아는 손이 매우 빠르
고 능숙했다. 안은 그녀가 작업량을 부풀려 보고하기 위해 작업 전표를 조작하는
것이 아닌지 의심한 적도 있었다. 그리고 그것이 발단이 되어 말다툼이 일어났고
칸달라리아는 노동시간을 기록한 공책을 꺼내 보여야만 했다. "안은 제 공책을
뺏어서 확인하려고 했어요." 칸달라리아는 당시를 회상하며 말했다. "그리고 제
가 작업 전표를 위조했다고 인정하는 서류에 억지로 서명하라고 했어요."

칸달라리아가 일하던 봉제 공장은 지금까지 업계 관례상 공정하다고 여겨지
는 규칙을 준수하며 사업을 해오지는 않았기 때문에 생산품의 가격은 언제나 일
정치 않았고 거래처와의 교섭에서도 안정된 입장을 확보하지 못한 채 불안정한
시장 상황 속에서 돌아가고 있었다. 칸달라리아는 이민에 필요한 서류를 갖추고
있지 못했기 때문에 미국에 체제할 법적 권리가 없었고 노동력을 팔 권리도 없
었다. 그녀가 제공하는 노동력은 생산단계의 아랫부분을 구성하는, 미국 경제에
없어서는 안 되는 종류의 것이었지만 그녀에게는 그런 값싼 노동력조차 팔 권리
가 없었던 것이다. 그녀는 1년 8개월간, 비슷한 종류의 노동 착취적인 공장을 전
전하며 일해 왔다. 더 괜찮은 일을 찾을 기회는 없었던 것일까? 그녀와 주위에
앉아 있던 남자들 몇몇은 나의 바보 같은 질문에 웃음을 터뜨렸다. 그들 모두 오

랜 기간 동안 여러 봉제 회사에서 일을 해온 터였다.

"바지 한 벌에 상표를 붙이면 4센트를 받습니다." 후안이 말했다. 그는 의류 지구에서 9년 동안 일을 했고, 9년 경력의 노동자 임금 수준이 그 정도였다. "바지 한 벌 만드는 데 필요한 모든 노동자들의 총임금을 다 합치면 2달러가 됩니다."

"저는 바지 고리를 만들어요." 헤수스가 말했다. "바지 한 벌당 9센트. 공장 사람들 대부분이 최저임금도 받지 못해요. 후안 같은 사람은 어떻게든 최저임금을 겨우 겨우 벌기는 하지만 새로 들어온 사람들은 어림도 없어요." 무경험에다 재봉틀에 익숙하지 않은 신참 노동자는 시급 3달러밖에 받지 못한다고 헤수스는 말한다.

일반적으로 노동자들의 터무니없이 적은 임금은 고용주들의 뱃속을 채우기 위한 술책으로 이해되기 쉬우나 사실 모든 고용주들이 언제나 배를 두드리며 탐욕스럽게 웃고 있는 것은 아니다. 노동자들의 벌이가 나쁘다는 것은 그 일이 생산성이 낮다는 것을 의미하며, 공장에는 지키지 않으면 안 되는 납품 기일이라는 것이 있다. 그래서 고용주들은 "노동자들이 최저임금에 도달할 만큼 일하기를 기대한다"고 후안은 설명한다. 그리고 고용주들은 언제나 이 기준에 미달하는 노동자들을 해고한다. 노동자 권리 단체의 보고에 따르면, 주 정부가 최저임금을 인상하면 고용주 측은 작업량에 따른 임금 비율은 그대로 두고 노동자들의 작업 속도를 올리려고 한다. 이 법률에는 빠져나갈 구멍이 있는 것이다. 노동자의 임금에 영향을 미치고 있는 더 중요한 것 가운데 하나는 바로 경제의 법칙이다. 세계화된 생산 시스템 탓에 로스앤젤레스에 있는 약 5천 개 봉제 공장은 온두라스나 캄보디아 등 생활수준과 노동임금이 매우 낮은 제3세계 나라들과 피를 토해 내는 경쟁을 강요당하게 된다. 예를 들어 멕시코에서는 공장노동자의 일당이 약 4달러이다. 또한 교사의 월급이 15~25달러인 캄보디아에서는 봉제 공장노동자 월

146

급이 30~45달러, 즉 시급 16~23센트이다. 이런 사정으로 미국은 제3세계의 몇 가지 특징들(값싼 노동력)을 수입하게 되는 결과를 낳고 있는 것이다.

세계화나 세계무역기구WTO에 반대하는 시위에 참가하는 미국인들 가운데, 만약 노동 착취 공장에 반대하는 시위를 하고 싶다면 굳이 가난한 나라에서 일어나는 착취를 따지지 않아도 된다는 사실을 알고 있는 사람은 얼마나 있을까. 로스앤젤레스의 8번가를 따라 걷다 보면 금방 그들의 목표가 될 만한 상황을 발견할 수가 있다. 그곳의 상황 또한 그들이 여론을 조성하기만 하면 가시적인 결과를 보일 수 있는 그런 것들이다. 세계화에 대항하는 것은 마치 열대 호우에 맞서는 것과 비슷하다. 무슨 의미인가? 비는 어쨌든 내릴 것이다. 그리고 수해와 혜택을 동시에 가져다 줄 것이다. 홍수는 마을을 파괴하는 동시에 벼를 자라게 할 물을 제공해 줄 것이다. 따라서 호우에 대처하는 최선의 방법은 수로를 파서 홍수를 제어하고 신변을 보호할 능력이 없는 사람들이 희생되는 것을 막기 위해 노력하는 것이라고 할 수 있다.

이것이 바로 캘리포니아에서 몇몇 단체들이 모여 노동착취공장 감시단sweat-shop watch[1]이라고 부르는 연합 단체를 결성해 지금까지 해오고 있는 일이다. 이 단체는 의류 산업 노동자들을 대신해 로비 활동을 하거나 소송을 제기한다. 이들은 노동자들로 하여금 국외 추방의 두려움에 굴복하지 말고 직접 고용주(영세 봉제 공장), 혹은 공장의 클라이언트인 유명 브랜드의 디자이너나 제조업자들을 향해 맞서라고 설득한다. 유명 브랜드 기업들은 힘들고 귀찮은 공정을 처리하기 위해 (노동자를 혹사시키는) 하청업체들과 계약해 저임금 노동자들에게 옷을 만들게 하는 경우가 많다. 2000년, 불과 3달러의 시급을 받으며 일하던 히스패닉 부부와 딸이 존 폴 리처드, 프랜신 브라우너, BCBM 맥스 아즈리아의 세 개 브랜드를 상대로 소송을 걸어 총 13만 4천 달러의 합의금을 받아 낸 적이 있다. 이들 브랜드 기업은 봉제 하청업체들을 모니터하기 위해 한 민간 회사와 계약을 맺고 있었는데, 모니터 결과를 보고 받고서도 아무런 조치를 취하지 않았다는 사실이 재판 결과 드러났다.

업계 사상 가장 악명 높았던 사례는 1980년대 후반에 타이의 농촌에서 일어난 사건이다. 타이의 사기꾼들은 가난하고 젊은 여성들을 꾀어 미국의 봉제 공장에서 일하면 돈을 벌 수 있다고 약속했다. 이들의 말을 믿고 미국으로 건너온 젊은이들은 도착하자마자 로스앤젤레스 동부 엘몬티 시의 한 2층 공동주택에 사실상 노예처럼 감금되었다. 그들은 철조망과 합판으로 창문이 막혀 있는 곳에서 먹고 자며 일했다. 그들은 미국의 대형 제조업체 토마토, 클리오, B.U.M., 하이시에라, 액슬, 치타, 앵커 블루, 에어타임 등을 위해 하루 17~18시간 동안 옷을 꿰매고 붙이는 일을 강요당했다. 여기서 만들어진 옷은 시어스, 타겟, 메이스, 노드스트롬, 머빈스, 밀러스, 몽고메리 워드 같은 백화점에서 판매되었다.[2] 노동자들은 시간당 1달러도 안 되는 임금을 받았고 타이의 중개업자는 여기서 식료 잡화비 명목으로 실제보다 4~5배 부풀린 금액을 공제해 갔다. 의료 서비스를 받을 수 없었던 노동자들은 각종 질병에 시달려야만 했는데, 잇몸병을 제대로 치료받지 못한 한 남성은 치아 8개를 잃기도 했다.

"저항하거나 도망치려고 하면 타이의 본가에 불을 질러 버린다거나 가족을 죽인다거나 흠씬 두들겨 패겠다는 협박을 받았습니다." 노동자들의 변호사 중 한 명인 줄리 수는 이렇게 썼다.[3] 도망치다 붙잡혀 잔인하게 두들겨 맞은 남자의 사진을 보여 주거나 불평불만을 이야기하면 이민귀화국INS, Immigration and Naturalization Service에 신고하겠다는 등의 협박도 받았다. 그리고 이 협박은 어떤 의미에서 현실이 되었다. 그들의 강제 노동이 시작된 지 7년, 그리고 이민귀화국이 첫 번째 신고를 받은 지 3년이 되는 1995년, 연방 정부와 주 정부 요원들이 마침내 현장을 급습했고 71명의 노동자들을 연방 정부가 관리하는 교도 시설인 국외 추방자 수용소에 수감시켜 '해방'시켰다. 이민귀화국은 불법 이민자들을 억류하고 추방

하는 것을 목적으로 하는 법을 바탕으로 움직이고 있기 때문에, 협박의 도구 —
불법 이민노동자들의 입을 다물게 하기 위해 고용주들이 일반적으로 사용하는
— 로 이용되기 쉽다. 수의 주장에 따르면, 당국의 강경한 태도는 "노동자가 노
동법이나 시민권, 인권 등에 대한 침해를 보고하지 못하도록 기를 꺾어 놓을 뿐
이며, 엘몬티 사건과 같은 상황을 더욱 음지로 밀어 넣을 뿐이다." "이민귀화국
이 착취를 일삼는 고용주들과 결과적으로 공모하는 상황이 발생해서는 안 된다
고 우리는 주장했습니다." 노동착취공장 감시단 회원들은 수용소에 수감된 타이
노동자들을 이민국이 풀어 줄 때까지 꼬박 일주일간 시위를 벌였다.

최종적으로 그들을 미국으로 보낸 사기꾼들은 2~7년의 징역을 선고받았으
며, 노동자들은 민사소송을 통해 4백만 달러를 배상받게 되었다. 가장 주목할 만
한 사실은 제조 단계 상 엘몬티 공장으로부터 두 단계 떨어져 있는 제조업자 측
도 책임을 피할 수 없다는 판결이 내려졌다는 것이다. 이는 (브랜드 가치에 오점을
남기지 않도록 많은 노력을 하고 있는) 고급 브랜드와 맞서 싸우는 운동가 입장에서
볼 때 큰 발전이라고 할 수 있었다.

통상적인 의류업계의 방식은, 제조업자나 디자이너가 모양을 만들면 그 모양
에 맞추어 손이나 컴퓨터를 이용해 두껍게 쌓인 천을 실톱으로 재단한 뒤 재단
된 천을 하청업자에게 전달하는데, 대개 조립 라인식으로 된 곳에서 노동자들이
이 조각을 바느질한다. 착취의 대부분은 이 봉제 단계에서 일어난다. 하청업자
는 한 벌당 가격으로 요금을 부과하며, 따라서 인건비를 가능한 한 줄이려는 동
기가 발생한다. 제조업자는 하청업자와 노동자 간의 관계를 짐짓 못 본 체하거
나 어찌할 방법이 없다며 단념하곤 한다. 그러나 다행스럽게도 엘몬티 사건에서
는 노동자 측 변호인단의 다음과 같은 주장이 재판에서 인정받았다. 즉, 제조업
자는 재단한 부분을 의류 지구의 영세 하청업자에 위탁하면서 완성품을 빠른 시
일 내에 납품하도록 요구했는데, 이는 하청 단계에서 이루어지는 대규모의 노동

착취적 공정을 이들이 알고 있었다는 이야기이고, 따라서 사실을 몰랐다고 하는 주장은 받아들일 수 없다는 것이다. 이 소송에는 같은 하청업자 밑에서 매우 낮은 임금으로 고용되어 일하던 히스패닉 노동자들도 참여했다. 캘리포니아 남부에서는 대개의 노동자 운동이 한국인, 히스패닉, 캄보디아인 등 인종별로 나뉘어 조직되곤 하는데, 이 재판에서는 드물게도 인종 간 협력이 이루어졌다.

착취의 실태가 밝혀진 이후 1999년, 캘리포니아 주는 의류 제조업자와 소매업자에 대해 하청업체가 법률에 따라 최저임금과 잔업수당 등을 지불하고 있는가를 확인·관리하도록 책임을 부과하는 법률을 제정했다. 하지만 이 법률은 제대로 지켜지고 있지 않았다. 법률 제정 이후 1년이 지난 뒤 연방 정부와 주 정부가 조사한 바에 따르면, 노동법을 준수하고 있는 로스앤젤레스의 봉제 하청업자는 3분의 1 정도에 불과했고, 이는 전년의 39퍼센트보다 더 낮아진 수치였다.[4]

의류 산업의 열악한 경제 상황 역시 많은 미국 기업을 지배하고 있는 시장의 힘과 마찬가지로 가장 밑바닥에 있는 노동자들이 적절한 임금을 받는 데 방해 요소가 된다. 경쟁은 치열하고 이윤은 매우 적으며 고용주들은 항상 불안에 떨고 있기 때문이다. 그들은 불법 이민자들 없이 자신들의 사업이 유지될 것이라고 생각하지 않는다. 그래서 불법 이민자들을 고용하기 위해 소송과 재고품 압수와 같은 위험도 기꺼이 감수한다. 많은 영세 하청업자들은 그들 스스로가 이민자인 경우가 많다. 영국의 식민지였던 홍콩이 중국에 반환될 때 많은 이민자들이 미국으로 유입되었는데, 그들 가운데 몇몇은 한국인이나 중국인, 멕시코인 노동자를 고용해 많은 재산을 모은 경우도 있지만, 부유하다고 말하기엔 턱없이 부족한 재산밖에 모으지 못한 사람들도 있다. "많은 하청업자들은 겨우 먹고살 정도의 금액밖에 벌지 못합니다." 캘리포니아 남부 의류 하청업자협회 회장이자 업계 대변인인 조 로드리게즈는 말한다. "연봉이 3만 6천 달러인 경영자도 있었어요. 의료보험에 가입하는 것은 꿈도 못 꿀 연봉이죠."

조 자부니언의 연봉은 평균적으로 봤을 때 그것보다 약 두 배 정도 많았지만, 25년간 회사를 경영해 온 사람으로서는 높은 금액이라고 할 수 없었다. 그는 아내와 건물 8층에서 에이드리언이라는 이름의 작은 봉제 공장을 경영하며 한 달에 5~6천 달러 정도의 소득을 얻고 있었다. 그곳에는 (경기가 좋을 때는 22명까지 있었으나) 약 15명의 노동자가 낡은 기계를 사용해 이브닝드레스와 정장 — 그들은 결코 구입할 엄두도 못 낼 — 의 옷단을 대고 봉합선을 꿰매고 있었다.

조는 몸 전체를 마치 회색으로 도배한 듯한 모습 — 회색 스포츠머리에 회색과 푸른색이 섞인 반소매 셔츠와 청바지를 입은 — 에 슬픈 눈빛을 가진 우울한 분위기의 사람이었다. 베이루트 출신인 그는 베이루트에서 가족들과 소매업을 하다가 수십 년 전에 미국으로 이주해 왔다. "사실 우리 가게는 신사복이었어요. 부인복이 아니라요." 그가 설명했다. "그래서 이건 새로운 사업이었죠. 전 아직도 부인복을 어떻게 바느질해야 하는지 잘 몰라요. 하지만 어디가 잘못되어 있다든가 무슨 문제가 생겼다든가 하는 경우에 어떻게 해야 하는지는 알고 있죠."

어떻게 바느질을 해야 하는지 아는 사람들은 숙련되고 경험 많은 여성 노동자들이었다. 그들은 적어도 최저임금만큼은 벌고 있었다. 하지만 조의 말에 따르면 시급 7~7.50달러를 넘는 일은 없다고 한다. "아줌마들하고 같이 일한 지 20년 정도 돼요." 그는 말한다. "이 사람들은 평균 10년 정도 됐을 거예요, 아마." 이것은 다른 말로 상하 이동이 존재하지 않는다는 것이다. 그들에게는 아무런 복지 혜택도 없었다. 일거리가 충분치 않을 때는 조가 그들에게 전화를 걸어 몇 주 동안 공장에 나오지 말라고 전하기도 한다.

만약 조가 한 벌의 옷을 봉제하는 데 드는 정확한 비용을 알 수 있었다면, 임금을 시급이 아닌 성과급으로 지급해서 더 간단하게 임금 계산을 할 수 있었을 것이다. 이것은 그가 원하는 바이기도 했다. 그러나 그는 그렇게 하지 못했는데, 디자이너로부터 하청을 받은 고난이도의 작업은 "너무 복잡하기" 때문이었다.

"너무 복잡해서 시간이 많이 필요해요. 봉제하는 데 얼마나 시간이 걸릴지 알 수가 없어요. 그냥 짐작하는 수밖에 없어요." 그래서 그는 직원들의 60~70퍼센트를 시간급으로 고용하고 있었다. 다른 직원들은 성과급으로 임금을 주고 있는데, 가끔 작업 시간이 생각했던 것보다 더 오래 걸릴 때면 직원들이 더 많은 임금을 요구하기도 했다. 그러면 조는 그들의 시급 비율을 올려 주기도 한다. "그건 제가 거래처에서 얼마를 받느냐에 달려 있어요. 마진이 아주 적으면 손익을 맞추려고 해도 어떻게 할 수가 없어요. 50센트 손해를 보면서 직원들에게 50센트를 더 주는 그런 일도 가끔 있어요." 그렇다면 디자이너에게 한 벌당 단가를 올려 달라고 요구하는 것은 불가능할까? "그런 일은 거의 일어나지 않아요. 기본적으로 가격 내에서 조정해야 해요. 어떨 때는 딱 아줌마들 월급 줄 만큼만 일을 받아 오는 경우도 있어요. 이익은 하나도 남지 않으면서 아줌마들만 바쁘게 일하죠. 여러 번 그랬어요."

규모가 크고 대량생산을 하는 봉제 작업의 대부분이 남쪽으로는 멕시코, 서쪽으로는 아시아로 빠져나가고 있기 때문에 빠른 작업 속도와 좋은 품질이 요구되는 고급 디자이너 영역이 조의 사업을 유지할 수 있도록 해준다. 재봉이 비교적 엉성해도 상관없거나 제조 회사가 완성품을 받을 때까지 여러 달이 걸려도 상관없는 경우는 해외의 숙련되지 않은 공장에 맡기는 편이 이익이다. 그러나 변하기 쉬운 패션계의 수요를 단 몇 주 안에 만족시켜야만 하는 경우 제조업자들은 조와 같은 인근 하청업자들을 이용한다.

그럴 경우 제조업자들은 하청업자에게 추가 대금을 지불하지만, 이 돈이 재봉틀 뒤에서 일하고 있는 여성들에게까지 전달되는 경우는 거의 없다. 조의 계산에 따르면 작업실 옷걸이에 걸린 어깨끈 없는 검은 드레스는 최종 판매 가격이 2~3백 달러인데, 그가 재봉 비용으로 청구하는 것은 20달러밖에 안 된다고 한다. 이는 제조원가에 15~20퍼센트를 더한 금액이다. 그리고 20달러의 약 70퍼센트를 인건비가 차지하고 있어서 경쟁력을 포기하거나 이윤을 포기하지 않는 이상 그가 임금을 올리는 것은 불가능하다. 다른 업자가 그것을 10달러에 하청 받는 경우가 있을 수도 있지만, 그럴 경우에는 품질이 떨어질 것이라고 조는 말한다.

조는 노동자들을 속여 이득을 얻는 노동 착취 업체들에 진절머리가 난다고 말한다. 왜냐하면 그는 다른 하청업자들보다 더 많은 임금을 직원들에게 주고 있어서 완성된 의류에 더 많은 대금을 요구해야만 했기 때문이다. 간단하게 말해 그는 가격 면에서 경쟁력이 없었다. 그는 오직 품질로만 승부했다.

"그들은 반년이나 일 년 동안만 가게를 해요." 조가 노동 착취 업체의 사장들에 관해 이야기해 주었다. "그렇게 반짝 일을 하고는 바로 가게를 닫죠. 그리고 다른 장소로 가요……. 이 근방에서도 3년 동안 서너 번 가게가 문을 닫았어요. 반년 동안 영업하고는 가게를 닫고, 또 반년 동안 영업하고 닫는 거예요. 새 이름의 새 사장이 옵니다. 밀린 임금을 못 받아서 찾아오는 노동자가 있어도 이미 그 가게는 없어진 지 오래죠. 임금은 못 받는 거죠." 조가 말하길, 노동자들에게 2주 동안 임금을 주지 않으면, "사장은 2, 3만 달러를 자기 주머니에 챙길 수가 있어요. 노동 착취 업체에서 벌어지고 있는 게 바로 그런 일이에요."

조가 불법 이민노동자를 고용하고 있었을 당시 그는 불법 이민노동자 고용에 관한 법률에 대해 그다지 생각해 본 적이 없었다. 현재 그는 정식 이민자들만 고용하고 있었는데, 따라서 스스로가 법률에 의해 보호받고 있다고 생각했다. 그러나 한편으로는 법과 실제의 괴리 역시 느끼고 있었다. "분명히 수요가 존재해요. 의심할 여지가 없어요." 조는 말한다. "시급 7달러나 8달러, 6달러로 일할 미국인이 있을 거라고 저는 생각하지 않아요. 있을 리가 없죠. 그러니까 무슨 말인가 하면, 이민자들이 없으면 이 사업은 망하게 되는 거예요." 그의 생각은 반만 옳다. 미국 경제에 새로 진입하는 노동자들의 절반은 이민자들이지만, 여전히 미국의 여러 산업에서 많은 미국인이 해당 수준의 임금으로 일하고 있다. 의류 제조업은 국제적 경쟁을 강요당한 산업 중 하나이며, 경제 정의를 모든 계급에 적용시키는 것이 얼마나 어려운 것인가에 대한 하나의 사례연구가 된다. 시장의 철의 원리는 더 엄격한 정부 규제와 일말의 양심에 의해서만 오직 제압될 것이다.

일부 고급 브랜드 디자이너 가운데에도 니콜(가명)과 같이 양심이 허락하지 않는 임금이나 노동조건에 대해 죄의식을 느끼고 하청업자를 꼼꼼히 체크하는 사람이 있다. 그들에게는 분명히 그렇게 할 만한 여력이 있다.

니콜은 날씬한 몸매에 세련된 옷을 입고 있었는데 지저분하게 어지럽혀진 일터에서도 멋진 스타일이 흐트러지지 않도록 신경을 쓰고 있었다. 검은 머리는 아름답게 웨이브 파마를 했고 입술에는 밝은 톤의 빨간 립스틱을 바르고 있었다. 그녀는 비즈니스와 윤리 모든 면에서 분명한 생각을 가지고 있었다. 그녀의 계산에 의하면 부도덕한 재봉 공장을 이용하면 옷을 현재 가격의 절반으로 가공하는 것도 가능했다. "소름이 돋을 정도로 혐오스러운 회사가 정말 많아요." 그녀는 말한다. "그런 공장을 경영하고 있는 사람과는 얼굴도 마주하고 싶지 않아요. 슬럼가의 악덕 집주인 같은 사람이니까요. 공장에 가고 싶은 생각도 안 들어요. 상대할 가치도 없어요. 그런 회사는 정말 극악하고 혐오스럽죠. 하지만 그런 나쁜 회사는 아마 어느 업계에나 있겠죠." 사람들은 라디오나 그 비슷한 전자 제품 제조 현장에서 벌어지고 있는 착취에 관해서는 그다지 관심을 보이지 않지만, 의류업계의 노동 착취 업체에서 이루어지는 착취에는 관심을 보인다고 니콜은 말한다. 왜냐하면 호화로운 옷이 가지는 이미지와 노동 착취 업체가 가지는 이미지의 모순이 무시해 버리기에는 너무 강렬하기 때문이라고 니콜은 꼬집었다.

그녀는 "수제" 직물 사용을 피함으로써 윤리적으로 올바른 일을 하려고 노력하고 있었다. 수제 직물은 그녀에게 중국이나 인도의 아동노동 착취에 의해 만

들어진 것을 의미하기 때문이다. "저는 수제라고 선전된 물건은 안 사요." 그녀
는 분명하게 말했다. "수제품이 문자 그대로 양동이 하나분의 생선 머리를 보수
로 받고 더러운 마루 위에서 아이들을 부려 만든 물건이란 것을 알고 나서 부터
예요." 니콜은 자기 직원에게 최저 8달러, 가장 솜씨 좋은 샘플 제조자들에게는
최고 13, 4달러를 지불한다. 그녀는 이렇게 말한다. "소매점 측에서는 '가격이 20
퍼센트만 싸도 더 많이 팔릴 텐데' 하고 이야기해요. 하지만 종업원들에게는 그
만큼의 가치가 있으니까 높은 임금을 지불하는 거예요. 정말로 솜씨 좋게 해주
고 있어요. 그들이 하고 있는 일을 장인의 기술로 이해하고 존경하고 있어요. 우
리는 가능한 한 적은 투자로 마치 기계로 찍어 내듯 양산하기 위해 사람들을 쓰
는 것이 아니에요. 최고에 가까운 임금을 지불함으로써 종업원에게 프로 의식과
성실함을 기대하는 것이죠. 그리고 그들은 매일 그 기대에 부응하고 있어요."

그러나 그런 고상한 생각도 기업 경영의 논리에 입각한 경제적 명제 앞에서는
오래 버티지 못한다. 그리고 주식 매매를 해본 경험이 있는 사람이라면 누구나 알
고 있을 테지만, 경제적인 행위는 대단히 심리적인 것이다. 마리아 보이체코프스
키 같이 무일푼에서부터 사업을 일으킨 사람은 수익이 보잘것없을 수 있다는 것,
그리고 그것이 종업원에게 지급할 임금 부족으로 이어질 수 있다는 것, 그리고 그
것이 기업가에게 얼마나 큰 불안감을 가져다주는지를 본능적으로 느낀다.

큰 키에 금발의 모델 출신으로 지금도 늘씬한 체형을 유지하고 있는 마리아
는 성공한 사업가였다. 어설픈 성공이 아니었다. 그녀가 디자인하고 제작한 마
리아 비앙카 네로라는 여성복 브랜드는 블루밍데일스, 삭스 등의 백화점을 시작
으로 1백 개가 넘는 소매점에서 연간 50만 달러 이상의 수익을 올리고 있었다.
그럼에도 그녀는 임금 인상에 매우 신중했고(그녀는 임금 인상 대신 보너스제를 택하
고 있었는데, 경기가 나쁜 해에는 보너스를 지급하지 않고 넘어갈 수 있기 때문이었다), 은
행 융자는 가능한 한 피하려고 했다(그녀는 재료 조달과 급여 지불용으로 현금을 비축

해 두고 있었다). 이는 사업을 갓 시작했을 당시 겪었던 경험에서 얻은 지혜였다. 그녀의 사무실은 넓은 작업 공간도 겸하고 있었지만 두 개의 검은 서류 캐비닛 위에 낡은 문을 달아 책상 대용으로 사용하는 등, 대학을 갓 졸업한 젊은이가 사는 아파트 같은 모습을 하고 있었다. 그리고 그녀의 사고방식은 그녀가 이룬 성공과 어울리지 않게 매우 조심스러웠다.

마리아도 처음에는 기본적인 실수를 저질렀다. 그녀는 직접 옷본을 만들고 천을 산 뒤 가내수공업자에게 들고 가 검정 스몰 사이즈 10벌, 미디엄 사이즈 3벌식으로 주문을 했다. 그리고 완성품을 인수해서 자신의 가게에서 판매했다. 당시 그녀는 지출 비용에 관해 막연한 생각밖에 가지고 있지 않았다. 마리아는 가내수공업자에게 기계 사용료와 시급 20~25달러의 임금을 지불했다. 그것은 의류 산업의 관행으로 볼 때 매우 높은 급여였다. 3년이 지나고 그녀는 2백 달러 짜리 옷을 만드는 데 250달러가 들어가고 있는 것이 아닌가 하는 생각을 하기 시작했고, 그러는 가운데 재고품 대부분을 도둑맞는 경험을 두 번이나 했다. 두 번째 도둑이 들었을 때는 다행히도 신작품을 자신이 사는 아파트에 두었기 때문에 큰 어려움을 피할 수 있었지만, 이를 계기로 마리아는 소매에서 손을 떼기로 결심하고 도매업으로 전환하게 되었다. 그리고 남편인 야니스의 도움을 받아 10퍼센트 수수료를 조건으로 판매 대리점과 계약을 맺었다.

"처음에는 소량 거래를 맺었어요." 마리아는 기억을 더듬었다. "그쪽에서 옷을 다 팔면 조금씩 주문을 늘려 갔지요. 시작은 아주 규모가 작았죠." 마리아 부부는 매우 적은 자본으로 영세 사업을 하고 있었기 때문에 의료보험은 생각조차 할 수 없었다. 그러나 그들에게는 옷 디자인에 대한 마리아의 약간은 복고적이면서 독창적인 안목이 있었다. 참신하지만 화려하지 않은 마리아의 디자인은 서서히 손님들을 끌어 모았다.

되돌아보면 마리아는 사업가로서 익혀야 할 기초적이고 기본적인 교훈을 배운 셈이었다. "비즈니스의 핵심은 소요 경비에요." 그녀는 말한다. 그리고 그 대부분은 인건비다. "우리가 처음 시작했을 때에는 경비 같은 것은 들지 않았어요. 나하고 야니스뿐이었으니까요. 누구에게 급여를 줄 필요도 없었고, 돈은 우리가 필요할 때 원하는 금액만큼 썼어요. 식비 같은 거 말이에요. 아무도 고용하지 않았으니까요. 월 250달러의 집세만이 경비의 전부였어요. 매달 들어가는 경비는 이 정도 뿐이어서 그다지 열심히 팔지 않아도 그럭저럭 해나갈 수 있다고 생각했었죠. 이게 중요해요. 회사가 커져도 경기가 나쁠 때 어떻게든 그럭저럭 꾸려 나갈 수 있도록 경비를 지출 가능한 범위에 묶어 두는 거요. 사업이 잘 안 된다고 직원을 모두 해고하고 다시 처음부터 시작하는 것은 불가능하잖아요. '괜찮아. 이익을 내고 있지는 않지만 아직 아무도 해고할 필요가 없어'라고 말할 수 있을 정도가 되어야죠."

물론 모든 회사는 생산과 판매 과정에 걸친 전 단계에서 경비 절감을 시도한다. 그리고 먹이사슬에서 모든 아래 단계의 생물이 그 위 단계의 생물보다 약한 존재인 것처럼 산업도 마찬가지다. 가장 힘이 없는 사람은 최저임금 노동자 혹은 그 이하의 임금으로 고급 옷을 꿰매고 있는 최하층 노동자들이다.

이 약육강식의 산업구조에서 마리아는 여러 가지 사태를 고려한 뒤 이윤의 폭을 충분히 설정해 상품 가격을 매길 수밖에 없다. 소매점은 원래의 계약가격을 온전히 지불하지 않기 위한 방법을 끊임없이 생각해 낸다. 예를 들어 제품을 세일 판매했을 경우 그들은 마리아에게 지불하는 금액도 낮춘다. 옷이 일정 기간 내에 팔리지 않으면 소매상들은, "세일 상품으로 하고 싶어 한다"라고 마리아는 설명한다. "그리고 나한테 지불하는 금액도 조금 줄이지요." 옷에 결함이 있으면 배상액을 청구하기도 한다. "'20벌에서 지퍼가 고장 나 있었고 그걸 수선하는 데 3백 달러가 들었다. 그만큼 지불 금액에서 빼 달라'라고 하죠. 그들은 어디서든 다 에누리를 하려고 해요. '판촉용 특별 상품을 달라', '점장이 특별 세일을 했다', '비앙카 네로 단골손님에게 무료 선물을 증정하기로 해서 선물을 10개 나누어 주었으니까 5백 달러를 뺀다'는 식으로요. 어떨 때는 우리도 그 사람들한테 찾아가 따지기도 해요. 결국 이 바닥이 다 그렇지 뭐 하고 스스로 체념하는 경우가 많지만……. 어쨌든 그런 사람들한테 돈을 받을 수 있다면 그건 행운이죠. 그래서 우리는 일부러 가격을 높게 설정할 필요가 있어요."

가격 설정은 우선 옷감의 비용을 계산하는 데서부터 시작된다. 옷감은 천을 알뜰하게 사용할 수 있도록 야니스가 컴퓨터를 이용해 퍼즐을 맞추듯 옷의 부분과 부분을 이어 맞춘다. 그리고 하청업체에서 옷의 부분을 조립해 재봉하는 데 들어가는 봉제 대금을 예상한다. "예를 들어 전에도 비슷한 옷을 만드는 데 10달러가 들었으니까 이번에도 10달러로 계산하는 식으로요. 그리고 지퍼 하나에 단추 세 개를 추가하고 기타 부분들을 생각해서 비용을 더하게 돼요." 이 '원가계산'에는 집세나 연료비 같은 공공요금, 보험료, 인건비 등이 포함되어 있지 않다. 그리고 봉제 하청업자가 저지를지도 모를 실수도 계산에 들어 있지 않다. "하청업체가 천의 색깔이나 종류를 잘못 골라서 재단할 때도 있어요. 꿰매는 방법이 잘못되는 경우도 있고. 그럴 때면 처음부터 다시 해야만 해요. 실수하면 못 쓰는 옷이 되어 버려요. 굉장한 낭비가 생기죠." 그녀는 말한다. "그러니까 그런 경비도 예측하지 않으면 안 돼요." 본래 그녀의 목표는 옷을 만드는 데 들어간 총 경비의 두 배 가격으로 소매점에 판매하는 것인데 업계의 이상한 계산 방법에 따르면, 총 경비의 2.5배 가격을 붙여야 원래의 목표를 달성할 수 있게 된다. 추가로 설정된 0.5배 할증분은 하청업자의 실수, 대리점 수수료, 이런저런 방법으로 값을 깎으려는 소매점 때문에 발생하는 손실을 충당하는 데 쓰이기 때문이다.

"예를 들어, 옷의 원가가 15달러라고 하면 가격을 37.50달러로 붙여요." 마리아는 설명한다. "이윤을 15달러라고 해보죠. 원가가 15달러고, 이윤이 15달러, 그리고 추가로 7.50달러를 여유분으로 설정합니다. 소매점에는 10퍼센트의 수수료를 줘야 하기 때문에 거기서 3.75달러를 제하고 나면 여유분으로 남는 것은 기본적으로 불과 3달러 정도예요."

그리고 소매점은 마리아의 가격에 2.1배 혹은 2.2배 가격을 최종 판매가로 설정한다. 고급 상점에서는 3배가 되는 경우도 있다. 이렇게 해서 마리아가 60달러를 들여 만든 옷은 소매점에 넘길 때 150달러가 되고, 소비자가 구입할 때는 3백 달러를 넘게 되는 것이다.

모든 비즈니스가 그렇듯 여기서도 시간과의 전쟁을 치른다. "출하하기 4~6주 전부터 옷을 만들기 시작해야 해요." 마리아는 설명한다. "그리고 출하 후 대금 지급을 받을 때까지 4~10주 이상 기다려야 해요. 만들기 시작하고 나서부터 실제로 돈이 손에 들어오기까지 세 달은 걸리는 거죠. 그러니까 예를 들어 평상시보다 배로 일이 들어오면 돈도 배로 준비해야 해요. 이번 달이 꼭 그랬어요. 세 달 동안은 입금되는 것이 없기 때문에 내 이익도 남기고 직원들 월급과 회사가 돌아가는 데 필요한 경비를 충당하기 위해서는 여윳돈을 가지고 있어야 해요. 그리고 돈이 들어올 때까지 세 달을 버텨야 하죠."

많은 제조업자들은 "외상 매출 채권을 매입한다"고 그녀는 말한다. 즉, 이익의 4~5퍼센트를 은행에 지불하고 은행이 모든 자금을 제공하는 것이다. 그러나 그녀는 이 방법을 애써 피해 왔다.

그녀는 주 거래처로 서너 곳의 봉제 하청업자들과 일을 같이 하고 있었는데, 어떨 때는 하청업체 쪽에서 옷을 만드는 데 시간이 너무 오래 걸렸다며 전혀 이익이 남지 않는다고 불만을 내비칠 때가 있다. 그러면 그녀는 원래 계약금보다 더 많이 사례를 하기도 한다. 그러나 마리아는 설사 정에 이끌려 임금을 올려 주고 싶은 마음이 들더라도 임금을 업계 수준보다 높게 설정하는 것은 경솔한 행동이라고 생각했다. 경비 지출은 경영에서 지극히 중요한 요소이고 직원들의 인건비는 세심하게 관리해야만 하는 매우 중요한 기본 소요 경비 중 하나이기 때문이다.

"언제나 더 많이 주고 싶어요." 그녀는 말한다. "하지만 그럴 때마다 생각하죠. 내게는 아이가 두 명 있다. 만약 사업이 잘되지 않으면 어떻게 되지? 전 전 재산을 날리게 되겠죠. 아이들의 생활도 변해 버리게 돼요. 자동차를 포기하고 버스를 탈 수밖에 없겠죠. 그건 너무 불편하고 힘들어요. 지금은 사업이 잘되고 있지만 정말로 잘되기 시작한 것은 2년밖에 안 됐어요. 성급한 행동은 자제해야 해요. 예를 들어 시급을 20달러로 올렸는데, 갑자기 경영이 어려워지면 어떻게 할 건가요? 직원들 임금을 도로 줄일 건가요?" 마리아는 물었다. "아니면 직원들을 해고할 건가요?"

임금을 올리면 그녀의 위험도도 올라간다. "처음 고용한 것은 견본을 만드는 직원이었을 거예요." 마리아는 말한다. 1993년의 일이다. 시급 12달러로 당시로서는 약간 높은 수준의 급여였다. "그녀의 시급은 지금도 12달러"이지만 별도로 보너스가 지급된다. 일 년에 두 번, 6월과 12월에. "해에 따라서는 8백 달러, 1천 달러를 주는 경우도 있어요." 이렇게 하면 경영이 힘들어졌을 때 보너스를 줄이면 되니까 임금을 내리거나 해고할 필요가 없어진다.

일찍이 윈스턴 처칠은 이 세상에 민주주의만큼 지독한 정치체제는 없지만 지금까지 시험해 온 다른 모든 정치체제보다는 낫다고 말했다. 자본주의 자유기업 capitalist free enterprise에 대해서도 같은 말을 할 수 있을지 모른다. 즉, 최악이기는 하지만 다른 제도들보다는 낫다고. 그것은 무자비하고 잔인한 기준을 가지고 냉혹한 경쟁의 정신 아래 강자는 살아남고 약자는 고통받는 체제를 추구한다. 하지만 동시에 공산주의나 사회주의 등 지금까지 시도된 다른 어떤 사회 시스템에도 없던 기회를 열어 놓았다. 자유기업 구조가 가지고 있는 불공평함은 그것이 평등주의를 결여하고 있다는 점에서 기인하며, 그 평등주의는 다른 제도들 역시 실현하지 못한 요원한 이상이다. 미국적 이상은 모든 이에 대한 결과의 평등이 아니라 기회의 평등을 지향한다. 실제로 자유로운 기업 활동은 차별에 의해 성장한다. 그 차별이란 경영자와 노동자, 교육받은 자와 그렇지 않은 자, 숙련자와 미숙련자, 모험적인 자와 소심한 자, 그리고 궁극적으로 부자와 가난한 자 사이의 차별이다. 이 차별, 특히 비교적 싼 가격으로 노동자를 고용할 수 있는 자유는 (탈집중화되고 건전하고 튼튼한 경제에 필수적인) 모험적 기업가 정신을 추동했다. 이 같은 경제구조는 또한 노동력의 난용濫用을 법률과 계약으로 제한하는 고도로 통제된 경제라고 할 수 있는데, 그러나 미국의 정계는 건강, 환경, 노동자의 복지를 보호하기 위한 규제에 관해서만큼은 끊임없이 논쟁을 계속해 왔다. 규제가 기업 활동을 위축시키고 경쟁이나 혁신, 성장을 위한 여지를 빼앗아서는 안 된다고 간주되었기 때문이다.

대부분의 고용주들과 마찬가지로 마리아는 여러 등급의 노동자를 다루는 데 차별을 두는 것 외에는 다른 방법을 찾아내지 못했고, 그 차별을 유지하려고 애썼다. "배송이나 단순한 수작업을 하는 사람에게 높은 급여를 주려고 하지는 않잖아요." 그녀는 딱 잘라 말했다. "불평등이라 해도 상관없어요. 대학에서 공부하고 졸업해서 무엇인가를 이루려고 하는 사람은 그에 대한 보상을 받는 것이 당연하고, 월급도 더 많이 받는 것이 당연해요. 고등학교 중퇴자에게도 같은 대우를 해준다는 것은 비상식적이죠. 그렇게 되면 아무도 대학에 가려고 하지 않을 거예요. 그게 세상이 돌아가는 규칙이에요. 학교에 가서 좋은 교육을 받으면 고소득의 일자리를 얻을 수 있죠."

캔자스시티의 한 인력 파견 업체 사장이 보기에 파견 사원들에게 시급으로 6~7달러 이상을 지불하는 것은 몸서리쳐지는 아이디어였다. "그러면 아마 모든 게 무너져 버릴 거예요." 전복을 일으키는 발상은 불온한 것이라고 그녀는 말했다. "임금체계가 무너져 버리고 말 거예요. 원래 받아야 할 시급에서 3~5달러나 상회하게 되니까요. 시급 7달러를 주고 있는 사무원에게 10달러를 주면 회계사에게는 시급 13달러, 15달러, 17달러를 줘야 해요. 모든 급여기준이 인상돼 버리는 거죠."

20세기 초, 한 폴란드 이민자의 아들은
학교를 중퇴하고 시급 8센트로 조선소에서 일을 시작해
철강 회사의 증기선 생산 공장 사장으로까지
승진할 수 있었다.

"원래 받아야 할"이라는 말은 의미심장하다. 캔자스시티에서 사업체를 운영하고 있는 폴 릴리그도 우편물 자동 분류 기계를 조작하는 노동자의 시급이 6달러에서 9달러로 오른 것에 관해 유감을 표시하며 같은 표현을 썼다. "그렇게 되면 원래 받아야 할 금액보다 더 많이 받는 노동자가 나오게 돼요." 다른 고용주들도 모든 일에는 "적정한" 임금이라는 것이 있어서 단순 노동자들의 임금을 올리면 실질적인 임금격차를 유지하기 위해 작업 감독이나 회계사, 관리직의 급여도 올리지 않으면 안 된다는 그들의 신념을 반복해 설명했다. 이들의 설명을 다른 말로 하면, "미국의 윤리관은 모순적이다"라고 외치는 것과 같다. (일부 CEO들이 가장 임금이 낮은 노동자들이 받는 것보다 5백배가 되는 소득을 얻고 있다며) 임금격차를 비난하는 한편, 그 차별을 미덕으로 신봉하게 되는 것이다. 회계사에게 비서보다 임금을 더 주지 않는다는 것은 어딘가 도덕적으로 잘못되었다는 식으로 말이다.

놀랍게도 소득 능력의 차별화는 2001년 9월 11일 테러리스트의 공격에 의해 희생된 이들에게 지급할 보상금을 계산하는 과정에서 공식적으로 언급되기도 했다. 예를 들어, 두 명의 아이가 있는 30세 아버지가 세계 무역 센터 빌딩에서 목숨을 잃었을 경우, 그의 연봉이 2만 5천 달러라면 106만 6,058달러를, 연봉이 15만 달러라면 385만 6,694달러의 보상금이 유가족에게 지급되었다. 사람의 목숨에는 각각 가격이 붙어 있는 것이다.

최하층 노동자의 임금을 인상하면 그들이 구매하는 물건 가격에 직접적으로 영향을 끼치기 때문에 임금격차를 없애는 것은 문제라고 주장하는 고용주도 있다. 문구용품 통신판매 회사 빅토리안 페이퍼사의 사장 랜디 롤스턴은 이런 식으로 주장한다. "최저임금을 인상하더라도 그들의 소비 영역은 여전히 최저임금 수준에 머물게 됩니다. …… 임금이 올랐다고 해서 비싼 레스토랑에 갈 수 있는

162

것은 아닙니다. 왜냐하면 임금이 오른 만큼 상품 가격도 오르게 되니까요. 그래서 여전히 웬디스나 맥도날드로 저녁을 먹으러 가게 됩니다. …… 식료품점의 가격도 오를 것입니다. 임금이 오르면 필연적으로 물가도 오를 수밖에 없습니다. 경영자는 도산하든가 가격을 올리든가 한쪽을 선택할 수밖에 없으니까요. 또한 임금 인상으로 인한 인플레이션은 주로 값싼 물건들에서 일어납니다. 저임금 노동자가 평상시 애용하는 물건이 인플레이션의 직격탄을 맞게 되는 겁니다.”

임금격차를 기반으로 하는 경제구조는 시장의 수요와 혁신을 향한 욕구에 재빠르게 반응해 왔다. 그러나 안타깝게도 빈부 격차도 확대시켰다. 노동자는 일생 동안 상층으로 이동할 수 있는 기회를 증대시킬 수 없고 그들의 앞날은 불투명하고 암울한 미래를 향해 있는 것처럼 보인다. 특히 저학력과 빈약한 기술이라는 약점을 가지고 있는 제3세계 이민자들에게는 더욱 그렇다. 호경기 때는 원하기만 하면 누구나 일을 할 수 있지만 실제로 그것은 승진 가능성이 별로 없는 저임금 직종에 제한되는 경우가 대부분이다(특정 성장 산업, 예를 들어 의료 산업 같은 예외가 있기는 하다. 하지만 의료 산업의 경우 본래 이직률이 높고, 하루 24시간 여러 가지 능력을 발휘해야 하며 일을 시작할 당시의 일이 퇴직할 때까지 변하지 않는 경우가 많다).

미국이 기회의 땅이라는 세계적인 명성을 얻게 된 것은 미국 사회의 유동성에 기인한다. 미국 사회가 다른 나라에 비해 열려 있는 사회이고 계층 격차가 적은 사회라는 일반적인 견해는 미국이 기회의 나라라는 인식에서 나온 것이다. 20세기 초, 한 폴란드 이민자의 아들은 8학년 때 학교를 중퇴하고 시급 8센트로 뉴저지 주 저지시티의 조선소에서 일을 시작해 후에 베들레헴 철강 회사의 증기선 생산 공장 사장으로까지 승진할 수 있었다. 이것은 나의 할아버지가 이룩한 일로 지금 시대의 이야기가 아니다. 현대 미국의 사회이동은 경제성장에 의해 이루어진다. 인종이나 계층 간 경계가 없기 때문이 아니다. 제2차 세계대전 이후, 경제의 급속한 성장은 많은 사람들에게 길을 열어 주었으나 1970년대 이후 그 속도가 감소하면서 많은 노동자, 특히 고졸 이상의 학력을 가지지 못한 사람들을 낙오시켰다. 사회이동은 세대 내보다 세대 간에서 더 많이 일어난다. 현대 미국이 가지고 있는 슬픈 진실은, 제한된 기술과 교육밖에 받지 못한 젊은이가 미국에 상륙해 — 혹은 빈곤한 배경을 가진 이가 노동시장에 들어온 후 — 사회 최하층에서 일을 하다가, 보다 높은 단계로 가는 계단이 자신의 손이 닿지 않는 저 너머에 있다는 사실을 문득 깨닫게 된다는 점이다.

미국 경제를 위해 봉사하는 민족 단위의 집단 안에 존재하는 질식할 것 같은 좌절감은 그 어떤 곳의 좌절보다 선명하게 다가온다. 한국인이나 중국인, 베트남인, 멕시코인, 온두라스인, 에티오피아인 등 저소득 노동자계급을 구성하는 이 문화 집단들은 커다란 벽에 둘러싸여 있다. 영어를 유창하게 하지 못하고 이민에 필요한 서류가 없는, 혹은 고도의 기술이 없는 사람들은 그런 벽을 쉽게 넘을 수 없다. 그들은 미국의 이익을 위해 돌아가는, 저임금 노동이라는 점점이 산재된 섬 안에 갇혀 있다. 그들은 미국인이 아니지만 미국의 중요한 요소를 형성하고 있다. 그들은 의류 산업뿐만 아니라 식당, 농장, 주차장, 정원, 페인트업, 건설업 등 미국인이 풍족하게 생활할 수 있도록 하는 모든 중요 분야를 유지시켜 준다.

"미국인들로부터 쓰레기 취급을 받습니다." 워싱턴의 주차장 관리 노동자 조합 창립자이며 책임자인 록시 허베키언은 빠른 어조로 이렇게 말했다. 그녀는 워싱턴, 버지니아 주 북부, 메릴랜드 주 교외의 주차장 빌딩에서 일하는 노동자들의 대표다. 이들 노동자 대부분은 에티오피아계 이민자인데 서아프리카, 히스패닉, 아프리카계 미국인도 포함되어 있다. "특별한 이유도 없는데 계속해서 해고당하곤 하죠." 그녀는 주장한다. "게다가 일하는 면에서도 인종차별이 굉장히 심해요. 유색인종이 감독, 경영, 회계 같은 상위직으로 올라가는 것은 하늘의 별따기지요."

많은 노동자가 "모욕과 멸시라는 벽을 느낀다"고 그녀는 말한다. "많은 이민자들, 특히 에티오피아 이민자 가운데는 전문직이 많아요. 변호사나 약제사 같은 고도로 훈련된 사람들이요. …… 근데 그런 사람들이 미국에 와서 이런 일을 하고 있어요. 젊은 백인 감독은 마치 그들이 아무것도 모르는 어린애인 양 대해요."

주차장 관리원은 최저임금을 받는다. 콜롬비아 지구는 연방 정부가 정한 최저임금보다 1달러를 더 받지만 노동시간의 많은 부분이 노동시간으로 환산되고 있지 않다고 허베키언은 이야기한다. 예를 들어, 요금 징수 담당 직원의 경우 하루 일을 마치고 퇴근을 하기 위해서는 타임카드 입력, 장부 기입, 은행에 하루 매상을 맡기는 등의 일을 해야 하는데, 이 모든 과정을 마치는데 걸리는 20분은 근무시간으로 환산되지 않는다고 한다. 한 대기업에서는 "강제 휴식"이란 것을 실시하고 있다고 그녀는 말한다. "한 시간에 15분의 휴식 시간이 자동적으로 차감돼요. 하지만 그 시간에 쉬는 사람은 아무도 없어요." 실제로 노동자는 대부분 연속해서 일하지 않으면 안 된다.

개인적인 인맥 역시 중요하다. 시내 주차장의 오후 늦은 시간대 혹은 밤 시간대 근무직을 소개 받을 수 있는 친구가 있다면 손님이 차를 가지고 돌아갈 때 주는 팁을 일주일에 2백 달러 정도 받을 수 있다. 그러나 이 보직을 소개받기 위해서는 연줄이 필요하다. 그리고 남자여야만 한다. 여성의 경우 대개 팁과는 거리가 먼 요금 징수 일밖에 얻지 못한다.

검은 피부에 다부진 체격, 피로와 낙담이 아로새겨진 얼굴의 레티는 워싱턴 주차장의 요금 징수원으로 하루 12시간을 일하고 있었다. 그녀는 영어를 유창하

"마치 작년에 미국에 온 것 같은 느낌이에요. 처음 이민 왔을 때랑 변한 게 아무것도 없어요."

게 구사했으나 고등학교 졸업장은 가지고 있지 못했다. 미국으로 이민 온 뒤에도 두 아이의 육아와 장시간 노동 탓에 학위를 취득할 여유가 없었다. 그녀는 17년 전 관광 비자로 미국에 입국한 뒤, 어렵사리 그린카드[미국의 외국인 영구 거주권 및 그 증명서의 속칭]를 취득할 수 있었고 현재는 합법적인 이민자 자격을 가지고 있었다. 그러나 그린카드도, 영어 실력도, 오랜 미국 체류 경험도 그녀를 가로막고 있는 문을 열어 주지는 못했다. "마치 작년에 미국에 온 것 같은 느낌이에요." 그녀가 말했다. "처음 이민 왔을 때랑 변한 게 아무것도 없어요."

로스앤젤레스에서는 나라(가명)와 그녀의 남편이 그런 상황에 처해 있었다. 나라의 날카로운 시선 속에는 분노가 이글거렸고 그녀의 말에는 가시가 돋아 있었다. 그녀는 주 6일 하루에 12시간, 한국 식당에서 조리 보조로 일하고 있었다. 손님이 주는 팁은 열기 가득한 주방에서 일하는 직원들에게까지는 오지 않는다. 남편은 직접 요리하는 것을 싫어해 나라는 퇴근 후 남편과 아들의 저녁을 준비해야만 했다. "온종일 음식을 만들고 집에 돌아와서 또 음식을 준비해야 하다니 정말 지옥 같아요." 그녀는 화를 내며 말했다. 남편과는 말다툼을 벌이는 일이 잦았고, 어느 날 나라는 남편에게 이렇게 소리 쳤다. "나는 여기에 왜 데려왔어!" 그리고 남편은 그대로 걸어 나가 열흘간 돌아오지 않았다.

1991년, 그녀의 남편은 한국에서 2만 달러를 가지고 이주해 왔고 나라는 6개월 후 1만 5천 달러를 가지고 건너왔다. 현재 두 사람의 저축액은 5천 달러까지 줄어들어 있었다. 허름하고 비좁은 아파트에 살고 있는 그들은 열세 살 난 아들을 침실에서 재우기 위해 거실에서 잤다. 서울에서 남편은 주로 선글라스를 취급하는 무역 업체를 경영했으나 로스앤젤레스에서는 임시 용접공 일을 하고 있었다. 나라는 의상 디자이너였는데 영어를 잘 못했기 때문에 미국에서도 같은 일을 하지는 못했다. 그녀는 로스앤젤레스 '코리아타운'의 한국 식당이라는 좁은 세계에 갇혀 있었다. "세 달 동안 영어 학원에도 다녔어요." 통역을 거쳐 그녀가 말했다. "근데 배운 걸 금방 잊어버려요. 나이가 너무 많아서 그런가 봐요." 나라는 45세였다. "코리아타운에 살고 있기 때문에 영어 없이도 그럭저럭 살아갈 수 있어요." 분명히 살아갈 수는 있겠지만, 탈출하는 것은 불가능했다.

부부가 같이 벌 때는 숫자상으로 수입이 그렇게 나쁜 편은 아니었다. 나라는 월 1,700~1,800달러를 벌고 있지만 장시간 노동을 하고 있기 때문에 잔업 시간을 빼면 시급 6.75달러로 캘리포니아 주 법정 최저임금을 겨우 넘기는 정도라고 할 수 있다. 남편은 문이나 울타리를 용접하는 일로 한 달에 1~2천 달러를 벌었기 때문에 부부의 연소득을 합치면 4만 달러 가까이 된다. 이 숫자는 맞벌이의 장점을 나타내는 동시에 혼자되었을 때의 위험도 나타낸다. 이들의 낮은 임금으로는 혼자서 아이를 키우게 되었을 경우 바로 빈곤 세대로 추락하게 된다.

그들은 여전히 생활이 쪼들린다고 느끼고 있었다. 로스앤젤레스는 생활하는 데 돈이 많이 드는 곳이다. 대중교통이 발달되어 있지 않기 때문에 부부는 트럭과 승용차를 살 수밖에 없었다. 그들의 직장은 의료보험을 제공하지 않았기 때문에 한국인 의사나 치과 의사에게 진찰받기 위해서는 큰돈이 들었다. 그들은 불법 이민으로 사실상 정부로부터 아무런 보조를 받지 못했다(나라는 어떤 경우에도 수급은 거절하겠다고 주장하고 있었지만 말이다). 또한 심리적 압박감은 패배감을 유발했다. 나라는 사회로부터 분리되고 단절되어 낙오되고 있다는 생각에 휩싸여 있었고 줄곧 한국으로 돌아가길 원했으나 남편은 미국에 남고 싶어 했다.

이정희도 덫에 걸린 느낌을 받고 있었다. 마르고 작은 체구에 나약하고 힘없는 모습을 한 그녀는 1995년 남편과 함께 한국에서 건너왔다. 남편은 UCLA에서 컴퓨터 과학을 공부하고자 학생 비자로 입국했다. "집을 팔고 왔어요. 한국에서는 집을 팔면 꽤 큰돈이 되기 때문에 미국에서 3년 동안 안락하게 지낼 계획을

"버는 돈을 보면 그리 나쁘지 않다고 생각하겠죠.
하지만 문제는 오랜 시간 일해야 한다는 거예요.
온종일 일하고 있으면 누가 아이를 봐줘요?

하고 왔죠. 남편도 저도 둘 다 공부를 할 생각이었어요. 일을 하게 되리라고는 생각지도 못했죠. 그런 건 계획에 없었어요. 그런데 막상 미국에 와 보니 순식간에 돈이 바닥났어요. 단 1년 만에요." 부부는 높은 미국 생활비에 정신을 못 차렸다. 한국에서는 침실 셋, 화장실 두 개의 집에서 살았지만 로스앤젤레스에서는 침실이 하나밖에 없는 집으로 낮춰 갈 수밖에 없었다. 침대에는 아이 둘이 잤기 때문에 부부는 바닥에서 잠을 잤다.

그녀는 한국에서 은행 창구 직원으로 일을 했었다. 그러나 로스앤젤레스에서는 최저임금을 밑도는 임금으로 식당 웨이트리스 일을 했다. 주방의 미끄러운 타일 바닥 위를 위험하게 오고가며 몇 시간이고 음식을 나르는 일이었다. 그러던 어느 날, 음식을 나르던 도중 발이 미끄러졌고 바닥에 떨어진 그릇과 함께 그녀의 꿈도 산산조각 났다. 그녀는 등을 크게 다쳐 1년간 일을 하지 못했다. 가계는 급격하게 기울어 갔고 남편은 학교를 그만두고 일을 시작했다. 학위를 얻고자 했던 그의 목표는 저 먼 곳의 희망처럼 멀어져 갔다. 그녀가 일하던 식당의 고용주는 산업재해 보상을 거부했고, 그녀는 재판에서 승소하고 나서 비용을 지불해도 괜찮다는 변호사를 어렵사리 찾아낼 수 있었지만, 재판 수속은 최소 5년이 걸린다고 했다.

가족의 수입은 나름대로 여유로운 수준이었지만 역시 미국에 올 때 품었던 야망은 이미 사라진 지 오래였다. 현재 남편은 봉제 하청업체의 매니저로 일하며 한 달에 약 2천 달러를 벌고 있었다. 그것은 대부분의 봉제 노동자 임금을 크게 웃도는 금액이다. 이정희는 한국 식당에서 웨이트리스로 주 6일 일하며 월 8백 달러의 급여를 받고 있었는데 팁으로 받는 것을 추가하면 거의 급여의 두 배를 버는 경우가 많았다. 그런데도 부부의 수입은 모두 지출되었고 저금으로 돌릴 돈은 남지 않았다. 의료보험에도 가입해 있지 않았기 때문에 의료비에도 돈이 많이 들었다. 그들 생활의 긴장은 자신들의 감정에 기초한 것이기도 했다. 조국으로 돌아갈 수도 있겠지만 실패하고 좌절한 상태로 고향에 돌아가는 것은 수치라고 생각하고 있었던 것이다. "버는 돈을 보면 그리 나쁘지 않다고 생각하겠죠." 그녀는 말한다. "하지만 문제는 오랜 시간 일해야 한다는 거예요. 온종일 일하고 있으면 누가 아이를 봐줘요? 결국 보육원에 월 5백 달러 정도를 내야 돼요. 가족이나 남편과 함께 지내는 시간도 별로 없어요. 일하러 나갔다가 집에 돌아와서 자고 또 일하러 가고. 그걸로 끝이에요. 요리할 시간도 없기 때문에 남편하고 아이는 언제나 밖에서 사먹고 있어요." 외식은 비쌀 뿐더러 식습관과 건강에도 나쁜 영향을 미친다. 그녀는 남편과 아이에 관해 이야기하며 이렇게 말했다. "남편은 샐러리맨이지만 사회 활동은 전혀 안 해요. 친구는 있지만 같이 어울릴 수가 없어요. 집에 돌아와 아이를 봐야 하기 때문에요. 그래서 남편하고 전 문제가 많아요. 말다툼을 자주 하죠. 남편에게는 쉴 틈이 없어요. …… 한국에서는 부부 싸움 같은 건 하지 않았는데……. 그래도 다른 이민자들이 그러더라고요, 이주하고 나서 5년 동안은 사소한 일로 자주 싸우기 마련이지만 그 고비를 잘 넘기면 둘이 함께 잘해 나갈 수 있을 거라고."

그러나 "둘이 함께"라는 말은 상대적 의미에서 그렇다. 남편은 오전 7시 30분 혹은 8시에 아파트를 나서서 그녀가 아직 근무 중인 오후 8시 30분쯤에 돌아온다. "밤 12시나 1시 정도에 돌아와 조용히 문을 열면 남편은 코를 골고 있고 모두 곤히 자고 있어요. 왜 사나 하는 느낌도 들어요. 무척 우울해져요. 한국에서는 적어도 저녁에는 함께 시간을 보냈고 이야깃거리도 있었어요. 근데 지금은 서로에 대해 할 얘기가 없어요. 서로 대화할 시간도 없고 공통된 화제도 없어요." 어떤 의미에서 한국계 이민자는 미국에 동화되고 있다고 할 수 있다. 한국계 이민자의 이혼율이 거의 50퍼센트에 달하기 때문이다.

이민자의 사회적 상승 이동은 거의 언제나 세대 간 이동을 통해서 이루어져

"우리 애들이 식당에서 일하게 되지 말라는 법은
없잖아요."

왔다. 부모는 영어를 하지 못하더라도 아이들은 할 수 있고 부모가 저임금으로
장시간 노동을 강요당하고 있을 때 아이들은 보다 높은 교육 기회를 얻으며 기
술을 쌓을 수 있었기 때문이다. 하지만 이런 가정이 오늘날 미국 사회의 인종적
장벽 내에서도 성립한다고 보는 것은 성급한 결론이다. 이 나라가 이룩한 번영
의 빛을 모든 이민자들의 자녀가 나누어 가지리라고 믿는 것이 말이다.

아이들의 장래를 어떻게 생각하고 있느냐는 나의 질문에 이정희는 기묘한 대
답을 했다. 그녀가 해준 이야기는 자신이 지금까지 한국 이민노동자 단체를 통해
한국 식당의 노동환경을 개선하기 위해서 얼마나 열심히 운동해 왔는가에 대한 것
이었다. 그녀는 이 싸움에서 이기면 아이들의 생활은 더욱 좋아질 거라고 믿고 있
었다. 그래서 나는 물었다. 그러면 아이들이 식당에서 일하기를 바라고 있습니까?

"식당에서 일하게 되지 말라는 법은 없잖아요."

그녀는 슬픈 목소리로 대답했다. "물론 아이들이 예일 대학이나 하버드 대학,
콜롬비아 대학, 뉴욕 대학을 나와 의사나 변호사가 되었으면 하는 마음이 없는
건 아니에요. 우리 아들의 꿈은 경찰관이 되는 것이고 딸의 꿈은 초등학교 선생
님이 되는 것이지만, 이 애들이 미래에 어떤 일을 하고 있을지 누가 알겠어요?
결국 식당에서 일하게 될지 누가 알겠어요?"

4

치욕의 수확

이들은 충분한 보호도 교육도 받지 못하고
의복과 식량도 부족한 상태의 잊힌 사람들이다.

_에드워드 R. 머로우 〈치욕의 수확〉

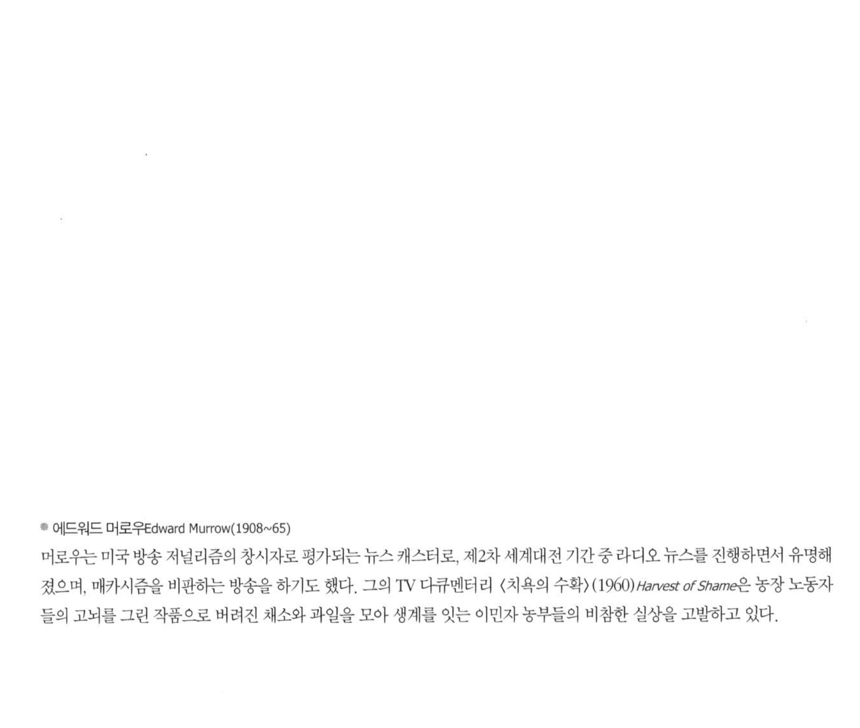

머로우는 미국 방송 저널리즘의 창시자로 평가되는 뉴스 캐스터로, 제2차 세계대전 기간 중 라디오 뉴스를 진행하면서 유명해 졌으며, 매카시즘을 비판하는 방송을 하기도 했다. 그의 TV 다큐멘터리 〈치욕의 수확〉(1960) *Harvest of Shame*은 농장 노동자 들의 고뇌를 그린 작품으로 버려진 채소와 과일을 모아 생계를 잇는 이민자 농부들의 비참한 실상을 고발하고 있다.

콘크리트 블록으로 만든 가건물이 이민노동자들로 가득 차 있었다면
아마 이 정도로 강렬한 인상을 받지는 않았을 것이다. 그곳에 노동자들이 있었
다면, 우리는 그들과 이야기를 나누고 농담을 주고받고 그들이 하는 이야기에
귀를 기울였을 것이고 그들의 웃는 소리와 갈색으로 그을린 얼굴, 피로에 지친
눈동자에 주의를 기울였을 것이다. 그래서 검은 방, 녹슨 침대, 얼룩지고 냄새나
는 매트리스, 더러운 부엌 싱크대, 망가진 방충망, 그리고 칸막이 없이 늘어선 변
기에 시선을 집중하는 일은 없었을 것이다. 그곳에서 살고 있는 사람들의 모습
을 볼 수 있었다면, 그 살벌한 상황도 얼마간은 진정될 수 있었을 것이다.

12월, 허리케인이 휩쓸고 간 노스캐롤라이나의 논밭은 침수되었고 작물은
한 톨도 수확할 수 없었다. 그해의 농번기는 예년보다 일찍 지나갔다. 마지막으
로 수확하고 남은 것인 듯한 먼지 쌓인 고구마가 창고 외벽에 작은 산처럼 쌓여
있었다. 어느 화창한 수요일 늦은 오후, "캠프"는 비어 있었다. 그리고 빈 캠프의
공허함 속으로 누군가 겪었을 모진 고난이 끝없이 울려 퍼지고 있었다.

이런 종류의 캠프 대부분이 그렇듯 이곳도 사람이 사는 마을로부터 멀리 떨
어진 찾기 어려운 곳에 있었다. 토니 로하스 목사가 뉴턴 그로브에서 우리를 태
워 농장까지 가는 동안 험한 비포장도로에는 깊은 바퀴 자국이나 물웅덩이가 수
없이 나타났지만 우리가 탄 커다란 밴은 그 사이를 요령 있게 돌진해 나갔고, 마
침내 드넓게 펼쳐진 농장의 한 *끄트머리*에 도착할 수 있었다. 추수감사절에 쓰일
고구마가 재배되던 밭에서 불과 6미터 떨어진, 잡초가 무성한 땅에 건물 하나가
내버려진 창고처럼 음산한 모습으로 서있었다. 뾰족한 지붕의 좁고 긴 단층 건물
에는 문이 많이 달려 있었고, 각 문은 마치 독방과도 같은 (페인트칠도 되어 있지 않
은) 콘크리트 블록 방으로 이어졌다. 방에는 온통 곰팡이 냄새가 진동하고 있었
고 천정에는 백열전구가 하나씩 달려 있었다. 침상은 두세 개가 있었는데 노동자
전원이 충분히 잘 수 있을 정도는 아니었다. 토니 목사는 스페인어 통역을 위해

나와 동행한 내 아들을 통해 노동자들에게 청결한 시트를 나누어 주었다고 했다.

토니 목사의 사무실 벽에는 그 건물을 찍은 처참한 풍경이 빈곤의 비참함을 상징하듯 걸려 있었다. 그것은 큰 사이즈의 컬러사진이었는데 더러운 매트리스를 깐 침상 바닥에 앉아 있는 한 젊은 남자의 사진이었다. 어느 날, 그 사무실을 찾은 사진 속의 남자는 사진 속의 자신의 모습을 보고는 아연실색했다고 한다. 그의 가족이 이 사진을 봤다면 두 번 다시 자신을 여기로 보내지 않을 것이라고 그는 말했다고 한다. "매트리스를 보고 있으면 구토가 나올 지경입니다." 토니 목사는 우리가 직접 그 광경을 보기 전에 귀띔해 주었다. "끈적거리고 냄새는 지독해요. 그 위에서 잠을 잔다고 상상만 해도 소름이 끼쳐요. 사람들은 오히려 맨바닥에서 자고 싶어 해요. 오히려 매트리스 위에서 자면 병에 걸리지 않을까 무서워하고 있죠."

토니 목사는 콜롬비아 출신으로 나이는 50대였는데, 가톨릭 사제였다가 개종해 감독교회파episcopalian[프로테스탄트의 일파]가 되었다고 했다. 그의 커다란 구릿빛 얼굴에는 "농장 노동자를 위한 감독교회파 성직자 회의"를 통해 지원 활동을 하면서 이민노동자들로부터 전해 받은 고통, 기쁨, 격분, 감동이 선명하게 새겨져 있었다. 노동자들은 상처받기 쉬우면서도 강인했으며 방황하면서도 안정적이었다. 토니 목사에 따르면 수확이 절정을 이루는 시기에는 12~14명의 남자들이 5평 남짓한 방에 각각 가득 찼고 여자들 방은 많지 않았다고 한다. 한여름 태양이 따갑게 내리쬘 때도 각 방에는 에어컨은커녕 어쩌다 노동자가 가지고 오지 않는 한 선풍기 바람도 쐴 수 없었다. 하지만 이민노동자는 대개 무거운 짐을 가지고 돌아다니지 않는다. 휴대품이라고 해봤자 신발 한 켤레와 바지 두세 벌이 전부다. 남녀 노동자들은 밴이나 픽업트럭에 실려 농번기를 쫓아 플로리다의 감귤 농장에서 면화, 담배, 녹황색 야채, 딸기, 고구마 등을 생산하는 노스캐롤라이나의 농장으로, 때로는 펜실베이니아나 뉴욕의 사과 농장에까지 갔다가 다시 남쪽으로 돌아간다. 늦가을에는 크리스마스트리에 쓰일 나무를 벌채하는 이들

174

도 있었다. 우리들이 일상생활은 물론이고 명절을 지내는 것조차 이들의 노동 없이는 불가능한 것이다.

농장주는 보통 이민노동자들을 위해 기숙사를 제공하지만, 그것은 토니 목사가 보여 준 것과 같은 가건물이거나 다 쓰러져 가는 트레일러이거나 기울어진 지평선에 좌초한 난파선과 같이 다 썩어 버린 나무집이 대부분이다. 크리스마스 장식이 달려 있는 아담하고 깨끗한 벽돌 분양주택을 뒤로하고, 큰길을 벗어나 바퀴 자국으로 여기저기 패인 비포장도로를 거슬러 올라가자 버려진 폐허와 같은 집이 두 채 나타났다. 방충망은 찢어진 채 문의 경첩은 반쯤 너덜거렸고 페인트칠은 몇 십 년 동안 하지 않은 것 같았다. 내부는 휑뎅그렁하니 더럽고 어두웠다. 노동자들의 수가 너무 많아 복도에서 자는 이들도 있다고 토니 목사는 말했다. 지붕 꼭대기에는 "모텔 6"[저가의 모텔 체인]이라고 손으로 쓴 간판이 달려 있었는데, 예전에 한 노동자가 기어 올라가 달았다고 한다. "그들은 매일 웃는 얼굴이었어요." 토니 목사는 말한다. 농장 반대편 정성스레 손질된 하얀 울타리 너머로 새하얀 페인트가 칠해진 반짝거리는 넓은 집 앞에 적갈색 말들이 뛰노는 모습을 보면서도 말이다.

가끔 농장주는 콘크리트 블록 같은 노동자들의 기숙사를 "콘트라티스타"contratista 에게 임대하는 경우가 있다. 콘트라티스타란 농장 노동자들을 모아 작업팀을 꾸리고 이송하는 알선업자를 말한다. 농장주 가운데에는 이민노동자들로부터 집세를 받는 사람도 있고 받지 않는 사람도 있다. 보통 시세의 임금을 지불하고 자동차나 트레일러의 연대보증인이 되어 주는 사람도 있는가 하면, 그렇지 않은 사람도 있다. 또 냉혹하면서도 동정 가득하고, 무자비하면서도 온정적인 얼굴을 동시에 지닌 농장주도 있다.

완전히 노후한 두 채의 목조 가옥과는 달리 기숙사 가건물은 원래부터 하나의 기능을 목적으로 지어진 것임에 틀림없었다. 소유주가 누구든지 간에 — 토니 목사는 소유주의 이름을 몰랐다 — 이 살벌한 건물을 설계할 당시 그는 자신이 어떤 일을 하고 있는지 잘 알고 있었음이 분명하다. 그 구조로 짐작컨대, 그곳에 노동자를 수용하고 그들의 존엄을 짓밟는 것 이외의 목적은 있을 수 없었다. 그것은 옛날 방식의 건축 구조가 아니었다. 건물 구조는 처음 보는 순간 저절로 식은땀이 흐를 정도로 효율적인 구조를 하고 있었다. 부엌에는 가스난로가 한 대 갖춰져 있었는데, 계절에 맞춰 알선업자가 더 가져와 끼울 수 있도록 가스관을 연결하는 구멍이 있었다. 식당 겸 공동 공간에는 두 대의 피크닉 테이블이 놓여 있었고 벽에는 게시판이 걸려 있었다. 게시판에는 법정 최저임금과 이민노동자의 권리가 스페인어와 영어로 고시되어 있었다. 가운데는 영어만으로 쓰인 다음과 같은 경고도 있었다.

남자
여자 욕실에 들어가지 말 것.
여자
남자 욕실에 들어가지 말 것.
발각된 자에게는 벌금 30달러를 부과한다.
각자 정해진 화장실만을 이용할 것.

남자용 욕실에는 세면대가 하나, 문도 칸막이도 없는 변기가 넷, 그리고 한쪽에는 샤워 꼭지가 네 개 달려 있었으나 네 명의 남성이 동시에 샤워를 하기에는 너무 좁은 공간이었다. 여자용 욕실도 변기가 둘, 샤워기가 둘밖에 없다는 것을 빼면 같은 모양이었다. 청소나 수리를 한 번이라도 한 흔적은 찾아볼 수 없었다. 프라이버시나 쾌적함은 기대조차 할 수 없었고 원시적인 마을이 풍기는 수수한 적막함조차 그곳에는 존재하지 않았다. 원시 마을에는 적어도 사람이 살고 있다. 하지만 여기서는 노동자들이 종자나 비료처럼 보관되고 수용되고 저장되고 있었다.

토니 목사는 우리들이 침묵을 유지하면서 이곳의 방을 둘러볼 수 있도록 하기 위한 기술과 배려를 터득하고 있었다. 그것은 마치 범행 현장에 세워진 기념비를 방문하는 것과 같은 느낌이었다. 나중에 서로의 노트를 비교해 보고 안 사실인데, 그때 마이클과 나는 각자의 마음속에 같은 기억을 떠올리고 있었다. 그것은 인류 역사상 최악의 범죄가 저질러진 다른 종류의 캠프였다. 물론 그곳과 이곳은 전혀 비교할 수도 없는 것으로 우리는 그런 비교를 하고자 했던 사실에 대해 스스로 사과해야만 했다. 여기서 일어난 어떤 부정도 그곳에서 일어난 일에는 미치지 못한다. 그러나 그럼에도 무언가 무서운 일이 일어난 장소에 지금 내가 서있다는 감각은 크게 다르지 않았다. 지금 이 방 안에서는 아무 일도 벌어지고 있지 않았지만, 나는 어느새 목격자가 되어 있었다.

클라우디오와 그의 열여덟 살 난 아내는 이곳에 살고 있었다. 클라우디오는 스물네 살의 무뚝뚝한 남자로 스웨터와 군복 바지를 입고 있었다. 콧수염과 희미한 턱수염이 자란 그의 갸름한 얼굴은 12월의 푸르스름한 빛에 비쳐 창백하게 보였다. 지난해 여름, 이 젊은 부부는 미국에서의 새 삶을 꿈꾸며 고향을 떠났다. 코요테라고 불리는 인간 밀수업자에게 돈을 지불하고 텍사스 주 러레이도 근방 국경을 넘어 미국으로 밀입국하기로 한 것이다. 그 비용은 클라우디오가 1,300달러, 아내가 1,400달러로 십 년이 지난 현재에는 두 배로 올라 있었다. "여자가 더 비싸요. 남자보다 더 손이 많이 가거든요." 클라우디오가 설명해 주었다.

그들은 가진 현금이 없었기 때문에 그 비용을 외상으로 할 수밖에 없었다. 빚은 임금에서 매달 공제하는 식으로 3개월 변제 계약을 맺었다. 클라우디오의 아버지는 현대판 노예제도와도 같은 이 계약을 통해 아들과 며느리를 떠나보내며 멕시코에 있는 집과 7.5에이커의 토지를 담보로 잡혀야 했다. 클라우디오 부부는 반드시 일을 해야 했다. 그들에게는 돈이 없었기 때문이다. 또 반드시 빚을 갚아야 했다. 아버지가 재산을 잃게 되기 때문이다. 이것이 멕시코인이 미국으로 불법 입국할 때 맺는 전형적인 계약의 형태다.

불법 입국을 향한 여행은 힘들고 위험하다. 미국의 국경 경비대가 특히 도시 지역 국경의 감시를 강화하면서 여행은 더욱 힘들고 위험해졌다. 이런 상황은 이민자들을 변경의 사막지대로 내몰고 있다. 옷이나 물도 거의 없이 여행을 하다가 황야의 추위나 더위에 쓰러지는 사람들의 수는 증가 일로를 걷고 있다. 국경 감시를 위한 새로운 정보 통신 기술이 도입되고 인원도 증강된 1993년부터 5년간, 무방비 상태에서 목숨을 잃은 사람은 6명에서 84명으로 오히려 급증했다. 2001년 10월부터 2002년 10월까지 1년 사이에만 323명이 사망했다.[1] 그나마 위안이 되는 것은 강도에 의해 살해당하거나 교통사고로 죽는 사람의 수는 줄었다는 것이다.[2]

클라우디오 부부는 비교적 안전하게 여행을 했다는 점에서는 행운이었다. 낮 동안에는 텍사스 국경 경비대원의 시선을 피해 숨어 있다가 밤이 되면 어둠 속을 걸었다. 그러나 걸은 것은 사흘뿐이었고 거리도 그다지 길지 않았다. 미리 약속한 장소에서 "콘트라티스타"를 만나 그가 밴으로 사우스캐롤라이나 농장까지 태워 주었다(클라우디오는 추가 요금은 없었다고 기뻐하며 말했다). 그 농장에서는 한 달간 토마토 밭에서 말뚝과 비닐 커버를 제거하는 작업을 할 예정이었다. 클라우디오는 자신의 임금이 어떻게 계산되는지 정확히 몰랐다. "어떤 식으로 임금을 주는지 우리는 전혀 몰랐어요." 그는 솔직하게 말했다. "가르쳐 주지 않았으니까요." 시급이 아니라 밭에서 몇 고랑분의 작업을 했는가를 기준으로 계산되었다고 짐작할 뿐이었다. 정확히 알고 있었던 것은 멕시코 임금보다 훨씬 높다는 사실 뿐이었지만, 미국의 기준에서 보면 미미한 금액이라는 사실도 점차 깨닫게 되었다. 그들 부부는 같은 열에서 함께 작업하고 둘이서 주당 약 250달러를 받았으나 실제로는 격주로 임금을 받았다. 알선업자가 코요테에게 갚을 돈으로 임금의 절반을 떼어 갔기 때문이다. "수표 한 장은 우리에게, 다른 한 장은 그들에게 가요." 클라우디오가 말했다.

그 후, 그들은 노스캐롤라이나에 있는 콘크리트 블록 캠프로 옮겨졌다. 그곳에서는 매일 아침 5시에 일어나 밴을 타고 2시간 정도 거리의 농장(그는 농장주의 이름을 몰랐다)으로 실려 갔다. 그 농장에서 그들은 매일 8~9시간 트랙터 뒤를 따라다니며 고구마를 수확했다. 트랙터가 파낸 고구마를 손으로 주워 담아 약 35리터 양동이를 가득 채우면 40센트의 임금을 받을 수 있었다. 그들은 되도록 많이 벌기 위해 가능한 한 빠른 속도로 작업했다. 클라우디오에 따르면 한 시간에 양동이 30개분은 모을 수 있었다고 한다. "밭 상태가 좋은 날엔 많이 모을 수 있었어요." 그럼 시급 12달러가 된다고 내가 말하자, 그는 아니라고 하면서 혼란스러운 표정을 지었다. "아니요. 그것보다 적었어요. 하루 50달러 벌기 위해서는 온종일 맹렬히 일하지 않으면 안 되었으니까요." 클라우디오가 잘못 계산하고 있든가 아니면 알선업자의 계산이 속임수였든가 둘 중 하나일 것이다. 클라우디오도 그의 아내도, 초등학교 6학년까지밖에 교육을 받지 못했다. 한편 알선업자는 급여 명세서에 여러 가지 목록을 만들어 공제하는 방법을 고안해 일당 약 40달러로 그들을 부리는 기술을 터득하고 있었다. 그래도 멕시코에서는 일주일치 농사일과 맞먹는 금액이었기 때문에 그들은 전혀 불만을 표시하지 않았다. "급여에서는 많은 돈이 공제됐어요." 클라우디오는 담담하게 말한다. "예를 들어 청소비. 그리고 집세라든가 전기 요금이라든가, 이것저것 많이 떼어 갔어요." 그는 그것이 얼마였는지 기억하지 못했다.

청소비. 집세. 클라우디오 부부는 그 지저분한 콘크리트 블록 캠프에 강제로 집세를 내고 살고 있었는데, 다른 부부 한 쌍과 같은 방을 쓰게 되어 다행스럽게도 네 명이서만 방을 쓸 수 있었다. 나중에 온 노동자들은 많은 수가 작은 방에 억지로 쑤셔 들어가 바닥에서 자거나 때로는 콘크리트가 드러난 바닥에 박스를 퍼놓고 그 위에서 자기도 했다고 클라우디오는 말한다. "우리들 벌이로는 먹을 걸 사는 것도 어려웠어요." 그 후 허리케인에 의한 집중호우 탓에 주위 일대가 침수되어 캠프는 진흙탕 바다로 둘러싸인 섬으로 변했고 일은 중단됐다. 이민노동자들은 카드놀이를 하면서 일이 다시 시작되기를 기다렸다. 클라우디오와 아내는 코요테에게 아직 2,300달러의 빚이 남아 있었다.

한 달 후, 그들이 멕시코에 전화를 걸었을 때 클라우디오의 부모님이 맡아 기르고 있던 생후 14개월 된 딸이 아프다는 소식을 듣게 되었다. 그래서 두 사람은 일을 기다리는 것을 그만두고 걸어서 콘크리트 블록 캠프를 떠났다. 캠프에서 일하는 이민자들 가운데 자동차를 가진 사람은 거의 없었다. 대부분이 벽지에 갇힌 상태라 마을의 식료품점이나 론드로맷[세탁소 체인점]에 가기 위해서는 알선업자가 정기적으로 데려다 주는 날을 기다릴 수밖에 없었다. 하지만 알선업자는 나타나지 않았고, 젊은 부부는 뉴턴 그로브 마을까지 수 킬로나 되는 길을 걸어가야 했다. 마을 주유소에서 그들은 한 멕시코인 남자를 만났고 폭풍우 때문에 끊겨 버린 교통망이 다시 회복될 때까지 그 남자의 집에서 신세를 질 수 있었다. 그 후 다른 멕시코인 남자 둘이 웨이드라는 지금은 쇠퇴한 마을에 있는 한 작고 낡은 집을 같이 임대해 지내는 건 어떻겠냐고 제안해 왔고, 지금 클라우디오는 그 집에서 12월의 햇빛을 받으며 창백한 얼굴로 앉아 있는 것이었다. 그에게는 일이 없었다. 잠시 동안 지붕 수리업자에게 주 250달러로 고용되어 일을 했지만 나무꾼의 트럭이 고장 나 버려 그 일도 못하게 됐다. 일주일 전 클라우디오의 아내는 육가공 처리 공장에서 일하기 시작했지만 아내가 얼마나 받는지 그는 잘 몰랐다. 그녀는 멕시코로 돌아가고 싶어 했다. 코요테는 그들이 돈을 갚기를 기다리고 있었고, 그는 허리케인을 이유로 기한을 연장시킬 수 있었다.

며칠 전 가건물을 방문했던 나는 지금 그 캠프를 클라우디오의 눈을 통해 새롭게 보려고 시도하고 있다. 그는 과묵한 남자로 사물을 말로 풍부하게 표현하는

데는 재능이 없었기 때문에 질문은 구체적으로 할 필요가 있었지만 유도 질문이 되어서는 안 됐다. 그가 이렇게 느꼈을 것에 틀림없을 것이라는 내 생각을 암시하는 일 없이 그 자신이 그곳의 생활에 관해 어떻게 느꼈는가를 알고 싶었다. 클라우디오는 캠프 그 자체보다도 일이 없다는 사실이 더 비참하다는 생각을 내비쳤다. 원래 그가 이곳으로 온 것은 일을 하기 위한 것이었기 때문이다. 캠프 환경은 처음 왔을 때 예상한 그대로였나요, 아니면 예상보다 나빴나요? "전 좋지 않았어요. 일이 없었으니까요." 그는 대답했다. 일이 없다는 사실을 제외하고 캠프나 그 환경에 관해 불만은 없었나요? "예를 들면요?" 하고 클라우디오가 묻는다. 아무것이나 생각나는 것은 없나요? 마음에 들지 않았던 것은 무엇인가요?

"마음에 안 들었던 것은 일이 없었다는 것뿐이에요."

다음 해 4월, 우리들은 또다시 기묘한 분노의 결여와 조우하게 되었다. 스물다섯 살 페드로는 2평 남짓한 방에 놓인 침대 위에 앉아 있었다. 그곳은 마운트 올리브와 페이슨 사이에 있는 노스캐롤라이나 주 버치 농장의 콘크리트 블록 건물이었다. 건물 내부의 벽은 파란색으로 페인트칠이 되어 있었으나 눈에 띌 정도로 얼룩져 있었고, 건물 외벽은 마치 빛바랜 핑크색처럼 희미한 아이보리 색을 띠고 있었다. 13호실 문에는 "고구마를 더 많이 먹읍시다"라는 범퍼 스티커가 붙어 있었다. 밭에는 첫 농사로 지은 봄 양상추, 케일, 무의 초록 잎이 비닐 시트를 삐져나와 얼굴을 내밀고 있었고, 나란히 늘어선 두둑은 마치 태양빛에 반짝거리는 세탁판처럼 보였다

페드로는 왼쪽 귀에 작은 금 십자가 귀걸이를 하고 지저분한 클리블랜드 인디언스 야구 모자를 쓰고 있었다. 그는 "엘 인페르노"El Infierno[스페인어로 '지옥']로 불리는 캠프에서 이곳으로 막 도망쳐 나온 후였다. 엘 인페르노에는 술에 취해 칼을 휘두르며 싸움을 반복하는 거친 남자들이 있었기 때문이다. 페드로는 침대가 없어서 바닥에서 잤다. 열다섯 살의 사촌 동생이 칼에 찔려 상처를 입고 난 후

페드로는 알선업자에게 부탁해 더 점잖은 이름의 "더 캠프"로 옮겨 온 것이다. 이 곳도 불쾌한 곳이었지만 우선 평온했다. 방 안의 두 침대에는 매트리스가 있었다. 사실 그 가운데 하나는 콘크리트 블록 위에 매트리스가 놓인 것이었지만 말이다. 벽면에는 예수 그리스도의 컬러 그림이 잿빛 접착테이프로 붙여져 있었다. 방 한 구석에는 못 두 자루를 박고 거기에 (더 이상 전자 제품에 연결되어 있지 않은) 검은 전기 코드를 연결해 수건과 청바지를 걸어 놓고 있었다. 그 밖의 소지품은 전부 검은 우유 상자 두 개와 아이스박스, 그리고 비닐봉지에 담아 보관하고 있었다. 우유 상자 위에는 새것으로 보이는 포수용 야구 글러브와 "페드로 테 아모"PEDRO, TE AMO[스페인어로 "사랑하는 페드로"]라고 사인이 된 공이 놓여 있었다. 그것은 멕시코에 두고 온 여자 친구가 보내 준 것이었는데 벌써 1년째 만나지 못하고 있었다.

시기상 국세 조사 기간이었지만 페드로는 존재하지 않는 사람이었다. 그는 국세 조사표를 받아 보지도 못했고 조사원도 만난 적이 없다. 그에게 다행인 것은 이민귀화국도 그의 존재를 모른다는 사실이었지만, 국세청과 사회보장청은 알고 있었다. 그에게 최저임금인 시급 5.15달러를 지급하고 있던 고용주가 급여의 일부를 매주 정확하게 원천징수해 이들 기관에 내고 있었기 때문이다. 물론 페드로가 사회보장제도의 혜택을 받을 일은 절대로 없을 것이고, 그 자신도 굳이 납세 신고를 하려고 하지는 않았다. 신고하면 세금을 환급받을 수 있을지도 모르지만……. 국세청은 이민국에 정보를 제공하지 못하도록 되어 있지만 그것을 누가 믿겠는가?

허리케인이 지나간 후, 페드로는 겨울에도 그곳에 남기로 결정하고 홍수 피해를 비껴간 고구마와 순무를 상자에 담는 작업을 했다. 그는 주 60시간 일하며 멕시코의 도살장에서 받았던 임금의 9배를 받아 매월 3~5백 달러를 멕시코에 있는 부모님에게 송금할 수 있었다. 부모님은 그 돈으로 페드로를 위한 집을 짓고 있었다. "신의 가호가 있다면 2년 뒤" 멕시코로 돌아가 새로 지은 집에서 살며 가족 농장에서 옥수수나 콩을 수확하고 사는 것이 그의 바람이었다. 그것이 페드로가 말한 것 중 가장 불만에 가까운 것이었다.

한편, 농장주는 농장주대로 캠프에 불만이 있었다. 지미 버치는 우리들을 픽업트럭에 태워 그의 두 형제와 공동소유하고 있는 광대한 농장을 안내해 주는 도중에 캠프를 지나가면서 푸념을 늘어놓았다. "저것 보세요. 맥주 캔이고 뭐고 저렇게 정원에 버려져 있죠?" 그는 남부 사투리 특유의 비음 섞인 말투로 말했다. "10년 전 이 캠프를 세우는 데 6만 달러가 들었는데, 지금까지 한 2만 5천 달러는 벌금으로 낸 것 같아요. 정원에 버려진 맥주 캔이랑 찢어진 방충망 때문에요. '내가 아니라 일꾼들이 그런 거예요'라고 해도 전혀 안 통해요. 벌금 내는 건 저라고요." 벌금은 주 노동국이 징수하는 것이다. 그들은 기숙사를 허가만 해놓고 알맞은 기준을 시행하는 데는 무능한 것 같았다. 지미는 오히려 이 건물을 누군가에게 주고 싶어 했다. "주말마다 쓰레기만 쌓일 뿐이에요. 건물에 돈을 쏟아붓는 것도 이젠 지쳤어요. 그저 최저 기준만 지키고 나머지는 신경 쓰고 싶지 않아요. 저는 할머니한테 물려받은 난로를 40년이나 썼어요. 근데 여기 캠프에서는 1년도 못 가요."

지미는 조금 작은 키에 뚱뚱한 남자로 옅은 갈색 머리는 부스스했고 얼굴은 불그레했다. 그는 "여기 책임자는 접니다"라고 말하는 듯한 엄격한 태도를 가지고 있었다. 그는 붉은 양상추 밭의 반짝이는 두둑을 끊임없이 돌아보며 조심스런 푸른 눈으로 눈에 보이지 않는 사물조차 예리하게 꿰뚫어 보고 있는 듯했다. 지미는 진흙 묻은 검은색 시보레 픽업트럭을 운전하면서 쉬지 않고 말을 이어갔다. 그러다 갑자기 아스팔트 도로를 선회해 비포장도로를 따라 밭으로 돌진하더니 야채를 심어 놓은 두둑을 넘어 앞으로 곧장 나아갔다. 그리고 울퉁불퉁한 길을 지그재그로 왔다 갔다 하다가는, 트랙터와 관개용 파이프를 실은 트레일러를 움직이고 있던 두 남자 앞에서 멈춰 섰다. 지미는 나이가 많은 쪽 노동자에게 말을 걸었으나 그의 어설픈 스페인어는 노스캐롤라이나 억양이 심하게 섞여 있었고 마이클은 그가 하는 말을 한마디도 알아듣지 못했다. 젊은 남자는 겁먹은 듯 뒤로 물러서서 입을 다물고 있었다. 지미는 자신의 익숙한 환경 속에서 편안해하면서도 그것을 지배하는 듯한 모습으로 행동했고, 자연스러움과 함께 경계의 긴장도 늦추지 않았다.

지미가 보여 주고 싶은 곳이 있다며 우리를 데려간 곳은 트레일러 한 대가 서 있는 황무지였다. 그는 그곳에서 트럭을 세웠다. "여기가 우리의 출발점입니다." 그가 말했다. 헬리콥터 조종사였던 형 데이비드가 베트남전의 구정 공세[*]에서 격추당해 전사한 것이 1968년, 지미가 열네 살 때였다. 가족은 그때 받은 보험금으로 1만 7천 평 정도의 땅을 구입했다. 이는 나중에 4만 3천 평 정도까지 늘어나 아들 다섯을 대학까지 보낼 수 있을 정도로 충분한 야채를 생산할 수 있었다. "저는 우리가 부자인 줄 알았어요." 지미는 발밑의 흙을 쳐다보며 말했다. "부모님은 당신들이 아니라 우리들을 위해 있는 돈을 전부 털었어요. 부모님께는 돈이 한 푼도 남지 않았죠." 지금은 8백만 평이 된 이 농장에서 그와 두 형제는 오이와 피망, 호박, 가지, 각종 야채와 고구마를 길러 북쪽으로는 보스턴, 남쪽으로는 마이애미까지 내다 팔고 있었다. 그들은 연간 1천 5백만 달러 매상에서 세금을 내기 전 순수익을 1달러당 3~4센트로 계산하고 있었다. 이 비율은 일반적인 수준의 수익률이겠지만, 농산물은 날씨의 영향을 크게 받기 때문에 농업 관련

[*] 구정 공세Tet Offensive
1968년 1월 구정에 북 베트남인민군이 남 베트남 해방민족전선에 대한 공격을 감행하면서 시작된 전투로 양측에 엄청난 사상자를 냈다. 미국은 겨우 승리를 거뒀으나 심리적으로는 북 베트남인민군의 승리나 다름없었으며, 이를 계기로 미국 내에 반전 여론이 높아지면서 베트남전은 중요한 전환점을 맞았다.

분야에서는 매우 불안정한 수준의 수익률이라고 할 수 있다. 그가 계산한 바에 따르면, 지난해는 홍수로 1백만 달러를 손해 봤지만 재해 구제금 8,095달러를 포함해 연방 보조금으로 불과 1만 7,583달러밖에 받지 못했다.[3] "정말 지독했어요. 가을에 추수할 녹황색 야채들도, 오이도 호박도 전부 떠내려가 버렸죠. 고구마는 대부분 무사했지만요. 우린 그래도 운이 좋은 편이에요." 그리고 그는 문장의 마지막을 역설적인 말로 끝맺었다. "그것이 대자연의 어머니죠. 은혜를 주었다가 빼앗아 가버리죠." 석유 회사도 마찬가지였다. 지미는 그해, 전년보다 주당 3천 달러의 연료비를 더 썼다. 종자, 비료, 농약 등의 비용도 과거 10년간 두 배로 뛰어 올랐다.

게다가 현대 농업에서는 남에서 북으로 시시각각 이동해 가는 재배 시기를 쫓아가면서 필요한 시기에 필요한 야채를 시장에 내놓을 수 있는 정확한 타이밍이 필요하다. 실로 긴장을 늦출 수 없는 비즈니스인 것이다. "파종이 가능한 시기는 정해져 있어요." 지미는 설명했다. "그 시기에 씨를 뿌리지 않으면 안 돼요. 안 그러면 아무것도 수확할 수 없게 돼요. 플로리다에는 플로리다의, 조지아에는 조지아의, 우리들에게는 우리들의 시기가 있어요. 그 후엔 뉴저지, 그리고 미시간이죠. 이 장사에서는 모두 자신만의 순번이 있어요. 서로 겹치거나 하면 시장에서 난도질을 당하게 돼요. 가격이 급락해 버리죠." 살아남는 유일한 방법은 풍년과 흉년을 평준화하는 것이다. "애틀랜틱시티[뉴저지 주에 있는 카지노 거리]에 가는 것과 같아요. 거의 다르지 않죠. 같은 거예요. 오해하지 말았으면 하는데, 우리는 꽤 수익을 거둔 편이에요. 오랫동안 이 일을 하다 보면 대박이 터지는 시장을 만날 때가 있어요. 그러면 모든 빚을 갚고 다시 출발할 수 있게 되죠. 다행스럽게도 저는 그런 해를 여러 차례 경험해서 빚을 갚고 새 출발할 수 있었어요." 대출 담당 은행원은 가끔 작물을 보러 직접 차를 몰고 찾아오는 등 관심을 잃지 않고 있었다. "저희 농장 담당 은행원하고는 아주 절친한 사이죠." 지미는 웃으며 말했다. "잘 아는 사이지만 한 번도 돈을 늦게 갚은 적은 없어요. 그래서 저한테는 언제나 돈을 빌려 줍니다."

지미는 트럭으로 겨자 밭을 달려, 케일 등의 야채가 풍성하게 자라 가지런히 늘어선 두둑의 가장 끝에서 멈춰 섰다. 남자들 한 무리가 신선한 농작물을 손으로 베어 나무 상자에 넣고 있었다. 임금은 한 상자에 1달러로 대부분이 한 시간에 10상자, 작업 속도가 빠른 사람은 15상자까지도 수확한다고 지미는 설명했다. 한 상자는 5달러에 팔리고 있었으나 지미는 재빨리 이렇게 덧붙였다. "그렇게 많이 버는 건 아니에요. 상자 값으로 1.10달러, 상자에 담는 인건비가 1달러, 얼음 비용으로 25센트, 재배비가 1.50달러예요. 한 상자에 50센트 이익이 제가 버는 전부죠." 이들 숫자를 계산하면 이익은 그가 말하는 숫자의 배 이상이 된다는 사실을 알 수 있다. 이런 세계에서 숫자는 애매한 과학에 불과한 듯했다. "한 상자에 10달러로 팔고 싶지만 시장이 허락하지 않겠죠." 노동자들의 임금을 한 상자에 1달러 미만으로 하는 것은 불가능할까? "음. 아마 가능하겠죠. 가능할 겁니다. 때에 따라서는요. 하지만 저는 이 친구들이 일 년 동안 계속 여기서 일해 줬으면 해요. 안정된 노동력이 있었으면 합니다." 그래서 그는 작물 재배를 중단하는 일이 없었다. 농사일에서 가장 중요한 핵심이라고 할 수 있는 양질의 노동자들에게 쉴 틈을 주지 않음으로써 노동력에 대한 수요를 안정시켜 놓을 필요가 있었기 때문이다. 그것은 다른 농장주들이 담배를 재배하는 이유이기도 했다. 담배는, 예를 들어 오이 재배 전에 심기 시작해 오이 수확이 끝난 후 수확하기 때문이다.

버치 농장에서는 연간 115~120명의 노동자를 고용했으며 5월에서 11월까지는 1백 명 정도를 더 고용했다. 인건비는 전체 지출의 25퍼센트를 차지하고 있었기 때문에 임금으로 나가는 돈을 억제하고 싶어 하는 것이 당연했다. 하지만 한편으로 지미는 계속해서 농장에 머물며 일해 주는 노동자나 아니면 돌아가더라도 매년 되돌아와 주는 믿을 수 있는 노동자를 간절히 원했다. "이 친구들이 여기서 일하는 것은 저를 부자로 만들어 주기 위한 게 아니에요. 자기들 생활비를 벌기 위해서죠. 그게 현실이죠. 그들에게도 꿈이 있으니까." 그래서 그는 공장노동자와 맞먹는 임금을 주려고 노력했다. 예를 들어, 상자에 담는 일에는 법정 최저임금 수준인 6~7달러를 기본급으로 지급한 뒤 추가로 성과급을 지급해 대개 시급 10달러는 벌 수 있도록 해주었다("10달러를 받으려면 아주 열심히 일해야 하지만, 그들은 합니다"라고 지미는 말한다). 그는 풀타임 노동자들을 의료보험에 가입시킬 계획을 가지고 있었다. "그들을 고용하고 싶으면 투자가 필요합니다. 최저임금으로는 누구도 이곳에 있으려고 하지 않아요. 최저임금으로는 생활이 불가능해요." 사실 최저임금은 그것보다 높은 임금에 영향을 주는 법이다. 그의 계산에 따르면, 최저임금이 1달러 오르면 그 이상의 임금으로 일하는 사람들은 50센트 올려 줄 필요가 있다. 이유는 간단하다. "제가 좋아서 일해 주고 있는 사람은 아무도 없으니까요." 지미는 분명하게 말했다.

리틀 멕시코로 불리는 트레일러촌을 빠져나가며 지미는, 좋은 일꾼을 고용해 두려면 그들이 집을 사서 정착하는 것을 도와주는 것도 한 방법이라고 말했다. "이 주변의 트레일러에 살고 있는 친구들은 모두 제가 보증인이 되어 줬어요." 그러면서 낡았지만 멋진 집 하나를 가리키며, "저 집은 제가 그냥 준 집이에요"라고 말했다. 토지에 대한 권리는 그가 갖고 있었지만 임대료는 받고 있지 않았다. 그는 많은 멕시코인들이 괜찮은 일을 찾으면 정착하려 한다는 사실을 알고 있었다. 그래서 그들에게 살 곳을 제공하고 금전적인 상담을 해주고 대출 보증인이 되어 주어 아끼는 노동자들이 방랑 생활에 마침표를 찍고 그의 농장에 뿌리를 내리고 그 밑에서 일하도록 했다. 지미는 약 스무 명의 노동자들에게 그렇게 해주었다고 자랑했는데, 그것은 서로에게 이익에 되는 것 같았다. 그는 교대 근무 팀 작업반장 부부가 사는 집을 가리켰다. "저는 저 집을 그들에게 주기 위해 법정까지 갔어요. 현재 모든 명의는 그들 이름으로 돼 있어요. 그렇게 하면 정부로부터 이러니저러니 잔소리를 듣지 않아도 되요. 만약 집 앞에 맥주 캔이나 쓰레기가 나뒹굴고 있어도 제가 벌금을 내는 일은 없게 되는 거죠. '이 집 주인은 바로 저 친구요'라고 한마디만 하면 됩니다. 보세요. 이제 맥주 캔은 안 보이죠? 소유권 하나로 완전히 달라지는 거죠."

이것은 지미에게도 위험도가 매우 낮은 방식이었다. 그는 멕시코 레인을 향해 늘어서 있는 트레일러를 차례차례 가리키며 "새것을 사면 대개 2만 달러"가 든다고 말했다. "이건 중고고, 저건 아마 1만 달러 정도 들었을 겁니다. 이쪽의 새 트레일러는 1만 8천 달러 정도였어요. 이 친구는 결혼해서 부인과 아이가 있어요. 그래서 가건물에는 살고 싶어 하지 않았죠. 프라이버시가 필요하니까요. 주말이면 술에 취해 난동을 부리는 남자들 사이에서 아이를 키우고 싶어 하지 않았죠." 지미는 트레일러 때문에 노동자들로부터 사기 당한 적은 한 번도 없었다. "자동차 때문에 속은 적은 있어요. 더 이상 자동차 보증인은 안 해줍니다. 그들은 트랜스미션이나 모터가 고장 나면 그걸로 할부금도 낼 필요가 없어진다고 생각해요. 어째서 그런 생각을 하는지 모르겠어요. 자동차 대출금 보증인은 이제 사양합니다. 두세 번 정도 당했죠. 하지만 트레일러 때문에 그런 일을 당한 적은 없어요. 한 번도." 그는 (노동자 처우에 관해) 매번 선택적이어서 자신을 희생하면서까지 이타적으로 행동하는 것은 아니었다. "어느 정도 여기서 일해 준 친구들하고는 친해집니다. 새로 온 사람들이 와서 '좀 도와주시면 안 되나요?'하고 부탁한다고 해서 오, 그래, 알았다, 하고 도와주지는 않아요. 그런 짓은 안 해요."

지미는 델가도 일가의 석유난로가 폭발해 트레일러가 불타 버렸을 때도 그들을 도와주었다. 그들은 보험에 들어 있지 않았다. "지미는 차를 살 돈과 캠프 가건물 방을 빌려 주었고 이 트레일러의 보증인이 되어 줬어요." 어린 엄마 마리벨은 얼굴을 빛내며 이야기했다. 그녀는 남편 헥터와 함께 긴 트레일러 끝에 있는 부엌 의자에 앉아 있었다. 부엌 반대편에는 침실이 두 개 있었고 트레일러 중앙은 넓은 거실이었다. 이 "이동 주택"이 이동하는 일은 거의 없었다. 트레일러는 지미 버치와 그 형제들이 지금도 권리를 갖는 토지 안에 콘크리트 블록으로 된 버팀목 위에 놓여 있었다. 델가도 부부는 가능하다면 그 토지를 사고 싶어 했지만 트레일러 비용 4천 달러에 더해 땅을 고르고 우물을 파는 데 2,500달러가 더 필요했다.

지미는 그 일가에게 도움을 주고 있었다. 델가도 일가의 오랜 세월에 걸친 충성은 지미에게 자산이라고 할 수 있었다. 마리벨의 아버지는 오랜 세월 이 농장에서 일을 했고 지금도 일하고 있으며, 마리벨도 수확 일로 시급 6.25달러를 받으며 일하고 있었다. 헥터의 일은 지미가 말했던 상자당 1달러를 받는 야채 수확이었으나 지미의 자랑처럼 시급 10달러에는 미치지 못했다. 헥터는 열심히 해도 시급 6달러 정도라고 계산한다. 수확이 한창 바쁠 때는 주 70시간 일을 했다. "야채가 없을 때나 눈이 내릴 때는 일이 전혀 없어요." 그는 말한다. 그래도 그들은 두 주에 한 번, 멕시코에 있는 친척에게 1백 달러를 송금하려고 애썼다.

델가도 일가는 의료보험이 없었지만 세 명의 아이들은 메디케이드의 보조를 받고 있었다. 아이들은 미국에서 태어나 미국 시민권이 있기 때문이었다. 일가의 수입은 식품 쿠폰 수급 자격을 얻기에 충분할 정도로 낮았지만 "콧대 높고 거만한" 담당원들은 수급 신청서를 계속해서 거부하고 있었다. 그들은 마리벨에게 날을 잘못 찾아 왔다며 퇴짜를 놓든가, 당신은 (실제 그녀는 미국 시민이었으나) "진짜" 미국 거주자가 아니다와 같은 말을 반복할 뿐이었다. 이런 수당은 불법 이민자에게는 지급되지 않는다. 합법 이민자의 경우 미성년자나 고령자 혹은 신체장애자나 사회복지법 개정이 실시된 1996년 8월 22일 이전에 입국한 자에 한해 적용된다. 수급 자격을 이렇게 제한하는 것은 이민자들의 불법 입국을 억제하기 위한 것이지만 실제 효과는 그다지 크지 않다.

마리벨은 어떤 장애나 억제책도 국경을 넘고자 하는 이민자들을 막지 못한다는 사실을 몸소 보여 주는 사례라고 할 수 있다. 그녀는 십대 때, 이민노동자였던 아버지와 함께 여러 차례 리오그란데 강을 건너 국경을 넘는 시도 끝에 멕시코에서 미국으로 들어왔다. 첫 번째 시도 때는 무장 강도의 습격을 받았고 한밤중 국경 경비대의 탐조등에 발각되어 강제송환당했다. 그 후 그녀는 다시 월경越境을 시도했으나 이번에는 강물이 불어나 세차게 흐르는 급류에 휩쓸려 강 하류까지 무서운 기세로 떠내려가 거의 죽을 뻔 했다. 그리고 겨우 멕시코 쪽 강가까지 기어 오른 순간, 일행은 다시 강도의 습격을 받았고 일행 중 한 남자는 칼에 찔리기도 했다. 세 번째 시도에서는 "마약 밀매업자들이 가득한 매우 이상한 장소를 통과"했다고 그녀는 말했다. "아마 저를 여기로 데려온 사람이 그 사람들하고 아는 사이였기 때문에 그들이 우리를 지나갈 수 있게 해준 것이라고 생각해요." 그 후 그녀는 텍사스 주 브라운즈빌 시에 어머니와 둘이서 살았으나 1986년에 일정 수의 불법 이민자들에게 합법적인 신분을 부여하는 일반사면을 신청을 했다. 그녀는 미국 거주권을 보증하는 그린카드를 받았고, 7년 후에는 미국 시민권을 획득했다. 그 결과 남편 헥터도 합법 체류자가 될 수 있었다.

이들은 고난을 극복하고 보다 나은 생활을 위해 땀 흘려 일하는 선량하고 모범적인 사람들의 전형인 것처럼 보였다. 이들은 언제나 "발전"을 위해 땀을 흘렸다. 그러나 만약 이들의 발전을 (종래의 이민 이야기에서 쉽게 발견할 수 있는) 빈곤 탈출과 부의 성취로 이해하고자 한다면 우리는 그들의 사례에서 아무런 "발전"을 찾을 수 없을 것이다. 마리벨과 남편은 그녀의 아버지와 같은 일을 하고 있었기 때문에 세대 간 계급 이동은 볼 수 없었다. 미국에 이주한 사실 자체를 진전이라고 말한다면 이야기는 달라지겠지만 말이다. 그녀는 아이들이 다니는 학교에 만족하고 있었지만, 그 학교가 아이들을 대학 진학이라는 궤도에 올려 줄 수 있을까에 대해서는 의문이었다. 리틀 멕시코의 초라한 거리 한편에 위치한 트레일러에서 성공의 기회는 어디까지나 손을 내밀면 잡을 수 있는 현실의 것이 아니었다. 그들이 가능성이라는 원대한 꿈을 바라보는 것은 불가능했다.

이들 노동자 대부분에게 달성 가능한 발전이란, 농장 노동이라는 제한된 세계에서만 일어나는 일이었다. 즉, 농장 노동자에서 트랙터 운전사로, 수확 노동자에서 수확 감독자로, 이민자에서 "콘트라티스타"로 이동한다. 세베리노 산티바네즈 역시 이런 식으로 이민노동자에서 알선업자로 상승 이동을 실현한 사람 가운데 하나였다. 그에게는 성공의 기운이 감돌고 있었다. 하지만 실제로는 자신이 감독하는 노동자들보다 조금 더 많은 것을 소유하고 있을 뿐이었다. 이 남자는 통통한 몸매에 배꼽 바로 위까지 단추를 풀어 헤친 흰 셔츠 아래로 맥주 배가 나와 있었다. 늦은 오후 날이 저무는 가운데 그는 트럭 문을 열어젖히고 운전석에 반쯤 몸을 걸친 채로 앉아 있었다. 끊임없이 웃음을 지어 보이는 얼굴에서는 금니가 반짝거렸다.

그를 만난 곳은 그가 1989년 당시에 살았던 기숙사 앞이었다. 그는 현재 자신이 감독하고 있는 아홉 명의 노동자를 그 집에 머물게 하고 있었다. 아홉 명 모두 멕시코 베라크루스 주의 같은 마을에서 왔다. "저는 이 집이 맘에 들어요." 세베리노가 말했다. "물이 차가워서 마시기 딱 좋아요. 튼튼한 집이죠." 그 증거로 집이 겉보기에는 매우 낡았지만 몇 년 전에 돌풍이 집을 덮쳤을 때도 쓰러지지 않고 멀쩡했다고 그는 말한다.

하지만 그 집은 화재가 발생하면 심각한 위험에 처할 수도 있는 곳에 위치하고 있었다. 가장 가까운 소방서에서 출동해도 그 집까지는 반나절은 걸릴 것 같았다. 사람이 사는 마을에서 멀리 떨어진 그곳은 끝없이 이어진 평원을 가로질러 한참을 간 뒤 다시 밀집한 주택지를 지나는 좁은 아스팔트 도로로 연결되어 있었는데, 그 길도 얼마 전 담배를 심은 밭 사이로 난 구불구불한 비포장도로로 이어졌다. 그 집은 단층 건물로 외벽은 원래 흰색이었던 것 같았다. 페인트칠이 벗겨져 풍화된 목재가 드러나 있었다. 창문 하나에는 유리 대신 종이 박스가 붙어 있었다. 집 앞 전신주에는 빛바랜 녹색 합판이 못으로 박혀 있었고, 거기엔 녹슨 농구대가 달려 있었다. 하지만 그곳 사람들에게는 공이 없었다. 찢어진 방충망 너머, 예전에는 식당이었던 것 같은 공간에는 침대 네 대와 스프링이 나간 매트리스, 그리고 녹슨 냉장고가 놓여 있었다. 원래 거실이었던 공간에는 널빤지로 막아 놓은 난로와 침대가 네 대 있었다. 장롱은 어디에서도 볼 수 없었다. 벽에 박힌 못 몇 개에 셔츠와 바지 여러 벌이 걸려 있을 뿐이었다.

세베리노는 거주비를 전혀 내고 있지 않았다. 농장주는 관대하게도 그에게 이 집의 사용권을 주고, 집세를 내주었으며, 노동자 한 사람당 한 시간에 50센트에 해당하는 감독비를 그에게 주고 있었다. 농번기에는 노동자가 27명에 달하기도 해서 그는 시급 13.50달러를 버는 꼴이 되었다. 이것은 미국인의 평균임금과 거의 같은 수준으로, 초등학교 1학년까지밖에 교육을 받지 못한데다 읽고 쓰는 것도 거의 못하는 이에게는 나쁘지 않은 금액이었다. "이 일을 하고 나서부터 전보다 더 공부하게 되었어요. 이름을 쓸 필요가 있었거든요." 세베리노는 이렇게 말하며 현재 지미 버치 밑에서 일하고 있는 그의 팀 리스트를 보여 주었다. 그가 지금의 지위까지 올라올 수 있었던 것은 완전히 운이었다. 플로리다에서 노스캐롤라이나에 걸쳐 십 년 이상 여러 농장을 전전한 후 그는 감독직으로 승격되었다. 그리고 어느 날 농장주는 세베리노에게 농장 노동자를 더 많이 데려와 달라고 부탁했다. 그는 부탁대로 했고 새로운 직업을 얻을 수 있었다.

세베리노의 관리 아래 이곳에서 일하는 노동자들에게서는 음울한 분위기가 풍겼다. 그들은 모두 가족을 그리워했고 멕시코로 돌아갈 나름의 계획 — 내년 1월, 1년 후, 또는 2년 후라는 식으로 — 에 대해 이야기했다. 그들은 번 돈의 약

70퍼센트를 고향에 보내고 있었으나 우선순위를 어디에 두는가는 각자의 가치관에 따라 달랐다. "저는 가족을 소중하게 생각하도록 배웠어요." 젊은 남자 하나가 분명한 어조로 말했다. "여기서는 돈과 물질이 전부지만 그 자체로는 인생이라고 할 수 없어요. 살아가는 수단일 뿐이죠. 여기서는 먹을 것과 입을 것이 가장 소중한 것처럼 보이지만 정신적인 것이나 가족 같은 것은 돈으로 살 수 없어요. 그런 것이 가장 중요한 거예요."

노동자들이 살고 있는 곳은 가장 가까운 마을에서 수 마일이나 떨어져 있었고 모든 교통수단은 세베리노에게 의지할 수밖에 없었는데, 그런 탓인지 모두가 독립심을 포기해 버린 것처럼 보였다. "여기서는 모든 면에서 다른 사람들에게 의지하고 있어요." 한 사람이 말했다. 그리고 그는 자기 집에 돌아가면 "자유가 있지만,"이라고 덧붙였다. "어디라도 갈 수 있어요. 마을에서 10~15킬로미터 떨어진 곳에 살지 않아도 돼요. 여기서는 돈을 벌어야 한다는 중압감을 느껴요. 집안에 틀어박혀 벽만 바라보고 있는 겁니다. 밖에 나가도 벽에 둘러 싸여 있어서 교도소에 있는 느낌이 들어요. 솔직히 말해서 여기는 교도소나 다름없어요. 놀러 갈 수도 없고 기분 전환도 할 수 없고. 동료랑 가게에 가려 해도 이민귀화국에 연행될까 봐 무서워서 그것도 못해요."

친구나 친척에게도 미국에 와서 일하도록 권하겠다는 사람은 한 사람도 없었다. "동생이 오고 싶어 했지만 오지 말라고 했어요." 한 사람이 말했다. "우리 가족도 마찬가지예요, 누구도 와서는 안 돼요." 또 다른 사람도 대답했다. "멕시코에 일이 있다면 여기 오는 것보다 그 일을 계속하는 것이 더 나아요."

그들은 또한 신경과민에 시달리고 있었다. 2주 전 일요일, 세베리노가 당시 트레일러에 살고 있던 그들을 골즈버러에 있는 론드로맷에 데려다 주었는데, 돌아와 보니 트레일러는 원인 불명의 화재로 전소되어 있었다. 입고 있던 옷과 세탁 봉지 안에 있던 옷을 제외하고 그들의 소지품은 모두 검은 재가 되어 있었다.

그들이 플로리다의 월마트에서 288.86달러를 주고 구입한 유일한 TV도 재로 변해 있었다. 남자들 중 호리호리한 한 사람이 영수증을 꺼내며 이렇게 말했다. "물건 같은 건 우리에게 중요치 않아. 적어도 우리들이 자고 있는 동안 불이 나지는 않았잖아."

그 사건으로 그들은 신경이 예민해져 있었다. 세베리노는 그들을 지금의 트레일러로 옮겨 주었지만, 다 벗겨져 나무가 드러난 벽과 마루가 순식간에 화염에 휩싸일 수 있다는 것을 모두 알고 있었다. 밤이 되면 화재가 일어나지 않을까 마음을 졸였다. 그들에게는 전화도 차도 없다. 가장 가까운 인가에서 수 마일이나 떨어져 있었고 트레일러에서 보이는 곳에 민가는 한 채도 없었다. 나는 우리를 이곳까지 데려와 준 여성에게 그들을 위해 화재탐지기를 두세 개 달아 줄 수는 없는지 물었다. 그녀는 FLOC*라고 하는 신생 조합의 직원이었으나 그것은 농장주의 책임이라고 강한 어투로 대답했다. 나는 그 책임을 농장주가 게을리하고 있다고 말하고, 한 개에 10달러 하는 탐지기를 두세 개 사서 세베리노에게 전달하면 어떻겠느냐고 제안했다. 그러나 그런 일을 하면 농장주의 책임이라는 논리와 상반되는 일을 하는 꼴이 되어 버릴 것이고, 따라서 그녀에게 그런 의도는 털끝만큼도 없으리라는 것은 명백했다. 세베리노에게 물어보자 어딘가에 하나 정도는 달려 있을 거라는 대답이 돌아왔다.

황혼이 내려앉을 무렵, 우리가 이 집을 뒤로하자 노동자들은 집 앞에 나와 손을 흔들었다. 무리 지어 있을 때조차 그들은 고독해 보였다.

● 농장 노동자 조직 위원회Farm Labor Organizing Committee
중서부 및 노스캐롤라이나의 이민 농장 노동자를 대상으로 하는 사회운동 조직.

라미로 사라비아는 작고 다부진 체격에 검은 콧수염을 기르고 있었다. 빌 브라이언은 꽉 조여진 단정한 몸매에 하얀 테니스 셔츠와 회색 캐주얼 바지를 입은 모습이 1950년대 방영된 드라마 〈오지와 해리엇의 모험〉Ozzie and Harriet의 등장인물과 꼭 닮아 있었다. 오랫동안 사용한 듯 낡아 보이는 라미로의 사무실은 예전에는 마을 저수탑 가장 아래 부분에 지은 집의 거실로 사용되던 곳이었다. 빌의 사무실은 마운트 올리브 피클 컴퍼니 가공 공장 중심에 위치하고 있었는데, 작고 깔끔하며 훌륭한 사무실로 넓은 바닥에는 구석구석 빈틈없이 카펫이 깔려 있었다. 그중에서도 눈길을 끌었던 것은 어두운 색 나무로 만들어진 회의용 테이블이었는데 그 위에는 회사가 생산 중인 여러 종류의 피클과 렐리시[야채나 과일을 잘게 썰어 절인 것. 주로 요리의 양념으로 쓰임]가 담긴 병이 가득히 늘어서 있었다.

1998년 이래, 이 두 사람은 어떤 특이한 노사 분쟁을 둘러싸고 양 극단에서 대립하고 있었다. 노스캐롤라이나의 FLOC에서 농장 조직화를 연구하는 라미로는 종래와는 다른 방법으로 농장 노동자들을 조합에 가입시키려 하고 있었다. 종래의 방법이란, 불만을 가진 노동자들을 결집시켜 고용주의 태도와 인식의 개선을 요구하는 이른바 '아래로부터 위로의bottom up 접근 방식'이다. 그러나 이민 노동자들은 장기 체류하는 경우가 드물고, 파업이나 해고의 위험을 감수하기 어려우며, 대부분이 강제송환을 두려워하고 있기 때문에, 그들을 결집시키는 것은 매우 어려운 일이었다. 그래서 라미로는 그가 원래 목표로 한 6천 명의 노동자들 중 약 절반을 조합에 가입시키는 한편, 위에서부터 아래로의top down 접근 방법도 강력하게 추진하고 있었다. 바로 직접적인 고용주인 농장주뿐만 아니라 (노동자들이 생산하는 오이를 최종적으로 구매하는) 빌 브라이언과도 교섭을 하려고 한 것이다. 빌은 노스캐롤라이나의 작은 마을, 마운트 올리브에 있는 대기업의 사장이었다. 빌에게 오이를 공급하는 농장주들은 조합과의 계약을 유지할 만큼 부유하지 않았기 때문에 마운트 올리브사가 더욱 고가로 오이를 사들여야 한다는 것이

FLOC의 견해였다. 또한 농장주들 대다수는 넓은 지역에 흩어져 있기 때문에 열악한 노동조건에 대한 사람들의 비난이나 스스로의 양심의 목소리에 무감각했다. 그래서 라미로는 FLOC와 농장주와 더불어 빌의 회사를 참여시켜 삼자 간 계약을 하고자 했는데, 그렇게 하면 임금이 오르고 복리 후생도 개선되고 농장과 가건물에서의 생활이 조금은 나아지리라 생각한 것이다.

이에 대해 빌은 말도 안 되는 생각이라고 말했다. 그는 마치 보이스카우트 소년 대원들에게 왜 중요한 결정은 연장자가 내려야 하는지를 설득시키는 보이스카우트 대장과도 같이 인내심과 진심을 담아 이야기를 시작했다. "다른 조직의 고용주와 종업원 관계에 우리가 개입하는 것은 적절치 않다고 생각합니다. 그것이 우리 회사의 견해입니다." 그는 설명했다. "당신이 농장을 돌아다니며 조합의 말을 따르는 편이 그들에게 이로울 것이라고 설득하겠다면, 우리는 반대하지 않겠습니다. 당신의 결정을 존중하니까요. 우리가 거래하고 있는 다른 사람들을 존중하는 것처럼 말이죠. 농장 가운데는 조합이 있는 곳도 있고 없는 곳도 있습니다. 우리 회사 거래처 중 농업 방면에서 유일하게 조합이 형성되어 있는 곳은 오하이오에 있는 농장입니다. 오하이오는 FLOC의 거점이죠. 오하이오의 경우에는 그 농장주가 …… 몇 년 전에 우리를 찾아 와서 몇 가지 이유로 FLOC와 계약 체결 교섭을 하게 될 것 같다고 했었지요. 그렇게 하는 편이 자신들에게 이익이 될 거라고 하면서 말이죠. 우리가 어떻게 생각했느냐고요? '모두 각자의 비즈니스에서 어떤 것이 자신에게 득이 되는가, 무엇이 가장 최선인가를 결정할 필요가 있는 법입니다. 만약 농장이 지금과 같은 품질과 서비스, 그리고 경쟁력을 계속 제공해 주는 한 우리는 당신이 어떤 결정을 내리든 전혀 상관할 이유가 없습니다. 그리고 앞으로도 거래를 계속할 것이고요'라고 대답했습니다. 지금도 그 거래처와는 좋은 관계를 유지하고 있습니다." 그러나 빌은 농장주가 조합을 결성하도록 강요할 생각은 없다고 말했다.

의류업계와 같이 농업계에서도 나쁜 소문이나 평가에 특히 민감한 것은 유명 브랜드 메이커다. FLOC는 그들 유명 메이커들이 거래처의 상황을 개선해 줄 것이라 기대하고 있었다. 또한 라미로의 말에 따르면, 마운트 올리브사는 의외로 농장주와 가까운 거리를 유지하고 있다고 한다. 어떤 면에서 농장과 마운트 올리브사는 하청 관계를 맺고 있다고 할 수 있었는데, 마운트 올리브사는 오이가 수확되기 훨씬 전에(정확하게는 종자가 뿌려지기도 전에) 일정량의 오이를 일정 가격으로 구입하는 계약을 농장주와 맺기도 했다. FLOC 편향의 한 신문은 이를 꼬집어 마운트 올리브사가, "농장주나 노동자들의 상황을 모두 지배하고 있다"고 보도하기도 했는데, 그에 대해 빌은 농장이 오이만을 재배하는 것은 아니라며 반박했다. 농장은 오이뿐만 아니라 담배나 고구마 등 여러 종류의 작물을 재배하고 있기 때문에 오이의 전매 계약을 맺는다고 해서 농장이 종속적인 입장에 놓이는 것은 아니며, 따라서 회사 측과는 완전히 독립해 있다고 주장했다.

FLOC 본부가 있는 톨레도에서 가까운 미시건 주나 오하이오 주 일부에서는 가공업자를 고용주와 마찬가지로 취급하는 형식 파괴적인 노동력 조직화 전술이 성공을 거두고 있었다. 캠벨사는 보이콧을 당한 이후, 조합과의 계약에 서명은 했으나 그 지역 토마토 구입을 중지하는 것으로 계약의 준수를 회피하고 있었다. 하인즈, 블래식, 딘 푸드 3사는 그 지역에서 FLOC와 오이를 취급하는 농장주들과의 삼자 간 계약에 합의했다. 그러나 FLOC는 마운트 올리브사와의 계약 교섭에서는 성과를 올리지 못하고 있었다. 노스캐롤라이나 동부와 노동조합은 오월동주 관계에 있었던 탓에 라미로는 작은 마을의 정치·경제적 이해라는 벽에 부딪혀 혹독한 시련을 경험해야만 했다. 1년여 동안 계속된 만남도 불구하고 빌의 태도는 변함이 없었고, 아무런 수확도 거두지 못한 FLOC는 마운트 올리브 피클 컴퍼니 제품의 보이콧을 결행하게 되었다. 라미로와 그의 동료들은 과격한 내용을 담은 전단을 뿌리거나 공개서한을 보내 교회와 지역 대학에 보이콧에 대한 협력을 구하러 뛰어다녔다. 그에 반해 빌은 힘 있는 여러 기관에 기부금을 주는 전략으로 대항했다고 라미로는 강한 어조로 말했다. 사실 빌은 그 마을의 중요한 명사였으며 관대한 인물로서 사람들의 평판도 매우 좋았다. 그 증거로 매년 마을에서 피클 페스티벌이 열릴 정도였다. 그러나 최종적으로 보이콧은 성공을 거두었다. 2004년 마운트 올리브사는 FLOC와 거래처 조합 사이에 삼자 간 계약을 체결해, 오이의 구입 가격을 인상하고 노동자의 산업재해 보험에 자금을 대며 고충 처리 창구를 만드는 데 합의했다.

FLOC와 농장 노동자 조합은 그 활동 목적을 임금 인상이나 계약 체결로 한정 짓고 있지 않았다. 그들은 미국의 대지가 낳는 은혜를 수확하는 노동자들 — 그리고 그들의 아이들 — 에게 해를 끼치는 농약과 제초제에도 초점을 맞춰 왔다. 지미 버치가 "위험한 대용품"이라고 부르는 매우 유해한 화학약품 가운데 많은 종류가 정부에 의해 시장에서 점점 퇴출되고 있었지만, 그러는 사이에도 인가된 화합물을 무책임하게 사용하는 농장주들이 (자신은 다르다고 지미는 강조했다) 여전히 존재했다. 많은 농장주들이 농약을 살포한 후 충분한 휴식 시간 없이 노동자들을 밭에 보내거나 세면대, 샤워, 세탁 시설을 마련하지 않는 등 노동자들과 그 아이들의 건강을 의식하지 못하는 사이에 좀먹도록 방치해 왔다. 특히 염려되는 것은 농장 주변 캠프에서 생활하는 아이들이었다. 그들은 집 밖에서는 (농약이 살포된) 잡초와 땅 위에서 놀며 그 손을 입에 갖다 대고, 집 안에서는 부모들이 밖에서 가지고 들어온 유해 물질이 묻은 바닥을 뒹군다. 뇌와 신체가 발육 시기에 있는 어린아이들은 이런 것들에 특히 영향을 받기 쉽다.

캘리포니아 주의 사례연구에 따르면, 농약 중독의 가장 두드러진 증상으로, 기관지염이나 천식 외에도 "구토, 메슥거림, 어지러움, 두통, 피로감, 졸음, 피부 발진" 등이 있다고 한다. 눈에 잘 띄지 않으면서 한층 더 심각한 문제를 일으키는 것으로는 "소아 뇌종양, 백혈병, 비호지킨 림프종, 육종肉腫" 외에도 면역이나 내

분비, 신경계통 이상 등을 들 수 있으나, 한 보고서는 이들 증상이 "농약 접촉에 의해 발생한다고 명확하게 단정하기는 매우 힘들다"고 결론 내리고 있다. 하지만 이 결론은 증상이 오랜 세월에 걸쳐 농약을 접한 결과로 나타나며 발병까지 오랜 잠복기를 가지기 때문에 내려진 결론이다. 농장 노동자 사이에 선천성 결손증 신생아의 출생률이 일반 미국인에 비해 3~14배 높은 것은 그 원인이 농약일 수도 있다는 사실을 완전히 부정할 수 없게 한다.[4] 또한 많은 증상이 보고되지 않고 방치되기 때문에 통계를 통해 확인할 수 있는 수치는 불완전한 것이라고 할 수 있다. 대부분의 농장 노동자들은 의료보험에 가입되어 있지 않으며 무료 진찰을 받을 수 있는 가장 가까운 병원도 거주지에서 멀리 떨어져 있을 가능성이 높다. 그리고 웬만큼 큰 병이 아닌 한 그들은 하루 벌이를 손해 보면서 병원을 찾지 않을 것이며, 그로 인한 해고의 위험을 감수하려고도 하지 않을 것이다.

시저 차베스Cesar Chavez가 창설한 조합인 전미농업노동자연합United Farm Workers of America의 고발에 따르면, 캘리포니아 주는 주법을 엄격하게 적용하고 있지 않다고 한다. 예를 들어, 농장주들이 농약이 살포된 밭에 경고문을 게시하지 않거나 농약 살포 후 수작업에 의한 수확을 재개하기까지 일정 기간을 두어야 하는 의무를 무시하더라도 벌금은 2~3백 달러밖에 부과되지 않는다. 조합의 보고에 따르면, 그 결과 명백한 질환이 발생했을 경우에만 최고 2천 달러의 벌금이 부과된다.[5] 결국 피해자의 건강에 대한 염려는 전혀 고려되지 않고 있는 것이다.

이민노동자의 아이들은 몇 개월을 주기로 학교를 옮겨 다닐 가능성이 높기 때문에 이런 아이들 또한 보이지 않는 존재가 될 수 있다. 이 아이들 가운데 대부분은 미국에 남아 성장할 것이며 일하는 미국 시민이 될 것이기 때문에 그들의 교육 문제는 미국에 있어 중대한 문제라고 할 수 있다. 학교교육의 심각한 단절은 건전한 사회 건설의 관점에서도 바람직하지 않은 것이다. 그럼에도 불구하고 아이들이 인터넷을 통한 학습이 가능하도록 노트북 컴퓨터를 제공한다거나 부모들이 농번기를 쫓아 남에서 북으로, 북에서 남으로 이동하는 것에 맞추어 순회 상담사나 교사를 파견하는 것과 같은 교육 문제 대책 프로그램은 극히 제한된 범위에서만 시행되고 있을 뿐이며, 그 비용은 대부분 교육부에 의해 조달되고 있다. 플로리다나 일리노이, 켄터키, 노스캐롤라이나, 오리건 등의 주에서는 십대들이 이들 프로그램을 통해 고등학교를 졸업하고 있다. 그러나 프로그램에 참가하는 학생 수가 너무 적은 탓에 압도적 다수의 아이들은 교육 자본의 결여 속에 이미 정해진 선로를 따라 걸어갈 수밖에 없는 것이 현실이다.

과거 노스캐롤라이나의 농장에서 일을 한 것은 흑인들이었다. 처음에는 노예로서, 그 후에는 경제 법칙이라는 강력한 감옥에 갇힌 자유 시민으로서였다.

"그들은 너무 심한 취급을 당했어요." 지미 버치는 말한다. 그는 같은 농장주들이 흑인 노동자를 혹사시키는 것을 직접 보아 왔다. 그는 이렇게 회상했다. "일주일 내내 일을 해도 그들이 받는 것은 와인과 밥, 아니면 마리화나와 밥, 둘 중 하나였어요. 어느 쪽을 받을 것인가는 매주 달라졌죠. 어찌 됐든 간에 그런 것밖에 받지 못했어요." "'농장주들이 흑인을 이용하고 있다'라고 세상은 말하겠지요. 하지만 반대의 시각에서 보면요, 흑인들이 어디 다른 곳으로 갈 데가 있을까요? 어디로 가죠? 또 무엇을 하죠? 어떤 기술이 있는 것도 아니고. 농장에서 일하면 적어도 지붕 밑에서 생활은 가능해지잖아요. 호화스러운 지붕은 아닐지라도 지붕은 지붕이잖아요. 비바람과 추위를 막아 주고 안락하게 식사도 할 수 있는.

흑인들이 농장에서 도시로, 남에서 북으로 대이동을 달성한 오늘날,
농장 노동자의 대부분은 멕시코인과 중남미인이며,
그 가운데 많은 수가 불법 체류자다.

저는 그들이 지독한 환경에서 생활하고 있다고 생각하긴 하지만 그들 가운데는 그걸로 충분하다고 생각하는 이들도 있어요. 어떤 의미에서는 슬픈 이야기죠. 하지만 뉴욕이나 워싱턴에서 부랑자가 되어 기껏해야 50센트, 1달러를 구걸하러 다니는 것보다는 낫잖아요."

혹인들이 농장에서 도시로, 남에서 북으로 대이동을 달성한 오늘날, 농장 노동자의 대부분은 멕시코인과 중남미인이며, 그 가운데 많은 수가 불법 체류자다. H2A[*]라는 제한적인 비자를 취득해 입국하는 자는 2퍼센트 이하로 비자 취득 절차도 까다롭다. 또한 그들의 경우 고용주에게 불평불만을 털어놓거나 고용주의 마음에 들지 않게 되면, 다음 해에는 고용도 되지 않고 비자도 발급받을 수 없게 되는 위험이 항상 따라다닌다. 나머지 98퍼센트는 비자 없이 입국한다. 만약 그들의 고용을 금지하는 법률이 엄격하게 적용된다면, 노스캐롤라이나를 비롯해 미국의 일부 지역에서는 아예 농사짓는 것이 불가능해져 버릴 것이라고 농장주들은 생각하고 있었다. 상처가 생기기 쉬운 농작물은 손으로 수확해야 하기 때문에 기계화가 불가능하다. 미국 정부가 비디오게임 소프트를 만드는 외국인들에게 시원시원하게 비자를 내주듯이, 농작물을 수확하는 외국인들에게도 같은 대우를 해야 한다는 것이 지미의 지론이었다.

불법체류는 곧 불안을 의미한다. 불법 체류자는 임금이나 노동조건의 개선을 요구하고 싶어도 강제송환이 두려워 주저하게 된다. 그들은 학교가 제공하는 아침과 점심 식사, 메디케이드에 의한 응급 서비스, 예방주사, 전염병 치료를 제외

---

[*] H2A

미국인만으로 충당하기 힘든 노동력을 확보하기 위해 만들어진 비자로 임시직 농업 노동자에게만 제한적으로 발행된다.

만약 그들의 고용을 금지하는 법률이 엄격하게 적용된다면,
노스캐롤라이나를 비롯해 미국의 일부 지역에서는
아예 농사짓는 것이 불가능해져 버릴 것이라고
농장주들은 생각하고 있었다.

하고는, 정부가 제공하는 어떤 복지 혜택도 받을 수 없다. 또한 은행 계좌를 개설할 수 없기 때문에 송금 수수료가 비싸지는 등 여러 가지 불편을 강요당하게 된다. 미국 정부와 기업은 이들이 불법체류 상태에 있을 수밖에 없는 상황을 통해 금전적 이익을 누리고 있는 것이다.

이민귀화국의 추정에 따르면, 미국 전체에 약 480만 명의 멕시코인 불법 체류자가 있다고 한다. 또한 미국 전체 농장 노동자 160만 명 가운데 52퍼센트 정도가 불법 체류자인 것으로 회계감사원General Accounting Office은 예측하고 있다.[6] 그들은 멕시코에 있는 가족들의 식량, 의료, 의약품, 거주비를 대기 위해 연간 약 90억 달러 이상을 멕시코에 송금하고 있었다. 이는 멕시코의 지방정부 몇 군데 연간 예산을 합친 것보다 많은 금액이다. 대부분의 멕시코인 노동자들은 손에 넣기 힘든 출세의 계단을 오르려 하기보다는 오늘 몇 달러를 벌 수 있을까 하는 눈앞의 문제에 매달리고 있다. 아벨이라는 젊은이는 그 전형적인 예에 해당한다. 그는 농장에서 쓰는 기계류를 수리하는 능력을 가지고 있었지만 그 기술을 팔지 않고 농장일에 머무르는 길을 선택했다. 수리공은, "다른 사람들과 같은 수준의 임금밖에 받지 못하면서 더 어려운 일에 혹사당한다"고 그는 상상하고 있었다.

아벨도, 다른 많은 노동자들도 목적은 하나였다. 그것은 미국에 터전을 잡는 것도 미국 사회의 주류가 되는 것도 아닌, 그저 고향의 가난한 가족들이 살아갈 수 있을 만큼의 돈을 버는 일이었다. 미국의 표준적인 삶은 그들이 사는 곳에서 너무나 멀리 떨어져 있는 것처럼 보였다.

아벨과 두 명의 사촌은 목화밭에서 법정 최저임금을 받으며 일하면서 파종 시기에는 아침 7시부터 저녁 7시까지, 10월부터 12월에 걸친 수확기에는 아침 7시부터 한밤중까지, 일주일 내내 휴일 없이 일했다. 노동이 가장 가혹해지는 수

확기에 접어들면 목화밭과 담배밭에 둘러싸인 더러운 트레일러는 아홉 명의 형제들과 사촌들로 콩나물시루가 되었다. 이곳의 농장주는 법에 따라 주 40시간 이상 일한 노동자에게는 잔업수당으로 시급 7.50달러를 지불하고 있었다. 이 농장주는 가스 요금, 전기 요금, (그들이 살고 있는 지저분한 기숙사의) 집세를 받지 않았다. 이것은 그들이 겨울이면 이동하는 플로리다의 오렌지 수확 일보다 나은 조건이었다. 플로리다에서는 집세로 주 40~50달러를 내야 했다. 최고로 바쁜 시기에 그들은 벌이의 약 절반을 (부모님이 빈곤의 수렁에 빠지지 않도록 하기 위한 안전망으로서) 멕시코에 사는 부모님에게 보냈다. 그리고 농한기에는 사실상 거의 전액을 본가에 송금했다. 수중에 남는 돈은 한 사람당 주 30달러 정도의 식비와 아벨의 사촌들이 각각 힘들게 구입한 낡은 차의 할부금 2백 달러뿐이었다. 그들의 중고차는 사치품과는 거리가 먼 것이었지만, 그들이 농사일을 쉬는 중간 중간 페인트칠이나 건설 현장에서 일을 하기 위해 돌아다니기에는 충분한 것이었다. 그러나 이만큼의 중노동에도 불구하고 그들이 얻을 수 있는 결과는 무척이나 보잘것없었다. 아벨보다 먼저 미국에 온 사촌 롤랜도는 멕시코에 집을 짓기 위해 5천 달러가 필요했지만 3년간 저금한 금액은 겨우 2천 달러였다. "저한테 3천 달러를 주면……, 지금 당장 멕시코로 돌아갈 거예요." 그는 웃으면서 말했다.

그들이 타향에 돈을 벌러 나오며 치른 대가는 고독과 이별, 그리고 공동체와의 단절이었다. 남에서 북으로, 그리고 다시 북에서 남으로 분주한 이동을 반복하는 이민자들에게서는 공동체에 상응하는 그 어떤 것도 찾아볼 수 없다. 아벨은 이 같은 사실을 다음의 말을 통해 단적으로 표현했다.

"우리들은 모두 독신이고 애인은 항시 모집 중입니다."

웨스턴 유니언[국내외 송금 서비스를 중심으로 하는 대형 금융기관]과 은행, 그리고 미국과 멕시코의 약국은 멕시코로 달러를 송금하는 데 높은 환율과 어처구니없는 수수료를 부과해 송금액의 10~25퍼센트를 가져간다. 특히 은행 계좌가 없는

그들이 타향에 돈을 벌러 나오며 치른 대가는
고독과 이별, 그리고 공동체와의 단절이었다.
"우리들은 모두 독신이고 애인은 항시 모집 중입니다."

사람들에게는 가장 높은 수수료가 부과된다. "텍사스 신용조합연맹"에 따르면, 멕시코 노동자들의 1회 평균 송금액 3백 달러가 미국에서 멕시코로 전자 송금된 후에는 80~90달러가 줄어든 약 2백 달러로 변해 버린다.[7]

보통 은행 계좌를 개설하기 위해서는 사회보장번호가 필요하다. 이민자가 유효한 사회보장번호를 취득하기 위해서는 합법적인 체류자여야 하므로 불법 이민자는 취득이 불가능하다. 아벨에게 이 이야기를 하자 그는 "괜찮아요" 하면서 자신의 사회보장카드를 꺼내 보였다. 그와 두 사촌은 트레일러 안에 놓인 상처투성이의 낡은 둥근 테이블에 앉아 있었다. 미국 경제에 없어서는 안 될 직업에 종사하는 이들 세 명은 모두 미국 정부의 허가 없이 체류 중이었고, 전원이 은행 계좌를 가지고 있었다. 아벨이 가지고 있는 사회보장카드는 (원래 진짜 사회보장카드도 그다지 정교하게 만들어진 것이라고는 할 수 없기 때문에) 비전문가인 내 눈에는 진짜 카드로 보였다. 그가 갖고 있는 정교한 그린카드도 마찬가지였다. 이 카드에는 이민귀화국의 인증이 찍혀 코팅되어 있었다. 이 두 장의 위조 카드는 모두 합쳐 1백 달러를 주고 구입했다고 한다. 그리고 돈을 더 내면 더 질 좋은 카드를 주문하는 것도 가능하다고 아벨은 말했다. "일을 얻을 때만 꺼내서 보여줘요. 그뿐이에요." 그는 설명했다. "그다음에는 가지고 다니지도 않아요."

이런 서류를 만드는 과정은 미리 짜인 각본대로 움직이는 게임과도 같았다. 노동자들은 왕왕 농장주가 이 카드가 위조란 것을 눈치채고 있다는 사실을 알고 있었고, 농장주는 농장주대로 노동자들이 알고 있다는 사실을 이미 알고 있는 터였다. 하지만 이런 형식적 절차 덕택에 고용주들은 연방법이 정한 벌금을 면할 수 있게 된다. 그들이 이민자를 고용할 때 서류를 충실하게 점검했다는 사실은 틀림없기 때문이다. 이민귀화국은 보통 노동자들을 강제 송환하는 것으로 만족하고 고용주에게까지는 손을 대지 않는다. 그 예외로 유명한 것이 타이슨 푸드사[미국 최대의 식육 가공 제품 제조·가공·판매 메이커]와 그곳의 직원 여섯 명이 불법 이민 밀입국과 서류 위조를 했다는 죄로 연방 대배심에 의해 고발된 사례다. 하지만 이 사례에서도 여러 명의 직원이 죄를 인정하는 증언을 했는데도 연방 배심은 공판에 출두한 세 명의 관리직 사원에 대해 무죄 판결을 내렸다.[8]

불법 이민자가 유일하게 취득 가능한 진짜 신분증은 운전면허증인데, 이것도 2001년 9월 11일 동시 다발 테러 이후 더욱 어렵게 되었다. 자동차도 없고 농기계도 조작할 일이 없는 신참 노동자들에게 운전면허증은 그다지 필요가 없지만, 기차 이동 생활에 마침표를 찍고 한 곳에 정착해 살고자 하는 이들이나 농장 노동자에서 트랙터 운전사로 상향 이동하고자 하는 이들에게 운전면허증은 필수적이다. 일부 주에서는 운전면허 취득 시 사회보장번호를 요구하기도 하는데, 이때 사회보장번호를 위조한 것이 발각되면 그 자리에서 체포된다. 9·11 테러 이후 엄격해진 규정의 예로, 펜실베이니아 주에서는 이민자의 면허증에 "비非미국 시민"이라는 도장을 찍고 비자와 동시에 면허증의 효력을 상실시키고 있다.[9] 이 조치 탓에 일부에서는 무면허 운전을 하는 이민자들이 나타나기 시작했다. 또한 경찰에 의한 민족 프로파일링ethnic profiling[인종·민족을 기준으로 한 선별적 차별 행위]을 부채질하는 결과도 낳았다. 경찰이 트레일러 캠프 근처에 차를 세워 잠복해 있다가 운전사가 히스패닉으로 보이는 경우 차를 세워 검문을 하는 식이다. 사법 당국은 경찰에게 입국 관리법의 적용 강화를 요청하고 있으며, 특히 이슬람 지역 출신이 그 표적이 되고 있다.

이런 압박 조치는 부분적으로 이른바 이민 내 이민 현상을 일으켰다. 오하이오, 테네시, 사우스캐롤라이나 등 규제가 심한 주에서 노스캐롤라이나 등 비교적 규제가 심하지 않은 주로 노동자들이 이동하게 된 것이다. 원래 노스캐롤라이나 주에서는 사회보장번호가 없는 사람이라도 주를 상대로 소송을 제기할 경우 사회보장번호 기입란을 전부 0으로 써서 내도 소송을 진행할 수 있도록 보장하고 있었다. 하지만 이 경우에도 두 종류의 신분증명서가 필요한데, 그것이 일을 꼬이게 하는 경우도 있다. 멕시코의 유권자 신분증명서는 유효한 신분증명서로 인정되는 것 중 하나이며, 멕시코 출생증명서도 유효하다. 그 외에도 유권자 증명서와 함께 자동차 권리 증명서를 제시하는 것도 가능하나, 자동차 권리 증명서 발급에는 보험증이 필요하고 보험증 취득에는 신분증명서가 필요하게 되어 마치 끊임없이 연결된 미로에 빠지는 결과를 낳는다. 9·11 이후 이민자들에 대한 공포감이 높아진 가운데 노스캐롤라이나 주에서는 면허증 신청 시 새로운 요건으로 주에서의 거주 증명과 함께 유효한 사회보장번호, 혹은 조금 번거롭지만 국세청에서 발급받을 수 있는 개인 납세자 번호를 동시에 제시할 것을 의무로 하고 있다. 그리고 2008년 이후부터는 연방의회의 결정에 따라 모든 주에서 불법 이민자들의 면허증 발급이 금지될 것이다.

폴 브랜트 신부는 이런 사람들을 위해 자신의 낡은 밴을 타고 주당 2,400킬로미터를 달리며 노스캐롤라이나 동부 시골을 누비고 있었다. 어떨 때는 미사를 열고 어떨 때는 카운슬링을 하고 어떨 때는 의료 원조를 해주었다. 그리고 주州의 차량 교통과에 이민노동자들을 차별하지 말고 원래 규정을 준수하도록 탄원, 주장, 요구함으로써 이민노동자들이 운전면허를 얻을 수 있도록 돕고 있었다. 예수회 사제로 브롱크스의 빈민층을 돕는 일부터 시작했던 그는 큰 키에 다부진 체격으로 불그레한 얼굴과 항상 웃음이 맴도는 파란 눈을 가지고 있었다. 가느다란 안경테 사이로 쾌활하고 자비심이 넘치는 눈웃음을 지어 보이는 그의 턱에는 드문드문 흰 수염이 나있었고 "중남미계 이민자 페스티벌. 월밍턴 98"이라고 쓰인 티셔츠를 입고 있었다. 그리고 그의 입에서는 유창하면서도 매우 강한 미국식 억양이 섞인 스페인어가 물 흐르듯 쏟아져 나왔다.

폴 신부는 패티와 글로리아라는 두 여성을 위해 공무원들과 한바탕 전쟁을 치른 직후였다. 두 사람은 영어를 할 수 없었기 때문에 노스캐롤라이나 주법이 정한 바대로 운전면허 시험을 스페인어로 치를 수 있었다. 그러나 2년 전, 주 차량 교통과 케넌스빌 사무소의 시험 감독관은 책상 위에 스페인어 설명이 달린 카드가 놓여 있었는데도 도로 표지 시험을 스페인어로 볼 수 있게 해달라는 요청을 차갑게 거부했다. 현재 그 사무소에는 폴 신부가 소개한 부드러운 태도의 여성이 시험 감독관으로 와 있었다. 폴 신부는 시험 삼아 자신의 신분을 밝히지 않은 채 전화를 건 적이 있었는데, 이 사무소가 활동가인 자신이 아닌 일반인들에게 어떤 태도를 취하고 있는가를 알아보기 위해서였다. 그리고 그는 곧 실태가 어떻게 돌아가고 있는지 알 수 있었다. 그 여성 감독관은 목소리의 주인이 누구인지 알지 못한 채 필기시험은 스페인어로 치를 수 있지만 도로표지 시험은 통역관이 오는 금요일에만 치를 수 있다고 대답한 것이다. 놀란 폴 신부는 롤리 [노스캐롤라이나의 주도州都]에 있는 주 정부 사무소에 전화를 걸어 규정이 바뀌었는지 물었다. 규정은 바뀌지 않았다. 한 감독관이 이 불운한 여성 감독관에게 연락해 왜 수험을 거부했냐고 추궁했다. 그 후 폴 신부가 패티와 글로리아를 데리고 사무소에 모습을 드러냈을 때 그녀는 분해하고 있었다고 한다. 그리고 전화를 걸어왔던 것이 폴 신부인 줄은 꿈에도 상상하지 못한 그녀는 마침 상사에게 전화를 걸어 폴 신부에게 도움을 요청한 참이었다고 했다. "그녀 요청을 들어줄 생각이에요." 폴 신부는 말했다. "하지만 제가 사무소에 들어섰을 때 그녀의 언행은 제가 신분을 숨기고 전화했을 때 매몰차게 대응하던 것과는 달랐습니다."

폴 신부를 괴롭힌 또 하나의 관료주의는 로마 가톨릭교회였다. 참견하기 좋아하는 교구사제와 융통성 없는 사교관구, 히스패닉계의 철새 같은 신자들의 특수한 요구 사항에는 일체 관여하지 않는 등 교회 내에 존재하는 위계 구조가 그 것이다. 한편, 교회 측은 교회 측대로 교구도 없이 여기저기 사회 구석구석을 떠 돌아다니며 풍파를 일으키는 폴 신부에 대해 인내심의 한계를 느끼고 있었다. "제가 무엇보다 좋아하는 것은 사람들에게 힘을 전해 주는 것입니다." 폴 신부는 높은 목소리 톤으로 말했다. "중간 조직을 많이 만들어서 충족되지 않는 요구나 가톨릭교회에 필요한 일을 많이 할 수 있도록 돕고 싶어요. 만족되지 않은 요구 가 아직 많이 남아 있기 때문이죠. 그리고 그렇기 때문에 항상 윗사람들과 마찰 이 일어나죠. 예수회 말고 다른 쪽[가톨릭교회]으로요. 그들은 풍파를 일으키는 걸 싫어해요. 변화도 좋아하지 않아요. 정말 놀랄 만한 일이죠. 관료주의라는 것은 어딜 가나 마찬가지예요. 모든 혁신이나 변화에 저항하죠."

예를 들어, 사교관구는 결혼을 희망하는 이민자들에게 우선 6개월의 대기 기 간을 두고 잠시 멈춰서 잘 생각하도록 명한다. 언뜻 들으면 현명한 일인 것처럼 들리나 6개월은 한철 농사를 다 짓고 추수까지 끝나게 되는 기간이며 그 6개월 이 지나면 신랑, 신부나 그들 가족은 이미 다른 장소로 이동해 버린 후가 된다. 오래가지 않는 결혼은 대부분 15, 16세의 중매결혼이라고 폴 신부는 반론한다. 또한 그는 신앙심 깊은 히스패닉계 성인은 충분히 진지하고 엄숙한 자세로 결혼 에 임하기 때문에 강제적인 숙고 기간은 불필요하다고 생각했다. "히스패닉 커 플이 교회에 찾아와 결혼식을 올리고 싶다고 말할 경우, 이미 그들에게는 상대 와 평생을 같이할 준비가 되어 있는 것입니다"라고 그는 주장한다. "하지만 히스 패닉과 그다지 연관이 없는 사제들은 '음, 우선 나는 스페인어를 할 수 없고요, 정해진 규칙이 있어서 여기서 결혼식을 올릴 수는 없습니다' 이렇게 나오죠." 폴 신부는 이렇게 말하며 화가 치밀어 오른 나머지 쓴웃음을 지어 보였다. "히스패 닉에 관여하지 않는 이쪽 사제들은 대부분이 교본대로만 움직이는 원칙주의자 들이라서 그 어떤 일에도 예외를 인정하지 않아요. 그리고 질문도 하지 않아요.

208

무조건 안 된다고만 할 뿐이죠. 그런 식으로 많은 사람들을 내쫓아 버립니다.”

교회가 이혼을 반대하고 있다는 사실을 생각하면 실패로 끝난 미성년자 간의 결혼은 가끔씩 문제를 일으킬 수 있다. 첫 번째 혼인이 해소되지 않은 상태에서 가톨릭교회에서 재혼 결혼식을 올리는 것은 불가능하다. 그리고 혼인의 해소는 각자가 위치한 사교관구에서 이루어져야 하는데, 예를 들면 아내가 멕시코나 온두라스로 돌아간 경우 일이 복잡해지게 된다. 폴 신부에 따르면, 부부 양쪽이 모두 해당 사교관구에 살고 있지 않으면 혼인 해소를 해주지 않는다. “게다가 관할구를 변경하기 위해서는 바티칸에 특별 요청을 해 본래 다른 사교관구가 처리해야 할 절차를 이 사교관구에서 할 수 있도록 해야만 합니다. 그래서 저는 최근 2년 동안 이것이 불공평한 관례라는 사실을 교회 심판위원회 위원들에게 호소해 왔습니다. 중남미 사교관구와 연락을 취하는 것이 가능하더라도 중남미 사교관구에는 대부분 심판위원회가 설치되어 있지 않습니다. 한 사무소에 두세 명의 사제를 두어 혼인 관계 처리를 맡길 여유가 없는 것이죠. 따라서 기본적으로 부부가 결혼의 속박에서 벗어나 재혼하는 것은 불가능하게 되어 버리는 겁니다. 결국 어렵사리 저한테 그 일을 처리할 수 있는 권한이 허가되었지만, ‘총본산에 가서 사교관구 변경 신청을 하고 그 허가가 나올 때까지 혼인 해소 수속은 진행될 수 없으니 혼인 해소를 원하는 커플에게는 그 기간이 1년 정도 걸린다는 사실을 분명히 전할 수 있도록’ 하라고 위에서는 말하고 있습니다.”

폴 신부는 대부분의 시간을 세속적인 문제에 수비하고 있었고, 이를 통해 농장 노동자들이 겪는 갖가지 어려움을 파악할 수 있었다. 그중 하나가 공동체, 사회적 관계, 그리고 신뢰의 결여였는데, 이는 특히 가족 없이 혼자서 이동해 다니는 젊은 남자들 사이에서 두드러졌다. “조부모나 경험 많은 동네 어른 등이 주위에 있다면 어렵지 않게 해결 가능한 그런 문제들로 그들은 괴로워하고 있습니다.” 그는 설명한다. “그래서 그들이 저에게 어떤 진지한 이야기를 털어놓고 나면 저는 그들에게 이렇게 되묻곤 하지요. '지금 나에게 이야기한 이런 이야기나 비밀을 편하게 털어놓을 수 있는 책임감 있는 조언자가 주위에 있습니까?' 그러면 그들은 '아니요'라고 대답합니다."

그래서 폴 신부는 필요한 조언을 해주거나 자기 집에 있는 컴퓨터로 만든 책갈피 크기의 작고 긴 카드를 전해 주어 그들의 마음속 빈 공간을 채워 주려 노력했다. 카드에는 성모마리아와 스페인어 기도문이 인쇄되어 있었고, 기도문의 내용은 알코올이나 마약을 끊을 수 있도록 신에게 도움을 요청하는 것이었다. 폴 신부의 관찰에 따르면, 알코올의존증은 매우 심각한 수준으로 만연해 있었다. 코카인이나 마리화나는 젊은 노동자들과 함께 유입되고 있었는데, 그에 따르면 그들 중 대다수가 이미 미국에 오기 전부터 상습적인 흡연자라고 한다. 개중에는 미국에 온 뒤 마약을 끊은 이도 있으나, 가족이나 공동체가 없는 상황이 이를 더욱 어렵게 하고 있었다. 전반적인 건강 문제는 그 심각성이 더했는데, 의료보험 미가입, 마약, 알코올 문제 이외에도 농장 노동 자체에 필연적으로 수반되는 크고 작은 사고들이 원인이었다.

폴 신부는 그들의 문제를 해결해 주고, 무엇인가를 준비해 주고, 소개해 주고, 교섭해 주는 사람이었다. 또 치료비를 할부로 해주는 치과 의사나 보험이 없는 노동자들을 위해 진료비를 깎아 주거나 가끔은 무료로 치료해 주는 의사를 찾아 주는 사람이기도 했다. 경제적인 문제에 관해 상담할 때면 노동자들이 가진 고정관념을 깨기 위해 노력하기도 했는데, 이곳 미국에서는 조금씩 정기적으로 분할 납부하는 것이 한꺼번에 전액을 갚을 수 있을 때까지 아무것도 납부하지 않고 기다리는 것보다 더 바람직한 것으로 여겨진다는 사실을 문화적 벽을 넘어 끈질기게 설득해 왔다. 그는 이민자들에게 그들이 봉사하고 있는 미국이라는 나라에 관해 가르쳐 주고 있었다.

미국이란 나라에서 결코 없어서는 안 될 존재인 이민노동자들은 미국 사회

내에 둘러쳐진 풍요로움의 경계선 밖에서 경계선 안이 얼마나 풍요로운지 그저 가늠해 볼 뿐이다. 그들은 결코 경계 안으로 진입할 수 없으며, 동시에 경계 내부의 기준으로 자신들의 위치를 바라보는 일도 없다. 따라서 그들은 다른 사람들이 바라보듯 자신을 바라보는 일이 없으며, 미국이 가진 잣대로 스스로의 고통을 측정하는 일도 없다.

하지만 이민자들이 이동하기를 멈추었을 때, 그들은 미국 사회의 중심으로 들어오기 시작한다. 그들은 주변을 살피고 살 곳을 정한 뒤 정착한다. 어쩌면 그들은 노스캐롤라이나의 어느 교차로 옆 도로에 작은 가게를 열고 어색하게 앉아 할라페뇨[멕시코의 아주 매운 고추의 일종] 같은 조국의 식재료를 팔며 동포의 방문을 기다리고 있을지도 모른다. 또 어쩌면 그들도 어거스틴 발타자르처럼 농장 일을 계속하다가 문득 자기 자신을 어떻게 바라볼 것인가에 관해 고민하기 시작할지도 모른다.

어거스틴은 경계선에 양발을 걸치고 안쪽과 바깥쪽을 왔다 갔다 하고 있었다. 그와 아내 그리고 세 명의 아이들은 반짝거리는 불빛과 예쁜 크리스마스트리가 장식된 하얗고 작은 농가에 살고 있었다. 그 집은 양계장을 경영하는 고용주의 것이었으나 집세는 내고 있지 않았다. 어거스틴은 서른세 살의 잘생긴 남자였는데, 번 돈은 1센트도 남기지 않고 모두 써버리는 탓에 저축해 놓은 돈이 하나도 없었다. 그럼에도 그는 자신이 사회계층의 어느 부분에 위치하는가에 대해서는 대답을 망설였다. "제가 아주 가난하다고는 할 수 없지요. 자가용도 있으니까요." 그는 설명한다. "가장 중요한 것은 저한테 아이들과 아내가 있다는 사실이죠. 생활을 계속해 나갈 수 있으니까 아주 가난한 건 아니에요. 돈이 없다는 건 알고 있지만 먹을 것도 있고 아이들에게는 옷이나 신발도 사줄 수 있으니까 만족해야죠. 제가 가난한지 아닌지 그런 건 몰라요. 아마 가난하겠죠. 하지만 아주 가난하다고 말하면 하느님을 볼 면목이 없고 부자라고 말하면 오만한 거죠. 그러니까 제가 어느 위치에 있는지 그런 건 모르겠어요."

5

의욕을 꺾어 버리는 직장

거친 인생을 살아온 사람들이었다. 코카인 중독, 홈리스 생활, 형무소 복역 등을 경험했고, 그 모든 과정 속에서도 굴복하지 않고 끝까지 살아남은 사람들이었다. 그러나 지금 그들은 겁에 질려 있었고 마음속에는 깊은 두려움이 드리워져 있었다. 그들은 "일"이라는 미지의 세계를 향해 막 첫발을 내딛으려 하고 있었다.

이곳에 모인 열여섯 명의 남자들은 모두 지독한 마약 또는 알코올의존자였거나 전과자였거나 워싱턴 거리에서 노숙 생활을 했던 이들이었다. 그리고 모두 흑인이었다. 이들은 수요일 밤, 미국 연방의회 의사당의 눈부신 돔이 건너다보이는 갱생원에서 지원 단체가 주 1회 주최하는 모임에 참가했다. 그리고 방안의 벽을 따라 늘어선 의자에 걸터앉거나 바닥에 앉거나 벽에 기대어 서 자신의 생각을 차례차례 발표하기 시작했다.

지금까지 그들의 인생에서 두려움이란 하나의 금기였다. 그들의 세계에서는 "악"悪을 긍정했고 최선의 방어는 상대를 공격적인 태도로 위협하는 것이었다. 스스로의 안전을 지키기 위해서는 못되게 굴고 위험하게 보이도록 행동하면서 결코 겁먹은 모습을 보여서는 안 됐다. 그 교훈은 어머니가 아들에게, 형이 동생에게 가르쳐 준 것이었다. 하지만 오늘 밤, 이곳 안전한 집단 안에서 그들은 솔직함이 주는 위안을 발견하며 서로 마음을 터놓고 대화를 나눌 수 있었다. 이곳의 과정은 구직 활동을 시작한 이후 한 달 이내에 직장을 구하고 아파트를 마련해 자력으로 생활을 시작하는 것을 목표로 하고 있었다. 그들은 이런 모든 과제를 귀찮아하며 약간은 신경이 예민해져 있었다.

대학 졸업생으로 높은 자격을 갖추고 직장 생활에 잘 적응할 수 있을 것이라는 자신감도 갖고 있는 백인 중산계급의 젊은이조차 구직 활동은 즐거운 일이 아니다. 하물며 이 남자들에게 직장이라는 곳은 곧 이문화異文化와 동의어라고 할 수 있다. 그들은 수많은 실패 — 학교를 중퇴하고, 마약의 유혹에 빠지고, 사람들과

"전과가 있는지 없는지 써야 해요.
전 항상 이번에도 취직에 실패하겠구나 생각해요.
의자에 앉아 면접관의 얼굴을 보면 알 수 있어요."

의 관계를 제대로 유지하지 못하고, 일을 지속하지 못하거나 하는 등 — 로 이루어진 과거의 중압을 등에 업고 새로운 세계로 들어가려 하고 있었다. 그들의 이력에 성공을 예감케 하는 것은 아무것도 없었고 자신감의 결여를 상쇄시킬 밝은 전망도 없었다. 그들이 몸에 걸치고 있는 무례한 처세술이라는 갑옷은 나무 합판과도 같이 얄팍한 것이었다. 그리고 그 갑옷 안에 감춰진 그들의 본 모습은 어린아이와 같이 미숙하고 너무나 취약했다. 그들은 전화를 거는 일, 응시 원서를 작성하는 일, 면접에 가는 일, 합격 통보를 받지 못하는 일 등을 두려워하고 있었으며, 그 사실을 솔직하게 인정했다. 그들은 스스로의 범죄 이력에 관한 피하기 어려운 질문에 대해 긴장하고 있었다. 진실을 말하는 것에도 거짓을 말하는 것에도 두려움을 느끼면서. "전과가 있는지 없는지 써야 해요. 전 항상 이번에도 취직에 실패하겠구나 생각해요. 의자에 앉아 면접관의 얼굴을 보면 알 수 있어요." 웨인은 발끝으로 시선을 떨구며 말했다. "그래서 맥도날드 같은 데서 아르바이트를 할 수밖에 없어요. 거부당하는 게 무서워서요. 무서워서 머뭇거리게 돼요."

"한발 한발 내딛을 때마다 벽에 부딪히는 것 같아요." 큰 키에 남자다운 골격을 가진 한 남자가 고백했다. "우선 면접부터요. 거부당하고 나면 불안해지는 거요……. 문제가 있다는 건 저도 알고 있어요. 도망치든지 아니면 맞서든지. 채용됐다고 생각했는데 나중에 알고 보니 착각이었을 때 그 기분은 아직도 마음속에 남아 있어요. 아직도 그 충격에서 벗어나지 못하고 있어요. 사물을 받아들이는 제 마음의 구조 전체가 달라진 것 같아요. 아직도 이런 식의 불안을 느껴요. 어떻게든 해야겠죠. 제 얘기를 들어줘서 고맙습니다."

"이야기해 줘서 고맙습니다." 모두가 일제히 대답했다.

그룹에는 일이 잘 풀린 사람도 몇 명 있었다. 한 남성은 "프린스 경비 회사"라고 쓰인 빨간 삼각형 모양의 견장이 달린 짙은 남색 유니폼을 입고 있었다. 다른 한 남성은 시급 6.50달러를 받고 사무용 가구를 운반하는 일을 구했다. 하지만 세 번째 남성은 공항의 수하물 관리직에 지원했다가 전과 기록 때문에 거부당한 이야기를 해주었다.

개중에는 고용된 후에도 불안을 해소할 수 없는 사람들이 있었다. 그 가운데 둘은 구직에 성공했다는 사실에 공포를 느끼고 있었다. 일의 내용은 어찌되었든 그 일을 자신이 따라갈 수 있는지 자신이 없었던 것이다. 하지만 적어도 또 다른 한 남자의 경우 일을 할 수 있다는 사실 자체가 위안이 되었다. "처음 출근했을 땐 무서웠어요. 내가 이런 걸 할 수 있을 리 없다고 생각했죠." 그는 인정했다. "하지만 하루하루 조금씩 자신감을 되찾아 갔어요. 내 안에 이런 자신감이 있었 다는 사실을 잊어버리고 있었죠. 그걸 깨닫고 나서는 기분이 한결 나아졌어요."

스스로의 공포에 관해 이야기하기 위해서는 대단한 용기가 필요하다.

서쪽 해안 지방으로 장소를 옮겨 보자. 카멜리아 우드러프는 고심 끝에 메이시즈 백화점 보석 매장의 판매 사원 오리엔테이션에 나가지 않기로 결심했다. 그녀는 부드러운 인상의 26세 흑인 여성이었는데, 로스앤젤레스의 한 공영주택인 임페리얼 코트 안의 정원을 이리저리 서성이며 이야기를 시작했다. 그녀는 손가락으로 머리칼을 잡아당기거나, 하나로 동그랗게 말거나, 빗질해 곱게 펴거나, 뒤로 하나로 묶어 앞머리를 이마에 약간 비스듬하게 쓸어내려 붙이거나 하는 등 조금도 가만히 있지 않고 손과 몸을 바쁘게 움직였다. 금색의 커다란 귀걸이를 한 그녀는 남자들의 주의를 회피하려고 노력하고 있었다. 그녀의 몸 전체에서는 불안과 분노가 강하게 뿜어져 나왔고, 쉴 새 없이 한 장소를 이리저리 서성거렸다. 그녀의 태도는 마치 당장이라도 "내 눈앞에서 꺼져!"라는 말이 튀어나올 듯, 남자들을 위협하고 있었다. 그녀의 목소리에는 면도날 같은 차가움이 배어 있었다.

카멜리아는 자기 집 거실의 밝은색 TV 받침대 — 그것 말고 가구는 하얀 플라스틱으로 된 옥외용 의자뿐이었다 — 의 조그만 공간에 엉덩이를 걸치고 앉았으나 잠시도 가만히 있지 못했다. 그녀는 말하는 도중에도 마루를 대걸레로 훔치거나 바닥을 치우거나 여기저기 서성거리는 등 한시도 가만히 있지 않았으며 다부진 체격의 한 남자가 그녀의 방에 들어오자 홱 돌아서더니 모멸감 담긴 어투로 이렇게 말했다. "지금 중요한 이야기하고 있다고!" 남자는 바로 그 자리를 떴다.

카멜리아는 고등학교를 2학년 때 중퇴하고 "거리에서 생활하게 된" 이후, 줄곧 폭력적 관계 속에서 지내 왔고 어머니가 마약 과다 복용으로 죽는 것을 눈앞에서 지켜보았다. 그녀는 결혼한 적도 없고 아이도 없었으나 친구의 아이들을 돌보는 것은 좋아했고 가끔씩 저임금이지만 일을 하기도 했다. 그녀의 말에 의하면 새 직장에 들어갈 때마다 일정 기간 이상은 일을 계속했다고 한다. "오랫동안 일했어요." 그녀는 자신 있게 말한다. "네 달, 다섯 달, 여섯 달, 일곱 달, 여덟 달." 앞일은 그다지 생각하지 않았다. 10년 후 어떻게 되어 있을지 같은 것은 생각해 본 적도 없었다. "매일 아침 일어나서 일하러 가는 건 무척 힘든 것 같아요." 카멜리아는 말했다. 그녀에게 이상적인 일은 어떤 일일까? "아이들을 상대로 하는 일을 할 수 있었으면 좋겠어요. 보조 교사 같은 거요. 아니면 보육 관련 일이라든가."

카멜리아처럼 공영주택에서 고립된 생활을 하고 있는 많은 이들은 용기도 인맥도 없는 탓에 제대로 된 일을 찾지 못하는 경우가 많다. 누군가가 도움의 손길을 내밀어 후방에서 밀어주거나 편의를 봐주지 않는 한. 카멜리아에게 구원의 손길을 내민 것은 글렌다 테일러라는 여성이었다. 그녀는 연방 정부가 출자하는 "잡스 플러스" 프로그램의 케이스워커였는데 프로그램의 주요 목적은 구직 활동을 하는 데 존재하는 일련의 장해물을 극복할 수 있도록 돕는 것이었다. 카멜리아가 사는 공영주택에서 불과 몇 블록 거리의 워츠 부근에서 어린 시절을 보낸 글렌다는 당사자가 아닌 사람에게는 이해하기 힘든 여러 장애를 이해하고 있었

218

다. 당시 샌디에이고 주립 대학에 입학한 그녀는 자신의 대가족 가운데서 고등학교에서 대학교로 곧바로 진학한 유일한 경우였다. 그 후 글렌다는 워츠에서 탈출하는 데 성공했지만 사람들에게 구원의 손길을 내밀기 위해 다시 돌아왔다. 그녀는 날카로운 눈빛의 경찰견처럼 이 부근 젊은이들이 기능장애를 겪고 있음을 나타내는 징후 — 앞으로 발을 내딛지 못하는 불안감 — 를 읽어 냈다. 그것은 바로 "공포"였다. 공포는 그들이 극복해야만 하는 첫 번째 장해물이다. "그들은 종종 현재 상태에 머물고자 하는 욕구를 내비칩니다. 무서운 거죠. 겁먹고 있는 겁니다." 글렌다는 이렇게 말한 후 솔직하게 다음과 같이 덧붙였다. "또 다른 문제점은 그들이 그저 게으름뱅이일 뿐이라는 사실입니다."

가족 중 누군가가 일하는 모습을 본 적이 없는 것도 문제라고 그녀는 말한다. "같은 일이 되풀이되는 거예요……. 아이는 자신이 본 것을 모범으로 삼지요. 가정 내에서 처음으로 본 것을……. 제 아버지는 매일 새벽 네다섯 시에 일어나셨어요. 공사 현장의 건설 노동자셨거든요."

많은 젊은이들이 무력감과 분노를 느끼고 있다고 글렌다는 말한다. "그들은 마음속에 분노와 자기 비하감을 키우고 있죠. 그래서 앞으로 나아가고 싶은 마음이 들지 않는 겁니다. '너라면 할 수 있을 거야'라고 말해 주는 이가 아무도 없어요. 오히려 언제나 '네가 할 수 있을 리가 없어. 어차피 하지도 않을 거잖아'라는 말을 듣습니다. 끊임없이 그런 말을 듣는 거예요. 학교에서도요. 그들이 반발하면 교사는 '너희는 아무것도 되지 않아, 그저 문제만 일으키게 될 뿐이야'라고 말합니다. 그러면서 교사는 자신들이 무슨 큰일이라도 해낸 듯 생각하죠. 그리고 그들이 말한 것은 실제로 현실이 되어 버립니다."

글렌다는 자신의 인맥을 이용해 카멜리아의 악순환의 고리를 끊어 버리려 했

"그들은 마음속에 분노와 자기 비하감을 키우고 있죠.
그래서 앞으로 나아가고 싶은 마음이 들지 않는 겁니다."

다. 글렌다는 메이시즈에서 파트타임으로 일했던 경험으로 그곳의 매니저와 친분이 있었는데, 자신이 카멜리아의 보증인이 되어 그녀가 보석 판매대의 판매원 —승진의 가능성이 어느 정도 있는 자리 — 으로 일할 수 있도록 도와주었다.

카멜리아는 불안을 느꼈다. 오리엔테이션 둘째 날, 그녀는 오리엔테이션에 가지 않겠다고 글렌다에게 말했다. 자신의 절도 전과가 창피스럽고 또 그런 자신을 채용해 줄 리가 없다는 이유에서였다. 이런 카멜리아에게 글렌다는 다음과 같이 조언해 주었다. "하지만 일단은 가보는 것이 여러 가지로 득이 될 거라고 생각해요. 절도 경력에 관해서는 그들의 판단에 맡기면 그만이니까요." "자신이 성실하고 솔직하게 행동하면 언젠가는 상대도 같은 식으로 대해 주는 법이에요."

하지만 정말로 절도 경력이 있는 사람을 고용해 줄까?

"아니라고 생각해요." 나중에 글렌다가 내게 말했다. "개인적으로는 고용하지 않을 것이라고 생각해요. 하지만 과거를 언제까지나 숨길 수 있을 것이라고 생각하지도 않아요. 어느 시점에 가서는 모든 사실을 털어놓고 스스로 새로운 경험을 할 수 있도록 해야 해요." 그리고 문이 완전히 닫혀 있는 것은 아니었다. 매니저는 자신의 상사가 승낙한다면 기꺼이 카멜리아와 일할 준비가 되어 있었고, 메이시즈는 매장 안에 설치된 최첨단 도난 방지 시스템을 신입 판매원들에게 보여 주고 겁을 줌으로써 스스로를 방어하고 있었다. "고급 보석이 진열되어 있기 때문에 사방에 카메라가 달려 있어요. 모든 각도, 모든 방향에서 감시되고 있죠." 글렌다는 말한다. "계산대도요. 종업원이 수상쩍은 행동을 하면 컴퓨터실에서 그 계산대의 회계 작동을 정지시킵니다. 제대로 처리하고 있지 않다고 보는 거죠."

카멜리아는 오리엔테이션에 참가하라고 계속 재촉을 받아 버스에 오르긴 했으나 결국은 참가하지 않았다고 했다. "도착해 보니 아무것도 없었어요." 전화는 했을까? "안 했어요. 모르겠어요. 이게 정말 제가 하고 싶은 일은 아닌 것 같아요. 저는 실외 활동을 좋아하는 타입이거든요. 성과급제라고 들었는데, 제가 보석을 잘 판매할 수 있을 거라는 생각이 안 들었어요." 그 일은 기본급 지급을 바탕으로 성과급을 주고 있었다.

그녀는 오리엔테이션에 참석하지 않은 이유를 대기 위해 네 가지 정도의 구실을 생각해 놓고 있었다. 부끄러운 절도 경력, 실내에만 갇혀 있어야 한다는 사실, 판매 기술에 대한 자신감 결여, 그리고 길을 잃어버렸다는 것이었다. 카멜리아는 불안감과 변명이 복잡하게 뒤엉켜 결국 길을 잃어버리게 된 것이다. 그리고 그녀는 글렌다에게 전화를 걸어 사후 보고를 하거나 감사 인사를 하거나 사과를 하거나 그 어느 것도 하지 않았다. 글렌다가 카멜리아의 오리엔테이션 결석 사실을 매니저로부터 들은 것은 며칠 뒤의 일이었다. 카멜리아를 어떤 방식으로 도울 것인가라는 명백한 질문이 글렌다에게 숙제로 부과된 셈이었다. 그리고 그 문제에 대한 글렌다의 답은 "그녀를 계속 껴안는 것"이었다.

하지만 몇 개월 후, 글렌다는 다른 공영주택을 담당하게 되어 카멜리아의 삶에서 손을 떼게 되었다.

임페리얼 코트 부지 안에는 남루한 아파트 건물 사이로 잡초가 무성한 잔디밭이 있다. 아이들이 뛰노는 그곳에서는 한 무리의 젊은이들이 어슬렁거리거나 폼을 잡고 모여서 지나가는 사람들을 노려보곤 한다. 외관상 이 공영주택은 시카고나 뉴욕에 있는 낡은 형무소 같은 살벌한 고층 벽돌 정글보다 음울한 면은 적을지 모른다. 그러나 이곳은 사회적으로는 물론 경제적으로도 병든 지역이다. 가정 폭력이 만연해 있으며, 주민 1,462명(3분의 2가 흑인이고 그 나머지는 중남미계)

가운데 정규직 노동자는 54명에 불과했고, 그 외 12명이 파트타임으로 일하고 있었다. 더욱이 이 수치는 2001년 경기후퇴가 시작되기 전 버블기의 이야기이다.

이런 상황에서도 여전히 구직을 희망하는 사람들은 어떤 공통적인 성향을 보이는데, 바로 자신이 살고 있는 마을 주위를 떠나고 싶어 하지 않는 경향이 그것이다. 글랜다를 비롯한 케이스워커들의 말에 따르면, 그들은 새로운 미지의 규칙이나 심적 위축을 일으키는 도전들과 같은 외부 세계의 문화를 대단히 번거로운 것으로 느끼기 때문에 현재의 주택단지 내부, 특히 공영주택 관리 기관에서 일하기를 원한다. 낡아 빠진 건물, 삭막한 주민들, 갱, 마약 밀매상, 저녁이면 총싸움이 난무하는 그런 곳임에도 불구하고 그들은 공영주택 안에서 마음의 안정을 찾았다.

"방패처럼요, 이 안에 있으면 보호받고 있는 느낌이 강하게 들어요." 베트남에서 로스앤젤레스로 이민을 와, 현재는 자신이 자란 곳에서 일하고 있는 트롱 캄은 말한다. 그가 자란 곳은 윌리엄 미드 하우스라는 공영주택이었는데, 마을 주변의 공장들은 지역 주민을 절대 고용하지 않았다. "주택이 있는 대지가 우리에겐 전부였어요. 작은 마을, 작은 도시 같다고나 할까요. 모두 아는 사이였죠." 그는 말한다. "외부에 일이 있다손 치더라도, 그게 불과 6~8킬로미터 떨어진 곳의 일이라도, 하고 싶은 마음이 들지 않아요. 새로운 사람과 만난다거나 지금까지 경험해 왔던 것과 다른 것을 경험하는 데 두려움을 느끼고 있는 것 같아요. 응시 원서를 신청하는 것조차 무서워하죠. 자기 자신에 대한 평가가 매우 낮은 거예요. '뭐, 어차피 취직되지 않을 거. 이런 공영주택 같은 곳에 살고 있는데 누가……' 이렇게 생각하는 거죠. 많은 친구들이 그렇게 생각하고 있어요."

그들이 안고 있는 자기 비하감이나 자포자기 같은 심리 상태에 고용주가 관심을 기울이는 경우는 매우 드물다. 고용주는 표면에 드러나는 태도를 관찰할 뿐이다. 지각, 결근, 일에 대한 동기, 의욕, 시간 준수, 근면함, "해보겠습니다" 하는 태도 같은 "소프트 스킬" 등을 볼 뿐이다. 그리고 때로는 자발적이지 않은 점, 동료와의 관계가 원만하지 못한 점, 욱하는 성질, 상사의 명령에 화를 참으며 따르는 기술이 부족한 점 등을 체크한다. 만약 고용주가 저임금 노동자를 채용해야만 한다면 아마 대부분이 "하드 스킬", 즉 읽고 쓰거나 계산을 하는 등의 기술보다도 "소프트 스킬"을 가진 노동자를 고를 것이다.[1] 많은 단순노동은 쓰기 능력이나 계산 능력이 필요치 않으나 시간에 맞춰 출근해야 하기 때문이다. "기본적으로 필요한 스킬은 근로 의욕입니다. 그런데 그 스킬을 직원에게 일일이 가르쳐야만 할 때가 있습니다." 메릴랜드 주의 버거킹 매니저, 브라이언 해긴은 말이다.

소프트 스킬에 관한 교육은 원래 가정이 담당해 왔지만 그 대부분이 학교로 이전되었고 다시 학교는 그 역할을 고용주에게 전가하고 있다. 그리고 고용주는 어떻게 해야 할지 감을 못 잡고 있다. 예를 들어 브라이언은 버거킹의 새 매장을 열 때, 수백 명의 직원들이 믿을 만할 능력을 갖추게 될 때까지 반년 이상의 시간을 들인다고 한다. 새 직원 중에는 양치질조차 하지 않는 이들도 있다고 한다. 그들은 "지금 막 침대에서 빠져나와 유니폼을 입고 출근한" 것처럼 보인다고 브라이언은 말한다. "그래서 그런 친구들한테는 이런 것까지 가르쳐 줘야 해요. '잘 들어 봐. 자네는 나한테 고용된 것이고 여기에는 일하러 왔다는 사실을 잊지 말아야 해. 머리를 감고 잘 빗고 나서 오는 거야. 그리고 남자니까 면도도 하고 오고.' 이런 식으로요." 브라이언은 시급 6.50달러에 직원들을 고용했는데, 한 해 동안 필요한 직원 수의 약 세 배에 해당하는 인원을 고용해야만 했다. 그 결과 이직률은 거의 3백 퍼센트에 달했다.

C. 미첼 볼은 잭슨 카운티 재활 사업Jackson County Rehabilitation Industries을 인수할 당시, 직장에서 지켜야 하는 기본적인 사항을 다 큰 어른들에게 가르쳐야만 한다는 사실에 아연실색했다. 이곳은 켄터키 주 동부에 위치한 현장 실습을 겸비한 직업훈련소로 부근의 기업과 계약을 맺고 있었다. "제 인생에서 이렇게 어처구니없는 일은 들어 본 적이 없습니다." 볼은 말한다. 그는 자기 수하에서 훈련

"자네는 나한테 고용된 것이고
여기에는 일하러 왔다는 사실을 잊지 말아야 해.
머리를 감고 잘 빗고 나서 오는 거야."

을 받고 있는 사람들 — 전원이 애팔래치아 지방 출신의 가난한 백인들 — 에게
자신이 생각하기에 상식적인 사항들이 결여되어 있으며, 처음부터 모든 것을 새
로 배워야 할 필요가 있다는 사실을 오랫동안 믿으려 하지 않았다. "몇 시에 출
근하면 좋을지 나는 알고 있어요." 볼은 강하게 말했다. "어떤 이유가 있든지 간
에 가야만 한다는 것을 나는 알고 있어요. 예를 들어 차가 고장 났다면 직장에 전
화를 걸어 누군가에게 직접 이야기를 한다거나, 적어도 메시지를 남기거나, 아
니면 재빨리 차를 고치거나 해야 한다는 사실 정도는 알고 있어요. 병이 났으면
직장에 전화를 해야 한다는 사실 같은 것도 알고 있어요. 평소 아이를 맡기던 곳
에 사정이 생기면 다른 방법을 찾아야겠죠. 어쨌든 전 그들을 이해하는 데 꽤 시
간이 걸렸어요. 저는 일할 수 있는 연령이 되기 훨씬 전부터 지금까지 죽 일을 해
왔어요. 농사일 같은 중노동도 많이 해봤죠. 그래서 정말 그들을 이해할 수 없었
어요. 전혀요. 아침에 늦잠 자지 않고 일어나야 한다는 사실, 누구나 알고 있는
사실이잖아요. 머리를 빗어야 한다는 사실도요. 몸을 씻는 것도요. 절대 일부러
트집을 잡는 게 아니에요. 진실을 말하고 있는 거예요. 소프트 스킬, 그러니까 일
을 하기 위해 필요한 기본적인 스킬을 가르칠 필요가 있다는 사실을 인정하기까
지 오랜 시간이 필요했어요."

　이런 스킬이 부족한 사람들의 탈락률은 높다. 예를 들어 폴 릴리그는 다큐소
트사를 경영하는 데 약 2백 명 정도의 사원이 필요했다. 이 회사는 폴이 미주리
주 캔자스시티에 세운 회사로 법인 고객이 발송하는 요금 별납 우편 봉투에 바
코드를 붙여 바코드 별로 분류하는 일을 하는 회사였다. 그는 우선 250명을 고
용했다. 대부분이 가난한 흑인과 베트남계 이민자들이었다. 폴은 그들에게 최저
임금을 지불하고 있었고, 보통 하루 업무에 필요한 최소 인원인 약 2백 명 정도

가 항상 일을 하고 있었다. 그러나 "연말에는 직원용으로 3~4천 명분의 연소득·세금 명세서를 발행해야만 했어요." 폴은 불만을 토로한다. "그들은 오늘은 출근을 해도 내일은 무단결근하는 그런 식으로 일을 합니다." 그들은 인종 간 마찰을 일으키기 쉽고 자신의 실수를 남의 탓으로 돌리기 때문에, "매우 불안정하고 신뢰할 수 없어요." 결국 폴은 작업의 대부분을 기계화했고 그 편이 대차대조표 상으로도, 정신적으로도 부담이 덜했다.

취재를 위해 캔자스시티에서 소개받은 포커스 그룹* 세 팀의 고용주들은 종업원의 지각이나 무단결근, 자주성 결여, 주먹질이나 마약 복용, 크고 작은 소모적인 문제를 끊임없이 발생시키는 것 등에 대해 불만을 표시했다. 그러나 참가에는 동의했으나 미팅에는 무단으로 결석한 고용주가 몇 명 있었고 제시간보다 늦게 도착한 고용주도 두 명 있었다. 한편, 그룹 토론회에 출석한 전 생활보호 수급자 전원이 지각하지 않고 제시간에 맞춰 나타났다. 이런 모순된 상황을 더욱 부각시키려는 듯, 지각한 고용주 중 한 명 ─ 다큐먼트 이미징 회사(종이 서류를 디지털화해서 보존·관리하는 회사를 운영하는 브래드 케이시 ─ 이 생활보호를 받던 노동자들을 공공연하게 비난하기 시작했다. "매일 출근하는 것이 자네들의 새로운 규칙이라고!" 그가 말했다. "그것도 제시간에 출근하는 것이!" 브래드는 미소 한 번 짓지 않고 진지한 얼굴로 이렇게 덧붙였다.

직원과 관련한 "문제" 가운데는 소수자나 여성, 생활보호 수급자에 대해 편견을 가진 매니저들이 만들어 낸 환상과 과장에 불과한 이야기들도 있다. 미국에서 버젓이 통용되고 있는 고정관념 중에는, 흑인은 게으름뱅이에다 무능하다,

---

● 포커스 그룹focus group
일정한 조사 목적에 의해 설정된 적은 인원수의 그룹으로, 정기적인 모임을 가지고 이야기를 나누게 함으로써 당사자를 연구에 직접 참여시키는 질적 연구 방법.

여성은 가족에 너무 집착해서 생산적인 직원이 될 수 없다, 생활보호 수급자는 마지못해 일하고 있다 등이 있다. 그렇기 때문에 실제로 그런 고정관념에 부응하는 일이 일어나게 되면 오랜 세월 사람들이 품어 온 기대와 호응하면서 고정관념은 더욱 정착되고 굳어지게 된다. 고용주에게 이것저것 캐묻다 보면 어떤 경우에는 그들이 매우 드문 소수의 극단적인 예를 일반화하고 있다는 것을 알게 된다.

한편 진짜 문제도 존재한다. "아이가 일곱이나 되는 여성을 고용했는데, 쉴 새 없이 아이들과 전화 통화를 했어요." 캔자스시티에서 건설자재 메이커, 시스코를 경영하고 있는 K. B. 윈터로드의 푸념이다. "그녀의 상사는 '아이들과의 전화 통화는 휴식 시간에 하라고' 가르쳤는데 이 말을 듣게 하는 데 오랫동안 고생했어요. 사실 그녀는 전화로 자기 고민이나 문젯거리를 얘기하는 데 일하는 시간의 절반을 보냈죠. 그런 직원들 대다수가 그래요." "그런" 직원이란 그녀가 고용하고 있는 생활보호 수급자들을 가리킨다. 그들을 고용한 이유는 도덕적인 동기와 더불어 미주리 주에서 회사에 고용 장려금으로 시급 3달러의 보조금이 지급되기 때문이었다. 하지만 그들은 일하는 태도가 매우 불성실했고 그들을 감독하는 데 오히려 더 많은 비용이 들었기 때문에 윈터로드는 그들이 정부로부터 생활보호를 받고 있다는 사실이 불쾌하게 느껴졌으며 동시에 자신이 그들을 고용하는 데 대해 보조금을 받는 것을 당연하게 여겼다. "직원 여섯 명당 한 명씩 붙는 감독직 정직원의 급여를 지불해 준다면……" 하고 그는 마치 주 정부를 향해 이야기하듯 말했다. "그리고 직원 여섯 명 모두의 연봉을 전액 지급해 준다면, 회사를 위해서 그들을 고용하고 돌볼 생각이 있습니다."

이런 종류의 비참한 이야기는 특히 홈리스 보호소의 사람들을 고용하는 고

226

용주들에게서 많이 들을 수 있다. 캔자스시티의 퇴직자 시설인 존 녹스 빌리지의 인사부장 샤론 에비에 따르면 지금까지 그곳 출신자 가운데 성공한 이는 하나도 없었다고 한다. 간호사 보조로 채용된 한 여성에 관해서는, "이것저것 말할 필요 없이, 그저 이상한 짓만 골라서 하는 거였어요"라고 말한다. "어느 날, 그 여자가 간호사 대기소에 앉아 신발과 양말을 벗더니 발가락 끝을 꼼지락대는 거였어요. 매일 그런 짓을 했어요. '이런 행동을 하면 안 된다'는 걸 가르쳐 주려고 이런저런 수단을 다 써봤는데 아무 소용이 없었어요. 하루는 전화가 오더니, 아무 데도 갈 데가 없다, 보호소에도 갈 수가 없다고 우리 부장에게 부탁을 하는 거예요. 그래서 결국 존 녹스 빌리지에 재워 주기로 했는데, 글쎄 들여보내 주니까 방에서 파티를 하는 거예요. 이런 비상식적인 행동을 계속해서 반복하더군요."

정신적인 병을 앓고 있었던 것인지 아니면 어떤 다른 문제가 있어서였는지는 알 수 없지만 빅토리안 페이퍼사 사장인 랜디 롤스턴은, "고용주에게 아무리 많은 장려금을 주더라도, 또는 어떠한 수단으로 협박을 가하던 간에 절대로 고용할 수 없는" 사람들이 있다고 단언한다. 그러나 그런 그의 생각은 문구와 카드 카탈로그를 판매하는 그 회사에서 시급 3달러의 보조금을 받으며, 생활보호 수급자들을 직원으로 채용해 성공을 일구고 있는 그 자신의 체험과는 상반되는 것이었다. "우리들은 정말로 축복받은 것이지요." 그는 인정한다. "2년 정도 우리 회사에서 일하고 있는 여성이 있는데, 그녀는 정말 훌륭해요. 가장 우수한 사원 중 하나예요." 그 여성은 승진해 선물 세트 제품 디자인이라는 창조적 일을 맡고 있었다. 그럼에도 불구하고 그의 머릿속에는 마치 당연하다는 듯, 한없이 무능한 노동자라는 망령이 아직도 떠다니고 있었다. "그들의 할머니도 생활보호 수급자였고, 어머니도 생활보호 수급자였고, 그들도 생활보호 수급자예요." 롤스턴은 단정적으로 말했다. "그렇기 때문에 우리는 마치 그들을 전혀 새로운 세상으로 끌어오는 듯한 느낌을 받아요. 그들은 생활보호의 세계에서 어른이 되었고 지금까지 그

"그들의 할머니도 생활보호 수급자였고,
어머니도 생활보호 수급자였고,
그들도 생활보호 수급자예요."

런 식으로 인생을 살아왔거든요. 우리가 그들을 그곳에서 끄집어내서 책임감 비슷한 것을 부여하려고 해도 그들한테는 전혀 낯선 것이 될 뿐이에요. 그런 게 잘될 리가 없죠. 지금까지 모범이 될 만한 사람은 없었어요. 그들은 고용주, 그러니까 일을 주는 쪽이 자신들의 모범이 되어 주었으면 하고 생각하고 있어요."

고용주에게 조바심 이외의 것을 기대하는 것은 어쩌면 무리일지도 모른다. 밑바닥의 노동자들은 종종 소모품으로 분류되기 때문이다. 회사 내에 (빈곤층 출신 노동자들이 안고 있는 개인적인 문제를 직장과 분리시켜 줄 수 있는) 지원 네트워크를 가지고 있거나 그 대처법을 익히고 있는, 혹은 지원 기구의 도움을 받고 있는 경우는 매우 드물다. (기업이 인력을 구하기 위해 애를 먹고 있는) 노동력 부족 상태의 시장에서만 회사 측은 하층 노동자를 훈련시키고 확보하기 위한 투자를 한다. 그리고 세계화는 이런 경향에 박차를 가하고 있다. 캄보디아나 필리핀인이 미국의 평균 생활수준을 크게 밑도는 임금을 받으며 미국인과 같은(낮은 기술만이 필요한) 일을 하고 있는 상황에서 더 이상 미국의 노동자는 경쟁력을 유지하지 못하게 될 것이다.

어째서 노동자들이 이것저것 핑계를 대면서 결근을 하는지 혹은 아예 전화도 하지 않는지에 대한 문제를 깊게 고찰하는 감독자는 매우 드물다. 어쩌면 많은 감독자들의 생각처럼, 그들이 직무에 대해 무관심하다는 사실 그 자체가 원인일 수도 있고 혹은 직장 관습의 무지에서 오는 것일 수도 있다. 그러나 앤 브래시의 말처럼 무언가 더 깊은 원인이 작동하고 있을 수도 있다. 중산계급의 온실 속에서 자란 그녀는 빈곤으로 추락해 가는 과정에서 자신의 무가치함이라는 무거운 망토에 짓눌려 숨이 죄여 오는 듯한 느낌에 사로잡혔다. "아무 연락도 없이 회사에 출근하지 않는 사람들은 아마 자신이 직장 내에서 그다지 중요한 존재가 아니라고 생각하기 때문이 아닐까요?" 그녀는 단순명쾌하게 설명한다. "자기 비하보다 더 심한 것이죠. 자신의 존재 자체를 부정하는 것이니까요."

앤의 이런 생각을 고용주들에게 전해 주면, 그들 중 몇몇은 마치 신의 계시라도 전해 받은 듯 놀라워하며 "오! 그래서였군요!" 하고 마치 갑자기 무엇인가 깨달은 듯 말한다. 아무도 상관하지 않는 존재, 투명 인간과 같은 존재, 가게나 공장 경영에서 아무런 가치도 없는 존재는 매우 간단하게 결근을 결정할 수 있다. 자신이 그곳에 있든 없든 상사는 전혀 신경 쓰지 않을 것이기 때문이다.

클리블랜드에 있는 서머즈 러버 컴퍼니사 사장, 마이클 서머즈는 이런 자기 존중의 부재에 대처하는 방법을 아버지로부터 배웠다. 결근한 직원에게는 전화를 건다. 그리고 만약 그의 자동차가 고장 난 것이라면 다른 누군가를 보내 데려온다. 만약 아침 9시에 병원 예약이 잡혀 있다고 하면, "'알았어요. 그럼 진료가 끝나고 10시에 봅시다'하고 말합니다. 정면으로 부딪히는 겁니다. 그리고 이렇게 말합니다. '우리는 당신이 이곳에 있었으면 한다. 당신이 매일 이곳에 있어 주기를 원하지 않았다면, 우리는 당신을 고용하지 않았을 것이다. 우리는 당신에게 의지하고 있고 의존하고 있다. 당신이 이곳에 없다면 우리는 매우 힘들어질 것이며 비용도 더 많이 들 것이다. 그러니까 이곳에 있어 주었으면 한다. 올 수 없는 사정이 있다면 설명해 주었으면 한다.' 이렇게요. 그들은 책임지는 일에 익숙하지 않기 때문에 이런 사항을 머릿속에 넣어 주지 않으면 안 돼요. 이것이 바로 이 사람들이 안고 있는 문제죠."

마이클의 할아버지와 아버지가 설립한 서머즈 러버 컴퍼니는 종업원 수 60명의 중소기업으로, 중공업 기계에 쓰이는 유압·화학·연료 파이프용 호스와 각종 비품을 생산한다. 회사가 생산품을 정해진 시간에 맞춰 출하하기 위해서는 작업대 앞에서 일하는 직원, 책상에 앉아 일하는 직원, 지게차를 운전하는 직원 하나하나가 모두 중요했다. 만약 한 명이라도 부족해지면 전체 공정에 커다란 구멍이 생겨 버리게 된다. 생겨난 구멍은 다른 부문의 사람에 의해 채워지게 되는데, 그렇게 하지 않으면 공정 자체가 늦어지게 된다. "오랜 세월 이 일을 해온 아버지는 제가 처음 회사에 왔을 때 이렇게 못을 박았습니다. '너도 지역 목사님처럼 될 거다'라고요." 그는 회상했다. "목사님처럼 소매를 걷어붙이고 여러 문제들에 맞서지 않으면 안 된다는 말씀이었죠. 그들은 언제나 작업을 정체시키니까요. 아버지는 한 직원이 구치소에 들어갔을 때, 보석금을 내고 그를 데려온 적도 있었습니다. 왜냐하면 회사는 그가 가진 기술을 필요로 했고 따라서 그가 출근해서 금속 호스를 용접할 수 있도록 하기 위해서였죠."

CEO로서 마이클은 철저하게 겸손함을 유지했다. 그의 소박한 사무실 창문으로는 넓은 주차장이 보였다. 응접실도 매우 검소하게 꾸며져 있었다. 비닐과 나무로 된 검은 의자가 전부 4개 놓여 있었고, 바닥에는 자주색 카펫이 깔려 있었으며, 비싸 보이지 않는 파란색과 검정색 작은 점박이 모양의 벽지가 방을 둘러싸고 있었다. 접수창구는 슬라이드식 유리로 되어 있었고, 접수대에는 옛날 호텔에서 쓰는 벨처럼 공이쇠가 달린 은색 벨이 놓여 있었다. 창문 너머로는 빨간 머리의 접수 담당 여직원이 따분한 듯 앉아 있었다. 벽에는 1949년 10월 1일자 『클리블랜드 플레인 딜러』[오하이오 주 최대의 일간지] 1면이 복사되어 액자에 걸려 있었다. 그날은 회사가 창립된 날로 "철강 파업으로 50만 명 해고"라는 머리기사가 1면 톱에 실려 있었다.

1949년 당시, 소년들은 비싼 공구나 컴퓨터나 복잡한 훈련 없이도 자동차를 만지고 놀며 기계에 대한 감을 스스로 익힐 수 있었다. 이런 식으로 기계에 강해진 많은 소년들이 그들의 아버지처럼 공장에서 일을 시작하곤 했고 경제적인 안정과 동시에 전문가로서의 경력도 얻을 수 있었다. 나이는 어렸지만, 마이클 서머즈 역시 그런 '감'을 가지고 있었다. 그리고 그는 그것을 그리워했다. "요즘 젊은이들은 기계를 잘 못 다뤄요." 그는 말한다. "우리들은 일회용 사회에 살고 있어요. 잔디 깎는 기계가 고장 났을 때에도 기계에 달린 2행정 엔진을 분해하거나 하지 않지요. 그냥 버리고 새것을 사죠. 아이들은 그런 아버지의 모습을 보고 자라죠. 고장 나면 뭐든 버려 버리고 새것을 사는 모습을요. 그래서 아이들은 물건을 만든다는 것이 무슨 뜻이지? 물건을 분해하고 수리한다는 게 무슨 의미이지? 하고 생각하게 되는 겁니다. 공구나 금형 제작자나 유체 동력 기계공, 그러니까 기본적으로 물건을 나사로 조이고 붙이고 기계장치를 만드는 인력이 부족해요. 그런 일을 잘하는 사람들은 그런 일을 좋아하고, 적성에 맞고, 항상 만지고 있기 때문에 잘하는 거예요. 기계를 다루는 데 소질이 있는 아이들은 사실 많지만 자신들이 기계에 흥미를 가지고 있다는 사실을 깨닫지 못하고 있어요."

인재 확보를 불안하게 하는 요소에는 이외에도 불안정한 가정환경, 거친 환경 속에서 터득한 처세술과 직장 내 문화와의 충돌 등을 들 수 있다. "그들은 가족 문제에 늘 시달리고 있기 때문에 일은 두 번째 문제가 될 수밖에 없어요." 마이클은 말한다. "입사한 지 한 달 정도 지난 직원이 어느 날 갑자기 무단결근을 하는 경우가 있어요. 그리고 이틀쯤 지나서 회사에 나오죠. 그럼 저는 그들에게 왜 결근을 했는지 이유를 묻습니다. 그러면 그들은, '실은 차가 고장 나서 고치러 갔었어요', '집안에 아픈 사람이 있어서 돌봐 줬어요'라고 대답을 합니다. 그러면 전 요점을 분명하게 꼬집어서 이야기를 꺼냅니다. '당신은 잘 모르고 있어. 가족 문제는 분명 중요한 것이긴 하지만 그래도 출근은 해야 되는 거야. 결근은 하면 안 돼. 더구나 전화 한 통 없이 결근하는 것은 더욱 더 안 돼'라고요."

이런 사례가 특히 두드러지는 직원들은 마이클이 "일하는 자세가 갖추어지지 않은 그룹"이라고 부르는 직원들이다. 그의 설명에 따르면, 이들은 열의를 가지고 일을 시작해 보통 한두 달은 그 열의가 이어진다고 한다. "하지만 그 후, 동료들과의 마찰 또는 그들을 힘들게 하는 상사나 이해해 주지 않는 상사와의 마찰이 생기면 어떻게 대처해야 할지 갈피를 못 잡고 당황하게 됩니다. 그리고는 회사를 그만두겠다고 나오는 겁니다. 사회적으로 취약한 노동자들을 상대할 때 가장 어려운 문제는 이런 감정적 위기를 넘을 수 있도록 지도하는 문제라고 생각해요. 고용주는 이 감각을 몸소 체득할 필요가 있어요. 이런 상황은 반드시 닥치게 되어 있거든요. '처음 6개월 사이에는 어느 순간 직장이 매우 불편해지는 시기가 반드시 찾아오기 마련이다. 그럴 때는 솔직하게 부딪혀 보는 것이 가장 좋은 방법이다. 자, 이 문제를 어떻게 처리할 것인가 한번 생각해 보자' 하고 말이죠. '자네는 회사에 와서 뭐가 문제인지 나에게 말하는 거야. 하지만 회사에 오지 않는 것은 안 돼. 그런 선택지는 없어.' 전 이렇게 말합니다."

서머즈사의 감독직 가운데 흑인은 한 명도 없다는 사실을 마이클은 인정한다. 그것은 훌륭한 인재를 관리하는 데 필요한 상담 기술이 없다는 것을 의미했다. "우리 회사 감독자들, 최상위 감독자들은 이와 같은 방법으로 문제에 대처하도록 훈련을 받은 적도 없고, 그 비슷한 감각도 가지고 있지 못해요. 그들은 미숙한 일처리를 보면 금방 스트레스를 받고 쉽게 관용을 잃어버리고 부하에게 이렇게 말할 겁니다. '자넨 해고야.' 그리고 서로 문화적 차이가 있다면, 그러니까 예를 들어 중산계급의 백인 남성과 젊은 흑인 남성의 경우처럼 말이죠, 커뮤니케이션 상으로도 문화적으로도 큰 문제가 발생하게 됩니다. 관리자의 인내심 부족, 그리고 문제 파악과 이해가 결여된 데서 초래되는 것들 말이죠. 그리고 젊은 흑인 직원은 이렇게 말하겠죠. '이곳은 나에게 맞지 않은 곳이야'라고요."

그렇다면 스스로를 중요한 존재라고 느끼게 하는 전략은 효과를 발휘했을까? "고용주와 관계를 좋게 유지하지 못하는 사람들은 떠납니다." 마이클은 말한다. 야심을 가진 직원에게, "자신들의 중요성을 느끼게 하는 것은 그들의 세계관을 새롭게 하는 것과 같습니다."

저임금을 받으면 노동자는 스스로가 폄하되고 있다고 느낀다. 그래서 회사 측은 보다 높은 임금을 지불하는 것을 통해 회사가 실제 현장에서 제품을 생산하는 노동자들, 서비스를 제공하는 노동자들을 얼마나 필요로 하고 있는지를 가장 확실하게 표현할 수 있다. 우리는 지금까지 이 사실에 대해 이야기했다. 경영의 안정에 있어 생산품의 마진 설정이 그다지 큰 보험이 되지 않는다는 사실은 다른 많은 중소기업과 마찬가지로 서머즈사에도 해당되는 말이었다. 예를 들어 창고관리 직원으로 미경험 신입 사원을 고용해 시급 8달러나 8.50달러를 준다면, 약 2년 후에는 시급이 12달러까지도 오를 수 있다고 마이클은 말한다. 그는 장부를 꺼내 연매출 1천만 달러를 기록하는 그의 회사 수익과 지출을 보여 주었다. "1달러어치를 팔았다고 치면, 그 가운데 재료비로 60센트, 인건비로 25센트가 나가는데 이것만으로도 이미 85퍼센트가 나가게 됩니다." 그는 설명한다. 그리고 그 나머지 대부분이 "설비비, 전화 요금, 통신비, 유지비, 수리비, 사원 교육비"로 사라진다고 덧붙였다. 그리고 마이클은 장부의 오른쪽 맨 아래에 마진 3퍼센트라고 쓴 곳을 가리켰다. "이쪽 업계에서는 그럭저럭 중간 정도 수준이죠." 그는 말한다. "좋지도 나쁘지도 않아요. 세금 떼고 나서 3퍼센트 이익은 꽤 괜찮은 수준이죠. 이 3퍼센트가 우리 회사의 성장을 이끌어 가고 있는 셈이에요."

창업자의 아들이기도 하고 손자이기도 하면서 이 성공한 기업의 CEO인 마이클 서머즈의 연소득은 경기가 좋을 때는 8~10만 달러였다. "솔직하게 말해 높은 수준이라고는 생각하고 있어요." 그는 분명하게 말했다. 이 액수는 같은 회사 신입 사원 봉급의 약 6배에 해당했다. 그리고 그는 얼굴을 찡그리며 이렇게 말했다. "물론 신문이나 잡지를 보면 그 차이가 5백배 나는 곳도 있더군요. 저는 그건 어떤 의미에서 범죄라고 생각해요. 제 개인적 생각으로는 어떤 기업에서도 연소득 1천만 달러 같은 그런 큰 금액을 받을 만한 사람은 없다고 생각해요. 그건 비정상이에요. 하지만 그건 평균적인 예가 아니지요. 평균적인 예는 바로 우리들이죠."

회사가 직원들로 하여금 스스로 필요한 존재라고 느낄 수 있도록 그에 상응하는 임금을 지불할 의도가 없을 경우, 고용주는 다른 방법으로 직원들이 그런 마음을 가질 수 있도록 하기도 한다. 오하이오 주 애크런의 랜드마크 플라스틱 컴퍼니는 직원들의 연간 이직률이 1백 퍼센트를 넘게 되자 그 대책의 일환으로 퇴직자 면접을 실시해 회사를 그만두는 이유를 듣고자 했다. 면접에 참여한 매니저들은 그 이유를 듣고 놀라지 않을 수 없었다.

이 회사는 직원 2백 명이 일하는 거대한 공장으로 묘목 재배원에서 사용하는 일회용 플라스틱 화분이나 받침대를 제조하는 곳이었는데, 원통형 박스에 담겨 도착한 작은 플라스틱 조각들을 가열해 작은 구슬 상태로 만든 다음 다시 가열해 수압을 이용한 주형 과정을 거쳐 다양한 크기의 검은색, 흰색, 녹색 플라스틱 제 화분으로 변신시킨다. 호스와 피스톤이 미로처럼 내장된 거대한 기계가 천둥 같은 굉음을 울리며 폭발음을 내는 탓에 그곳에서 일하고 있는 사람들은 큰소리를 지르지 않으면 거의 대화가 불가능했다. 공장 안의 공기는 공장 안전을 담당하고 있는 켄 슬론이 "회색 먼지"라고 부르는 플라스틱 분진으로 뿌옇게 흐려져 있었다. 그러나 그 분진은 미노동부 직업안전위생관리국에 의해 "방해 분진"nuisance dust이라는 얌전한 이름으로 분류되는 탓에 위험 물질로 규제되지는 않았다. 노동자에게는 마스크가 지급되었지만 마스크를 쓰고 있는 사람은 아무도 없었다. 의무적으로 착용해야 하는 안전 고글은 전원이 쓰고 있었고 일부가 녹색이나 주황색의 작은 고무 귀마개를 하고 있었다. 6초마다 한 번씩 "허스키"라고 불리는 20만 달러 상당의 기계가 4개의 플라스틱 화분을 컨베이어 벨트 위로 쏟아 냈다. 화분은 컨베이어 벨트를 타고 여성 노동자의 눈높이까지 올라가 그들 앞에 있는 넓은 트레이 위로 한꺼번에 떨어졌다. 그러면 이들은 뒤집어진 화분을 눈으로 검사하며 차곡차곡 쌓은 뒤 뒤편에 놓인 종이 상자에 담는 작업을 반복했다. 그들은 2시간마다 15분의 휴식을 취하고 있었다.

회사를 그만두는 노동자들이 갖고 있던 불만은 일이 지루하고 따분하다는 따위의 것이 아니었다. 또 시끄러운 소음, 플라스틱 분진 따위도 아니었다. 최초 시급 7달러라는 저임금도 그들의 퇴직 사유는 아니었다. 더 막연한 어떤 것이 있었다. "자신을 필요로 하고 있다는, 혹은 빼놓을 수 없는 존재라는, 자신이 필요하다는 느낌을 받지 못했기 때문이었어요." 무뚝뚝하고 완고해 보이는 제조 서비스 부문 매니저 데이비드 보크밀러가 말했다. "그리고 그것은 사람들 대부분이 인생에서 추구하고 있는 것이지요." 그는 이어서 이렇게 말했다. "그들은 무시당하고 있었어요. 단순히 육체로밖에 간주되지 않았죠. 감독자들은 각자가 처리해야만 하는 일로 바빠서 정작 중요한 일은 하지 못했어요. 그래서 우리들은 문제 전체를 되돌아보고 사태를 직시하기 위해 노력하면서 이렇게 말했습니다. 좋아, 그럼 도대체 무엇이 감독자들을 망쳐 놓았지? 어째서 감독자들은 사람을 가장 중시해야 한다는 기본적인 사항을 지키지 못했을까? 그 대답은 그들이 기술적인 일에만 매달려 있기 때문이었습니다."

회사가 내놓은 해결책은 신입 사원 한 명당 "스폰서"로 불리는 동료 한 명을 배정해 "친구로서 이야기 상대가 되어 주고 90일에 걸친 수습 기간 동안 안내역을 맡기는" 것이었다고 데이비드는 말한다. "신입 사원들이 편안한 마음으로 있을 수 있도록 배려했습니다. 그리고 친구를 사귀고 다른 사람과 교류할 수 있도록 해주었죠. 어느 누구도 고립되거나 배제되지 않도록 했습니다. 동료와 함께 점심을 먹고 휴식을 취하면서 가능한 풍부하게 사회적 교류를 할 수 있도록, 또는 그런 시도를 할 수 있도록 해주었어요. 어쨌든 그들이 모두와 연결되어 있다고 느낄 수 있도록, 우리는 당신을 원하고 있다고, 당신은 모두에게 필요한 존재라는 것을 느끼도록 해주었어요. 그리고 회사가 정한 규칙을 이해할 수 있도록 도와주었어요. 퇴직자 면접을 통해 안 사실인데, 열흘간 한 번도 자신의 감독자와 만난 적이 없는 사람도 있었어요. 무시무시한 사태라고 해도 과언이 아니지요. 우리들은 그렇게 보고를 받았고 또 그건 틀림없이 실제로 일어나고 있는 일

회사를 그만두는 노동자들이 갖고 있던 불만은
일이 지루하고 따분하다는 따위의 것이 아니었다.
또 저임금도 그들의 퇴직 사유는 아니었다.

이었어요." 신입 사원이 90일 이상 일한 경우 "그의 스폰서에게는 1백 달러의 장려금이 나온다"고 한다.

복리 후생 개선이나 승급과 같은 "특별 우대 조치"로 사원을 붙잡아 두려 해도 그것은 효과가 없다고 데이비드는 주장한다. "시급 7달러의 직원에게 가서 '자네 시급에 2달러를 더 얹어 주지'라고 했다고 합시다. 믿지 않을지도 모르지만 그런 조치는 거의 아무런 효과도 없습니다. 그냥 인건비가 더 들 뿐이에요." 그는 말한다. "시간당 비용이 늘어날 뿐입니다. 그 증가분을 우리 고객이 대신 내주는 건 아니니까요. 늘어난 비용을 메울 방법을 찾지 않으면 안 되죠." 그리고 그는 단어를 골라 가며 말을 계속했다. "그러니까 회사를 운영할 때는 이런 식으로 생각해야 합니다. 임금을 얼마나 줄 것인가가 아니라 비용이 얼마나 들어갈 것인가 하는 식으로요. 만약 직원이 회사에 가져오는 이익에 맞추어 적절한 보수를 지급한다면 추가로 비용이 들어갈 일은 생기지 않습니다. 반대로 인건비를 아끼려고 하면 직원이 회사를 그만두거나 일을 게으르게 하는 등 나중에 더 큰 비용을 지불하게 됩니다."

실업률이 내려가면 노동자의 질도 내려간다. 이것은 자유 시장경제의 냉정한 원칙 중 하나다. 경기가 좋으면 좋을수록 특히 저임금 직종에서는 질 좋은 노동자를 찾기가 더욱 힘들어진다. 그래서 고용주가 인건비에 돈을 더 투자할 생각이 없다면 적어도 노동자를 붙잡기 위해 무언가를 하지 않으면 안 된다. 그러나 캔자스시티 완전고용 자문위원회 칼라 틸먼의 말에 따르면, 그런 사실에 관심을 가지고 있는 고용주는 거의 없으며 생활보호 수급자였던 노동자를 어떻게 관리 감독할 것인가에 관한 세미나에 참석하는 매니저도 매우 소수라고 한다. "시급 6달러로 지구와 달 그리고 별까지 모두 차지하려는 탐욕스런 고용주가 있다는 사

실을 생각하면 정말 화가 나 미칠 지경입니다." 그녀는 강한 어조로 말했다. "그
들은 고등학교 졸업장, 직무 경험, 우수한 이력, 실업 기간이 짧을 것 등등 노동
자에게 온갖 걸 다 요구합니다. 하지만 진짜로 필요한 것은 약간의 관용을 가지
고 일단 그들을 고용하는 것입니다."

캔자스시티에는 연방 정부의 복지 개혁 이후 기업이 직업훈련 프로그램에 적
극적으로 협력하는 분위기가 형성되어 있었다. 그곳의 경영자들은 생활보호에
대해 반대 입장을 취하고 있었고, 노동을 통한 복지 실현에 지지를 보내고 있었
다. 그런 입장은 때때로 실천으로 이어질 것을 요구받기도 했다. "전 이렇게 말
하죠. 그래 좋아요, 그럼 당신들이 말한 대로 실천하고 돈을 대세요." H&R 블록
사의 회장 비서인 테렌스 R. 워드는 이렇게 단언했다. "전형적인 생활보호 수급
자는 고교 중퇴의 싱글 마더로 초등학교 2, 3학년 정도의 학력을 가지고 경쟁하
고 있어요. 그런데도 그들을 향해 직업을 가져야만 한다고 말하고 있어요. 어떻
게 그게 가능하죠?" 워드가 경영자들에게 이런 질문을 하면 적어도 자기 회사에
는 그들이 일할 만한 자리가 없다는 식의 애매모호한 답변이 돌아오곤 한다. "기
업이 '생활보호 수급자를 고용할 수 없다'고 하면 우리는 이렇게 되묻습니다. '그
러면 정부가 그들에게 계속 생활보호 서비스를 제공하길 원합니까?' 그러면 '음,
그건 아닙니다.' '그러면 고용을 하든지 생활보호를 지지하던지 둘 중에 하나를
정해 주세요. 길은 둘 중 하나밖에 없습니다. 그들에게 부족한 것은 단지 직장이
에요. 그리고 당신들은 그것을 제공해 줄 수가 있고요.'"

고용주는 또한 워드가 말하듯, "엄격한 지도와 따뜻한 격려"를 제공하지 않으
면 안 된다. 훈육과 연민의 조합은 훌륭한 양육에서와 마찬가지로 우수한 인재
관리에 필수적인 요소 중 하나다. 경기가 상승세를 타기 시작하면서 스프린트사

[캔자스시티 교외에 본사를 둔 거대 통신 기업]는 그런 인재 관리법을 필요로 하게 되었다. 시급 7.45달러로는 더 이상 콜 센터에서 일하는 전화 안내원을 고용할 수 없게 된 것이다. 회사가 위치한 교외 지역의 실업률은 1퍼센트까지 내려갔고 직원의 이직률은 연간 80퍼센트에 이르고 있었다. 그래서 스프린트사는 주민의 대부분이 흑인이고 실업률이 두 자릿수를 웃도는 시내 중심부의 저소득층 밀집 지역에서 노동자를 끌어와야만 했고 캔자스시티의 유서 깊은 재즈 거리 한가운데서 요란한 선전을 해대며 새로운 콜 센터를 개업했다. 그곳은 18번가와 바인 지구가 교차하는 지역으로 스프린트사는 낡은 벽돌 건물 3층에 파티션으로 공간을 나눠 사무실을 마련하고 각 파티션에 컴퓨터를 설치했다. 그리고 직원의 학력 조건을 '고졸 또는 GEDGeneral Equivalency Diploma[우리나라의 고등학교 졸업 검정고시에 해당] 취득 이상'에서 'GED 취득 예정자'까지 포함하도록 조건을 완화했다. 신입 직원의 시급도 8.25달러로 인상했고, 두 명의 성실한 흑인 여성을 직원 45명의 감독자로 임명했다. 사실상 모든 직원이 흑인 여성이었다.

"그들은 아무도 믿지 않아요." 업무 매니저인 헤이즐 바클리는 말한다. 바클리는 교회에 가는 사람과 같은 정장 차림을 하고 출근했다. 그녀에게서는 학교 다닐 땐 무서웠지만 졸업하고 시간이 흐르면 그리워지는 그런 선생님에게서 볼 수 있는, 다정다감하면서 엄격한 태도가 느껴졌다. 그녀는 생활보호 수급자 출신의 엄마들이 가진 두 가지 문제점을 발견해 냈다. 첫째는 다른 사람을 전혀 믿지 않는다는 것, 즉 뿌리 깊은 불신감이다. 두 번째는 한발 물러서서 양보하는 것이 자신의 약한 면을 드러내는 것과 마찬가지라는 강한 믿음이다. 이 두 가지 취약점으로 인해 그녀의 부하 직원들은 화를 통제하고 직장에서의 인간관계를 제대로 유지해 나갈 수가 없었다. 그래서 그녀는 그들을 가르치기 시작했다. 그들에게 소리 지르고 화내는 대신, "더 큰 그릇을 가지고 한발 물러서서 생각하길" 요구했다. "만약 그런 식으로 그들을 도울 수 있다면 아마 지금 같은 이직률은 사라질 거예요." 이곳의 이직률은 연간 48퍼센트로 교외의 사정보다는 나았지만 여전히 높은 수치였다.

쉽게 흥분하고 화를 잘 내는 직원을 피하기 위해 성격 급한 고용주들은 그들의 특징을 간파하려고 노력하지만, 결국 대개는 일종의 편견으로 귀결된다. 폭력은 많은 백인들 사이에서 오랜 세월 동안 굳어진 흑인의 이미지다. 그래서 흑인, 게다가 남자, 그리고 큰 체격에 힘이 세거나 전과를 가진 사람은 바로 성격이 거친 사람으로 인식될 가능성이 높다.

케빈 필즈는 이 모든 편견과 정확히 일치하는 인물이었다. 그는 TV로 레슬링을 보는 것을 매우 좋아했고 그 자신도 레슬러 같은 체격을 하고 있었다. 장신에다 체중이 127킬로그램이나 나갔고 머리는 면도한 상태에 오른쪽 귀에는 작은 링 귀걸이를 하고 있었다. 그의 잠재적 고용주들이 그에게 지금까지 무거운 죄로 유죄판결을 받은 적이 있냐고 물어보면, 그는 솔직하게 2년간 형무소에 있었다고 고백한다. 그리고 그 죄명을 물어봤을 때도 진실을 이야기한다.

"폭력이요." 그가 말했다. "상대는 다섯 명. 저한테는 야구방망이가 있었어요. 그들이 제 차에 유리병을 던졌어요. 병이 깨져서 그 파편이 같이 있던 여자 친구한테까지 튀었어요. 정말 무례한 행동이잖아요. 그들은 제게 '거시기를 차 버리기 전에 냉큼 차 안으로 꺼져'라고 말했어요. 그래, 좋아. 전 차 뒷좌석에서 야구방망이를 꺼내 들었어요. 그리고는 일이 벌어졌죠. 제가 그 자리를 떠날 즈음에는 모두 땅바닥을 기고 있었죠. 그리고 전 경찰에 쫓기는 신세가 되었어요. 어머니가 저에게 자수하라고 하셨죠."

대부분의 경우 고용주들은 사건과 관련한 질문을 해온다. "언제나 이런 질문을 받아요. '그럼 이곳에서 비슷한 일이 벌어진다면 당신은 어떻게 할 겁니까?'라고요." 케빈은 다시 성실하게 답변한다. "저는 제 자신을 지키기 위해 맞설 겁니다. 나는 남자니까요. 이렇게 매번 대답합니다." 그는 말했다. "어느 누구도 절 모욕하게 내버려 두지 않을 겁니다." 한 번이라도 거짓말을 할 생각은 안 해봤을까?
아주 조금만이라도. 예를 들어 한발 물러서서 냉정을 유지한다는 식의. "아니요.
그저 입 다문 채 남이 저에게 무언가 해주기를 바라고만 있지는 않을 겁니다."
그는 단언했다. 케빈은 거의 일자리를 얻지 못했다. 그가 얻은 가장 좋은 일자리
는 잔디 깎는 일이었다.

　기업에 따라서는 전과를 가진 지원자를 자동적으로 떨어뜨리는 곳도 있지만
그렇지 않은 곳도 있다. "우리 업계에서 일하려면 일정 조건을 갖추어야만 해요."
캔자스시티의 한 인력 파견 회사 대표가 말했다. "그 조건이란 수표나 현금, 기
업의 기밀 정보를 다룰 수 있다는 것을 의미하죠. 범죄를 저질러 유죄판결을 받
은 경우 물론 그 이유를 묻습니다. 보통 전과가 있으면 바로 블랙리스트에 올라
가죠. 특히 절도 관련해서 유죄판결을 받은 경우, 게다가 그것이 부과된 책무와
관련된 것이라면 더욱 그렇죠." 존 녹스 빌리지 노인복지시설과 그 밖의 다른 고
령자 관련 시설에는 미주리 주 법의 금지령이 적용되고 있었다. "A급 또는 B급
중죄[대인·대물범죄, 또는 성범죄]로 유죄판결을 받은 중범죄자는 고용할 수 없다"
고 존 녹스 빌리지의 인사부장 샤론 에비는 말한다. 그러나 이런 법 규정도 빅토
리안 페이퍼사의 랜디 롤스턴이 전과자를 고용하는 것을 막지는 못했다. 하지만
그도 "가능하기만 하다면 (전과자 고용을) 피하는 편이 낫다"고 말한다. "50달러를
주면 전과 기록을 조사해 주는 회사가 있어요."

　불경기와 테러에 대한 불안이 높아지면서 고용주는 지원자의 이력 점검을 더
욱 엄격하게 실시하게 되었다. 예를 들어 워싱턴에서는 마약에 손을 댔거나 폭행
기록이 있는 자가 간호조무사로 채용되는 일은 일어나지 않는다. 간호사 보조는
직업훈련소의 인기 코스 가운데 하나임에도 불구하고 그렇다. 또한 빌딩 소유주
들도 법적 책임에 대한 부담 탓에 빌딩 관리일에 지원하는 사람들의 전과 기록에
특히 민감하다. 이 일도 직업훈련소에서 인기 있는 코스 가운데 하나이다. 형무

소 수감 기록이 있는 사람은 낮 시간대의 운반일이나 바닥에 왁스 칠하는 일로는 취업할 수 있지만 사무실이나 아파트에 자유롭게 출입할 수 있는 일에는 취업할 수 없다.[2] 기업에 따라서는 이전 고용주를 인종차별이나 성희롱으로 고소한 적이 있는 사람들을 아예 처음부터 고용 대상에서 제외하는 곳도 있다.

그러나 버거킹의 브라이언 해긴은 다른 식으로 직원 모집을 실시했다. "갱생원 출신자와 막 출소한 자들도 고용했습니다." 브라이언은 말한다. "그들은 발목에 탐지기[*]를 차고 출근합니다. 그러면 '자네의 보호관찰원은 누구지?'라고 물어보죠. 시내에 그런 보호관찰 서비스를 대행해 주는 회사가 두 곳 있거든요. 그리고 또 '언제 집을 나오도록 되어 있지? 귀가 시간은 몇 시로 되어 있지?' 같은 질문을 합니다. 그걸 알면 그들을 돕는 게 더 수월해지거든요. 개중에는 그런 우리의 배려에 감사해 하는 이들도 있죠. 대부분은 그렇지 않지만."

그는 이전에 한 직원의 부탁을 받아 채용한 직원의 예를 성공담으로 들려주었다. 코카인 중독으로 재활 시설에 들어가 있는 젊은 여성을 친구로 둔 직원이 있었는데, 그 직원이 브라이언에게 부탁한 것이었다. "제 친구가 막 형무소에서 출소했거든요. 일자리가 필요한데 좀 도와주실 수 있어요?"

"그 여성과 면접을 했는데 그럭저럭 괜찮아 보였어요." 브라이언은 회상했다. "아주 훌륭하다거나 그런 인상은 아니었지만요." 하지만 그는 소개한 직원의 부탁을 받아들여 그 여성을 채용했다. 브라이언은 그녀와 같이 일하면서 그녀가 겪은 힘든 과거사에 대해 들었고 그녀에게 경의를 표하게 되었다. "그 여성은 자신이 일을 필요로 하는 만큼 저도 그녀를 필요로 하고 있다는 사실을 알아줬어요. 제가 그녀에게 의지하고 있다는 걸요. 그녀는 그것을 느끼기 시작하면서 빠

---

* 가석방 후 보호관찰 상태에 있는 범죄자의 위치를 파악하기 위한 장치.

시장의 논리가 지배하는 곳에서도
짧은 시간의 지도, 주의, 대화와 같은 낮은 비용의 지출만으로
노동자들에게 도움의 손길을 내미는 것이 가능하다.

르게 성장해 나갔죠. 그건 정말로 …… 누군가를 길바닥 생활에서 끌어올린다는 건 정말 기분 좋은 일이에요. 그녀는 재활 시설 졸업식에 절 초대해 주었어요. 그녀는 자신을 진심으로 자랑스럽게 생각하고 있었죠. 당연해요. 그녀는 정말로 고통스러운 상황에 빠져 있었는데, 그걸 훌륭하게 극복해 냈으니까요. 버거킹에서 일한 덕분이라고는 생각하지 않아요. 하지만 이곳에서의 근무 경험이 그녀에게 커다란 자신감과 자기 존중을 심어 줬다고 생각해요. 그렇기 때문에 그녀는 가장 밑바닥에서 다시 일어설 수 있었죠."

"지금은 다른 회사에서 다른 일을 하고 있어요. 가끔 그녀와 얘길 나누죠. 부동산 회사에서 접수 일을 하고 있고 호텔 일도 하고 있어요. 그녀는 아주 잘살고 있어요. 제 말은 돈을 많이 벌고 있다는 의미가 아니에요. 그녀가 실리콘밸리에서 일하는 건 아니지만 자신이 있는 곳에서 최선을 다하고 있는 거죠."

시장의 논리가 지배하는 곳에서도 짧은 시간의 지도, 주의, 대화와 같은 낮은 비용의 지출만으로 낮은 기술의 노동자들에게 도움의 손길을 내미는 것이 가능하다.

"항상 지각을 반복하는 젊은 여자 직원을 막 해고하려던 참이었어요." 스프린트사의 헤이즐 바클리는 말한다. "그녀는 한 번도 버스를 탄 적이 없었어요." 그 여성은 그저 버스 타는 법을 몰랐던 것이었다. 그래서 매니저는 그녀에게 버스 타는 법을 가르쳐 주었다. "지금은 버스 시간표도 볼 수 있고 버스도 탈 수 있게 되었어요. 일도 열심히 하고 있지요."

다시 말해, 간절하게 일을 원하는 노동자와 인력을 원하는 정 많은 고용주가 적절한 때에 만날 수만 있다면 서로에게 좋은 결과를 가져오게 되는 것이다. 불황일 때는 캔자스시티의 존 녹스 빌리지 노인복지시설이 대중교통이 불편한 곳에 위치해 있다는 사실이 아무런 문제가 되지 않는다. 취직난이 심각한 시기에

이 같은 현실은 사적 영역이 사회문제에 대처하는 능력의 한계
— 경제 호황이 지나가 버리면 더 이상 유효하지 않게 되는
— 를 드러내 주는 좋은 예가 될 뿐이다.

는 이 시설의 운영에 필요한 약 1천 명의 노동자들이 자가용을 가지고 있는 사람들로 채워지기 때문이다. 그러나 경제가 활성화되면 시설 측은 시내에 있는 저소득층 밀집 지역에 사는 노동자들을 찾아 나설 수밖에 없게 되고 심각한 인력난에 빠지게 된다. 인사부장인 샤론 에비는 이렇게 말한다. "노동시장이 고갈되고 실업률이 5퍼센트 이하로 떨어지면 사람을 전혀 구할 수 없었어요. 빈자리를 채울 수가 없었죠. 매주 1백 명 정도 자리가 빈 상태에서 운영을 했어요." 최종적으로 그녀는 불편한 교통이 커다란 장애 요인이라는 사실을 깨닫고, 원래는 시설 입주자들을 위해 운행했던 버스와 밴을 이용해 해결을 모색했다. 저소득층 밀집 지역과 시설 사이를 버스와 밴으로 왕복하도록 한 것이다.

한 기업에 의한 이런 현장 대응적인 조치는 일시적인 미봉책에 불과하며 근본적인 문제 해결로는 이어지지 않는다. 이런 해결책은 미국의 자동차 선호 문화에 의해 일어나는 경제적인 불안정을 완화시켜 주지 않는다. 신뢰할 만한 자가용을 구입할 수 없는 가난한 노동자들이 장기간에 걸쳐 입는 불이익도 해결해 주지 않는다. 고속도로 건설에 사용되는 세금을 대중교통 확충을 위해 사용하도록 해주지도 않는다. 이 같은 현실은 사적 영역이 사회문제에 대처하는 능력의 한계 — 경제 호황이 지나가 버리면 더 이상 유효하지 않게 되는 — 를 드러내 주는 좋은 예가 될 뿐이다.

버거킹의 브라이언 해긴은 자기가 직원들에게 요구하는 것은 근로 의욕뿐이라면서, 자신이 고용하고 있는 직원들의 가능성을 성급하게 한계 지었다.

햄버거를 뒤집는 일에서 관리직으로 올라가려면 지각하지 않는 것 말고도 회사에 많은 기여를 해야 하며 대학 졸업장이 있어야만 한다고 그는 말한다. 빈곤에서 탈출하기 위한 길은 적절한 자격 없이는 거의 탈출이 불가능한 험한 길인 것이다.

졸업장은 그 노동자의 실제 능력을 나타내 주지는 않지만 그 사람이 얼마나 노력했는지는 알려 준다고 브라이언은 말한다. "대졸자를 만나면 먼저 머리에 떠오르는 것은 이 사람은 끈기가 있다는 사실입니다. 대학에 들어간다는 건 대단한 일이에요. 그리고 졸업을 한다는 건, 가령 정치학 학사 학위 같은 것을 받아도 적어도 대학을 나온 것이 되죠. 그건 어떤 의미에서 성공한 거예요. 어떤 곳에 가더라도 성공할 수 있다는 것을 나타내죠."

끈기라는 "소프트 스킬"은 "하드 스킬"에 의해 생겨나는 것으로서 하드 스킬은 학교와 직업훈련을 통해 배울 수 있는 것이다. 자기 자신을 무능하다고 생각하는 사람 중에 끈기 있는 사람은 없으며, 그런 사람들이 시간을 준수하고 긍정적인 사고를 가지며 자신의 미래에 대해 현실적인 희망을 품는 일은 절대 없다. 고용주들은 지원서를 제대로 작성할 수 없는 사람들이나 "고등학교"라는 글씨를 쓸 수 없는 고졸자들을 불평하면서도 그런 ─ 승진의 가능성이 별로 없는 ─ 사람들을 채용한다. 샤론 에비는 가정부나 식사 시중을 드는 노동자들이 글을 몰라도 개의치 않았다. "그들이 의료 차트를 작성할 일은 없으니까요." 그녀는 말한다. "주문이 달라졌다든가 하는 그런 것만 읽을 수 있다면 괜찮아요. 그게 정말로 중요한 것이죠." 이런 종류의 일을 하는 노동자가 결국 다다르게 되는 곳은 막다른 골목 이상도 이하도 아닐 것이다.

"주문 담당 직원 때문에 요새 골머리를 앓고 있어요." 브라이언은 말한다. "사람은 좋아요. 깜짝 놀랄 만큼이요. 손님들한테도 인기가 많죠. 그런데 금전 등록기에 거스름돈이 표시되지 않으면 꽉 막혀 버려요. 머릿속으로 암산을 못 하는 거죠." 가끔은 금전 등록기에 거스름돈이 표시되지 않는 경우도 있다. "예를 들어 이렇게 금전 등록기 앞에서 일한다고 치면요, '어이, 브라이언, 5달러짜리로 거슬러 줘'라고 하면 그는 금전 등록기를 열어 지폐를 꺼내겠죠? 5달러짜리를요. 등록기를 열려면 '현금' 키를 눌러야 돼요. 키를 누르면 거스름돈이 표시되죠. 하지만 5달러짜리 몇 장을 꺼내야 하는가는 표시되지 않아요. 그러면 그는 5달러 지폐를 몇 장 꺼내야 할지 모르는 겁니다. 일순간 멍해지는 거죠. 그래서 제가 어떻게 했냐고요? 초등학교 2학년 수준의 산수를 가르쳤죠. 그에게 문제를 내고 '한번 계산해 봐'라고요." 그 직원은 고객들로부터 사랑은 받을 수 있을지언정 매니저는 될 수 없을 것이다.

그런데 이 직원과 같은 예는 매우 특수한 사례가 아니다. 미국 성인의 37퍼센트는 계산기를 사용해 정가의 10퍼센트 할인된 금액을 계산해 낼 수 없다. 같은 비율의 사람들이 버스 시간표를 볼 줄 모르거나 잘못 날아온 신용카드 청구서에 대해 정정을 요구하는 편지 한 통 쓰지 못한다. 1992년 교육부가 실시한 "전국 성인 문맹 조사"에 따르면 14퍼센트의 성인이 예금 전표에 쓰인 액수의 합계를 내지 못했으며, 지도상에 나타난 교차로의 위치를 찾아내는 것도, 가전제품의 보증서를 이해하는 것도, 약의 올바른 복용량을 알아내는 것도 할 수 없다고 한다. 따라서 세계화라는 상황에서 그들은 인건비가 더 싼 나라의 노동자들과 경쟁이 불가능한 것이다. 특별한 기술을 요하지 않는 직종에 종사하고 있는 미국의 노동자들은 미국에서의 생활비가 많이 들어가기 때문에 스리랑카 같은 나라에서 같은 일을 하고 있는 노동자들보다 높은 임금을 받을 필요가 있다. 미국 내에서 생산되지 않으면 안 된다는 지리적 조건을 가지고 있지 않는 한, 이런 종류의 일은 마치 강물이 바다로 흘러가듯 필연적으로 미국 국내에서 저임금 국가로 흘러가게 될 것이다. 뉴저지 주에 살고 있는 식품 쿠폰 수급자가 쿠폰에 관해 문의하기 위해 전화를 걸면 인도의 누군가가 전화를 받는 것이 바로 이런 이유에서이다. 폴 릴리그의 다큐먼트사에서 반송 봉투의 스캔 화면을 미주리 주에서 멕시코로 전송하면, 그곳의 노동자들이 컴퓨터 스크린 앞에 앉아 반송처의 우편번호를 입력해 바코드를 봉투에 인쇄하는 것도 같은 이유에서이다. 기술 노동자에 대한 미국 경제의 수요가 늘어나면 늘어날수록 기술을 갖추지 않은 노동자들은 더 이상 위로 올라갈 수 없게 된다.

몇몇 조사에 따르면 고용주에 의한 수업료 보조 제도 같은 교육 장려책의 혜택을 받고 있는 노동자는 이미 최고 교육을 받은 경우가 많다고 한다. 교육은 마치 자본과도 같아 보인다. 즉, 가지고 있는 것이 많으면 많을수록 더욱 많은 것을 손에 넣게 되는 것이다. 빈곤에서 막 탈출한 혹은 빈곤의 경계에서 헤매고 있는 노동자들은 미래의 청사진을 그려 본다거나 의료보험, 생명보험, 노후 계획 같은 미래를 위한 복지를 계산할 여유가 거의 없다.

"자포자기 상태로 또는 어쩔 수 없이 일하는 사람들은 일에 대한 목표를 가지고 있지 않습니다." 데이비드 보크밀러는 말한다. "그들은 커리어를 쌓을 수 있는 길을 알지 못합니다. 최저임금을 벌어 겨우 먹고사는 생활을 하거나 나쁜 습관을 그대로 유지하거나 하지요. 일하지 않으면 다시 범죄를 저질러 교도소에 들어갈 뿐……. 적극적인 태도는 찾아볼 수가 없어요. 그들은 결근을 아주 간단하게 결정해 버립니다. 그들의 삶은 엉망이에요."

자신의 밑에서 일하는 저임금 노동자들에게 개인적인 문제나 가족의 문제가 덮치는 모습을 지켜보며 폴 릴리그는 이렇게 말한다. "일은 그들에게 가장 중요한 것이 아니에요."

브라이언 해긴은 면접에서 대부분의 경우 그 사람이 어떤 인물인가를 바로 읽어 낸다. "요점을 정확히 찌르는 질문을 하려고 노력합니다." 그는 말한다. "직감이라고 할까요, 분위기를 읽는다고 할까요……. 좋은 질문 중 하나가 '오늘은 화요일이죠. 보통 화요일에는 어떻게 보냅니까? 무엇을 합니까?' 같은 거예요. 그들은 대여섯 가지 자기가 한 일을 이야기하는데, 그중 하나가 보호관찰원을 만나러 가는 것이면 대충 결론이 나옵니다. 만약 그 대답이 '할머니 집에 들른 다음 가까운 식당에 가서 아침 식사를 하던지, 아니면 맨파워사[인력 파견 회사]에 가서 응시 원서를 작성하고 일을 찾습니다'이면, 그들의 상황이나 무엇을 하고 싶은지가 대충 파악이 됩니다."

또 브라이언은 그의 눈을 통해 들어오는 시각적 정보 역시 놓치지 않으려고 노력했다. "눈으로 보이는 것, 그러니까 몸짓 같은 것에서 힌트를 얻습니다. 그게 무엇을 의미하는지 읽으려고 하는 거죠. 면접 중 계속 밑을 내려다보는 사람을 만날 때가 아주 많아요. 그것은 도대체 어떤 의미일까? 어딘가 떳떳하지 못한 구석이 있는 것일까? 아니면 아주 심하게 수줍음을 타는 것일까?" 아니면 자신의 무력함에 대한 공포를 나타내고 있는 것인지도 모른다.

6

아버지의 죄

더 이상 가까이 다가오지 마세요.

누군가 제 옆에 있으면 전 곧 위험해져요.

전 장난감이 아녜요.

_피치스(가명), 홈리스 여성 워킹 푸어

열 살 여자아이가 그네에 앉아 옆 그네의 케이스워커와 이야기를 나누고 있었다. 소녀가 물었다.

"언니는 몇 번 강간당했어요?"

질문은 대화 중간에 아주 자연스럽게 소녀의 입에서 흘러나왔다. 케이스워커 바바라(가명)는 평정을 유지하려 애썼다. "강간당한 적이 없다고 하자 아이는 놀라워했어요." 바바라는 회상했다.

"모두 강간당한 적이 있는 줄 알았죠."

바바라는 소녀가 이렇게 대답한 것을 기억하고 있었다. "학교에서 친구들과 일상적으로 그런 이야기를 한다고 했어요."

이 경험을 시작으로 바바라는 미국의 엄청난 숫자의 가정에 만연되어 있는 성적 학대라는 질병과 맞서게 된다. 학교 선생님들은 학생들의 일상을 관찰하다 문제의 징후가 보일 경우 바바라에게 연락했고, 그 소녀는 바바라가 위험에 처한 아이들을 구제하기 위해 만든 멘토링 프로그램에서 처음으로 맡게 된 사례였다. 바바라에 의하면 뉴잉글랜드 지방의 한 마을에서 그녀가 도와주려 애썼던 소년 소녀 13명 가운데 12명이 성적 학대를 받은 경험이 있다고 했다. 그들은 자신의 이야기를 들은 바바라가 무의식중에 내비칠지도 모르는 얼굴의 반응을 보지 않도록, 그네에 나란히 앉은 상태나 자동차 안에 앉아서 자신들의 경험을 이야기하곤 했다. 그 열 살 난 소녀는 아버지에게 강간당했다. 당시 아버지는 67세였다.

바바라는 이 소녀가 나중에 어떤 어른이 될 것인지 생각했다. 소녀는 어머니가 알코올의존증에 걸렸을 때 종종 양부모 집에 맡겨지곤 했었다. "이 귀여운 작은 아이가, 엉망진창으로 망가졌어요. 만약 이 아이가 스무 살이 되면 저는 이 아이를 생존자라고 부를 거예요." 바바라가 말했다.

생존자. 그것은 그녀가 할 수 있는 가장 희망에 찬 관측이었다. 그리고 그 예측은 거의 들어맞았다. 그 소녀는 열여덟 살이 되었고, 그해 임신을 했다. 그러나 아이의 아버지는 남자 셋 중 누구인지 확실치 않았다.

빈곤의 수렁 근처에 있는 놀랄 만큼 많은 수의 여성이 성적 학대의 생존자라는 사실이 드러나고 있다. 그들의 정신적 외상, 즉 트라우마는 마치 거액의 빚처럼 그들을 두고두고 덫에 빠뜨린다. 그러나 그것은 빚과는 달리, 파산선고로 소멸시킬 수가 없다. 그들의 미래는 과거에 의해 무력화된다. 그리고 그들의 자아상自我像에 어둠을 드리운다. 그것은 첫 번째 인터뷰에서 바로 드러나는 경우도 있고, 너덧 번의 인터뷰를 하고 나서 서서히 전해지는 경우도 있다. 내 쪽에서 물어보는 일은 결코 없었지만 인터뷰를 허락해 준 빈곤층 여성 대부분이 결국은 어렸을 때 성적 학대를 받은 적이 있다는 말을 꺼냈다.

캐라 킹이라는 젊은 엄마는 첫 번째 인터뷰에서 이야기를 시작한 지 불과 30분 정도 흘렀을 무렵 그 이야기를 꺼냈다. 나는 그녀의 가족 관계에 대해 물었을 뿐이었지만 그녀는 담담하게 "어렸을 적, 아버지로부터 성적 학대를 받았어요"라고 말했다. "남편은 그 사실을 몰라요. 제가 열두 살 때였죠. 아버지는 그 후로도 1년 이상 제 몸을 만졌어요. 아버지는 취해 있었어요. 전 문을 잠그고 제 방에 있었죠. 아버지가 제 몸 위에 올라탄 느낌이 들어 잠을 깼고 전 밀쳐 내려고 했어요. 아버지가 말하더군요. '원래 아버지하고 딸은 이렇게 하는 거야.'"

"옳지 않은 일이란 건 알고 있어요." 그녀는 계속해서 말했다. "하지만 누구한테 말하면 좋을지 몰랐어요. 그 일이 있은 후 전 친구 집에서 잤어요. 제가 그 이야기를 엄마한테 하자 엄마는 '괜찮아. 나도 어렸을 때 아버지가 술에 취하면 같은 행동을 했었어. 네 아버지는 이제 두 번 다시 그러지 않을 거야'라고 했어요."

여성이 이런 종류의 개인적인 치욕을 낯선 사람에게 밝힌다는 것은 그녀가 얼마만큼 무거운 짐을 짊어지고 있는가를 선명하게 드러낸다. 많은 이들은 자신이 안고 있는 사회경제적 약점들이 유년기에 경험한 치욕감과 자기혐오감의 유산이라는 생각을 지우지 못한다. 그리고 그런 무력감은 그들의 인생을 바꾸어 놓는다. 그들은 남자 파트너를 현명하게 고르지 못하며 깊은 불신, 자폐, 애정 결핍과 같은 결과를 낳는다. 학대의 경험은 감추기에는 너무나 치명적인 것이다.

성적 학대는 계급과 인종을 넘어서 모든 이들을 괴롭힌다. 현대의 보다 열린 시대, 보다 열린 사회에서는 이전보다 더 솔직하게 이런 문제를 논의할 수 있다. 그 결과 미국인은 이 문제에 관해 더욱 관심을 가지게 되었고 인식의 폭도 넓어졌다. 피해자들은 금기시되어 온 치욕을 극복하고 그들의 가해자인 성직자, 삼촌, 아저씨, 그리고 아버지를 고발할 수 있게 되었다. 하지만 여전히 진실의 상당 부분은 드러나지 않고 있기 때문에 많은 의혹이 해결되지 않은 채 남아 있다. 빈곤 가정의 아이들은 부유한 가정의 아이들보다 더 피해를 입기 쉬운 것일까? 물질적으로 풍족하지 않은 가정은 평생 지워지지 않는 이런 위협으로부터 아이를 보호할 수단이 없는 것일까? 싱글 마더, 오래가지 못하는 어머니의 남자관계, 알코올, 마약, 심야 장시간 근무에 의한 부모의 부재 등으로 붕괴한 가정의 경우, 성적 학대는 더 일어나기 쉬운 것일까?

잘 알려져 있다시피 트라우마는 가난한 사람들 사이에서 종종 발견할 수 있는 여러 종류의 핸디캡과 마찬가지로 아이들을 지속적으로 쇠약하게 만든다. 성적 학대를 받은 아이는 무력감에 시달리고 그런 감각이 어른이 될 때까지도 지속되는 경우, 많은 피해자들이 증언하듯, 자기 인생을 스스로 통제할 수 있다는 믿음이 깨져 버린다. 스스로에게 선택의 능력이 있고 지금 내린 결정이 장래에 영향을 미칠 수 있다는 생각 자체를 하지 못하게 되는 것이다. 두려움으로 인한 무력감에 휩싸인 채 수많은 재난이 그 위에 더해지면서 그들의 정신세계는 무너져 버리고, 빈곤층 혹은 빈곤의 경계에 있는 사람들은 자기 변화를 이끌어 낼 힘을 상실하게 된다.

빈곤의 수렁 근처에 있는
놀랄 만큼 많은 수의 여성들이 성적 학대의 생존자라는
사실이 드러나고 있다.

그들은 어린 시절 받은 성적 학대로 인해 어른이 되어서도 타인과 친밀한 관계를 가질 수 없고, 이로 인해 경제적인 피해도 입게 된다. 아이가 있는 빈곤 가정 전체의 약 절반이 독신 여성 세대주이고 9퍼센트가 독신 남성이다. 즉, 59퍼센트의 가정에서는 세대주가 유일한 수입원인 셈이며, 그 유일한 수입원이 저소득자인 경우 경제적으로 매우 불리한 입장에 놓이게 되는 것이다. 보통 아이를 돌보는 것은 여성인 경우가 많은데, 아이 아버지로부터 적절한 양육비를 받는 경우도 있고 그렇지 못한 경우도 있다.

타인과 건전한 협력 관계를 형성하지 못하는 배경에는 여러 가지 이유가 있을 수 있으며, 성적 학대는 그 이유 가운데 하나이다. 학대를 받은 아이들이 느끼게 되는 무력감은 비굴하고 추종적인 성격으로 이어지기 쉬우며 정신과 의사가 "해리"解離라고 부르는 도피 기제를 형성시킨다. 이 도피 기제가 작동하게 되면 피해자는 학대를 받고 있는 동안 자신을 멀리 떨어진 곳에서 객관적으로 바라보게 된다. 비슷한 현상은 전쟁을 비롯해 여러 트라우마를 겪고 있는 피해자들 사이에서도 공통적으로 확인되고 있다. 이런 신체 이탈 경험은 현실에서 일어나고 있는 일에 대해 관심을 나타내지 않고 감정의 문을 닫음으로써 자신이 보호받고 있다고 착각하게 한다. 이런 현상은 사건의 경험으로부터 수년에 걸쳐, 경우에 따라서는 평생 계속될 위험이 있다. 아이들은 매우 취약한 존재이다. 하버드 대학 의과대학원 정신과의 주디스 루이스 허먼 박사는 그의 저서에서 이렇게 이야기한다. "성인기에 계속해서 트라우마에 시달리게 되면 이미 형성되어 있는 인격을 심각하게 손상시킬 수 있다. 하지만 어린 시절의 반복적 트라우마는 인격 형성 자체를 저해한다."

그들의 트라우마는
마치 거액의 빚처럼 그들을 두고두고 덫에 빠뜨린다.

생존자들은 버려지는 것과 이용당하는 것에 대한 공포로 인해 개인적 대인 관계에서 강한 보호 욕구를 나타낸다. 구원에 대한 갈망에서 그들은 자신에게 특별한 돌봄 관계를 제공해 줄 만한 강력한 권위를 가진 사람을 찾기도 한다. 자신이 애정을 품고 있는 사람을 이상화함으로써 지배당하고 배신당하는 공포가 엄습하는 것을 막으려 하는 것이다.

그러나 선택된 인물이 그들의 환상적인 기대 수준을 현실적으로 만족시키지 못할 것이라는 것은 분명하다. 실망과 동시에 그들은 바로 방금 전까지 숭배해 오던 인물을 격정적으로 비난하게 될 것이다. 일상적인 개인 간의 마찰은 강렬한 불안, 우울, 분노를 일으킬 것이다. 약한 수준의 냉담함도 생존자의 마음속에서는 과거에 무시당했던 기억을 불러일으킬 것이고, 작은 상처도 과거에 경험했던 계획적인 학대를 연상시킬 것이다. …… 따라서 생존자는 집중적이며 불안정한 대인 관계를 발전시키며, 구원과 부정不正, injustice과 배신의 드라마를 반복해서 연출한다.[1]

유소년기에 겪은 학대는 그것이 어떤 형태이든 간에 성적인 첫 경험의 시기를 앞당긴다. 한 연구에 의하면 "특히 유소년기의 감정적인 상실은 청소년들로 하여금 성적인 행위나 이른 시기에 부모가 되는 등의 행위를 통해 감정적인 친밀감을 추구하게 하는 경향을 갖게 한다."[2] 또한 테네시 주 멤피스에 살고 있는 젊은 아프리카계 미국인 여성 1,026명을 대상으로 한 또 다른 연구에 의하면, 성적인 것과 관련이 없는 신체적 학대는 조기 임신으로 이어지지 않는 반면, 성적 학대는 조기 임신과 깊은 상관관계를 보인다고 한다. 어릴 적에 성적 학대를 받은 여성은 약간 이른 시기에 성행위를 경험하는 경향이 있고(성적 학대 경험자의 평균 첫 경험 연령은 14.9세, 성적 학대를 경험하지 않은 사람은 15.6세), 임신도 빠르다(성적 학대 경험자의 평균 임신 연령은 16.7세, 성적 학대를 경험하지 않은 사람은 17.4세).

저소득 가정에서 성적 학대는
빈곤을 대물림하는 메커니즘의 하나로 작용한다.

"임상의들은 십대 청소년들로부터 어린 시절 성적 학대를 받은 적이 있다는 이 야기를 듣게 되면 조기 성행동sexual activity의 적신호로 받아들여야 한다"고 이 연구는 결론 내리고 있다. 또한 "이들 청소년에게는 적절한 가족계획에 대한 상담이나 정신 건강 상담을 받도록 해 조기 임신의 위험을 낮춰야 한다"고 제언한다.[3] 물론 이 제언은 지극히 옳은 말이나 실제로 상담이 이루어지는 경우는 거의 없다. 특히 빈곤층일 경우에는 더욱 그러하다.

또한 저소득 가정에서 성적 학대는 빈곤을 대물림하는 메커니즘의 하나로 작용한다. 학대는 부유층에서도 일어난다. 그러나 아이들의 마음속에 남게 되는 정신적 고통과는 별개로 부유한 가정에서는 아이들의 회복과 재활을 돕는 별도의 기제가 작동한다. 부모의 야망과 높은 기대, 성공에 대한 압력, 교육 접근성, 전문적 성취에 대한 욕구 등이 얽혀 자존감과 잠재력에 대한 믿음을 형성시켜 주는 것이다. 생존자는 불안을 해소하려는 열망이 강해 남을 기쁘게 하는 데 집착하기 쉬운데, 부유한 가정의 경우에는 그것이 눈부신 학업적 성취로 이어지곤 한다.

이런 기제는 저소득층 가정의 경우 매우 다른 형태로 나타난다. 이들 가정에서 학대는 여러 종류의 스트레스와 연쇄 충돌을 일으킨다. 전체적으로는 성적 학대를 받는 소녀의 수를 네다섯 명 중 한 명꼴로 보고 있으나 연구자들이 여론 조사 결과를 토대로 추정한 바에 따르면, 저소득 싱글 마더의 경우 그 비율은 더 높아질 수 있다고 한다. 복지 개혁을 취재하는 저널리스트들은 어머니에게 성적 학대 경험을 고백하고 도움을 요청했음에도 그것을 무시당하고 안전에 대한 감각이 산산 조각난 채 가정이라는 피난처를 가지지 못하게 된 많은 가난한 여성들과 마주친다. 이런 주제로 기사를 쓴 한 백인 기자에게 내가 뉴잉글랜드의 소녀 이야기를 들려주자 그 기자는 혼란스러운 표정을 지었다. 그는 소녀가 백인

이냐고 물었다. 나는 그렇다고 대답했다. 사실 그곳은 백인들의 마을이었다. 캐라 킹을 비롯해 자신의 학대 경험을 이야기해 준 많은 여성들이 백인이었다. 그는 이런 문제가 흑인 문화에서만 나타나는 것으로 생각했었다고 나에게 고백했다. 그는 자신의 편견에 뒤통수를 맞은 듯했다.

최근 생활보호로부터 탈출한 워싱턴의 웬디 왁슬러는 두 번째 인터뷰에서 빡빡한 가계 예산에 대해 이야기하던 도중 어린 시절 기억 깊숙한 곳에 자리 잡고 있던 강간의 경험을 이야기하기 시작했다. 그 경험 후 거의 30년이 흐른 지금, 그녀는 과거의 상처를 지우기 위해 열심히 일하고 열심히 웃어야 한다는 과제를 자신에게 부여하고 있었다. 그리고 장애를 가진 딸에게 모범적인 모습을 보여 주려고 했다.

웬디는 자신의 생모에 관해서는 아는 것이 전혀 없었다. 그녀에게는 생후 4년간 맡겨졌던 두 곳의 양부모 집에 대한 기억밖에 없었다. "양부모는 사소한 잘못에도 벌을 주려 했어요." 첫 번째 양부모에 관해 그녀는 이렇게 설명했다. "그 집에는 저 말고도 두 살짜리 여자아이가 있었어요. 그 애도 맡겨진 애였죠……. 어느 날이었어요. 아직도 그 광경이 마치 계속되는 악몽처럼 제 머릿속에 새겨져 있어요. (양엄마가) 그 여자애를 끌고 지하실로 내려가 때리기 시작했어요. 아마 그 애가 바지에 오줌을 쌌거나 그 비슷한 일을 저질렀던 걸로 기억해요. 양엄마는 자신이 그걸 치워야 한다면서 불같이 화를 냈어요. 그러다 갑자기 아이 울음소리가 뚝 그치는 거예요. 양엄마는 위층으로 올라왔고 아이의 모습은 보이지 않았어요. 전 겁에 질렸죠. 그리고 양엄마가 제 얼굴에 나타난 표정을 읽었는지, '왜? 여기 더 이상 있기 싫으니?'하고 물었어요. 전 아마 그렇다고 대답한 것 같아요. 그녀는 사람들에게 절 데려가라고 말했고 저는 다음 양부모 집으로 가게 되었죠." 그 두 살짜리 여자애가 살았는지 죽었는지 웬디는 알지 못했다.

두 번째 집도 그녀에게는 은신처가 되지 못했다. 그 집에는 폴라라는 수양딸이 하나 더 있었고 망나니같이 자란 십대 형제 둘이 있었다. "그 형제는 가끔씩 저와 폴라를 지하실로 데려가 팬티를 벗기고 그리고……." 웬디는 말을 끝까지 잇지 못했다. "절대 잊을 수 없어요. 그 일이 있고 나서 세월이 얼마나 흘렀는가는 문제가 되지 않아요. 절대로 잊을 수 없어요. 죽을 때까지. 절대로 잊을 수 없어요."

그녀는 다시 한 번 양부모 집에서 구조되어 이번에는 아이가 없는 이혼한 여성의 집에 양녀로 맡겨졌다. "엄마는 절 처음 봤을 때 제가 마치 거식증 환자 같다고 그러더군요." 웬디는 회상했다. "머리는 산발인데다 옷은 더러웠고 이빨은 시커멨다고 그러더군요. 이가 빠지지 않고 입안에 그대로 있는 것이 신기하다고 그랬죠. 그리고 이렇게 말했어요. '내가 너를 구해 줄게.'"

그러나 결과적으로 모든 것으로부터 구원해 준 것은 아니었다. 새 양엄마는 웬디를 정기적으로 보모에게 맡겼고 그럴 때마다 웬디는 보모의 아들들과 방치되는 경우가 많았다. "그 놈들도 똑같은 짓을 했어요." 웬디는 기억을 떠올리며 말했다. "저를 욕실이나 그 비슷한 곳으로 데려가서 이상한 짓을 시켰어요……. 그때 처음이자 마지막으로 항문 섹스를 경험했어요. 아마 초등학교 2학년 때였을 거예요……. 엄마는 제 말을 전혀 믿지 않았어요. 제 말을 안 믿었어요. 제가 거짓말을 하고 있다고 생각했죠. 왜냐하면 보모에게 물어봐도 그녀는 아무것도 모르고 있었으니까요."

학대 경험을 가진 많은 여성들과 마찬가지로 웬디도 남성과의 육체관계, 신뢰 관계, 애정 관계에서 문제를 일으켰다. 그녀의 어머니는 웬디가 빈곤으로 추락하는 것을 어떻게든 막으려고 필사적으로 노력했다. 많은 십대 청소년들이 임신, 출산, 학교 중퇴 등을 경험하며 빈곤의 늪에 발을 들여놓게 되는데, 이후 자신을 학대하는 남성과 동거하거나 생활보호에 의지하며 저임금 노동을 전전하는 등의 생활을 하게 되는 경우가 많다. 웬디의 어머니는 그녀가 대학에 진학하길 바랐고 웬디는 그 바람대로 하워드 대학[흑인 재학생의 비율이 높은 워싱턴 명문 대학]의 입학이 결정된 상태였다. 그러나 그녀는 고등학교 졸업식 날 자신의 임신 사실을 알게 되었다. 그녀는 어머니에게 임신 사실을 말하기 두려웠으나 고백했고 어머니는 강하게 중절할 것을 주장했다.

웬디는 저항했지만 결국은 중절 수술을 받게 되었다. 나중에 안 사실이지만 그녀는 쌍둥이를 임신하고 있었다. "수술 후 주위를 보니 살점이 담긴 병이 놓여 있었어요." 그녀는 선명하게 기억했다. "너무 잔인했어요. 나한테 그런 수술을 받게 하고는 내 옆에 그 결과물을 놓다니요." 그 일 이후 웬디와 어머니 사이에는 서로에 대한 깊은 증오와 경멸의 감정이 생겨났다.

웬디의 이성 관계는 매번 파국으로 끝났고 임신도 마찬가지였다. 두 가지 모두 결실을 맺은 적은 없었다. 여러 해 동안 결혼과 출산은 없었고 임신에 성공하거나 제대로 된 연애를 하지도 못했다. 그녀가 임신했던 아이는 모두 사산되었다. 약혼을 한 적이 있었지만 남자가 웬디를 때리는 바람에 웬디 쪽에서 파혼을 결정했다. 그녀는 아이가 또다시 사산되는 것이 두려워, 또 주위로부터 아무런 도움도 받지 못한 채 출산과 육아에 실패하지나 않을까 두려워, 낙태를 두 번 했다. 양엄마로부터 독립한 이후 경제적으로 취약해진 그녀는 더 이상 하워드 대학의 수업료를 낼 수 없게 되었고, 콜롬비아 지역에 있는 대학으로 옮기게 되었지만, 학위를 받기 전에 중퇴하고 말았다. 그 후 그녀는 결혼하고 싶은 남자를 만나게 되었으나 그의 나쁜 점을 알게 된 후 곧 결혼식을 취소했다. "식을 올리기 한 일주일 전쯤이었을 거예요." 웬디가 말했다. "그가 마약을 하고 있다는 사실을 알게 됐죠. 전 그와 헤어질 수밖에 없었어요. 하지만 제 뱃속에는 아기가 있었죠. 그런데 결국 그 아기도 잃고 말았어요. 태어나자마자요. 8시간 동안 살다가 하늘나라로 갔어요."

웬디는 US 에어웨이와 켄터키 프라이드치킨 등에서 아르바이트를 했지만 집세를 내기에 충분한 돈은 벌지 못했다. 남자 친구 집에서 신세를 지거나 가끔은 홈리스가 되어 보호시설에서 머물기도 했다. 그리고 다시 임신을 하게 되었고 이번에는 아이 아버지의 도움이 없어도 반드시 낳아 기르겠다고 결심했다. "이 아이마저 지워 버리고 나면 평생 제 자신을 용서할 수 없을 것 같았어요. 두 번 다시 같은 일이 일어나지 않게 하겠다고 제 스스로에게 약속했어요. 제 자신에게 이렇게 말했죠. 도망치면 안 된다. 공포를 느끼는 것도 이제 그만두자. 현실과 맞서자. 임신 중에 어떤 일이 일어나더라도 나는 이 아이를 사랑할 것이다. 나는 이 아이를 끝까지 돌볼 것이다."

키아라라는 이름의 이 여자아이는 웬디가 보호시설에 머물고 있을 당시, 워싱턴 종합병원에서 약 930그램의 체중으로 정상보다 3개월 일찍 태어났다. "전 당시 홈리스였기 때문에 병원에서는 거의 쓰레기 취급을 받았어요." 그녀는 말했다. "간호사들은 마치 제가 아무것도 모르는 병신인 듯 행동했어요. 전 바보 천치였고 거리에서 굴러다니던 인간쓰레기였어요." 웬디는 그들에게 예의를 갖출 것을 요구했고 스스로를 변호했다. 그러나 받아들여지지 않았다.

그녀에게 딸의 탄생은 결코 행복한 사건이 아니었다. "너무 일찍 세상에 나와 버렸어요. 병원에서는 아직 진통이 올 리가 없다고 계속 그러는 거예요. 제가 사흘 동안이나 계속 진통을 느꼈는데도 말이에요. 병원에서는 제가 잘 모르고 있다고 했어요. 그건 진통이 아니라 감염에 의한 통증이라고요. 그래서 제가 말했죠. 내가 감염증이라면 어째서 사흘 동안 감염 치료약을 먹었는데도 계속 배가 아픈 거죠? …… 그들은 절 모니터 장치에 연결시키더니 모두 나가 버렸어요. 모니터 장치 작동이 멈춰 버린 탓에 간호사를 부르려 했지만 벨을 누를 수가 없었어요. 어느 누구도 제가 괜찮은지 보러 오지 않았어요. 그래서 전 모니터 두 개를 안고 담요를 뒤집어 쓴 채 복도로 나갔어요. 복도를 걸어 내려가 간호사들이 모여 있는 대기실까지 가서 이렇게 말했죠. '저기, 실례합니다. 3시간 동안이나 간호사를 불렀는데요. 아이 심박수를 확인할 수 있게 윤활제를 더 받을 수 있을까요? 기계에서 나는 삐 소리 때문에 정신이 이상해질 것 같아요. 지금 진통이 있거든요. 누가 와서 괜찮은지 봐줄 수 있나요?'라고요."

"그런데 그 사람들은 '왜 복도에 나와 있죠?' 이러는 거예요."

"그래서 전 이렇게 대답했죠. '누가 좀 봐 달라고 말하려고 나왔어요. 계속 소리치고 불렀는데 아무도 안 오잖아요. 소리치면 안 되는지 알지만.' …… 그리고 '돈 내는 환자하고 똑같이 대해 주세요'라고도 했어요. 아이가 나올 때까지 계속 그런 식이었어요. …… 아시겠죠? 그게 그들이 돈 없는 사람들을 대하는 방식이었어요."

그 후 나쁜 소식이 전해졌다. 홈리스 시설에서는 신생아를 받아들일 수 없기 때문에 조산된 웬디의 딸은 퇴원 후 웬디가 살 곳을 찾기 전까지 양부모에게 맡겨지게 된다는 것이었다. "그들에게 절대 안 된다고 말했어요." 웬디는 강한 어조로 말했다. "이 아이는 저 말고 다른 누구도 기를 수 없어요. 제 자신이 양부모 집에서 자랐기 때문에 그게 어떤 건지 잘 알고 있었으니까요." 선택할 수 있는 길은 하나밖에 없었다. "전 입술을 꽉 깨물고 어머니에게 전화를 했어요. 그리고, '나요, 아이가 태어났어요. 엄마하고 나는 안 맞는다는 거 잘 알아요. 하지만 이 애는 나 말고는 다른 누구에게도 돌보게 하지 않을 거예요'라고 말했어요. 그리고 '내가 아파트를 찾을 때까지 엄마 집에서 있고 싶어요. 건강이 회복되면 바로 아파트를 찾아 나갈 거예요'라고 했어요. 전 약속을 지켰고요. 엄마는 그러라고 했어요. 엄마가 절 존중해 준 것은 아마 그때가 처음이었을 거예요."

그러나 두 번째 불행이 닥쳤다. 키아라가 생후 8개월 되던 때 뇌성마비 판정을 받은 것이다. 출생 당시 혹은 그 이전에 입은 뇌 손상이 원인이었다. 그 작은 소녀는 귀엽고 잘 웃고 애교 넘치는 아이로 성장했으나 걸을 수가 없었다. 그리고 앞으로도 영원히 걸을 수 없을 것이다. 키아라는 네 살 때 겨우 말을 할 수 있게 되었지만 유창하게는 할 수 없었다.

이런 장애가 없었다면 전형적인 빈곤 재생산의 고리는 깨졌을지도 모른다. 키아라는 웬디가 어린 시절 입은 트라우마를 경험하지 않았기 때문이다. "키아라에게 손찌검을 한 적이 있어요." 웬디가 인정했다. "하지만 정말로 키아라가 잘못을 했기 때문이었어요. 조그만 일로 때리거나 하지는 않았어요. 종아리를 조금 때린 적은 있지만 허리띠를 사용하진 않았어요. 몽둥이도요." 웬디는 자신이 어렸을 적 받았던 소외와 학대가 그녀의 어머니가 엄함과 자상함을 통해 보여 준 헌신적 애정으로 어느 정도 보상될 수 있었다고 믿고 있었다.

그러나 모성애를 향한 눈물겨운 노력에도 불구하고 그녀는 학대의 과거로부터 헤어날 수 없었고, 이성과 건전한 애정 관계를 쌓으려는 노력은 번번이 좌절로 끝났다. 노력 끝에 겨우 결혼을 하긴 했으나 그것 역시 잘못된 선택이라는 것이 드러났다. 그녀의 남편은 우울증을 앓고 있었고 분노를 잘 참지 못했던 탓에 그녀와는 동지 관계라기보다는 적대 관계에 가까웠던 것이다. 결혼식을 하고 두 달 후, 남편은 식당 일을 그만두었다. 웬디의 말에 의하면 그는 웬디가 "대신 밖에 나가 일하길 원했다"고 한다. 두 사람 사이에서는 건강한 아이가 태어났으나 남편은 온종일 집안에서 빈둥거렸고 아이도 돌보지 않았으며 그녀가 만든 음식에 대해 불평을 늘어놓았다. 그리고 그녀가 직장 동료와 놀아나고 있다고 멋대로 상상하고는 그 일로 그녀의 남자 직장 동료에게 전화를 걸어 협박을 하기도 했다. "그는 매우 불안정한 사람이었어요." 웬디는 말했다. "제가 '집안에서 뒹굴지 말고 밖에 나가서 뭔가 일을 좀 찾아봐!'라고 계속 재촉했기 때문에 남편은 저한테 매우 화가 나 있었어요." 그는 매일을 술에 기대 지냈다. 그는 웬디를 때리려고도 했으나, "제가 먼저 그를 패주었어요"라고 웬디는 분노 섞인 웃음을 띠며 말했다. "전화기를 들어 남편 이마에다가 던져 버렸죠." 그녀는 또 한 번 웃었다. "얼굴도 때려 주었고 옷걸이로 그의 목을 조른 적도 있어요." 그녀는 기쁨에 들 뜬 큰 목소리로 말했다. "그의 머리를 프라이팬으로 정통으로 때린 적도 있어요……. 철로 된 크고 오래된 프라이팬으로요." 그녀는 웃고 또 웃었다. 남편은 도망쳤고 그녀는 이혼 서류를 제출했다.

성적 학대의 생존자들이 자신의 아이들에 대해 극단적인 보호 경향을 보인다는 것은 이미 알려진 사실이다. 때로는 너무 심한 과보호로 인해 "안 돼, 안 돼, 안 돼"를 연발해 아이들 스스로 탐구해 배우고자 하는 창의적 성향을 파괴해 버리는 경우도 있다. 웬디에게서도 그런 불안 징후가 나타났으나 그것이 그녀가 학대받은 경험에서 나오는 것인지 아니면 장애를 가진 딸로 인해 생겨난 것인지는 정확히 말하기 어렵다. 아이에 대한 맹목적인 사랑과 의무감에 사로잡혀 있는 웬디는 키아라가 가진 가능성을 최대한 이끌어 내려고 노력하고 있었다. 뒤늦게나마 스스로의 가능성을 깨닫고 더 나은 미래를 향해 노력하고 있는 그녀의 현재 모습처럼. 그녀는 이제 자신의 아이에게 모범을 보여야 할 이유를 찾은 것이다.

"누구나 다 불행이나 좌절을 겪는다고 생각해요. 하지만 그걸 극복할 수 있을 때 정말로 강한 사람이 되는 거죠." 웬디는 용감하게 말했다. "제가 저의 불운을 극복하는 모습을 보여 주면 키아라도 자신의 불운을 극복할 수 있을 거라고 믿고 있고 또 그렇게 되길 바라고 있어요."

"피치스라고 불러 주세요."●

　두 눈에 고뇌를 가득 담은 한 여성이 내게 말했다. 그녀의 왼쪽 광대뼈에는 작은 흉터가 남아 있었다. 그녀는 비아냥 혹은 동경을 담아 그 가명을 골랐음에 틀림없었다. 그녀는 너무나 상처받았고, 너무나 닳아 있었고, 너무나 찌들어 있었고, 너무나 거칠었고, 너무나 겁을 먹고 있었다. 그녀는 홈리스 시설에 머물며 워싱턴의 잘나가는 법률사무소에서 서류 복사 일을 하고 있었다. 그녀는 그 일을 매우 마음에 들어 했고 거기서 만족과 기쁨을 찾으려 했다. 그녀가 근무하는 사무실은 부와 번영의 전당과도 같은 곳에 위치하고 있었다. 대리석 바닥으로 된 광활한 로비에는 거대한 기둥이 솟아 있었고 벽에는 야자나무가, 그리고 중앙에는 하늘과 주위 건물을 한눈에 볼 수 있는 투명한 유리 탑이 솟아 있었다. 그러나 그녀가 사는 곳은 안전이 보장되지 않는 위험한 지역이었고, 그곳에 사는 여성들은 서로 먹을 것을 훔치곤 하는 그런 곳이었다.

　"부모님에 대해서는 아무것도 몰라요." 피치스는 말했다. "양부모님은 제가 다섯 살이 되기 전에 돌아가셨어요." 그 후 그녀는 메릴랜드 주 이스턴 쇼의 양부모에게 맡겨졌고 그들로부터 심한 학대를 받았다. 그들은 피치스와 마찬가지로 흑인이었으나 피치스와 비교했을 때 피부색이 그다지 검지 않았기 때문에 피치스의 피부색을 놀려댔다. "전 집안에 갇힌 채 인간쓰레기라는 말을 들으며 자랐어요." 피치스는 말한다. "검고 못생기고 뼈만 앙상한 아무런 가치도 없는 인간쓰레기라고요. 전 그 빌어먹을 집안에 틀어박혀 그저 숨만 쉬는 생물일 뿐이었어요."

● 피치스Peaches
속어로 '멋진', '최고의', '어여쁜 소녀'를 의미한다.

그녀는 그 집의 수입을 거드는 존재이기도 했다. 그녀 말에 따르면, 매해 여름, "공장에서 타는 듯이 뜨거운 토마토를 양동이에 담는 일을 여덟 살 때부터 했어요. 토마토 껍질을 뜨거운 물에 벗겨 양동이에 담는 거죠. 바닥 닦는 대걸레를 빨 때 쓰는 그런 커다란 양동이예요. 그 양동이 하나를 가득 채우면 10센트를 받았죠. 양동이를 왔다 갔다 흔들면서. 상상해 보세요. …… 양동이랑 냄비를 앞뒤로 흔들고, 아침 6시부터 저녁까지 계속 중노동을 했어요……. 물론 불법 노동이죠. 하지만 해야만 했어요. 그게 제 여름이었어요."

그녀의 몸에는 양엄마가 가한 체벌의 흔적들이 아직도 남아 있었다. "제 팔은 흉터투성이에요." 피치스는 이렇게 말하면서 낡은 금속과 같이 휘어진 팔을 꺼내 보였다. "옷을 제대로 다리지 않으면 다리미로 지졌어요. 똑바로 하지 않았다고요……. 조금만 흐트러져도 채찍이 날아왔죠." 그녀의 사춘기는 혼란과 함께 조용히 찾아왔다. "양부모는 제게 아무것도 가르쳐 주지 않았어요." 피치스는 기억을 더듬었다. "저도 여자니까, 모든 젊은 여자가 그렇듯 신체에 변화가 생기기 시작했어요. 그리고 월경이 시작됐죠. 그때 전 제 몸에 무슨 일이 일어나고 있는지 전혀 몰랐어요. 그런 것에 대해 들은 적이 전혀 없었거든요. 대신 이런 말을 들었죠. '오! 이번엔 대체 무슨 일을 저지른 거야?' 이런 말은 한마디도 들어 본 적이 없어요. '그래, 이것은 자연스러운 현상이고 언젠가는 너에게도 일어날 거라고 생각하고 있었어. 이제 너는 숙녀란다' 같은 말이요."

그녀가 어린 시절 받은 학대는 어린 시절이 지나도 끝나지 않았다. 성적 학대는 받지 않았다고 그녀는 이야기했으나 육체적·정신적 학대로 인한 고통은 그 울림이 오래 이어졌다. "사람들이 절 이상하게 쳐다봤어요." 그녀는 말했다. "'마치 사람과 한 번도 어울려 본 적이 없는 것 같이 행동하는군. 당신은 장애를 가지고 있군'하는 듯 말이죠. 사실 그랬어요. 영화를 보러 간 적도 없었고 서커스를 보러 간 적도 없었으니까요. 처음으로 서커스 구경을 간 건 스물일곱 살 때쯤이었는데 그것도 친구를 따라간 거였죠……. 그때까지 한 번도 서커스를 본 적이 없었기 때문에 전 그만 울어 버렸어요. 제겐 일종의 새로운 경험이었어요. 전 정말로 사람들과 같이 어울려 본 적이 없었어요. 집 안에 있는 것 외엔 다른 선택의 여지가 없었어요."

"제 자신에 대해 새로 깨달은 점이 또 하나 있어요. 사람들이 친구 이야기나 단짝 이야기를 할 때, 고등학교 때 친구들 이야기를 할 때, 전 별로 할 말이 없다는 사실을 깨달았어요. 사람들과 어울린 적이 없었으니까요. 친구들과 우정을 쌓지 못했으니까요……. 마지막 2년 동안은 백인 학생들도 다니는 학교에 다녔어요. 음, 전 흑인들 사이에 있을 때도 제가 그들과 어울린다고 생각해 본 적이 없었기 때문에 백인들 사이에 있을 때도 마찬가지였어요. 그래서 더욱 소외됐어요……. 전 저에게 도대체 무슨 가치가 있는지 알 수 없었어요. 항상 아무짝에도 쓸모없다는 말을 들어 왔거든요."

고등학교 졸업 후 피치스는 양부모 집에서 쫓겨났다. "처음 성관계를 가지자마자 임신이 됐어요." 그리고 그녀는 양부모에게 욕지거리를 들었다. "'근본 없이 태어난 핏줄은 어디 안 가는구나!' 어쩌고 저쩌고……. 전 이런 느낌이 들었죠. '잠깐만, 아무도 내 곁에 앉아서 내게 조금이라도 쓸모 있는 인간이라고 말해 주지 않았고, 그래서 난 나이든 노인이랑 섹스를 했어. 난 하고 싶지 않았어. 그건 고통이었어' 라고요." 이때도, 그리고 그 이후의 임신에서도 그녀는 아이를 낳지 않았다. 그 대신 잡 코●에 등록을 했다. 그리고 그곳에서 알게 된 매춘업자에게 강간을 당했고(그는 피치스에게 매춘을 시키려고 했다), 그 후 그녀는 빠른 속도로 추락하기 시작했다. 한편으로 그녀는 주체성을 유지하기 위해 애쓰기도 했다. "제

● 잡 코Job Corps
미국 노동부가 운영하는 청년 실업자를 대상으로 한 직업훈련 프로그램.

가 원해서 몸을 팔았던 거예요." 그녀는 그것이 매춘업자가 시켜서 한 일이 아니라 자신이 원해서 한 일이라고 강하게 주장했다. "강제로 매춘을 하는 것은 상상도 할 수 없어요."

따뜻한 보살핌을 갈구하는 그녀의 간절한 소망은 그녀가 질 나쁜 남자들 사이를 방황하게 했고, 꿈과 두려움 사이에서 그녀는 파괴되어 갔다. 그녀의 꿈은 이상적인 가정을 만드는 것이었지만, 자신의 양부모의 가정과 같은 가정을 갖게 되지는 않을까 두려워했다. "몇 번 임신을 했지만 아이를 낳지 않았어요. 이유는 하나였어요. 마음속에서 이런 생각이 자꾸만 되풀이되는 거예요. 좋은 남자를 만나 TV 드라마에서 보는 그런 이상적인 가정을 만들 수 없다면, 저를 '이년아!' 하고 부르는 대신 '자기야, 다녀왔어'라고 말해 주는 그런 가정이 아니라면, 아이를 이 세상에 내놓고 싶지 않았어요." 그녀는 강한 어조로 말했다. "남편과 아내, 가정, 그리고 개와 고양이, 아이 둘, 집과 자동차……. 그런 교과서적인 가정을 가지고 싶었어요. 하지만 단 한 번도 그런 가정을 가질 수 없었어요. 단 한 번도요. 제 꿈은 절 피해 갔어요. 전 제 꿈을 위해 싸우고, 울부짖고, 고통스러워했지만 그것은 저를 피해 갔어요. 왜냐하면 저한테는 너무나 많은 일이 일어나고 있었거든요. 가정을 가진다는 것이 어떤 느낌인지 전혀 몰랐어요. 전 단지 숨만 쉬고 하루하루 일하고 술 마시고 일요일부터 토요일까지 어지럽게 떠들어 댔을 뿐……. 누군가 제 인생에 들어와 절 사랑해 주는 척이라도 해준다면 정말 잘할 수 있을 텐데 말이죠. 그렇다면 그 사람과 가정을 위해 모든 것을, 모든 것을, 모든 것을, 모든 것을 제가 망가질 때까지 줄 텐데 말이죠. 그리고 …… 그렇게 했지요. 그리고 망가졌어요."

자아에 대한 의식이 높지 않았던 그녀는 자신을 통제하길 좋아하는 그런 남자를 좋아했다. 하지만 그런 남자들은 정작 자신의 인생은 아무것도 통제하지 못하는 경우가 많다. 피치스는 그런 남자 하나와 여러 해 동안 만나고 헤어지기를 반복한 적이 있었다. 그 남자는 피치스가 스스로에게 가지고 있는 자기 비하적 인식을 공유했다. "그는 제가 쥐구멍에 숨고 싶어질 만큼 창피하게 쏘아 댔어요." 그녀는 말한다. "누군가 제발 그가 나를 향해 더 이상 아무 말도 할 수 없게 해줬으면 하고 바랐죠."

그녀가 스웨터를 입으면 그는 이렇게 말했다. "너한테는 필요 없는 거야. 빨리 벗어." 그녀가 집을 나서면 그는 이렇게 말했다. "어딜 기어 나가는 거야?"

"몰래 빠져나와 거리에 있는 공중전화를 사용해야만 했어요." 그녀가 말했다. "도망치려고 하면 그는 제 뒤를 쫓아왔어요. 가만히 생각해 보면 제가 어떻게 해서 이런 지경에까지 이르게 됐는지 이유를 모르겠어요. 도대체 어떻게 해야 하죠? '여기 앉지 마라, 거기도 안 돼.' …… 남자들을 계속 만났지만 제 자신에게 어떤 가치가 있다는 생각은 전혀 들지 않았어요. 왜 그런지 이해가 안 돼요. 전 좋은 사람이에요. 음……, 어쩌면 좋은 사람이 아닐 수도 있어요. 어딘가 이상한 부분이 있을지도 몰라요. 맞아요. 저한테는 잘못된 부분이 있어요. 줄곧 그런 말을 들어왔어요. 전 미쳐 가고 있었죠."

피치스가 애정을 갈망했던 남자들은 그녀를 유린하고 구타했다. "남아 있는 몇 안 되는 사진을 보면 말이죠," 그녀는 이해되지 않는다는 듯 이렇게 말했다. "전 못생긴 여자가 아니었어요. 한때는 아주 예뻤죠. 몸매도 좋았고 머리는 허리까지 내려오고. 하지만 그런 식으로 제 자신을 생각해 본 적은 한 번도 없었어요. 누군가 제 외모를 평가할 때는 모두 제 몸을 탐해서였어요. 몸을 허락하지 않으면 모두 저에게 용건이 없었죠."

그녀의 고용주들도 그녀를 부릴 만큼 부린 뒤 내팽개치는 식이었다. "정말로 사람들과 관계를 원만하게 유지할 수 없었어요. 그리고 그런 사실이 절 뒤로 주

268

춤거리게 만들었죠." 그녀는 설명한다. "사람들과 원만한 관계를 유지하는 데 필요한 기초적인 지식도 없었으니까요."

그녀는 최저임금보다 1, 2달러 정도 높은 급여를 받으며 일을 했다. 로드 앤 테일러 백화점이나 그 밖의 다른 상점 등에서 숙녀복 판매 일을 했고 스스로도 잘해 나가고 있다고 느꼈다. 그러나 한겨울 새벽 또는 심야에 버스를 타기 위해 오랫동안 찬바람을 맞는 일이 잦았고 그것은 그녀의 천식을 악화시켰다. 그리고 그로 인해 결근하는 날이 늘어났고 결국 해고 통보를 받게 되었다. 이것은 서로 다른 문제들이 얽혀 나중에는 커다란 결과를 가져오게 되는 한 예라고 할 수 있다. 즉, 부실한 대중교통 시스템 때문에 건강을 해치게 되고 일도 잃게 되는 사례인 것이다. "술을 마셨어요. 마리화나도 피웠죠. 하지만 다행히도 다른 마약에는 손대지 않았어요." 그녀는 말했다. "일요일부터 토요일까지 진탕 놀았어요. 다른 일이 끼어들 틈 같은 것도 없었죠." 결국 그녀는 워싱턴 거리의 노숙인 신세가 되었으나 이웃들은 그녀를 본체만체했다. "그들은 말 한마디 걸어오지 않았어요. 제가 추한 모습으로 헝클어진 머리를 하고 거리를 걸어 다니는 것을 보고도 '어찌 된 거야? 밥은 먹었어? 샌드위치라도 좀 줄까?'하고 말을 걸어오는 일은 절대로 없었죠. 제가 아는 사람들 말이에요. 모르는 사람한테서도 '저기, 괜찮으세요?'하는 말을 들은 적은 없어요. 전 투명 인간이었어요."

그녀는 공사 중인 빌딩 지하실에 몰래 들어가 잠을 잤다. 그리고 나중에는 무시무시한 홈리스 보호시설로 들어가게 되었다. "종잇조각같이 얇은 매트리스 위에 피범벅이 된 이불을 덮고 자야 했어요. 그 이불을 털면 쥐똥이 후드득 떨어졌어요. 밥은 식판만 나오고 포크나 나이프는 없었어요. 하지만 온종일 아무것도 먹지 못했기 때문에 그냥 테이블에 놓고 손으로 먹었어요. 그러다 어느 순간 '더 이상 이런 짓은 못하겠다'라는 생각이 들었죠. 그래서 다시 그 짓다 만 먼지투성이 빌딩 지하실로 돌아가 밤을 보냈어요. 남아 있는 얼마 안 되는 돈으로 담요를 사가지고요. 그곳은 너무 추웠거든요." 그 후 그녀는 그녀에게 학대를 일삼던 남자에게로 다시 돌아갔다. "목욕을 할 수 있는 곳이 필요했거든요. 저는 엎드린 채 벽에 가만히 붙어 제발 그가 제게 손대지 않기를 기도했어요……. 하지만 결국 그는 절 다시 거리로 내쫓았죠. 전 거리를 걸어 다니며 먹을 것을 구해 먹었어요. 가지고 있던 돈은 먹을 것을 사느라 다 써버렸거든요. 거리 생활을 하게 되면 돈은 눈 깜짝할 사이에 다 써버리게 돼요."

그녀는 살기 위해 도둑질을 했다. 그녀는 스스로를 매우 낮게 평가하고 있었고 고급스런 것은 자신에게 어울리지 않는다고 생각했다. 그녀는 자기 수준에 맞다고 생각되는 것들만 훔쳤다. "먹을 것도 훔치고 옷도 훔쳤어요." 그녀는 인정했다. "재미를 느끼거나 했던 것은 아니었어요. 왜냐하면 좋은 가게에는 가지 않았거든요." 그녀는 엷은 미소를 띠며 이야기했다. "흑인에다 못생기고 퉁퉁 부은 다리를 한 작은 사람에게 그런 가게는 어울리지 않죠. 제가 그런 가게에 들어갈 수 있는 방법은 없어요. 하지만 맥브라이드나 K-마트 같은 곳엔 갈 수 있어요. 거기서 옷을 훔쳤죠……. 스테이크를 훔치진 못했지만 볼로냐소시지를 훔칠 수는 있었어요." 그녀는 마음속 깊은 곳에서 쓴웃음과 조소가 우러나오는 듯한 표정으로 말했다. "전 좋은 물건을 훔칠 자격도 안 되는 거죠." 그리고 그녀는 말을 분간할 수 없을 정도로, 온몸을 집어삼킬 듯 웃으며 이렇게 말했다. "뭘 훔친다고 하면 적어도 스테이크 정도는 훔칠 수 있어야죠. 볼로냐소시지 말고요. 왜냐하면 볼로냐소시지를 살 수 있는 빌어먹을 99센트 정도는 저도 가지고 있거든요!"

아버지와 어머니의 죄는 성적 학대 이외에도 여러 형태를 띠고 나타난다. 부모로부터 받은 학대는 스스로를 비하하고 학대하는 심리, 즉 자학적 심

그녀는 자기 수준에 맞다고 생각되는 것들만 훔쳤다.
"전 좋은 물건을 훔칠 자격도 안 되는 거죠."

리로 이어지는 경우가 많다. 자신에 대한 존중과 가치가 있어야 할 자리에는 공백이 생기고 마치 진공상태의 공간에 공기가 빨려 들어가듯 무서운 속도로 술과 마약이 그 자리를 채우곤 한다. 그 결과 정상적으로 기능해야 할 가정의 구조는 순식간에 무너지고 만다. 그리고 어린 시절의 경험은 어른이 되고 난 후의 인생에도 영향을 미치고 집요하게 그 기억이 따라다니기 때문에 방치되고 학대당한 어린 시절의 경험은 본인의 아이를 키우는 방식에도 큰 영향을 끼친다. 학대 경험이라는 상처는 세대를 넘어 이어질 수 있는 것이다.

마키타 반스는 어째서 그렇게 되었는지는 확실히 몰랐지만, 그녀의 할아버지 대부터 가족의 삶은 분열되어 있었다. 그리고 그녀는 그것이 그녀의 아이들에게까지 이어질까 봐 걱정하고 있었다.

마키타의 친가, 외가 조부모는 모두 워싱턴의 블루칼라 계층이 사는 곳에 단독주택을 한 채씩 가지고 있었다. 그리고 그곳에 사는 아프리카계 미국인 대부분은 안정된 공무원직에 종사했다. 그러나 그로부터 20년이 흐른 현재, 마키타는 공영주택에 살고 있었다. 그 동네에서는 최근 한 젊은 엄마가 자동차 총격으로 목숨을 잃었다. 마키타는 마치 외부 세상과 접촉하는 것이 두렵기라도 한 듯, 온 집안의 창문을 굳게 닫고 블라인드를 쳐놓고 있었다. 그곳에는 숨이 막힐 듯한 어둠을 조금이나마 완화해 줄 태양빛도 맑은 공기도 없었다. 마키타는 접이식 금속 의자에 불편하게 앉아 있었다. 부엌에 놓여 있는 자전거에는 옷이 널려 있었고 거실의 갈색 소파에는 빨래를 마친 세탁물이 개어져 있었다. 거실 한편으로 회색 고양이 한 마리와 어항 하나가 보였고 종이로 된 액자에는 아이들 사진이 끼워져 있었다. 쉴 틈 없이 울려 대는 전화기도 있었는데, 전화는 주로 십대인 딸에게 걸려 오는 것이었다. 딸 역시 마키타의 전철을 그대로 밟아 현재 고등

자신에 대한 존중과 가치가 있어야 할 자리에는 공백이
생기고 마치 진공상태의 공간에 공기가 빨려 들어가듯
무서운 속도로 술과 마약이 그 자리를 채우곤 한다.

학교를 중퇴한 상태였다. 항상 불쾌한 표정의 딸은 자기 엄마는 물론 집에 찾아
온 손님에게도 퉁명스러운 태도를 보였다.

이 가족은 아메리칸드림의 정반대 사례라고 할 수 있다. 그들은 이민 3세대
를 지나 지금은 4세대에 들어서고 있는 중이었으나 성공이나 생활의 안정을 경
험한 적이 없었고, 계급 상승의 낙관론이라는 미국의 윤리를 온몸으로 부정하고
있었다. "전 우리 조부모가 항상 부자라고 생각했어요." 마키타는 말했다. "원하
는 곳은 어디든 갈 수 있었고 원하는 건 뭐든지 가질 수 있었어요. 먹을 것도 많
았죠. 할머니는 자식이 여덟이나 있었는데도 여전히 먹을 것이 남아돌았어요."
외가 쪽 조부모 집에도 먹을 것이 많았다고 그녀는 기억하고 있었다. 할아버지
가 차고 안에 "직접 만들었다"고 하는 작업장은 그녀가 마음에 들어 하던 장소였
다. 그곳에는 언제나 "가지고 놀 것"이 넘쳐 났다. 그 시절의 추억은 그녀를 미소
짓게 했고 부드러운 향수를 불러일으켰다. 그러나 이후의 인생은 결코 향수를
일으키거나 미소 짓게 하는 것이 아니었다.

마키타가 기억하는 바에 따르면 할머니의 직업은 간호조무사였고 할아버지는
수도관리국에서 일을 했다. 마키타의 아버지는 할아버지의 뒤를 이었지만 안정된
일도 집도 모두 아버지 대에서 사라졌다. 마키타의 아버지는 마키타의 어머니와
한 번도 같이 산 적이 없었다. 그리고 어머니는 가끔씩 미연방 정부 인쇄국의 일을
하거나 세탁소 일을 하는 정도였기 때문에 아이들은 생활보호에 의지하는 일이 잦
았다. "우리 엄마는 알코올의존증이었어요." 마키타가 무덤덤하게 말했다.

형제 셋 가운데 둘째로 장녀인 마키타는 나이에 비해 너무 무거운 책임과 경
제적 곤란을 짊어져야만 했다. 어머니가 술에 절어 기본적인 가사조차 하지 않
게 되자 그녀는 오빠와 여동생을 데리고 장을 보러 다녔다. 또 근처 아파트의 이

웃집을 하나씩 두드리며 어머니를 찾아다녀야 했고, 찾은 후에는 어머니가 완전히 곯아떨어지기 전에 데려가기 위해 경찰을 부르겠다는 협박을 해가며 어머니를 구슬려야 했다. "엄마의 그런 모습을 친구들에게 보이고 싶지 않았어요." 마키타는 말했다. 어른의 짐을 짊어진 아이는 안정적인 어린 시절을 보낼 수가 없다. 그리고 그것이 그들의 인생에서 첫 번째 실패로 남게 되고 이후 그들이 가지고 있는 결함의 근원이 되는 경우가 많다. "몇 번이나 가출을 했어요." 그녀는 당시를 회고했다. "몇 번이나 집을 나가 아버지한테 가곤 했어요. 근데 정작 아버지 집에서 살기 시작하고부터는 아버지하고도 같이 있기 싫어졌어요……. 그래서 할머니한테 갔죠. 결국에는 다시 엄마한테 갔지만. 그리고 나서는 친구들 집으로 갔어요. 사이좋은 친구였는데, 어느 날 밤 그 친구 조카가 제가 자고 있는 침대로 기어들어 오려는 거예요. 나중에 그 사실을 친구에게 말하니까 친구는 '이렇게 어린애가 왜 네 침대에 들어가고 싶어 하겠니?' 하는 거예요. 그래서, 좋아, 그럼 내가 여길 떠날 수밖에 없군. 그랬어요. 갈등이 있었죠. 엄마하고 전 절대로 사이가 좋아질 수 없는 사이에요. 그건 아마 제가 평범한 가정을 원하기 때문일 거예요."

그러나 마키타는 평범한 가정을 가질 수 없었다. 다만 아픈 기억과 이루어질 수 없는 소망만이 존재했다. "기본적으로 외출할 옷도 모자도 없어서 어떤 때는 그게 너무나 창피했어요." 그녀는 회상했다. "항상 마음속으로 이렇게 다짐했어요. '내 힘으로 일어설 수 있게 되면 오빠와 여동생을 데리고 이 집을 나가 같이 살아야지'라고요. 그렇게 하면 모든 것이 나아질 거야." 세월이 흐르면서 친척들은 나이가 들어 세상을 떠나기 시작했고 남아 있는 친척들과도 소원해지게 되었다. 마키타는, 그녀의 말을 빌리자면, "기본적으로 스스로가 스스로를 지켜야만 하는" 불안정한 상태로 남겨지게 되었다.

자기 자신을 스스로 지켜야만 한다는 요구는 아이에게 무력감을 안겨 주는

자기 자신을 스스로 지켜야만 한다는 요구는
아이에게 무력감을 안겨 주는 무서운 요구다.

무서운 요구다. 마키타는 그 과제를 제대로 소화해 내지 못했고, 대신 추락의 길로 한 발짝 더 다가갔다. 그녀의 첫 섹스 경험은 임신으로 이어졌다. 그리고 고등학교 2학년 10월, 출산을 위해 학교를 그만두어야 했다. 그때 낳은 아이는 세 명의 남자 사이에서 낳은 네 명의 아이 중 첫 번째 아이였다. 마키타는 낙태를 할 생각이 전혀 없었다. 십대에 엄마가 되는 소녀들이 자주 대는 이유처럼, 마키타도 아이를 낳는다는 것은 성숙과 독립의 표식이라는 생각을 반복하고 있었다. "엄마한테는 이렇게 말해 주었어요. '나는 이제 어른이야. 내가 하고 싶은 것은 뭐든지 할 수 있어. 이것도 할 수 있고 저것도 할 수 있어. 얼마 안 되지만 돈도 벌고 있고 생활력도 있어'라고요. 그런 식으로 말했을 거예요."

마키타는 생활보호 수급자가 되었고 가난은 그녀를 브렌트우드 지역으로 내몰았다. 그곳은 워싱턴 내에서도 마약이 만연한 지역이다. 그녀는 그곳을 "덫"이라고 불렀다. 그곳이 그녀를 감금하고 그녀의 꿈을 집어삼켰기 때문이다. 사람은 자신이 사는 환경에 큰 영향을 받는다. 그리고 어떤 이웃과 친구가 있는가, 어떤 여가를 즐기는가, 어떤 유혹에 노출되는가는 살고 있는 환경에 의해 결정된다. 마키타는 그 지역에 살게 되면서 커다란 피해를 입게 되었다. 그녀는 일하러 갈 직장도 없이 온종일 마약상들과 마약중독자들의 세계에 둘러싸여 있었다. 마약중독자들은 다 쓰러져 가는 상점가와 아파트 복도 같은 곳에서 무리 지어 어슬렁거렸다. "아마 그때가 스물일곱 살 때였을 거예요." 그녀가 말했다. "마약에 손을 대게 됐어요. 아주 완전히 빠져 버렸죠……. 진짜 독한 코카인이나 마리화나 같은 것을 피워 댔어요." 마키타가 크랙[고순도 코카인]을 처음 피웠을 때 그녀는 형용할 수 없는 기쁨과 경이감을 맛볼 수 있었고 그 후 그 느낌을 다시 한 번 느끼기 위해 반복해서 마약을 하게 되었다. "점점 더 집착하게 되는 거예요. 왜냐하면 첫 번째 느꼈던 그 절정을 다시 느끼는 건 절대 불가능하거든요. …… 절대 도달할 수 없는 그 느낌을 향해 다시 마약을 할 수밖에 없게 되요. …… 그리고 원하는 걸 얻기 위해서 수단과 방법을 가리지 않게 되죠. 전 아이들 장난감과 물건, 크리스마스 용품을 비롯해 가진 걸 모두 내다 팔았어요. 돈이 될 만한 것은 무엇이든지요."

마약중독자들은 크랙이 강력한 모성 본능조차도 지워 버린다고 말한다. 마키타도 그랬다. 그녀는 아이들을 방치했고 아파트에서 쫓겨난 후에는 거리에서 만난 한 남자 집에 머물렀다. 당시 아이들은 그녀와 같이 살고 있었지만 마키타의 여동생과 친구들은 아이들을 매우 걱정했기 때문에 "워싱턴 아동과 가족 돌봄 센터"*에 연락을 취했다. "저는 여전히 마약중독 상태였어요." 마키타는 말한다. 조사원들이 도착했을 당시 그녀는 크랙을 구해 피우기 위해 집을 이삼일 정도 떠나 있던 상태였다. 마키타는 집에 돌아오고 나서야 아이들이 사라졌음을 알았다. 큰아이는 이모에게, 둘째 아들은 아버지에게, 어린 셋째와 넷째는 양부모 가정에 맡겨졌다. 마키타는 이 일에 굉장히 큰 충격을 받았으나 여전히 중독으로부터 헤어날 수 없었다. 그녀가 중독을 극복하게 된 것은 더 시간이 흐른 뒤의 일이었다. 그녀는, "어떻게 내가 이런 생활을 하며 살았고, 어떻게 내가 아이들에게 이렇게 대할 수 있었을까" 하는 후회와 의문에 괴로워했다. 그녀는 이렇게 자문했다.

"어떻게 내가 이런 짓을 할 수 있었지?"

치료 중인 마약중독자들이나 알코올의존자들은 종종 유혹, 추락, 고백, 죄, 구원 같은 종교적인 비유를 써가며 자신의 체험을 도덕적 이야기로 묘사하곤 한다. 조슈아라는 장신의 남성도 예외가 아니었다. 그는 자신의 아버지와 마찬가

● 워싱턴 아동과 가족 돌봄 센터D.C.'s Child and Family Service Agency
관과 민 합동으로 입양 알선이나 학대 받고 있는 아이들을 구제하는 등의 일을 하는 정부 기관.

지로 알코올의존증이 되어 길거리에서 잠을 자거나 정신을 잃는 생활을 반복했다. 어느 크리스마스이브에 그는 백악관 건너편에 있는 러페이엇 공원에서 동료들과 술을 마시고 의식불명 상태에 빠졌다. 신발과 입고 있던 옷은 모두 없어졌고, 크리스마스 당일인 다음날 조슈아가 병실에서 눈을 떴을 때는 의사들이 동상에 걸린 그의 발을 치료하느라 곤욕을 치루고 있었다. 발은 양쪽 모두 거의 절반이나 절단할 수밖에 없었고, 그 사건은 그가 정신을 차리고 재기하게 된 계기가 되었다. 그는 입원 중 좋든 싫든 술을 끊을 수밖에 없었고 그 덕에 알코올의존증에서 벗어나 빌딩 청소 일도 얻을 수 있었다.

마키타도 완전히 바닥까지 추락하는 경험을 한 이후에야 비로소 다시 일어날 수 있었다. 그녀는 밑바닥까지 추락한 이후 이전의 상식과 제정신을 되찾을 수 있었다. 그녀를 일깨운 것은 두 가지 사건이었다. 하나는 마약중독 탓에 아버지의 사랑을 잃게 된 것이었다. "마약에 손을 대고 나서부터 아버지와의 관계가 나빠졌어요." 그녀는 말했다. "무척 상처를 받았죠. 전 어렸을 때부터 아버지의 귀여움을 독차지하며 자랐거든요. 아버지는 절 위해서라면 무엇이든 해주셨죠." 두 번째는 그녀가 병원 신세를 지게 될 지경에까지 이르렀다는 것이었다. 그녀는 병원에서 몸과 마음을 모두 치료할 수 있었다.

"어느 날 밤 한 남자하고 같이 지낸 적이 있어요." 그녀가 말했다. "그는 제게 마약을 사줬고 그 후 우리는 그 남자 집에 가서 그가 저한테 원하는 그걸 했어요. 그리고 그는 잠들었죠……. 전 그의 열쇠 꾸러미를 들고 나와 그의 차를 몰고 다시 마약을 사러 나왔어요. 나쁜 마음은 없었죠. 다시 그의 차를 돌려놓을 생각이었어요." 그녀는 마약 상인이 있는 곳에 도착해 그곳에 있는 누군가에게 주차를 부탁했다. 그러나 그는 차를 몰고 그대로 도망쳐 버렸고 트렁크에 들어 있던 공구들도 훔쳐 가 버렸다. 그녀는 분노에 폭발해 날뛰었고 주먹과 발길질로 주차되어 있던 자동차 유리를 깨버렸다. 마약에 취해 있던 그녀는 통증을 느끼지 못했다. "손과 발은 피범벅이 되었지만 전 여전히 마약을 원했어요. 병원에 갈 생각도 없었어요. 농담 같이 들리죠? 진짜로 그랬어요."

그러던 중 그곳에 차 주인인 남자가 나타났다. 그녀는 그가 자신을 두들겨 팰 것이라고 생각했다. 그러나 그 남자는 놀라울 만큼 친절한 태도로 그녀를 병원까지 데려다 주었다. 마키타는 그의 태도에 압도당했고 그 사건을 계기로 다른 사람에게 마음을 열고 자신을 되돌아볼 수 있게 되었다. "마음에 강렬하게 와닿는 게 있었어요. 대부분은 그런 경우에 흠씬 두들겨 패거나 그러잖아요." 그녀는 스스로에게 되뇌었다. "이제 이걸로 충분하다. 난 죽고 싶지 않아. 이렇게 생각했어요."

병원에 마련된 침대의 숫자보다도 치료를 원하는 마약중독자들의 숫자가 훨씬 많은 탓에 치료 센터는 환자를 고를 수 있는 입장이 된다. 센터 측은 치료를 향한 의지가 확실한 환자만을 받아들였고 마키타는 자신이 그런 사람이라는 것을 보여 주기 위해 노력했다. 그녀는 돈을 낼 필요가 없는 훌륭한 치료 프로그램을 찾아냈고 센터 측이 그녀의 굳은 의지를 알아줄 때까지 매일 전화를 걸었다. 결국 빈 침대가 하나 났고 그녀는 5일간의 해독 치료 과정에 들어갔다. 그 치료 후에는 28일간에 걸친 회복 치료와 1년간의 입원 치료가 기다리고 있었다. 부유층의 경우 이런 과정은 대개 자신의 돈으로 해결하게 된다.

마키타가 다니던 치료 센터는 그녀가 이전에 같이 마약을 하던 친구들이 살던 곳에서 멀리 떨어진 곳에 위치하고 있었다. 그래서 그녀는 자연스럽게 그들의 네트워크로부터 단절되고 떨어져 나올 수 있었다. 마약중독에서 벗어나려고 하는 사람의 경우 동료들과의 관계를 청산하는 것은 매우 중요한 치료 단계 중 하나이다. 그러나 그것은 동시에 고통스러운 고립감을 수반한다. 마키타도 완전히 고립되었다. 가족과도 만나지 못한 채 몇 년에 걸쳐 인공적인 "가족", 즉 매주 찾아오는 마약중독자 지원 단체 사람들에게 의지할 수밖에 없었다.

치료가 진행되면서 그녀는 아이들을 다시 자신의 품으로 데려오겠다는 목표에 집중하기 시작했다. 다행스럽게도 양부모에게 맡겨진 아이들은 웬다나 피치스가 겪어야만 했던 그런 일을 겪지 않아도 되었다. 두 아이는 양어머니의 보살핌을 받고 있었고, 후에 양어머니는 마키타의 후원자이자 이웃이자 가장 절친한 친구가 되었다. "그녀를 만날 수 있었던 건 신의 축복이에요." 마키타는 힘주어 말했다. "그녀는 이렇게 말했어요. '당신이 어떤 일을 할 수 있는지 말해 줄게요. 우리 집에 와서 아이들을 돌봐 주세요.' 제 아이를 포함해서 그녀가 입양을 준비하고 있던 아이들을 돌보는 일을요!" 그 여성은 놀라우리만큼 넓은 관용을 보여주었고 마키타에게 격주 2백 달러의 보수를 주어 그녀를 놀라게 했다. "제게는 제2의 어머니와 같은 존재예요. 너무나 아름다운 마음을 가지고 계신 분이에요." 4년 후, 마키타는 내게 말했다. "우리는 어디든지 함께 가고 무엇이든지 함께해요. 전 죽을 때까지 그녀를 사랑할 거예요." 아이들의 양어머니로부터 마키타는 모성이라는 것에 대해 조금씩 배우고 있었다.

그러나 마키타 역시 돈이 필요했다. 고등학교 졸업장도, 그에 해당하는 GED도 없는 마키타가 할 수 있는 일이란 매우 초라한 것이었다. 재활 치료가 끝난 후 그녀는 메릴랜드 주 베데스다 시 요양 시설에서 세탁과 화장실 청소 일을 구했다. 그리고 공영주택을 얻어 아이 넷을 모두 다시 데려올 수 있었다. 아이들을 다시 기를 수 있게 되었으나 매일 자가용 없이 베데스다까지 출근하는 것은 큰 부담이었다. 6~7개월 후, 마키타는 요양 시설 일을 그만두고 헥트 백화점에서 창고를 관리하는 일로 옮겼다. 새로운 일은 상품을 체크하고 트럭에서 내리는 일로 시급 7~8달러였다. 그러나 여전히 그녀는 출근을 위해서 매일 한 시간 정도 버스를 갈아타야 했으며, 더욱이 일하는 시간은 들쑥날쑥하기 일쑤였다. 하루나 이틀 불려나갔나 싶으면 일주일간 일이 없기도 했고 그다음 주에는 한주 내내 일해야만 하는 식이었다. 저임금에다가 일정치 않은 노동시간은 그녀에게 매우 적은 임금밖에 가져다주지 못했고, 불규칙하게 집을 비워야만 하는 그녀에게는 충분한 보상이 되지 못했다. 생활보호를 받는 편이 더 현명하다고 판단한 마키타는 그녀가 "P. A."Public Assistance[공적부조]라고 부르는 공적 원조를 다시 받기 시작했다.

1996년에 제정된 복지개혁법에 따라 수급자의 구직 활동은 의무로 되어 있었는데 만약 그런 규정이 없었다면 마키타는 몇 년이고 실직 상태를 유지했을지도 모른다. 만약 그 규정이 수급자로 하여금 GED 취득이나 직업훈련에 참가할 것을 요구했다면, 개혁법은 더 큰 효과를 가져왔을지도 모른다. 마키타는 GED 시험을 한 차례 보았으나 수학 과목에서 과락을 했고, 재시험에 필요한 20달러를 걱정하고 있었다. 수학은 그녀에게 공포스럽고 괴로운 과목이었다. "수학하고 저하고는 진짜 안 맞아요." 그녀는 말했다. "숫자만 보면 완전히 까막눈이 돼 버려요. 다른 건 할 수 있는데, 분수하고 곱하기만 나오면 도통 막혀 버려요." 그러나 그녀는 재시험을 치를 계획이었다. "수험료 20달러 정도는 어떻게든 마련할 수 있을 거예요." 그녀는 말했다. "그러니까 재시험 보는 걸 방해하는 진짜 이유는 돈이 아니라 단지 시험장에 들어가서 시험을 치르는 것에 대한 공포심이에요." 시험은 언제 다시 볼 것인가? "모르겠어요. 어쩌면 이번 달, 아니면 다음 달이에요. 아마 다음 달이 될 거예요." 4년이 더 지난 현재, 그녀는 여전히 재시험에 도전하지 못하고 있었다.

생활보호의 수급 조건으로 일할 것을 요구받았을 때, 그녀가 찾아낸 가장 좋은 일은 메트로폴리탄 보이스 앤 걸스 클럽에서 하루 4시간, 시급 6.15달러를 받으며 팩스를 보내고 서류를 정리하고 복사 심부름을 하거나 접수대에 앉아 있는 일이었다. 그 터널 끝에는 더 나은 직위로 승진할 수 있는 기회 같은 것은 없었다. 사실 그곳에는 터널도 없었고 단지 창문 하나 없는 접수대만 있을 뿐이었다.

가정생활도 더 나을 게 없었다. 이번에는 아이들을 구해 주었던 여동생이 마약에 빠졌고 길거리 생활을 하면서 크랙 밀매점을 기웃거렸다. 마키타는 여동생의 십대 아들을 자신의 작은 아파트로 데려와 돌봐 주었다. 그곳에서 그들은 마

판단 착오와 치명적인 실패의 연속이 초래하는
빈곤이라는 급격한 내리막길의 건너편에도

키타의 여동생이 추락할 때까지 추락해 어느 순간 정신을 차리고 돌아올 날만을
기다리고 있었다.

설상가상으로 마키타의 딸, 키요나는 마키타가 걸었던 길과 비슷한 길을 걸
으려는 징후를 보이기 시작했다. 키요나는 학교 가는 걸 매우 싫어해 졸업을 1년
남짓 남긴 채 학교를 중퇴하고 집을 청소해 주는 일을 하기 시작했다. 마키타는
자신이 저지른 실수들이 다시 재현되는 것을 보며 슬픔과 분노를 느꼈고, 키요
나에게 다시 학교로 돌아가라고 했으나 키요나는 완강히 거부했다. 마키타는 당
시 키요나가 적어도 임신은 하지 않았다고 말했지만 그런 위안도 오래가지는 못
했다. 키요나는 그로부터 몇 년 후 미혼모 신세가 되었고, 2년 후 아이를 하나 더
낳았다. 키요나는 생활보호를 받게 되었고, 이 가족은 삼대에 걸쳐 생활보호라
는 덫에서 빠져나오지 못하고 있었다. "이래선 안 돼요." 마키타는 슬픔을 억누
르며 말했다. "정말 이래서는 안 돼요."

그러나 삼대 째에 해당하는 두 아이들은 정반대의 인생행로를 걷게 된다. 판
단 착오와 치명적인 실패의 연속이 초래하는 빈곤이라는 급격한 내리막길의 건
너편에도 현명한 선택과 작은 성공을 통해 미래를 향한 출구를 찾는 일은 가능
하다. 키요나는 빈곤이라는 인생의 종착점을 향해 빠른 속도로 돌진하고 있는
것처럼 보였지만, 반면에 그녀의 남동생 게리는 다른 길을 걷고 있었다. 그것은
마키타와 게리 아버지의 현명한 행동 덕분이었다. 네 아이들의 세 아버지 가운
데 아이를 도울 수 있는 건 게리의 아버지뿐이었다. 키요나의 아버지는 "사망"했
고 다른 한 명은 "수감"되었다고 마키타는 공식 용어를 사용해 설명했다. 그러나
세 번째 아버지, 즉 게리의 아버지는 아들을 걱정하고 있었고 게리에게 메릴랜
드 주 교외에 있는 자신의 집에 오지 않겠냐고 제안했다. 그렇게 하면 게리는 워

싱턴 시내 중심의 학군을 벗어나 좋은 고등학교에 입학할 수 있었다. 마키타는 찾아온 기회를 기쁘게 받아들였다. 아들은 보다 좋은 교육 기회를 얻을 수 있을 뿐만 아니라 그들이 살던 마약 소굴에서도 벗어날 수 있기 때문이었다. 모든 일은 순조롭게 돌아갔다. 게리는 고등학교를 졸업한 후 네브래스카에 있는 대학에 들어가 선생님이 되고자 노력하고 있었다.

마키타 자신도 출구를 찾아냈다. 그녀는 영업용 운전면허를 따기 위해 공부에 몰두했고, 세 번째 시험에서 드디어 합격했다. 그리고 우체국에서 일을 시작했는데, 지속적으로 잔업을 해야 했기 때문에 그녀의 아이들은 견디기 힘들어했고 그녀 자신도 우편물 분류나 운반 같은 일은 좋아하지 않았다. 그래서 워싱턴 공립 초등학교의 스쿨버스 운전사로 다시 취직을 했는데, 시급 15달러라는 나쁘지 않은 급여에 복리 후생도 보장되어 있는 일자리였다. 하지만 모든 것이 순조롭게 흘러가는 것 같이 보이던 어느 날 아침, 그녀는 돌이킬 수 없는 실수를 저지르게 된다. 버스를 주차시키기 전에 아이들이 모두 내렸는지 확인하는 것을 깜박 잊어버리고 만 것이다. 버스 맨 뒷좌석에는 미처 내리지 못한 아이가 한 명 잠들어 있었고, 그녀는 차고에 버스를 주차시키고 나서야 아이를 발견했다. 그녀는 즉시 아이를 학교에 데려다 주었으나 학교 측의 태도는 단호했다. 지켜야 할 가장 중요한 규칙 가운데 하나를 어겼으므로 해고라는 것이었다. 해고당한 마키타는 아마 이전의 복지 법이었다면 조용히 다시 생활보호 상태로 되돌아갔을지도 모른다. 하지만 현재의 법은 그것을 용인하지 않았다. 그녀는 다시 사립 학교 스쿨버스 운전사 일을 얻었다. 그녀의 말을 빌리자면, "35명의 승객을 태울 수 있는 고급 리무진 버스"로 매일 아이들을 학교에 데려다 주는 일이었다. 시급 13달러에 복리 후생은 없었다. 학교에 등교하는 축복받은 아이들은 그녀의 상처를 결코 알 수 없었다.

마키타의 어린 시절에 결정적인 진공상태를 만들어 준 그녀의 어머니는 59세의 나이로 신장병에 걸려 세상을 떠났다. 그러나 그녀의 죽음은 마키타의 과거를 지우는 데 도움이 되지 못했다. "성서를 한번 보세요." 마키타가 말했다. "만약 당신이 제 아버지이고 당신이 이런 끔찍한 범죄나 그 비슷한 일을 저질렀다고 하면요, 그 죄는 다음 세대로 이어집니다. 만약 그 가족이 올바른 길로 가거나 하지 않으면요. 그리고 그것은 계속 반복됩니다. 어떤 때는 수세대에 걸쳐 반복되죠. 어쩌면 몇 세대는 건너 뛰어 그다음 세대에서 다시 나타나게 될지도 몰라요. 무슨 말인지 아시겠죠?"

그녀는 쓸쓸하게 웃었다. 그녀의 말대로 아버지의 죄는 반복되고 있었다.

어린이가 성적 학대나 육체적 학대를 받았을 때 그것을 극복할 수 있도록 개발된 심리학적 테크닉은 어른이 되어 부모가 된 이후에는 더 이상 도움이 되지 않는다. 어른이 된 생존자는 자신의 아이를 대할 때, 해리성解離性 반응(의식 분열, 자아 상실 등) 또는 감정의 폐쇄 상태에 영향을 받기 쉽다. 생존자는 방어적이 되어 과보호 혹은 감정적으로 메마른 상태를 보이거나 타인에 대해 감정이입을 유지하기 힘들어질 수 있는 것이다. 또한 일상적인 스트레스가 그들의 심적 외상 후 스트레스 장애 증상을 유발할 수도 있다.

그런 기제는 사회·경제적 수준에 따라 다르게 발현될 수도 있다. 유복한 가정이라는 축복받은 환경 속에서 태어난 아이는 설사 질 나쁜 육아destructive parenting로 인한 피해를 입었다 할지라도 교육 기회, 특별 보호 서비스, 전문적인 의료 서비스 등을 받음으로써 그와 똑같은 피해를 입은 빈곤층 혹은 빈곤에 가까운 상태의 아이보다 더 성공적으로 살아남을 수 있을 것이다. 가정의 경제적 여유, 사회적 성취, 더 나은 삶을 위한 발전 의지 등이 뒷받침되지 않는다면 아이는 매우 위험한 상황에 처할 수 있다.

이것은 빈곤층의 부모가 부유층의 부모와 비교해 모든 것에서 자동적으로 뒤쳐진다는 것을 의미하지는 않는다. 다만 태만한 육아가 아이에게 미치는 영향이 빈곤층의 경우 더 심각하게 나타날 수 있다는 것을 의미한다. 집과 마찬가지로 가정도 설계 구조와 보수 유지 작업에 의해 그것이 허용하는 만큼의 바람과 악천후에 견딜 수 있다. 빈곤층을 덮치는 비바람은 빈곤 가정이 얼마만큼의 회복력을 가지고 있는지 시험한다. 미국의 모든 계급 계층에서 나타나는 높은 이혼율은 가족이라는 것이 얼마나 깨지기 쉬운 것인지를 보여 준다.

빈곤을 둘러싼 논의 가운데 이만큼 논쟁을 가열시킨 주제도 없을 것이다. 빈곤층의 가정은 제대로 기능할 수 없다는 낙인이 오랫동안 유지되어 왔기 때문이다. 빈곤 가정에 만약 아버지가 있다 하더라도 그 아버지는 알코올의존자이거나 마약중독자로서 아무런 쓸모가 없고, 어머니는 화를 잘 내고 잔소리가 많거나 무능하면서 복종적일 것이라는 그런 낙인 말이다. 그들은 아이에게 책을 읽어 주지 않는다. 아이 교육을 중요하게 생각하지 않는다. 도덕성을 길러 주거나 모범을 보이지 않는다. 이런 것들이 그 이미지다. 이 이미지에서 빠져 있는 것은 아이를 열광적으로 사랑하는 헌신적 조부모와 부모의 모습, 그리고 제한된 수단 속에서도 현명한 선택을 하는 양식 있는 어른의 모습, 친지들에 의해 지지되는 안전망, 전체 사회로부터 조금만 더 지원이 있었으면 아마도 빈곤을 극복했을지 모르는 그들의 모습이다.

논의를 극단적으로 발전시키면, 진보 진영은 기능 불능의 가정을 보고 싶어 하지 않는 것이라 할 수 있고, 보수 진영은 기능 불능의 가정만 보고 싶어 한다고 할 수 있다. 이데올로기에 따라서 질 나쁜 육아는 빈곤의 원인이 되지 않거나 또는 유일한 원인이 되는 것이다. 그러나 이런 고정관념은 모두 올바르지 않다. 빈곤에 대한 연구를 통해 나는 빈곤한 성인의 사례 대부분에서 아무런 문제없이 어린 시절을 보낸 경우는 드물며, 이런 개인적 역사는 빈곤의 원인이자 결과라는 점을 알게 되었다. 돈과 거주 환경, 학교, 건강, 일, 이웃 환경을 비롯해 무수히 많은 종류의 어려움들이 서로 얽히고 얽혀 하나의 문제가 다른 문제를 더욱 강화시키는 결과를 가져오고 있었다.

오하이오 주 클리블랜드 시에서 다양한 사회적·경제적 수준의 아이들을 관찰해 온 행동 소아과 의사 로버트 니들맨 박사는 이 같은 상호작용에 관해 이렇게 묘사한다. "질 나쁜 육아는 중대한 행동상의 문제를 일으킬 수 있습니다. 그 문제 가운데 하나로 들 수 있는 것이 사람이나 사물에 주의를 기울이지 못하게 된다는 점입니다." 그는 말한다. "아이들이 학교에 가서 선생님의 말에 주의를 기울이고 다양한 일들에 관심을 보이고 그것을 수행하기 위해서는 심리적으로 매우 건강해야 합니다. 이런 것들이 가능한 아이들은 건강하다고 할 수 있는 것이지요. 질 나쁜 육아는 아이들이 이런 행동을 하는 것을 방해합니다."

그렇다면 질 나쁜 육아를 방지하려면 어떻게 해야 할까?

"오랜 시간 일터에 나가 노동을 하지 않아도 되거나, 아이를 돌봐 줄 보모나 집안 청소를 해줄 사람을 고용할 정도로 경제적인 여유가 있다면 좋은 부모가 되기는 훨씬 쉽죠. 좋은 부모가 되기 위한 심리적 여유가 있는 사람은 대개 경제적으로도 안정된 경우가 많습니다."

자신과 놀아 주지 않는 부모 밑에서 자란 아이는 나중에 자신이 부모가 되었을 때, 어렸을 적 부모와 놀아 본 경험이 없기 때문에 아이와 놀아 주는 것이 얼마나 중요한 일인지 깨닫지 못한다. 이런 결함은 그들의 일상이 녹화된 비디오

테이프를 통해 너무나 명백하게 확인할 수 있다. 비디오카메라가 돌아가고 있다는 것을 부모가 알고 있는 상태에서조차도 그러하다. 메릴랜드 주 볼티모어의 영양실조 클리닉에서 촬영한 비디오가 그 한 예이다. 이 클리닉에서는 저소득 가정의 부모에게 그들의 양육 습관이 가진 문제점을 보여 주기 위해 가족이 아이와 함께 있는 모습을 비디오로 촬영하도록 했다.

한 테이프에는 어린 남자아이가 유아용 의자에 앉아 음식을 가지고 손으로 장난치는 모습이 담겨 있었다. 그 모습을 잠시 지켜보던 엄마는 잡지를 가져와 읽기 시작했다. 아이는 아무것도 먹고 있지 않았으나 엄마는 전혀 주의를 기울이지 않았다.

그다음 테이프에서 남자아이는 바닥에 앉아 블록 장난감을 플라스틱 바구니에 집어넣고 있었다. 엄마는 물끄러미 바라보다가 하품을 하더니 머리를 떨어뜨리고 졸기 시작했다. 그녀의 눈은 감겨 있었다. 아이와의 상호작용은 전혀 없었다.

세 번째 테이프에서 아이와 엄마는 낮은 테이블에 함께 앉아 각자 플라스틱 블록을 가지고 놀고 있었다. 병원 직원이 그녀에게 "아이와 놀아 주세요"라고 했지만 그녀는 그 이야기를 그녀 스스로 어린 시절로 돌아가 놀아 보라는 의미로 받아들인 것 같았다. 그녀는 아들이 그곳에 없는 듯 혼자서 장난감을 만지작거리기 시작했다.

아이가 블록을 쌓아 올린 뒤 자랑스럽게 "엄마, 이것 봐"라고 말을 걸자 그녀는, "엄마, 이것 봐봐" 하고 아들의 말투를 흉내 내며 냉소적으로 대꾸했다. 그녀는 아들에게는 전혀 신경을 쓰지 않았고 블록 케이스에 나와 있는 모양을 보며 블록을 조립하는 데 열중하고 있었다. 아들이 엄마 앞에 놓인 블록을 가져가려고 손을 뻗치자 엄마는 블록을 가로채고는 소리쳤다.

“오랜 시간 일터에 나가 노동을 하지 않아도 되거나,
보모나 집안 청소를 해줄 사람을 고용할 정도로
경제적인 여유가 있다면 좋은 부모가 되기는 훨씬 쉽죠.”

“안 돼!”

그리고 심지어는 자신의 블록에 쓰기 위해 아들이 만들어 놓은 블록을 허물
어뜨리기도 했다. 입에서는 계속 “엄마 이것 봐봐! 엄마 이것 봐봐!” 하고 아들을
계속 비웃으면서.

네 번째 테이프에서 엄마와 아들은 낮은 테이블에 나란히 앉아 각자 퍼즐을
하고 있었다. 엄마는 무릎 위에 자신의 퍼즐을 놓고 있었는데, 아들에게는 보이
지 않도록 몸을 수그리고 있었다. 아이는 완성된 자신의 퍼즐을 뒤집어 테이블
위에 달가닥달가닥 소리를 내며 쏟았다.

“전부 주워 담아!” 엄마가 날카롭게 말했다. “온통 난장판이잖아!”

아이는 얌전히 조용하게 놀았다. 엄마가 자신의 퍼즐에 열중하고 있는 동안
아이는 다시 조심스럽게 퍼즐 조각을 맞추기 시작했다. 엄마는 아이를 혼낼 때
말고는 아이에게 주의를 기울이지 않았다.

이런 상황을 어떻게 막을 방도는 없는 것일까? 이 정도로 심각한 상황의 부모
에게 올바른 육아법을 가르칠 수 있을까? 재키 카츠는 가능하다고 보고 있었다.

5월의 어느 월요일 아침 9시 30분경, 그녀는 델라웨어 주 웹 형무소 안을 걷
고 있었다. 그곳은 작고 낡은 벽돌 건물로 뉴저지 주 뉴어크 시와 델라웨어 주 윌
밍턴 시 사이에 있는 볼링장 바로 옆에 위치하고 있었고, 가시철조망이 주위를
둘러싸고 있었다. 재키는 벨을 누른 뒤 작은 대기실로 들어갔다. 그리고 철망이
벽처럼 쳐져 있고 2센티미터 두께의 쇠창살이 보강된 두꺼운 문 앞에 섰다. 작은
창문 너머로 말쑥한 차림새의 경비원이 얼굴을 보였다. 그는 재키를 알아보고
열쇠를 돌려 문을 열어 주었다. 재키는 가지고 있던 열쇠 꾸러미와 운전면허증
을 꺼내 놓고 금속 탐지기를 통과한 뒤 방문자 목록에 사인을 했다. 방문 목적 란

에는 "육아 교육"이라고 썼다.

　날씬하고 큰 키에 갈색 머리를 어깨 아래까지 드리운 재키는 가난한 가정에서 자랐다. 그녀의 아버지는 그녀가 열한 살 때 감옥에서 숨을 거뒀다. 충분한 보살핌을 받지 못하고 자란 재키는 그 경험으로부터 몇 가지 교훈을 이끌어 내는 데 성공했다. 그리고 지금은 그것을 다른 사람들에게 전해 주고 있었다. 2층의 커다란 감방에는 창살이 쳐진 몇 개의 큰 창문이 나 있어 하늘을 바라보는 것이 가능했다. 그곳에 원시적이고 하얀 낙하산복 같은 옷을 입은 남자 일곱 명이 서서 이렇게 외쳤다. "안녕하세요! 재키! 오늘은 손님과 함께 오셨네요! 환영합니다! 새 손님!" 그들은 군대식으로 각이 잡힌 이층 침대에 자리를 잡고 앉았다. 그들은 크랙 밀매, 수표 위조, 흉기 소지, 기타 비폭력적인 범죄로 감옥에 오게 된 이들로, 얼마 안 있어 형기를 마치게 될 사람들이었다. 힘든 감옥 생활임에 틀림없을 테지만 그런 감옥 생활의 고통도 아이들 이야기를 하자 눈 녹듯 사라지는 것처럼 보였다. 그들은 미칠 듯이 아이들을 그리워했고 면회 온 아이와 함께 시간을 보낼 수 있는, "놀이 날"play days이 오기만을 손꼽아 기다렸다. 그날에는 재키를 비롯한 봉사자들이 함께 참여해, 그들에게 어떻게 하면 아이들에게 보다 순도 높고 건설적인 주의를 기울일 수 있는가를 지도하기도 했다. 이런 교육은 감옥 밖에서는 전혀 경험할 수 없었던 것이다. 평소 "놀이 날"에는 아이들과 함께 프로그램을 진행했지만 오늘은 아이들 없이 이루어졌다. 그날은 매주 한 번씩 이루어지던 육아 코스를 마감하는 마지막 수업이었고, 지금까지 그들이 배운 것을 정리하는 내용으로 이루어졌다.

　이곳에 있는 아버지들 중 상당수가 어릴 적 어른과 놀아 본 경험이 없으며 친구들하고만 놀았다고 재키에게 이야기한다. 그리고 그녀가 가르치고 있는 생활 보호 모자 가정의 많은 어머니들도 같은 이야기를 한다. 델라웨어 주에서 생활 보호를 받기 위해서는 감독자의 지시를 따라 육아 지도를 받아야만 한다. 그들 중 상당수는 어린 시절에 보고 따라 할 대상도 없었고, 어떤 식으로 아이들을 대하고 주의를 기울이며 칭찬해 주면 좋을지도 배우지 못했다. 이런 기술은 아이가 어른과 함께 노는 과정에서 형성되는 것이기 때문이다. 아이에게 놀이는 인지적 발달과 문제 해결 능력을 키우는 데 필수적인 요소로 어른과의 협력 관계를 쌓는 기술을 익히는 데도 매우 중요하다.

재키의 설명에 따르면, "놀이 날" 아이들에게 "너희들이 무엇을 하고 놀 것인지 아빠와 엄마는 아주 궁금해 하고 있단다"라고 말해 준다고 한다. 그리고 아버지들에게는 자신의 욕구를 강요하는 것이 아니라 "아이들이 스스로 놀이를 이끌어 갈 수 있도록" 한다. 아이들은 놀이를 통해 사물을 이해하기 때문에 재키는 아이들 스스로 놀이를 이끌어 갈 수 있도록 아버지가 곁에서 충분한 배려와 격려를 하게끔 지도했다. "아이들이 놀고 있을 때 그들의 어떤 점이 마음에 드는지를 끊임없이 생각하라고 지도합니다." 재키는 설명한다. "아이들의 치어리더가되어 주세요. 아이들은 유치한 장난을 하고 있을지도 모릅니다. 하지만 여러분은 아이의 수준에 맞춰서 놀아 주세요. 그리고 아이들이 이기게끔 해주세요." 재키는 아이가 하는 행동에 대해 긍정적인 코멘트를 하도록 권했다. "예를 들어, '와! 네가 이런 것까지 할 수 있을지 몰랐는데!' 하는 식으로요."

아이가 일정 시간 동안 분산되지 않은 관심을 집중해서 받는 것은 마치 음식이나 집처럼 아이의 삶에서 핵심적인 자원이라는 사실을 부모들에게 알려 준다. 집에서 15분, 30분 또는 1시간을 할애해 그런 "특별한 시간"을 확보하는 것은 매우 중요한 일이다. "그리고 그 시간 동안에는 커튼을 손보거나 전화를 받거나 아이 방의 장난감을 치우는 등의 일을 해서는 절대 안 됩니다." 델라웨어 대학의 교육학과 교수인 그웬 브라운은 말한다. 그는 재키가 진행하는 수업을 주관하는 가족 지원 네트워크 "카운슬러 및 교사로서의 부모 모임" 회장직도 맡고 있다. "아이에게만 집중해야 합니다." 그웬은 강한 어조로 이야기했다. "그것은 아이를 긍정하고 부모와 일체감을 느끼게 하는 가장 효과적인 방법이기 때문입니다."
아이가 많은 집에서는 좀처럼 하기 어려운 일이라는 것을 그녀도 인정했다. 한
편 부모들은 이런 불평을 하기도 한다. "어떤 부모들은 '애들은 단지 관심을 끌고
싶어 하는 거예요'라고 말하기도 하는데, 그것은 아이들이 관심을 필요로 하기
때문이에요. 어른들도 단지 관심을 받고자 하는 목적으로 한 시간에 1백 달러를
쓰기도 한다는 것을 떠올릴 필요가 있습니다."

마지막 수업에서 재키가 정리한 모든 조언을 수감자들이 성실히 따른다면 그
들은 모범적인 아버지가 될 수 있을 것이다. 그들은 일상적인 가족의 삶이라는
테두리로부터 멀리 벗어난 감옥 안에서 전화기를 통해 그들의 아내에게 수업을
통해 배운 지혜를 전하고 있었고, 이미 많은 시행착오를 경험하고 있었다. 수표
위조로 수감된 도박 중독자 앤드류는 아내와 전화 통화를 하던 도중 아내가 아
이에게, "저리 가! 넌 어떻게 온종일 엄마한테 붙어 다니니!" 하고 소리 지르는 것
을 듣고는, 아내를 꾸짖었다. 그는 모두에게 말했다. "아주 화가 났어요. 나한테
신경 쓰지 말고 아이한테 더 집중해야죠!"

재키는 부모가 아이에게는 최초의 스승이자 카운슬러이며 엄격한 교관이라
는 사실을 수감자들에게 강조했다. "아이들의 정서적인 욕구를 채워 주기 위해
서는," 그들의 이야기를 듣는 일이 중심이 되어야 한다고 그녀는 충고했다. "어
떤 때는 오랜 시간이 걸릴 수도 있어요." 그녀가 말했다. "많은 산만한 감정 표현
을 들어야만 할 겁니다. 그러나 결국 마지막에 가서는 아이들이 진정으로 원하
는 것이 무엇인지 들을 수 있게 됩니다. 만약 부모가 '사탕 막대기가 부러졌어'라
든가 '학교에서 누가 날 싫어하는 것 같아' 같은 작은 문제에 귀 기울이지 않는다
면, 나중에 더 큰 문제가 발생해도 아무것도 들을 수 없게 될 것입니다." 수감자
들은 출소 후, 아버지로서 아이들의 이야기를 들어줘야 하는 입장이 된다. 아버
지와 함께하는 아이는 더 훌륭하게 자랄 수 있다고 재키는 그들에게 말한다. "애

들 엄마를 졸졸 따라다닐 필요는 없어요. 그저 애들 주위에 있어 주세요.” 그녀는 말했다. “아이들이 학교에는 잘 갔는지, 잠은 충분히 잤는지, 먹을 것은 영양가 있게 충분히 먹었는지 점검하는 식으로요.”

그녀의 말은 수감자들의 죄의식을 표출했다. “저는 집에 있을 때 딸아이에게 책을 많이 읽어 주지 못한 것 같아요.” 크랙 밀매로 감옥에 들어온 레온이 말했다. 재키는, “모든 잘못을 여러분에게 돌릴 생각은 없어요”라고 말하며 “아이의 숙제를 도와주면서 해야 할 일곱 가지 일들”이라고 적힌 소책자를 나누어 주었다.

“아내는 딸아이의 가정통신문을 보내 줘요.” 에디가 말했다. “딸애는 제게 전화해서 책을 읽어 주고 싶어 안달이에요. 아직 일곱 살인데 벌써 필기체도 쓸 수 있어요. 정말 놀라워요. 그 앤 제가 어렸을 때보다 훨씬 훌륭해요!” 그의 목소리에는 자랑스러움과 기쁨이 넘쳐흐르고 있었다. “아이들에게는 안심하고 발음 연습을 할 수 있는 집이라는 공간이 필요합니다.” 재키는 말했다. “다른 사람의 웃음거리가 되거나 대답하는 중간에 말을 끊어 버릴 위험이 없는 장소 말이지요.”

그녀의 설명이 끝나자 수감자들의 질문이 쏟아졌다.

아이가 좋은 성적을 받아 왔을 때 그 보상을 어떻게 해야 하나요?

“보상은 있어도 좋아요. 하지만 매주 준비해 주셔야 하고요, 절대 준 것을 도로 빼앗아서는 안 돼요.”

아이의 글쓰기를 격려하려면?

“맞춤법이 틀렸다고 일일이 지적하는 것은 좋지 않아요. 자칫 아이들의 창의성을 해칠 우려가 있어요.”

아이들 편이 되어 주려면?

“만약 부모가 학교 일에 적극 참여한다면, 아이들은 부모가 자신을 위해 신경 쓰고 있다는 것을 느끼게 될 것이고 학교 측도 그렇게 느낄 것입니다.”

마약 소지죄로 복역하고 있는 마이클은 자신의 아내에 관해 다음과 같이 말했다. "2주 전에 그녀에게 그저 듣고만 있는 일이 얼마나 중요한 일인지 설명해 주었어요. 만약 네다섯 살 난 아이가 그냥 계속 울고만 있는 모습을 본다면 이렇게 생각할지도 모르지요. '아마 무슨 꿍꿍이가 있을 거야.' 하지만 진짜로 무슨 문제가 있을 수도 있어요." 마이클은 이 육아 코스를 엄마 아빠 모두가 들어야 한다고 생각하고 있었다.

감옥이라는 격리된 공간 안에서 순수하고 비판적인 시각을 유지하는 것은 쉬운 일일지도 모른다. 문제는 감옥을 나와 바깥세상에서도 그런 시각과 통찰을 견지할 수 있을 것인가이다. 몇 개월 안에 그들은 모두 석방되어 가족이라는 복잡한 세계로 들어가게 될 것이다. 그리고 그들이 새로 얻은 육아 기술을 시험하게 될 것이다. 앞으로의 변화된 모습에 관해 명확한 그림을 그리고 있는 이가 두 명 있었다. 한 명은 앞으로 아이들 모두에게 각각 개인적 시간을 할애할 것이라고 선언했고, 다른 한 명은 아이들의 학교생활에 더 많은 관심을 가지겠다고 약속했다. 하지만 그 자리에 나와 있던 수감자 모두 아이의 삶에 들어갈 방법만 찾을 수 있다면 적극적으로 깊은 관계를 가지기를 원하고 있었다.

"감옥에 있으면요, 지금 잃고 있는 시간이 너무나 아깝고 소중하게 느껴져요." 중범죄와 그 밖의 여죄로 수감 중인 닉이 말했다. "하지만 출소하고 나면 초점이 흐트러질 것만 같아요."

우리 대부분은 부모가 되기 위해서 어떻게 해야 하는가에 관해 어떤 분명한 수업을 받아 본 적이 없다. 우리가 알고 있는 지식은 모두 스스로 조금씩 터득한 것이라고 할 수 있다. 예를 들어 부모로부터 무의식적으로 흡수하거나, 때로는 그들의 실수를 반복하거나, 때로는 부모를 반면교사로 삼아 그들과 정반대의 방법을 취하거나 하는 등이다. "우리가 자라 온 방식이 우리의 육아 스타일 전반에 영향을 미치게 마련입니다." 그것은 사회경제적 계급과는 상관없다고 재키는 말한다. 저소득 가정만이 육아에서 잘못을 저지르는 것은 아니다.

그럼에도 불구하고 최빈곤층에서의 양육은 빈곤으로 인해 발생하는 여러 파괴적인 문제에 대단히 취약한 것이 사실이다. 빈곤으로 발생하는 파괴적 요소들은 한 묶음으로 다가오기 때문에 한 번이라도 거기에 빨려 들어가기 시작하면 보통의 육아 방법으로는 그 진흙탕에서 아이들을 빼내기가 매우 힘들다. 저소득 부모들을 지원하기 위해 마련된 프로그램들이 전국에서 파편화된 모습을 보이며 실패를 거듭하는 것도 바로 이런 이유에서이다. 좀 더 포괄적이면서 종합적인 조치가 취해진다면 틀림없이 가시적인 성과를 얻을 수 있을 것이다.

몇몇 프로그램은 (출생 직후 수년간이 얼마나 중요한지를 보여 주는) 수십 년에 걸친 연구에 기초해 만들어진 것도 있다. 예를 들어 하버드 대학의 미취학아동 프로젝트는 1960년대 후반부터 어머니들을 밀착 관찰했는데, 육아 방식에 따라 아이가 취학연령이 되었을 때 미묘한 능력의 차이를 보인다는 사실을 발견했다.[4] 좀 더 최근 연구들에 따르면 "생후 수년간의 섬세하고 민감한 육아 태도"가 아이의 학습 성취도를 높이며 특수교육의 필요성을 감소시킨다고 한다. 또한 행동발달 장애가 발생할 확률을 줄이고 청소년기의 마약과 알코올 섭취 빈도를 낮추며 유치원 단계에서 관계를 유지하는 능력을 높인다고도 한다.[5]

위험한 상황에 처해 있다고 판단되는 엄마들의 육아에 강제적으로 개입하는 것도 효과가 있음이 증명되고 있다. 밀워키에서 이루어진 한 연구에 따르면, 약간의 지적 장애를 가진 엄마들의 신생아를 대상으로 훈련을 실시한 결과, 아이들의 IQ가 약 3년에 걸쳐 평균 80에서 100으로 향상되었다고 한다.[6] 노스캐롤라이나 주의 "초보 엄마 육아 프로젝트"에서는 생후 6~12주의 영아들을 대상으로 학습 프로그램이 포함된 보호 서비스를 제공했는데, 빈곤 가정 출신 아이들이 4세 반이 되었을 때 IQ가 상승하는 결과를 나타냈다. 연구 대상이 된 41명의 아이 중

40명이 일반 가정의 아이들보다 평균 IQ가 높았고, 대조군으로 프로그램에 참가하지 않은 45명 아이들의 IQ 점수보다 8~20점 높은 점수를 기록했다.[7] 또한 111명의 아이들을 대상으로 21년간 추적 조사를 실시한 대규모 연구에서는 학교 중퇴율과 낙제율이 낮아지는 것으로 나타났고 비혼 출산의 비율도 감소하는 경향을 보였다. 4년제 대학에 진학하는 비율은 대조군에 비해 약 두 배가 높았다.[8]

리스벳 B. 쇼어Lisbeth B. Schorr가 1988년 출판한 『우리들이 할 수 있는 것』Within Our Reach에서 가장 훌륭한 프로그램의 하나로 소개된 것이 예일 대학 센터이다. 그녀에 따르면 센터에서는, "소아과 의사나 간호사, 지능 발달 전문가, 유년기 전문교육자, 사회복지사들이 부모와 아이를 만, 아이들에게는 의료 서비스와 정기적인 지능 발달 검사를 제공하고 있으며, 부모들에게는 육아 지침과 상담, 기타 지원을 제공하고 있다. 부모는 아이를 그곳의 보육원이나 유아원에 등록시키는 일도 가능하다." 또한 전문 직원에 의한 가정방문도 실시하고 있었는데, 쇼어의 보고에 따르면, 프로그램 수료 후 십 년이 지난 뒤, "거의 모든 참여 가정이 생활 보호에서 벗어나 스스로 생활하고 있었다"고 한다. "한편 대조군 가족의 절반 정도만이 생활보호에서 탈출할 수 있었다." 프로그램 종료 후 추가로 몇 년간 더 교육을 받은 엄마들은 출산한 아이의 수도 적었고 아이의 학교 성적도 더 좋았다.[9]

교사로서의 부모 모임Parents as Teachers[조기교육과 가족 지원을 실시하는 국제기구]이라는 민간 프로그램은 미국의 많은 지역에서 매월 정기적인 가정방문을 실시해 부모에게 아이의 뇌 발달 상황에 맞는 놀이와 대화 및 상호 활동에 대해 지도하고 있다. 이 프로그램을 인용한 연구들에 따르면, 프로그램에 참가한 0~3세 아이들은 유치원에서 상급학교 진학에 필요한 지적 발달 수준을 충족시키는 비율이 더 높은 것으로 나타났다.[10] 단, 학대가 일어나고 있는 가정의 경우 가정방문을 거절하기 십상이므로 연구에 어려움이 따랐다. 정작 도움이 필요한 가정에는 가정방문이 이루어질 수 없었던 것이다.

질 좋은 육아란 두 가지 측면으로 이루어져 있다고 할 수 있다. 첫 번째는 교습 가능한 특수한 기술의 측면이고, 두 번째는 아이에게 지속적인 관심을 쏟을 수 있게 해주는, 부모 개인의 행복감이 그것이다. 육아에 어려움을 겪고 있는 유복한 가정의 경우, 육아 기술을 익히기 위해서 개별적인 카운슬링이나 육아 프로그램에 참여하기도 하지만, 빈곤 가정의 경우에는 일시적인 조언 또는 정부가 불규칙적으로 지원해 주는 훈련 과정에 의지할 수밖에 없다.

훌륭한 육아의 두 번째 측면, 즉 감정적인 면은 대처하기가 더욱 어렵다. 빈곤 가정의 엄마들은 대부분이 싱글 마더이고, 많은 경우 우울증에 괴로워하면서도 치료를 받지 못하고 있다. 또한 그들 중 많은 수가 현재 안고 있는 문제를 상담할 사람을 가지고 있지 못하다. 자기반성과 자기 개혁의 능력이란 빈곤의 절벽에 심각하게 내몰린 이들에게는 거의 손에 넣지 못하는 사치품과 같은 것이다. 자기 자신이 매우 나쁜 육아의 희생자이거나, 최소한의 교육밖에 받지 못했거나, 가족이나 친구 네트워크가 매우 불안정하거나, 장시간의 야간 근무를 해야 하거나, 저축한 돈이 한 푼도 없다면, 자신을 재충전하고, 자신의 양육 방법을 되돌아볼 시간적·금전적·감정적 여유가 없어지게 된다. "중산층 부모의 경우 아이 양육이라는 짐으로부터 더 쉽게 벗어날 수 있습니다. 아이를 봐줄 사람을 고용하거나, 영화를 보러 가거나, 사우나를 즐기러 가거나 하는 식으로 말이죠." 델라웨어 대학의 그웬 브라운은 말한다. "휴식을 가질 수 있다면 새로운 기분으로 다시 출발할 수 있습니다."

또 위기가 자주 발생하는 것도 막을 수 있다. "아이를 어딘가에 데려다 주는 도중에 차가 갑자기 고장 나는 일도 없어집니다." 그웬이 말했다. "중산층 가정의 경우 위기는 세 달에 한 번 정도 찾아옵니다. 하지만 빈곤층의 경우 약 일주일에 한 번꼴로 위기가 찾아오게 됩니다. 이렇게 찾아오는 위기는 당연히 아이에게 줄 수 있는 관심의 정도에 영향을 미치게 되지요."

그웬과 재키가 본 부모들—수감자들과 생활보호 수급자들—은 마치 잔고가 하나도 없는 예금통장을 가진 사람들처럼 꺼내 쓸 수 있는 자원이 매우 적었다. "자신이 관심을 많이 받고 자라지 못하면 아이에게 줄 관심도 부족해집니다." 그웬이 말했다. "사랑을 충분히 받지 못하면 아이에게 줄 사랑도 부족해지죠. 그것이 바로 우리가 아이를 학대하는 부모들에게서 보는 것입니다. 완전히 바닥이 드러나 있죠. 왜냐하면 그들은 인간으로서의 관계를 유지하기 위해 필요한 모든 에너지를 어린 시절에 소모해 버렸기 때문입니다. 그리고 부모로부터 그 부분을 채울 보살핌을 받지 못했습니다. 정서적으로 내면에 구멍이 생기는 것이지요. …… 스트레스가 너무 많이 쌓이면 사고력은 저하됩니다." 또한 그녀에 따르면 물질 만능주의 사회에서는 경제적으로 궁핍해질 경우 인간적으로도 궁핍하게 느껴질 가능성이 있다고 한다. 그래서 빈곤한 부모들에게는, "자신이 가지고 있는 것보다 더 풍족하게 마음가짐을 갖는" 약간의 뻔뻔스러움이 요구되기도 한다.

그웬과 재키 모두 빈곤한 가정에서 성장했기 때문에 그들은 부모들이 안고 있는 심리적 결함에 관해 매우 걱정하고 있었다. 그래서 그들의 코스에는 일종의 치료 강좌도 포함되어 있었다.

"제가 십대 때, 엄마가 제 침대로 들어오더니 '너무 무서워' 이렇게 말한 적이 있었어요." 재키는 기억을 떠올리며 말했다. "엄마는 이야기할 상대가 아무도 없었어요. 그래서 제가 가르치고 있는 사람들 모두 이야기할 상대를 가지고 있다는 것이 저한테는 큰 의미가 있어요." 부모들은 스스로 길을 찾고 싶어 했고 따라서 이야기할 상대를 필요로 했을지도 모른다. "모든 부모에게는 누군가 이야

"제가 십대 때, 엄마가 제 침대로 들어오더니
'너무 무서워' 이렇게 말한 적이 있었어요.
엄마는 이야기할 상대가 아무도 없었어요."

기를 들어줄 사람이 필요해요. 내가 말할 차례에는 가만히 내 이야기를 들어줄 그런 사람이요. 왜냐하면 우리는 내내 남을 돌보기만 하고 우리 스스로를 돌볼 기회는 좀처럼 가지지 못하니까요." 모임에 나온 부모들은 그저 남의 이야기를 듣는 것만으로도 자신이 혼자가 아니라는 사실을 발견하곤 한다.

수업은 부모들이 겪고 있는 고통을 마음 놓고 털어놓을 수 있는 피난처가 되도록 설계되었다. "각자가 경험을 나누고 싶은 만큼 나누어요." 그웬은 설명했다. "그들은 아마 어렸을 적 받은 가장 깊고 가장 어두운 상처에 대해 말하고 싶어 하겠죠. 우리의 목적은 그들이 그런 감정을 표출할 수 있도록 돕는 것입니다. 많이 울고, 역할극도 많이 하고, 학대했던 부모를 향해 소리치도록 합니다. …… 이곳은 그걸 위한 장소예요. 하지만 그 감정을 아이에게 표출해서는 안 됩니다. 어린 시절 기억 속의 사람들이 증오스럽고, 부정적이고, 적대적이라는 것과 아이의 바르지 못한 행동은 전혀 관계가 없기 때문이지요."

여덟 살짜리 아들과 두 살짜리 딸에게 거의 관심을 기울이지 않던 한 엄마에게 이 방법은 도움이 되었다. "가슴에 억누르고 있던 것이 너무 많아서 아이들과 시간을 보낸다는 생각은 해본 적도 없었어요." 그녀는 말했다. "지금은 이렇게 사람들과 많은 이야기를 나눌 수 있어요. 스트레스도 사라졌고 아이들을 위해 시간을 낼 수도 있어요. 내일 어떤 일이 일어날까 걱정하는 대신 아이들과 함께 시간을 보냅니다. 휴일이면 아이들과 공원에 가서 아이스크림을 사먹어요. 이전에는 상상할 수 없던 일이지요. 아들은 학교에서 돌아오면 숙제를 하고 바로 밖에 나가 놀곤 했어요. 하지만 지금은 '엄마, 오늘도 공원에 갈 거야?'하고 물어요. 이전에는 한 번도 그런 적이 없었거든요. 그러면 저는 '물론, 공원에 갈 거란다' 하고 대답하죠. 공원에서 아들은 야구 시합을 해요. 아들의 시합을 보러 가는 횟

수도 늘어났어요. 연습하러 갈 때는 데려다 주기만 하는 것이 아니라 연습이 끝날 때까지 옆에 있어 줘요.”

치료가 반드시 카타르시스를 동반해야 하는 것은 아니지만, 일부 어른들에게는 특정 형태의 치료 요법이 필요하다. 학대, 마약, 정신 질환, 기타 장애가 너무 깊고 쉽게 지워지지 않는 탓에, “아이를 마음으로부터 사랑하고 진심으로 돌보고 싶은데도 그렇게 하지 못하는 사람들이 있다”고 베키 젠티스는 말한다. 그녀는 위험에 처한 젊은 어머니들을 돕기 위한 가정방문 집중 프로그램을 이끌고 있는 간호사다. 육아 지도와 개인적인 상담뿐만 아니라 수유법, 교육법, 놀이법, 때로는 아이를 사랑하는 법까지 지도를 받고 있는 여성일지라도 그녀의 상처가 여전히 곪아 있는 상태라면 기대할 수 있는 효과는 미미하다. 몇몇 클라이언트들에게서, “우리의 작업이 헛되지 않았음을 느껴요.” 베키는 말한다. “우리들이 지도하고 있는 가족 중에는 정말 가난한 가족도 있어요. 그들은 단돈 1센트도 없지만 아이들은 부모로부터 충분한 보살핌을 받고 있어요. 학교에 갈 때는 과일 조금하고 음료수, 샌드위치를 싸가요. 과자나 정크 푸드가 아니라요. 그 애들은 유명 상표 청바지를 사거나 최신 헤어스타일을 하지는 못하지만, 부모의 보살핌을 받고 있어요. 가난하더라도 아이를 돌보는 일은 가능한 법이니까요.”

“하지만 실망을 안겨 주는 가족의 경우도 있어요. 지금 이야기한 성공적인 가족 이야기하고는 정반대인데요, 너무나 안타까운 기분이 듭니다.” 그런 클라이언트의 경우 그녀는 프로그램의 성공 정도를 얼마나 문제가 적게 일어났는가로 가늠했다. “우리는 위기관리를 하는 셈이죠.” 그녀가 말했다. “그저 아이들이 안전하게만 있을 수 있도록 …… 지금까지 아주 큰일이 일어난 적은 없어요. 심각한 상태의 경우에도 우리가 계속 붙어 있었기 때문에 큰일은 없었죠. 하지만 당장 내일이라도 우리가 손을 떼면 아마 일 년 전에 우리가 처음 만났던 날의 상태로 돌아가 버릴 거예요. 장기적인 변화는 아직 기대할 수 없는 것이죠.” 베키와

"계속해서 임신을 하는 것은 우리의 관심을 끌기 위해서
그런 거예요. 무서운 이야기지요. 태어나서 처음으로
누군가의 보살핌을 받은 것이 지역 병원 태아
클리닉이라니."

베키의 동료들은 모두 중산층 출신의 중년 여성이었다. 그들은 가끔 절망의 소
용돌이에 휩쓸리기도 했다. "우리가 대체 무슨 일을 하고 있는지 자문할 때가 있
어요." 어느 날 그녀가 말했다. "지금 하는 일이 우리의 목적과 정말로 일치하는
것인가 하는 의문이 들곤 해요. 우리는 진짜로 열심히 하고 있는데 그 결과가 보
이지 않을 때 특히 그렇죠."

베키는 뉴햄프셔 주 클레어몬트 시에 있는 밸리 지역 병원 태아 클리닉의 모
자 건강 서비스실 책임자로 있으면서 이들 젊은 클라이언트들 — 임신한 젊은 엄
마들 — 과 처음 만나게 되었다. 그곳에서는 아이들이 두 살이 될 때까지 수시로
가정방문을 실시했다. 엄마들 가운데는 가정방문 기간이 끝나기 전에 다시 임신
을 해서 그 기간이 연장되는 경우도 있었다. "계속해서 임신을 하는 것은 우리의
관심을 끌기 위해서 그런 것"이라고 베키는 주장했다. "무서운 이야기지요. 태어
나서 처음으로 누군가의 보살핌을 받은 것이 지역 병원 태아 클리닉이라니. 영양
사나 간호사나 의사들이 언제나 '안녕하세요!'하고 말을 걸어 주거든요. 엄마들이
오면 반가워해 주고 '어디 진찰을 해볼까요', '오늘은 기분이 어때요?'하면서 대화
를 하죠. 이런 만남을 통해 다음날에도 다시 클리닉을 찾아올 수 있도록 하거든
요. 엄마들은 여기 오는 것을 낙으로 삼아요. 참 슬픈 이야기이지요. 엄마들 중에
는 우리들이 인생에서 처음으로 만난, 진정으로 자기를 돌봐 주는 사람인 경우도
있어요. 그러니까 이런 이유들로 엄마들은 계속 임신을 하게 되는 것이지요."

가정방문원은 일종의 대리모와 같은 역할을 해서 도움을 요청하는 전화나 질
문을 하는 전화에 응답을 하기도 했다. 사라 구델은 예전에 자신의 멘토인 브렌
다 세인트 로렌스에게 전화를 걸어 이렇게 물은 적이 있었다. "우리 애가 만약
욕을 하면 혓바닥에 후춧가루를 뿌려도 될까요? 애를 때려도 될까요?" 그녀는 간

절하게 충고를 원했다. 그러나 그녀의 가정은 너무나 위험해 보였고 방문 프로그램 입장에서는 주 정부에 보고할 수밖에 없었다. 그리고 재판까지 가게 되었으나 결국 아이들을 그 집에서 빼내 오는 것은 불가능했다. 방문 프로그램을 받은 적이 있는 엄마들 40명 가운데 4명이 법원 명령에 의해 아이들과 헤어졌고 그 밖에도 아이들로부터 떼어 놓아야 할 엄마들이 두세 명 더 있다고 베키는 말했다. 다른 엄마들 대부분은 육아는 부실하지만 신체적 위험은 적은 미묘한 위치에 서 있었다.

최악의 사례로, 첫아이를 낳은 엄마가 아이를 집에 데리고 가자마자 다시 병원에 전화를 걸어온 일이 있었다. 베키와 동료들은 그 집에 방문하면서 작은 생명을 갑자기 안게 되면 느끼게 되는 책임감과 흥분과 기쁨 같은 정상적이고 건강한 감각을 기대했다. "그런데 어땠는지 아세요? 그 집에서는 전혀 그런 느낌을 받을 수가 없었어요." 베키는 말했다. "깜짝 놀랐어요……. 그녀는 이런 식으로 반응했어요. '오, 이런 세상에! 이제 매일 아침 일찍 일어나야 하는 거야? 맙소사, 남편이 일하러 나가면 나는 이 애랑 온종일 붙어 있어야 하는 거야? 난 절대 기저귀 같은 것은 갈 수 없어!' 그녀에게는 아기에 대한 일말의 유대감 같은 것도 없었어요." 아이의 안전과 건강에 대한 걱정도 없었다. "처음 가정방문 때 엄마가 아무 질문도 하지 않거나 활기 있는 모습을 보이지 않으면 우선 적신호라고 봐도 좋아요. 정말 걱정스러워요."

그렇다면 왜 그들은 임신을 하고 아이를 낳는 것일까? 몇몇 전문가들은 생활보호 수급으로 들어오는 돈이 그들에게 잘못된 독립심을 심어 주고 있으며, 그것이 자율성을 갈망하는 그들의 욕구와 꼭 들어맞기 때문이라고 주장한다. "스스로 인생을 컨트롤하고 싶어 하기 때문이에요." 베키는 강하게 주장했다. "'하느님이 이 아이를 내게 주었어. 아무도 내게 아이를 낳지 말라고 할 수 없어.' 이렇게 생각하는 거예요. 그들은 인생을 컨트롤할 수 있는 자격을 박탈당해 왔기 때문에, '나를 사랑해 줄 누군가, 나를 필요로 하는 누군가'를 갈망하는 비뚤어진 느낌에 휩싸이게 돼요." 그러나 실제로는 젊은 엄마들 대부분이 누구를 돌보기 보다는 그들 스스로가 돌봄을 받아야 하는 처지에 있는 것이 현실이다. 그리고 십대 엄마들은 육아 때문에 그들의 젊은 시절이 다 사라진다는 이유로 아기를 미워하는 경우도 있다.

"지금 담당하고 있는 가족들이 아기를 낳았거든요. 그래서 더 힘들어요." 브렌다가 말했다. "아기를 그냥 아기 침대에다 눕혀 놓고 온종일 내버려 두면 안 되죠. 아기는 걸어 다니며 여기저기 만져 보고 여러 가지 일을 해보고 싶어 하는데. 정말, 어떤 집에서는 이렇게 작은 아기한테 차마 입에 담지 못할 말을 하기도 해요. 예전에 자기 딸을 '악마'evil라고 부르는 엄마도 있었어요."

"한 번은 자기 딸을 이름으로 부르지 않는 엄마를 본 적도 있어요." 베키가 덧붙여 말했다. "자기 딸을 부를 때면 '이 애물단지troublemaker야!'라고 불렀어요."

가정방문원들은 아이가 집안에서 일어나는 폭력을 보며 나쁜 영향을 받지는 않을까 걱정했다. 상습적으로 남편을 때리는 한 엄마에게 그들은 이렇게 조언했다. "전 이렇게 얘기했어요. '바닥에 앉아 아이와 눈높이를 맞춰 주세요. 그리고 아이로 하여금 엄마가 눈을 통해 자신을 바라보고 있다는 걸 믿게 하세요.'" 브렌다는 말했다. "그들 눈에는 무엇이 보였을까요?"

베키가 본 것은 몇몇 가정에 존재하는 "놀라울 정도로 커다란 위험"이었다. 그중 한 집은 열다섯 살 난 큰 딸이 이미 엄마가 되어 있었다. "이 집에는 여러 해 동안 약물중독자들이 들락거렸어요. 어머니는 간부전으로 거의 죽어 가고 있었고 양아버지는 그 비슷한 병으로 얼마 전에 36세의 나이로 세상을 떠났죠. 상스러운 말들이 난무했고 주 정부의 말은 전혀 듣지 않았어요. 그리고 안전 면에서도 매우 위험한 집이었어요. 뱀과 개와 쥐(모두 애완용)들이 돌아다녔고 사용할 수 있는지 없는지 모를 WIC 쿠폰과 더러운 접시들이 여기저기 널려 있었어요.

온통 유해한 것투성이였고 엄마는 아이에게 불같이 성질을 냈어요. 그 열다섯 살 난 애는 아무에게나 편리한 대로 아이를 맡겼어요. 막 감옥에서 나온 사람이 건 생판 모르는 이웃이건 간에 상관하지 않았죠. 그 집에 들어가 딱 15분만 있어도 감각이 마비될 지경이에요. 열두 살짜리 동생은 매일 학교에서 그런 집으로 돌아오는 거예요. 나 같으면 그런 집에는 내 아이를 잠시도 있게 하고 싶지 않을 거예요. 살게 하는 건 더더욱 상상할 수도 없고요.”

베키와 브렌다, 그리고 같은 일을 하는 다른 동료들은 매일 반복되는 투쟁으로 완전히 기진맥진 상태가 되기 일쑤였다. 그리고 자신들이 하고 있는 일이 그 다음 세대까지 영향을 미치지 못하고 있다는 느낌에, 패배감에 휩싸이는 경우도 있었다. 하지만 가끔은 그들이 한 일이 최종적으로는 어떤 변화를 가져왔음을 보여 주는, 한줄기 빛이 새어 나오는 것 같은 경험을 할 때도 있었다.

브렌다는 그런 일을 경험한 적이 있다. 그녀는 비참할 정도로 가정이 붕괴된 한 중학교 2학년 소년에게 상담을 해준 일이 있었다. 매일 몇 시간이고 아이의 이야기를 들어주었고 아이가 학교를 무사히 졸업하도록 설득을 계속했다. 그러나 그 아이는 그녀의 말을 무시하고 학교를 중퇴하고는 연락이 끊어졌다. 몇 년이 지난 어느 날 갑자기 그 소년은 청년이 되어 버지니아 주에서 그녀에게 전화를 걸어왔고 “해냈어요!”라는 말을 전했다. 그는 열아홉 살이 되어 GED를 취득했으며 군에 입대해 헬리콥터 정비사로 일하며 약혼까지 한 상태였다. 이처럼 작은 불꽃이 화염으로 타오르는 예는 얼마든지 존재했다.

멜리사(가명)도 이런 사례 중 하나였다. 그녀는 아버지에게 맞고 자랐으며 성적 학대도 당했다. “그녀는 언제나 거짓말을 했어요.” 브렌다는 안타까워했다. “그녀는 아무도 믿지 않았죠.” 멜리사는 스물두 살로 생활보호를 받고 있는 상태였으며 남자 친구와 두 살 난 딸과 함께 쓰레기 더미로 뒤덮인 아파트에 살고 있었다. 남자 친구는 열여섯 살 때 성범죄자로 고발당한 경험이 있어서 자기 딸의 기저귀를 가는 것조차 두려워하고 있었다. "그 아파트에 가보면 아마 오싹해질 겁니다." 브렌다가 말했다. "너무 더럽거든요. 제가 그 집 담당이 되고 나서 멜리사도 조금은 나아졌어요. 제가 언제 가는지 알고 있으니까 그날이 되면 쓰레기도 밖에 내놓고 설거지도 하고 바닥도 청소하고 그래요. 누군가 자신이 깨끗이 청소했다는 사실을 알아주니까 그녀도 자부심을 갖는 것 같아요……. 하지만 여전히 쓰레기가 많아요. 밖에는 음식 쓰레기가 널려 있고……. 아마 그 집 매트리스를 보면 기절할 거예요……. 갈 때마다 항상 더러웠어요……. 아기 기저귀가 그냥 버려져 있는 거예요. 정말 끔찍했죠. 너무나 더러웠기 때문에 (집주인이) 그걸 사진으로 찍어서 법원에까지 가지고 갔어요. 완전히 폐가였죠. 처음엔 깨끗한 아파트였을 텐데."

그러나 멜리사는 엄마 역할에는 매우 헌신적이었다. "그녀는 아이에게서 결코 눈을 떼지 않았어요. 저랑 함께 있을 때조차 그랬어요." 브렌다가 말했다. 마치 낭떠러지 위를 아슬아슬하게 걷는 듯, 멜리사는 자기에게 일어난 일이 딸에게도 일어날까 봐 언제나 노심초사했다. 적어도 현재까지는 그런 멜리사의 걱정이 딸에게 좋은 영향을 미치고 있었다. "한 가지는 분명하게 말할 수 있어요. 그녀는 딸에게 언제나 책을 읽어 주고 읽어 주고 또 읽어 줘요. 정말 다른 엄마들이랑 다르죠? 그 작은 아이는 언제나 러그랫[지저분한 모습을 한 TV 만화 캐릭터]같이 하고 다니지만 머리는 영리해요……. 멜리사는 딸을 사랑해요. 그리고 아주 많은 시간을 함께 보내죠."

멜리사는 딸과 보내는 시간을 늘리기 위해 복지 개혁 담당자들이 들으면 싫어할 방법을 택했다. 그림 붓을 만드는 공장에서 하던 일을 그만둔 것이다. 시급은 6달러였다. "돈이 없으면 일이 조금 복잡해지긴 하죠." 그녀는 얼굴을 찡그리며 말했다. "하지만 밖에 나가서 일을 하는 것보다는 제 생각에 지금 이 나이 때는 엄마가 옆에 있어 주는 것이 더 좋은 것 같아요. 제 자신한테도요." 그녀는 딸에게 무엇을 바라고 있을까? "아무것이나 좋으니까 되고 싶은 사람이 되었으면 좋겠어요." 멜리사는 용기 있게 대답했다. "고등학교는 졸업시킬 거예요. 저는 아주 큰 실수를 저질렀거든요……. 만약 발레리나가 되고 싶다고 하면 발레리나로 키울 거예요." 아니면 의사로. 멜리사가 덧붙였다. "어떤 때는 이 애를 보며 이렇게 말해요. '너는 무엇이든지 될 수 있단다. 원하는 것이라면 무엇이든지.' 그리고 그렇게 될 거예요."

7

가족의 정

설사 가진 것이 아무것도 없다 해도
우리에게는 가족이 있어요.

_ 캐라 킹, 세 아이의 엄마

톰 킹과 그의 아내 캐라의 불안했던 생활은 이내 산산조각 나고 마지막까지 남은 것은 서로 간의 애정과 믿음뿐이었다. 부부는 일을 잃고 건강도 잃었다. 폐가 같은 월세 집 뒤편에 겨우내 쌓인 눈이 2월 햇살에 녹아 가늘고 탁한 강줄기가 되어 흐르듯 그들의 얼마 되지 않는 저축은 이내 한 푼도 남지 않고 사라져 버렸다. 수중에 남은 재산은 서로에 대한 애정뿐이었고, 그것이 그들을 지탱해 주고 있는 것처럼 보였다. 그들을 엮고 있는 애정은 가족의 울타리를 넘어 몇 안 되는 친구들, 그리고 어느 날 밤 우연히 마주친 생면부지의 남자까지 감싸 안고 있었다.

톰과 캐라는 몇 주 동안 잔돈을 모아 아이들과 함께 레스토랑을 갈 수 있을 정도의 돈을 모았다. 축하할 일이 있어서가 아니었다. 그저 불안을 조금이나마 완화시키기 위해서였다. 캐라는 골수이식이 필요하다는 판정을 받은 상태였다. 가족은 뉴햄프셔 주 레버넌 시에 있는 장거리 트럭 운전기사 전용의 값싼 레스토랑으로 향했다. 그 레스토랑의 모든 요리는 양이 많았다. 부부의 두 아들은 누가 더 많이 먹나 시합을 했다. 가족은 큰소리로 웃고, 서로의 힘든 상황을 터놓고 이야기했다. 그리고 그 대화를 레스토랑의 바 한편에서 가만히 듣고 있던 사람이 있었다. 그 남자는 가족과 거의 함께 지내지 못하는 트럭 운전사였다. "웨이트리스에게 계산을 부탁하자, '안 내셔도 돼요. 바에 앉아 있던 남자분이 대신 지불하셨어요'라고 하는 거예요." 캐라는 당시를 회상했다. "무척 화가 났어요. 동정 같은 것은 필요 없다고 웨이트리스한테 말할 뻔 했어요."

동정만큼 캐라에게 모욕적인 것은 없었다. 그녀는 가난과 질병에 대해 매우 심한 분노감을 느끼고 있었다. 뉴포트 시 중고차 수리 공장 옆에 있는 집으로 돌아오는 내내 그녀는 화를 가라앉히지 못했다. 화학 치료 탓에 길었던 갈색 머리가 듬성듬성해지고 치과에 갈 돈이 부족해 치아도 많이 빠져 버린 캐라는 활기와 정력을 잃었지만 존엄성까지 잃을 생각은 없었다. 그래서 그 레스토랑에 다시 전화를 걸어 대신 음식 값을 지불한 남자의 이름을 물었다. 웨이트리스는 아직 그 남자가 바에 있다며 전화를 바꿔 주었다. 어째서 돈을 대신 냈는지 캐라는 매섭게 물었고 남자는 이유를 밝혔다.

"그는 가족들이 서로 안고 있는 문제에 대해 허심탄회하게 마음을 열고 대화하는 것을 지금까지 들어 본 적이 없다고 했어요." 캐라는 말했다. "우리에게서 끈끈한 가족의 정을 느꼈다더군요. 그 남자는 자주 집을 비우는 트럭 운전사였는데 우리 가족에게 무언가 해주고 싶다고 생각했대요. 감동을 받은 거죠. 우리들이 그렇게 웃으면서 인생을 받아들인다는 사실을 믿을 수가 없었다고 했어요."

캐라는 그 남자가 다음과 같이 말한 것을 기억하고 있었다.

"몇 번인가 세어 봤어요. 아이들이 엄마한테 엄마가 제일 좋다고 말한 횟수를요. 스무 번은 그렇게 말하더군요."

캐라의 분노는 갑자기 사그라졌다. "그 자리에서 펑펑 울고 말았어요."

트럭 운전사를 감동시킨 이 가족은 캐라가 어린 시절 경험했던 가족과 전혀 닮은 구석이 없었다. 어머니는 그녀를 방치했고 역시 트럭 운전사였던 아버지로부터는 성적 학대를 받았다. "어렸을 때, 개 사료를 먹었던 기억이 나요. 꼭 토끼 똥 같았죠." 그녀는 말한다. "제 아이들에게는 절대로 그런 경험을 시키지 않을 거예요. 어렸을 때 학교에 가면 선생님이 제 손과 얼굴을 씻겨 주고 옷을 입혀 주고 그랬어요. 부모님한테서는 줄곧 방치됐죠. 아버지도 어머니도 알코올의존증이었어요." 그런데도 아버지가 암으로 병상에 누워 있을 때, 코네티컷 주 캣 홀 산 정상에 있는 돌로 묘비를 해달라는 아버지의 부탁을 캐라는 들어주었다. 그 산은 아버지가 사슴 사냥철이 되면 총을 메고 제일 먼저 달려가던 곳이었다. "그래서 산에 가서 엄청나게 큰 대리석 덩어리를 구해 왔어요. 새하얀 대리석을요." 톰은 당시를 회상하며 말했다. "그 돌에는 한쪽 면이 평평한 부분이 있었는데 동판으로 된 장식을 사서 박았어요." 캐라는 완전히 가족의 정을 끊는 일은 하지 않았다.

그녀는 첫 결혼 상대도, 그 이후의 재혼 상대도 알코올의존자였다는 점에서 자신이 자란 가정을 모방해 왔다. 아들 잭과 맷의 아버지이기도 한 첫 번째 남편으로부터는, "자주 손바닥으로 맞았어요. 이빨이 부러지곤 했었죠"라고 캐라는 말한다. 재혼 상대였던 톰 킹이 그녀의 인생에 들어오게 된 것은 그가 전처로부터 버림받고 캐라 부부의 집을 빌리게 된 것이 계기였다. 캐라의 전남편은 어느 날, "술을 잔뜩 마시고 들어와서 캐라를 때리기 시작했어요." 톰이 말했다. "저는 '어이, 그만해요'라고 말했고, 그다음으로 기억나는 것은 …… 우리 모두 길거리로 쫓겨났어요. …… 그 집을 나올 때 그가 이렇게 말하는 것을 마지막으로 들은 기억이 나요. '그 년을 가지고 싶냐? 마음대로 해!'" 이렇게 해서 갈 곳 없는 두 남녀는 아파트를 구해 동거를 시작하게 되었다. "네 달 반인가 다섯 달 동안은 순수하게 친구 관계였어요. 아파트도 반반씩 사용했죠. 집세는 각자 내고. 그러던 중 어느새 서로 사랑에 빠지게 되었죠. 그리고 지금까지 온 겁니다." 그로부터 4년 후, 딸 케이트가 태어났고 두 사람은 결혼했다.

톰은 잭 다니엘 위스키를 좋아했다. 아침 식사를 할 때마저도 커피와 함께 작은 잔으로 한두 잔을 마셨다. 캐라는 애정으로 끊임없이 그를 설득했고 마침내 그를 알코올의존증 치료 모임에 나가게 할 수 있었다. "일을 농땡이 친 적은 한 번도 없어요." 톰은 당당하게 말했다. 그러나 "저녁이 되면 상태가 말이 아니었죠. 어느 날 저녁에 둘이서 아주 깊은 이야기를 한 적이 있었어요. 그날 캐라는 이렇게 말했죠. '생각해 봐. 그렇게 술을 마신다고 무슨 득이 될 게 있어? 매일 아침 쓰리고 메슥거리는 속에 일어나는 거 이제 지겹지 않아?'라고요."

톰은 46세, 캐라는 32세였으나 둘 다 실제 나이보다 늙어 보였다. 톰은 말보로 담배를 피웠다. 그는 가끔씩 검은 바탕에 해골 무늬가 들어간 보자기나 성조기 모양의 보자기를 머리에 뒤집어 써, 긴 머리카락이 등 뒤로 내려오도록 단단하게 묶었다. 가느다란 양팔에는 "사랑"Love, "톰과 캐라"Tom -n- Kara가 문신으로 새겨져 있었다. 톰은 쾌활한 성격에 부드러운 미소를 가진 사람이었다. "요즘 어때요?"라고 물으면 설사 실제로는 그렇지 않더라도 언제나 "좋아요!"라고 대답하고는 마치 걱정을 떨쳐 내려는 것처럼 두 손으로 얼굴을 문질렀다. 하지만 그는 자신이 겁먹고 있다는 사실을 숨기려 하지도 않았고 눈물을 흘리는 일도 개의치 않았다. 그와 캐라 모두 연약함과 강인함이 혼재해 있는 사람 같았다.

그들은 U-홀(이사에 필요한 대형 트럭을 빌려 주는 회사)에서 일하고 있었다. 캐라는 사무직으로 시급 6달러, 톰은 정비공으로 시급 7달러를 받았다. "잘해 나가고 있었어요." 캐라는 반항적인 어조로 말했다. 마치 두 사람에게서 빼앗아 간 조그마한 승리를 되돌려 달라는 듯한 태도였다. "신용카드도 없었고 빚도 없었어요." 검소한 생활을 하면서 각종 청구서를 밀리지 않도록 했고, 매월 적은 금액이지만 저축도 했다. 캐라는 자신감이 있었기 때문에 직장에서도 조금 도가 지나칠 정도로 솔직하게 행동했다. "전 아주 정직한 사람이에요"라고 그녀는 강하게 말했다. "반납할 때 타이어 상태가 안 좋은 트럭은 따로 빼놓으라고 지시를 받았거든요. 그래서 그렇게 했지요. 근데 나중에 보니 회사는 그 트럭들도 대여를 해주고 있는 거예요." 어떤 때는 매니저로부터 헤드라이트가 고장 난 트럭도 "낮 시간 동안"에는 대여를 해주도록 지시받기도 했는데, 그녀는 그 지시를 거부했다. "회사는 절 무척 싫어했어요." 캐라는 자랑스럽게 이야기했다. 급여 인상은 없었고 매니저로 승급하기 위해 제출한 지원서도 매번 무시되었다. 그 후, 아들의 구개 파열 수술 때문에 일주일간 휴가를 받았고, 다시 일터로 돌아왔을 때 그녀의 자리에는 다른 사람이 앉아 있었다.

다른 일을 찾기는 어려웠다. 캐라는 간질이 있었기 때문에 원래는 운전을 하면 안 되지만 가끔씩 핸들을 잡았다. 차를 몰고 밖으로 나가지 않으면 대중교통이 별로 없는 이곳 시골 마을 안에 갇혀 있는 느낌이 들었기 때문이다. 결국 우여곡절 끝에 월 484달러의 장애자 생활보호 수급 자격을 얻어 지금 살고 있는 낡은 집의 월세 5백 달러를 충당할 수 있게 되었다. 그러나 생활은 악화 일로를 걸었다. 톰 역시 U-홀에서 일하는 데 어려움을 겪었다. 그는 수많은 불량 트럭 때문에 스트레스를 받고 있었는데, 거의 매일 같이 밤낮을 가리지 않고 긴급하게 수리를 요청하는 전화가 걸려 왔다. 그는 매니저들이 현장에 필요한 기술을 전혀 갖추고 있지 않은 20대 "애들"이라고 불평을 털어놓는다. 승진 없이 3년을 일한 후, 진력난 톰은 회사를 그만두고 뉴햄프셔 주 클레어몬트 시에 있는 야채 농장의 일을 구했고, 매사추세츠까지 트럭으로 왕복하며 일을 했다.

그리고 다시 불행이 찾아왔다. 캐라가 악성 림프종을 앓고 있다는 사실을 알게 된 것이다. 완치 가능성은 매우 낮았다. 돈이 없었기 때문에 치료를 받기 위한 최선의 길은 의약 실험에 지원하는 것, 즉 "실험용 쥐"가 되는 것이었다고 캐라는 말했다. 그녀는 다트머스-히치콕 의료 센터의 임상 실험에 참가해 무료로 화학 치료를 받기 시작했다. 굳은 결심이 병을 낫게 해줄 수는 없다 하더라도 그녀의 강철 같은 의지는 절대 꺾이지 않을 것이라는 사실을 캐라는 알고 있었다. "마지막까지 해보이고 말거예요." 캐라는 강하게 말했다. "길고 험난한 여정이 될 거예요. 그래도 세상에 나가 사람들을 도와줄 거예요. 아기가 있는 젊은 엄마들에게 그저 가만히 남자들에게 맞고 있을 필요가 없다는 사실을 전해 줄 거예요."

그들의 월세 집은 낡고 집 외벽의 청록색 나무판자와 빨간 장식은 세월과 비바람에 색이 바래 있었다. 잡동사니로 어지럽혀진 뒷문을 통해 집안에 들어가자 부엌 바닥 가운데에 있는 둥그런 대형 석유난로에서 코를 찌르는 냄새가 풍겨 나왔다. 부엌 식탁에는 청록색 스카프로 머리를 감싼 캐라가 앉아 있었다. 아이들은 그런 그녀의 모습을 부끄럽게 여겨 엄마가 학교에 오는 것을 싫어했다. 캐라 자신도 아이들과 마찬가지로 자신의 모습을 창피하게 생각하고 있었다. 자신에 대한 수치감에는 심한 분노도 섞여 있었는데, 그녀는 머리숱이 풍성하고 길었던 시절의 사진을 액자에 넣어 걸어 두고는 예전의 자신을 추억하면서 그런

"그래도 세상에 나가 사람들을 도와줄 거예요.
아기가 있는 젊은 엄마들에게 그저 가만히 남자들에게
맞고 있을 필요가 없다는 사실을 전해 줄 거예요."

분노를 정당화시키고 있었다. 사진에 나타나 있는 캐라의 눈에서는 엷은 미소를 읽을 수 있었지만 현재 그녀의 눈빛은 몹시 사납게 빛나는, 무엇인가를 고발하는 듯한, 자신감 가득한 빛을 발산하고 있었다.

캐라는 우연한 기회가 불행한 결과를 가져올 수도 있다는 인생의 부조리를 온몸으로 경험하고 있었다. 그녀는 코니시 축제[뉴햄프셔 주 코니시에서 개최되는 농산물 축제]에서 당첨된 상품에 얽힌 쓰디쓴 경험에 대해 이야기하면서 냉소적인 웃음을 감추지 않았다. 뉴잉글랜드 지방에서는 지금도 노먼 록웰Norman Rockwell[소박하고 꾸밈없는 서민의 모습을 그렸던 화개의 그림에 나올 법한 건강한 모습의 사람들이 모여 옛 정취를 살린 축제를 여는 것을 좋아한다. 사람들은 누가 가장 맛있는 파이를 굽는지, 누가 가장 빨리 손을 안 대고 파이를 먹는지, 누가 소방서에서 만든 복권에 당첨되는지, 그리고 누가 공을 던져 마을의 멋진 남성들을 물속에 빠뜨릴 수 있는지를 보기 위해 각 마을에서 모여든다. 캐라는 코니시 축제에서 1달러 하는 복권을 샀다. 31년간의 인생에서 단 한 번도 복권에 당첨된 일이 없던 그녀였지만 그 축제에서는 기적이 일어났고 엠마라는 이름의 살찐 돼지를 받게 되었다. "놀라서 껑충껑충 뛰었어요!" 그녀가 말했다. 그러나 불운한 가족에게는 기쁨의 상품조차 재앙이 되었다. 톰과 캐라는 엠마를 친구 집에 있는 가축용 우리에 넣어 두었는데 그 집에서 기르던 개가 우리에 들어가 엠마를 자꾸만 물어뜯고 괴롭히는 바람에 할 수 없이 엠마를 도로 데리고 올 수밖에 없었다. 톰은 집 뒤편에 엠마를 위한 우리를 만들려고 했다. 엠마를 데리고 오기 위해 톰은 어머니에게 전화를 걸어 짐칸이 달린 트럭을 빌렸다. 그리고 엠마를 짐칸에 싣고 톰도 짐칸에 같이 탔는데, 거기서 웃지 못 할 코미디가 일어났다. 그것은 위험 표지가 곳곳에 설치된 뉴햄프셔의 운전자들에게는 결코 낯선 일이

312

아니었다. 수사슴 한 마리가 갑자기 도로로 뛰어든 것이다. 그 탓에 앞서 달리고 있던 차량이 갑자기 급브레이크를 밟았고 그 뒤를 톰의 어머니가 운전하던 트럭이 들이받았다. 짐칸에 있던 톰은 그 안에서 팝콘처럼 튕겨져 굴렀다. 그는 마을 병원 응급실로 실려 갔고 검사를 받은 뒤 귀가 조치되었다. 그리고 일주일 후 정형외과 진료 예약을 받았다. 진료 결과 톰의 등뼈는 부러져 있었다.

톰 킹은 육체노동을 하는 사람이었다. 그것이 그가 할 수 있는 유일한 일이었기 때문이다. 그가 자란 집은 장작을 패는 일을 했고 어머니는 숲 속에서 불도저를 운전했다. 톰은 10학년이었던 당시, 코네티컷 강을 건너 버몬트 주에 있는 한 농가에 머물며 일을 하면서 공부를 계속했다.

"버몬트에서 다니던 학교는 제가 다른 지역 출신이라는 사실을 알고는 수업료를 내라고 했어요." 그는 회상했다. "그래서 전 이렇게 말했죠. '당신들한테서 배우는 것보다 농장에서 배우는 게 더 많아요!'라고요. 그리고는 두 번 다시 학교에 가지 않았고 줄곧 농장에서 일을 했어요." 그 후 톰은 군대에서 GED를 취득했지만 베트남전에 파병됐다. 그곳에서의 경험이 그를 알코올에 의존하도록 만들었다고 톰은 생각하고 있었다.

그는 지금까지 그가 일을 구하는 데 GED가 어떤 도움이 되었다고는 생각해 본 적이 없었다. 책이 아닌 몸을 통해 배우고 싶다는 그의 로맨틱한 사고방식 때문이었다. 톰은 어찌됐든 공부에는 취미가 없었다. "옆에 서서 엔진 소리를 들으면 어디가 잘못됐는지 바로 알 수 있어요." 그는 말한다. "나이든 사람들하고 일하면서 익힌 거죠. 농장에서 일하던 때를 뒤돌아보면 당시 아무도 전기장치나 설비 장비를 갖고 있지 않았죠. 제가 시동을 걸면 그들이 엔진 소리를 듣고 왜 시동이 걸리지 않는지, 왜 제대로 작동이 안 되는지 가르쳐 주었죠. 전 그런 식으로 많은 걸 배웠어요."

말하자면 톰은 책상에 앉아 일하는 것과는 성미가 맞지 않았고, 또 거기에 필요한 기술도 없었으며, 실외에서 하는 작업이 더 맞는 사람이었다. 서너 군데 공장에서 일을 했지만 그는 곧 답답함을 느꼈다고 한다. "마음이 진정되지가 않아요." 그러므로 톰에게 선택의 여지는 그다지 많지 않았다. 그는 끊임없이 찾아오는 등의 통증 때문에 지금은 거실에 있는 낡은 소파에 몸을 누인 채 잔인할 정도로 바보 같은 낮 시간대 TV 프로그램을 바라보고 있을 뿐이었다. 등에 부상을 입은 많은 사람들과 마찬가지로 톰은 사회보장청이 지급하는 장애 수당, 즉 SSI˚에 부질없는 기대를 걸고 있었다. 이 보장 프로그램은 많은 사람들을 돕고 있었지만 또한 많은 사람들을 농락하고 있었다. 그의 아내 캐라가 이 수당을 받고 있었고 톰은 자신도 장애를 입었으므로 수급 신청을 했다. "전액을 바라는 건 아니에요." 그가 말했다. "부분적인 금액도 상관없어요. 공짜로 생활할 생각은 없으니까요. 죽을 때까지 보장해 달라는 것도 아니에요. 제가 혼자서 일할 수 있을 때까지만이라도 보조해 주었으면 좋겠어요."

그는 만약 앉아서 할 수 있는 비교적 육체적 부담이 적은 일을 찾게 되면, 일을 할 수 없다며 신청한 내용과 어긋나게 될까 봐 조심하고 있었다. 그래도 등의 상태가 점점 좋아지면서 그런 일이라도 구해 보려고 노력했지만 노력은 실패로 돌아갔다. 꼭 1년이 흐른 뒤, 사회보장청은 그가 10파운드(약 4.5킬로그램)의 물건을 20분 이상 들 수 있다는 사실을 이유로 수급 신청을 각하했다. 톰의 건강 상태는 정비공으로 일을 하기에는 부족했고, 수급 자격을 거부당하기에는 충분한 것이었다.

톰과 캐라는 돈이 한 푼도 없었다. 2천 달러 정도 있던 은행예금은 바닥을 드러냈다. 캐라는 전남편과의 이혼 수속을 위해 변호사에게 6백 달러를 지불해야 했다. 헤어진 전남편은 현재 교도소에 수감된 상태였기 때문에 그녀는 잭과 맷

˚ 보충 소득 보장SSI : Supplemental Security Income
65세 이상 고령자 혹은 신체적 장애로 향후 1년간 취업이 불가능한 이들을 대상으로 하는 생활비 보조 프로그램.

을 톰의 양자로 들이기를 원했지만, 수속을 밟기 위해서는 1백 달러가 필요했다. 잔돈을 모아 "1백 달러를 만드는 데 1년이 걸렸어요." 캐라는 슬픈 목소리로 말했다. "지금은 병원에 가기 위해 필요한 트럭 기름 값 5달러도 없는 형편이에요." 무엇보다 그녀를 고통스럽게 하는 것은 아이들에게 아무것도 사줄 수 없다는 사실이었다. "세상에서 제일로 멋진 아이들이 셋이나 있어요. 부모로서 무언가 해 주고 싶은 게 당연하죠. 하지만 1달러 99센트면 살 수 있는 장난감 딱총 같은 것이 눈에 보여도 사줄 수 없다는 사실이 정말 고통스러워요. 너무나 가슴이 아파요. 지금까지 살아오면서 작년 크리스마스처럼 최악의 크리스마스는 없었어요. 아이들에게 준 선물은 세 개. 그날 아침에는 눈도 뜨고 싶지 않았어요……. 하지만 아이들은 그 선물에 만족해 주었어요. 아이들은 행복해 했죠." 그녀는 톰의 선물을 아무것도 준비하지 못했다. 그리고 톰도 그녀에게 줄 선물을 준비하지 못했다. 가장 소중한 한 가지를 제외하고는.

"설사 가진 것이 아무것도 없다 해도 우리에게는 가족이 있어요." 캐라가 말했다.

가족이나 주위 사람들이 베푸는 정情은 경제적 곤란으로 인한 고통을 덜어 준다. 방과 후 할머니가 손자를 마중 나간다든지 친구가 자동차를 빌려 준다든지 교회가 보육 서비스를 제공하고 사람들과의 만남의 장을 마련해 준다든지 하는 것은, 부모가 일을 계속할 수 있도록 해주며 고독감을 이겨 낼 수 있도록 도와준다. 어느 해 12월, 월마트 클레어몬트 지점장인 마크 브라운은 직원회의에서 어떤 한 종업원이 경제적으로 도움을 필요로 하고 있다는 사실을 언급했다. 마크는, "우리들 중 누군가가 이번 크리스마스에 아이들과 함께 즐겁게 보낼 수 없다"고만 말했다. 그런데 직원들은 스스로 모금 활동을 시작했다. 저임금 노동자들이 자기 주머니를 털어 누군지도 모르는 동료를 위해 돈을 한가득 모은 것이

가족 그리고 가족을 넘어선 사람들과의 유대나 배려의
네트워크 안에 있으면
빈곤의 경계에 위치해 있다는 위험도 덜 위험한 것이 된다.

다. 모금액은 전부 3~4백 달러 정도였고 모금에 돈을 낸 이들 가운데는 도움을 필요로 했던 당사자 여직원도 포함되어 있었다.

이것이 가장 넓은 의미의 유대紐帶, kinship로 핏줄, 동족을 넘어 같은 동포, 시민으로서 느끼는 유대 관계이다. 이 유대 관계는 실질적으로 물질적인 측면의 생활을 향상시키는 안전망으로서 작동한다. 가족 그리고 가족을 넘어선 사람들과의 유대나 배려의 네트워크 안에 있으면 빈곤의 경계에 위치해 있다는 위험도 덜 위험한 것이 된다. 모든 하드 스킬(글을 읽고 쓰는 능력, 계산, 타이핑, 공구를 다루는 기술, 논리적 사고력 등)과 소프트 스킬(시간 준수, 근면, 화를 통제하는 능력 등)을 포함해 경제생활을 가능하게 하는 모든 요인들 가운데 가족의 유대감은 가장 첫 번째로 손꼽힐 수 있을 것이다. 이것이 없다면 너무나도 간단하게 모든 것이 무너져 버린다. 그러나 킹 부부가 경험한 것과 같은 네트워크가 있으면 사태의 진행을 늦추는 일이 가능해진다.

킹 부부는 "사회 보조가 필요한 빈자"*라고 불릴 만한 사람들이다. 이 말은 종종 보수파에 의해 만들어진 오래된 신화인 "복지 여왕"**에 대응하기 위해 사용되곤 했다. 톰과 캐라는 조금도 게으름을 피우지 않았고 동정도 바라지 않았다. 두 사람은 근면하고 정직했으며 생활에 대한 책임이 자신들에게 있다고 생

'복지 여왕'에 대립되는 의미로 '자격 있는 빈곤'이라고 번역되기도 한다. 하지만 최근 복지국가의 패러다임이 '공헌 원칙'에서 '필요 원칙'으로 변화되고 있다는 점에서 '사회 보조가 필요한 빈자'라고 번역했다.

부정직한 방법으로 복지 수급을 받는 여성을 가리킨다. 예전에 레이건 대통령이 시카고에 살고 있는 한 여성을 가리켜 이렇게 불렀던 것이 최초였다. 보수파가 완곡하게 흑인을 비판할 때 자주 사용하는 단어이기도 하다.

각했기 때문에 복지 제도에 기댈 생각도 하지 않았다. 킹 부부는 정해진 규칙을 따라 살았고, 그다지 교육을 받지 못했다는 것이 실패의 근원일 수 있다는 점을 제외하면, 그들에게 일어나는 나쁜 결과들은 자신들의 실수에 의해 발생하는 것이 아니었다. 차례차례 찾아오는 불운에 그들은 방어할 수단이 없었다.

절망에 빠진 두 사람은 그들의 원칙에 반하는 결정을 내려야만 했다. 그들은 결국 생활보호를 신청했고, 그 밖에도 다른 몇 가지 중요한 사회안전망 프로그램을 찾아냈다. 그것은 의료비를 보조해 주는 메디케이드, 한 달 269달러어치의 식품 쿠폰, 집세 전액을 보조해 주는 섹션 8 등이었다. 관료주의로 인한 많은 번거로운 절차들은 그들의 케이스 매니저인 낸시 제토가 해결해 주었다. 그녀도 가난한 가정에서 자란 자긍심 강한 여성으로, 캐라에게서 자신의 모습을 발견하고 있었다. 낸시는 자신이 근무하던 파트너스 인 헬스를 통해 의약품 — 사용 기한에 가까워진 — 을 무료로 기부해 주는 제약 회사로부터 간질 약을 받아 캐라에게 전해 주었다. 캐라는 내키지는 않지만 딸을 위해 어쩔 수 없이 슈퍼마켓에서 우유와 계란, 주스, 시리얼, 땅콩버터 등과 바꿀 수 있는 WIC 쿠폰을 받았다.

킹 부부는 빈곤층이 돈으로 물건을 구입하는 대신 일반적으로 행하는 물물교환이라는 경제활동 영역에도 발을 들였다. 톰은 일을 하던 농장에서 마지막 임금으로 현금 대신 야채를 받았다. 톰이 농장주에게, "지금 제게는 돈보다 야채가 더 유용해요"라고 말했던 것이다. "집에 가져가서 통조림으로 하거나 냉동해서 먹을 수 있으니까 그 편이 더 낫다고 말했어요. 그는 그러라고 하면서 무슨 야채가 필요하냐고 했어요."

물물교환은 남에게 무엇인가를 주는 행위를 통해 우정이라는 위안도 함께 전하는 행위다. 도로 한편에서 가판 장사를 하고 있는 친구가 옥수수와 토마토를 가져왔을 때 캐라는 얼마를 주면 되냐고 물었다. 그러자 그는 이렇게 대답했다. "아, 괜찮아. 내가 필요할 때 도와줄 수 있다면 그걸로 충분해." 캐라는 바로 부탁

물물교환은 남에게 무엇인가를 주는 행위를 통해
우정이라는 위안도 함께 전하는 행위다.

받지도 않은 보답을 했다. 몸 전체로 퍼져 나가는 암을 막기 위해 고통스러운 화학 치료를 받고 있었음에도 그녀는 친구의 가판에서 일을 도왔던 것이다. "그는 우리가 통조림을 만들 수 있도록 10킬로나 되는 감자와 옥수수를 주었어요." 캐라는 설명한다. "돈으로 교환한 적은 한 번도 없었죠."

바람이 새어 들어오는 이들 부부의 집은 지하실에 놓인 장작을 때는 화로에 의지해 난방을 하고 있었다. 가을이 깊어 가면서 밤에는 추위가 한층 더 심해졌고 톰과 캐라는 불안에 떨기 시작했다. 뉴햄프셔의 겨울 추위에 대한 공포 때문이었다. 두 사람은 장작을 살 돈도 없었다. 집안에는 석유난로에서 나는 구토를 일으키는 냄새가 맴돌았다. 그러던 중 작은 목재 회사를 경영하는 톰의 친구 커트 미니치가 보답은 필요 없다며 장작을 한 트럭 실어다 집 마당에 내려놓았다. 톰은 등의 통증이 조금 나아지자 등에 최대한 무리가 가지 않도록 조심하면서 커트의 회사 트럭을 정비해 주었다. 커트는 자신의 호의에 대한 톰의 보답을 감사하게 받아들였고, 킹 가족은 그해 겨울을 따뜻하게 보낼 수 있었다.

킹 가족이 어려움을 겪고 있다는 소문이 퍼지면서 그들이 살고 있던 지역사회도 움직이기 시작했다. 콩코드 여성 보호 단체Women's Auxiliary Concord는 캐라가 틀니를 해넣을 수 있도록 450달러를 모금해 주었다. 그다음 해 크리스마스 때는, "방문 간호사, 학교, 소방서 같은 곳에서 모든 것을 기부해 주었어요." 톰은 말했다. "따뜻한 마음이나 정 같은 것을 기대해 본 적이 없는 사람들에게서 말이에요. 크리스마스가 되자 사람들이 우리 집에 줄줄이 찾아왔어요. 손에는 선물 상자를 들고 말이에요."

사람들이 보여 준 많은 호의에 캐라의 마음은 따뜻해졌지만, 한편으로는 빚이 늘어나는 듯한 느낌을 받았다. 그녀는 셀 수 없을 정도로 많은 빚이 생겼다고

318

느꼈다. "받기는 하지만 동시에 무언가 보답을 해야만 한다는 생각을 가져요." 캐라는 분명하게 말했다. "예를 들어 작년 크리스마스에는 먹을 것이 가득 든 선물 바구니를 하나 받은 보답으로 그 선물 바구니를 75개 넘게 배달하는 일을 도왔어요. 어떤 것을 받으면 그 보답을 해야만 해요. 그냥 받으면 마음이 편치 않아요. 제가 그걸 받을 자격이 된다는 느낌이 없으면요."

톰과 캐라는 밸리 지역 병원을 다니던 중 그곳의 대기실에 어린이를 위한 시설이 매우 부족하다는 사실을 발견하고는 딸 케이트에게 얼마 안 되는 장난감 중에서 몇 가지 인형과 장난감을 골라 병원에 기부하도록 했다. 톰은 대기실에 놓을 장난감 상자를 나무판자로 만들어 주었다. "나무를 살짝 태워 색깔을 넣고 거기에 있던 인형을 모두 깨끗이 빨았어요." 캐라가 말했다. "우리 아이들이 거기 가도 모두 무언가 할 일이 있어요. 우리는 그렇게 보답을 했어요."

커트는 톰과 캐라의 가장 절친한 친구로 일에 관한 상담은 물론 거의 모든 일에 도움을 주었다. "어느 날엔가 그가 아침에 찾아왔어요." 톰은 기억을 더듬었다. "그리고 이렇게 말했어요. '여어, 오늘은 어떻게 지내는가?' '뭐, 별로. 할 일이 없는데.' '그럼 이리 와서 차에 타. 드라이브나 하자고.' 그리고 우리는 뒷길을 따라 드라이브하면서 쓸 만한 목재가 있는 곳을 찾아 다녔어요. 저를 집에서 끌어내기 위해서 말이에요." 톰의 등 상태가 약간의 운전은 가능할 정도로 좋아졌을 때, 커트는 톰을 일주일에 며칠간 고용해서 벌목업자가 찾아왔을 때 벌목이 가능하도록 숲을 답사해 경계를 표시하는 일을 맡겼다 그리고 톰이 벌목용 트럭 운전면허를 딸 수 있도록 교재를 가지고 가르쳐 주기도 했다. 톰과 캐라가 세 들어 살던 집이 다른 사람에게 팔려 그곳을 떠날 수밖에 없게 되었을 때는 11에이커의 땅과 낡은 트레일러 주택을 좋은 계약 조건으로 제공해 주었다. 계약금 3만 달러는 톰이 얼마 전에 받은 장애 보험금 3만 6천 달러에서 지불하고, 남은 5천 달러는 몇 년 동안 일부는 현금으로, 일부는 톰이 커트의 일을 거들어 주는 조건으로 지불한다는 계약이었다.

내 집을 얻게 되었다는 기쁨은 톰과 캐라에게 무엇보다도 큰 동기부여가 되었다. 둘은 그곳에 뿌리를 내리고 정착하기 위해 일을 시작했다. 뒷마당에는 야채를 심었다. 톰은 캐라가 침실에서 내다볼 수 있도록 침실 창문 쪽에 장미 나무를 심었다. 그리고 집을 더 넓히는 야심적인 계획도 세웠다. 그는 커트에게서 휴대용 전동 제재기를 빌려 집 뒤에 설치한 뒤, 아들들과 함께 나무를 잘라 다양한 크기의 나무판자를 만들었다. 훌륭하다고는 할 수 없는 목수 기술이었지만 톰은 망치와 못을 이용해 판자를 이어 붙여 현관 앞에 베란다를 만들고 어설픈 가건물을 만들었다.

캐라의 병세는 악화되었다. 캐라는 치료를 위해 보스턴까지 갈 필요가 있었지만, 톰에게는 그곳까지 캐라를 데리고 갈 수단이 없었다. 그가 가지고 있던 86년식 브롱코(포드사의 대표적인 사륜구동 차는 주행거리가 37만 킬로미터나 되어 보스턴까지 안전하게 갈 수 없음이 확실했다. 그러자 커트는 자신의 신용카드를 사용해 트럭을 대여해 주었다. "캐라가 병원에 갈 때마다, 커트는 제게 전화해서 '오늘 일 못한다고 해서 걱정하지 말게. 그보다 집안일을 먼저 신경 쓰게' 이렇게 말해 주었어요." 톰이 말했다.

우정은 적막감을 달래 주었다. "커트는 필요할 때 대화 상대가 되어 주는 그런 타입이에요." 톰은 말한다. "밤에 잠이 안 오거나 할 때면 언제라도 전화를 걸어 '커트, 이야기 좀 할 수 없겠나?'하고 말할 수 있는 사람이죠. 그는 두 시간이고 세 시간이고 가만히 앉아서 제 이야기를 끊지 않고 들어주는 그런 사람이에요. 제 고민이나 인생에 관해 두서없이 늘어놓을 수 있죠."

위기에 처할 때면 톰과 캐라는 더욱 많은 이야기를 했다. 스트레스와 상실감에 좌절하고 무너져 버리는 가족도 있는가 하면, 더 강하게 단련되는 가족도 있다. 킹 부부는 이전보다 더욱 사이가 좋아져 서로에게 마음을 열고 서로가 느끼는 공포에 대해서도 솔직하게 털어놓았다. "아이들이 8시 반이나 9시쯤에 잠이 들면, 우리는 앉아서 몇 시간 동안 이야기를 나누곤 해요……. 저는 지금까지 그 어느 누구하고도 이렇게 많은 얘기를 나눠 본 적이 없었어요. 지금까지 모든 것을 속에 담고 혼자 삭혀 왔죠. 하지만 캐라하고 함께 지내고 나서는……. 지금은 감정을 그대로 드러내는 것이 전혀 두렵지 않아요. 누군가 제 우는 모습을 보더라도 달라질 것이 하나도 없어요. 왜냐하면 그게 바로 제가 느끼는 감정이니까요. 그게 바로 저니까요. 그런 나를 받아들일 수 없다면 차라리 다른 곳을 바라보는 게 나아요. 왜냐면 그게 내가 존재하는 방식이니까요. 나는 감정을 가지고 있고 그리고 그걸 망설이지 않고 모두 표현하고 있어요. 네, 지금 우리 관계는 아주 멋진 관계예요." 톰은 그렇게 말하며 언제나 그랬듯 손으로 이마에서 턱까지 얼굴 전체를 문질렀다.

톰과 캐라는 동물을 기르기로 했다. 체중이 180킬로그램이나 나가는 돼지 엠마를 시작으로 친척이 지저분하게 방치해 놓던 흰 족제비 세 마리, 개와 토끼 몇 마리를 들였다. 후에 톰은 염소 몇 마리와 수송아지 두 마리를 더 들여왔다. 애들과 함께 가축우리와 공구를 놓을 창고도 만들었다.

캐라는 암과 관련한 책이나 팸플릿 등을 열심히 읽었다. 반면 톰은 의사들 틈에 끼어서 바보가 된 것처럼 느끼고 있었다. 그는 의사들이 "이렇게나 긴 단어를 쓴다"면서 양팔을 60센티미터 정도 벌려 보였다. 학력이 낮은 사람들이 적절한 시기에 치료를 받지 못하고 지나쳐 버리는 배경에는 대체로 이런 불만이 존재한다. "집에 돌아와서 캐라에게 물어봐요. '의사들이 하는 말 알아들었어?' '글쎄, 대충은.' '그럼 여기 앉아서 나한테 설명 좀 해봐. 나는 도대체 무슨 말인지 하나도 못 알아듣겠으니.'"

대개의 경우 톰의 열등감에 의한 분노는 마음속에서 타오르다 이내 식어 버렸지만, 캐라의 골수이식수술에 필요한 기증자를 찾을 때는 그 분노가 밖으로 분출되기도 했다. 그녀의 상태는 거의 절망적이었지만 그럼에도 의사들은 필사적으로 노력하고 있었다. 톰은 오직 혈연관계에 있는 친척의 세포만이 적합 가능성이 있다는 말을 이해하지 못하고 자신도 기증자가 되겠노라고 지원했다. 그는 검사를 해봤자 소용이 없다는 말을 듣고는 어째서냐고 강하게 되물었다. 의사는 그의 골수가 일치할 가능성은 백만분의 일이기 때문이라고 대답해 주었다.

"잠깐만요!" 톰은 이렇게 얘기했다고 한다. "제 아내 목숨이 달려 있는 일이라고요! 제가 그녀와 일치하지 않더라도 누군가 결국에는 일치하는 사람이 있는 거잖아요. 만약 제가 다른 사람의 목숨을 살릴 수 있다면 그렇게 하겠어요……. 캐라가 골수 은행에서 기증자를 찾아야만 한다면 제가 그 대가로 제 골수를 기증하겠어요." 톰은 의사에게 알아들을 수 있는 말로 설명해 달라고 주문했다.

"지금 상황 때문에 아주 화가 나지요?" 의사가 물었다.

"아니요. 아주 미치겠습니다." 톰은 맞받아쳤다.

"당신 기분은 이해합니다." 의사는 조금 물러섰다. "어쩌면 당신의 그런 마음을 풀기 위해서라도 검사를 해봐야 할 것 같군요."

그리고 톰은 검사를 받았으나 불일치 결과가 나왔다. 다행히도 캐라의 자매 가운데 한 명인 크리스의 골수가 일치했고 그녀가 골수를 기증하게 되었다.

"정말 멋진 날이다." 캐라는 그녀의 일기장에 이렇게 썼다. "오늘은 쇼핑을 하러 갔고 새로운 힘을 얻었다." 날짜는 1998년 2월 8일이었고, 스프링으로 제본된 공책의 첫 장이었다. 일기의 대부분은 연필로 적혀 있었고 철자 표기는 엉망이었다. 많은 일기가 하느님에게 쓰는 편지로 감사와 호소와 삶에 대한 필사적 애원이 담겨 있는 내용이었다. 그 첫날 밤 캐라는 다음과 같은 말로 일기를 마쳤다.

"하느님, 톰과 잭과 맷과 케이티 그리고 저에게 건강과 사랑과 행복과 웃음을 주시고, 언제나 항상 함께할 수 있도록 축복해 주시옵소서. 오늘이라는 시간을 주셔서 감사합니다. 아멘. 캐라."

그녀의 기쁨은 소박한 것이었다. "톰과 빌과 버지니아가 50달러라는 싼 가격
으로 오븐이 달린 4구 가스레인지를 사온" 날은 그녀에게 "멋진 날"이었다. "왼
쪽 앞 버너에는 불이 붙지 않았지만 이전에 쓰던 레인지는 버너를 두 개밖에 쓰
지 못했기 때문에 그에 비하면 훨씬 좋다."

또 이런 날도 멋진 날이었다. "톰이 아이들보다 먼저 브라우니와 사과 머핀과
계피 머핀을 만들었다. 잭은 대추야자 케이크를 만들었다. 모두 성공적으로 팔
렸다. 나는 밸런타인데이 선물로 톰에게 와플 기계를 사주었고 톰은 내게 아주
멋지고 섹시한 잠옷을 사주었다. 우리는 아이들에게 5달러씩 용돈을 주었다."

그러나 암의 고통이 번지면서 가계 상황은 더욱 나빠졌고, 자신이 죽는 편이
톰에게 더 나을 것이라는 생각에 캐라가 톰과 거리를 두었던 시기도 있었다. 그
녀는 아이들에게 화를 냈고 진저 에일[생강 맛을 들인 탄산음료]과 캐나디안 위스키
[호밀 또는 호밀과 맥아로 양조한 위스키]를 들이붓기 시작했다.

2월 19일.

"아주 기분 좋은 하루였다. 나는 인생을 사랑한다. 하느님 감사합니다. 내게
이 모든 날을 주셔서. 내가 술에 빠져 지내고 있다는 것은 나도 잘 안다. 하지만
나도 어쩔 수가 없다. 변명이 있을 수 없다는 것은 알고 있지만 나에게는 술이 필
요하다."

그날 밤 그녀는 몇 번이나 잠을 설치며 눈을 떴다. 새벽 4시 30분, 도저히 잠
이 들 수 없었던 그녀는 결국 일어나 바닥에 걸레질을 하기 시작했다

2월 20일.

"음……, 오늘도 좋은 날이었다. 내가 아직 살아 있다는 이유로……. 잭에게
벌을 주었다. 벽에 대고 잭의 몸을 꽉 쥐었다. 그리고 방에 가서 벌을 서라고 했
다. 집에 있는 아이스크림이 자기 마음에 들지 않는 것이라고 냉장고와 동생 맷
에게 화풀이를 했기 때문이었다. 그래서 나는 잭을 엄하게 다뤘다. 케이티가 칭

얼대서 입을 때렸다.”

2월 23일.

“요즘 내 스스로도 이 술버릇을 어떻게 해야 할지 정말 모르겠다. 아……, 하지만 나도 어쩔 수가 없다. 술을 줄여야 할 텐데.”

2월 26일. 그녀는 커트가 톰에게 지불해야 할 임금이 밀려 있다고 썼다.

“하느님 맙소사! 나는 알코올의존자다. 내일이면 후회할 것이고 다음날이면 술병으로 괴로워할 것이다. 죄책감을 느낀다. 하지만 그래도 내게 돌아오는 것은 술 마신 다음날의 괴로움뿐이다. 하지만 톰은 이렇게 말해 준다. 나한테 도움이 된다면 무엇이든지 하라고.”

다음날 일기의 맨 마지막에는 술을 마시며 쓴 듯한 알아볼 수 없는 글자들이 휘갈겨져 있었다.

3월 5일.

“재커리와 매튜(잭과 맷의 본명)가 좋은 성적을 받아 왔다. 그래서 우리는 아이들에게 각각 10달러씩 줄 예정이다. 요새는 정말 우울하다……. 톰과 더 많은 이야기를 하고 싶다. 그가 내 인생 안에 들어왔다는 사실, 그리고 그가 내 인생 자체라는 사실이 너무나 기쁘다.”

골수이식수술 날짜가 정해지고 나서 그녀는, “봄을 장식하는 모든 색깔들 — 화려하게 빛나는 노란색, 너무나 진해서 숨이 멎어 버릴 것 같은 사파이어 초록색과 같은 색깔들”을 더 이상 보지 못하게 될까 봐 두려워했다. 그 후, 이식수술은 한 차례 연기되었으나 그녀의 일기장은 봄 동안 다시 열리는 일이 없었다. 5월 말, 거의 두 달간의 공백이 있은 후 그녀는 이렇게 썼다.

“하느님 아주 긴 시간 동안 아무것도 쓰지 않아 죄송합니다.”

다음날 일기는 병원에서 쓴 것이었다.

“나는 지금 충격에 빠져 있고 현실을 받아들일 수 없다. 죽고 싶지 않다. 지금

죽기에는 너무나 열심히 싸웠고 너무나 많이 걸어왔다."

이틀 후 5월 30일.

"의사들은 모두 가망이 없다며 포기한 상태다. 하지만 그걸로 됐다. 더 이상 고통받지 않아도 되니까……. 오늘 엄마가 찾아왔다. 나는 엄마한테 가라고 했다."

그리고 6월 3일.

"오늘은 톰의 생일이다. 톰은 매우 안 좋은 상태다. 그는 심각한 패닉 상태에 빠지곤 한다. 어제 저녁에는 많은 사람들이 쳐다보는 주차장 안에서 잭이 들고 있던 공을 손으로 내리쳐, 내가 화를 냈다……. 몸 전체에 종양이 번진다. 지금은 자궁에도 혹이 생겼다. 훌륭하군……. 나는 죽고 싶지 않다. 하느님, 저는 살고 싶어요. 제발 그냥 이대로 살게 해주시면 안 될까요?"

이식수술을 받기 위해 톰이 트럭을 빌려 캐라를 보스턴에 있는 브리검 앤 여성 병원으로 데려다 준 이후로 그는, 커트의 신용카드로 차를 빌려 되도록 자주 캐라를 보기 위해 가는 데만 2시간이 거리를 달려가곤 했다. 커트에게 톰을 돕는 일은 숨을 쉬는 것과 같이 매우 자연스러운 일이었다. "톰은 정말로 올바른 마음을 가진 친구예요. 다만 다른 사람들보다 약간 뒤쳐져 있을 뿐이지요." 커트는 말한다. "톰처럼 좋은 사람을 도울 수 있다면 내 허리가 휘어지더라도 상관없어요."

이런 커트의 도움의 손길을 조용하고 한결같은 태도로 지지해 주는 사람이 나타났다. 톰의 집 근처에 있는 다트머스 모터스라는 자동차 판매 대리점의 영업 직원이었다. "캐라가 보스턴에 있는 병원에 입원하고 나서 첫 번째 일요일이었을 거예요." 톰이 기억했다. "커트에게 부탁을 했더니 저한테 '다트머스 모터스'로 가라고 했어요." 그때도 커트는 톰에게 트럭을 빌려 주려고 했다. 그런데 대리점에서는 이미 마지막 트럭까지 전부 대여되고 남은 것이 없었다. 그러자 그곳 영업 직원은 자기 블레이저[GM사의 시보레 계열 사륜구동 차]를 빌려 주었다.

"이 차를 끌고 가세요. 커트하고는 이미 이야기된 거예요. 갔다 오서서 돌려

주시면 돼요. 기름도 가득 채워 놨어요."

"그래서 전 기름을 채워서 돌려드리겠다고 대답했어요." 톰이 말했다. "그리고 약속을 지켰죠."

7월 3일, 이식수술을 받고 난 다음날, 캐라는 이렇게 썼다.

"하느님, 톰과 잭과 맷과 케이티에게 축복을, 그리고 저에게도 특별한 축복을 주시옵소서. 어제 하루를 감사드립니다. 그리고 하느님, 크리스가 제게 해준 일에 축복을 내려 주세요. 아멘. 캐라."

사흘 후, 캐라는 떨리는 손으로 이렇게 썼다.

"이제 자러 갑니다. 하느님, 톰과 잭과 맷과 케이티, 그리고 특히 저에게 축복을 내려 주세요. 그리고 오늘을 주셔서 감사합니다. 하느님 제발 저에게 오셔서 저를 도와주세요. 제발. …… 오늘을 주셔서 감사합니다. 아멘. 캐라."

이것이 캐라의 마지막 일기였다. 닷새 후, 톰에게 잭과 맷의 양자 입양 허가가 떨어졌다.

7월 12일 오후. 캐라의 서른세 번째 생일인 그날, 의사는 톰에게 전화를 걸어 될 수 있는 한 빨리 보스턴으로 와달라고 요청했다. 내일 아침 일찍 가도 될까요? 톰이 묻자 의사는 그러라고 했다. "빠르면 빠를수록 좋습니다."

톰은 커트에게 전화를 걸었다. "커트는 여러 사람에게 전화를 했어요. 그리고 다트머스 모터스의 직원에게서 전화가 와 언제쯤 필요하냐고 묻길래, 내일 아침 6시 전에 필요하다고 했더니 '대리점으로 오세요. 거기서 만나죠. 5시 30분에 봅시다'라고 했어요. 그는 5시 30분에 가게 문을 열고 제게 차 열쇠를 건네주었어요. 제가 '어디에 사인하면 되죠?'라고 묻자 그는 '안 해도 돼요. 빨리 출발하세요. 어서요.' 이러더군요."

톰은 8시 전에 캐라가 있는 병실에 도착할 수 있었다. "모두 캐라 주위에 모여 캐라를 살리기 위해 노력하고 있었어요. 그리고 의사가 제게 오더니 캐라가 절 보고 싶어 한다고 말해 주었어요. 전 알았다고 했지요. 상태가 어떠냐고 묻자 의사는 고개를 저었어요. 제가 병실에 들어가 캐라 옆에 다가가자 캐라는 제 손을 잡기 위해 손을 뻗었어요. 이렇게요. 그래서 전 그녀의 손을 잡아 주었어요. 그녀는 목에 십자가를 걸고 있었고 손에는 귀걸이와 반지를 쥐고 있었어요. 그리고 그걸 제 손에 떨어뜨렸어요." 그의 목소리는 잠시 멈췄다. 긴 침묵이 그의 눈물을 감쌌다. "그리고 제가 이렇게 말했어요. '캐라, 오늘 어떤 일이 일어나더라도 나는 당신을 영원히 사랑해.' 그녀는 고개를 끄덕였어요. 그녀는 제 손안에 모든 것을 떨어뜨리고 제 손을 꽉 쥐고 그리고 숨을 멈췄어요."

그는 새로 빌린 블레이저를 몰고 집으로 돌아왔고 아이들을 똑바로 바라보며 오늘 있었던 일을 이야기했다. 그는 캐라가 끼고 있던 결혼반지에 줄을 달아 목에 걸었고 자신의 결혼반지는 그대로 손가락에 꼈다. 캐라는 톰이 그녀의 침실 너머로 심어 놓은 장미 나무가 꽃을 피우는 것을 결국 보지 못했다.

톰과 아이들은 집 앞 정원에 작은 기둥 세 개를 박고 빨간 글씨로 이렇게 써서 달았다.

나의 사랑하는 아내이자 엄마이자 가장 좋은 친구인 캐라에게.
p. s. 우리 모두 당신을 사랑해요.

글귀는 다음 해 여름에도 그대로 걸려 있었다. 그러나 정원은 잡초가 무성하게 자라 있었고 장미 나무는 가지치기가 필요한 상태였으며 주위에는 녹슨 기계가 널려져 있어 고물상 같은 모습을 하고 있었다. 잭과 맷은 스쿨버스가 집 앞에 설 때마다 창피했다. 집 앞에는 마치 그들이 지금까지 사용한 물건들이 전부 널려 있는 듯했다. 트랙터식 잔디 깎는 기계가 네 대 있었는데, 그중 한 대는 코일이 감겨 있는 접점에 가위를 집어넣어야만 작동했다. 나머지 세 대는 분해해서 부품으로 썼다. 그 외에 경운기가 두세 대, 소형 잔디 깎는 기계가 두 대, 예초기가 한 대 있었다. 프로판가스 탱크는 쓰러진 채 그 옆에 놓여 있었고 피크닉 테이블은 쓰레기 더미 속에 던져져 있었다. 바퀴에 살이 달린 오래된 외발 수레는 한쪽 면이 떨어져 나가고 없었다. 낚싯대와 낚시 도구가 담긴 알루미늄 보트에는 위장 무늬의 금속제 카누가 뒤집힌 채 놓여 있었다. 트레일러 뒤쪽의 숲 건너편에는 오렌지색으로 된 트래픽 콘(위험을 경고하기 위해 도로에 가져다 놓는 원뿔 모양의 표지)이 서있었고 나무 사이에는 각종 금속 쓰레기와 금속 탱크, 캔, 비닐봉지, 낡은 타이어 등이 버려져 있었다. 청바지와 작업용 바지가 가득 널려 있는 빨랫줄은 땅바닥까지 늘어져 있었고 울타리를 만드는 데 쓰일 육각형 모양의 철망이 여러 장 쌓여 있었다.

톰과 아이들은 공구 창고와 작은 가축우리를 만들었다. 그 우리는 에이프릴과 실비아(염소), 시내몬과 스파이스와 리코리스와 미니(토끼), 윌리엄(기니피그)을 위한 것이었다. 제시와 제이크(수송아지)를 위한 작은 외양간은 뼈대까지 만들어져 있었다. 그들이 가지고 있던 제재용 톱으로 자른 나무판자는 같은 너비로 잘린 것이 하나도 없었고 길이도 제각각이었다. 울타리도 얼기설기 얽혀 있었다. 큰 덩치의 엠마(돼지)를 가두고 있던 것은 외가닥으로 된 전기 철조망이었다. 다른 울타리들은 마치 쓸모없는 빵 부스러기 같은 모양으로 여기저기 모아 붙인 판자로 되어 있었다. 염소들은 버려진 문짝을 반으로 잘라 만든 문에 철망을 두른 우리 안에 있었다. 염소 우리 문은 땅에 충분히 박히지 않아 비스듬하게 기울어져 있었다. 잭과 맷은 날마다 30분씩 돌아가며 가축들 먹이 주는 일을 했다.

그들이 살고 있는 곳의 뒤편으로 이어지는 비포장도로 너머에는 낡은 고철더미들이 산을 이루고 있었다. 대부분은 땅을 사기 전부터 있던 것들이다. 철도 침목 더미, 스노모빌 세 대, 차체의 뒤 절반이 없는 스쿨버스(톰은 그 버스 뒤편에 판자를 건조시키는 가마를 설치할 계획이었다), 트럭 다섯 대와 낡은 차 몇 대, 프랭키라는 이름의 커다란 노란 트랙터가 버려져 있었다. 트랙터 앞에 달린 불도저 크기만 한 칼날은 거대하게 쌓인 나무뿌리와 진흙 덩어리를 앞에 두고 있었는데 잭의 말에 따르면, "가스탱크에 뭐가 막혔을 때" 뱉어 낸 것이라고 한다.

그곳은 마치 폐품 처리장 같이 보였지만 실제로는 물건을 고치는 재미를 느낄 수 있는 — 제대로 작동되는 것은 그다지 없지만 — 어른들의 놀이터 같은 느낌이었다. 그리고 그것이 그 아이들의 공부하는 법이었다. 톰이 그렇게 배웠듯 손을 더럽혀 가며, 물건을 고치며, 동물을 돌보며, 책임을 완수하며 삶을 익혔다. 두 아들은 4-H˙에서 적극적으로 활동하며 많은 상을 받았다. 잭은 차고 판매ga-rage sale[안 쓰는 물건을 자기 집 차고 같은 곳에 내놓아 싸게 파는 일]에서 5달러 주고 산 전기톱으로 조각을 만들기도 했다. 통나무를 세워 놓고 스케치를 한 뒤 주둥이가 길게 나온, 두 귀가 쫑긋하게 서있는 곰을 조각했다. 또 취미로 동생과 랜드 연못에 가서 메기를 잡거나 토끼나 자고새를 사냥하기도 했다. 가을에는 한 친구가 사슴을 사냥해서 그 고기를 그들에게 주었다. 그 밖에 또 재미있었던 일은?

"잡초 베기!" 잭이 소리쳤다.

트레일러 안은 난장판이 되어 있었다. 잭과 두 사촌은 족히 며칠은 걸릴 것 같은 거대하게 쌓인 설거지를 하느라 정신이 없었다. 뒤쪽 복도를 따라 일렬로 늘어선 침실에는 침대와 바닥에 더러워진 옷이 가득 차 있었다. 그러나 세탁은 제1순위가 아니었다. 톰과 두 아들은 아는 농장에 건초를 만들어 주러 가야 했기 때문이다. 그들은 그곳에서 일하고 보수로 가축에게 줄 건초 더미를 받았다.

집 한가운데에는 홈집투성이의 둥그런 부엌 테이블이 있었고 그 위는 온갖

● 4-H Head, Heart, Hands, Health
청소년에게 생활에 필요한 기술을 가르치는 미국 최대의 비영리 과외 활동 조직. 각각의 H는 두뇌, 마음, 손기술, 건강을 의미한다.

잡동사니들로 어질러져 있었다. 7학년과 8학년인 두 아들은 그 테이블에 앉아 숙제를 했다. 침실은 비좁고 지저분했지만 동생 맷에게는 놀이 천국이었다. 맷은 라디오를 듣거나 장난을 치는 것을 좋아했다. 톰이 전화 요금을 체납한 탓에 집 전화가 끊겨 버렸고 맷의 담임선생님은 전화가 불통이 되자 편지를 보냈다. 그러나 편지는 톰의 눈에 띄지 않고 맷의 방에서 몇 달간이나 굴러다녔다. 그리고 맷은 형편없는 성적을 받아 왔다. 영어 E, 과학 E, 수학 D, 사회 D. 톰은 매우 화를 냈고 당장 학교로 달려가 담임선생님에게 이렇게 물었다. "왜 이런 상황을 더 빨리 알려 주지 않는 거죠?"

맷은 학교에 가는 것을 아주 싫어했으나 잭은 학교를 좋아했다. 잭은 미술 방면에 재능을 보였고 고등학교를 다니면서 건축가가 되겠다는 꿈을 키우기 시작했다. 잭이 고등학교 2학년을 마칠 즈음 나는 톰에게 잭이 대학에 갈 수 있을 것 같은지 물어봤다. "이미 원서를 낸 것 같은데." 톰이 대답했다. "잭," 그가 잭을 불렀다. "너 어느 학교에 원서를 냈지?" 당연히 잭은 원서를 내지 않았다. 왜냐하면 아직 2학년이기 때문이다. 잭은 대학에 가려면 구체적으로 어떻게 해야 하는지 몰랐다. 그리고 톰 역시 아이들을 사랑하고 지지해 주고 있었지만 필요한 도움은 줄 수 없었다.

캐라가 죽고 나서 몇 년 동안 톰은 우울증과 실직 상태를 겪었고, 술에도 손을 댔다. 그해 여름, 케이트를 돌볼 보모를 구하지 못한 톰은 커트 회사의 목재 운반 트럭을 운전할 수 없었다. 9월에 학교가 시작되면서 그는 제재소에서 시급 6달러로 일하게 되었다. 판매·가공용으로 트럭 운전사들이 싣고 오는 통나무의 치수를 재는 일이었다. 어느 날, 그는 그들이 실제 치수보다 적게 주문해 양질의 붉은 오크 나무와 물푸레나무를 사들인 뒤 합판용으로 팔 때는 높은 가격에 팔고 있음을 알아챘다. 그것은 그의 말을 빌리면 "벌목꾼들을 엿 먹이는" 일이었다. "그들이 절 고용한 게 최대의 실수였죠. 이곳 사람들 중 4분의 3이 벌목꾼들이고 제 친구들이니까요. 그러니까 저랑 그들은 생각이 다를 수밖에 없죠." 톰은 그곳 현장 주임과 대립했다.

"당신이 상관할 바가 아니야." 주임이 말했다. "당신 일이나 잘하면 돼. 그러라고 월급을 주는 거니까 말이야."

"그렇게는 못해요." 톰이 말했다. "저는 이전에 그쪽에서 일을 했었으니까요. 전 벌목꾼들이 어떤 심정인지 잘 알아요."

그는 하룻밤 고민한 뒤 다음날 정오에 일을 그만두었다. "그게 그곳에서 벌어지고 있는 일이었고, 전 그게 정말 싫었어요. 거짓말하면서 일하고 싶지 않았죠." 그는 자기 고용주에게 했던 말을 그대로 인용했다. "전 자기 말에 책임을 지는 남자가 되려고 노력하고 있어요. 만약 그것을 받아들이지 못하겠다면 회사를 떠날 수밖에 없습니다."

원칙과 신념에 따라 행동하는 사치를 부릴 수 있는 미국인은 극소수다. 톰 역시 그런 사치를 누릴 수 없었다. 그는 기계를 수리하는 일을 하며 파트타임으로 커트 밑에서 일했지만, 간신히 청구서를 막을 수 있을 정도의 돈밖에는 벌지 못했다. 당시 미국 전역은 클린턴 대통령의 탄핵 사건으로 떠들썩했으나 톰은 마치 지평선 너머에서 이는 큰 폭풍을 바라보듯 지나쳤다. "정치에는 관심이 없어요." 그는 간단하게 말했다.

2월, 그는 벌목으로 한 주에 300~350달러를 벌 수 있는 풀타임 일을 얻었다. 그는 쓸쓸한 숲 속에서 하루를 보내는 것을 좋아했다. "요새는 활엽수를 베고 있어요." 그가 말했다. "대부분 사탕 단풍나무고 벚나무 조금이랑 흰 자작나무도 많이 베요. 가끔가다 소나무도 잘라요. 일주일에 평균적으로 활엽수가 두 묶음 정도, 소나무가 두세 묶음 정도 나오죠. 아침 8시까지 현장에 가서 8시 30분부터 나무를 베기 시작해요. 집에 돌아오는 것은 3시 30분이나 4시쯤 돼요. 일은 힘들지만 그렇다고 못할 정도는 아니에요." 그는 다시 벌목 일로 돌아왔고 이번에는 치수를 유심히 살폈다. 하지만 큰 문제는 발생하지 않았다.

"괜찮아요. 잘해 나가고 있어요." 톰은 이렇게 말하면서 얼굴을 문질렀다. "음……, 부자라고는 할 수 없지만 은행에 1천 달러나 1,500달러 정도는 저금도 할 수 있고, 그 정도면 무슨 일이 일어나도 한 달은 버틸 수 있으니까요." 그러나 벌목꾼들은 더 이상 벨 나무가 없었고 톰은 네 달 동안 실업 상태에 빠졌다. 그리고 술을 마시기 시작했다. 그는 친구 관계에도 주의를 기울이지 않았다. 그는 TV를 온종일 켜놓은 채로 마음속의 공허감을 채우고 있었다.

그러던 어느 날 메리(가명)라는 이름의 한 여성이 그의 삶으로 들어왔다. 그녀는 톰과 같은 나이었고 솔직하며 직설적인 여성으로 키가 크고 체격이 좋았다. 그녀는 스스로를 구원자라고 생각하고 있었다. "톰의 집은 엉망진창이었어요." 그녀가 말했다. "책은 여기저기 널부러져 있었고 빨래도 집안에 돌아다니고. 톰은 꼭 살아 있는 송장 같았어요. 일도 하지 않았고 자신을 돌보지도 않았어요. 우리는 이야기를 나누다가 같이 울었어요." 그녀는 헝클어진 노란 머리에 얼굴에는 쾌활함과 풍부한 경험이 묻어나는 착실한 모습이었다. 그러나 아이들에게는 관대하면서도 일관성 있는, 거칠면서도 따뜻한, 어머니와 같은 엄격한 모습을 보였다. 그녀는 끊어진 전화 대신 자기 명의로 새 전화를 놓았다. 톰이 최근에 지불한 전기 요금이 컴퓨터에 기록되어 있지 않다며 전기를 끊으러 온 직원에게는 다시 확인해 달라고 강하게 요구해 결국 두 시간 반 만에 끊어진 전기가 다시 들어온 일도 있었다.

다시 도약하기 위한 좌절의 시간은 이제 충분했다. "다음 가을에는 혼자 자립할 수 있도록 노력하겠어요." 톰은 진지하게 선언했다. 그와 두 아들은 수송아지를 키우고 있는 다 쓰러져 가는 "외양간"을 고치는 일부터 시작했다. "제 소유의 돼지와 소를 키울 거예요. (메리는) 닭 몇 마리도 같이 길렀으면 해요. 요새는 디젤 발전기를 찾고 있는 중이에요. 뉴저지 포트 딕스에 가면 비상용 발전기를 몇

대 팔고 있죠. 1천 달러에. 뭐, 배선을 조금 손봐야 하지만." 그런 것쯤 식은 죽 먹기라는 듯 그는 어깨를 으쓱거렸다. 자신의 계획을 이야기하는 그는, 마치 공허한 자신감을 포장하려는 듯, 짧고 분명한 단어를 사용해 말했다. 계획은 희망에 불과하며 실현 가능성은 매우 낮다는 것을 그 스스로도 잘 알고 있는 듯했다. 그로부터 3년 후에도 그는 여전히 발전기를 손에 넣지 못하고 있었다.

메리는 우울증이란 것이 어떤 것인지 잘 알고 있었다. 그녀 자신도 약으로 우울증 증세를 억제하고 있었기 때문이다. 톰은 약을 먹고 있었을까?

"음, 잭 다니엘이요." 그녀가 말했다. "의사가 처방한 것은 아니지만, 톰에게 위스키는 처방약이나 마찬가지에요……. 그의 생일날이었을 거예요. 전 그를 위해서 멋진 생일상을 차리려 하고 있었죠. 그런데 톰은 아침 9시 반부터 위스키를 마시려고 하는 거예요." 그러나 지금은 술을 마시지 않은 지 네 달째가 되어 간다. "그는 열심히 노력하고 있어요." 그녀가 계속 말했다. "마지막으로 그가 술을 마셨을 때 제가 그 술병을 잡아 싱크대에 다 쏟아 버렸거든요. 그 후로는 술을 한 병도 사지 않고 있어요……. 그는 현실과 싸우고 있죠……. 그가 또다시 바보 같은 짓을 하려고 하면 저도 가만히 있지 않을 거예요. 전 그가 하나도 안 무서워요."

치료를 받는 것은 어떨까?

"저한테 이 세상에서 가장 부담스러운 것을 말하라고 한다면 아마 전화 수화기를 드는 일이 될 거예요." 톰이 말했다. 어쩌면 메리가 그에게는 최상의 치료일지 모른다. 왜냐하면 그녀는 우울증의 대표적 특징인 무기력 상태로부터 톰을 끌어낼 수 있었기 때문이다. 톰은 일을 찾기 시작했고 마침내 데이비 트리 컴퍼니에서 전선 주위에 자란 나뭇가지를 쳐내는 계약직 자리를 구할 수 있었다. "밖에 나가 하루에 9시간 동안 나무 위에서 일하고 나서 밤에는 집으로 돌아와 오늘 하루도 열심히 일했구나 하고 말할 수 있다는 건 기분 좋은 일이에요……. 1년 전에는 체력적으로 무리여서 할 수 없다고 생각했던 일들을 지금은 할 수 있어요. 안장에 엉덩이를 올리고 나무 위로 올라가 8, 9시간 일해도 전혀 아무렇지도 않아요. 나무에 올라가 가지를 치고 내려오는 거예요." 톰은 맷에게 가지 치는 법을 가르쳐 주었고 두 사람은 집 주위의 나무에 가지치기를 했다. 그러던 어느 날, 메리는 톰의 트레일러에서 나와 자기 집으로 돌아갔다. 톰과 메리는 여전히 만남을 계속 가졌지만 예전만큼 가깝게 지내지는 않았다.

톰은 다음 해 겨울 해고되었다. 눈이 너무 많이 내렸기 때문이었다. 일 없이 8주가 흘렀다. 그 후 시급 10.50달러에 연료 탱크를 용접하는 일을 얻었지만 얼마 지나지 않다 다시 해고당했다. 여름에는 한 농장에서 65에이커의 밭에 옥수수를 심어 주고 토마토와 호박 재배를 도와주며 주급 3백 달러와 원하는 만큼의 야채를 받았다. 농번기가 끝나고 그는 다시 데이비 트리 컴퍼니로 돌아갔지만 회사 측은 톰이 보험이 적용되지 않는 나이인 50세를 넘겼다며 더 이상 나무에 올라가게 못하게 했다. 그래서 그는 겨울 동안 장작을 패 내다 파는 부업 말고는 일이 없었다. 그는 단풍나무 수액을 채취하는 일을 조금 하다가 부츠를 만드는 회사인 라크로스에서 시급 10.50달러로 공장 기계를 관리하는 일을 얻었다. 실내에서 하는 일이었기 때문에 그는 조만간 자신이 그 일에 다시 진력날 것이라는 것을 알고 있었다.

"나중에," 그는 공허한 자신감을 드러내 보일 때면 언제나 그러했듯 쾌활한 목소리로 말했다. "트레일러 이 부분에 미닫이문을 달 생각이에요. 그리고 그걸 현관으로 삼을 거예요. 지금 모두 정면에 차를 대고 있지만 못 대게 하고요. 작업은 천천히, 하지만 확실히. 아시죠? 이 집도 산 지 오래됐으니까 이제 진짜 보금자리로 만들어야죠."

그러나 1년 정도가 흐른 뒤 그는 친구에게 2,500달러를 주고 중고 트레일러를 구입했다. 2,500달러의 대금은 톰이 그 친구의 정원을 손봐 주는 것으로 대신했다. 라크로스의 일은 그만두기에는 너무나 좋은 조건이었다. 그의 유일한 불만은 숲 속에서 일하지 못한다는 것이었다. 라크로스에서는 주당 38.15달러만 내면 되는 의료보험까지 포함해 모든 복지가 보장되었다. 2001년에서 2003년의 불황기에도 잔업수당은 확실하게 나왔다. 톰은 그곳에서 주당 550달러를 벌었다. "사실, 꽤 안정된 생활을 보낼 수 있었어요." 그가 말했다.

그의 두 아들은 일하는 것을 좋아했다. 맷은 이웃집 차고에 절연 공사를 해주고 있었고 잭은 학교 코치에게 부탁받은 목공일을 해주며 가계 수입에 보탬이 되었다. 맷은 여전히 4-H 활동에서 블루리본 상을 받아 오곤 했고 잭은 고교 마지막 학년 가을, 홈커밍 축제의 왕으로 뽑혔다며 수줍게 미소 지었다. 잭은 SATScholastic Aptitude Test[대학 진학 적성 시험. 대학 입학시험]에서 수학과 영어 점수의 합계가 950점밖에 되지 않았지만, 부잣집 아이들이 성적을 올리기 위해 다니는 카플란이나 프린스턴 리뷰 같은 코스에 등록할 수는 없었다. 그의 가족과 지역 네트워크가 잭에게 해줄 수 있는 지원은 대학이라는 생소한 영역까지는 미치지 못했다. 잭은 보스턴에 있는 웬트워스 공과대학 건축과에 지원하면서 선택 항목이었던 에세이 제출을 하지 않았다. 잭은 그 에세이를 제출함으로써 자신이 심사 위원들에게 얼마나 매력적으로 보일 수 있는지 알지 못했다. 심사 위원들은 역경을 극복하고 열심히 공부할 수 있는 젊은이를 찾고 있기 때문에 가난의 경계에서 싸워 온 잭의 경험은 상당히 매력적인 것임에 틀림없다. 결국 웬트워스 공과대학은 잭을 불합격 처리했다.

그해 겨울은 가혹했다. 추위는 매서웠고 눈은 끝없이 쌓였다. 고독은 마치 차가운 침묵과도 같이 톰에게 내려왔다. 톰은 온기를 되찾기 위해 다시 그의 오래된 친구, '잭 다니엘'에 의지하기 시작했다. 그의 지저분한 트레일러는 집이 갖추어야 할 필수적 기능들을 잃어 가기 시작했다. 첫 번째로 크리스마스 이후 수도가 갑자기 나오지 않게 되었다. 쌓인 눈의 무게 때문에 파이프 연결이 끊어지고 우물에서 물을 끌어올리는 펌프의 전선이 고장 났기 때문이었다. 그리고 오수 처리 시스템이 꽁꽁 얼어 버려 오수가 역류했다. 마지막으로 난방장치의 팬에 베어링이 들어가 끼는 바람에 그가 집에 돌아오자 트레일러는 과열된 화로에서 나오는 연기로 뒤덮여 있었다. "이제 트레일러는 못쓰게 됐어요." 그가 말했다. 그는 메리에게 잭과 케이트를 맡기고, 맷은 전처의 큰 딸에게 보냈다. 톰은 유일하게 남은 가축인 개를 데리고 숲 속 캠프장에 있는, 프로판가스로 난방을 하는 친구의 트레일러 캠프로 들어갔다.

톰은 그해 겨울과 봄을 일하고 마시며 보냈다. 그는 일이 끝나면 공장 동료들과 술집에 가서 맥주를 마셨고 집으로 돌아올 때는 또 맥주를 사가지고 돌아왔다. 그런 생활이 오랫동안 반복되었다. 그렇게 시간은 지나 점차 낮이 저녁보다 길어지고 눈은 녹아 진흙으로 변하고 뉴햄프셔 언덕에는 부드러운 새싹이 자랐다.

어느 6월의 밤, 톰은 언제나처럼 술집에 가서 맥주를 마시고 돌아오는 길에 맥주 한 다스를 사서 집으로 가는 중이었다. 그리고 그다음으로 그가 기억하는 것은, 눈을 떴을 때 그가 도로 위에 세워진 그의 트럭 옆에 누워 있었다는 것이었다. 트럭에는 시동이 걸린 채 라디오 소리가 시끄럽게 울려 퍼지고 있었다. 라디오에서는 여자 목소리로 새벽 3시 30분을 알려 주고 있었다. 트럭 안에는 맥주 캔이 3개밖에 남아 있지 않았다. 그 사건을 통해 그는 충격을 받았고 그가 받은 충격은 바로 행동으로 이어졌다. 그는 직장 동료 한 명과 같이 AA(알코올의존증 치료 모임) 매일 코스에 등록했다. 어느 토요일, 내가 그를 트레일러에서 만났을 때 그는 술을 마시지 않은 지 4일째였고 오수 처리 시스템을 손보고 있었다.

잭의 고등학교 졸업식이 다음 주로 다가오자 톰은 그날까지 좋은 모습을 유지하려고 노력했다. 그는 코네티컷 주 하트포드 시 안에 있는 대학에서 학자금 융자를 받을 때 필요한 서류를 잭에게서 받았으나 그 서류를 어떻게 작성해야 할지 몰랐다. 톰은 잭이 몇 달 안에 대학에 갈 것이라는 사실은 알고 있었으나 그게 정확히 언제인지는 몰랐다.

잭은 하트포드 대학에 합격했다. 그러나 가지 않았다. 학자금 융자 서류는 보내지 않았고 잭은 공군에 입대하기로 결정했다. 그곳에서 그는 비행기 정비 교육을 받기로 했다. 그는 기대에 들떠 있었고 톰은 그를 자랑스러워했다. 10월이 되자 상황은 좋아졌다. 톰은 트레일러 확장 공사를 마쳤고 케이트와 맷은 다시 톰에게 돌아왔다. 톰은 시급 13달러를 받으며 오후 6시부터 새벽 6시까지 밤교대 근무로 일하고 있었다. 6월 이후 술은 한 방울도 마시지 않았다.

앤 브래시는 빈곤을 선택했다. 빈곤을 면하기 위해 여러 직장을 밤낮이고 주말이고 가리지 않고 일하다 보면 아이들과의 유대는 희생될 수밖에 없다고 그녀는 강하게 믿고 있었다. 그런 식으로 얻을 수 있는 것은 약간의 경제적 안정일 뿐 정서적 안정은 희생될 수밖에 없다고 생각했던 것이다. "일주일에 50, 60시간 일해서 아이들에게 중산층의 삶을 살게 하는 것보다는 가난하더라도 아이들 옆에 있어 주기로 결정했어요." 그녀가 설명했다. 그래서 그녀는 파트타임으로 일하며 교회나 친구들의 도움도 사양하지 않았고 어떻게든 생활보호를 받지 않고 지낼 수 있었다. 그녀는 학자금 대출을 제외하고는 식품 쿠폰, 주택 보조금, 메디케이드 등의 정부 보조를 일체 받지 않았다. 그녀의 말을 빌리면, "절벽 위를 걷는 듯한" 12년을 보내고 난 후에 그녀는 아들 샌디가 다트머스 대학 컴퓨터학과를 졸업하고, 딸 샐리가 뉴잉글랜드 예술 학교 음악대학 성악과에 입학하는 것을 볼 수 있었다. 샌디는 학비 전액을 지원받았고, 샐리는 일부는 학자금 대출로, 일부는 장학금으로, 일부는 사적 기부를 받아 학비를 댔다.

그러나 앤은 여전히 빈곤을 벗어나지 못했다. 숫자상으로 보자면 그녀는 빈곤한 편이 아니었지만(그녀는 연봉 2만 3,600달러를 받는 일을 하고 있었다), 그녀가

그녀의 긴장감은 일상에서 오는 것보다
앞으로 그녀가 감당해 낼 수 없게 될지도 모를
미래에서 왔다.

안고 있는 많은 빚, 한 푼도 남지 않은 저축액, 빈곤에서 오는 제한적인 삶 등은
그녀에게 고통과 불안을 안겨 주었고, 그런 점에서 그녀는 빈곤하다고 할 수 있
었다. 빈곤의 경계에 있는 많은 사람들의 경우와 마찬가지로 그녀의 긴장감은
일상에서 오는 것보다 앞으로 그녀가 감당해 낼 수 없게 될지도 모를 미래에서
왔다. 그러나 그녀의 "문화 자본"은 빈곤이 불러일으키는 가장 특징적인 증상이
자 인간을 쇠약하게 하는 "절망"을 물리치게 해주었다고 그녀는 말한다. 그녀는
경제적 상황이 주는 한계를 넘어 아이들의 인생을 더 확장시키려고 분투했고,
그것을 훌륭하게 이루어 냈다. "우리 애들은 모두 그렇게 말해요. 한 번도 우리
집이 가난하다고 느낀 적이 없다고." 앤이 만족스러운 목소리로 말했다. "어떤
의미에서 그것이 그 아이들에게 자신감을 안겨 주었다고 생각해요."

　"진짜로 가난하다는 게 어떤 건지 알아요." 샐리가 열여섯 살 때 한 말이다.
"돈을 모아 놓지 않으면 다음 주에 먹을 식량도 얻을 수 없다는 것이 어떤 것인
지 잘 알아요. 하지만 저는 제가 가난하다고 느낀 적은 한 번도 없어요." 그녀는
자신이 공립학교에 다니는 저소득층 아이들과는 다르다고 생각했다. "그 애들한
테는 일종의 절망감이 느껴져요. 마치 다른 삶은 상상도 할 수 없다는 듯이." 그
녀는 빈곤이 단지 돈의 문제가 아니며 절망적인 고독감에 의한 것이기도 하다고
결론 내렸다. "만약 제가 홈리스에다가 먹을 것이 없어서 배를 곯고 있다고 하더
라도 제 마음에 드는 멋진 사람을 한 명 알고 있다면 전 가난한 사람이라고 할
수 없어요." 샐리가 주장했다. "제가 사랑할 수 있는 사람을 한 사람이라도 알고
있는 한 저는 가난하지 않아요." 샐리의 얼굴은 끊임없이 미소 짓고 있었으며 미
소는 그녀의 얼굴 전체를 밝게 빛내 주었다. 그녀의 눈은 힘겨운 세상조차도 따
뜻하게 바라보고 있었다.

부모의 이혼으로 생활이 어렵게 되었을 때, 샐리는 다섯 살이었고 오빠 샌디는 일곱 살이었다. 당시 샐리는 너무 어려서 갑작스럽게 찾아온 불안정을 알아차리지 못했다. 그녀의 어머니를 가장 괴롭혔던 망상 — 살 곳을 확보하지 못하게 될 수도 있다는 — 은 샐리에게는 평범한 일로 받아들여졌다. 그녀에게 그것은 다만 "걱정거리들 중 하나일 뿐"이었다고 그녀는 말한다. "수많은 걱정거리들 가운데 하나요. 아침에 지각하지 않고 제시간에 학교에 갈 수 있을까 하는."

그러나 익숙했던 중산계급의 안락한 생활로부터 튕겨 나와 버린 그녀의 어머니에게 그것은 혼란과 악몽이었다. 앤은 샌디와 마주 앉아 "갖고 싶은 것"과 "필요한 것"의 목록을 만들기 시작했다. 그녀는 스스로가 말하는, "매일매일 내 앞에 던져진 일을 대처해 나가는 노력"을 하기 시작한 것이다. 그것은 지금 당장에 닥친 월세, 난방비, 식비를 어떻게 마련할지 궁리하며 현재를 살아간다는 것을 뜻했다. "현재를 살아간다는 것은 오직 '필요'한 것에만 돈을 쓰겠다는 것을 뜻해요. 그리고 언제나 '필요한 것'과 '갖고 싶은 것'을 구별하는 것을 뜻해요." 그녀가 말했다.

새로운 환경에 마침내 적응하게 되었을 때, 앤의 과거 유복했던 기억은 그녀를 괴롭히기 시작했다. "이혼하기 전에는 먹을 것을 사러 슈퍼마켓에 가듯 자주 책을 사러 갔어요." 어느 날 그녀가 깊은 생각에 잠기며 말했다. 지금은, "식기 세척기가 있었던, 누군가가 집을 청소하러 와주던 생활이 어떤 것인지 기억할 수가 없어요. 아주 많은 시간을 자유롭게 보냈다는 것 말고는 더 이상 아무것도 기억나지 않아요." 빈곤에 직면한 이후 그녀의 삶은 바쁘게 돌아가기 시작했다. 또한 빈곤은 그녀의 시각도 변화시켰다. 그녀는 식량, 집, 옷과 같은 기본적인 것들뿐만 아니라 건강한 삶을 위해 필요한 눈에 보이지 않는 것들에도 주의를 기울이게 되었다. "우리 인간은 물리적 환경 이상으로 어떤 희망이나 목표, 음악, 예술 같은 것들도 동시에 추구하지 않으면 아마 살아남을 수 없을 거예요." 그녀는 말했다. "그리고 우리는 사랑하고 사랑받지 않고는 살아갈 수 없어요. 그래서 어떤 사람들은 그 대용물로 손에 넣기 쉬운 술이나 TV나 마약이나 월마트 쇼핑 같은 것을 이용하죠." 그녀는, "가난해졌을 때는 여유롭던 때보다 더욱 많은 주의를 기울여 무엇이 인간의 건강에 도움이 되는가를 생각해야 한다"는 것을 발견했다. 그것은, "친밀하고 건강한 인간관계, 혼자가 아니라는 의식, 신선한 야채, 설탕의 절제, 하루 30분간의 육체적 활동"을 의미했다. "우리가 다음 달, 혹은 다음 해에 어디서 살게 될지 모르게 되더라도 이런 것들이 있으면 우리는 건강하게 지낼 수 있고 최소한 살아남을 수는 있게 돼요."

앤 브래시가 빈곤에 빠지게 된 것은 부분적으로 그녀의 목적의식이 부족한 때문이었다. 그녀는 목적의식이 부족했기 때문에 자신의 재능을 기술로 연결시키지 못했다. 그녀의 결혼이 지속되었더라면 아마도 경제적으로는 아무 문제없이 살 수 있었을 것이다. 그녀는 훌륭한 문학작품을 읽고 바흐의 푸가를 듣는 것을 좋아했다. 그녀의 입에서 나오는 말에는 그녀의 지성이 확연히 드러나 있었다. 그녀는 백인이었기 때문에 인종차별을 경험하지도 않았다. 그러나 그런 축복 받은 사회경제적 배경은 1964년에(2차 여성해방운동이 있기 전에) 고등학교를 졸업한 여성에게 자동적으로 권리에 대한 의식이나 직업적 목표를 부여해 주지 않았다. 그리고 그런 미국 사회의 뼈아픈 실패는 그녀의 부모에 의해 극복되는 일도 없었다. 그녀의 부모는 직업적 자립의 가치를 그녀에게 가르쳐 주지 않았다. 코네티컷과 매사추세츠에서 화학 기술 컨설턴트로 일하며 가족을 부양한 그녀의 아버지는 딸들에게 큰 기대를 품지 않았다.

앤은 대학 입학 1년 만에 중퇴를 했다. "전 대학교가 싫었어요." 그녀는 말한다. 그 후 그녀는 백화점에서 잠시 어시스턴트 바이어로 일했다. "그 일도 그다지 좋지는 않았어요." 그리고 그녀는 일본으로 건너가 교토에서 5년간 살며 일본인에게 영어를 가르쳤다. "거의 일상적으로 미용실을 다니며 손톱 손질을 받곤 했어요." 미국으로 돌아와서는 보스턴에 있는 엔지니어링 회사에서 여행 컨설턴트로 일하며 대학으로 다시 돌아가려 했다. "목적의식이 없었어요." 앤은 인정했다. 그리고 그 후 자기 사업을 시작하려는 한 설계사와 결혼했다. 이혼한 후에는 양육비로 1년에 약 1만 달러를 받으면서 파트타임 일을 했다. 일당 50달러의 비상근 대체 교사, 일주일에 20시간 근무하는 대학교 사무직, 요트 관련 사무 처리, 작업한 페이지 수로 계산해 급여를 받는 의학 및 기타 서적의 편집 일 등을 했다. 편집 일은 아주 좋았다고 그녀는 말한다. "하지만 작년에는 3, 4천 달러밖에 벌지 못했어요." 그러면서, "저는 아이들을 염두에 둔 더 장기적인 목표를 향해 가기로 결정했어요. 아이들이 필요할 때면 언제고 저와 연락이 가능한 그런 일이 아니면 모두 거절했어요. 많은 사람들이 그걸 보고는 화를 냈죠. 저보고 게으르다거나 비현실적이라고 비판했어요. 하지만 양육비를 받고 있었기 때문에 아이들을 어떻게든 먹일 수 있었고 값싼 월세방이긴 하지만 살 집도 구할 수 있었으니까요. 뭐, 어떤 때는 내키지 않지만 엄마한테 신세를 지기도 했고요."

앤은 그녀의 어머니가 프랑스 여행에서 돌아와 갑자기 집을 팔기로 결정할 때까지, 그래서 한 달 안에 집을 나가야만 할 때까지 아이들과 함께 어머니 집에서 4년 가까이 지냈다. "모든 것이 무너지는 듯했어요." 앤은 말했다. "우울증 증세가 나타나서 여성 센터에 가서 도움을 받기도 했어요." 앤의 어머니는 약 1년 반 동안 매달 약간의 돈을 지원해 주겠다고 제안했으나 앤은 나름대로 셈을 해본 뒤 그 제안을 거절했다. "제가 말했죠. 아니에요, 엄마. 그러지 마세요. 장기적 관점에서 볼 때 그건 우리 경제적 형편에 아무런 도움이 되지 않을 거예요. 그 돈을 받으면 오히려 샌디가 기숙학교 들어갈 때 장학금을 못 받게 될 수도 있어요. 그러니까 별로 도움이 되지 않을 거고 잘못하면 샌디에게 상처를 줄 수도 있어요." 그녀는 그 얼마 안 되는 돈을 받음으로 해서 어떤 경계선에 서게 되는 것을

그녀는 그 얼마 안 되는 돈을 받음으로 해서
어떤 경계선에 서게 되는 것을 두려워했다.
아들의 학비를 댈 수도 없고 학비 보조를 받을 수도 없게
되는 경계선에 서게 되는 것을……

두려워했다. 아들의 학비를 댈 수도 없고 학비 보조를 받을 수도 없게 되는 경계선에 서게 되는 것을.

"기숙학교"라는 단어는 — 실제로 또한 종종 그러하듯이 — 마치 부유층이 부리는 사치처럼 들린다. 그러나 앤에게 그것은 앞으로 살게 될지도 모르는 가난한 마을이나 동네의 열악한 공립학교로부터의 탈출을 의미했다. 그녀가 자라온 성장 과정은 그녀에게 가능성과 성취에 대한 신념을 심어 주었다. 그것은 대대로 가난하게 자란 엄마들이 품는 신념에 비해 훨씬 야심 찬 것이었다. 대대로 가난하게 자란 이들은 불가능, 포기, 좌절의 신념을 물려받는다. 그녀의 두 아이는 경제적 원조를 받기 위해 필요한 완벽한 조합을 갖추고 있었다. 즉, 그들은 가난하면서 총명한 아이들이었다. 그리고 아이들에 대한 교육은 앤의 고집스런 목표의 중심 부분이 되었다. 처음에 그녀는 샐리를 지역 학교에 보냈다. 하지만 곧 학교를 자퇴시키고 집에서 홈스쿨링을 하기 시작했다. 홈스쿨링은 샐리가 뉴햄프셔에 있는 세인트 폴이라는 기숙학교에 전액 장학생으로 합격할 때까지 몇 년 동안 계속되었다. 샌디도 사립학교에 진학했다. 앤의 친척들은 그런 앤을 보며 분수를 모른다고 생각했고 무책임하다고 판단했다. "제 동생은 샌디가 그런 사립학교에 갈 자격이 없다고 했고 제게는 그런 결정을 내릴 자격이 없다고 말했어요. 우리에게 주어진 것을 받아들여야 된다면서요." 앤은 회상했다. "그래서 그때 무척 힘든 시기를 보냈죠."

앤은 대학 졸업에 필요한 나머지 학점을 따기 위해 대학 레벨 검정 프로그램College-Level Examination Program 시험을 치렀고 학사 학위를 받을 수 있었다. 그러나 그녀의 경제 사정은 나아지지 않았다. 오히려 거주 문제에 대한 끝없는 불안감이 그녀의 삶을 엄습했다. 아마 지독한 배고픔 외에 가장 공포스러운 것은 바로

342

쉴 곳이 없다는 사실일 것이다. 쉴 곳이 없는 이의 마음속에는 안정 대신 공허가 자리 잡게 되는 것이다. 그녀는 여러 해 동안 최악의 순간들을 경험해 오면서 걱정으로 주름살이 늘어 갔고 절망의 늪에 빠져들기도 했다. (언제나 미안해하는 태도로) 그녀는 손가락 마디를 서로 교차시키며 이렇게 말했다. "지금 상황이 너무 무서워요." 그리고, "앞으로 어디서 살아야 할지 모르겠어요." 어떤 때는, "정말 살고 싶지 않아요. 완벽하게 절망적인 상태예요. 전 너무 지쳤고 더 이상 버티지 못하겠어요"라고 할 때도 있었다.

앤과 아이들은 어머니 집에서 쫓겨난 뒤 1년 동안은 관대한 친구들의 신세를 질 수 있었다. 그러나 그것은 친구들에게 불편을 끼치는 일이었고 앤 스스로도 그런 생활을 더 이상 원하지 않았다. 앤은 다른 살 곳을 찾기 시작했고 그와 더불어 절망감도 커져 갔다. 그녀는 더 싼 곳을 찾기 위해 뉴햄프셔의 아파트들을 뒤졌지만 그곳에서도 그녀가 가진 재산으로는 집을 구할 엄두도 낼 수 없었다. 그러나 그녀는 자신감 있고 당당한 태도를 가지고 있었고 그것은 사람들로 하여금 그녀를 도와주고 싶게끔 만들었다. 그녀의 박학다식함, 자기반성적 태도, 자녀에 대한 헌신적 태도는 경제적으로 여유가 있는 사람들의 주의를 끌었다. 그녀의 태도와 취향은 그녀가 경험하고 있는 사회경제적 계급을 전혀 드러내지 않았다. 그녀의 아이들은 스스로를 가난한 계층으로 여긴 적이 거의 없었다고 했다. 오히려 그와는 반대로 앤은 전문직 종사자들로부터 같은 동료로 취급되었고, 그들도 운명의 주사위가 잘못 던져졌다면 앤과 같은 입장이 되었을지도 모른다고 생각하고 있었다. 따라서 앤이 가져온 결과는 도시 슬럼 지역의 흑인 싱글 마더의 그것과는 매우 다른 것이었다. "우리는 집이 없었지만, 언제나 어떤 식으로든 도움을 받았어요." 앤은 말했다. 그녀는 자신이 다니던 지역 대학의 한 교수 부부와 친구가 되었다. 그들은 처음에는 샐리를, 다음엔 앤을 러시아정교회 모임으로 전도했고, 나중에는 버몬트 숲에 있는 지금은 사용하고 있지 않은 그들의 오두막집을 제공해 주기까지 했다. 이렇듯 앤은 보금자리와 사회적 네트워크라는 육체와 영혼의 쉴 곳을 모두 얻을 수 있었던 것이다.

오두막집은 그들에게 삶의 힘겨움과 전원의 순수함을 동시에 느끼게 해주었다. 그 집은 큰길에서 약 2킬로미터 떨어진 비포장도로를 약 3백 미터 정도 올라간 곳에 있었다. 오두막에는 작은 부엌과 침실이 있었고 수도는 중력식 물탱크를 사용했는데 펌프로 2층까지 물을 공급해야 했다. 화장실은 옥외에 있었는데 그들은 그곳에 사는 거미에게 샬롯이라는 이름을 지어 주었다. 겨울철 난방은 오직 나무로 된 화로에 의지했고 여름철 냉방은 나무로 만들어진 오래된 아이스박스에 의지했다. 아이스박스에는 얼음을 채워 넣어야 했는데, 일주일에 12달러가 들었다. 앤의 기준에서는 비싼 금액이었다. 집안의 유일한 전등은 프로판가스를 사용하는 램프와 교회에서 받아온 쓰다 남은 밀랍 양초뿐이었는데, 앤이 책을 읽기에는 충분한 것이 못되었다. 어둡고 적막한 겨울이 찾아와 집안 수도관을 꽁꽁 얼리자 앤과 샐리는 약 3백 미터 떨어진 우물에서 20리터나 되는 물을 양동이로 담아 날라야 했다. "다행히도 눈이 내리기 시작했어요." 앤이 말했다. 그 덕에 당시 열세 살이었던 샐리는 양동이를 썰매에 싣고 끌어올 수 있었다. 그들은 오두막 생활에 빠르게 적응해 나가기 시작했다. "처음으로 겨울을 나던 때, 우리에겐 장작이 하나도 없었어요." 앤이 말했다. "장작에 대해서는 아무것도 몰랐죠. …… 샌디가 집에 돌아왔고 — 나중에 샌디는 당시 일을 학교 작문으로 쓰기도 했는데 …… 우리는 아주 멋진 크리스마스 휴가를 보냈죠. 샌디가 기숙학교에 입학한 첫 해였어요. 장작이 있는지 찾아보니까 한 2주 정도 쓸 양이 남아 있었어요. 샐리하고 저는 그곳에서 겨울을 나야 했지만 샌디는 학교로 돌아가야 했어요. 전 한 번도 장작을 패본 경험이 없었죠. 그런 일은 잘 못해요. 그래서 샌디하고 샐리가 장작을 패기로 결정했어요. 집에서 한 8백 미터 정도 언덕을 내려간 곳에 잘려진 나무 더미가 쌓여 있었어요. …… 샌디하고 샐리는 눈 속에 묻힌 나무를 파냈어요. 샌디가 장작을 팼고 샐리하고 저는 그걸 썰매에 싣고 언덕을 올라갔어요. 우리는 3월까지 지낼 충분한 장작을 모을 수 있었죠." 그리고 교회의 아는 사람이 또 장작을 한 더미 주어서 남은 겨울을 잘 보낼 수 있었다고 했다. 그들은 식량이 부족할 때면 교회 신도들의 도움을 받았다. 다음 해 겨울을 맞이할 즈음에는 더 능숙하게 겨울나기를 준비할 수 있었다. 오두막집에서 생활하며 그들은 더 많은 대화를 나누었고 더 많은 책을 읽었다. "하지만 거기서는 건강을 잃기 십상이었어요. 실제로도 자주 아팠죠." 그래서 그곳에서 생활한 지 2년째가 되는 해, 그들은 난방과 전기가 갖추어진 아파트를 찾기 시작했다. 하지만 매달 5~6백 달러나 하는 집세는 너무 비쌌다. 그때 그들은 또다시 교회의 도움을 받게 된다. 정교회는 뉴햄프셔 주 클레어몬트 시에 있는, 지금은 쓰지 않는 수도원 안에 방문객을 수용하기 위한 커다란 아파트를 갖고 있었다. 앤은 집세를 내는 대신 방문객을 관리한다는 좋은 조건으로 그곳에 살게 되었다. 뜨거운 물을 쓸 수 있고 난방과 전기 조명이 완비되어 있는데다 주기적으로 방문객과 시간을 보낼 수 있다는 기쁨이 갑작스럽게 찾아온 것이다. 샐리는 성악 레슨을 받고 있었고 청과물 가게에서 일해 번 돈으로 피아노 반주자에게 보수를 지불했다. 샌디 역시 교회 활동을 열심히 했는데, 그는 러시아 문호 솔제니친의 아들인 슈테판과 친구가 되었다. 그리고 컴퓨터에도 관심을 갖게 되었지만, 앤에게는 아들 흥미에 맞추어 어떤 것을 사줄 형편은 되지 않았다.

앤은 파트타임으로 편집 일을 계속하는 한편 다트머스 대학의 한 교수에게 약간의 보수를 받고 시험 답안 채점을 해주기도 했다. 그녀는 이미 지고 있던 1만 8천 달러의 학자금 대출 외에도 신용카드 빚을 지고 있었다. 그리고 교회가 아파트를 처분하기로 결정하면서 그녀도 그곳을 떠나야 했다. 아파트를 비워 주는 날이 다가왔지만, 그녀는 아직 살 곳을 정하지 못하고 있었다. 그녀는 공황 상태에 빠져 가는 자신을 느꼈다.

　이번에는 교회의 한 교구민으로부터 도움의 손길이 다가왔다. 그 교구민은 두 세대가 살 수 있는 집을 가진 자신의 친척 아주머니에게, 앤에게 싼 값에 집을 빌려 줄 수 있는지 알아봐 주었다. 그 친척 아주머니는 월세 4백 달러로 집을 빌려 주는 데 동의했다. 이렇게 또 한 번 앤은 대부분의 미국 빈곤층에게는 허락되지 않는 중산층 네트워크와 교회에 기반을 둔 지원을 받을 수 있었다. 앤은 쉴 곳을 얻었다.

　그녀는 새 집에 도배된 꽃무늬 벽지가 마음에 들지 않았으나 개의치 않았다. 대부분이 흠이 있는 물건이거나 물려받은 것으로 뒤섞인 가구들에도 별로 신경 쓰지 않았다. 그러나 몇몇 소지품들은 소중하게 간직했다. "털실로 수놓은 저 의자는 우리 거예요." 그녀는 말했다. "서랍 안에 은식기도요." 그것은 가족 대대로 내려오는 것으로 지금 현재는 희미해진 그녀와 가족을 잇는 일종의 끈과 같은 것이었다.

　앤은 뉴잉글랜드 대학 출판이라는 작은 학교 출판사에 풀타임 편집자로 일하게 되었다. 급여는 1년에 2만 3,600달러였고 의료보험이 제공되었다. 그녀는 그 일이 마음에 들었지만 편집 일은 경제적 안정을 가져다주지는 못했다. 그녀는 거대한 빚에 발이 묶여 있었고, 샌디의 양육비는 샌디가 열여덟 살이 되면서 끊기게 되어 있었다. 그녀가 새로 얻게 된 의료보험에서 치과 치료는 최대 1천 달러까지 보장되었으나 몇 년간이나 치료를 미루어 온 그녀는 집중적인 치료가 필요했기 때문에 1천 달러로는 부족했다.

　그럼에도 아이들에 대한 투자는 점차 성과를 보이기 시작했다. 두 아이 모두 근면하게 일했고 어느 해 여름에는 둘이 함께 교회의 관리인 일을 하기도 했다. 또한 그들은 컴퓨터 프로그래밍과 오페라 성악이라는 각자의 관심 분야에서 재능을 발휘했다. 호리호리하고 말수가 적은 샌디는 SAT에서 수학 800점과 영어 700점 이상을 받았다. 그는 다트머스, 애머스트, 윌리엄스, 칼턴 등 지원한 모든 대학으로부터 전액 장학금으로 입학 허가를 받았다. 두 아이는 금전적 어려움을 극복하고 의연하게 희생을 감수하는 모습을 보여 주었다. 샌디는 다트머스 대학에 입학했다. 그는 배달 음식을 가능한 한 줄이려고 노력했지만 신용카드 빚은 늘어 갔고 재즈 콘서트나 영화를 보러 갈 형편도 되지 않았다. 사립 고등학교에 다니던 샐리는 친구들과 함께 쇼핑을 갈 때면 옷을 입어 보고 즐기기는 했지만 사지는 않았다. 세인트 폴 학교에서 나오는 적은 금액의 용돈으로 그녀는 친구들에게 피자를 사기도 하고, 숲 속에 가서 야생화를 한 아름 따다 선물하기도 했다. "친구들은 제가 살 수 없는 선물을 줘요." 그녀가 말했다. "그리고 저는 친구들이 스스로에게 줄 수 없는 선물을 줘요."

샌디는 대학에서 좋은 친구를 많이 사귀었다. 그는 자신을 싸고 있던 껍질을 깨고 나와 많은 기업의 사장을 배출한 다트머스 동문회 모임이라는 네트워크에 용감히 뛰어들었다. 그리고 샌프란시스코 소프트웨어 회사에서 한 달에 3,750달러라는 믿을 수 없는 보수의 여름방학 아르바이트 자리를 얻었다. 어느 6월 오후, 그는 다트머스의 신록이 내려다보이는 하노버 인 호텔의 테라스에 어머니, 누이와 함께 앉아 첫 출근을 기다리고 있었다. 앤은 만족감에 가득 찬 모습으로 그녀가 꿈꾸어 오던 그런 미래를 향해 한발 한발 전진하고 있는 아이들을 바라보고 있었다.

그러나 동시에 그녀는 스스로에 대해서는 그다지 자랑스럽게 여기고 있지 않았다. 개인 파산 선언이라는, 그녀의 도덕적 신념을 져버리는 일을 막 하고 난 뒤였기 때문이다. 파산 선언은 그녀의 신용카드 빚을 모두 없애 주었으나 학자금 대출 빚은 법적으로 소멸되지 않았다. 앤은 자신이 지고 있는 빚이 너무나 무겁게 느껴졌기 때문에 혹시나 자신의 아이들도 학자금 대출로 인해 자신과 같은 결과를 낳게 되지 않을까 몹시 걱정하고 있었다. 근심과 절망에 빠져 있는 앤을 바라보는 아이들은 진정으로 고통스러워하고 걱정했다.

"아무런 감정도 생기지 않아요." 앤이 말했다. "될 대로 되라지요."

"제가 취직하면 돼요." 샌디가 말했다.

"엄마는 지금까지 우리를 키웠으니까, 이제는 우리가 엄마를 돌봐 줄게요. 단, 제가 메트[뉴욕 시의 메트로폴리탄 오페라 하우스]에 들어가고 나서요!" 샐리가 말했다.

커다란 웃음소리가 지나가고 앤이 말했다. "아니, 우선 네 방부터 청소하고 나서!"

졸업 후 샌디는 실리콘밸리에 좋은 급여 조건으로 갈 수도 있었으나 가족과 친구들, 교회를 생각해 뉴햄프셔에 머물기로 했다. 그는 어머니와 함께 살며 버몬트 주 노위치 마을에 있는, 여행사들에 컴퓨터 서비스를 제공하는 한 회사에 시스템 관리자로서 일하게 되었다. 샌디의 첫 연봉은 4만 달러로 그의 어머니가 가장 많이 벌었을 때의 1.5배 이상이었다. 그리고 다트머스 대학의 졸업장을 따기 위해 그가 지금까지 진 빚을 갚기 시작했다. 빚은 높은 이자율의 신용카드 빚 1만~1만 2천 달러와 낮은 이자율의 학자금 대출 빚 2만 달러였다.

샐리가 뉴잉글랜드 음악학교에 입학할 때는 장학금과 학자금 대출을 받아도 여전히 돈이 모자랐다. 나머지 부족분은 지역의 한 부부의 도움을 받아 채울 수 있었다. 그 부부는 샐리가 학자금을 마련하기 위해 어느 해 여름 탱글우드[매사추세츠 주 보스턴 교외 지역]에서 모금 활동을 벌이려다 실패한 신문 기사를 읽고 감동을 받아 샐리를 돕게 된 것이었다. 그들은 샐리가 탱글우드에 갈 수 있도록 도와주었고, 음악학교에 가는 것도 도와주었다. 그들은 앤이 안고 있던 학자금 대출 빚도 미리 갚아 주었다. 앤과 그녀의 가족은 사람들이 돕고 싶어 하는 그런 종류의 사람들이었다.

앤은 친척들의 가치관을 존중하지 않았고, 친척들도 앤의 가치관을 존중하지 않았다. 앤에게는 돈이 부족했기 때문에 집착의 대상이 되었고, 앤의 친척들에게는 너무 많아서 집착의 대상이 되었다. 앤은 자신이 필사적으로 지키고자 했던 도덕적 기준이 너무나 간단하게 흔들릴 수 있다는 것을 보아 왔다. 그렇기 때문에 그녀는 어머니의 말년을 불안과 두려움 속에서 지켜보았다. 어머니를 돌볼 책임이 있는 사람들이 어머니를 더 싸고 더 질 나쁜 양로원에 보냈기 때문이었다. 그곳의 수행 간호사들은 앤의 어머니를 "저기요"나 "할머니"로 불렀다. 그들은 이름을 외우는 데는 전혀 관심이 없었기 때문이다. 앤은 때로는 몇 시간 동안 때로는 며칠에 걸쳐 어머니와 함께 지내며 서로 간의 정을 확인했다. 그리고 어머니가 그런 곳에서 지낼 수밖에 없게 된 사실을 어이없어 하며 슬퍼했다. "저에게도 책임이 있어요." 앤이 말했다. "저한테 분명히 뭔가 잘못된 점이 있어요. 다른 사람하고 다른 무언가가. 근데 전 인정할 수 없어요. 전 그들의 가치관을 받아들일 수가 없어요. 그들이 엄마에게 한 짓이 너무나 끔찍해서 무슨 일이 일어났는지 이해할 수 없었어요. 제 생각은 정말 간단해요. 당신이 책임져야만 할 누군가의 행복을 돈과 교환하는 것은 잘못된 것이라고요."

자신에 대한 회의감에도 불구하고 앤은 그녀가 선택한 길에 대한 강한 믿음이 남아 있었다. "우리는 수십 년 동안 없이 살았어요. 어떤 때는 집도 없었죠." 그녀는 말했다. "그리고 바보 같거나 이상하게 보이는 선택을 하기도 했지만 결국 해냈죠. 우리 가족은 모두 해냈어요. 아주 건강한 방법으로요. 아이들을 방치하면서 일주일에 70시간 노동해 집세를 내고, 아이들을 방치하는 가난한 동네에 사는 대신 우리는 인간답게 사는 길을 선택했어요. 저는 돈이 없다는 것, 물질적으로 풍부하지 않다는 것이 어떤 것인지 잘 알아요. 하지만 그것이 돈은 있어도 소중한 사람들에게 쓸 시간이 없는 것보다는 나쁘지 않다는 사실도 알고 있어요."

8

몸과 마음

사회복지사가 해야 할 일을 하느라 시간을 다 써버립니다.

사회복지국과 싸워서 집을 마련해 주는 일말이죠.

_소아과 의사 글렌 플로레스

식비는 가계가 어려울 때 조정 가능한 몇 안 되는 지출 항목 가운데 하나다. 집세는 금액이 정해져 있고, 전기 요금과 전화 요금은 깎거나 협상하거나 할인할 여지가 없다. 그러나 가족이 식비에 지출하는 금액은 변동이 가능하다. 어떻게 해볼 도리가 없는 청구서들을 모두 지불하고 난 뒤, 남는 돈에 맞춰 식비에 들어가는 돈을 늘리거나 줄이는 것이 가능한 것이다. 그 결과 미국에는 많은 수의 아이들이 영양실조에 걸리는 현상이 나타난다.

소아과 의사인 데버러 프랭크는 그런 아이들을 수없이 보아 왔다. 주름 때문에 노인 같은 얼굴을 한 깡마른 아이, 표준체중의 3분의 2밖에 나가지 않는 생기 없는 여자 아기, 전염병에 대한 저항력을 상실한 비쩍 마른 소년. 그런 아이들이 보스턴 의료 센터 5층에 있는 외래 진료 센터의 문을 두드린다. 프랭크가 그곳에서 주 2회 간격으로 성장 클리닉을 열고 있기 때문이다.

그곳을 찾는 아이들은 굶주림에 해골 같은 얼굴을 하고 있지는 않지만, 그들의 얼굴은 미국의 빈곤층을 괴롭히는 수많은 고난의 집합을 절망적으로 비추는 창이다. 식비는 지출이 유동적이기 때문에, 빈곤 가정 수입의 50~75퍼센트를 흡수해 버리는 거주비를 비롯한 그 밖의 필수 경비에 의해 간단하게 압도당한다. "거주비 지원이 보다 폭넓게 이루어진다면 배고픈 아이들도 많이 줄어들 것입니다." 프랭크는 단언했다. 만약 식품 쿠폰이 보다 광범위하게 지급된다면, 영양가 높은 아기용 분유 가격이 더 내려간다면, 슬럼 지역 상점에서 신선한 과일과 야채를 판매한다면, 모두 보육원이 제대로 된 식사와 간식을 제공한다면, 알레르기 체질의 아이들을 위한 여러 가지 식품을 살 여유가 가족에게 있다면, 갓 이민해 온 사람들이 정크 푸드 광고에 현혹되지 않는다면, 어머니가 아이에게 모유를 줄 수 있다면, 맞벌이 부모의 아이들이 탁아소를 전전하지 않는다면, 그저 아이를 앉혀 놓고 차분히 밥을 먹이는 기술을 부모가 알고 있다면, 경제적으로 최하층에 있는 사람들의 우울한 정도가 더 낮다면, 어린이들의 기아는 더 줄어들 것이다.

영양실조 클리닉에서는 여러 심각한 문제와 직면하게 되지만 그 대부분이 의사의 손으로는 해결이 불가능한 것들이다. 그렇기 때문에 프랭크를 비롯해 이른바 "성장 장애" 환경을 개선하기 위해 노력하는 사람들은 소아과 의사뿐만 아니라 영양사, 사회복지사, 심리학자와 협력하려는 시도를 하고 있다. 이런 그들의 노력은 성과를 거두고는 있지만, 그들은 한 번에 한 사람씩밖에 다루지 못한다.

수요일 아침, 데버러 프랭크가 유치원 선생님과 같은 모습으로 빨간 배낭에 색색의 스웨터를 입고 병원으로 들어왔을 때, 병원 대기실은 아이들과 부모들로 북적이고 있었다. 그녀는 안경을 쓰고 있었고 희끗희끗해진 머리카락은 짧은 커트 스타일로 단정하게 정리되어 있었다. 그녀는 점잖을 떨지도, 쓸데없는 말을 늘어놓지도 않는 사람이었다. 그녀는 사무실에 들어오자 바로 일을 시작했고 부드러우면서도 권위 있는 태도로 직원들에게 지시를 내렸다. 그러나 환자들에게는 꾸밈없는 태도로 다가갔고, 아이들을 클리닉까지 오게 한 상황에 대해 분노를 표시했다.

프랭크의 리스트에 적혀 있는 첫 번째 이름, 후안 모랄레스(가명)의 모습을 보면 굶주림이 얼마나 잔인한 것인지 깨달을 수 있다. 약 2.5킬로그램으로 태어난 후안은 생후 7개월인 지금도 매우 쇠약한 상태로 체중이 약 5.4킬로그램밖에 나가지 않았고 식후에는 자주 구토를 했다. 후안의 오른손은 완전히 벌려지지 않는데 기형적인 오른 팔을 수술하려 해도 영양실조로 몸이 약해져 있는 동안은 수술을 할 수가 없었다. 후안의 가족에게는 후안을 도울 힘이 없었다. 후안의 아버지는 현재 수감 중으로 국외 추방을 기다리고 있었고, 아버지가 일을 할 수 없었기 때문에 어머니는 집세를 내지 못해 결국 홈리스 보호소로 쫓겨났다. 보호소는 식사가 제공되지 않는 곳이었다.

"병든 아기 강아지 같죠." 프랭크가 말했다. 그녀는 후안에게 여러 가지 검사를 실시하도록 조치를 취했고, 영양사는 후안의 어머니에게 고가의 분유 "듀오칼"을 제공했다. 보통 분유에서는 약 30그램에서 20칼로리의 영양밖에 얻을 수 없는 데 반해 듀오칼에서는 26칼로리의 영양분을 얻을 수 있다. 사회복지사는 미국에서 태어난 후안이 미국 시민으로서 수급을 요구할 수 있는 정부 원조를 찾고 있었다. 현실적으로 불법 이민자에 대해서는 구급치료를 제외하고는 모든 의료 서비스의 제공이 제한되어 있다. 그런 탓에 전문가들은 후안이 보스턴 의료 센터까지 실려 오게 된 원인인 광범위한 사회·경제·신체적 질병에 관해 할 수 있는 것이 없었고, 단지 후안의 증상을 기록하는 것만 가능할 뿐이었다.

다음으로 클리닉의 문을 두드린 것은 흡사 노인과도 같은 모습의 작은 아기 헤쿠안 올리버-빅비였다. 이 아기는 뺨까지 홀쭉하게 야위어 있었고 이것을 본 가족들은 매우 위험한 징조라고 판단, 병원으로 아기를 데려왔다. "얼굴의 지방은 가장 마지막에 빠집니다." 프랭크는 설명한다. "그래서 아기가 포대기에 싸여 있으면 영양실조를 쉽게 눈치채지 못하죠. 몸은 말라도 얼굴은 포동포동한 그대로거든요. 그래서 사람들은 아기 얼굴의 지방이 빠지기 시작하고서야 병원을 찾게 됩니다."

헤쿠안을 비롯한 모든 아이들은 외래환자를 대상으로 한 집중 치료 과정을 통해 우선 영양사, 그다음으로 소아과 의사, 마지막으로 사회복지사를 거친다. 치료 과정은 클리닉의 복도에서부터 시작된다. 우선 케이스워커가 헤쿠안의 체중과 신장을 재고 그 끔찍할 정도로 빈약한 정보를 노트북 컴퓨터에 입력한다. 헤쿠안의 체중은 170그램이 감소해, 약 4.2킬로그램이었다. 이 수치는 같은 또래 남자아이들의 정상 체중인 6.6킬로그램의 63퍼센트에 지나지 않는 수치이다. 그 뒤 헤쿠안과 부모는 진찰실에서 영양사인 메리 실바와 면담을 한다. 실바는 이틀 전에 그들의 집을 방문한 적이 있었다. 그녀는 헤쿠안의 영양 섭취에 관해 상세하게 질문하며 헤쿠안이 고칼로리 분유를 언제, 어느 정도 섭취했는가를 파악하고자 했다. 아이가 어느 정도의 우유를 섭취했는지 정확하게 알지 못하는 많은 부모들처럼 헤쿠안의 어머니도 막연한 답변을 했다. "화요일에 구토를 했나요?" 실바가 물었다. "조금이요." 어머니 하케타 올리버가 대답했다. 헤쿠안이 자기 전 몇 시에 분유를 주었는가 묻자 올리버는 바로 대답하지 못하고 대략적인 시각만을 이야기했다. 그렇다면 그 전에는 몇 시에 주었나요? 그리고 그 전에는? 또 그 전에는?

실바는 이런 식으로 올리버가 최대한 추측을 줄이고 정확한 사실을 말할 수 있도록 노력했다. 실바는 올리버의 아파트를 방문했을 때 먹다 만 우유병이 탁자 위에 놓여 있는 것을 발견한 적이 있다며 올리버에게 1회분의 우유 양을 줄이고 횟수를 더 늘려 수유하도록 권했다. "우유를 토하지 않게 하기 위해서는 적은 양을 여러 번에 걸쳐 나누어 주는 편이 더 좋아요."

그리고 실바는 영양실조를 진찰할 때 꼭 빠지지 않고 물어보는 중요한 질문을 던졌다. "당신은 알레르기가 있습니까?" 아니요. 올리버가 대답했다. 아기 아버지가 진찰실 한구석에 앉아 있지 않았다면 이 주제는 여기서 끝나 버렸을지도 몰랐다. 제프리 빅비라는 이름의 이 남자는 미소를 잘 짓는 사람이었다. 시급 6달러를 받으며 트럭 운전을 하고 있었고 올리버와 결혼한 상태는 아니었지만 아들을 보살피는 데는 매우 열성적이었다. 알레르기는 집안 대대로 유전되는 경우가 많은데, 빅비는 힌트가 될 만한 사실을 알려 주었다. 그는 꽃가루, 고양이나 개의 털뿐만 아니라 바나나 사과, 오렌지에도 알레르기가 있다고 말했다. "아기 때 기관지 천식이 있었어요." 실바는 맹렬한 속도로 메모를 했다. 이것은 양쪽 부모의 참여가 얼마나 중요한가를 나타내는 전형적인 사례였다.

다음은 소아과 의사 차례이다. 프랭크는 아기의 진료 기록 카드를 보고는 극도의 불안감에 휩싸였다. "아드님 체중이 대단히 위험한 수준까지 떨어져 있는 상태예요." 프랭크가 헤쿠안의 부모에게 말했다. "입원시키지 않고 그대로 두는 것은 매우 위험해요. 거의 매일 병원에 다니고 있죠? 아드님은 급격하게 중태에 빠질 위험이 매우 높아요." 프랭크는 아기의 반사 신경을 체크하기 위해 엎드려 눕히고 두 팔로 자기 몸을 버틸 수 있는지 살펴보았다. 힘겹게 몸을 버틸 수 있었으나 가까스로 버티고 있는 듯했다. 다음으로 아기를 일으켜 세워 두 발로 체중을 버틸 수 있는지 확인했다. "힘이 없어요. 그렇죠?" 프랭크가 물었으나 부모는 대답이 없었다.

헤쿠안은 그대로 병원에 남기로 했다. 검사 결과 헤쿠안은 "엔파밀"[콩을 원료로 한 유아용 분유]에 알레르기가 있었다. 그러나 엔파밀은 이 가족이 WIC, 즉 연방 정부에 의한 "여성·영유아·어린이 특별 영양 강화 프로그램"을 통해 얻을 수 있는 유일한 분유였다. 6일간의 입원 기간 동안 헤쿠안은 체중이 약 450그램 늘어났다. "먹는 것에 알레르기가 없었다면 아마 헤쿠안은 성장 장애 때문에 괴로워할 필요가 없었을 거예요." 프랭크는 이렇게 결론 내렸다. "하지만 알레르기가 있다고 해도 만약 헤쿠안이 유복한 가정에서 태어났다면 WIC에서 유일하게 제공하는 분유가 몸에 맞지 않아 고통받는 일은 없었겠죠. 그래서 우리들이 최대한 할 수 있는 일은 연방 정부에 편지를 써서 다른 종류의 분유, 그러니까 더 비싼 프레제스타밀을 WIC를 통해 수급할 수 있도록 부탁하는 일이에요. 프레제스타밀은 고도로 가수분해된 분유죠." 그녀가 말했다. "그 분유는 단백질이 아주 잘게 조각나 있기 때문에 알레르기를 일으키지 않아요."

보통 성장 클리닉에서는 고칼로리의 분유를 비롯한 기타 식료품을 가족에게 무료로 제공해 준다. 그리고 10달러짜리 슈퍼마켓 상품권과 병원 통원에 필요한 왕복 택시 쿠폰도 준다. 그 밖에 진찰과 필요한 조치에 들어가는 모든 시간당 인건비와 설비비를 계산하면 헤쿠안과 같은 아이들을 진찰하는 데 들어가는 총비용은 환자 한 명당 수백 달러에 이른다. 그 비용 가운데 헤쿠안의 아버지가 기입해 있는 보험을 통해 지급받을 수 있는 금액은 40달러에 지나지 않았다. 클리닉 운영에 들어가는 60만 달러의 연간 예산은 광범위한 모금 활동에 의지하고 있었다. 개인이나 민간 재단으로부터의 기부금, 매사추세츠 공중위생국으로부터 받는 연간 보조금이 그것이다.

보스턴은 빈곤 문제를 안고 있기는 하나 상당히 부유한 도시 중 하나이고 매사추세츠는 비교적 진보적인 주州다. 그에 반해 (영양실조에 걸린 아이들이 더욱 심각한 위험에 처해 있는) 미국의 더 가난한 지역에는 훈련된 팀에 의한 조직적 전문 기술이 닿기 힘들다. 보스턴에서조차 부모가 성장 클리닉과 충분히 협력하지 않거나 협력할 수 없을 경우, 상황은 미시시피의 시골 마을과 다를 바가 없다.

그 예로 도널드(가명)의 사례를 들 수 있다. 클리닉은 이 남자아이에게 필요한 영양 섭취에 관해 상세한 지시를 내려 주었으나 어머니가 그것을 제대로 지키지 않고 있었다. 도널드의 어머니는 직장의 융통성 없는 상사 탓에 일을 쉴 수 없었고, 그래서 아들을 작은할머니에게 맡길 수밖에 없었다. 작은할머니는 클리닉의 의사들이 해주는 충고를 따를 생각이 전혀 없는 듯했다. 도널드는 생후 43개월이었으나 몸이 매우 작아 그 절반으로밖에는 보이지 않았고 체중도 거의 늘고 있지 않았다. 의사들은 도널드가 "평생 어린이인 채로," 즉 도달해야 할 지점에 결코 도달할 수 없는 아이로 남지 않을까 하는 어두운 예측을 했다. 소아과 의사가 어머니의 고용주에게 전화 한 통이라도 해주었다면 구원의 길이 열렸을지도 모른다. 그러나 어떤 의사도 그런 일을 할 생각을 못했다.

실제로 그런 일을 해주는 의사는 매우 소수이다. 그러나 젊은 소아과 의사 조슈아 샤프스타인은 예외였다. 그는 짧은 의사 경력에서 이미 열두 곳의 고용주들에게 전화를 건 적이 있었다. 어느 날 그는 아기 한 명을 진찰했다. 아기는 심한 발진을 일으키고 있었다. "월요일에 다시 병원에 와야 한다고 하니까 엄마가 갑자기 왈칵하고 우는 거예요. 한 번 더 일을 쉬게 되면 해고당하게 될 거라고요." 다음날, 조슈아는 그 회사의 매니저에게 전화를 걸었다. 매니저는 이전에 의사였던 경험이 있었고 "아기의 상태와 재진의 필요성에 관해 오랜 시간 이야기를 했다"고 한다. 아기 어머니의 일을 보장해 달라는 말은 일부러 꺼낼 필요도 없었다. "의학적 상황에 관해 이야기를 하자 그 매니저는 아기가 계속 병원에서 치료를 받는 일이 얼마나 중요한 일인지 이해해 주었어요." 조슈아는 말한다.

"매니저가 그녀에게 책임을 묻지 않을 것이라는 확신이 들었어요. 그리고 실제로도 그런 일은 일어나지 않았고요. 나중에 그 엄마에게서 매우 감사하다는 전화가 왔어요. 일자리를 잃지 않게 되었다고요."

부모가 의사의 지시를 따를 수 없는 탓에 아이가 성장 장애를 겪는 일도 많다. 베트남에서 갓 이민 온 한 어머니의 경우가 그랬다. 그녀는 처방된 영양가 높은 분유 페디아슈어를 다 먹인 뒤, 상업광고에 휘둘려 그 대용품으로 아이에게 코카콜라와 펩시콜라를 마시게 한 것이다. "코카콜라와 펩시콜라는 중독성이 있다고 그 엄마에게 말해 주었어요." 프랭크가 말했다. "TV에서는 콜라를 선전하고 있지만 사실 탄산은 식욕을 없애 버려요. 콜라 구입을 그만두는 게 어떻겠냐고 하니까 그녀는 그러겠다고 했어요. 그 집에는 아이가 한 명밖에 없었기 때문에 페디아슈어를 한 캔 더 주도록 했어요. 이것이 이번 주 제가 개입한 사례예요."

"개입"이라는 말은 적절한 단어다. 중대한 위험에 직면해 있는 사람들에게 전문가가 해줄 수 있는 일은 제언과 격려, 개입을 통해 가족들이 다른 길을 향해 나아갈 수 있도록 인도하는 정도이기 때문이다. 하지만 미국에 갓 건너온 사람들을 대상으로 했을 때, 그 결과는 매우 불확실한 것이 되기 쉽다. 그들은 낯선 미국 땅에서 정크 푸드에 둘러싸인 채 어설픈 영어 실력으로 모처럼 받은 조언조차 제대로 소화하지 못할 염려가 있기 때문이다. "제가 자주 예로 드는 이민 가족이 있는데요, 우리 영양사가 그 가족에게 30분에 걸쳐서 감자 칩을 아기에게 먹이지 말라고 설명한 적이 있었어요. 감자 칩을 먹으면 질식할 위험이 있고 식욕도 없어지고 식품으로서도 영양가가 낮다고요." 프랭크가 말했다. "우린 그들이 충분히 이해했다고 생각했죠. 그런데 다음 진찰 때 오더니 이제 감자 칩은 안 먹는다며 자랑스럽게 치즈 과자 봉지를 꺼내 보여 주는 거예요. 어느 나라에서 왔던 자기 모국에 있었더라면 그 나라 시장에서 자신들의 전통적인 요리를 아무 문제없이 적절하게 사먹을 수 있었을 텐데……. 미국에 와서 갈피를 못 잡게 되는 거죠." 미국인 중에도 비슷한 사람들이 있다. 탄산음료와 감자 칩, 과일 주스로 아이들 배를 채우는 실수를 범하는 사람들이다. 영양가가 거의 없는 이런 음식물은 몸에 좋은 식품을 먹고자 하는 아이들의 욕구를 없애 버린다. 프랭크가 이끄는 전문가 팀은 순수한 미국인을 상대로도 끊임없이 싸우고 있었다. 전형적인 싸움의 대상은, "자신의 어머니나 많은 어린 형제자매와 동거하고 있는 젊은 엄마들이에요." 프랭크는 말한다. "아기들은 자기보다 나이 많은 아이들의 행동을 보면서 자랍니다. 아이들이 음료수를 마시고 있으면 아기는 다가와서 그 모습을 바라봅니다. 그리고 아이들은 아기에게 음료수를 마시게 하고는 손뼉을 치고 웃으며 이렇게 말하죠. '봤어? 이제 다 컸네!'하고요." 이런 병리적 현상은 금전적 환경이 충분히 갖춰져 있지 않은 것이 원인이라고는 할 수 없다. 하지만 저소득층에서 흔히 볼 수 있는 붕괴된 가정과 지식 부족이 이런 현상을 더욱 부추기고 있음은 확실하다.

볼티모어 클리닉에 찾아오는 한 젊은 백인 미국인 엄마는 계란 프라이 만드는 법을 몰라 영양사가 가르쳐 주어야만 했다. 베키 젠테스와 브렌다 세인트 로렌스가 정기적으로 방문하고 있는 뉴햄프셔 주의 한 가정은 어떤 음식이 건강에 좋은지에 대한 지식을 거의 가지고 있지 않았다. 그 사실은 베키와 브렌다가 나눈 다음의 대화를 통해 쉽게 알 수 있다.

> 베　키 : 이 집 아이들은 과일이 어떻게 생긴 것인지조차 모를 정도예요.
> 브렌다 : 과일이나 야채를 먹고 있지 않으니까요. 제가 관리하고 있는 아이들도 과
> 　　　　일이나 야채를 먹는 아이들은 한 명도 없어요.
> 베　키 : 핫도그는 아주 많이 먹고 있어요.
> 브렌다 : 핫도그와 볼로냐소시지를 많이 먹죠.
> 베　키 : 간편하게 먹을 수 있는데다 부모들의 그런 식생활을 보고 따라 하는 것이
> 　　　　겠죠. 그들은 당근 껍질을 벗기는 법도, 요리를 하는 법도 모르고 있어요.
> 브렌다 : 알려고도 하지 않죠.

베　키 : 예, 맞아요. 귀찮으니까요.

브렌다 : 예전에 한 가족을 위해서 감자를 23킬로그램 정도 받은 적이 있어요. 생활
　　　　보호 수급 세대는 공짜로 받을 수가 있거든요. 그 가족의 이름을 적고 서
　　　　류를 제출하면요. 전에 봤죠? 그 집 아파트에 놓여 있던 썩은 감자들 말이
　　　　에요. 감자 껍질을 벗기려고도 하지 않는 거예요. 귀찮다면서.

　　당연히 이런 식습관의 원인은 금전적 문제에서 온다고 할 수 없다. 신선한 과
일이나 채소는 핫도그 같은 가공식품보다 가격이 훨씬 싼 경우가 많기 때문이다.
그러나 부모가 아이에게 충분히 영양을 공급해 주지 못하는 데에는 부모의 경제
적 상황이 잠재적 영향을 끼친다. 집주인이 고장 난 냉장고를 교체해 주지 않으
면 우유를 제대로 보관하지 못하게 된다. 여러 가족들이 아파트 하나에 들어가
공동생활을 하고 있는 곳에서는 다른 사람의 먹을 것을 훔치는 주민들 때문에
한 대밖에 없는 냉장고는 엉망이 되어 버린다.

　　빈곤층 가운데는 정부의 관료 시스템에 대해 공포를 가진 사람들이 많다. 생
활보호에서 제외된 사람들은 식품 쿠폰을 받을 수 있는 자격도 동시에 잃어버리
게 된다고 생각하는 경우가 많으나 사실은 그렇지 않다. 주에 따라서는 세대의
연소득이 공식 빈곤선의 2백 퍼센트에 달하더라도 식품 쿠폰을 수급 받을 수 있
는 곳이 있다.

　　합법적 이민자들 가운데 많은 사람들은 설사 수급 자격이 되더라도 식품 쿠폰
이나 메디케이드, 아동 외료보험 프로그램을 좀처럼 받으러 하지 않는 경향이 있
다. "공공의 짐"으로 낙인찍혀 (후에 시민권으로 이어지는) 영주권을 받지 못하게 되
는 상황으로 이어지지 않을까 하는 두려움 때문이다. 클린턴 전 대통령이 발표한
행정명령에 따르면, 이민자에게 불리하게 작용하는 것은 생활보호로 지급되는 수
표와 SSI 같은 현금 지급에 관한 것들이다. 식품 쿠폰과 의료보험은 해당이 되지
않는데도 이민자들과 이민 담당자들은 이 사실을 제대로 파악하고 있지 못하다.

복지 개혁, 그리고 그 내용 가운데 특히 "동일 가족에 대한 지급액의 제한" 조항은 식비 원조로 지급되는 금액에 상당한 타격을 입히고 있다. 이 조항에 따르면 어머니가 생활보호를 받고 있는 동안 태어난 아이, 또는 수급이 종료된 후 일정 기간 내에 태어난 아이들은 생활보호를 받을 수 없다. 프랭크가 성장 클리닉에서 진료하고 있는 영양실조 아이들 중 3분의 1이 이 조항에 의해 수급이 제외되었거나, 제외된 형제자매를 가지고 있는 아이들이다. 게다가 의사들은 아기 건강에 가장 좋은 것은 모유라고 생각하고 있지만, 일하는 엄마들의 경우 착유기가 없으면 아기에게 온종일 모유를 수유하는 것이 불가능하다. 그러나 메디케이드로는 아기가 입원이라도 하지 않는 한 착유기 구입이 보조되지 않는다.

영양실조를 겪고 있는 아이의 부모가 되어야 한다는 사실은 빈곤 때문에 치러야 하는 가장 고통스러운 대가라고 할 수 있다. 아이들에게 식사를 제공하는 일은 부모의 가장 기본적인 책임으로 부모의 모든 의무 가운데 가장 앞서는 것이다. 그러나 식비는 다른 생활 필수 항목에 비해 자의적인 조정이 가능한 부분이기도 하다. 아무리 검소한 어머니라 하더라도 집세를 깎는 일은 불가능하다. 하지만 식비의 경우, 돈이 바닥나 음식을 충분히 사지 못하게 되면 어머니는 자신의 가계 관리가 잘못됐다는 생각에 자책하게 된다. 그 결과 아이를 제대로 먹이지 못했다는 사실은 스스로가 저지를 수 있는 각종 실수들 — 학교, 직장, 인간관계에서 반복되는 실수들 — 중에서도 가장 최악의 결정적인 실수로 여겨지게 된다.

자신의 아이를 곤경에 처하게 했다는 사실에 수치감을 느끼는 많은 부모들은 방어적 심리 상태가 되기 쉽고 상처 받기 쉽다. 영양실조를 전문적으로 치료하는 클리닉 입장에서 이런 부모들은 매우 다루기 힘든 사례다. 그날 보스턴 클리닉을 찾은 환자 가운데 유일한 백인 아이였던 도리스(가명)의 어머니와 아버지도 그랬다. 그들은 매우 젊었고 둘 다 샌드위치 가게에서 파트타임으로 일하고 있었다. 그들은 클리닉 직원의 가정방문을 거절하고 도리스의 식사 기록 작성을 빼먹기 일쑤였는데, 클리닉 직원들은 그들 부부가 자신들의 충고에 저항하고 있음을 깨달았다. 영양사인 메리 실바는 도리스의 체중이 늘어난 것은 클리닉의 식료품 저장실에서 무료로 나누어 주고 있는 높은 영양가의 분유를 먹고 있기 때문이라고 생각했다.

도리스는 생후 6개월로, 같은 연령의 아기 평균 체중의 89퍼센트였다. 처음 진료를 받았을 때 73퍼센트였기 때문에 체중은 순조롭게 증가하고 있었으나 발육 테스트 결과 중대한 발육 지체가 발견됐다. "그 나이 때 가능한 동작을 하지 못했어요." 실바가 말했다. "제대로 앉지도 못했고 인지 발달 행동 측면에서도 원래대로라면 보여야 할 행동을 보이지 않았어요." 그에 대한 치료 방법 중 하나는 다양한 종류의 좋은 장난감을 가지고 노는 것이라고 도리스를 진찰한 심리학자인 완다 그랜트는 말한다. 그러나 그런 장난감을 살 여유나 관심이 과연 도리스의 부모에게 있을 것인지 그녀는 의심스러워했다. 도리스의 어머니는 발육 테스트를 "쓸데없는 짓"이라고 평가했기 때문이다.

그래도 도리스의 부모는 도리스를 클리닉에 데려올 정도의 마음은 있었다. 갈색 머리카락을 뒤로 묶은 도리스의 어머니는 한 손가락 빼고 모든 손가락에 반지를 끼고 있었다. 아버지는 왼쪽 귀에 버튼 식으로 된 귀걸이를 하고 있었고 양팔에는 문신이 새겨져 있었다. 한쪽 팔에는 뱀이 나이프를 감싸고 있는 그림 아래에 "P.O.W"[전쟁 포로]prisoner of war라는 문자가 새겨져 있었고 왼손 네 손가락 마디에는 각각 알파벳이 한 글자씩 새겨져 있었는데 합해서 읽으면, "HATE"[증오]가 되었다.

실바는 도리스의 어머니에게 부탁한 도리스의 식사 섭취 기록을 꺼내 달라고 했으나 그녀는 가만히 있었다. 도리스가 하루에 우유를 몇 병 마셨는지 물었으나 그녀는 알지 못했다. 8병이나 9병 정도 마셨을 거라고 도리스의 아버지가 어림짐작으로 대답했다. 실바는 도리스가 우유를 제대로 소화시키지 못하고 있는 것이 아닌지 의심했다. 일부 아기들은 그런 이유로 영양장애를 일으키기도 했기 때문에 실바는 도리스의 우유 섭취와 구토 현상에 관해 자세히 묻기 시작했다. 도리스의 부모는 자신들이 저지른 실수가 드러나는 것을 두려워하는 듯 모든 질문에 마지못해 대답하면서 애매모호한 답변을 할 뿐이었다.

그래서 실바는 칭찬거리를 찾아보려 했다. "한 달에 9백 그램이나 체중이 늘었네요" 하고 그녀는 도리스의 어머니에게 말을 걸었다. "기분 좋죠?"

"예." 도리스 어머니가 대답했다.

"우유를 먹이고 아기에게 정성을 쏟은 성과가 나타나고 있다고 생각하나요?"

"예."

"지금 분유로 계속 먹여 보죠." 실바가 말했다. "시리얼도 계속 먹입시다. 하루에 두 번 정도 먹이면 될 거예요. 만약에 도리스가 더 먹고 싶어 하면 세 번 먹여도 괜찮아요. 과일도 조금 줘 볼까요?"

"예."

"어떤 게 좋을까요? 과일은 한 종류만 먹일 테니까 잘 생각해서 골라 보세요."

"애플 소스?"

"좋아요. 그걸로 하죠."

도리스에게 발진이 나타나면 하루걸러 다른 과일로 시도해 보라고 실바가 조언했다. 그리고 다른 질문은 없는지 그들에게 물었다. 도리스의 어머니는 심기가 불편한 듯 고개를 가로저었다. "무슨 걱정되는 부분이라도 있나요?" 그녀는 또 한 번 고개를 저었다. "정말로요?" 이번에는 고개를 끄덕였다.

실바가 방을 나가자 그녀는 심리학자가 쓴 도리스의 발육 지체에 관한 두 쪽짜리 보고서를 읽었다. 거기에는 그녀가 임신 중에 "극히 소량의 알코올을 섭취"했다는 기록이 적혀 있었고, 이를 본 그녀는 화를 내며 보고서를 내던졌다. "이건 잘못된 거예요." 그녀가 내뱉었다. "저는 임신 중에 술은 한 방울도 마시지 않았어요."

계급, 문화 그리고 언어가 부모와 의사 사이에 벽을 만든다. 부유하지도 않고 교육도 받지 못한 많은 워킹 푸어의 눈에는 하얀 가운, 번쩍번쩍 빛나는 의료 기구, 이해 불가능한 단어, 은혜를 베푸는 듯한 태도가 인간미를 결여한 관료적인 지배 체제로 비친다. 특히 흑인들에게는 과거 연방 정부가 앨라배마 주 터스키기 시에서 자행한 인체 실험이 뇌리를 스치며 불안감을 더한다. 이 인체 실험에서는 1932년부터 1972년에 걸쳐 399명의 가난한 흑인 남성이 매독 치료를 받지 못하고 방치되었다.[*]

2001년에는 그런 의혹을 증폭시키는 사건이 일어났다. 탄저균이 묻은 편지 두 통이 워싱턴 브렌트우드 우체국을 거쳐 발송되었을 때, 그곳에서 일하던 1,700명의 직원들에 대한 의료 조치가 늦어진 것이다. 직원들은 대부분 흑인이었다. 그 편지가 연방의회에 배달되었을 때에는 공중위생국 직원이 신속하게 동원되어 사람들을 대피시키고 의회 직원들의 몸을 검사해 항생물질을 투여했지만, 우체국의 경우 즉시 폐쇄되지도 않고 두 명의 직원이 목숨을 잃는 사태에 이르러서야 직원들의 검사와 치료가 실시되었던 것이다. 희생자 두 사람 가운데 하나는 가입해 있던 건강관리기구[**]를 통해 항생물질을 요청했으나 거부당했다.

현실에서 일어나고 있는 불공정함으로 인해 망상이 생겨난다. 아프리카계 미국인들 사이에는 흑인을 인체 실험의 대상으로 삼거나, 납치해 내장을 꺼내거나, 약으로 쓰기 위해 피를 뽑는 의사들의 이야기가 전해 내려온다. 그런 이야기가 액면 그대로 받아들여지는 것은 아니지만, 가끔은 아이들의 버릇을 고치기 위한 수

---

[*] 미국 공중위생국은 피해자인 흑인 남성들에게 매독에 걸렸다는 사실을 알리지 않은 채, 병의 진행에 관한 연구를 실시했다.

[**] 건강관리기구HMO, health maintenance organization
미리 설정된 금액의 회비를 내고 가입하면 포괄적 의료 서비스를 받을 수 있는 공적·사적 의료 기구 연합 조직.

단으로 사용되는 경우도 있어서 의사를 향한 불신과 반감을 만들어 낸다. 예를 들어 성장 클리닉에 온 한 아프리카계 미국인 남자아이의 예를 들어 보자. 차례를 기다리며 앉아 있던 아이는 주위를 둘러보다가 곧 클리닉에 있는 물건을 장난감 삼아 가지고 놀기 시작했다. 테이블 위를 올라갔다가 아래로 기어들어 갔다가 커다란 쓰레기통 뚜껑을 만지며 돌리던 아들을 향해 엄마가 위협하듯 말했다. "가만히 안 있으면 의사 선생님이 잡으러 온다! 주사 맞고 싶어? 선생님이 주사 놓으러 온다! 지지! 만지면 안 돼!" 그러자 아이는 창문 쪽으로 가 커튼을 잡아당겨 그 뒤로 숨어 버린다. "의사 선생님이 잡아다가 주사 놓을 거야! 주사 맞고 싶어?"

주사를 놓지 않더라도 의사는 불쾌한 것의 소재가 된다. "중남미계 사람들에게 '존경'이라는 의미의 '레스페토'respeto와 '운명론'이라는 의미의 '파타리스모'fatalismo는 매우 큰 의미를 가지는 말이에요." 보스턴 의료 센터의 중남미계 소아 환자 전문 클리닉 공동 소장 글렌 플로레스는 말한다. 그런 배경이 중남미계 부모와 "노파심 많고 성질 급한 미국 의료진들"이 충돌을 일으키는 원인이 되기 쉽다고 그는 말한다. "중남미계 사람들은 자신이 존중받고 있다는 느낌이 들지 않으면 치료를 계속할 마음이 사라져 버려요. 그래서 재진하러 오지 않기 때문에 건강 상태는 더 나빠질 수밖에 없죠."

중남미계 사람들의 운명론적 태도는 "한 유명한 연구를 통해서도 잘 알 수 있어요." 그는 말한다. "그 연구에 따르면 중남미계 사람들은 암이라는 선고를 받으면 그것은 신의 뜻으로 자신이 할 수 있는 일은 별로 없다고 믿는 경향이 매우 강하다"고 한다. "아마 검사도 받으려 하지 않을 것이고 치료도 열심히 받으려 하지 않을 거예요. 병이 악화된 상태에서 병원을 찾게 되죠."

때로는 언어의 장벽도 위험한 결과를 초래한다. 플로레스는 통역을 통해 의사와 환자가 대화를 나누는 것을 녹음한 카세트테이프를 들으며, "진찰받으러 오면서 아는 사람을 통역으로 데리고 오거나 대기실에 있는 아무나 혹은 경비를 불러 통역을 시키는 경우," 중대한 오역이 발생할 수 있다는 사실을 알게 되었다. 귀에 염증이 생긴 어린이를 치료하던 한 의사가 경구 시럽 형태로 된 항생물질을 먹이도록 엄마에게 지시했으나 어설픈 통역은 약을 귀에 집어넣으라고 전했던 것이다. 다행히도 아이에게 심각한 부작용은 발견되지 않았지만 치료에는 전혀 도움이 되지 않았다. 훈련 받은 통역사가 있었다면 오해를 최소한으로 줄일 수 있었을 것이다. "전문가에 의한 통역 서비스 요금도 메디케이드를 통해 충당할 수 있도록 요구해야 할 시점이라고 생각해요." 플로렌스는 주장했다. 언어, 문화, 배고픔, 의료 서비스에 대한 접근성 같은 문제를 확실히 처리한다면 많은 입원 환자들, 특히 천식이나 당뇨병, 간 질환에 의한 입원을 크게 줄일 수 있을 것이라고 플로렌스를 비롯한 클리닉 의사들은 생각했다. 물론 환자들이 약값을 낼 여유가 되고, 의사의 지시대로 약을 복용하고, 다음 재진 약속을 지켰을 때의 이야기지만 말이다.

빈곤을 영양실조의 유일한 원인이라고는 할 수 없지만, 빈곤은 영양실조를 악화시킨다. 영양사들은 유아기 어린이의 경우 하루 여섯 번 — 식사 세 번과 간식 세 번 — 영양 섭취를 하도록 권장하고 있지만 빈곤층의 붕괴된 가정에서 그것이 가능할 리가 없다. 아이를 돌보는 사람은 하나가 아니기 때문에 누가 언제 먹을 것을 주었는지 알기 힘들다. 몸에 해롭지 않은 과자가 집에 없거나, 있어도 나이 많은 아이들이 먼저 발견해 먹어 버리기도 한다. 또한 일하는 시간대가 변동이 심하고, 현금도 부족하고, 주위에 만연해 있는 마약과 범죄의 위험에 노출되어 있는 싱글 마더는 적절한 식생활을 위한 환경을 만들어 낼 기력도 남아 있지 않을 가능성이 크다. 보스턴에 사는 한 비쩍 마른 아이도 다섯 명의 형제자매에 둘러싸인 채 어려움을 겪고 있었다. "다른 아이들이 선수를 쳐요." 영양사 미셸 터코트가 말했다. "식사 시간이 되어도 이미 다른 아이들이 먹을 걸 다 먹어 치운 후여서 아무것도 남아 있지 않게 되죠. 기능이 정상적으로 작동되지 않고 있다고 판단되는 가정의 경우, 엄마에게 교육을 시켜서 제대로 성장하고 있지 못한 아이들에게 관심을 기울이도록 할 필요가 있어요."

메리 실바가 치료를 담당하고 있던 두 명의 아이들은 엄마에게 배고픔을 호소해도 먹을 것을 얻지 못했다. 슈퍼마켓에서 일하는 엄마는 심한 우울증에 빠져 있어서 아이들의 요구를 알아차리지 못했던 것이다. "어떤 가정에도 스트레스의 원인이 되는 요소는 있기 마련이에요." 프랭크는 말한다. "하지만 경제적으로 안정되어 있으면 그런 요인 때문에 아이가 성장 장애를 겪거나 하는 일은 없지요. 부모가 심각한 우울증에 걸려 있는 것과 같은 매우 결정적인 스트레스 요인이 있다면 가정의 경제 상황이 좋다 하더라도 성장 장애를 겪을 수 있지만요. 또는 의학적으로 매우 중대한 문제를 안고 있는 아이는 경제적으로 안정되어 있는 가정이라 할지라도 성장 장애를 겪게 되겠죠. 하지만 경제적 안정이라는 틀이 존재하는 가정에서는 그렇게 큰 문제로까지 진전되지 않을 일이, 빈곤 가정에서는 파괴적이고 비극적인 결과를 불러오게 돼요."

"영양사가 가정방문을 해보면 아기를 앉혀 놓고 밥을 먹일 만한 장소가 없다는 사실을 알게 돼요." 프랭크는 계속해서 말을 이어갔다. "아기는 어른용 의자에 기어 올라가 벽에 기댄 채 어른들이 쓰는 식탁에서 음식을 먹으려고 하죠. 어떤 집은 아예 식탁조차 없이 바닥에 깔아 놓은 신문지 위에 아기를 앉혀 놓는 집도 있어요. 그리고 엄마는 숟가락 한 개로 세 명의 아이들을 먹이고 있을지도 몰라요." 성장 클리닉은 돈이 없는 가정에 아기용 의자를 제공해 주기도 한다.

절망적일 정도로 가난한 도시, 볼티모어에 있는 메릴랜드 대학의 성장·영양 클리닉에서는 가정방문을 할 직원도 부족한 상태였다. 반일제半日制로 사회복지사를 고용할 때 들어가는 약 2만 달러의 급여 예산이 삭감된 탓에 환자의 가정 상황을 파악하기 위해서는 아이 부모에게 직접 자세한 사정을 물어 정보를 얻을 수밖에 없었다.

메릴랜드 대학 소아 병원 1층에 있는 성장·영양 클리닉의 총책임자인 심리학자 모린 M. 블랙이 가족에게 질문을 퍼붓는 것도 이런 가정 상황을 파악하기 위한 것이다. 그녀는 벌써 아이 셋을 가진 열아홉 살의 엄마와 함께 진찰실에 앉아 있었다. 세 아이들 중 한 명인 남자아이는 생후 3년 4개월이 넘었는데도 체중이 약 10킬로그램밖에 되지 않았다. 전 달과 비교해 불어난 체중은 불과 60그램도 되지 않았다.

클리닉에서는 예산 부족으로 가정방문을 아동보호국 직원에게 맡기고 있었다. 그러나 아동보호국 직원들은 기본적인 것은 체크하지만 상세한 부분까지는 파악하고 있지 못하다. 클리닉에는 아동보호국의 케이스워커가 기록한 보고서가 파일로 정리되어 있었는데, 그 보고서에 따르면 집은 지저분했으나 먹을 것은 충분히 있다고 적혀 있었다. 하지만 식사를 어떤 식으로 하는지에 관한 기록은 전혀 없었다. 그 집의 아이들은 마침 양부모 밑에 있다가 집으로 돌아온 직후였다. 아이들 엄마가 마약을 했던 탓에 양부모에게 맡겨졌던 것이다. 현재 아이들 엄마는 맥도날드에서 최저임금을 겨우 넘기는 정도의 수입과 한 달에 72달러어치의 식품 쿠폰을 받고 있었다. 엄마가 일하는 동안 아이들은 할머니의 보살핌을 받았고 엄마의 남자 친구도 그것을 돕고 있었다. 그는 파란 머리띠를 머리에 두르고 있었고 나이는 열여섯 살 정도로밖에 보이지 않았다. 헐렁한 청바지를 입고 코에는 피어싱을 하고 얼룩무늬 재킷을 두르고 있었다. 그들이 블랙과 나눈 대화는 다음과 같았다.

블랙　　배리(가명)는 밥 먹을 때 어디에 앉죠?
엄마　　바닥에요.
남자 친구　그리고 저도 옆에 같이 앉아요.
블랙　　배리는 바닥에 오랫동안 앉나요?
엄마　　어쩔 때는요.
블랙　　지금 배리는 혼자서 밥을 먹을 수 있는 나이거든요. 그럼, 따님은 어디서 먹죠?
엄마　　바닥이요.

블랙	당신은 어디에 앉아서 식사를 하나요?
엄마	침대 끝에 앉아 TV를 보면서 먹어요.
블랙	집에 식탁은 있나요?
엄마	네.
블랙	식사 중에는 TV를 보지 않을 수 있나요? 아이들이 밥을 먹고 있는 동안에는 TV를 꺼두었으면 하는데, 왜 그런지 아시겠어요?
엄마	TV를 보면 밥을 안 먹게 되니까요.

심리학자는 백인이고 엄마는 흑인이다. 약간의 비판이 섞인 이런 지도를 엄마가 어떤 식으로 받아들일 것인지는 판단을 내리기 힘들었다. 블랙은 식사를 더 규칙적으로 하도록 요구했고, 클리닉에서 그녀의 아들을 위해 어린이용 의자를 구입해 제공해 줄 수 있을 거라고 말했다. 그러나 식탁에는 의자가 거의 없었고 어쨌든 가족들이 다 같이 앉기 위해서는 의자를 더 사야만 했다.

"아드님이 TV를 보느라 정신이 팔리면 밥 먹는 데는 집중하지 못하게 되어버려요." 블랙이 설명했다. "아이가 2시간이나 앉아 있게 해서는 안 돼요. 가족분들도 식사 중에는 TV를 끄는 것이 어떨까요?" 엄마는 웃었다. 그리고 배리와 손장난을 하면서 놀고 있는 남자 친구를 흘깃 쳐다본 다음, 아마 다른 아이들이 짜증을 부릴 것이라고 대답했다.

"집안에서 실권을 쥐고 있는 것은 누군가요?" 블랙이 물었다.

"저요." 엄마가 대답했다.

"그럼 당신이 결정해 주세요." 심리학자는 엄마를 구슬렀다. "TV는 밥 먹고 난 뒤에 본다고 하세요. 규칙을 정하는 것은 당신 말고는 아무도 할 수 없어요. 그렇죠? 시도해 볼 수 있나요?"

"해볼게요." 엄마는 순순히 대답했다.

"어떻게 할 건지 제게 말해 주세요."

마치 교실에서 암송을 하듯, 엄마는 블랙이 기대한 대답을 했다. 아래층으로 내려가 저녁을 먹고, 그리고 다시 돌아와 그다음부터 TV를 보겠다고. 블랙은 그녀에게 단지 지시를 내리는 것에 그치지 않고 혹시라도 무기력감에 빠져 있을지 모를 그녀에게 용기를 불어넣어 주려고도 했다.

"처음에는 아이들이 말을 안 들을지도 몰라요. 그러면 어떻게 할 건가요?"

남자 친구가 대답했다. "그대로 불평하게 내버려 둬요."

"아이에게 화를 낼 건가요?" 심리학자가 물었다.

"아니요." 남자 친구가 말했다. "그러면 아이들이 겁을 먹을 거예요."

"자, 그럼 한번 해볼까요?"

"예, 한번 해보죠." 엄마는 약속했다. 만약 아이들이 "식탁에 앉아 투덜대지 않고 징징대지 않고 밥을 먹는다면," 얼마나 좋을까 하고 그녀는 말했다. 그리고, "저도 다시 한 번 학교에 가서 공부를 해볼까요"라고 약간 슬픈 목소리로 덧붙였다. 아마도 그녀는 한 번 더 공부를 해볼 필요가 있다고, 이번에는 부모가 되는 방법을 배워야겠다고 말하고 싶어 했는지도 모른다. 혹은 선생님에게 야단을 맞았던 때의 느낌이 되살아난 것인지도 몰랐다.

모린 블랙의 클리닉은 영양실조에 걸린 아이들의 부모와 대화하기 위해 많은 노력을 하고 있었다. 아이들이 밥을 제대로 먹지 않는다고 부모가 초조해 하거나 화를 내거나 방어적이 되면 아이들은 식사 시간을 매우 끔찍한 것으로 여기게 된다. 식사 중 모습을 비디오테이프로 녹화한 뒤 확인해 보면 부모와 아이 간의 대립 구도가 얼마나 급격하고 빠르게 형성되는지 확인할 수 있다. 진료를 받으러 온 가정들은 모두 최초 진료 시 방안에 음식을 가져다 놓고 삼각대 위에 카메라를 설치한 뒤 가족들만 따로 내버려 두고 아이에게 음식을 먹이도록 한다. "깜짝 놀랄 만한 행동들이 줄줄이 나타나죠." 블랙이 말했다. "아이를 찰싹찰싹 때리는 엄마, 욕을 퍼붓는 엄마, 방치해 두는 엄마, 아이에게 애원하는 엄마, 아이를 열성적으로 돌보는 엄마." 비디오테이프를 부모들에게 보여 주면서 클리닉의 스태프들은 무언가 칭찬할 거리를 찾으려 애쓴다. 그러나 블랙은 많은 부모들이 자신들의 행동을 보고 충격을 받는다는 사실을 발견했다. "자신의 모습을 보고 울음을 터뜨리는 사람들도 있어요."

한 녹화 테이프에는 아이가 훌륭하게 스스로 밥을 먹고 있었지만 엄마가 그것을 망쳐 놓는 모습이 담겨 있었다. 작은 여자아이 캐시(가명)는 턱까지 오는 테이블에 앉아 있었고 엄마는 같은 테이블에 앉아 피자를 먹으며 딸에게 지시했다. "피자 먹어라. 앞에 놓인 거." 캐시는 피자 한 조각을 집어 들고 꽤 능숙하게 먹기 시작했다. 그리고 그러다 작은 조각을 떨어뜨렸다. "안 돼!" 엄마가 야단을 치기 시작했다. "지저분해지잖아! 제대로 먹으란 말이야!" 하지만 캐시는 오른손에 빈 숟가락을 쥐고 다른 손으로 피자를 들고 제대로 먹고 있었다. 그럼에도 캐시는 칭찬을 받지 못하고 질책을 받았다. 식사를 다 마칠 때까지 맡겨 놓기로 한 초콜릿 우유팩을 캐시가 집으려 하자 엄마는 그 손을 찰싹 내리쳤다. "안 돼! 피자 먹으라고! 피자!" 그래서 캐시는 다른 피자 조각을 집었다. 아직 처음 집은 피자를 다 먹지 못한 채 말이다. 그러자 엄마는 또다시 야단을 쳤다. "아니야! 먹고 있던 걸 먹으라고! 그걸 먹으라고!"

사실 캐시는 조용하고 즐겁게 먹고 있었지만 몇 번이나 야단을 맞으면서 더 이상 눈물을 참을 수 없게 되었다. 엄마는 딸을 진정시키려고 피자 두 조각을 더 잘라 주었으나 이미 사태는 돌이킬 수 없었다. 불쾌감이 식사 시간을 감쌌고 캐시는 흥분 상태에 빠져 있었다. 엄마는 오직 "캐시, 쉿! 쉿! 조용히!"라는 말을 반복할 뿐이었다. 캐시는 카메라가 닿지 않는 곳으로 갔고 그 뒤를 엄마가 따라갔다. 그리고 뺨을 때리는 소리가 들렸고 그리고 작은 여자아이의 비명 소리가 들렸다. 엄마는 꾸짖었다. "캐시! 그만 울고 조용히 하란 말이야!"

다음 장면에서 엄마는 태도를 바꾸어 캐시에게 간섭하지 않았다. 캐시는 치즈 마카로니를 숟가락으로 떠서 입으로 불어 식힌 뒤 오른손으로는 숟가락을 쥔 채 왼손으로 마카로니를 집어먹었다. 입안으로 들어가는 마카로니는 적었지만 숟가락은 캐시가 다루기에는 너무 어려운 것이었다. 빈 숟가락은 음식을 먹는 도구라기보다는 장난감이 되어 있었다. 캐시는 숟가락을 핥거나 씹었다. 엄마는 "먹어!"라는 말밖에 하지 않았다. 캐시는 다시 한 번 숟가락으로 한 입에 들어가기 힘들 정도의 마카로니를 떴다. 그리고 왼손으로 숟가락에 담긴 마카로니를 하나씩 집어먹던 도중 나머지를 모두 그릇 안으로 도로 떨어뜨리고 말았다. 만약 이 고군분투하는 작은 소녀의 엄마가 딸에게 무슨 일이 일어나고 있는지 진정으로 이해했다면 어떤 도움을 줄 수도 있었을 것이다. 그러나 엄마는 그 모습을 바라보고는 있었지만 개입하지는 않았다. 결국 캐시가 초콜릿 우유를 집으려 하자 엄마는 캐시를 도와 우유팩에 빨대를 꽂아 주었다.

또 다른 비디오테이프에는 클리닉에서 "권위주의자"로 불리는 한 엄마가 막 걸음마를 뗀 남자아이를 숟가락으로 찌르면서 거친 목소리로 말하는 모습이 담겨 있었다. "이거 먹어! 자, 어서 먹으라고! 먹어!" 엄마는 아이에게 숟가락을 쥐어 주었지만 아이는 숟가락을 가지고 놀뿐이었다. 엄마가 다시 숟가락을 거칠게 빼앗자 아이는 몸을 비틀었고 의자에서 떨어지기 일보 직전의 상태가 되었다. 그러자 그녀는 아이의 양 손목을 쥐고 아이를 들어 올렸고 아이의 팔은 머리 위로 들려졌다. 의자 뒤쪽까지 뻗은 아이의 손을 엄마가 때리기 시작했고 아이는 울음을 터뜨렸다. 그리고 나서 그녀는 숟가락 한가득 음식을 떠서 아이 입에 억지로 넣으려 했고 아이는 세상이 떠나갈 듯 울어댔다. "편식하지 말고 먹어!" 그녀는 무섭게 말했다. 그녀는 아이의 뺨을 때리고 계속해서 숟가락을 아이 입속에 넣으려고 했다. 아이는 숟가락이 다가올 때마다 고개를 돌렸고, 그러면 엄마는 한 손으로 아이의 머리를 잡아 돌리고 다른 한 손으로 음식을 입속에 넣으려 했다. 아이는 다시 한 번 의자에서 떨어지듯 미끄러져 내려와 테이블 밑으로 숨어들어 갔다. 그리고 다시 엄마에게 양팔을 잡혀 끌려 나왔고, 큰소리로 울어댔다. 엄마는 아이의 얼굴에 흐르는 눈물을 거칠게 닦아 냈다.

볼티모어 클리닉은 이 남자아이를 몇 년에 걸쳐 지켜보았다. 이 아이는 형제 중 여섯 번째로 태어났고, 엄마는 9학년까지 학교를 다니다가 중퇴한 싱글 마더로 현재 생활보호를 받고 있었다. 그녀가 공황 상태에 빠져 있다는 사실은 명백했다. 아이의 의료 기록에는 생후 6개월 때부터 체중이 줄기 시작했다고 기록되어 있었다. 여덟 살이었던 당시 아이의 체중은 줄곧 하위 5퍼센트대에 머물렀다. 검사 결과에 따르면 인지능력은 정상보다 아래였고 2학년이었을 때 수학과 독해 능력은 약 1년 정도 뒤처진 수준이었다.

영양실조가 뇌의 발달과 신체적 건강에 미치는 영향은 쉽게 파악하기 힘들다. 왜냐하면 보통 눈에 띄는 발육 부진이 나타났을 때는 이미 뇌나 몸에 손상을 입은 후이기 때문이다. "성장이 멈춰 버린 아이들의 기록에는 식사를 거른 이야기가 몇 번이고 반복해서 나옵니다." 데버러 프랭크는 말한다. "하지만 사실 굶주림 또는 모르는 사이에 균형 잡힌 영양소를 섭취하지 못했을 경우에 나타나는 신체적 변화는 발육 면보다 건강·행동적 측면에서 더 일찍 나타나게 됩니다." 혹은 발육 면에서는 아무런 영향도 미치지 않는 경우도 있다. 신체 사이즈를 유지할 수 있을 정도의 단백질과 칼로리를 섭취한다 하더라도 "식품의 질을 나타내는 미량 영양소, 예를 들어 철분이나 아연과 같이 면역 기능이나 학습 능력 등 여러 기능에 영향을 미치는 영양소"의 결핍으로 인해 아이들은 손상을 입는 경우가 있다.

굶주림으로 감각이 둔해지는 것만으로도 어린 시절의 학습에 장애가 된다. 며칠 동안 식사를 제대로 하지 못한 경험이 있는 사람이라면 누구라도 인정하듯, 기아 상태가 되면 집중력이 급격히 떨어지게 된다. 감각은 무뎌지고 행동은 경솔해지며 매우 강력한 강박관념에 사로잡혀 먹을 것 이외에는 신경을 쓰지 못하게 된다. 나 자신도 이런 상황을 경험한 적이 있다. 해군 복무 시절 해병대가 주관하는 서바이벌 학교의 훈련에 참가했을 때였다. 며칠간 숲 속에서 먹을 것을 찾아 헤맨 뒤로는 제정신을 잃고 먹는 일 이외에는 거의 아무것도 생각하지 않게 되었다. 정치도, 문학도, 서바이벌 학교에서 같이 훈련 받는 동료들의 재미있는 성격조차도 아무래도 상관없는 것이 되었다. 훈련 동료들에 관해 유일하게 신경이 쓰였던 것은 그들이 내가 먹을 것을 획득하는 데 플러스가 될 것인가 마이너스가 될 것인가 하는 것뿐이었다. 무엇보다 분명했던 것은 책을 읽을 마음 같은 것은 전혀 없었다는 점이다. 이것과 비슷한 상황을 학교 선생님들은 교실에서 보고 있다. 형편없는 식사밖에 하지 못하는 아이들이 공부에 집중할 수 없는 것은 당연하다. 워싱턴 던바 고등학교에는 배를 곯고 있는 학생들에게 줄 그라놀라 바를 언제나 준비해 두고 있는 한 남자 영어 선생님이 있었다. "공부는 본인이 할 마음이 들었을 때 비로소 가능한 일이지요." 프랭크는 말한다. "우선은 충분히 식사를 하고, 따뜻하고 안전한 환경을 확보한 뒤에 말이지요."

이런 일련의 병리 현상을 완전히 해결하는 것은 쉬운 일이 아니다. "영양실조는 사람의 면역 체계에서 매우 중요한 부분을 약화시킵니다." 프랭크는 설명했다. "몸의 외벽, 즉 점막이나 피부 같은 부분을 약화시키는데다 이른바 세포성면역이라고 하는 바이러스와 직접 싸우는 면역 체계를 손상시키지요. 게다가 호흡기와 소화기관 내벽을 덮고 있는 면역글로불린 항체의 분비도 저해합니다. 이것은 모든 가정의 모든 아이들에게 해당되는 것이에요. 작은 어린이가 병에 걸리면 체중이 줄게 마련입니다. 불쾌한 기분이 지속되고 구도와 설사를 하고 열이 나게 되지요. 열이 오르면 신진대사율이 높아져 더 많은 칼로리를 소비하게 됩니다. 어린 시절 흔히 걸리는 질병 —중이염, 바이러스성 위장병 같은 어린이들 사이에서 유행하는 병에 걸리게 되면 어느 집 아이라도 약 450그램에서 900그램의 몸무게가 빠지게 됩니다. 하지만 당신이나 나 같은 가정의 아이들은 귀에 염증이 생기거나 해도 병이 회복되기만 하면 몹시 배고픔을 느끼며 평소보다 더 많이 먹게 되죠. 부모도 그런 아이를 보면서 두 그릇이고 세 그릇이고 더 먹이고요. 그렇게 며칠이 지나면 원래 상태로 돌아와 면역 기능도 정상적으로 작동하게 됩니다."

"그러나 우리들이 진료를 담당하고 있는 가족들은 아이가 어떤 질병에 걸리더라도, 그것이 반드시 희귀한 질병이 아니라 일반적으로 아이들 사이에서 유행하는 그런 흔한 병일지라도 …… 그런 여분의 영양 섭취는 전혀 없습니다." 특히 식비를 다 써버리게 되는 월말이나 학교급식이 나오지 않는 방학 기간에는 더욱 그렇다. "결국 결손된 부분은 더욱 고정적인 결핍으로 이어지게 되고 그러면 아기는 ─ 또는 조금 더 큰 어린이나 어른이라도 ─ 또 다른 감염에 걸리기 쉽고 몸은 더욱 약해지게 됩니다. 보통 제3세계에서 영양실조에 걸린 아이들의 목숨을 빼앗는 것은 감염에 의한 질병이에요. 영양실조에 걸린 아이들에게는 홍역 같은 전염병도 생명을 위협하는 것이 되어 버립니다."

미국의 영양실조 발생률을 측정하는 것은 매우 어렵다. 국세 조사국Census Bureau [우리나라의 통계청에 해당]에서는 농업부의 의뢰를 받아 매년 "식량 부족"에 관한 전화 조사를 실시하고 있다. 그러나 조사 결과는 회답자의 주관적인 보고에 의존하고 있고, 빈곤의 정도가 심해 전화도 없는 가정은 조사 대상에 포함되지 않는다. 프랭크는 이 조사가 문제의 심각성을 은폐하고 있다고 생각한다. 5만 세대 가정을 대상으로 한 이 조사 결과에 기초한 연구에 따르면, 미국 전체 세대의 3.5퍼센트에 해당하는 380만 세대가 2002년 중 어느 한 시기에 가족 중 적어도 한 명이 굶주림을 경험했다고 한다. 이들 세대를 비롯해 1,210만 세대(미국 전체 인구의 11.1퍼센트에 상당함)가 충분한 식비를 확보할 수 있을지 없을지 불확실한 탓에 "식량 부족" 상태로 분류되었다.[1] 이 조사는 식량의 질에 관한 것이 아니라 양에 관한 것이다. 따라서 스스로를 "식량 부족"이라고 생각하고 있지 않더라도 건강한 뇌의 발달에서 중요한 영양이 결핍된 아이들이 있는 다수의 가정이 통계에서 빠져 있을 가능성이 있다. 점점 심각해지는 비만 문제를 보더라도 잘못된 음식이 건강에 아무런 도움이 되지 않는다는 것을 알 수 있다.

과거 수십 년에 걸쳐 뇌에 대한 과학적 이해가 증가함에 따라 영양실조가 뇌에 일으키는 손상에 관한 연구도 진전을 보고 있다. 영양실조에 의한 뇌 손상 가운데 가장 중요한 예로 들 수 있는 것이 바로 철분 부족이다. 객관적인 몇 가지 연구 결과에 따르면, 유아기에 심각한 철분 부족을 경험한 아이는 이후에 부족분이 해소되더라도 지체된 뇌의 기능을 회복할 수 없다고 한다. 이런 아이는 청소년기가 되어도 "계산 능력과 작문, 운동 기능 그리고 공간 기억과 선택적 회상 능력과 같은 특정한 인지 처리" 능력이 뒤떨어진 채로 남아 있게 된다. 아이들의 발육 연구에 관한 자료를 수집하고 있는 전미 과학아카데미가 발간한 장문의 보고서 『뉴런에서 지역 커뮤니티까지』*From Neurons to Neighborhoods*에 따르면, 교사들은 이런 아이들이 "더욱 강한 불안감과 우울, 대인 관계에서의 문제, 집중력 결여"와 같은 문제를 보이는 것을 눈으로 확인하고 있다고 한다. 철분은 뇌의 부피가 커지고 수초髓鞘(신경섬유를 감싸는 지방성 절연체)가 생성되는 과정을 비롯한 뇌 발달의 많은 부분에서 필수 불가결한 것이다. 수초는 뇌의 자극 전도 세포인 뉴런과 뉴런 사이의 임펄스 교환을 촉진시키는 역할을 한다. 뇌가 성장할 때 가장 주의가 필요한 시기는 출산 전 3개월과 생후 2년간이다. 따라서 아이가 어느 시기에 영양부족을 경험하는가에 따라 어떤 지적 능력에 손상을 입게 되는지가 결정된다. 더 이른 시기인 임신 4개월부터 6개월 사이에 영양부족이 발생하면 뉴런 생성을 방해한다. 7개월부터 출산할 때까지 임신 후기에 영양부족이 발생하면 뉴런의 성숙이 지체되고 글리아gliacyte[신경교. 뇌와 척수 안에서 신경을 연결하고 영양을 공급하는 세포]라는 분절 세포의 생성이 방해받는다.[2]

조산은 뇌에 "생물학적 상해"를 입히기 쉽다. 특히 흑인과 가난한 엄마의 경우 그러하다. 일부 과학자들은 조산을 유전적인 요인과 연결시킨다. 백인 여성보다 흑인 여성의 조산 발생 빈도가 더 높고 그 결과 흑인 유아의 사망률이 백인

보다 2.4배 높게 나타나는데, 어떤 과학자들은 그 원인을 인종에 따라 엄마의 건강 상태가 다른 데서 — 열악한 의료 환경, 영양부족, 치료되지 않은 질膣 감염증 — 찾기도 한다.[3] 신생아에 대한 집중 치료 기술이 발달한 덕에 표준체중에 훨씬 못 미치는 미숙아들이 생존하는 비율이 높아지고는 있지만, 조산은 시각 장애, 청각 장애, 인지 장애 등 일생에 걸쳐 심각한 장애를 일으키는 결과로 이어지기 쉽다. 이렇게 태어난 아기들은 뇌출혈을 일으키거나 혈중 포도당이 부족하거나 뇌의 성장에 필수적인 자궁 내 특정 영양소 및 산을 공급받지 못하는 등의 위험에 직면하게 된다.[4] 의사인 배리 주커맨과 로버트 칸은 "뇌성마비 아동의 약 3분의 1, 그리고 정신 발달 지체 아동의 10퍼센트는 출생 시 체중이 대단히 낮았던 것으로 나타난다"고 기록하고 있다.[5] 보고서 『뉴런에서 지역 커뮤니티까지』에 따르면, 정신 발달 지체를 유발하지 않는 가벼운 정도의 뇌출혈조차 "경도의 장애(가령 행동 장애, 주의 장애, 기억장애)를 가져올 위험성을 높인다"고 한다. "새롭게 발표되고 있는 데이터들은 다음과 같은 사실을 강하게 뒷받침한다. 즉, 태아의 뇌는 임신 마지막 시기까지 자궁 내에서 독특한 방법으로 성장을 계속하는데, 만약 임신이 조기에 종료되면 발달 과정은 중단되고 그 결과 신생아의 행동에 영향을 미치게 된다." 미숙아로 태어난 유아는 "인지 발달의 모든 측면에서 만삭으로 태어난 유아를 따라잡을 수 없다"고 보는 연구자도 있다.[6]

나의 주일학교 선생님은 철학과 교수이기도 했다. 어느 날, 선생님은 수업에서 램프를 가리키며 램프가 도저히 할 수 없는 일이 무엇일까 물었다. 우리들은 걷는 것, 말하는 것, 스스로 전구를 갈아 끼우는 것 등 생각나는 대로 몇 가지 대답을 했다. 그러나 선생님이 바라던 대답은 그 가운데 하나도 없었다. 정답은 램프는 스스로 어떤 구조로 작동하는지 이해할 수 있는 능력이 없다는 것이었다. 그는 잠시 우리들에게 생각할 시간을 준 뒤 이렇게 말했다. 우리들 인간도 스스로의 육체가 어떤 구조로 움직이고 있는지 완전히 파악하는 것은 불가능하다고. 인간의 마음과 그것의 신비함은 우리의 이해 영역을 넘어서는 것으로 앞으로도 영원히 이해하는 것이 불가능할 것이라고 선생님은 말했다.

이 이야기는 40년도 더 된 이야기이다. 자기 공명 단층 촬영MRI과 양전자 방사 단층 촬영PET을 이용해 뇌를 볼 수 있게 된 현재의 첨단 기술 장치가 있기 훨씬 전의 이야기인 것이다. 이런 장치를 비롯해 수많은 첨단 도구를 무기로 급속하게 대두된 신경 생물학과 행동 연구는 인간을 대상으로 한 실험이나 원숭이, 쥐의 뇌에 대한 실험을 통해 여러 의미 있는 결과를 내놓고 있다. 하지만 주일학교 선생님의 말씀은 여전히 그 대부분이 맞는 이야기라고 할 수 있다. 인간의 뇌는 지금도 거의 알려지지 않은 광대한 미개척지로 남아 있다. 그러나 새로운 발견은 새로운 논의를 낳았고, 그것은 빈곤과 관련해서도 큰 의미를 함축하고 있었다. 저소득층이 처한 어려운 생활 조건, 질병에 걸리기 쉽고 스트레스를 받기 쉬운 상황이 그들의 뇌 자체에 영향을 미치고 있다는 논의가 그것이다. 많은 과학자들과 여러 학문 분야의 연구자들은 생물학적 특성과 경험적 특성 사이에, 유전과 환경 사이에 확실한 경계선이 존재한다고는 더 이상 생각하지 않는다. 소아과 의사이면서 브랜다이스 대학 사회정책과 경영학을 위한 헬러 스쿨Heller School for Social Policy and Management 학장이기도 한 잭 숀코프가 언급하듯, 그런 이분법은 거의 소멸된 상태이며 "선천성과 후천성"의 상호작용에 의한 정신과 감정의 발달이라는 총체적인 개념으로 대체되고 있다고 한다. "행동 과학자들이 경험이라는 결정 인자, 환경이라는 결정 인자가 결과적으로 얼마나 강력한 것인지에 관해 주장하는 것을 많이 들어 보셨을 겁니다." 그가 말했다. "현재는 모든 유전자는 환경의 영향 없이 작용할 수 없다고 하는 분자 생물학자들의 주장을 쉽게 접할 수 있습니다. …… 즉, 유전자도 불변하는 것이 아니라는 겁니다. 유전자는 하나의 요인으로서 환경과 결합해 호응하게 된다는 것입니다."

이 견해에 따르면 생명의 요소는 복잡한 그물망과 같이 서로 얽혀 있어서 아무리 서로 관계가 없는 것처럼 보이는 인자라 할지라도 마치 어떤 먼 곳에서 끈을 조정하는 것과 같은 작용으로 연결되어 있으며, 이런 작용 없이는 아무런 변화도 일으킬 수 없다. 식사와 학습, 거주와 건강, 엄마에 의한 조기교육과 이후 아이의 두뇌 기능은 서로 연결된 것이다. 아이들의 지능과 행동 발달에 관한 선진적인 연구에 의해 이렇게 복잡하게 연결된 그물망과 같은 관계가 점차 밝혀지고 있는데, 이런 사실은 때로는 현미경을 통한 연구실 작업을 통해, 때로는 대담하고 체계적인 관찰을 통해 속속 드러나고 있다. 단, 여기에는 언제나 주의 사항이 따라다닌다. 즉, 사람에게 정신적인 트라우마를 주거나 물과 음식을 제한한다거나 하는 실험은 윤리적으로 불가능하기 때문에, "뇌를 연구해서 얻은 새로운 사실들은 대부분 인간 이외의 동물들, 즉 쥐나 영장류 같은 것들을 대상으로 해서 얻은 결과"라고 숀코프는 지적한다. "추론은 가능하겠죠. 하지만 (인간의) 뇌의 발달을 연구하는 것과 완전히 같은 것이라고는 할 수 없습니다. 사람의 뇌는 쥐의 뇌와 다르고 붉은털원숭이와도 다르기 때문입니다."

그럼에도 불구하고 현재 사람 뇌의 생물학적 발달은 부분적으로 조기 학습 경험의 결과에 의한 것이라고 간주되고 있다. 출생 시 약 50조 개 정도 되는 시냅스(신경 임펄스가 통과하는 접합부)는 3세경에 절정을 맞이해 1천조 개까지 늘어난 이후 15세가 될 무렵까지 절반으로 줄어든다. "전정"剪定(가지치기)이라고 불리는 이 현상은 일부 과학자들이 "취사선택"이라고 부르는 자연 과정의 하나다. 거칠게 설명하자면, 실행되지 않는 작업이나 사용하지 않는 기능은 불필요한 것으로 받아들여져 뇌가 그것에 적응하게 된다는 것이다. 예를 들어 생후 2년 동안 뇌는 모든 언어의 모든 소리를 구분해서 인지하는 능력을 갖추고 있으나 이후 수년에 걸쳐 특정 언어에만 노출되게 되면 들리지 않거나 사용하지 않는 소리를 인식하는 능력은 사라지게 된다. "이렇듯 아이들의 경험이 아이들의 뇌를 형성하는 것입니다. 조각가가 커다란 돌덩이를 조각해 복잡한 모양의 조각을 만드는 것처럼 말이죠." 주커맨과 칸은 말한다. "하지만 이런 신경망의 '가소성'可塑性은 영원히 지속되는 것이 아닙니다."[7] 물론 뇌는 돌로 조각한 조각과는 다르고, 그 능력도 청소년기 이후 계속 발달 가능하기 때문에 앞서 말한 예는 정확한 것이라고는 할 수 없다. 하지만 출생 직후 부모와의 상호작용이 일생에 걸쳐 영향을 미치게 된다는 점은 분명하다.

주커맨과 칸은 새벽 3시에 잠에서 깨 울어대는 생후 2개월의 아기를 예로 들어 다음과 같은 시나리오를 제공한다. 존의 어머니는 존을 들어 올려 안은 뒤, "살을 맞댄 채 흔들며 '우리 아가, 배가 고프구나' 하고 말을 겁니다. 아기가 30분 정도 엄마의 젖을 먹으면서 엄마의 눈을 쳐다보면, 엄마는 그것에 반응해 아기에게 조용히 말을 겁니다. …… 그리고 아기를 요람에 눕히고 키스를 하고 담요를 덮어 줍니다. 그 사이 존은 천천히 자기도 모르게 잠에 듭니다." 두 의사의 말에 따르면, 이 아기는 "원인과 결과에 관해 학습하게 된다." "일상생활에서 접하는 어른들은 신뢰할 가치가 있고, 혼란스럽거나 곤경에 처했을 때 도움을 요청할 수 있는 존재라는 것을 배우게 되는 것이다."

또 다른 2개월 된 아기 션은 엄마로부터 존이 받았던 것과는 다른 대우를 받는다. 션의 엄마는 "부부 싸움을 한 뒤 막 잠이 들었습니다. 그녀는 침대에서 일어나기까지 매우 힘겨워 합니다. 그리고 '지금 간다. 잠깐만 기다려라. 잠깐만' 하고 소리를 칩니다. …… 엄마는 아기를 거칠게 들어 올려 젖을 물립니다. 엄마는 남편과 싸웠던 일이 생각나 시선은 계속 앞만 쳐다봅니다. …… 션은 엄마의 차가운 분위기에 반응해 끊임없이 몸을 비틀거나 굳게 경직됩니다. 그러다 결국 몸을 활처럼 뒤로 젖혀 물었던 젖을 떼고는 울기 시작합니다. 엄마 역시 그런 아기에게 반응해 '먹기 싫어? 좋아. 그럼 먹지 마' 하고 아기에게 말합니다. 그리고 아직 배가 덜 부른 아기를 요람에 눕히고, '조용히 해, 조용히 하라고'라고 소리 친 뒤 침대로 돌아갑니다." 선이 이 경험을 통해 배운 것은 "누군가의 손에 맡겨 져 안기는 것은 불편하고 괴로운 것이라는 사실과 배가 고파 울게 되면 혹독한 말과 거친 대우를 받게 되며 배고픔은 채워지지 않는다는 사실입니다. 이 아기 는 매사에 조심스럽게 행동하게 되고 다른 사람을 쉽게 믿지 못하게 됩니다. 선 에게 원인과 결과를 학습하는 일은 그 자체가 괴로운 일이 되죠. 그 과정에서 부 정적인 심리 상태를 경험했기 때문이죠. 한편 존의 뇌 회로도에서는 원인과 결 과에 대한 학습이 기쁨과 연결되어 있기 때문에 학습에 대한 애착이 자랄 수 있 습니다." 주커맨과 칸은 이렇게 설명한다.[8]

또한 이 과정에는 부모와 자식 간의 상호 관계도 중요한 부분을 차지한다. 만 약 아기가 안겨도 기뻐하지 않고 조용해지지 않는다면 엄마도 아기에게 덜 따뜻 하게 대하게 될 것이다. 아이가 보이는 행동과 육아의 스타일은 서로 영향을 주 고받는 것이다. 『뉴런에서 지역 커뮤니티까지』에서 보고된 연구에 따르면, "긴 밀한 애정"이라는 감각을 가지고 있는 아기는 부모로부터 더 좋은 돌봄을 이끌 어 낸다고 한다. "그런 아기는 부모의 지시, 지도, 가르침에 대한 수용성이 풍부 하기 때문에 부모는 더욱 세밀하게 아이를 돌볼 수 있고 아이에 대해 더욱 친밀 한 애정을 느끼게 됩니다."[9] 엄마의 우울증도 이것과 같은 종류의 상호 관계 구 조를 보여 준다. 엄마는 아이를 충분히 돌보지 않고 아이도 또한 엄마에게 반응 하지 않기 때문에 엄마의 우울 증세는 더욱 악화되는 것이다. "우울증이 있는 엄 마는 자발적이고 자연스러운 행동이 점차 줄어들고 불행한 감정은 늘어나며 4 개월 된 아기에게 말을 걸거나 신체적 접촉을 하는 것도 감소한다"고 스티븐 파 커와 그의 동료 연구진은 1988년 논문에서 밝히고 있다. "이런 아기들은 엄마를 향해 소리를 내거나 기쁨을 표현하는 정도가 이미 줄어들어 있었다."[10] 다른 연구에 따르면 엄마의 우울증은 아이들의 인지 행동에도 영향을 미치는 것으로 나타났는데, 예를 들어 세 살 때 엄마가 우울증을 겪은 여덟 살 어린이들은 읽기 능력에서 지체가 발견되었다.[11]

생물학에서 이런 메커니즘을 전문적으로 연구하는 분야는 아직 덜 발전된 상태이지만, 공포와 불안에 의해 유발되는 신경화학적 변화의 메커니즘은 주로 동물 연구를 통해 그 밑그림을 서서히 그리고 있다. 그런 연구 가운데 한 연구는 코르티솔에 초점을 맞추고 있다. 코르티솔이란 위험이나 스트레스에 의해 증가되는 스테로이드호르몬의 하나로 여러 종류의 "화학적 전달자" 가운데 하나다. 코르티솔은 신경세포와 그 밖의 수용체를 통해 뇌 기능에 영향을 미친다. 『뉴런에서 지역 커뮤니티까지』에 따르면 코르티솔은 "체내에 저장되어 있는 단백질 분해를 도와 신체가 소비할 에너지를 방출한다." 또한 "면역 체계를 억제하고 육체적 성장을 억제한다. …… 감정과 기억 능력을 비롯한 그 밖의 많은 뇌 기능에 영향을 미친다."

극도의 스트레스 — 또는 그것에 상당하는 화학적 상태 — 에 노출되면 스트레스가 해소된 이후에도 코르티솔의 분비량은 여전히 높은 수준을 유지한다는 사실을 나타내는 몇 가지 증거들이 존재한다. 코르티솔을 장기간에 걸쳐 대량으로 투여한 원숭이나 설치류의 경우, 스트레스에 대한 민감한 정도가 증가하는 것과 더불어 공포와 불안의 징후를 더욱 강하게 나타내며 위협이 사라진 뒤에도 그런 상태가 완전히 사라지지 않았다.

또한 출생 직후 방치된 경우에도 스트레스에 대한 반응이 강하게 나타났다. 반대로 충분한 보살핌을 받은 경우 불안의 정도는 감소하고 공포와 스트레스를 관리하는 시스템이 "형성"되어 어른이 된 이후의 실험에서도 위협이 사라지자 불안도 빠르게 사리지는 결과를 보였다.[12]

인간을 실험 대상으로 한 소수의 연구 가운데 하나는 "루마니아의 한 고아원에서 극단적인 빈곤에 노출된 아이들의 경우, 가벼운 스트레스를 경험한 뒤에도 코르티솔의 분비가 감소되지 않았으며, 그런 높은 코르티솔 수치는 아이들의 낮은 정신적·신체적 능력 그리고 빈약한 신체 성장과 강한 상관관계를 보인다"는 사실을 알아냈다.[13] 또 다른 연구에 따르면, 인간의 갓난아기는 빈곤에 처해 있더라도 따뜻하고 상호 반응적인 보호자와 함께 있다면 스트레스가 현저하게 높아지는 일은 없다고 한다. "이와 반대로 불안정한 애정 관계에 놓이게 되면 잠재적으로 위협적인 상황에 대한 코르티솔 수치가 높아진다."[14] 이 생물학적 현상은 어쩌면 정신적인 트라우마를 안고 있으며 스트레스에 대한 반응을 제대로 조절할 수 없었던 많은 부모들이 보인 행동과 관계가 있을지도 모른다.

사실 스트레스가 인지능력에 미치는 부정적 영향은 생물학적인 해석이 내려져 있지 않았을 뿐, 예전부터 널리 알려진 사실이었다. 1980년대에 행해진 연구들에 따르면 "아이들은 스트레스 정도가 높은 환경에 놓이게 되면 발육과 행동상에 여러 가지 문제를 일으킬 위험이 높아진다. 예를 들어 생후 8개월 때 실시한 발육 테스트에서 낮은 결과를 보이거나 4세 때 낮은 IQ 수치를 보이거나 언어 발달 장애를 겪는 등이 그것이다." 여기에는 계급적인 요소도 영향을 미친다. 사회경제적 지위SES(socio-economic status)가 낮고 높은 정도의 스트레스에 노출된 가정의 취학연령 아이는 같은 정도로 높은 스트레스에 노출된 고소득 가정의 아이들보다 "감정을 잘 조절하지 못하고 학교에서 더 많은 문제를 일으킨다."[15]

이것과 관련한 인과관계를 찾는 것은 어려운 일로, 어떤 연구자는 IQ를 결과가 아닌 원인으로 보기도 한다. 이런 연구 가운데 가장 주목할 만한 것이 리처드 J. 헤른스타인Richard J. Herrnstein과 찰스 머레이Charles Murray의 연구다. 그들은 1984년 저작 『종형 곡선 : 미국적 생활에서의 지적 능력과 계급 구조』*The Bell Curve: Intelligence and Class Structure in America Life*를 통해 지적 능력은 압도적으로 유전적 요인에 의해 좌우되는 것이라고 주장하고 있다. 그들의 견해에 따르면, IQ가 낮은 사람들은 당연히 세상을 지혜롭게 살아가지 못하게 되므로 낮은 사회경제적 레벨에 속하게 되고, IQ가 낮은 자식을 낳아 그 아이도 부모와 같은 패턴을 반복한다고 한다. 다른 연구자들도 쌍둥이가 서로 다른 사회경제적 환경에서 따로 성장하더라도 비슷한 능력과 성격을 보인다는 결과를 보고하기도 했다. 그러나 이런 연구는 가족 환경의 변화를 장기간에 걸쳐 기록하거나 아이의 초기 발육이라는 매우 중요한 시기에 그 가족이 어떤 상황이었는가를 파악하고 있지 못하기 때문에 세련된 수준의 연구라고는 할 수 없다. 예를 들어, 유아기를 같은 가정에서 보낸 어린이가 이후 서로 떨어져 지내게 된 경우처럼 그 쌍둥이도 어린 시절의 중요한 경험을 공유하고 있을 가능성이 있다.

이것과는 반대로 "선천성과 후천성", 즉 유전과 환경 사이에 상승효과가 일어난다고 보는 견해도 있다. 이런 입장에서는 빈곤 — 사람을 무능력하게 만드는 여러 요소들을 유발하는 — 과 인지 장애 사이의 강한 상호작용을 강조한다. 지적 능력이 다음 세대로 유전된다는 사실에는 틀림이 없지만 — 그것도 매우 많은 부분이 유전된다는 사실은 의심의 여지가 없다 — 유전적인 요인이 개인의 경험과 상호작용을 일으킴으로써 생물학적 건강뿐만 아니라 지적인 성공의 정도도 좌우하게 된다는 것이다.

이런 작용은 입양된 아이들의 경우에서 확인할 수 있다. 입양된 아이들 대다수가 낳아 준 부모보다 길러 준 부모의 지적 수준에 준하는 IQ 테스트 결과를 보이는 것이나. 1999년의 연구에 따르면, IQ가 60~86 수준이었던 아이들이 4~6세 시기에 양자로 들어가 자란 이후 IQ 수치가 극적으로 높아졌다. 특히 중요한 것은 양아버지의 직업에 의해 결정되는 양부모의 사회경제적 지위에 따라 그 상승폭이 변화한다는 사실이었다. 11~18세 사이의 아이들을 대상으로 IQ 테스트를 한 결과 SES가 최고 수준의 양부모를 가진 아이들이 가장 큰 상승폭을 보여 약 100정도에 달했고, SES 중간 수준 양부모를 가진 아이들이 그다음으로 큰 상승폭을 보여 약 93, SES가 최하 수준의 양부모를 가진 아이들이 가장 작은 상승 폭을 보여 약 85에 달했다.[16]

연구에서 나타난 지적 및 행동 장애를 설명하고 그 이해를 돕기 위해서 분석은 생물학적 질병을 은유적 모델로 삼는다. 즉, 신체의 여러 부분이 취약해질수록 질병에 걸리기 쉽듯이 빈곤은 인지적·정서적 장애를 일으키기 쉬운 환경을 마련해 준다는 것이다. 또한 생물학적으로 약한 신체일수록 회복이 더뎌지는 것과 같이 사회경제적으로 취약한 환경은 아동 발달을 저해한다. 과거 20년 동안 서로 대립되는 축의 양 끝을 차지하던 생물학적 인자와 환경적 인자는 새로이 "위험 인자와 보호 인자"로 이루어진 복잡한 배열의 한 부분으로 인식되기 시작하고 있다. 이 복잡한 인자들에는 감염, 영양소, 염색체뿐만 아니라 사랑, 돌봄, 정서적 안정감 등이 포함된다. 숀코프에 따르면, "빈곤 속에 살고 있는 아이들은 축적된 사회적 스트레스에 특히 영향을 받기 쉬우며, 생물학적으로 매우 취약한 탓에 주생기周生期. perinatal period[임신 20주 이후 분만 28일 사이] 합병증이나 영양실조와 같은 위험 인자들의 영향을 받기 쉽다."

위험 인자와 보호 인자는 아이의 내면과 외부 환경 양쪽 모두에 존재한다. "아이 안에 존재하는 위험 인자에는 몇 가지 지병, 잠재적인 뇌의 결함, 생물학적이거나 체질적인 장애가 있습니다. 또는 화를 잘 내고 고집스러운 기질을 들 수 있죠. 화를 잘 내고 고집스러운 기질은 아이를 위험에 처하게 합니다. 왜냐하면 입양된 아이의 경우 그 가정에 융합되지 않으면 쉽게 학대나 방치의 위험에 처하게 되기 때문이지요. 이처럼 생물학적 요소는 거의 확실한 인자이며 개인의 성격도 그 인자가 될 가능성이 있습니다. 또 다른 위험 인자로는 자신을 임신시킨 나쁜 놈을 미워하는 싱글 마더와 남자아이의 관계를 들 수 있습니다. 엄마가 아들을 볼 때마다 증오스러운 아이 아빠를 떠올리게 되는 경우죠. 이런 것들은 보호 인자와 반대되는 위험 인자라고 할 수 있습니다. 한편, 보호 인자는 긍정적 결과로 이어지는 확률을 높입니다. 보호 인자와 긍정적 결과는 마치 실제 모습과 거울에 비친 모습의 관계와도 같습니다. 아이 내면에 존재하는 보호 인자로는 건강한 신체, 부드럽고 시원스러운 성격, 수려한 외모, 또는 주위의 어떤 사람을 떠올리게 하거나 좋아하는 사람을 떠올리게 하는 아이의 모습 등이 있습니다."

손코프는 계속해서 이렇게 말했다. "환경적인 측면에서 위험 인자는 가난, 경제적 곤란, 주위의 폭력, 공기 중의 납 등이 있습니다. 즉, 가정 내 스트레스 같은 심리적인 것도 있고 환경오염과 같이 물질적인 것도 있습니다. 이런 것들이 환경 내 위험 인자라고 할 수 있죠. …… 경험이 부족하고 공황 상태에 빠져 있는 싱글 마더는 유력한 잠재적 위험 인자입니다. 하지만 자애로운 할머니가 같이 동거하고 있다면 경험이 부족한 엄마라고 하는 위험 인자를 완화시켜 주는 매우 강력한 보호 인자가 될 수 있습니다. …… 환경 내 보호 인자로는 경제적으로 흔들림 없이 안정된 가정, 아이를 열렬히 사랑해 주는 헌신적인 어른이 적어도 한 명 이상 있는 경우, 어린아이가 있는 가정에 지원을 아끼지 않는 이웃 등이 있습니다."

손코프는 가난한 아이들이 유복한 아이들보다 더 다양한 질병에 감염되며 특히 가벼운 정도의 정신 발달 지연을 일으키기 쉽다고 언급했다. 그 증거는 이론의 여지가 없는 것이었다. 심각한 수준의 발달 지연은 모든 경제적 계층에서 같은 비율로 나타나고 있었으나 가벼운 정도의 발달 지연은 세대 수입이 낮아질수록 더 많이 나타난다는 사실이 많은 연구에 의해 밝혀져 있다. 하지만 그 이유에 관해서는 아직 명확한 해답을 제시하지 못하고 있다. "빈곤과 정신 발달 지연 사이에 어떤 메커니즘이 작동하고 있는지에 대해서는 밝혀진 바가 없습니다." 손코프는 설명한다. "어떤 유전자가 관여하고 있는지도 알 수 없고 어떤 환경이 방아쇠가 되는지도 알지 못합니다." 하지만 그는 환경적인 방아쇠가 분명히 존재한다고 믿었다. 질병에 걸리기 쉬운 어떤 유전적 경향이 있다고 해서 반드시 그 질병을 앓게 되리라고는 할 수 없다. 실제 질병을 일으키기 위해서는 외부로부터의 일격이 필요한 경우가 많다. 그는 빈곤층에서 가벼운 정도의 정신 발달 지연이 많이 일어난다는 사실로부터 빈곤 속의 어떤 특정 요소들이 가벼운 정도의 정신 발달 지연을 일으키는 데 중요한 역할을 하고 있다고 추론하고 있었다.

정신 발달 지연의 요인으로 알려져 있는 것으로는 영양부족, 염색체이상, 출생 전후의 감염, 임신 중 모체가 납·알코올·코카인·담배 등에 오염된 경우, "유아와 돌보는 자 사이의 기능장애", 그리고 "빈곤과 가정 붕괴"가 있다고 숀코프는 말한다. 성적 학대 역시 요인이 될 수 있다. 성적 학대가 만성적이거나 극단적으로 일어나는 경우 "뇌에 영향을 미친다는 분명한 증거가 발달·행동 연구를 통해 드러나고 있다"고 그는 말한다. "이런 아이들이 정서적으로 심각한 문제를 가지고 있다는 사실을 우리는 알고 있습니다. 만약 아이들이 정서적 문제를 안고 있다면 그것은 뇌에도 문제가 일어나고 있다는 사실이 됩니다. 왜냐하면 모든 감정은 뇌 속에서 작용하는 것이기 때문입니다. 심장이나 간이 아니라요. 아이의 행동, 아이의 사고, 아이의 느낌 모두 아이의 뇌 속에서 일어나는 일입니다."

이런 분석은 가벼운 정도의 정신 발달 지연을 앓고 있는 캐롤라인 페인의 딸, 앰버에게 적용시킬 수 있을 것이다. 성적 학대로 인한 앰버의 정신적 외상은 이 소녀의 정서적 안정에 심각한 해를 끼쳤을 수 있고 뇌의 발달에 영향을 미쳤을 수 있다. 그러나 그런 감각의 박탈이 앰버의 정신 발달 지연에 어떤 식으로 영향을 미쳤는지, 또는 처음부터 영향이 있었는지 어떤지도 명확히 밝혀진 바는 없다. 숀코프는 이렇게 말한다. "모든 종류의 만성적인 학대와 부실한 양육, 그리고 특히 다른 이유로 위험에 처해 있을지 모를 아이들은 정신 발달 지연의 결정적인 요인을 가지고 있다고 할 수 있습니다. 아시다시피 이런 모든 요인들이 쌓여 능력 발달을 심각하게 위협하는 요소가 됩니다." 또한 가벼운 정도의 정신 발달 지연은 가난하고 스트레스가 심한 환경에 있는 아이들에게서 압도적으로 많이 발생하기 때문에 "스트레스가 중요한 요인일 수 있다고 추론하고 있다"고도 했다.

앰버의 뇌에 발생한 손실의 원인은 의사가 철저히 조사해 본 것이 아니기 때문에 가족의 빈곤과 어떤 분명한 상관관계가 있는지는 명확하지 않다. 임신 중 캐롤라인의 식생활은 매우 형편없었다. 남편은 실업 중이었고 캐롤라인이 번 돈도 얼마 안 되었기 때문에 그들은 식비를 최대한으로 줄일 수밖에 없었다 — 만년의 캐롤라인도 정크 푸드와 커피라는 나쁜 습관에 빠져 있었지만 말이다. 또한 캐롤라인은 임신 중에 흡연을 했는데, 흡연이 태아의 뇌를 손상시킨다는 사실은 명백하다. 그녀가 살던 낡은 집은 오래된 페인트가 벗겨져 페인트 조각과 가루가 공기 중에 떠다녔고, 그 속에는 납 성분이 포함되어 있을 가능성도 있다.

빈곤과 건강 사이의 이런 복잡한 연관은 매우 중요한 의미를 담고 있다. 의학의 영역을 뛰어넘는 위험 인자를 줄이지 않고서는 병을 완전히 치료하는 것이 불가능하다는 것이다. 환자 가족이 식품 쿠폰과 생활보호 수급자에게 지급되는 수표를 확보하지 못한 상태에서 아이의 영양실조를 의사가 완전히 해결할 수는 없다. 아이의 주거 환경을 개선하지 않고서 그 아이의 천식을 완벽하게 치료하는 일은 불가능할지도 모른다. 배리 주커맨이 보스턴 의료 센터 소아과에 변호사들을 고용하고 있는 것은 바로 이런 이유 때문이다. 주커맨이 말하듯, 변호사는 "예방의학을 실천" 하고 있는 것이다.

주커맨은 피로에 지친 모습이었으나 문제의 일부만을 언급하는 일은 결코 하지 않는 사람이었다. 몇 년 전, 읽기 능력이 떨어지는 아이들이 상당수 클리닉에 모여 있는 것을 보고 그와 동료들은 자기 아이들의 책장에서 책을 가져와 대기실에 꽂아 놓는 일을 시작한 적이 있었다. 그러나 얼마 후 아이들이 책을 훔쳐 자기 집으로 가져가는 바람에 책들이 없어지기 시작했다. 동료 중 한 사람은 화를 내며 대기실에 책을 가져다 놓는 일은 이제 그만 하자고 불만을 나타냈는데, 주커맨은 반대로 책을 훔쳐 간 아이들을 보며 만족스러운 반응을 보였다.

"이건 좋은 일일지도 몰라요." 그는 당시 이렇게 이야기했다고 한다. "왜냐하면 아이들 집에 책이 있게 되니까요." 그리고 그는 농담 반으로 이렇게 말했다. "아이들에게 책을 더 줘야 할 것 같은데요." 이 농담은 이후 "독서를 위한 나눔의 손길"Reach Out and Read이라는 이름의 전국적인 프로그램이 된다. 이는 미국 전역에 존재하는 600개 클리닉의 협력을 얻어, 클리닉을 찾는 아이들에게 책을 한 권씩 선물하는 프로그램이다. "사실 하느님께 맹세컨대 아이들은 막대 사탕을 받을 때보다 더 큰 웃음을 보내 줍니다." 주커맨이 말했다.

주커맨은 그의 클리닉에서 환자의 빈곤과 보스턴의 악화 일로를 걷고 있는 슬럼 지역이 미치는 영향에 맞서 싸우고 있었다. "귀에 염증을 일으킨 아이들에게 항생제를 처방하면서 이들이 집에서 쫓겨나야 한다는 사실, 겨울에도 난방을 할 연료가 없다는 사실을 알게 되었을 때 정말 화가 났지요." 그는 말했다. "제가 도와줄 수 있는 일이라곤 전화를 해서 사람들에게 소리를 지르거나 아님 전화번호도 없을 때는 혼자서 소리 지르고 마는 것밖에 없었죠."

소아과 의사에게 큰 목소리로 항의를 받게 되면 집주인이 뉘우치고 어떤 행동을 하게 될 것이라 생각하기 쉽다. 그러나 클리닉이 경험한 바에 따르면 실상은 그렇지 않다. 그러나 그 전화를 변호사가 건 것이라면 이야기는 달라진다. "천식으로 스테로이드를 처방받으며 학교에도 가지 못하던 아이가 하나 있었습니다." 주커맨이 말했다. 간호사 한 명이 그 아이의 아파트에 파견되었다. "엄마는 먼지를 청소하거나 커튼을 없애는 등 나름대로 노력을 하고 있었죠. 하지만 그 집에는 바닥 전체에 카펫이 깔려 있었어요. 또 물이 새는 바람에 카펫이 축축하게 젖어 있었고요. 우리 측 의사가 집주인에게 전화를 걸어 개선을 요구했지만 아무런 성과가 없었어요. 그래서 우리 클리닉의 변호사가 전화를 했고 두 번 대화를 했어요. 그리고 두 번째 대화가 끝난 뒤 집주인은 물 새는 곳을 수리했고, 바닥 전체에 깔린 카펫을 모두 벗겨 냈어요. 4~5주 뒤 그 아이는 더 이상 스테로이드 처방이 필요 없게 되었고 다시 학교에 갈 수 있었죠." 다른 말로 하자면, "의사들에게 쓸 돈을 저는 변호사들에게 쓰고 있는 것입니다." 그는 말했다. "왜냐하면 전 환자를 치료하기 위해 진심으로 노력하기 때문이죠. 이런 구조 속에서는 환자를 돌보기 위해 변호사가 필요할 수밖에 없습니다. …… 슬픈 현실이지만 현재 클리닉에서 가장 급성장하고 있는 곳은 바로 변호사 사무실입니다. 처음에는 한 명밖에 없던 변호사가 지금은 세 명으로 늘어났고요, 법학 전공 학생들도 많이 있습니다." 말할 것도 없이 변호사 비용은 의료보험의 대상이 아니다. 따라서 이에 드는 비용의 대부분은 재단의 조성금과 사적 기부금에 의해 충당되고 있다.

열악한 주택은 육체적인 질병을 일으키는 배양기와도 같다. 1978년 연방법으로 납이 함유된 페인트의 사용이 금지되기 이전에 칠해진 낡은 페인트는 시간이 지남에 따라 떨어지고 벗겨져 먼지가 되고, 이는 아이들의 폐 속에 들어가 몸을 오염시킨다. 밖으로 드러난 전기선은 아이들이 걸려 넘어져 다치게 한다. 난방이 제대로 안 되는 탓에 입주자들이 부엌 가스 불을 켜 놓는다든지 등유 난로를 사용하게 되면 화재의 위험이 높아진다. 좁은 공간에 사람들이 가득 들어가 사는 환경은 싸움과 스트레스의 원인을 만들고, "스트레스는 천식을 일으키는 방아쇠가 된다"고 보스턴 대학 의과대학 소아과 특별 연구원 메건 샌들은 말한다. 그녀는 주거와 건강과의 관계를 연구하고 있다. 밖에 나가 놀기엔 너무 위험한 거리와 실내의 열악한 통풍 환경이 아이들을 아파트 실내의 나쁜 공기 속에 가두어 버리게 된다.

현재 미국의 모든 사회경제적 그룹을 통틀어 약 8퍼센트의 어린이가 천식으로 고통받고 있으며 이를 슬럼 지역 흑인 어린이들에 한하면 12~15퍼센트의 비율이 되고,[17] 특정 빈곤 지역에서는 비율이 더욱 올라간다. 샌들에 따르면, 천식을 일으키는 유전적 요인을 가지고 있는 아이들의 경우 "집 안에는 알레르기를 일으키는 방아쇠가 무수히 존재한다." 곰팡이나 진드기, 바퀴벌레 표피가 떨어져 가루가 된 것과 같은 항원 물질에 노출되면 아이들의 신체 방어 기능은 과잉 반응을 일으키게 된다. "이런 항원 물질을 마시면 폐가 자극을 받게 되고 다음의 두 가지 현상이 일어납니다." 샌들은 설명한다. "우선 글자 그대로 폐의 근육이 수축하게 됩니다. 그리고 그 때문에 종창腫脹[염증이나 종양으로 몸의 일부가 부어오르는 겠이 일어납니다. 마치 옷을 만져서 피부가 부어올라 가렵게 되는 것과 비슷한 일이 폐 속에서 일어나는 것입니다." 호흡 장애를 일으키는 이런 천식 증상은 보통 흡입기를 사용한 투약을 통해 진정시키곤 하는데, 결국은 입원 치료를 위해 며칠 동안 학교를 쉬어야만 한다.

천식을 유발하는 원인에 관해 의사가 가르쳐 주지 않는 경우, 부모들은 아무 것도 모른 채 있을 수밖에 없다. 노스캐롤라이나 주 아이반호 시에서 생활고와 싸우고 있는 멕시코인 농장 노동자 발타자르 가족이 그런 사례다. 그들이 살고 있는 작은 목조 주택에는 바퀴벌레가 들끓고 있었는데, 아버지인 어거스틴과 두 아이의 천식 치료를 담당했던 의사는 그들의 주거 환경에 관해서 전혀 질문을 던지지 않았고 바퀴벌레가 천식을 일으키는 방아쇠[증상을 유발하는 결정적 계기]가 된다는 이야기도 전혀 해주지 않았다. 어거스틴의 말에 따르면, 그곳의 전문가로부터 천식과 관련된 집회에 한 번 나오지 않겠느냐고 초대를 받은 적이 있다고 한다. "집회에 오면 천식용 의료 기구를 받을 수 있다고 했지만 가지 않았어요. 참가비가 15달러나 됐거든요."

대부분의 의사들은 해결하기 힘든 문제까지 나서서 해결을 모색하려고 하지 않지만, 보스턴 의료 센터는 그런 좁은 범위의 치료에만 머물지 않았다. 이 센터에서는 변호사와 사회복지사의 도움을 받을 수 있기 때문에 소아과 의사와 구급실 스태프들은 일반적인 수준보다 더 넓은 범위의 사항에 관해 질문을 한다. "열악한 주거 환경에 사는 아이들을 수도 없이 담당해 왔습니다." 이 병원 소아과 변호사인 진 조터는 말한다. "아이들이 천식 발작을 일으켜 실려 오면 의사들이 주거 환경에 관한 질문을 하기 시작합니다. 그리고 집의 벽에 곰팡이가 슬어 있다는 사실을 알게 되죠. 그러면 의사들은 아이를 집에 돌려보내지 않으려고 합니다. 아이를 입원시키기 위해서 의료보험 회사에 입원의 필요성을 역설하게 되죠. 왜냐하면 아이를 다시 집으로 돌려보내면 증상을 재발시키는 요인인 곰팡이에 다시 노출되고 마니까요." 보험회사가 천식이 집의 환경 때문에 일어난다는 사실을 안다면, 아마 입원비를 지불하려 하지 않을 것이다.

보통 공영주택 관리 사무국에 변호사가 전화를 걸면 사무국 측은 입주자를 곰팡이가 슬은 아파트에서 다른 아파트로 이주시켜 준다고 조터는 말한다. 또한 일반적인 개인 주택의 경우에도 집주인을 강하게 밀어붙이면 반응을 얻어 낼 수 있는 경우가 많다고 그녀는 말한다. 그러나 때로는 가능한 모든 압력을 가해야 할 때도 있다. 예를 들어 요구 서한을 보낸다거나 시(市) 감찰관을 대동하거나 법적 조치를 취하겠다고 으름장을 놓는다거나 심지어는 고소하는 경우도 있다. 폐동맥 협착증을 앓고 있는 생후 9개월의 남자아이의 경우가 그랬다. 폐동맥 협착증이란 심장에서 폐로 혈액이 흐르는 기능에 장애가 생기는 병이다. 이 아이는 치료를 위해 수술을 받았으나 유독성 연기와 검은 먼지를 배출하는 난방로가 집안에 설치되어 있는 탓에 위험한 증상이 계속 나타나고 있었다. 같은 이웃에서 검소한 생활을 하던 집주인은 "난방로를 살펴보는 것조차 거부했다"고 조터는 말한다.

그녀는 보스턴의 보호법을 이용해 감찰관을 불러 집주인이 많은 위법행위를 저지르고 있다는 사실을 확인시켰다. 그리고 공청회가 열렸으나 집주인은 출석하지 않았다. 그 후 14일간의 유예기간을 두고 난방로를 교체 혹은 수리하도록 명령이 내려졌으나 그는 아무것도 하지 않았다. 결국 조터는 법원에 고소를 했고, 법원에 출두한 집주인은 판사에게 직접 난방로를 수리하겠다고 주장했다. 그녀는 이의를 제기했으나 판사는 집주인의 주장을 받아들여 2주간의 유예기간 동안 수리를 마칠 것을 명령했다. 그 후 조터는 다시 법원을 찾아 다른 판사에게 서 난방로를 교체하라는 명령을 받아 냈다. 집주인은 결국 굴복했으나 "이 모든 과정을 마치는 데 한 달 반이나 걸렸다." 그리고 "그 사이에 생후 9개월 된 아기 는 입원과 퇴원을 반복했다."

5개월 뒤, 아기는 감염에 의해 사망했다. 면역 체계가 약해져 있지 않았더라 면 아기는 감염과 싸울 수 있었을지도 모른다. 조터는 집주인을 고소해 손해배 상을 청구할 생각도 했으나 난방로와 아기의 죽음 사이에 명확한 인과관계를 증 명하는 것은 대단히 어려운 일이었다. 분노와 함께 망연자실해진 아기 엄마는 그대로 그 집을 떠났다.

열악한 주거 환경과 나쁜 건강 사이의 연결선은 언제나 명확한 일직선으로 나있는 것이 아니다. 집중 치료 병동에 입원해 있던 한 소녀가 극도의 고양이 알 레르기를 가지고 있던 것을 메건 샌들은 기억했다. 소녀의 가족은 고양이를 기 르고 있었다. "가족들에게 이렇게 말했어요. '고양이를 다른 곳으로 치워야 해요. 지금 따님은 틀림없는 고양이 알레르기예요. 따님이 지금처럼 매우 심한 천식 발작을 일으키는 것도 고양이 알레르기가 원인 중 하나라고 생각돼요'라고요." 샌들은 기억을 되살리며 말했다. "그러자 그 부모는 저를 빤히 쳐다보더니 이렇 게 말했어요. '하지만 고양이는 쥐를 잡는걸요'라고요. 주거 환경도 확실히 문제 이지만 해결 과정도 하나의 문제라고 할 수 있어요."

둘 다 소아과 의사인 샌들과 조슈아 샤프스타인은 공동 연구를 진행해, 주택 원조를 받고 있는 가난한 부모들에게 지금까지 살고 있던 집이 아이들의 건강에 어떤 영향을 끼쳤는지 설문 조사를 실시했다. 돌아온 대답에는 "정서적으로"란 단어와 "정신적으로"라는 말이 되풀이되었다. 한 인터뷰 기록에는, "정서적으로 마음에 여유가 없어요. 집 안이 너무 시끄러워서 아이들이 숙제를 할 수가 없어요"라고 적혀 있었다.

"정서적으로요. 가정 폭력이 심각해요. 그리고 아파트가 너무 추워요."

"정서적으로요. 가족과 함께 지낼 수 없어요."

"정신적으로요. (거리에는 범죄가 많기 때문에) 밖에 나가 놀 수 없어요."

"정신적으로요. 아들에게는 자기 방이 필요해요. 하지만 여전히 저와 함께 잘 수밖에 없어요."

"정신적으로요. 할아버지가 알코올의존증이라 소리를 질러 대요. 이사 갈 수 있다면 좋을 텐데. 아이들이 할아버지를 무서워하지 않아도 되니까요. 딸아이는 정신적으로 건강하지가 못해요."

부모들은 아이들이 받고 있는 심리적 피해에 대한 걱정을 가장 많이 이야기한다고 샤프스타인은 말한다. "사실은 같이 살고 싶지 않은 친구나 친척들과 동거하고 있는 가정이 많이 있습니다. 그러면 부모는 아이들과 침실을 같이 쓸 수밖에 없고 아이들 공간이 없어지죠. 항상 소란스럽기 때문에 아이들이 숙제를 할 수 없다고 말하는 부모도 있어요. 아이들은 시종 울거나 '이모가 밉다'고 하죠. 집안에는 싸움이 그치지 않고요. 집안사람들한테서 학대를 받은 아이들의 이야기를 두 번 정도 들은 적이 있어요."

그리고 쥐도 문제다. "아이들은 쥐 때문에 공포에 떨고 있어요." 그는 말했다. "아침에 눈을 떴을 때 쥐가 몸 위에 올라와 있던 경험을 한 아이는 잠을 못 자게 돼서 학교 공부에도 지장이 있었어요." 그 소년은 끊을 수 없는 악순환에 빠져 있었다. 빈곤한 탓에 건강과 주거의 문제가 발생하고, 열악한 건강 상태와 주거 환경이 인지능력의 결함과 학업 상의 문제를 일으키고, 이런 교육의 실패가 또다시 빈곤을 부르게 되는 것이다.

높은 집세의 주택 시장, 저소득, 부족한 정부 원조 등의 상황을 개선하기에 앞서 우선 해결해야만 하는 것은 워킹 푸어 세대가 부당하게 거절당해 왔던 주택 보조금을 그들에게 다시 돌려주는 일이다. 보스턴 의료 센터 소아과의 변호사들과 사회복지사들은 그 목표를 이루기 위해 악전고투하고 있었다. 병원에 통원 중인 많은 어린이들은 식품 쿠폰, 생활보호, 섹션 8 주택 쿠폰과 같은 제도의 혜택이 필요했다. 연방 정부가 자금을 제공하고 있는 섹션 8 주택 쿠폰은 민간 소유의 주택과 아파트의 집세 중 일부를 정부가 내주는 제도이다. 그러나 이 제도의 운용에 들어가는 자금과 주택이 부족한 탓에 대부분의 지역에서 순번을 기다리는 명부는 길다. 집값이 폭등하고 부유층은 더 풍요로워지는 가운데 빈곤층은 주택 시장에서 집을 찾을 수도 없고 그렇다고 재원이 부족한 연방 정부, 주 정부의 주택 정책에 기댈 수도 없이 사실상 어찌할 도리가 없는 상태로 방치되어 있다.

또한 이 주택 원조 시스템에도 복지 사기가 들끓고 있다. 여기서 말하는 복지 사기란 생활보호를 불법적으로 수급하는 사람들을 가리키는 것이 아니다. 그런 사람들보다 오히려 케이스워커 같은 공무원들에 의해 일어나는 복지 사기가 더 악질적이다. 그들은 수급 자격을 완벽하게 갖춘 가족들에게 이런저런 방법을 써서 신청을 단념하게 하거나 신청을 각하시킨다. 그들은 워킹 푸어 엄마에게 접수처에서 두세 가지 무성의한 질문을 한 뒤 신청 용지를 건네주지 않는 불법행위를 한다. 소득이 얼마가 되던지 누구나 주택 원조 신청이 가능하다고 법률로 정해져 있는데도 말이다. 변호사들은 이것이 교묘한 수법이라고 말한다. 즉, 의뢰인이 아직 신청을 하지 않은 상태에서는 변호사들도 개입이 불가능하기 때문이다.

복지 사기를 일삼는 사람들이란, 마치 카프카의 소설 속에 등장하는, 미로와 같이 끝없이 계속되는 사무 절차 시스템을 구축하는 공무원들을 말한다. 이 절차 때문에 식품 쿠폰, 메디케이드, 생활보호 수급자들은 공들여 작성한 서류 더미를 들고 정부 공무원들과의 괴롭고 시간 낭비적인 싸움을 해야 하며, 그러는 동안 일은 쉴 수밖에 없다. "의뢰인 중에는 저보다 더 스케줄이 꼭 찬 수첩을 들고 다니는 사람들이 있어요." 보스턴 의료 센터 소아과의 변호사 엘런 로튼은 말한다.

생활보호를 계속 받기 위해서는 아이가 예방접종을 받고, 학교에 다니고 있다는 사실을 증명하는 서류를 제출해야만 한다. 식품 쿠폰을 수급 받기 위해서는 급여 명세서와 납세 신고서를 보내야만 한다. 직장을 구하고 싶다면 우선 아이를 맡길 보육원이 필요한데, 아이를 보육원에 보낼 돈이 없을 경우 보육원용 쿠폰을 받아야 하고, 쿠폰을 받기 위해서는 현재 직장에 다니고 있음을 증명해야 한다. 쿠폰을 받으려면 몇 곳의 사무소를 들락거려야 한다. 그것도 낮 근무시간 동안에 말이다. 이런 딜레마 상태에 빠진 한 엄마는 시내에 있는 모든 보육원을 찾아가 순번을 기다리는 명부에 자신의 이름을 올렸다. 그러는 동안 케이스워커는 그녀에게 보육비 지원을 받기 위해서는 우선 직장을 구해야 한다고 했다. 로튼의 말에 따르면 그 케이스워커는 이렇게 말했다고 한다. "대기자 명부에 이름을 올렸어요? 그럼 이제 (직장을 찾는 동안) 당신 아기를 봐줄 사람을 찾아봐요."

서류 제출을 요구하는 모든 절차 하나하나가 수급자를 차단하는 기회로 이어진다. 그들이 아무리 정성 들여 작성한 서류를 제출하더라도 관료주의 시스템 속에 들어간 그 서류는 다른 서류들과 뒤섞여 행방불명이 되어 버리기 때문이다. "지난주에 꼭 그런 의뢰인을 만났습니다." 로튼이 말했다. "그 여성은 복지 수급이 중단되었다는 내용을 세 가지 다른 방법으로, 세 가지 다른 통지서로 받았죠. 그녀가 (직업훈련) 프로그램에 참가했다는 것을 증명하는 서류를 제출하지 않았다는 것이 복지 수급이 중단된 이유 가운데 첫 번째였습니다. 그러니 그녀의 이야기에 따르면, 서류는 제출을 했고 공무원 측에서 그걸 잃어버린 것 같다고 했습니다. 뭐, 좋습니다. 우리는 다시 서류를 제출했어요. 그런데 다시 복지 수급을 중단한다는 통지가 왔습니다. 사실 그 통지는 전혀 다른 컴퓨터 시스템을 경유해 날아온 것이었죠. 그래서 그녀는 어쩔 수 없이 직업훈련 프로그램을 결석하고 다시 새로운 서류를 받으러 가야만 했고, 그 서류를 다시 사무소에 제출해야 했죠. ······ 빈곤은 풀타임 직업입니다. 정말 그래요."

빈곤이란 또한 부조리와 모순을 경험한다는 것과 같다. 조터는 한 엄마의 이야기를 해주었다. 그 엄마는 천식이 있는 아이를 유해한 환경의 아파트에서 벗어나게 하기 위해 소아과 의사로부터 아이의 병이 주거 환경에 의한 것이라는 내용의 편지를 받았다. 이 편지가 있다면 형식적으로는 긴급 구호를 받을 수 있는 자격이 되기 때문이다. 그러나 복지 서비스 담당 접수원은 이 엄마를 세 차례에 걸쳐 돌려보냈다. 이미 그녀 소유의 집이 있기 때문에 홈리스가 되지 않는 한 일시적인 보호소 입소조차 불가능하다는 것이었다. 엄마는 입소 자격을 얻기 위해 집을 나와 홈리스가 되는 것을 진지하게 생각해 보았다. 변호사는 케이스워커에게 지금 복지 사무소가 하고 있는 일은 위법행위라는 사실을 강한 어조로 설명했지만, 그녀는 포기하고 애틀랜타로 이사를 갔다. 복지 제도가 더 이상 자신에게 도움이 되지 않을 것 같다면서.

조터의 추정에 따르면, 이와 같은 상황에서 변호사의 전화로 문제가 해결되는 경우는 전체의 절반 이하이다. 그는 클리닉에 오는 아이들의 엄마 가운데 하나가 긴급 식품 쿠폰을 신청했다가 거절당한 사례를 하나 소개해 주었다. "정말로 저소득자라면 24~48시간 내에 식품 쿠폰을 받을 수 있습니다. 그리고 정부 측에서는 신청자가 수급 자격이 되는지 아닌지 검증을 합니다. 그런데 그들은 이 엄마의 신청을 받아들이지 않았습니다. 그래서 저는 그들에게 전화를 걸어 이렇게 말했죠. 그녀의 소득은 이만큼이고, 그녀는 재산도 없고, 이걸 받을 자격이 된다고 말이죠. 그리고 당신들은 그녀에게 신청 자격을 주어야 한다고요. 그러자 신청 허가가 떨어졌어요."

변호사가 한편이 되어 주는 빈자들은 축복받은 자들이다.

9

꿈

나는 가난하기 때문에 꿈밖에 가진 것이 없어요.

그리고 나는 그 꿈을 당신의 발밑에 펼쳐 놓았어요.

그러니 사뿐히 걸어 주세요. 내 꿈이 당신의 발밑에 있으니까요.

— 윌리엄 버틀러 예이츠

"나중에 크면……," 열한 살 샤미카는 말했다. "변호사가 되어서 사람들을 도와주고 싶어요." 어떤 사람들? 내가 물었다. "집 없는 사람들이요." 샤미카가 대답했다. "아이들을 그냥 내버려 둘 수 없으니까요. 그래서 홈리스들을 돕고 싶어요."

샤미카는 6학년생다운 희망에 가득 찬 확신으로 자신의 결심을 이야기했다. 미래를 이야기하는 소녀의 눈빛은 가능성에 대한 확신으로 빛나고 있었다.

샤미카가 살고 있는 아나코스티아라는 황폐한 지역 — 워싱턴 대리석 기념비에서 오염된 강 하나를 건넌 곳에 있는 — 에서는 그런 아이들의 맑은 눈빛이 고등학생이 되어서도 사라지지 않고 그대로 남아 있는 경우가 매우 드물다. 어린 시절 가졌던 이상과 미래는 아이들이 커가는 도중에 어느새 퇴색되어 버린다. 아니면 미식축구장 그라운드 위에서, 농구 코트에서 부와 명성을 얻고자 하는 공상적 바람으로 비뚤어진다.

내가 대화를 나눠 본 최빈곤 지역의 중학생들은 모두 실제로 대학에 가기를 희망했다. 그들 부모 중 몇몇은 실업자였고, 몇몇은 가구를 나르는 일, 도서관 책을 정리하는 일, 정부 건물을 청소하는 일 등을 했다. 많은 부모들이 슈퍼마켓, 공장, 양로원, 자동차 정비소, 병원, 이발소 등에서 일하고 있었고 소수만이 기계공, 목수, 전기기술자, 컴퓨터 기사 같은 기능직에 있었다. 꿈을 실현하기 위해서 아이들은 교육, 직업, 소득의 사회적 계단을 밟고 올라가야만 한다. 그들은 아메리간드림을 실현해야만 하는 것이다.

샤미카, 그리고 같은 반 친구 다섯 명 가운데 세 명이 변호사가 되는 꿈을 가지고 있었다. 다른 두 명 중 한 명은 검안사가 되고 싶어 했다. 나머지 한 명, 로버트는 "(회사의) 사장이나 의사 같은 사람이 돼서 사무실에서 근무하는 일을 하고 있는" 자신의 모습을 그리고 있었다. 그의 목표는 돈을 버는 능력을 가지는 것이었다. "만약에 가족이 힘들어지면 내가 달려가서 문제를 해결해 줄 수 있는 그런 사람이요." 그는 회사를 경영해서, "홈리스들을 도와줄 거예요. 돈도 주고 자선 활동 같은 원조 활동도 할 거예요"라고 말했다.

기회의 공원Opportunity Park으로 불리는 가난한 동네 애크런에 사는 한 무리의 6학년 아이들은 가수, 소아과 의사, 경찰관, 간호사, 래퍼, 기계공 등이 되는 꿈을 꾸고 있었다. 그들의 야망은 희망으로 넘쳐흐르고 있었다. 건설 노동자 아버지와 미용사 어머니를 둔 도미니크는 "고고학자와 소아과 의사"가 되고 싶다고 말했다. 동시에? 내가 물었다. "아니요. 고고학자는 나이가 들면 할 거고요, 20대나 30대 같은 젊은 시절에는 소아과 의사를 하고 싶어요."

애크런의 중학교 7학년 흑인 아이들은 흑인의 직업으로 가장 대표적인 미식축구 선수나 농구 선수, 래퍼를 장래 희망으로 들었다. 한편 백인 아이들은 예술가나 수의사, 자동차 정비사가 되고 싶다고 했다. 돈이라는 이름의 백인 남자아이는 아스팔트 포장 일을 하고 싶다고 하며 그 이유에 대해 이렇게 설명했다. "월급이 많잖아요."

대부분이 흑인 아이들인, 워싱턴의 저소득 지역 학교 두 곳의 7학년 아이들은 변호사, 사진가, 미식축구 선수, 농구 선수, FBI 수사관, 여경, 세일즈맨, 의사, 댄서, 컴퓨터 전문가, 건축가, 예술가가 되고 싶다고 했다. 8학년생들은 해양 생물학자, 컴퓨터 기술자, 과학자, 건설 노동자, 변호사, 소아과 의사 등을 들었다. 아이들이 이런 직업을 동경하는 것은 우연히 그런 직업을 가진 사람을 만나거나 책이나 TV를 통해 접하는 것이 계기가 된다. 개중에는 진지한 열정을 가지고 생각하는 경우도 있지만, 대부분 그저 한번 스쳐 지나가는 바람인 경우가 많다. 만약 전체 아이들의 통계를 구한다면 그중에는 꿈을 실현한 아이도 있겠지만 대다수는 그렇지 않을 것이다. 많은 아이들이 학교를 중퇴할 것이고 대학에 가는 아이들은 소수일 것이다. 그리고 대부분이 저임금 노동이라는 덫에 빠지게 될 것이다.

아이들의 꿈과 야망에 관해 C 선생은 냉소적이었다. 그녀는 샤미카가 다니는 워싱턴의 패트리샤 R. 해리스 교육 센터Patricia R. Harris Educational Center[고등학교에 해당]에서 15년간 역사를 가르쳐 온 베테랑 교사였다. "이 애들은 매일 지각이나 하고 하루걸러 결석하는 그런 애들이라고요." C 선생은 조소했다. 그녀는 흑인이었고 학생들도 대부분이 흑인이었다. 그래서 인종차별에 대한 걱정 없이 아이들에게 엄하고 솔직하게 대할 수 있었다. "'10년 후에 어떤 사람이 되어 있을 것 같니?'하고 아이들한테 물으면 '의사가 되고 싶어요'라든가 '농구 선수요', '변호사요', '미식축구 선수요'라는 대답이 돌아옵니다. 그러면 저는 이렇게 말하죠. '전체 미식축구 팀이 몇 개나 있는 줄 알아? 한 팀에 선수가 몇 명 있는 줄 알아? 네가 그 팀에 들어갈 확률은 어느 정도나 될 거라고 생각해? 변호사가 되려면 독해 능력이 필요하다는 것 아니? 의사가 되려면 수학과 독해 능력이 필요하다는 것 알고 있니? 너희들은 꿈을 실현할 수 있는 힘을 가지고 있긴 하지만 열심히 노력하지 않으면 안 돼'라고요." 그녀는 아이들의 꿈을 부숴 버리고 있었다. 그것도 매우 거칠게. 그리고 아이들에게 진실을 말해 주려 했다. "아이들이 꿈을 가졌으면 하는 마음은 있습니다. 하지만 그 꿈을 이루는 과정에서만큼은 현실적이었으면 좋겠어요."

C 선생을 비롯한 많은 교사들에게 진실은 분노로 얼룩진 것이었다. "이 애들은 나태해요." 그녀는 말했다. "책을 읽고 싶어 하지도 않고 숙제도 해오지 않습니다. 꼭 이빨 뽑는 일처럼 숙제를 싫어해요. 많은 아이들이 집에서 관심을 못 받으니까 학교에서 받고 싶어 해요." 그리고 아이들은 관심을 끌기 위해 문제를 일으켰다. 나는 선생의 재량으로 상이나 벌을 주고 있는지 물어보았다. 그녀는 고개를 좌우로 흔들었다. "아이들은 F 학점을 받아도 좋아라 하죠." 그녀는 단언했다. "전혀 신경 쓰지 않아요. 성적에 신경 쓰는 것은 우리들 선생 쪽이에요."

샤미카는 이미 이런 상호 불신과 원망의 순환 고리를 경험하고 있었다. 샤미카는 귀엽고 수다 떨기를 좋아하는 아이였다. 머리 한가운데서 묶은 두 개의 머리끈은 양쪽 귀까지 내려와 있었는데, 어머니의 애정과 정성을 확인할 수 있었다.

어느 날 샤미카의 담임교사는 샤미카의 입에서 쉴 새 없이 말이 쏟아져 나온다는
이유로 샤미카의 부모를 학교로 불러 애가 수업 중에 너무 떠든다고 불만을 토로
했다. 반대로 샤미카는 담임교사가 자신을 또 다른 샤미카와 혼동하고 있다고 주
장했다. 그래서 샤미카의 부모는 담임교사를 좋게 생각하고 있지 않았다. 샤미카
역시 담임교사의 평가 같은 것은 그다지 신경 쓰지 않는다며 재미있다는 듯 말했
다. "작문 숙제를 선생님한테 돌려받았는데요, 아주 똑똑한 척을 하더라고요." 샤
미카는 직설적으로 말했다. "맞춤법에서 단어 하나를 틀렸는데요, 선생님은 아주
똑똑한 척을 하며 이렇게 써놓았어요. '더 열심히 공부하세요, gril.' GIRL이라고
써야 할 것을 GRIL로 쓴 거예요. 그런데 성적표가 나온 걸 보니 선생님은 저한테
D를 준 거예요. 'girl'을 어떻게 쓰는지도 모르면서 말이에요."

아이들은 학교와 가정 사이의 소모적 관계라는 덫에 빠지기도 한
다. 부모들 가운데는 교육을 거의 받지 못하거나 일이 바쁜 탓에 아이들의 숙제
를 도와주지 못하고 교사와 면담할 시간도 없는 이들이 있다. 또는 어떻게 아이
들을 슬기롭게 지도해야 할지 방법을 모르는 사람들도 있다. 어떤 부모들은 자
신이 학생 때 겪었던 나쁜 경험 탓에 — 어떤 경우에는 아이와 같은 학교, 같은
건물에서 — 부모가 된 이후에도 여전히 학교를 피해야만 할 적대적 장소로 인
식하는 경우가 있다. 그들이 교사로부터 듣는 이야기 가운데 좋은 이야기는 거
의 없는 탓에(대부분의 교사들이 부모를 부를 때는 어떤 문제가 있어서이지, 칭찬해 주기
위해서가 아니다) 교사와의 대화는 굴욕적이고 대립적인 것이 될 수밖에 없다.

　부모가 학교에 대해 보이는 태도는 모든 사회경제적 계급에 상관없이 대립,
융화, 협조, 관대, 무관심 등 여러 가지가 있을 수 있으나, 가장 낮은 층에서는 부

모들이 특정한 문제에 직면하게 된다. 많은 가난한 부모들에게 아이에 대한 사랑은 아이에 대한 걱정과 동의어이다. 인생에서 그다지 많은 성공을 거두지 못한 자신과는 달리, 위험과 실패라는 환경 속에서 육아는 다시 한 번 성공으로 이어질 수 있는 기회가 된다. 하지만 그 골인 지점은 마약과 갱, 피폐한 학교와 붕괴된 가정이라는 지뢰가 곳곳에 설치된 기다란 길의 마지막 지점에 있다. 그래서 일부 부모들이 공격적인 태도를 취하는 것은 거친 가정환경이나 지역 환경 속에서 살아남기 위해 익혔던 그들 나름의 처세술이라고 할 수 있다. 이런 처세술이 가정이나 거리에서 자신을 지키는 데 효과적이었던 만큼 그들은 아이의 학교에서도 호전적인 태도를 취한다. 그것은 아이를 돕기 위한 다듬어지지 않은 형태의 방어기제라고 할 수 있고 아이들 또한 그것을 따라 하는 경우가 많다.

"출근 첫날, 한 아이가 저를 '백인 창녀'white bitch라고 불렀어요. 아마 2학년짜리 애였을 거예요." V 교사는 말한다. 그녀는 콜롬비아 대학을 갓 졸업하고 워싱턴 케닐워스 초등학교에서 2학년 아이들을 가르치고 있었다. "아이들한테 맞은 적도 있어요. 주먹으로요."

하지만 그것보다 더 무서운 것은 부모들의 적대감이었다. 부모 중 많은 이들이 어린 시절에 아이를 낳아 부모가 된 사람들이다. 그녀는 이렇게 이야기했다. "나이 어린 엄마, 때로는 아빠들한테요. 제가 '아이가 학교에서 이런저런 행동을 합니다'라고 말하면요, 매우 자기 방어적인 태도를 취해요. 아이들의 그런 행동이 마치 자신이 아이를 어떻게 키웠나를 반영하는 것처럼 느끼는 것 같아요. …… 어쩔 때는 이렇게 말할 때도 있어요. '글쎄요, 우리 아이가 말하길, 선생님이 학교에서 이런저런 행동을 한다면서요. 도대체 우리 아이에게 무슨 짓을 하는 거예요. 전에는 우리 애가 절대 이런 문제를 일으킨 적이 없었는데.' 그리고 이런 말도 많이 들어요. '두고 봐라 내가 다시 와서 네년들을 두들겨 패줄 테다'라고요."

일상적인 교사의 업무가 위협적으로 다가오는 경우도 있다. V 교사는 장기

결석을 하던 한 여학생의 집으로 사정을 묻는 편지를 보낸 적이 있었다. 2년 전에도 교사에게 폭력을 행사한 적이 있는 그 아이의 엄마는, "저에게 답장 편지를 보내 협박을 했어요. '내가 원하기만 하면 우리 딸을 학교에서 자퇴시킬 수도 있습니다'라고요." 그리고 옆 교실에는 마을 깡패들이 갑자기 들이닥쳤다. 다른 부모가 교사를 겁주기 위해 부른 것으로 그 교실의 담당 교사 역시 젊은 백인 여성이었다. "목숨의 위협까지 느꼈어요." V 교사는 말했다. 그녀와 동료 교사는 다음 해 말에 다른 학교로 전근을 갔다.

이런 예와는 정반대로 백인 교사는 방임주의로 아이들을 너무 풀어 준다는 고정관념을 가지고 있는 아프리카계 미국인들도 많다. 이는 인종에 따른 태도의 차이에 관해 인터뷰할 때 빠지지 않고 반복해서 등장하는 이미지다. V 교사도 몇몇 부모로부터 이런 시선을 경험한 적이 있었다. 부모들은 그녀에게 아이를 때려도 좋다고 허가해 줌으로써 그녀를 같은 편으로 삼고자 했다. "화장실로 끌고 가서 때려 주세요." V 교사가 한 부모로부터 들은 말을 인용했다. "제가 아이를 때려도 좋다는 편지를 써줄 테니까요." 그녀는, "아니요, 그렇게 할 수는 없어요"라고 대답했다고 한다. "많은 선생님들이 어느 정도는 그런 행동을 하지만요." 그녀는 인정한다. 하지만 체벌은 법에 어긋나는 행동이다.

인종과 계급의 강을 건너 부모와 교사가 대면할 때 가끔은 양쪽 모두가 혼란을 겪기도 한다. V 교사는 학생들의 부모 대부분이 "자식을 너무너무 걱정하고 신경 쓰고 있다"는 사실을 알고 혼란스러워 했다. "정말 못된 아이의 경우에도 말이죠. 또 부모가 크랙을 하고 있는 경우에도요." 그녀는 어떻게 해야 좋을지 몰랐다. "부모들은 진심으로 자식을 사랑하고 있었어요. 그들에게 자식은 아주 소중한 존재였어요." V 교사는 놀라움과 감탄을 섞으며 말했다.

부모의 유형을 분류해 보면, 한쪽 극단에는 공격적인 부모가 있고 다른 극단에는 아예 학교에 모습을 드러내지 않는 부모들이 있다고 할 수 있다. 오히려 후

자의 경우가 절대적으로 많은 편이다. 학부모회의 낮은 출석률은 저소득 지역의 고질병이라고 할 수 있다. "학교에서 한 블록 떨어진 곳에 사는 부모들조차 참석하질 않아요." 워싱턴 해리스 센터의 교장인 시어도어 힌튼은 불만을 토로한다. 이 학교에는 보육원부터 8학년까지의 아이들이 공부하고 있다. "제가 가르치는 70명의 아이들 가운데서요, 마지막으로 열린 학부모회에 참석한 부모는 8명이었어요." 워싱턴 던바 고등학교 수학 교사 I가 말했다.

저소득 노동자의 불규칙적인 근무시간을 고려해 학부모회의 개최 시간을 조정하고, 회의 시간 동안 아이를 맡길 수 있도록 서비스를 제공하고, 아이의 성적표를 부모가 직접 받으러 오게 하는 등 학교 측은 여러 가지 노력을 기울였으나 큰 성과를 얻지 못하고 있다. 워싱턴의 벨 다문화 고등학교에서는 부모들이 아이의 성적표를 직접 받은 뒤 바로 교사와 면담을 갖도록 하고 있었다. 이 학교에서 수학을 가르치는 수잔 구엔이 학부모와 면식이 있는 경우는 학생 60명 가운데 10명꼴에 불과했다.

부모가 학교 일에 적극적으로 참여하지 않으면 바람직하지 않은 분위기가 형성되고 종종 교직원들과 오해를 불러일으키기도 한다. 애크런의 메이블 M. 리딩거 중학교에서는 85퍼센트의 아이들이 빈곤으로 무료 급식을 먹거나 할인받을 수 있는 자격이 있었는데, 대부분은 흑인과 중남미계, 아시아계 아이들이었다. 나는 그곳의 교직원 식당을 찾아 여러 백인 교직원들에게 학생들이 어떤 문제를 안고 있는지 물었다. 그들의 대답은 가차 없었다. "교육이라는 것에 가치를 두고 있지 않아요. 사실 그런 가치관은 집에서 가르쳐야 하는 것인데." 도서관 사서가 말했다. "정학을 당해도 신경도 안 써요." 같은 테이블에 앉아 있던 교사들도 이 경멸이 담긴 평가를 지지했다. 그것은 학생이 교사를 탓하고 교사가 부모를 탓하고 부모가 학교를 탓하는 구조의 한 부분이었다. 언제나 잘못은 다른 누군가에게 있었다.

해리스 센터의 힌튼 교장은 부모의 눈높이에서 바라보고 가능한 한 부모의 마음속으로 파고들어 그 악순환을 깨기 위해 노력하고 있었다. "부모들에게 학교는 편한 곳이 아니죠." 그는 말한다. "부모들은 학교가 왠지 위압적이고 자신들을 충분히 존중하고 있지 않다는 느낌을 가지고 있습니다. 또 학교가 아이들을 향한 애정이나 부모와의 일체감도 충분히 보여 주고 있지 않다고 느끼죠." 그렇다면 어떻게 해결해야 할까? "부모와 대화를 해야 합니다. 친근함을 가지고 다가가 부모와 대화를 하고, 받아들이고, 우호적인 태도를 보여야 합니다. 아이가 잘못했을 때뿐만 아니라 잘한 일이 있을 때도 부모를 학교로 불러서 아이에 관한 정보를 계속 전달해 주는 것이지요. 아이가 어떤 (좋은) 일을 한 경우, 예를 들어 시 주최 백일장에서 입상했을 경우 그것을 알리는 것이죠. 모든 것을 감추지 않고 전달하는 겁니다. 그들에게 학교가 열린 분위기라는 것을 보여 주는 것입니다. …… 어제 아침 흑인 역사의 달[2월]을 맞아 아버지와 아들이 함께 참석하는 조찬회를 처음으로 열었어요. 30명, 아니 45명 정도의 아버지가 참석했죠. 바로 이런 거예요. 부모가 학교에 오도록 모든 전략을 시도해 볼 필요가 있습니다. 그렇게 하면 부모는 스스로 학교에 와서 도움을 줄 것입니다. 육아 강좌 같은 부차적인 프로그램도 엽니다. 우리는 부모들을 학교로 끌어들이기 위해 모든 노력을 하고 있지요. 그것이 20분, 30분, 1시간, 혹은 하루가 걸리는 것이라 할지라도 말이죠. 부모를 학교로 부를 수 있는 것이라면 어떤 일이라도 해야 합니다."

나의 비과학적으로 표본추출된 교사들에게서는 부모의 학부모회 참석률과 아이의 성적 간에 어떤 상관관계가 있는지에 대해 일치된 견해를 얻을 수 없었다. 관련성을 지적하는 교사도 있는가 하면, 그 자리에서 정반대의 의견을 내놓는 교사도 있었다. 스스로를 "슬럼가 출신"으로 소개한 리딩거 학교의 남자 흑인 교사 N 선생은 아이들을 관찰하면 부모가 학교에 적극적으로 관여하는지 아닌지를 알 수 있다고 주장했다. "성적표가 빵점투성이인 아이의 부모는 학교에 나타나지 않습니다." 그는 단적으로 말했다. 한편 수잔 구엔 선생은 모임에 출석한 10명의 부모 대부분이 성적이 나쁜 아이의 부모라는 사실을 깨닫고 이상하게 생각한 적이 있었다. 워싱턴의 케닐워스 초등학교에서 웹 초등학교로 전근한 뒤 2학년 아이들을 담당하고 있는 V 선생은 이렇게 말한다. "어찌 해볼 도리가 없을 정도로 가장 문제아인 학생들 가운데도 학교 일에 적극적으로 참여하는 부모들이 있습니다." 던바 고등학교의 남자 수학 교사 I 선생은 참석률은 낮았으나 "성적이 꼴찌였던 아이의 부모가 나타난 적이 있었다"고 말한다. 학생 150명 가운데 약 절반의 부모를 만났다는 폴 중학교의 교사 셋은, 처음에는 부모의 참석률과 아이의 성적 간에 높은 상관관계가 있다고 말했다. 하지만 하나둘씩 예외적인 상황을 떠올리더니 결국 그들 가운데 하나가 이런 말을 했다. "부모가 아주 열심이지만 아이의 성적이 따라 주지 못하는 경우도 있습니다."

미국의 비영리 교사 양성기관인 티치 포 아메리카Teach for America 프로그램은 교사가 학생의 가족에 관해 더 많이 알아야 한다는 입장을 취한다. 이 프로그램은 우수하고 열정에 가득 찬 대학 졸업생들 가운데서 지원자를 받아 여름 기간 동안 훈련시킨 뒤 2년간 최빈곤 지역에 있는 학교에 파견한다. 미국 전역에 파견된 교사들은 학생의 가족과 함께 교회에 가고, 생일 파티에 함께 참석하고, 자신의 집 전화번호를 가르쳐 주도록 한다. "2년 동안 1백 명 이상의 아이들과 저녁 식사를 같이 했을 거예요." 리 앤 프랠리 선생은 말한다. 그녀는 레이크 아서라는 루이지애나의 작은 농촌 마을에서 프랑스어를 가르치고 있었다. 도시 슬럼가에서 일하는 교사가 이런 실천을 하기에는 많은 어려움이 따랐으나 많은 교사들은 노력을 쏟고 있다.

워싱턴의 폴 중학교에서 7학년 아이들에게 영어를 가르치고 있는 남자 교사 L 선생은 이렇게 말한다. "저는 제 학생들의 가족에 관해 꽤 많은 것을 알고 있는 편이에요. 한 번도 만난 적이 없는 경우도 있지만 정기적으로 연락을 취하는 가

족도 있어요. 그들은 일주일에 한 번 정도 저한테 전화를 걸어오기도 하고 제가
아이들을 집까지 차로 데려다 주기도 하고 주말에는 아이들과 함께 놀기도 하죠.
가족에게 달린 거예요. 저는 제 집 전화번호를 가르쳐 주기만 하고 주도권은 가
족들이 쥐도록 했어요." 150명의 학생 가운데 25~30명 정도가 정기적으로 전화
를 걸어왔다.

교사가 학생의 가정생활을 알게 되면 학생의 단점을 이해하고 너그럽게 대할
수 있으며 도움의 손길을 내미는 것이 훨씬 수월해진다. "부모들은 대체로 아이
들이 숙제를 제대로 하고 있는지 어떤지 확인하지 않습니다." 애크런의 리딩거
중학교에서 수학을 가르치는 M 선생은 말한다. "저소득 노동자인 부모는 대개
밤 시간대에도 근무하는 경우가 많습니다. 그리고 아이는 혼자 집을 지키면서
남동생과 여동생을 돌보고요. 그래서 부모가 집에 돌아올 때쯤이면 아이들은 이
미 잠들어 있는 거죠. 아이들은 많은 일을 스스로 처리하고 있어요."

M 선생은 되도록 아이들의 생활에 관여하려고 했다. "예를 들어 제 성적 관
리 노트의 첫 번째에 이름이 적힌 이 학생 같은 경우에는요," 그녀는 공책에 적
힌 명단의 가장 위를 가리키며 말했다. "이 아이는 극빈층 출신으로 거의 모든
선생님들과 문제를 일으켰어요." M 선생은 이 학생의 가정 형편이 얼마나 어려
운가를 그의 남동생을 통해 알게 되었다. 견학 수업을 마치고 남은 과자와 컵케
이크를 동생에게 주었는데, 다음날 아이가 오더니 어제 받은 과자와 컵케이크가
일주일치 간식거리가 되었다면서 감사하다는 인사를 했다. 그때 비로소 그녀는
그 학생의 가정 형편이 얼마나 어려운가를 알 수 있었다. 그 이후 그녀는 그 학생
을 바라보는 시선이 달라졌다. "그 아이가 일으키는 문제 대부분은 관심을 끌고
싶어서라는 걸 깨닫게 되었지요. 그래서 가능한 한 더 관심을 주려고 노력하고
있습니다." 그녀는 말한다. "그 아이는 아직 방정식을 공부할 능력은 안 됐지만
수업에 참가하길 원했어요. 그래서 저는 '좋아, 그럼 그렇게 하렴' 하고 허락했어

요. 그리고 공부를 시작했고 성적은 C를 받았어요. 하지만 학교의 개별지도 프로그램에 등록해 다니면서 어른 자원봉사자들의 특별 관리를 받고 있죠. 자습 시간에는 제 수업에 들어와서 컴퓨터로 수학 공부를 하고 있어요. 그리고 또 매일 점심시간에는 저한테 개인 지도를 받고 있고요. 그러니까 하루에 3시간 정도를 그 아이에게 투자하는 셈이죠. 공부하면서 문제를 일으킨 적은 한 번도 없어요. 작년에는 몇 주에 한 번꼴로 정학 처분을 받았던 아이가 올해는 거의 아무 말썽도 피우지 않고 있어요." 아이들은 관심을 얻고 싶어 한다. 그들에게 그것은 마치 먹을 것이나 물이나 산소와도 같이 그들이 필요로 하는 것이기 때문이다.

유복한 지역의 학교에서 아이들을 가르친 경험이 있는 M 선생은 학생 하나하나에게 주의를 기울이고 존중해 준다는 단순한 원칙을 신조로 삼고 있었다. "저는 모든 아이들을 대할 때 만약 이 아이가 시장市長의 아이라면? 하는 생각으로 대합니다." 그녀가 말했다. "아니면 시의회의원의 아이라면? 하는 생각으로요. 집도 없고 부모도 없는 아이일지도 모른다는 생각은 하지 않습니다. 그리고 그런 식으로 아이들 모두를 특별한 존재로 생각하고 또 아이들 스스로도 자신을 특별한 존재로 여기게끔 한다면, 그러면 아이들은 선생님이 자신을 존중해 주고 있다는 것을 어느새 알아차리게 마련입니다. …… 단지 아이들의 이야기를 몇 분 더 들어주는 것만으로도요."

하지만 언제나 그것만으로 충분한 것은 아니다. 그리고 언제나 교사가 구원의 손길을 제공해 줄 수 있는 것도 아니다. 아이들 중에는 배를 곯고 있는 아이들도 있다. 또 어떤 아이들은 치료도 못 받고 심하게 부어오른 채 썩어 가는 충치로 고생하는 경우도 있다. 이런 고통은 지속적이며, 사람을 무기력하게 만든다.[1] 또 어떤 아이들은 안경이 없어서 교실 앞 스크린에 무엇이 비치고 있는지, 칠판에 무엇이 쓰여 있는지 알아보지 못하기도 한다. 그리고 또 어떤 아이들은, 워싱턴에 살고 있는 작은 소녀 라토샤의 경우처럼, 단지 학교에 자주 나올 수 없는 경우

“네 보호자가 누구지?”
파멜라는 어깨를 으쓱거렸다.
정말로 파멜라도 몰랐던 것이다.

도 있다. “그 애 엄마는 밤 근무를 하고 있어요.” 해리스 센터에서 3학년을 가르치고 있는 라토샤의 선생님이 말했다. 그리고 “아마 아침에는 너무 피곤한 상태겠죠.” 그래서 아이를 제시간에 맞춰 학교에 보내지 못하고 있는 것이었다. 이것은 라토샤의 선생님을 특히 가슴 아프게 하는 사실이었다. 왜냐하면 그녀는 라토샤가 표면적으로는 학교 공부를 따라가지 못하는 아이였으나 사실은 총명하다는 사실을 알고 있었기 때문이었다. “그 애는 아직 글쓰기에 필요한 중요한 부분에서 많은 약점을 가지고 있지만, 상상력과 사고력은 매우 뛰어납니다. 매우 가르치는 보람이 있는 아이이지요.” 그녀는 라토샤의 공책을 꺼내 펼쳐 보았다. 거기에는 “만약 홈리스에게 선물을 준다면 어떤 것을 주고 싶은가요?” 하는 질문이 쓰여 있었다. 라토샤는 이렇게 답했다. “옷을 줄 꺼예요. 입는 옷이요. 왜냐하면 그 사람들은 아무거또 안 가지고 있스니까요. 그 사람들은 쓰래기통에서 주슨 옷을 입어요.”

애크런의 중학교 영어 수업 시간, L 선생은 파멜라(가명)를 “훈계하기” 위해 그녀를 교실 밖으로 내보내 교직원실로 가게 했다. 교직원실에 있던 교감은 파멜라의 보호자와 연락을 취하려 했으나 누구에게 하면 좋을지 알 수 없었다. “네 보호자가 누구지?” 그는 7학년인 파멜라에게 물었다. 파멜라는 어깨를 으쓱거렸다. 정말로 파멜라도 몰랐던 것이다. “월요일까지 제출해야 하는 3주간의 숙제가 있었어요.” L 선생이 말했다. “하지만 파멜라는 제출하지 않았죠. 그리고 왜 제출하지 못했는지에 대한 긴 사유서를 냈어요. …… 엄마의 남자 친구가 엄마에게 폭력을 휘두르는 바람에 엄마와 같이 집을 나올 수밖에 없어서 주말에는 집에 없었다고요. 그리고 다른 사람 집에 있었다고요. 그리고 이렇게 쓰여 있었어요. ‘엄마한테 몇 번이나 집에 가서 숙제를 가져오겠다고 사정했지만 엄마는 다시 남자 친구에게 맞을까봐 무서워서 집에 돌아갈 수 없었다'고요.”

백인이며 중산층인 L 선생은 파멜라와 같은 정도의 무력감을 느꼈다. “이것이 바로 많은 아이들이 좌절하고 실패할 수밖에 없는 이유예요.” 그녀가 말했다. “그 애들한테는 아주 기본적인 것조차 갖추어져 있지 않아요. 비바람을 막아 줄 천장도 없고, 보호자가 누군지도 모르는 상황에서……, 아마 저 같아도 영어 수업 같은 것은 눈에 들어오지 않을 거예요.”

“제 학생 중 절반 정도는 카운슬러가 필요해요.” 주디스 제이콥은 말한다. 그녀는 모국에서 사실상 아무런 교육도 받지 못하고 미국으로 건너온 십대들에게 읽고 쓰는 법을 가르치고 있었다. 그녀에 말에 따르면, 한 열여섯 짜리 남학생은 워싱턴 벨 다문화 고등학교에 왔을 때 연필 쥐는 법이나 의자에 가만히 앉아 있는 법, 시간에 맞춰 수업에 출석하는 일조차 하지 못했다고 한다. 어린 소년소녀들은 개인적인 문제들 때문에 방황하고 있었다. 온두라스에 있을 때 아버지가 살해당한 한 소녀는, 당연히 수업에 집중을 할 수 없었다. “그 애는 아버지가 살해당했다는 사실을 어떻게 받아들여야 할지 갈피를 잡지 못하고 있었어요.” 약물중독이나 임신, 가정 폭력, 미국 문화에 대한 적응의 어려움 등으로 공부에 집중하지 못하는 아이들도 있다. “학교 수업을 잘 따라가지 못하면 곧 심각한 의욕 상실로 이어지게 되죠.” 그녀는 말한다 “친구들은 벌써 일하면서 돈을 벌고 있고 학교는 다니지 않거든요. 많은 아이들이 제게 이렇게 말해요. ‘선생님, 전 학교에서 배우는 게 없어요. 왜 제가 학교에서 시간을 버려야 하죠? 전 열여섯 살이에요. 전 열여덟 살이에요. 일을 해야 해요. 저한테는 미래가 있어요.’ 하지만 이 아이들은 내일 일밖에 생각하고 있지 않아요. 길게 봤을 때 교육을 받으면 더 나아질 수 있다는 걸 생각하지 않아요. 그걸 보지 못하는 거죠. 가족들 모두가 마

"길게 봤을 때 교육을 받으면 더 나아질 수 있다는 걸
생각하지 않아요. 그걸 보지 못하는 거죠.
모두 살아가는 것만으로도 벅찬 상태죠."

찬가지예요. 모두 살아가는 것만으로도 벅찬 상태죠."

그들이 현재 받고 있는 교육은 어떤 종류의 가능성도 열어 주고 있지 않았다. 비범한 재능을 가지고 있는 선생님을 만나거나 가족 중 누군가가 예외적으로 장기적 비전을 가지고 있지 않는 한, 그들이 받고 있는 교육은 그들을 제한하고 가능성을 격감시키고 감옥에 가두어 버린다. 그들은 현 상황에서 벗어날 수 있는 길이 제시된다 하더라도 그것을 보지 못한다. 어떤 길을 선택하느냐에 따라 보상은 달라질 수 있지만 그것을 계산하지 못하는 것이다. 그렇기 때문에 매년 기계적 교육과정을 통해 학생들을 컨베이어 벨트로 밀어 넣어 졸업시키거나 중퇴시킨다 해도 그들은 장래에 대한 상상력을 계속해서 잃어 갈 뿐이다.

내가 학교를 찾아다니며 워킹 푸어에 관한 책을 쓰고 있다고 말하면, 교사들은 가끔씩 빈정대며 이렇게 말한다. "오, 그럼 제 얘기를 쓰면 되겠네요." 이는 교육에 쓰이는 자금이 (지역 간 격차가 큰) 지방 고정자산세로 충당되는 미국의 현실에서 기인하는 것이다. 그렇기 때문에 가장 가난한 지역에 가장 풍부한 공적 서비스가 필요함에도 불구하고 거기에 들어가는 재원을 확보할 수 없게 된다. 교사라는 직업은 박봉인데다 사회적 지위도 낮기 때문에 자격 미달의 사람들을 끌어들이게 되고, 교육 현장은 유능하고 헌신적인 인재와 자격 미달의 사람들이 뒤섞인 상태가 된다. "항상 A나 B를 받는 학생을 가르치는 것은 정말 쉬운 일이지요." 애크런 지역의 한 교사가 말했다. "그런 학생은 가정교육도 받고 있고 가족의 기대도 받고 있으니까요. 하지만 누구에게서도 환영받지 못하는 그

런 학생을 가르치는 일은 베테랑 선생님 또는 아주 자상하거나 특별히 사려 깊은 선생님 같이 특별한 선생님이 아니면 안 된다고 생각해요."

가난한 지역에서는 많은 학생 수, 통제되지 않는 학생들, 불충분한 학습 교재 같은 문제들로 씨름하고 있는 교사들의 스트레스로 인해 학생들의 꿈이 짓밟혀 버리는 상황이 일어나곤 한다. 어느 목요일 날, 던바 고등학교의 I 선생은 다음 날 있을 수학 시험에 대비해 9학년 학생들에게 시험공부를 시키고 있었다. 그는 언제나, "기능장애와 혼란의 느낌"과 싸우면서 일하고 있다고 말한다. "편안한 적이 한 번도 없었어요. 수업을 하러 교실에 들어가는 일은 결코 쉬운 일이 아닙니다. 항상 절벽 위에 서있는 것 같고, 항상 무엇인가 걱정하게 됩니다. 학생들 사이의 마찰, 그리고 학생과 저 사이에 일어나는 마찰 같은 것 때문에요."

그날 5교시, 학생들은 "묘하게 들떠 있었고" I 선생은 왜 그런지 알 수 없었다. 그래서 그는 몇 가지 질문을 던졌다. "'오늘 아침 시간에는 어땠지? 뭐 했는데?' 그리고 나서 또 질문을 좁혔어요. '4교시에는 뭐 했는데? 바로 전 시간에 말이야.' 그러자 아이들은 이렇게 대답했어요.

"말 못해요."

"왜 말을 못해?"

"아마 화내실 걸요?"

"뭐 했는데?"

"닌텐노요."

4교시는 과학 시간이었다. 과학 교사는 수업을 포기하고 닌텐도 게임기를 가져온 학생이 교실에 설치된 TV에 게임기를 연결해 놀도록 허락한 것이다. I 선생은 이렇게 한탄한다. "학교 전체에 종합적인 구조적 환경이 갖추어져 있었다면, 그런 일은 일어나지 않았을 텐데 말입니다. 1교시에 아이들이 열심히 공부했다면, 2교시에도 열심히 공부할 것이고, 그러면 4교시에 선생님이 수업을 포기하지도 않았을 것이고 제 수업 때도 공부할 준비가 되어 있을 텐데 말입니다."
전날, I 선생은 숙제를 해오지 않은 한 학생과 면담을 가지면서 다른 수업 시간
의 숙제에 관해 물었다. 학생은 다른 수업에서는 숙제가 하나도 없다고 했다.
"믿을 수 없었어요." I 선생은 말했다. 교사들 역시 꿈을 잃고 있는 것이었다.

기대가 결과를 낳는다는 것은 오랫동안 많은 사람들이 인식해 온 사실이다. 교
사와 부모가 아이들이 할 수 없다고 믿을 때보다 잘할 수 있을 것이라고 믿을 때
아이는 더 나은 결과를 내기 마련이다. 그러나 때에 따라서 인종이나 계급에 대한
편견에 의해 교사의 평가가 달라지기도 한다. 그 한 예로 흑인은 지적으로 뒤떨어
지고 모든 능력에서 열등하다는 미국의 오래된 이미지를 들 수 있다. 이 뿌리 깊은
생각은 아이비리그의 백인 교수로 하여금 강의실의 유일한 흑인 학생을 바라보며
"이 과제는 어려울 겁니다"라고 말하게 할 수도 있다. 실제로 많은 아프리카계 미
국인 학생들이 비슷한 상황을 경험하고 있다. 빈곤 지역의 학교에서 힘든 경험을
한 경우에도 학생에 대한 평가 기준이 낮아질 수 있다. 교사와 학생 모두 낮은 기
대치와 그것을 반영한 결과의 소용돌이 속에 빠져 있는 그런 학교에서 말이다.
"'머리가 좋다'라는 것의 정의가 제 안에서 달라졌습니다." 벨 고등학교에서 1년간
을 보낸 수잔 구엔은 이렇게 인정했다. "학생에게 가서 '와, 대단한데! 이런 것도 할
수 있니?'하고 말해 줍니다. 그 애들이 만약 제 대학 친구였다면 그런 일을 해냈다
고 결코 머리가 좋다고 생각하지 않을 그런 일에 대해서 말이죠."

의욕이 없는 학생과 능력이 없는 교사가 만난다면 최악의 결합이 될 것이다.
학생들을 위해 많은 노력을 쏟고 있는 워싱턴의 해리스 센터에서조차 피로에 찌
들고 능력이 부족한 교사들을 발견할 수 있다. 해리스 센터의 건물은 창문이 달
려 있지 않은 현대적 건물로 살풍경을 이루고 있는 탓에 높은 철조망과 감시탑
을 설치하면 꼭 교도소 같이 보일 것이다. 유일하게 잠겨 있지 않은 문에는 금속
탐지기가 달려 있었고, 교육위원회가 파견한 경비원 — 남색 제복을 입은 두 명

의 젊은 흑인 여성 — 이 감시하고 있었다. 하지만 건물 안으로 들어가면 교도소와 비슷한 점은 전혀 찾아볼 수 없다. 왜냐하면 열린 교실이라는 개념이 유행하던 1970년대에 만들어진 건물 내부에는 사실상 벽다운 벽이 하나도 없었기 때문이다. 불완전한 칸막이로 "교실"이 나눠져 있었기 때문에 칸막이를 통해 들리는 소음이 매우 시끄러웠다. 학생들은 건물 안을 마음대로 돌아다녔고 그들을 통제하기란 힘든 일이었다.

워싱턴의 가장 빈곤한 지역에서 모인 유치원에서 8학년의 어린 학생들은 마약과 폭력에 찌들어 있었다. 학교 앞으로 나있는 리빙스턴 길에는 시정부가 세워 놓은 "마약 금지 지역"이라고 쓰인 커다란 팻말이 있었다. 어느 3월 오후 학교가 끝날 무렵, 한 대의 빨간 스포츠카가 천천히 다가와 그 팻말 아래 멈춰 섰다. 앞좌석에는 두 사람이 앉아 있었다. 그리고 마치 미리 약속이라도 한 듯이 도로 반대편 아파트에서 어떤 한 남자가 다리를 끌며 자동차 쪽으로 다가왔다. 남자는 자동차 창문 너머로 운전석에 앉은 사람과 이야기를 주고받더니 차를 한 바퀴 돌아 천천히 뒷좌석으로 들어가 앉았다. 5분 후, 남자는 차에서 내려 어디론가 사라졌다. 이번에는 젊은 여성이 차로 접근했다. 잠시 차 밖에 서서 이야기를 하더니 뒷좌석에 앉아 몇 분 동안 나오지 않았다. 주위에 경찰의 모습은 눈에 띄지 않았다.

이 학교의 아이들은 지역과 가정에서 비롯된 핸디캡을 안고 학교에 온다. 그리고 교사 가운데도 자질이 부족한 사람들이 있다. "눈보라가 일으키는 영향 세 가지를 설명하시오"라는 과제에 어느 3학년생은 이렇게 적었다. "눈보라가 일으키는 영향 세 가지는, 정전이 되고 사람들이 넘어지고 자동차가 눈보라 속을 던지고 달려가는 것이 힘들어집니다." 선생님은 이 문장을 정정하면서 "throw" 밑에 이렇게 썼다. "threw"

7학년을 담당하고 있는 수학 교사 D는 그녀가 맡고 있는 사고·추리력 수업 시간에 스크린에 비친 문제와 씨름하며 점점 혼란을 느끼고 있었다. 스크린에 비친 문제는 다음과 같았다. "영악한 제이크는 조랑말 한 마리를 50달러에 샀습니다. 그리고 일주일 후 그것을 60달러에 팔았습니다. 2주일 후 제이크는 그 조랑말을 다시 70달러에 샀고 또 일주일 후에는 80달러에 팔았습니다. 제이크는 이익을 봤을까요, 아니면 손해를 봤을까요? 그리고 그 금액은 얼마일까요?"

D 선생은 음수와 양수를 이용해 다음과 같이 올바르게 정리했다.

$$-50, +60, -70, +80.$$

정답은 +20이다. 이 수업은 시험 성적이 비교적 좋은 학생들이 수강하는 수업이었으나 그렇다고 모든 학생들이 수업을 제대로 따라가고 있다고는 할 수 없었으며 모두가 수업을 열심히 듣는 것도 아니었다. 노란 셔츠를 입은 한 여자아이가 손을 들더니 프로젝터 쪽으로 가 틀린 답을 적기 시작했다. 투명 필름에 적힌 숫자 60 옆에 아이는 "10달러 이익"이라고 쓰고 70 옆에는 "10달러 손해", 80 옆에는 "10달러 이익"이라고 썼다. 아이의 논리는 학생들뿐만 아니라 D 선생을 혼란시키기에도 충분했다. 어째서 두 가지 다른 답이 나오는가? D 선생은 "영악한 제이크는 처음 세 번의 거래에서 60달러를 쓰고 마지막 거래에서 80달러를 벌었다"라는 다른 설명을 생각해 내지 못했고, 학생들 가운데 어느 누구도 그 혼란을 해결해 낼 수 없었다. 더욱 문제였던 것은 그들이 너무도 쉽게 이해하려는

아이가 쓴 대답은 "······ cars have a hard time getting *throw* the snow" 였다. 여기서 throw는 through로 쓰는 것이 올바르지만 선생님은 이를 threw로 잘못 수정해 준 것이다.

노력을 그만두어 버린다는 사실이었다. 문제 해결 능력을 기르는 수업임에도 불구하고 학생도 교사도 문제 해결에 열심이지 않았다. 결국 그들은 그 문제의 해결을 그만두고 다음 문제를 풀기 시작했다.

애크런의 리딩거 중학교의 6학년 문법 수업에서는 더 미묘한 문제가 나타났다. 젊고 기민한 교사 B는 그녀의 22명 학생들을 마치 먹잇감을 노리는 매와 같은 눈으로 바라보며 작은 움직임이나 시선까지도 놓치지 않았다. 그녀는 좌석표를 천천히 살펴보면서 학생 하나하나 이름을 부르기 시작했다(학기가 시작한 첫 번째 달이었다). B 선생은 학생들의 행동을 완벽하게 통제하고 있었으나 그들의 지력은 거의 통제하지 못했다. 그녀는 전날 수업에서 문장의 단순 주어에 관해 설명했고 오늘의 주제는 문장의 주어부 — 모든 수식어를 포함한 주어 — 였다. 그녀는 아이들에게 교과서 345쪽을 펴도록 했다.

"밝게 빛나는 붉은색 홍관조가 창틀에 앉아 있었다."

그녀는 이 문장에서 "홍관조"가 단순 주어이고 "밝게 빛나는 붉은색 홍관조"가 주어부라고 설명했다. 과연 이 어린 학생들은 지금까지 홍관조를 한 번이라도 본 적이 있을까? "파랗고 커다란 경찰차"나 "붉은 벽돌 건물" 같은 예는 왜 안 되는 것일까? 아이들의 경험을 반영한 학습 내용이 특별히 문제가 되지는 않을 것이다. 이런 문제를 시정하자는 움직임이 나타난 것은 이미 수십 년 전의 일이다. 또한 슬럼가 흑인 아이들이 보는 교과서에 교외 지역에 사는 백인 금발 어린이 이외의 사진이 실리기 시작한 지도 벌써 오래된 일이다. 하지만 아직 가야 할 길이 많이 남아 있다. 이 학교의 수학 시간, 15퍼센트의 팁은 얼마일까를 계산하는 문제를 낸 수학 교사는 8학년 학생 모두가 팁의 의미를 모른다는 사실을 깨닫고 당황했다. 그들은 팁을 줄 필요가 없는 패스트푸드 가게에서 말고는 외식을 한 적이 없었기 때문이었다.

"만약 '크고 빨간이 창틀에 앉아 있다'라고 말하면 맞을까요?" B 선생이 재미

수학 시간, 15퍼센트의 팁은 얼마일까를 계산하는
문제를 낸 수학 교사는 8학년 학생 모두가
팁의 의미를 모른다는 사실을 깨닫고 당황했다.

있는 예를 들었다.

"아~니~요~!" 아이들이 대답했다. 그녀는 재미있고 흥미로운 예를 더 들고자 하는 충동을 억누르고 있었다. 계속해서 등장하는 예문은 딱딱하고 지루한 것이었으며, 많은 학생들은 직접목적어를 단순 주어와 헷갈려 했다. B 선생은 "당신은 글로리아 에스테반의 새 CD를 들어 본 적이 있습니까?"라는 예문을 들면서 학생들에게 단순 주어가 무엇인지 물었다.

"CD?" 한 아이가 대답했다.

"아니요. 이것은 누구에게 하는 질문이죠?"

"당신, 이요."

"맞아요. 정답이에요."

주어란 동작을 하고 있는 사람이나 사물을 가리킨다는 설명에 비해 그녀의 이런 설명은 얼마나 알아듣기 힘든 것인가!

"'저 기자들은 온종일 시장을 인터뷰하고 있다'에서는?"

"저 기자들, 이요"

"맞아요. 대미언, 여기서 단순 주어는 무엇인지 말해 줄래?"

"시장."

"아니. 스탠이 말해 볼래?"

"기자들."

"맞아요. 왜냐하면 우리는 지금 기자들에 초점을 맞추고 있기 때문이에요."

이렇게 형편없는 설명을 듣는 아이들이 단순 주어의 의미를 이해하지 못하는 것도 무리는 아니다. 그러나 B 선생은 학생들의 혼란을 그대로 남겨둔 채 씩씩하게 수업을 진행해 갔다.

전국 표준 시험standardized test은 수업의 질을 측정하는 하나의 기준이 된다. 이 시험은 수업이 얼마나 성공적인 것이었나를 판단하는 지표가 되기도 하며 교장에게는 경력의 상승(혹은 하강)을, 학교에게는 자금 지원의 증가(혹은 감소)를 가져오는 판단 기준이 된다. 전국 표준 시험 결과에 따르면 워싱턴 해리스 센터의 성적은 매우 암담했지만, 미묘하게나마 상승 기미를 보이고 있었다. 시어도어 힌튼 교장은 점잖은 말투로 개혁 수행에 대한 결의를 나타냈는데, 실제로 개혁은 성과를 보이고 있었다. 그는 수업 시작과 방과 후에 보충수업을 개설해 오전 7시부터 오후 6시 30분까지 학생들을 공부시켰다. 또한 교사 대부분이 그 활용 방법을 잘 몰랐지만, 컴퓨터도 대량으로 구입했다. 전국 표준 시험의 성적은 변함없이 매우 낮은 수준이었지만 서서히 변화가 보이고 있었다. 성적이 "가" 이하의, 즉 "기초적인 지식이나 기능을 거의 또는 완전히 습득하지 못함"에 해당하는 학생들의 비율은 2000년에서 2001년 사이에 수학은 43.1퍼센트에서 31.8퍼센트로, 읽기는 25퍼센트에서 21.8퍼센트로 감소했다. "우"를 받은, 즉 "충분한 학습 능력을 갖추고 있는" 학생들의 비율은 수학이 16.6퍼센트에서 19.3퍼센트로, 읽기가 19.3퍼센트에서 24.6퍼센트로 상승했다. 단, 이 수치에는 영어를 자유롭게 구사하지 못하는 이민자 아이들이나 학습 장애 때문에 특수교육을 받고 있는 아이들은 포함되지 않았다.

이들 수치가 학습 상태의 개선 여부를 얼마나 나타낼 수 있을까에 대해서는, 시험을 준비하기 위해 수업 시간의 상당 부분을 할애해야만 하는 교사들 사이에서도 엇갈린다. 시험을 중시하는 경향은 해를 거듭할수록 더해 가고 있으며 매년 봄, 시험이 실시되기 몇 주 전에는 그런 분위기가 극에 달한다. 예를 들어 벨다문화 고등학교에서는 가을이 되면 주 3회에 걸쳐 50분 수업 가운데 20분을 시험 준비에 사용하고, 1월이 되면 하루걸러 30분씩, 마지막에 가서는 매일 30분씩을 시험 준비하는 데 사용한다. 몇몇 교사들은 이런 조치 덕분에 수학과 읽기

능력이 향상되었다고 보기도 한다. 그러나 수학 교사 수잔 구엔은 그렇게 생각하지 않았다. "전혀 아니에요." 그녀는 단언했다. "아이들이 시험 형식에 익숙해졌을 뿐이에요. 제 생각에 이런 방식은 성적을 높여서 아이들의 자존심을 세워주는 것 이상도 이하도 아니라고 봐요. 실제로 그들이 무엇인가를 학습하는 데 도움이 되고 있다고는 생각하지 않아요."

몇몇 교사들은 시험의 내용이, 경험이 제한적일 수밖에 없는 저소득층 아이들에게 불리하게 되어 있다는 사실을 발견했다. "이목의 집중"center of attention 또는 "일 처리를 뒷전으로 미뤄 놓다"leave up in the air 같은 표현은 그 의미를 문자 그대로 해석하는 능력밖에 가지고 있지 않은 아이들을 혼란에 빠뜨린다. 그들은 익숙하지 않은 어떤 형상을 떠올리려고 애쓸 뿐이다. 수학의 경우에도 예문에 "핫도그"를 사용하지 않고 "프랑크푸르트소시지"를 사용한 문제는 아이들을 혼란스럽게 한다. 해리스 센터의 한 교사는 "요새 누가 핫도그를 프랑크푸르트소시지라고 부릅니까?" 하고 참을 수 없다는 듯 되물었다.

"우리 반 아이들은 캠핑에 관련된 이야기를 읽고 있었어요." 워싱턴의 웹 초등학교에서 2학년을 담당하고 있는 V 교사가 말했다. "이야기 속에 나오는 아이들의 행동을 추측하는 수업인데요, 아이들이 침낭을 가지고 버스에 타는 장면이 나와요. 그런데 우리 반 학생들은 지금까지 캠핑을 한 번도 해본 적이 없고 …… 캠프장에도 한 번도 가보지 못한 아이들이에요. 당연히 버스에 탄 후 어떤 일이 일어날지 전혀 모를 수밖에요." 또한 아이들의 집중력은 극히 짧은 시간 동안만 유지된다고 그녀는 덧붙인다. 아직 글자도 제대로 읽을 수 없는 아이들에게 산수 문제를 풀게 해봤자 아이들이 그것에 집중할 리가 없다는 것이었다. "그저 멍하게 앉아만 있을 뿐이에요." 그녀는 말한다.

나아가 일부 교사들은 학교 측이 (운영자금의 증가 또는 감소를 결정하는) 시험 결과에 집착하면 할수록 학습 능력에서 뒤처져 있는 아이들은 더욱 관심을 밖으로 밀려나게 된다는 사실을 지적한다. "경계선에 서있는 아이들은 학교의 지원을 받습니다." 루이지애나 주 슈리브포트 시의 한 교사는 말한다. "하지만 완전히 바닥에 있는 아이들은 성적이 조금 올랐다고 해서 학교 전체 시험 성적에 영향을 미치거나 하지는 않죠." (그렇기 때문에 학교로부터 관심을 받지 못하게 된다.)

시험이 실시되기 몇 달 전, 내가 관찰한 교사들은 자발적 태도를 상실하고 있었고 조급함과 냉혹함을 보이고 있었다. 그들은 연습 문제를 마치 급행열차가 지나가듯 맹렬한 속도로 풀어 나갔고 따라오지 못하는 아이들은 마치 차창으로 쓰레기가 버려지듯 내던져졌다. 교실에서 미아가 된 아이를 찾는 것은 쉬운 일이었다. 잡담을 하거나 졸거나 수업과 관계없는 것을 읽고 있기 때문이다. 낙오되고 망가지고 무례한 아이들은 교과서를 이해하는 것을 그만두고 이해하려는 시도조차 포기해 버렸다. 교실을 둘러보면 그런 아이들을 쉽게 찾아낼 수 있다. 그리고 그 수 또한 아주 많다.

시험 일주일 전, 워싱턴의 해리스 센터에서는 4학년 반의 20명 중 대부분이 반복연습을 그만두고 있었으며, 교사는 아이들로 하여금 많은 생각을 하게 하는 대신 급하게 답을 주입시키고 있었다. 교실에 앉아 있는 학생들 대부분은 1/2=?/8의 해답을 구하지 못했다. 그리고 막대그래프를 보고 두 종류의 과일을 합쳐 전부 1백 개를 만들기 위해서는 각각의 과일이 몇 개씩 필요한가라는 문제를 풀지 못했다. 정답이 사과 80개와 포도 20개라는 것은 막대그래프를 읽을 수 있다면 쉽게 알아낼 수 있는 것이었다. 뒷자리에 앉은 두 명의 여자아이들은 거의 대부분의 문제를 맞추지 못했으나 틀린 이유를 알려고 하지 않았다. 교사도 마찬가지로 그다지 학생 수가 많은 반이 아니었음에도 교실 안을 돌아다니며 학생 개개인에게 어떤 문제가 있는지 파악하려고 하지 않았다.

학부모 회의에 절대로 오지 않을 부모를 예상할 수 있다고 말했던 리딩거 중학교의 N 선생은 스프레드시트 프로그램*에 대해 설명하고 있었다. 그는 스크린에 컴퓨터의 스프레드시트 화면을 비추고 그 계산법에 관해 설명하려고 했다. "뒤쳐지지 말고 내 설명을 잘 따라와라." 그는 25명의 6학년 학생들에게 말했다. 그리고 소수의 학생들만이 이해하고 있는 것처럼 보이는 수업을 빠른 속도로 진행했다. 출근 시간과 퇴근 시간, 시급을 입력해 스프레드시트의 각 셀에 급여가 산출되도록 하는 내용이었다. N 선생은 학생들에게 함수식을 입력하도록 요구했고 오직 한 아이, 줄리만이 그 해답을 찾았다. 줄리는 그 반에 있던 백인 아이 여섯 명 가운데 한 명으로 집에 컴퓨터가 있는 몇 안 되는 학생 중 하나였다. 줄리는 몇 번이나 손을 치켜드는 바람에 거의 자리에서 일어나 있었다. 줄리는 셀 D_2에 들어갈 노동시간의 함수식은 $(C_2 - B_2)$, 시급 6달러의 급여 총액은 $(D_2 \times 6)$이라고 대답했다. N 선생은 다른 아이들에게도 기회를 주기 위해 교실을 둘러보며 대답을 요구했지만, 아무도 대답하지 못했다. 손을 드는 것은 언제나 줄리였다. 줄리는 호명되어 앞으로 나가 컴퓨터의 엔터키를 누를 때마다 기쁨에 가득 찬 모습을 보였다. 결과야 나와라 뚝딱! 올바른 대답이 컴퓨터 화면 안에 출력되었다. 이런 결과는 즉각적인 만족감과 긍정적인 되먹임 효과를 가져온다. 줄리는 마치 꼬마 요정처럼 웃었다.

다른 아이들은 대부분 흥미를 잃고 지루해하고 있었다. 뒷자리에 앉아 있던 한 소년은 콧노래를 흥얼거렸고 다른 아이들도 수군대기 시작했다. N 선생은 콧노래를 부르던 소년을 교무실로 보냈고, 한 소녀를 몇 분 동안 교실 뒤에 서있게 했다. 그리고 그는 교실 안을 걸어 다니며 학생들이 한 작업 결과를 둘러보며 "좋아. 좋아. 아, 그 셀이 아니지" 하면서 정원이 꽤 많은 그 반 아이들에게 가능한 한 개인적인 관심을 보이려고 노력했다. 그러나 그의 수업은 여전히 많은 아

● 스프레드시트 프로그램spreadsheet program
표에 숫자나 문자 자료를 입력하고 이를 조작해 자료를 처리하는 컴퓨터 프로그램.

이들이 따라오지 못했다.

　내용을 이해하지도 못하는데 자리에 앉아 있어야 하는 일은 대단한 고역임에 틀림없을 것이다. 알 수 없는 숫자와 글자들이 날아다니는 속에서 아이들은 무능력함이 주는 고통을 피해 마음을 완전히 닫아 버리거나 다른 재미있는 생각에 빠지게 된다. 그날 그 자리에 있던 대부분의 아이들에게서는 컴퓨터가 올바른 답을 내도록 하는 데서 오는 즐거움, 조그마한 퍼즐을 푸는 데서 오는 즐거움, 무엇인가를 아는 것에서 오는 즐거움이 모두 빠져 있었다. "저는 전등 스위치를 예로 듭니다." 애크런의 한 직업교육 교사는 말한다. "스위치가 꺼져 있으면 입력도 없고 출력도 없습니다. 어떤 아이들은 무슨 수업이든, 선생님이 누구건 신경 쓰지 않고 교실 안에서 스위치를 꺼둔 채 있습니다. …… 저는 그 스위치를 켜기 위해 노력하죠. 무척 힘들지만요."

　여러 학교를 다니며 학생들에게 배운 것의 몇 퍼센트를 이해하고 있는지 직접 물어보았다. 학생들의 대답은 소름 돋는 것이었다. 워싱턴의 폴 중학교 7학년 학생들의 평균적인 대답은 다음과 같았다.

　"절반이요."

　"절반도 안 돼요. 한 25퍼센트 정도? 어떤 선생님들은 말이 너무 빨라요."

　"칠판에 글씨를 갈겨쓰기도 해요."

　"거의 이해 못해요. 근데 수업은 계속 진행하잖아요, 그럼 중간에 안 듣게 돼요."

　"수업을 재미있게 안 해줘요."

　그렇다면 이해하지 못할 때는 무엇을 할까?

　"이해하는 척해요."

　"고개를 *끄덕거리고* 미소를 짓죠."

　"왜냐면 이해 못하는 것처럼 행동하면 다른 애들이 비웃거든요."

　선생님에게 설명해 달라고 부탁한 적은 있을까?

“예. 어쩔 때는요. 하지만 …… 선생님이 화를 낼 때도 있어요. …… ‘그만 좀 물어라. 수업 진도 나가자’하고요.”

“어쩔 때는요, 선생님이요, 우리가 떠드는 걸 보면요, 그리고 우리가 질문이 있어서 물어보면요, 대답해 주지 않아요. ‘떠드느라고 못 들었으니까 그건 너희 잘못이야’라고 해요.”

만약 선생님이 내준 숙제를 잘 이해하지 못하는 경우 어떻게 할까?

“안 해요.”

“공부 잘하는 친구들한테 전화해요.”

“그래도 숙제는 해요. 내 방식 대로요. 내가 만약에 틀려도 그건 내 잘못이 아니에요. 왜냐하면 선생님이 설명해 주지 않았으니까요.”

아이들은 자신을 존중해 주고 질문에도 대답해 주는 훌륭한 선생님도 한두 명 지적했다. 하지만 더 많은 경우 아이들은 교사에게 질문하기를 주저하고 있었다. “선생님들은 꼭 자기 자랑하듯이 어려운 대답을 하거나 우리를 바보로 여기는 식으로 대답을 해요.” 애크런의 한 8학년 남자아이가 말했다. 그의 옆에 있던 같은 반 친구는 선생님들이 목소리 톤이나 제스처로 마치 자신이 바보처럼 느끼게 한다고 말했다.

“선생님들은 마치 우리가 당연히 알고 있어야 하는 것처럼 대답해요”라며 한 소녀는 불만을 내뱉었다.

“대답을 안 해줘요.” 한 아이가 말했다. “그래서 옆 친구한테 가서 물어보려고 하면 선생님은 교실 안에서 떠들지 말라고 그래요. 해답을 알려고 하는 것뿐이라고 해도 선생님은 알려 주지 않아요. 어떻게 하든지 간에 해답은 알 수 없어요.”

“어떤 것을 이해하지 못하면 그 사실이 무서워질 때도 있어요.” 7학년의 한 소년이 말했다. “하지만 선생님한테 물어보는 것도 무서워요.”

물론 이런 경험이 반드시 가난한 아이들에게만 해당되는 것은 아니다.

가난한 아이들이 다니는 학교의 교실에서도 훌륭한 교육이 이루어질 수 있는 한편, 유복한 지역의 학교 교실에서도 무능하고 무감각한 교사를 발견할 수 있다. 그러나 고소득·고학력 가정의 아이들에게는 안전망이 있다. 학교에서 이해하지 못하더라도 가정에서 도움을 받을 수 있다. 학습 능력이 부족하다면 가정교사나 카운슬러를 고용할 수도 있고 심지어는 변호사를 사서 학교에 더 나은 서비스를 요구할 수도 있다. 이렇듯 여유 있는 가정의 부모들도 학교와 관계된 문제를 해결하는 데에는 많은 자원이 필요하다. 따라서 그것이 교육을 거의 받지 못한, 돈과 시간이 부족한, 학교 제도와 관련된 노하우가 부족한 엄마의 경우라면, 문제 해결은 거의 불가능에 가까워진다.

소아 행동 의학 전문의인 로버트 니들맨의 경험에 의하면, 주의력 결핍 장애 ADD를 가지고 있는 아이의 경우 가난한 가정의 아이가 유복한 가정의 아이보다 학습 성과 면에서 뒤처질 가능성이 더욱 크다고 한다. 그는 클리블랜드의 병원 겸 클리닉에서 비교적 고소득 가정의 환자들과 저소득 가정의 환자들을 진찰하면서 둘 사이에 확연하게 드러나는 차이를 발견할 수 있었다. 그에 따르면, 주의력의 결핍과 충동적인 행동을 특징으로 하는 주의력 결핍 장애 증상은 "저소득 가정에 특히 많은 것은 아니"라고 한다. "단지 저소득 가정의 경우에는 고소득 가정에 비해 아이의 주의력 결핍 장애와 싸우는 데 필요한 자원을 부모 ─ 한 부모일 가능성이 크다 ─ 가 적게 가지고 있을 뿐입니다. …… 가난한 가정에서는 언제나 우선순위를 결정하지 않으면 안 됩니다. 모든 것을 할 수는 없는 거죠. 아이를 학교에서 데리고 와 쇼핑을 한 다음에 수표를 현금으로 바꾸고 그리고 치료를 받으러 올 수는 없습니다."

유복한 가정에서는 "아이를 보육원이나 좋은 학교에 보내는 것이 가능"하고, 또 아이를 돌봐 줄 보모를 고용해서 부모가 잠시나마 휴식을 취할 수 있다. "하지만 가난한 지역의 병원에 가보면 같은 증상을 앓고 있지만 부모가 전혀 돈이 없는 아이들을 만날 수 있습니다. 병실에는 아이들이 가득 들어차 있고 내내 울어대죠. 같은 증상을 가진 아이들이 우는 겁니다. 부모들은 휴가를 얻으려 해도 해고의 위험을 감수해야 합니다. 문제 해결을 위해 쓸 수 있는 시간과 돈에서 차이가 나는 겁니다. 고소득 가정의 아이는 설사 그것이 심각한 수준의 것이 아닐지라도, 심리학자의 진찰을 받도록 의사의 권유를 받으면 무리 없이 매주 치료비를 내면서 아이를 심리학자에게 데려갈 수가 있습니다. 하지만 가난한 가정의 아이는 심리학자를 소개 받아도 엄마는 일 때문에 바쁠뿐더러 금전적인 여유도 없기 때문에 아이가 심리학자를 보기란 거의 불가능하죠. 현재 우리 병원 심리학자 인턴은 매우 훌륭하지만 그도 1년 뒤에는 떠나게 되어 있습니다."

"그리고 마지막으로," 니들맨은 이렇게 결론 내렸다. "두 아이 사이에는 결정적인 차이가 발생합니다. 한쪽은 싸움으로 정학을 당해 소년원이나 교도소 직전까지 가게 되고, 다른 한쪽은 높은 수업료의 사립학교로 진학해서 B나 C 학점을 받게 되죠."

유복한 지역의 사립학교와 공립학교에서는 학생을 위한 안전 대책 —각 수업에 맞는 적절한 교과서, 자유로운 컴퓨터 사용, 관현악부에서 체스부까지 놀랄 만큼 다양하고 매력적인 클럽활동 등 — 이 마련되어 있다. 하지만 가난한 지역에서는 그것을 장담할 수 없다. 벨 다문화 고등학교에는 관현악부 대신, 작은 재즈 밴드부가 있다. 그리고 체육관 대신, 옆 중학교와 같이 쓰고 있는 축구 그라운드가 길 건너에 있을 뿐이다. 주디스 제이콥 선생과 수잔 구엔 선생을 포함한 그곳의 일부 교사들은 학교 어디에도 고정적인 자리가 없다. 따라서 그들은 수업 도구를 손수레에 싣고 다닐 수밖에 없는데, 그 모습은 마치 교사 버전의 홈리스와 같다. 책과 파일, 그래프 계산기[수식을 입력하면 결과가 그래프로 나타나는 장치가 담긴 신발 상자를 2단으로 된 손수레에 싣고 복도를 지나는 구엔을 학생들은 놀려댔다. 그녀의 작은 책상은 창문이 없는 좁은 창고 안, 교과서와 서류가 가득 꽂힌 책꽂이 사이에 다른 두 개의 책상과 더불어 나란히 놓여 있었다.

수업에 쓸 종이를 구하는 것도 쉬운 일이 아니다. 예를 들어 해리스 센터 3학년 수업에 배부된 토네이도에 관한 다이어그램은 미정보국 용지 뒷면에 복사되어 있었다. 종이 앞면에는 미합중국 도장과 "국장실"이라는 글자가 인쇄되어 있었다. 종이에 관해 이야기해 준 교사는 그 종이를 "변절지"變節紙, renegade paper라고 부르며 학교장인 시어도어 힌튼에게 경의를 표했다. "힌튼 선생님은 아주 수완이 좋은 사람이에요." 그녀는 말했다.

어느 8학년 교실에서는 1980년대에 만들어진 오래된 지도를 교체하기 위해 구입한 3백 달러짜리 새 지도가 둘둘 말린 채 벽에 기대 세워져 있었다. 지도를 벽에 걸기 위해서는 칠판 위의 콘크리트 벽에 나사가 들어갈 구멍을 뚫어야 하지만 그것을 할 사람이 아무도 없었던 것이다. 한편 옛 지리 교과서는 권당 80달러의 새 교과서로 대체되어 있었는데, 그 수가 너무 많아 각 학생들이 학교에서 사용하고 나서 따로 집에 가지고 가도 충분할 정도로 양이 많았다.

이런 예는 가난한 공립학교에 비품이 균일하게 배분되고 있지 않음을 보여준다. 한쪽에서는 비품이 부족하고, 다른 한쪽에서는 한꺼번에 밀려온 비품에 파묻혀 버리는 것이다. 해리스 센터의 경우는 컴퓨터가 너무 많았다. 두 개의 컴퓨터 교실과 도서관 이외에 사실상 모든 교실에 컴퓨터가 설치되어 있었다. 이 컴퓨터는 모두 연방 보조금으로 구입된 것들이다. C 선생이 맡고 있는 7학년 수학 수업에서는 교실 뒤편에 새로 구입한 청록색과 회색 아이맥 세 대가 놓여 있었지만, 수업 시간에 컴퓨터를 효과적으로 사용하기에는 그녀가 받은 이틀간의 연수가 너무 부족했다. 게다가 컴퓨터에는 플로피디스크 드라이브도 달려 있지 않았고 주문한 외장 드라이브가 아직 도착하지 않은 상태였기 때문에 플로피디스크에 담긴 문서를 출력할 수가 없었다. 그래서 그녀는 다른 7학년 반의 호리호리한 남학생에게 부탁해 컴퓨터를 연결해 출력을 했다. 그 남학생은 방과 후 컴퓨터를 수리하던 그룹의 한 명이었는데, 옛날로 치자면 학교 안을 돌아다니면서 영화 프로젝터를 조작해 주던, 기계에 능숙한 오디오 비주얼 담당이라고 할 수 있을 것이다.

하지만 벨 다문화 고등학교에서 컴퓨터는 컴퓨터실에만 있고, 항상 아이들로 가득 차 있다고 구엔 선생은 말한다. 그녀에 따르면 교실에 만약 컴퓨터가 있기만 하다면 수업에서 스프레드시트 프로그램인 엑셀을 사용해 "현대의 통계학자들은 더 이상 직접 하지 않는 의미 없는 계산"을 대신할 수 있을 것이라고 한다. "그렇게만 되면 바로 요점으로 들어갈 수 있게 되고 기술도 배울 수 있게 돼요." 그러나 그녀의 교실에는 컴퓨터가 없었다.

던바 고등학교는 I 선생의 요청에 의해 1백 달러짜리 그래프 계산기를 16대 구입했다. 이 계산기는 두 명이 같이 사용할 수 있었는데, 학생 36명이 모두 출석하면 문제가 발생한다. 그러나 보통 수업에 나오는 것은 20명 정도이기 때문에 이 정도로 충분하다고 I 선생은 말한다. 하지만 그 유용성에는 한계가 있었다. 그에 따르면 사정은 이랬다. "계산기 값으로 한 1,600달러를 썼는데요, 아직 부족한 것이 오버헤드 프로젝터가 달린, 벽에 화면을 쏠 수 있는 고성능 계산기예요. 그게 없으면 제가 하고 있는 계산을 학생들이 화면으로 확인할 수 없기 때문에 이해하기가 아주 힘들어져요. 이렇게나 훌륭한 계산기가 있는데 너무 아까워요. 300달러만 더 있었으면 학생들 모두 선생님이 무엇을 하고 있는지 볼 수 있었을 텐데 말이죠."

20대 초반의 I 선생은 첨단 테크놀로지 세대의 전형과도 같은 사람이었지만, 컴퓨터를 교육 수단으로 사용하는 데는 관심이 없었다. 그의 동료 교사가 컴퓨터게임을 가지고 학생과 즐겁게 수학 수업을 진행하는 것을 본 I 선생은 이렇게 딱 잘라 말했다. "학생은 글로 쓰고 생각하고 말해야죠." 티치 포 아메리카에서 감독직을 맡고 있는 카야 헨더슨의 경우도 마찬가지였다. 그녀는 사우스 브롱크스의 I. S. 162 학교에서 스페인어를 가르치고 있었다. 이 학교에는 컴퓨터가 많이 있었고 인터넷 환경도 잘 갖추어져 있었으며 일본 학생들과 펜팔 교류도 하고 있었다. "모든 것이 매우 훌륭합니다." 그녀가 말했다. "6, 7, 8학년 아이들 중에 일본 친구들과 교류하는 것은 둘째 치고 마음이 담긴 편지 한 통조차 쓰지 못하는 아이들이 있다는 사실만 제외하면요. 이런 기본적인 기술을 습득하지 않으면 이렇게 많은 컴퓨터가 있다 해도 다 소용없는 일이죠. 제 생각에 바로 이것이 도심이나 가난한 지역의 교육 상황이 가지고 있는 최대 문제점이라고 생각해요. 사람들은 여전히 학생들에게 낮은 기준을 적용하고 있기 때문이에요. 앞으로 삶을 성공적으로 살아가기 위해서 꼭 익혀야 하는 것들을 아이들이 제대로 배울 수 있을지 모르겠어요."

그녀의 열정은 개인적 배경에 의해 형성되었다. 그녀는 자신의 학생들 대부분과 마찬가지로 흑인이었고, 뉴욕 주 마운트버넌의 중산층 출신으로 조지타운 대학을 졸업했다. "컴퓨터 다루는 기술은 취직한 이후 직장에서 배울 수가 있어요. 그렇죠?" 그녀가 말했다. "그러니까, 반드시 학교에서 컴퓨터 다루는 기술을 배울 필요는 없어요. 저도 그랬어요. 하지만 저는 글을 읽는 법을 배웠기 때문에 컴퓨터 교본을 보고 내용을 이해할 수 있었죠. 문제를 해결하는 능력과 수를 계산하는 법도 배웠어요. 제가 가르치고 있는 아이들은 단어 3개를 치는 데 15분이나 걸리면서 일본 친구들에게 이메일을 쓰고 있어요. 그런데 그 아이들은 정작 옆 마을에 사는 사람한테는 편지를 쓸 수 없어요." 게다가 학교에는 컴퓨터가 넘쳐 나고 있었지만 헨더슨은 240명 학생들에게 필요한 교본 가운데 단 22권밖에 가지고 있지 못했다. "나머지는 모두 복사해서 쓰고 있어요." 그녀가 말했다.

"책이 부족하면 아무에게도 책을 나누어 줄 수 없어요." 로스앤젤레스 왓츠 지역의 그레이프 스트리트 초등학교의 한 수학 교사는 이렇게 말했다. "모든 내용을 칠판에 쓰거나 아니면 복사해야 돼요." 몇몇 학교에서는 복사기가 고장 나지 않았더라도 교사들이 복사기를 이용할 수 없도록 하거나 복사 매수에 제한을 두어서 복사에 들어가는 비용을 줄이려고 한다. 헨더슨의 학교에서는 교사 한 사람당 일주일에 50장으로 제한되어 있었다. 이것은 어처구니없을 정도로 낮은 숫자다. 다행히도 그녀는 티치 포 아메리카 뉴욕 지부에 출입하고 있었기 때문에 그곳에서 몇 시간에 걸쳐 복사를 하곤 했다.

이후 그녀가 워싱턴에서 티치 포 아메리카의 감독직을 맡게 되었을 때, 그녀는 회원은 누구나 사무실에 와서 자유롭게 복사를 할 수 있도록 조치를 취했다. "126명의 회원 전원이 하루 24시간 일주일 내내 아무 때나 사무실에 와서 복사기를 사용할 수 있도록 했습니다. 우리 사무실에는 작고 볼품없는 복사기밖에 없지만 매년 이 복사기로 수만 장을 복사하고 있어요." 그녀는 말한다. 만약 사무실의 복사기를 사용할 수 없었다면 킨코스[사무 서비스를 제공하는 프랜차이즈 업체]에 가서 사비를 털어야만 했을 것이다. 실제로 많은 교사들이 복사비로 적지 않은 금액을 지출하고 있다. 워싱턴 공립학교는 이 같은 사실을 인식하고 자료비 명목으로 1년에 250달러를 교사들에게 지급하고 있지만, 이 금액은 실제 들어가는 돈의 일부만을 충당하고 있을 뿐이었다. "제가 복사비로 쓰고 있는 돈을 들으면 아마 깜짝 놀라실 거예요." 주디스 제이콥은 말한다. "보이는 건 모두 복사하니까요."

그녀는 자기 학교의 도서관을 "아주아주 끔찍한" 상태라고 판단했고 그래서 굿윌* 북 세일에 자주 갔다. "아이들이 재미있어 할 만한 책을 찾느라 완전히 눈이 멀 지경이에요." 다른 학교의 상황도 비슷했다. 많은 학교 도서관들이 책을 충분히 갖추지 못한 상태였고 아이들도 도서관을 거의 이용하지 않았다. 해리스

● 굿윌Goodwill
취업에 어려움을 겪고 있는 홈리스, 저학력·무경험자, 육체적·정신적 장애를 가지고 있는 사람들에게 직업교육 및 훈련을 제공하는 비영리단체. 기부 받은 의류와 신발, 가전제품, 장난감 등을 저렴하게 판매하는 사업도 하고 있다.

센터의 도서관은 학생들로 항상 가득 차 있었지만 대부분이 컴퓨터를 이용하려는 목적이었고 그곳의 장서도 그다지 많은 편은 아니었다. 도서관 사서인 제럴딘 하트는 작년에 몇 상자나 되는 새 책을 받았지만 그대로 열어보지도 않은 채 콜롬비아 지구 교육위원회가 새로운 컴퓨터 검색 시스템을 도입할 때까지 사무실 문 뒤편에 쌓아 놓고 있었다. 시스템이 새로 도입되면 다시 정리해야 하기 때문에 그녀는 책을 꽂아 놓고 싶어 하지 않았다.

학교는 자기 달성적인 예언self fulfilling prophecy으로 가득 찬 곳이다. 학교는 희망과 절망이 함께 존재하고 아이들에 대한 믿음과 좌절이 함께 존재하며 빛이 점화되기도 하고 꺼져 버리기도 하는 곳이다. 나는 그레이프 스트리트 초등학교의 수학 교사에게 돈으로 해결할 수 있는 문제에는 어떤 것이 있는지 물어보았다. 그러자 "아이들이 안고 있는 심리적인 트라우마 이외의 거의 모든 문제들을 해결할 수 있다"는 대답이 돌아왔다. "그리고 돈만 더 있다면 그런 마음의 상처도 더 잘 대처해 나갈 수 있습니다."

이 대답 속에는 매우 중요한 사실이 담겨 있다. 빈곤 또는 빈곤에 가까운 상태는 한 가지 문제가 아닌 복수의 문제가 겹쳐 발생한다는 사실이다. 배리 주커맨의 소아과에서 변호사나 사회복지사가 함께 일을 하고 있는 것처럼, 학교 역시 하나의 교육 서비스 창구로서 많은 인재와 자금이 지원된다면, 지금까지 살펴보았던 넓은 범위의 문제들 중 일부는 해결할 수 있을지 모른다. 그리고 학교 측도 지금보다 더 잘 돌아갈 수 있을 것이다. 예를 들어 무료 혹은 낮은 가격으로 아침 식사나 점심 식사를 제공해서 학생들의 영양 상태(그리고 집중력)를 개선시킨다든가, 맞벌이 부모들에게는 데이케어 역할도 하는 방과 후 프로그램 실시한다면, 어느 정도의 성과를 기대할 수 있을 것이다.

학교의 역할 확대가 광범위한 부분에 영향을 미친다는 사실은 2002년 12월 5일 눈 내린 아침, 워싱턴 교육감 폴 밴스가 학교를 평소처럼 열려고 노력했던 사실을 통해서도 알 수 있다. 15~20센티미터나 쌓인 눈으로 인접 지역의 학교들이 휴교 조치를 취하는 가운데, 그는 시내 학교가 평소처럼 수업을 할 것이라고 발표했다. 하지만 오전 8시가 되기 몇 분 전, 그는 자신의 발표를 뒤집어 휴교 결정을 내릴 수밖에 없었다. 정치가와 평론가들은 그의 우유부단함과 낮은 판단력을 비난했지만, 사실 그의 행동은 매우 고결한 동기와 목표를 가지고 있었다. 그는 수입을 희생하든가 아니면 불안한 상태로 아이를 집에 놔두든가 어느 한쪽을 선택해야만 하는 맞벌이 부부의 가정을 휘저어 놓고 싶지 않았던 것이다. 그의 학군 내 아이들 대부분은 아침과 점심 식사를 위한 보조금을 받는 가난한 가정의 아이들이었기 때문에, 그는 그날 아침 학교를 휴교시키면 많은 아이들이 배를 곯게 될 것이라는 것 ― 그를 비판하는 사람들은 전혀 알지 못했던 사실이다 ―을 알고 있었다. 2개월 후, 같은 도시에서 조지 W. 부시 대통령은 전국의 어린이들이 학교의 무료 급식을 받을 수 있는 자격을 제한하는 예산안을 제출했다.

어떤 나라에 관해 알고 싶다면 그 나라의 교도소나 병원, 학교를 찾는 것이 가장 좋은 방법이라고 나는 종종 생각한다. 그런 시설 속에는 그 사회의 비전과 도덕관이 이상의 형태로 분명하게 드러나기 때문이다. 조너선 코졸Jonathan Kozol[미국의 교육가이자 저널리스트]은 그의 저서 『잔혹한 불평등』Savage Inequalities에서 액턴 경Lord Acton[영국의 역사가]이 19세기 미국을 묘사한 부분을 참담한 심경으로 인용하고 있다.

"계급 차별이 없는 나라에서 어린이는 태어날 때 부모의 신분을 물려받는 것이 아니라 사고력과 노동에 의해 얻을 수 있는 보상에 대한 무한한 욕구를 가지고 태어난다. (미국인들은) 어린 시절에 경쟁의 수단을 박탈당해야 한다는 사실에 매우 거부감을 가진다."

그리고 코졸은 이렇게 덧붙이고 있다.

"오늘날 이 같은 문장을 아이러니 혹은 비애를 느끼지 않으며 읽기란 매우 힘

434

들다. '경쟁 수단'의 결여는 대도시 학교의 가난한 아이들에게 제공되고 있는 교육이 낳고 있는 유일하고 고질적인 결과일지 모른다."[2]

우리들에게 주어진 과제는 매우 분명하다. 샤미카가 변호사의 꿈을 이룰 수 있도록, 라토샤가 자신의 생각을 명확하게 쓸 수 있도록 하게 하는 것이다. 그러나 불행한 슬럼가와 빈민가, 시골 농장의 한 켠에서 힘겹게 일하고 있는 이민노동자들의 숙소, 중서부 지역과 뉴잉글랜드 지역의 죽어 가는 공장 마을에서, 미국은 미국 어린이들의 꿈 위를 사뿐히 걷고 있지 않다.

10

열심히 일하면 해낼 수 있다

잠재력이 발휘되지 못했던 것은 아마도 오랫동안 마약중독, 알코올의존증,

육체적 학대 같은 것을 경험해 왔기 때문이라고 생각해요.

하지만 그 재능을 가리고 있던 것들이 점점 벗겨지기 시작했어요.

그리고……

보세요! 마치 작은 다이아몬드가 그 안에서 빛나고 있는 것처럼 보이죠?

_리어리 브록(마약중독 경험자)

직업훈련소의 강사는 피치스(가명)와 처음 이야기를 나눌 때, 그녀가 눈을 거의 마주치지 않는다는 사실을 알아챘다. 그녀는 바닥을 바라보고 있었다. 목소리는 가끔씩 알아듣기 힘들 정도로 작아지기도 했고 의미를 이해하기 힘들 정도로 머뭇거리며 말하기도 했다. 그녀의 얼굴은 과거의 고통을 묘사하고 싶어 하는 사진가나 예술가들을 끌어들일 만한 그런 종류의 것이었다. 그 얼굴에는 어린 시절에 경험한 학대, 홈리스 생활, 매춘 같은 상처들의 흉터가 남아 있었다. 그녀의 고통스런 얼굴은 그녀가 여성 보호소에서 지내던 시절, 그곳을 방문한 한 화가가 그린 초상화에 잘 남아 있었다.

몇 달 동안 직업훈련을 받으면서 피치스는 점점 상대의 눈을 바라볼 수 있게 되었고 목소리를 되찾을 수 있었다. 그리고 자신의 능력과 가능성에 대한 믿음 도 서서히 생겨나기 시작했다. 회복을 향한 첫걸음을 떼기 시작한 것이다. 얼마 간의 시간이 흐른 뒤, 그녀는 예전 초상화를 보고 놀라움을 감추지 못했다. 마음 의 상처가 치유되기 이전의 자신의 모습이 마치 저 심연의 반대편에 있는 것처 럼 느껴졌기 때문이다. "초상화 속에 그려져 있는 것을 보고 깜짝 놀랐어요." 그 녀가 말했다. "그림 속의 제 모습은 정말 무거운 짐을 짊어지고 있는 것처럼 보 였어요. 두 눈 밑에는 검은 그림자가 있었죠. 제가 안고 있던 짐의 무게가 선명하 게 보였어요. 내 영혼이 안고 있던 짐이요."

피치스가 다니는 고용훈련센터는 백악관에서 약 5킬로미터 떨어진 펜실베이 니아 애비뉴[백악관으로 나있는 길] 부근에 위치하고 있었다 그곳의 훈련생들은 지금까지 피폐한 삶을 살아온 탓에 매우 기본적인 일부터 배워 나가야만 했다. 약속 시간을 지키는 일, 사람들 앞에서 말하는 법, 전화 받는 법, 부여된 임무를 완수하는 것, 그리고 자기 자신을 믿는 법 등등. 강사들은 각각의 훈련생이 가지 고 있는 고유한 빛을 찾아내 밝게 빛날 수 있도록 노력했다. 그리고 4개월에서 8 개월 동안의 교육을 마친 후에는 모든 훈련생이 훌륭한 일을 찾을 수 있도록 최선을 다했다.

피치스는 컴퓨터 앞에 앉아 마우스를 움직이고, 클릭하고, 키보드를 두드리고 있었다. 강사 드웨인 해리스는 어깨너머로 그것을 보면서 문서 앞머리를 디자인하는 법을 친절하게 가르쳐 주고 있었다. "그 텍스트 상자 안을 클릭하세요." 그가 말했다. "아니요, 그렇게 하면 안 되고요, 상자 전체를 삭제해야 돼요. 그 텍스트를 선택해 주세요. 아니요, 붙여 넣기 하면 안 돼요. 커서를 상자 안에 집어넣으세요." 해리스는 부드럽고 자상하게 잘못을 지적하고 올바른 방법을 가르쳐 주었다. 짜증이 난 피치스가 책상을 가볍게 톡톡 두드리자 해리스는 직접 커서를 움직여 상자를 만들어 주었다. 그러고 나서 나머지 작업은 그녀가 스스로 하도록 옆에서 지도했다. "마지막으로 언제 저장했죠?" 그가 물었다.

훈련생들 — 그들은 스스로를 "팀 회원"이라고 불렀다 — 은 모두 성인이었지만 옛날 방식대로 상하 관계를 따라 그들의 강사를 "해리스 선생님"Mr. Harris이라고 불렀다. 해리스는 이 일을 하기 전 21년 동안 해병대에서 하사관으로 근무했었다. 그가 해병대에서 배운 것들은 이곳에서도 쓸모가 있었다. "당시 저는 모두가 포기한 어린 해병들을 맡았었죠." 그는 말했다. "그건 커다란 도전이었어요."

해리스는 그 도전을 즐겼다. 그는 훈련생들과 같은 흑인이었고, 그래서 더 깊은 관계를 형성할 수 있었다. 해리스는 언제나 침착했고 요구는 엄격했으며 훈련생들을 따뜻하게 격려했다. 그는 그들에게 지각하지 말고 제대로 복장을 갖추고 성실하게 노력해 결실을 맺으라고 요구했다. 그는 진짜 직장과 같은 분위기를 커다란 교실 안에 만들었던 것이다. 또한 그는 예고 없이 약물검사도 실시해서 한 번이라도 적발되면 바로 쫓아냈다.

이 고용 훈련 프로그램은 작은 무료 급식 시설로부터 시작되었다. 1970년 가톨릭교회의 호레이스 맥케나 신부가 노스 캐피톨 가街에서 홈리스에게 식사를 제공하기 시작했고, 이 활동을 모체로 SOMESo Others Might Eat["다른 사람들도 먹을 수 있도록"]이라는 조직이 탄생했다. 그리고 새로운 문제가 나타날 때마다 SOME 은 그 활동 영역을 넓혀 갔다. 1975년에는 마약중독 치료 프로그램이 추가되었는데, 이는 식사를 제공받던 많은 사람들이 마약중독자였기 때문이었다. 그러나 많은 경우 마약중독을 극복하더라도 제대로 된 집을 얻어 생산적인 삶을 이루어 내기는 어려웠다. 그래서 1988년에는 치료 과정에 있는 마약중독자가 일자리를 찾는 동안 직원 및 동료의 지원을 받으며 제대로 된 환경 속에서 90일 동안 지낼 수 있는 숙식 시설을 만들었다. 하지만 거주 문제는 여전히 해결되지 않은 채 남아 있었기 때문에 그다음 해, 홈리스였던 사람들이 모여 살 수 있도록 원룸 형태의 공동주택을 만들었다. 원래 살던 곳에서는 유혹을 완전히 뿌리치지 못하고 마약에 다시 손을 대는 경우가 많았기 때문에 1991년에는 웨스트버지니아의 45 에이커 대지 위에 엑소더스 하우스Exodus House라는 시설을 만들어 그곳에서 90일 동안 마약중독 치료 프로그램을 전개했다. 그러나 여전히 대부분이 고용 시장에서 통용될 만한 기술을 가지고 있지 못했기 때문에 1998년에 폐교로 남아 있던 가톨릭교회 학교 건물을 개조해 고용훈련센터를 만들었다. 그리고 사무 기술, 빌딩 관리, 간호 등의 과정을 개설했다. 그곳에서는 이력서를 작성하는 법, 면접을 받는 법, 많은 동료들 앞에서 말하는 법 등을 가르쳤다. "팀 회원은 모두 반드시 하루에 한 가지는 성공을 경험해야 합니다." 센터의 부소장인 스콧 폴스틱은 확실한 어조로 이렇게 말했다. 이것은 훈련생들이 지금까지 겪어 온 실패의 고리를 끊기 위한 조치 가운데 하나였다. "의욕을 높이기 위한 테크닉의 하나죠. 컴퓨터를 만져 본 적도 없는 사람도 있습니다. 그런 사람에게는 전원을 켜고 프로그램을 실행시키는 일도 하나의 성공입니다. 빌딩 관리 수업에서 강사가 훈련생들에게 처음으로 시키는 것이 도구 상자를 만드는 일입니다. 아주 간단한 일이지만 성공했다는 증거가 물리적 형태로 남게 됩니다. 그리고 그 후에 파이프 용접이나 전기 배선 같은 더 어려운 일로 들어갑니다. 가장 큰 장해는 공포심입니다. '지금까지 한 번도 성공한 적이 없는데 이번이라고 특별히 잘될 리가 없다. 내가 성공하리라고 아무도 생각하지 않아. 아무도 내가 성공하길 바란 적이 없어. 내가 성공하건 말건 아무도 신경 쓰지 않아'라고 생각해 버리는 것이죠. 새로운 일에 도전하고 껍질을 깨고 나오는 것에 대해 큰 공포심을 가지고 있어요."

그 껍질을 깨고 나오는 것을 돕기 위해 시작한 것 가운데 하나가 매일 아침마다 팀 구성원들이 모여 하는 짧은 연설이었다. 미리 준비된 주제를 가지고 발표하는 경우도 있고, 즉석에서 지명해 발표하는 경우도 있었다. 이 훈련을 통해 훈련생들은 크게 성장했다. 훈련을 시작할 당시에는 어색함, 부끄러움, 불안, 낯선 사람들의 응시하는 얼굴, 말이 나올 때까지 기다리는 정적, 자신의 이야기 같은 것은 아무런 가치가 없다는 조용한 확신 탓에 훈련은 고통스러운 것이었다. 그러나 점차 팀으로서의 동료 의식이 생기고 모두가 같은 문제와 짐을 안고 있음을 깨닫게 되면서 그들은 시선을 바닥에서 들어 올려 분명한 목소리로 똑똑하게 말할 수 있게 되었고, 자신감도 생기기 시작했다. 지금까지 인생에서 실패를 거듭해 오던 어른들이 직장 생활의 필수 요소인 타인과의 커뮤니케이션 기술을 익혀 나가게 되는 것이다. 피치스는 자존심이라는 주제로 짧은 연설을 했던 것을 기억하고 있었다. "그 방에 있던 사람들 모두 눈에 눈물을 머금고 있었어요. 젊은 사람도 나이든 사람도, 남자도 여자도. 누군가가 이렇게 말해 주었어요. '당신이 어떤 체험을 해왔는지 잘 알아요.' …… 감정을 분출할 수 있는 곳을 겨우 찾아낸 것이죠. 두려워할 필요 없이 감정을 드러낼 수 있는 장소가 그곳에 있었어요. …… 그때까지는 혼자서 울 수는 있어도 감정을 드러낼 수 없었어요."

어느 날 아침, 해리스는 훈련생들을 회의 책상으로 모이게 한 다음 사적인 주제 말고 사무실과 관련된 주제로 즉흥적인 발표를 하도록 했다. "'즉흥'이라는 말이 무슨 의미이죠?" 그가 훈련생들에게 물었다. "그 순간에 떠오르는 것이요." 누군가가 대답했다. 해리스는 주제에 관한 의견을 모으기 시작했다. "고용주와 직원 간의 커뮤니케이션." 누군가가 제안했다. 해리스는 그 주제를 바탕으로, '스트레스를 없애고 벽을 허문 상태에서 이루어지는 훌륭한 커뮤니케이션이 가져오는 좋은 효과들'에 대해 1분 동안 짧은 연설을 했다. 그리고 이어서 보라색과 크림색 바지 정장을 입고 있는 델라라는 젊은 여성을 지목했다. 누군가가 "복장 규정"이라는 주제를 제안했다. 델라는 긴장한 모습으로 돌연 이렇게 말을 꺼냈다.

"직장에서 복장 규정이 가지는 중요성."

그리고 침묵이 흘렀다. "생각나는 것을 그대로 말하지 않도록 하세요." 해리스가 조언했다. "서두르지 말고 침착하게요."

"직장의 복장 규정 중 하나는 사람들 앞에서 부끄럽지 않은 복장을 하는 것입니다." 델라가 말했다. "아무 옷이나 입고 오면 안 됩니다." 그리고 그녀는 다시 긴 침묵에 빠졌고 이마와 턱을 만지작거리면서 아이디어를 찾아내려 애썼다. 해리스는 도와주지 않았다. "즉," 델라가 드디어 입을 열었다. "저는 복장을 잘 갖추고 있고 앞으로도 그렇게 하도록 노력할 것입니다." 그리고 그녀는 몇 사람의 박수를 받으며 자리로 와 앉았다. "이 주제에 관해 생각해 봅시다." 해리스가 말했다. "쉬운 문제가 아니니까요."

그곳에 가식적인 칭찬은 없었다. 하지만 피치스가 이전에는 어디에서도 경험해 보지 못한 커다란 격려가 그곳에는 있었다. 그곳에 처음 왔을 때 그녀는 "어둡고, 지저분하고, 바보 같고, 불평불만이 가득"했다고 스스로 어린 시절 자주 들었던 단어를 사용해 자신을 묘사했다. "돈이 없어서 점심을 먹으러 가지 않았어요. 배고픈 채 앉아 있었죠. 그러다가 셸리(보조 교사)가 그걸 알아채고 '배가 고프면 제대로 일할 수 없어요'라고 하면서 땅콩버터하고 잼하고 빵을 가져다주었어요. 같이 샌드위치를 만들어 먹었어요. 배가 고프면 제대로 일할 수 없으니까요. 그런 것까지 해줄 것이라고는 생각지 못했어요. …… 해리스 선생님은 저와 함께 걷기도 하고 이야기도 들어줘요. '요새 어떻게 지내요?'하면서 물어봐 줘요.

…… 제가 센터를 떠나고 나서도 전화를 하면 무엇이든 들어줘요. '셸리, 이런 일이 있었어요.', '해리스 선생님, 이런 일이 있었어요.', '폴스틱 선생님, 정말 미치겠어요. 어떻게 하면 좋죠? 다른 부서로 옮기고 싶어요. 학교에도 다니고 싶어요. 어쩌면 좋죠? 어떻게 시작하면 되죠?'하는 식으로요. 아무 때나 상담할 수 있어요. 이곳 사람들은 가족이나 마찬가지예요. 예, 맞아요. 가족이에요. 제가 가져 본 적이 없던 것이죠. 이곳에 있는 많은 사람들이 가져 본 적이 없는 것이요." 고용 훈련은 트레이닝 과정인 동시에 치료 과정이기도 한 것이다. 피치스는 이렇게 말한다. "악마를 완전히 물리친 것은 아니지만, 이전보다 훨씬 기분이 좋아졌어요." 그녀는 SOME의 최신 소식지를 집어 들고 자랑스럽게 말했다. "이거요, 제가 만든 거예요. 500명에게 배부될 거예요. 예. 저는 할 수 있어요. 이것도 만들었잖아요."

소식지를 만든 피치스의 경험을 더욱 빛나게 해준 것은 이력서 작성 워크숍을 지도하고 있는 능숙한 말솜씨의 캐시 트라우트맨이었다. 그녀는 중산층 출신의 백인이었지만, 훈련생들이 벽을 느끼지 않도록 자신은 싱글 마더이면서 대학을 중퇴했다는 사실을 밝히고 있었다. "대학에 가지 않는 것이 더 낫다고 할 수는 없어요." 그녀가 말했다. "하지만 우선은 생활하는 것이 가장 중요하잖아요." 테이블에 둘러앉은 훈련생들이 고개를 끄덕였다. 그들은 그녀와 일체감을 형성하고 있었다. 훈련생의 생활이 어느 정도 안정을 찾으면 그녀는 그들의 이력서가 남들에게 어떻게 보일 것인지에 관해 생각하라고 충고한다. "중요한 것은, 쓸데없는 일에 시간을 보내지 않고 지역 봉사 활동을 하는 거예요. 그리고 맥도날드에서 4년씩이나 일해서는 안 됩니다. 그런 경력을 이력서에 쓰면 어떻게 될 거라고 생각해요? 뭐, 회사 규칙이나 고객 서비스나 위생 관리 같은 것은 배울 수 있을지도 모르겠지만, 그래도 1년이면 충분합니다. 4년이나 하면 안 돼요." 그리고 아무리 사소한 교육 경력이나 직장 경험이라도 강조해서 쓰도록 충고했다.

444

"SOME 고용훈련센터, 증명서, 프로그램 명칭 같은 것이요." 그녀는 수강생들이 받아쓰도록 지시했다. "어떤 프로그램을 얼마만큼 받았는지 자세하게 쓰세요. 빌딩 관리와 건축 작업 960시간. 사무 기술 810시간. 교실 수업과 현장 실습 시간."

그녀는 전문용어를 가르치면서 흔한 경험을 특별한 경험처럼 바꾸어 말하는 방법을 가르쳐 주었다. 그리고 업계 용어를 익힐 수 있도록 구인 광고 읽기를 추천했다. "일하고 싶은 업종에서 사용하는 단어를 많이 사용하면 그만큼 그 업계에 대해 잘 알고 있는 사람으로 보이게 됩니다. 듣는 사람으로 하여금 동료 의식을 불러일으키는 것이지요." 예를 들어, 타이핑은 '키보드 스킬'로, 영어 보충 학습은 '비즈니스 커뮤니케이션과 인간관계 스킬'로 각각 바꾸어 쓸 수 있다.

캐시가 훈련 내용을 자세하게 물으면서 인상적인 경력을 하나하나 적어 나가는 사이에 훈련생들은 조금씩 자신감을 얻기 시작한다. 빌딩 관리 수업에서 학교 건물 개조 작업을 하고 있다는 사실을 듣고 그녀는 매우 흥분했다. "이건 하나의 훌륭한 일이에요." 그녀는 힘주어 말했다. "중요한 프로젝트예요. 그걸 이력서에 쓰세요. '교실 건설. 거주동居住棟 증축. 벽을 허물고 새로 설치. 사무실 기기의 전기 배선. 컴퓨터 테크놀로지를 뒷받침하는 전기 및 조명 시설을 도입해 오피스 테크놀로지 교실로 리모델링.' 자신이 하고 있는 일을 문장으로 옮기는 법을 익힙시다."

피치스가 소식지 작업을 했다는 사실을 듣고 그녀는 이렇게 말했다. "'그래픽 작업과 인쇄' 이렇게 부릅시다. '데스크톱 퍼블리싱'desktop publishing 그 뒤에 괄호를 치고 '마이크로소프트 퍼블리셔'Microsoft Publisher라고 쓰세요. 그렇게 하면 그저 데이터를 입력하는 것이 아니라 사무자동화 시스템을 다룰 수 있는 유능한 인재가 되니까요."

그때, 누군가가 "팀"이라는 마법의 단어를 내뱉었고 캐시는 눈을 반짝였다. "어딘가에 팀워크라는 말을 집어넣읍시다. 현실 사회에서 팀워크는 아주 중요시되고 있어요. 당신은 팀의 일원으로서 프로젝트를 달성하고 있어요. 아주 좋아요. 마음에 들어요. 면접 때 그 이야기를 합시다. 면접관들이 넘어올 거예요."

면접에 대한 불안은 훈련생들에게 악몽과도 같은 것이었다. 다른 수업에서 팻이라는 강사가 훈련생들에게 채용 면접을 본 적이 있는지 물어보았다. 약 절반 정도가 손을 들었다. 팻은 손을 든 사람들에게 면접 경험이 연상시키는 단어를 이야기해 보도록 했다. 공포, 속임수, 걱정, 혼란, 긴장, 부적합, 질문, 위축 등의 단어가 나왔다. 한 남자가 "자신감"이라고 대답하자 모두가 일제히 그에게 의심의 눈초리를 보냈다.

"조금 더 크게 보이도록 앉으세요." 그녀가 훈련생들에게 말했다. "허리를 쭉 펴고." 훈련생들은 그녀가 말하는 대로 했다. 그리고 그녀는 이렇게 말했다. 직무 내용에 대해 파악할 것, 면접에 지각하지 말 것, 단정하게 차려입을 것, 그 회사에서 승진 가능성과 직무의 책임 및 권한에 관해 질문할 것, 면접관의 질문에는 직무 내용과 관련해 대답할 것. 훈련생들은 생활보호 수급이나 마약중독, 교도소 수감 등으로 인해 이력서에 공백 기간이 있다는 사실을 걱정했다. 그녀는 "정직하게 행동하는 것이 가장 중요해요"라고 충고하면서 한 가지 힌트를 주었다. 즉, 과거에 저지른 잘못이 아니라 현재 이 일을 할 수 있다는 사실에 초점을 맞추어 말하도록 하는 것이다. 그리고 훈련생들이 두려워하는 질문을 사용해 그들을 훈련시키기 시작했다.

"내가 당신을 고용해야 하는 이유는?" 한 훈련생이 물었다.

"다른 사람들과 잘 어울릴 수 있습니다." 팻이 답을 제시했다. "팀으로 일하는 데 익숙해 있습니다. …… 전과에 대해서는 걱정하지 마세요. 일과 관련된 경험만 말하면 돼요."

"공공 기관과 문제를 일으킨 적은 없습니까?" 다른 훈련생이 물었다.

"'없습니다.' 자신감을 가지고 이렇게 대답하세요. 허리를 펴고 '예. 없습니다'

라고 대답하세요."

"당신에 관해 구체적으로 말씀해 주세요."

"면접관은 여러분들의 인생에 관해 알고 싶은 것이 아닙니다. '일을 열심히 하고 책임감 있게 일을 수행할 수 있다는 사실을 알아주셨으면 합니다.' 이렇게 말하면 충분해요. 쓸데없이 긴 이야기를 25분 동안 할 필요가 없어요."

"2년 후, 자신이 어떻게 되어 있을 것이라고 생각합니까?"

이번에는 훈련생들이 대답했다. "이 분야에서 출세할 수 있도록 자신을 갈고 닦을 생각이며, 가능하다면 이 회사에서 승진의 계단을 오를 생각입니다."

"좋아요!" 팻이 목소리를 높였다. "고용주들이 좋아할 만한 말이에요."

그렇다면 고용주들이 이전에 다니던 직장을 왜 그만두었는지, 혹은 왜 그렇게 자주 직장을 옮겨 다녔는지에 대해 묻는다면?

"그 이유에 대해 여러분은 뭔가를 생각해 내야 해요." 그녀는 훈련생들에게 말했다. "예를 들어 이런 것은 어떨까요. '예. 젊었을 때는 몇 번이나 일을 그만둔 적이 있습니다. 하지만 지금 저는 인생의 전환점에서 앞으로 나아가려고 하고 있습니다. 저는 이러이런 프로그램에 참여했습니다. 저는 기본적으로 책임감 있는 사람이고 근면합니다. 그리고' — 다시 한 번 강조하지만, 모든 사실은 솔직하게! — '저를 고용한 것에 대해 후회하지 않으리라는 것을 보증합니다'라고요. 이제 무엇이 필요한지 알겠죠? 바로 머릿속에 자신감을 가지는 것입니다."

이런 모든 훈련은 결과로 이어졌다. 로비스트, 법률사무소, 정부 기관의 우편실과 복사실에 파견할 의욕 있는 인재를 구하고 있던 제록스사는 연간 1백만 달러의 면세 조치를 받는 대신 '복지에서 노동으로' 프로그램에 참여했고, 이 고용훈련센터의 훈련생 네 명을 고용했다. 피치스도 그중 한 명이었다. 뇌성마비를 앓고 있는 딸을 둔 웬디 왁슬러도 채용되었다. 제록스사는 그들에게 컬러 보고서를 인쇄·제본하는 기계를 조작하는 법과 정비 점검 기술을 훈련시켰다. 처음

8달러였던 시급은 곧 10달러로 올랐다. 의료보험 및 기타 후생 복지도 제공되었다. 그들의 변화된 모습은 너무나 극적이어서 회사 측은 각종 행사를 통해 그들에게 (그리고 회사 스스로에게도) 경의를 표했다. 시카고에서 열린 행사에서 웬디는 클린턴 대통령과 이야기를 나눌 수 있었다. "그는 제 연설은 물론이고 하나에서부터 열까지 모두 칭찬해 주었어요." 웬디는 흥분하며 말했다. "연설이 얼마나 좋았는지 이야기해 주고 절 안아 주었고 같이 사진도 찍었어요." 그녀는 마치 여고생처럼 웃었다. "그 사진은 회사 곳곳에 걸리게 되었죠. 사내지에도 실렸어요. 『제트』*Jet*[아프리카계 미국인을 대상으로 한 뉴스 잡지]에도요." 그 후 그녀는 대통령의 초대를 받아 딸을 데리고 백악관 대통령 집무실을 방문했다. 수년 후, 딸의 상태가 악화된 웬디는 딸의 간병 때문에 일을 그만둘 수밖에 없었는데 당시 여섯 살 난 딸은 체중이 11킬로그램 정도밖에 나가지 않았다. 웬디는 다시금 생활보호 수급을 받게 되었으나 그녀는 생활보호 상태가 오래가지 않을 것이라는 확신을 갖고 있었다. 왜냐하면 그녀가 지금까지 받아 온 직업훈련과 그녀의 성실한 경력이 인정되어 컴퓨터 기술자와 웹 디자이너를 양성하는 학교에 입학할 수 있었기 때문이다. 학비 전액은 복지 혜택으로 충당되었다. 그녀는 머지않아 다시 자립할 수 있을 것이라고 확신했다.

피치스도 여전히 스스로를 가난하다고 여겼지만 자기 자신에 대한 만족감이 있었다. "전 일하는 생활보호 수급 여성이에요." 그녀가 말했다. "네. 저는 일을 하고 있어요. 제가 버는 돈은 아무 일도 하지 않으면서 복지 수급만 받는 여자들이 받는 돈과 금액 면에서 별 차이는 없지만, 저는 일하는 생활보호 수급 여성이에요. 마음대로 어디를 가거나 무엇을 할 수 있는 돈은 없지만 …… 아무것도 하지 않는 여자들은 집에서 그저 아침 드라마나 보고 머리를 하러 가거나 손톱 손질을 받고 있죠." 이렇게 말하고 그녀는 크게 웃었다. "그리고 저는 영문도 모른채 죽어라 열심히 하고 있어요. 저는 일하는 생활보호 수급 여성이에요."

여성이 일을 시작하게 되면 그것에 수반되는 각종 경비들 — 교통비뿐만 아니라 대부분의 경우 아이를 맡겨야 하고 직장에 입고 갈 옷을 사지 않으면 안 된다 — 이 스트레스로 다가온다. 피치스는 재활용 매장에서 유행이 지난 25달러짜리 옷을 구입해 그럭저럭 옷을 마련할 수 있었다. 그녀는 아파트를 빌릴 수 있을 만큼의 돈을 모았고, 선물 바구니에 실크로 된 꽃을 장식하는 부업도 시작했다. 그녀는 자유로운 공기를 마시며 미래에 대한 작은 꿈을 꾸는 자신을 상상하기 시작했다. "마음만 먹으면 뉴욕에도 놀러 갔다 올 수 있어요." 그녀는 약간 아쉬운 듯 웃음을 지으며 말했다.

"점심도 먹고 저녁도 먹고 그리고 …… 아, 건물 이름이 생각 안 나네. …… 아, 케네디 센터에도 갈 거예요. 어느 곳이든 좋아요. 바하마에도 갈 생각이에요. 혼자서도 좋고 누구랑 함께 가는 것도 좋아요. 바하마에 갈 거예요. 가고 싶으니까 가는 거예요. 뉴올리언스에도요. 왜냐하면 가고 싶으니까요. 그게 나쁘다고는 생각하지 않아요. 그냥 해보고, 그리고 내가 할 수 있다는 사실을 확인하고 싶어요. …… 즐거운 시간을 보내고 진짜 사람다운 사람이 되고 싶어요. 누가 누구를 속였네, 누가 누구를 쐈네, 누가 누구를 죽였네 하는 것 말고 다른 화젯거리를 가진 사람이 되고 싶어요."

새로운, 그리고 자신보다 더 성공한 사람들과 접촉할 수 있는 기회는 일터로 나오게 하는 힘이 되어 준다고, 생활보호와 극심한 빈곤의 일상으로부터 탈출한 많은 사람들은 입을 모아 이야기한다. 직장에서 성적이 좋은 동료와 접촉하면 그것이 자극이 되고 시야가 넓어지며 여러 가지를 배울 수 있게 된다. 캔자스 시의 한 회사에서 연봉 2만 2천 달러를 받으며 비서로 일하고 있는 완다 라운드트리는 아이 양육에 관해 상사로부터 생각지도 못했던 조언을 들을 수 있었다. "그녀는, '완다, 이렇게 해보면 어떨까? 때리면 안 돼. 그러지 말고 이렇게 해보면 어때?'하고 말해 주었어요. 그래서 더 이상 아이를 때리지 않고, 그녀 말을 따라서 몇 가지를 실천해 봤어요. 그랬더니 그게 먹히는 거예요. 전 그녀에게 이렇게 말했어요. '와우, 당신 말대로 했더니 너무 잘 풀리는데요!' 그녀는 아이에게 주라면서 선물도 줬어요. 그리고 러그랫 그림책[어린이 대상의 캐릭터 그림책]이나 『스포츠 일러스트레이티드』[타임워너사가 발행하는 스포츠 잡지] 같은 잡지에 관해서도 알려 주었어요."

고용주가 훈련생의 놀라운 가능성을 발견하고 놀라는 경우도 있다. 제록스사의 지역 채용 및 사원 교육 담당 매니저인 베벌리 스미스의 말에 따르면, 그저 그런 지원자들보다 SOME 고용훈련센터를 졸업한 전 마약중독자, 전 생활보호 수급자들이 더 신뢰할 수 있다는 사실을 알고 난 뒤, 이런 종류의 프로그램 졸업자가 아닌 사람은 더 이상 채용하지 않기로 했다고 한다. "센터에서는 일할 준비를 시켜 줍니다. 훈련생들에게 의욕을 불어넣어 주고, 아침에 일어나는 습관을 되찾아 줍니다. 그 덕분에 새 생활에 대한 적응으로 부드럽게 이어질 수 있어요." 스미스의 경험에서 봤을 때, '소프트 스킬' 훈련이 결여된 코스는 육아와 출근의 부담감, 의욕과 흥미의 부재와 같은 문제를 발생시켜 직장에서도 실패하는 졸업생을 배출해 내기 쉽다고 한다. "예를 들어, 금요일에 급여를 받았는데도 화요일이 되면 교통비조차 남아 있지 않은 사람도 있어요"라고 스미스는 말한다. 질 높은 훈련 프로그램 출신의 생활보호 수급자를 고용하면서, "사내의 인재 규모를 확대하고 채용 이후 훈련에 들어가는 수고가 줄어들었다"고도 했다.

바로 여기에 복지에서 노동으로 가는 열쇠가 있다. 그리고 이런 과정을 촉진시키는 것은 기업 입장에서도 이득이 된다. 복지 개혁은 미국 각지에서 민간 기업과 비영리단체NPO 간의 협력을 촉진시켰다. 정부와 민간 기업이 공동으로 자금을 출자하고 있는 캔자스 시의 경우에는 기업의 간부가 중요한 역할을 담당하고 있으며 기업, 빈곤 추방 단체, 시市 정부가 서로 연계해 고용 훈련을 실시하고 있다. 클리블랜드 시는 실제 존재하는 직업에 초점을 맞춘 훈련을 실시하기 위해, (센터의 시설을 기증하고 훈련생을 채용해 온) 지역 기업의 간부들이 고용 훈련센터 이사회를 맡아 운영하도록 하고 있다. 즉, 고용 훈련을 노동시장의 수요에 맞춰 실시하고 있는 것이다. 이는 매우 상식적인 이야기처럼 들리지만, 연방 정부가 예산을 지원하는 프로그램들이 모두 이런 식으로 운영되고 있는 것은 아니다.

이런 시도는 영리적인 것과 비영리적인 것 간의 공생 관계가 성립되었을 때 비로소 성공할 수 있다. 때때로 공생 관계는 건전한 보조금의 형태를 띠기도 하는데, 조세 혜택을 받고 있는 켄터키 주 농촌 지역의 한 공업단지에서 그 예를 발견할 수 있다. 비영리 직업훈련 기업인 "잭슨 카운티 재활 사업"은 근처의 미드-사우스 일렉트릭스사와 계약을 맺고 가전용 케이블을 제작하고 있다. 그곳에서는 애팔래치아 지역 출신의 가난한 백인 여성들이 기계 앞에 앉아 갈색 전선을 정확하게 같은 길이로 절단해 그 양 끝을 단자에 접합하고 있었다. 한쪽에서는 남녀들이 늘어 앉아 전선 타래가 놓인 커다란 선반 앞에 앉아 복잡한 통신 케이블을 치실 같이 가느다란 플라스틱 실로 묶고 있었다. 투명한 플라스틱으로 둘러싸인 "클린룸"은 루슨트와 휴렛 팩커드[모두 거대 IT기업]와의 계약 성사를 기대하며 만들어졌다. 이 공장에서 만들고 있는 전선은 멕시코에서 제조하는 것만큼 값이 싸진 않으나 미국 내 대부분의 업자보다는 저가이다. 이는 재활 사업이 실제 판매를 통해 올려야 하는 수익이 총지출의 약 70~80퍼센트면 충분하기 때문에 가능한 일이다. 나머지 비용은 정부의 조성금으로 충당된다. 고용 훈련 프로그램의 훈련생은 이 공장에서 90일간 일하고 법정 최저임금과 일반 민간 기업의 수준보다 약간 낮은 복리 후생을 받는다.

이 같은 미니 기업 — 사회 복귀 작업장이라고 불릴 때도 있다 — 에서는 실제 직장이 얼마나 치열한 것인지 가르치기 위해 이것저것 코스를 개설할 필요가 없다. 그들이 일하고 있는 환경 자체가 매우 치열하기 때문이다. 직업훈련 기업에는 정부의 조성금이 지급되고 있으며, 이윤 추구를 목적으로 하지 않기 때문

에 중소 영리기업과의 가격경쟁에서 승리하는 경우가 많다. 즉, 이런 관계에서
는 모든 관련된 당사자들 — 라이벌 관계의 중소기업은 제외하고 — 이 상호 이
득을 취하고 있는 것처럼 보인다. 대기업은 비용을 절약할 수 있고, 훈련생은 고
용주가 필요로 하는 자질을 갖출 수 있게 된다.

그러나 여기에도 문제는 있다. 훈련생들이 노동조합에 가입되어 있지 않은
탓에 민간 공장에서 저임금 노동 계약을 맺는 경우가 있는 것이다. 민간 기업에
게는 낮은 임금과 의료보험, 유급휴가 등의 추가 급부를 제공하지 않아도 되는
이점이 있다. 그 결과 (풀타임 노동자가 맡아 오던) 비정규 파견 근로가 더욱 촉진되
어 복리 후생은 해체되고 임금수준이 낮아지기도 한다. 그러나 그럼에도 불구하
고 기업은 값싼 노동력을 얻을 수 있고 훈련생은 귀중한 실무 경험을 쌓을 수 있
다는 이점은 매우 큰 것이라 할 수 있었다. 시카고 터틀 왁스사 공장에서는 250
명의 노동자 가운데 40명 정도가 "옵션즈 포 피플"Options for People이라고 하는 고
용 훈련 프로그램 출신자였다. 이 프로그램의 대표이사 데니스 J. 힐리는 터틀
왁스의 회장이기도 하다. 옵션즈는 상자 포장 등 단순노동 저임금 노동자뿐만
아니라 그들을 감독하는 관리직에도 훈련생들을 파견하는 계약을 맺고 있었다.
이 계약은 터틀 왁스에게도 매우 반가운 일이었고, 훈련생들에게도 매우 좋은
출발점이 되었다. 많은 훈련생들이 승진 가능성이 있는 정직원으로 채용되었기
때문이다. 옵션즈 수료생은 풀타임 정직원의 반수 이상을 차지하고 있었고, 그
중 두 명은 중간관리직으로도 승진했다.

반면 고용 훈련 프로그램이 노동자의 권리에 관해 가르치는 경우는 거의 없
다. 취업에 필요한 자격 요건을 갖추는 데 드는 부담은 모두 훈련생 본인의 책임
이 된다. 한편 기업 측 역시 적정한 임금과 노동환경을 제공하도록 강제받지 않
는다. 진정한 의미의 역량 부여empowerment는 이루어지지 않고 있는 것이 사실이
며, 노동자에게는 약간의 교섭력조차 주어지지 않는다. 바바라 에렌라이히는 이

452

상황을 거대 슈퍼마켓 체인 월마트에서 찾아낸다. "어느새 구직자는 신입 사원이 되어 있었다"고 그녀는 기술한다. "지원서를 건네고 며칠 후 근무복이 지급되었고, 코에 피어싱한 것을 빼도록 지시받았고, 상품을 훔쳐 가지 않도록 단단히 주의를 받는다. 이 과정에서 자유로운 행위자 — 스스로의 계약을 결정할 수 있도록 권리가 부여된 — 로서 잠재적 고용주와 대면하는 중간 단계는 완전히 배제되어 있다."[1]

옵션즈는 59번 가 역 노선과 측선 사이에 있던 빈 창고를 개조해 활기 넘치는 공장으로 변신시켰다. 그곳에서는 배 나온 훈련 책임자 리처드 블랙몬이 훈련생들에게 그의 열정적인 직업의식을 가르치느라 분주했다. "이곳에서는 상품을 포장하고 있습니다." 골판지 상자와 나무통이 가득 쌓인 곳을 빠져나가며 그가 설명했다. "이 프로그램의 목적은 스케줄을 세우고, 하루 내내 일하는 것에 익숙해지고, 아이를 돌봐 줄 보모를 고용하고, 출퇴근길을 확인하고, 얼마간의 돈을 버는 경험을 시키는 데 있습니다. 실제 훈련생들은 5.15달러의 시급을 받고 있죠."

한쪽의 작업 코너에서는 달러 스토어[가게 내의 모든 상품을 1달러에 파는 상점]에 상품을 공급하고 있는 퍼스널 케어사로부터 하청을 받아 냄새 제거 스프레이, 세탁용 풀, 오븐용 세제 등의 캔에 가격표를 붙이는 작업을 하고 있었다. "우리가 가격표를 붙이는 일을 하고 있는 건 다시 말해서 제조업자가 이 일을 하지 않기 때문이지요." 블랙몬은 설명한다. "캔은 만들지만 가격표는 붙이지 않는다. 그런 거예요." 그는 다른 작업 코너 앞에서 멈춰 섰다. "이건 도미닉스[식료품 체인점 브랜드]에서 가져온 일이에요. 우리 대표이사는 이전에 도미닉스의 대표이사와 CEO를 역임한 적이 있어서 도미닉스하고는 대단히 좋은 관계를 유지하고 있습니다. 도미닉스는 판촉 캠페인이 끝나면 사용한 물건을 모두 우리들에게 보내오지요. 그럼 우리는 그것을 창고로 옮겨 다시 매장에서 판매가 가능하도록 재포장을 합니다. 진열 상품을 받아서 다시 신상품으로 만들어 내보내는 것이죠. 저쪽에 아직 재포장이 안 된 물건들이 있죠? 그릇이나 접시들 말이에요. 바로 이런 일을 합니다."

"이쪽은 오웬즈-브록웨이사로부터 의뢰를 받아 점검 작업을 막 마친 상태입니다. 이 멋지게 생긴 병이 말이죠, 사실은 글자 위치가 약간 비뚤어진 제품이 있습니다. 병을 손으로 잡았을 때 잉크가 새어 나오는 것도 있고요. 그래서 우리들은 테이프를 사용해서 품질 검사를 합니다. 접착테이프를 여러 차례 붙였다 떼었다 하면서 잉크가 묻어 나오는지 아닌지 검사를 하지요. 잉크가 없거나 지저분하거나 병에 금이 가거나 한 것은 병뚜껑과 따로 분리해 모두 폐기 처분합니다. 그러니까 여기 이쪽에 병뚜껑이 달려 있는 것들은 모두 이상이 없는 제품입니다. 이상이 없는 제품과 분리한 병뚜껑은 다시 회사로 보내고 불량품은 폐기합니다……."

"이 안쪽에서는 페인트와 관련된 일을 합니다. 옵션즈와는 오랫동안 친분을 유지해 온 서원-윌리엄스사의 페인트 재활용을 돕고 있는 것이지요. 2, 3년 정도가 지나도 팔리지 않아 액체 부분과 고체 부분이 분리되어 버린 페인트가 이곳으로 오게 됩니다. 우리가 하는 일은 그것들을 55갤런(약 200리터) 드럼통에 쏟아붓는 일입니다. 서원-윌리엄스는 그걸 다시 재가공해서 재활용합니다. 여기 보이는 것 모두가 우리들이 서원-윌리엄스사로부터 받아 드럼통에 부은 것들입니다……."

"이것은 켄들 패키징이라는 회사의 일입니다. 공문서 보관용 상자를 만드는 회사인데, 상자에 버튼과 버튼 구멍 다는 것을 깜빡 잊어버린 탓에 우리들이 그 일을 하고 있지요. 상자 한쪽에 버튼을 달고, 그걸 잠글 수 있도록 한쪽에 실을 답니다. 예전에는 켄들 패키징사 내부에서 처리하던 일이었습니다만, 최근에는 우리들에게 외주를 주고 있습니다. 이 회사하고는 좋은 관계를 유지하고 있어서 약 15만 개 분량의 작업을 하청 받고 있습니다."

블랙몬은 마약과 폭력으로 악명이 높은 시카고의 카브리니-그린 공영주택

>

프로젝트 지구에서 자랐는데, 각고의 노력 끝에 로스쿨까지 졸업할 수 있었다. 그는 처음에 기업 법무와 관련된 분야에서 일을 하다가 무상으로 소년 재판의 변호사 일을 했고 현재는 옵션즈에서 훈련생들을 지도하고 있다. 그는 마치 사태의 원인까지 탐구해 들어가 문제가 발생하는 근본을 파악하려고 애쓰는 것처럼 보였다. "생활보호에서 벗어나기 위해서는 출구를 향해 그저 걷는 것만으로는 충분하지 않습니다." 그는 스스로의 경험을 근거로 이야기했다. "달리고, 소리치고, 발로 차고, 화내고, 방방 뛰어대야 탈출할 수 있습니다."

골판지 상자와 나무통, 작업 테이블 사이를 이리저리 빠져나간 끝에 도착한 곳은 작은 교실이었다. 그곳에서 블랙몬은 90일간의 훈련 프로그램 참가를 희망하는 17명의 실패한 흑인 남녀 앞에 섰다. 그리고 모인 사람들이 그의 출신 배경을 잊지 않고 있는지 확인한 다음, 모두에게 아침 인사를 하고 마치 교회 예배 때처럼 사람들에게 질문을 하고 대답을 재촉했다.

"여러분, 훈련을 받을 준비는 다 됐습니까?"

"예." 사람들은 중얼거리는 목소리로 대답했다.

"자, 제가 하는 말을 따라해 주세요. 나는 변할 수 있다!"

"나는 변할 수 있다." 작은 목소리들이 이어졌다.

"오, 더 잘 할 수 있을 것 같은데요. 진짜로 그렇게 생각하고 있는 것처럼 말해 봅시다. 자, 나는 변할 수 있다!"

"나는 변할 수 있다!"

"아니면 그냥 포기하고 변명을 늘어놓을 수도 있다."

"아니면 그냥 포기하고 변명을 늘어놓을 수도 있다."

"하지만 둘 다 할 수는 없다."

"하지만 둘 다 할 수는 없다."

블랙몬의 훈련 기술은 그가 남일리노이 대학 재학 중에 미식축구 장학금을 받으며 풀백으로 뛰던 당시에 익힌 것이었다. 시합이 아무리 열세더라도 하프타임 때 그는 팀 구성원들에게 그가 진심으로 역전 승리를 믿고 있는 것처럼 말하며 그들을 격려하곤 했다. "이 프로그램은 여러분들의 자립을 돕는 것이 그 목적입니다." 그가 말했다. "우리들이 여러분에게 해줄 수 있는 것은 하나도 없습니다. …… 이 프로그램은 여러분들 안에 이미 존재하는 것을 일깨우고 다른 사람이 할 수 있는 것을 내가 못할 리 없다는 사실을 깨닫게 하는 것이 목적입니다." 그리고 그는 사람들이 이미 스스로 가지고 있던 능력을 일깨워 활용하고 있다는 것을 보여 주었다. "전 세계에서 가장 거친 도시 중 하나인 시카고에서 여러분은 생존하고 있습니다. 그런 여러분이 과연 머리가 나쁘다고 할 수 있을까요? 여러분이 서른 살이건, 마흔 살이건, 스무 살, 쉰 살이건 간에 지금까지 시카고에서 생존해 왔다는 것은 여러분들에게 그만큼 능력이 있다는 것을 의미합니다."

어차피 최저임금밖에 받지 못할 것이라고 우습게 생각하면 안 된다고 블랙몬은 강조한다. "최저임금에는 파워가 있습니다. 하나의 출발점이 될 수 있습니다. 시급 5.15달러, 일주일에 40시간, 한 달에 4주 일하면 월급이 824달러가 됩니다. 생활보호 수급으로 한 달에 824달러 받고 있는 사람은 손을 들어 보세요. 아무도 없지요? 보세요. 최저임금도 그렇게 나쁜 것만은 아니지요? 맞벌이로 벌면 한 달에 1,648달러가 돼요. 여기 어디 한 달에 1,648달러 버는 사람 있나요? 최저임금을 우습게 보면 안 됩니다. 최저임금은 아주 훌륭한 출발점이 될 수 있습니다."

"예금이 500달러 이상 있는 사람은 몇 명이나 있지요? 한두 명 손을 들었네요. 이곳 시카고에서 아이를 키우며 그에 따른 책임을 지는 데 500달러도 없이 어떻게 하죠? 우리 프로그램에서는 돈을 모으는 것의 소중함도 공부합니다. 어떻게 하면 일주일에 10달러를 저금하고 1년 후에는 500달러를 저금할 수 있는

지 방법을 가르쳐 줍니다. 우리는 그것에 관해 이야기를 해야만 합니다. 저금의 비법은 한 번에 많은 돈을 저금하려고 생각하지 않는 것. 오랜 시간에 걸쳐 조금씩 저금해 가는 겁니다. 바로 이런 것들을 이야기할 필요가 있습니다."

블랙몬은 훈련생들이 자기 자신을 위해 스스로 일어서길 바라고 있었다. "프로그램의 목적은 변화를 일으키는 것입니다. 인생을 호전시키는 것이 목적입니다. 그걸 바라지 않는 사람은 이 프로그램의 대상이 아닙니다. 우리들은 여러분을 도와줄 수가 없습니다. 아무것도 해줄 것이 없기 때문입니다. 필요한 것들은 모두 여러분들 스스로가 가지고 있습니다. 우리들은 그 사실을 일깨워 주는 데 약간의 도움을 줄 뿐입니다. 우리들은 여러분이 그 사실을 깨닫는 데 약간의 도움을 줄 뿐입니다."

리키 드레이크를 처음 만나고 몇 분 지나지 않아 그가 매우 똑똑한 사람이라는 사실을 알아차릴 수 있었다. 그는 검고 두꺼운 루스 리프식 공책을 넘기며 내게 수학과 공학 공식을 설명해 준 뒤 금속 재질 바닥이 깔린 클리블랜드 고용훈련센터를 안내해 주었다. 이 오래된 공장에는 기능 노동자를 필요로 하는 제조업체들의 기부를 받아 설치한 기계들이 가득 차 있었다. 리키는 올리브색 선반, 드릴 프레스, 정밀 그라인더 등 모든 기계를 다룰 줄 알았다. 그는 노한 측미계와 측경기 등 업계 최신의 기계도 매우 솜씨 좋게 다루었다. 6개월 코스의 3분의 2를 마친 리키는 새로운 기술을 습득하고 의욕에 넘쳐 있었는데, 그의 그런 태도를 보는 한 과거 그가 실패를 경험하고 좌절해 있는 모습은 상상하기 힘들었다. 그러나 그는 실패를 경험한 적이 있었다. 리키는 자신의 생애에 관해 간단하게 말해 주었다. "아버지는 매우 엄격한 분이셨어요. 우리를 혼낼 때는 기다란 매와 짧은 매를 가지고 때리셨죠. 결과적으로 그때의 경험이 저에게 큰 영향을 미쳤어요. 군대 경험도 그렇고요. 저는 많은 문제들을 극복하지 않으면 안 되었어요. 그래서 영적으로 귀의하기 시작했고 신을 믿기 시작했어요. 그러면서 '지금보다 더 나은 삶이 가능해, 현재의 상황을 극복할 수 있어'라고 말하기 시작했어요."

가난한 흑인 가정에서 성장한 경험은 미래에 대한 희망을 품게 해주지 못했다. "약간 반항적"이었던 그는 1968년에 집을 나와 군에 입대했다. 군은 당시 그의 나이가 16세라는 사실을 알고 그의 아버지에게 연락을 취해 입대 동의서에 서명해 줄 것을 요구했다. 그리고 리키는 베트남전에 두 번 참전했다. 군대에서는 케이블 용접과 설치, 무선통신 일을 했는데, 그때의 경험은 그에게 자유와 독립이라는 기묘한 느낌의 경험을 선사해 주었다. "그냥 군대에 남아서 그 일을 계속하는 것이 더 좋을 뻔 했죠." 그가 말했다. 그는 당시 스님들과 많은 대화를 나누었고 불교와 요가도 접할 수 있었다. 또 마리화나와 코카인도 경험했다(이로 인해 그는 군 병원으로 후송되었다). 1973년에 "세상"the world — 당시 베트남전에 참가한 미군들은 그들의 모국을 이렇게 불렀다 — 으로 돌아온 그는 임시 고용 기간 종료와 동시에 실직하고 마는 그런 종류의 일자리라도 구할 수만 있다면 차라리 나은 편이라는 사실을 깨닫게 되었다. "90일간의 임시 고용 기간이 끝나기 직전에 해고를 당하는 식이지요. 그럼 다시 구직자 신분으로 되돌아오는 거예요. 취업할 곳을 전혀 찾지 못할 때도 있었고, 어떤 때는 겨우 일용직을 구할 때도 있었어요. 트럭 배달을 며칠간 했나 싶으면 다음날에는 전기 보수 일을 하는 식이었어요. 그런 것이 반복되었죠. 그런 상태에서는 회사에 지원하려고 해도 직업 경력이라고 말할 만한 것이 전혀 없게 되잖아요. 단순노동 두 달 했다고 해서 그게 직업 경력이 되지는 않지 않습니까." 리키는 마약과 술의 유혹에 지고 말았다고 한다.

고용훈련센터를 안내받고 몇 달 후, 나는 리키의 집을 방문했다. 클리블랜드에서 그가 살고 있는 지역은 이전에는 한때 중산층이 모여 살던 곳이기도 했으나 현재는 낡은 동네가 된 곳이다. 두 가구가 살 수 있는 지금의 벽돌집은 리키 부부가 10년 전에 약 4만 달러를 지불하고 구입한 것이었다. 한때는 경제적인 이유로 집을 팔기 직전까지 간 적도 있었다고 한다. 그 집은 현재 적당히 낡아 포근한 느낌을 주고 있었다. 내가 도착했을 때 리키는 밖에 나와 있었고, 길을 가로질러 가더니 그곳에서 이야기를 나누고 있던 두 젊은 여자들 중 한 사람에게 10센트 동전을 건네고 담배 한 개비를 받는 것을 보았다. 그가 돌아오고 나서 인사를 한 뒤 나는 그에게 거짓으로 금연하는 척하고 있지 않느냐고 말했고, 그는 미소를 띠며 이렇게 말했다. "어떻게 아셨어요?"

그는 막 거실의 페인트칠을 마친 상태였는데 창문에 달린 큰 커튼이 빛을 완전히 가리고 있어서 집 안은 매우 어두웠다. 천장에는 선풍기가 달려 있었고 마룻바닥은 사포질을 다시 해 새롭게 단장하고 있었다. 지하실에는 욕실을 만들 예정이라고 했다. 이렇게 신변을 정리하고 생활을 안정시키려 노력하고 있는 리키에게는 걱정거리가 있었다. 스물다섯 살이 되는 아들이었다. 아들은 취직을 하지 않고 랩 그룹을 만들어 활동하고 있었다. 아들의 랩 그룹은 갓 CD를 낸 상태였는데 벌써 해산 위기에 직면해 있다고 했다. 미혼으로 5개월 된 아기를 기르고 있는 열여덟 살 난 딸도 걱정거리였다. 방 한구석에는 아기를 위한 장난감과 아기용 의자가 놓여 있었다. 열두 살짜리 딸도 애물단지였다. 그 아이는 집중력이 부족해 학교에서도 종종 문제를 일으키곤 했다. 리키는 자기 자신에 관한 문제에 대해서는 걱정하지 않으려고 굳게 결심하고 있었다. "안 좋은 짓은 뭐든 다 해봤어요." 그는 말했다. "술에다 마약에다 여자에다, 아시죠? 아주 암울했어요. 결국에는 죽느냐 사느냐 하는 지경에까지 이르렀어요. 그런 인생은 살고 싶지 않아요……. 사람은 어른이 되어 가는 과정에서 장난 반으로 여러 가지를 시험 삼아 해보게 되는데, 하지만 어른이 되면 그런 건 졸업해야 해요. 맥주, 마리화나, 담배, 여러 가지를 경험하지만 그것들은 어떻게 보면 하나의 통과점이에요. 어른이 되면 졸업을 하고 다시 실패를 경험하며 배워 나가지 않으면 안 돼요. 그걸 남들보다 빨리 깨닫는 사람이 있는가 하면 늦는 사람도 있죠. …… 어떤 사람이 될 것인가는 자기 선택의 문제예요."

리키가 최종적으로 내린 선택은 그를 두 가지 구원의 길로 이끌었다. 하느님과 일이었다. "가톨릭, 이슬람교, 루터교 등 여러 종교를 믿었어요. 프리메이슨*을 연구한 적도 있어요." 그는 그만의 독특한 억양을 섞으며 말했다. "신학이나 철학도 공부했어요." 요 몇 년 동안은 침례교회에 나가고 있었다. 하지만 가장 정열을 쏟아부은 것은 일인 듯했다. 고용 훈련을 마친 후 리키는 잔디 깎기 기계나 제설기 등의 부품을 만드는 공장에 시급 7달러를 받으며 수습 기계공으로 취직했었다. "공장에서 만들었던 것은 물림쇠나 레버, 스프링 같은 작은 부품들이었어요. 제가 있던 부서에서는 그것에 드릴로 구멍을 뚫거나 이음새가 덜렁거리는 부분을 다시 고쳐 달거나 구멍을 넓히거나 하는 작업을 했어요." 1년 후에는 제철소에서 시급 8.50달러를 받으며 코일을 가늘게 자르는 기계를 조작하는 일을 했다. 그에게는 숙련공으로서 충분히 먹고살 만큼의 기술이 있었기 때문에, 불황이 닥쳐오던 2003년에도 다른 제철소로 일터를 옮겨 시급 9.50달러를 받으며 일을 할 수 있었다. 그리고 회사의 지원을 받아 유압 기술과 설비관리를 가르치는 학교에도 다닐 수 있었다. 이대로 계속 노력해 나가기만 한다면 언젠가는 연봉이 배로 늘어나는 날이 올 것임에 틀림없었다.

리키에게 있어 일이 잘 풀린다는 것은 단지 연봉이 늘어나는 것만을 의미하

● 프리메이슨Freemason
회원 간 상호 친목을 목적으로 하는 세계적인 민간단체. 비공개 비밀결사. 1717년 런던에서 시작되었으며 사회사업, 박애 사업 등을 하고 있다.

지 않았다. 일을 하게 된 덕분에 그의 인생 자체를 회복시키는 과정이 시작된 것이다. 그는 이제 전념할 수 있는 어떤 것이 생겼다. 그는 지역 전문대학에 등록했고, 매일 아침 4시에 일어나 5시 40분 버스를 타고 직장으로 향했다. 그는 일이 시작되는 7시 전까지 책을 읽을 시간을 약간 마련하고자 6시 30분 이전까지는 꼭 공장에 도착하도록 하고 있었다. 그리고 거의 매일 밤, 오후 9시부터 10시까지 지역 전문대학의 수업을 들었다.

리키의 집을 방문했던 짧은 시간 동안 받은 인상에 따르면, 리키는 아내 들로리스와 그다지 정중하게 대화를 주고받는 것처럼 보이지 않았다. 낯선 사람 앞에서도 리키는 아내를 무시하는 투로 아무렇게나 말을 했다. 병원의 음식 서비스 일을 하고 집으로 돌아온 들로리스는 흰색 트레이닝복 바지에 가죽점퍼로 연약한 몸을 감싸고 있었고, 머리에는 빨간색 머리띠를 하고 있었다. 그녀는 소파 한구석에 앉아 남편의 갱생 과정에 대한 이야기를 시작했다. 최악의 시기에는 2년간 별거를 한 적도 있었다고 나긋나긋한 말투로 이야기했다. 그러나 리키는 밑바닥에서 다시 기어오르는 데 성공했다. 고용 훈련 과정 하나하나가 위를 향한 사다리의 한발 한발이 되었다고 그녀는 말한다. "우리 남편 같은 사람은 가족을 먹여 살릴 수 있게만 되면 마음을 놓을 수 있는 사람이에요. 남편이 참여했던 프로그램은 남편의 인생에서 가장 훌륭한 사건이었다고 생각해요." 그녀가 설명했다. 그녀는 남편의 갱생을 어떻게 받아들이고 있을까?

"우리는 하느님의 길로 돌아와야 한다는 사실을 알고 있었어요." 그녀가 말했다. "하느님의 길 안으로 들어서자 하느님은 남편이 가족을 위해 무엇을 해야 하는지를 가르쳐 주셨어요. 그리고 저에게도 가족과 남편을 위해 무엇을 해야 하는지 가르쳐 주셨죠."

현재의 성공에 리키의 수훈은 없는 걸까?

"모든 것이 하느님의 은총이라고 생각해요. 일이나 훈련 덕분이라고는 생각하지 않아요. 남편이 훈련을 받을 수 있게 된 것도 하느님의 은혜예요. 하느님은 우리들을 엮어 주시고 남편에게는 일을 주셨고 앞으로도 우리 가족을 돌보는 데 필요한 것들을 얻을 수 있도록 다음 계단으로 이끌어 주실 거예요."

나는 리키가 고용훈련센터에서 훌륭한 태도로 나를 안내해 준 사실을 들로리스에게 말해 주었다. 그러자 그녀는 "정말이에요?" 하며 약간 놀란 표정을 지었다. 리키는 아내의 주장에 이의를 달지 않았다. "하루하루를 소중하게 살고 있습니다. 침대에 눕기 전하고 아침에 눈을 뜨기 전에 하느님과 이야기를 나누죠. '하느님, 제가 처한 상황을 다 알고 계시겠지요. 제발 저에게 도움의 손길을 내려 주세요. 저를 바른 길로 인도해 주세요' 하고요……. 그러면 하느님은 제가 악마와 싸우는 것을 도와주겠노라고 말씀하세요. 나 스스로를 그런 환경에 빠지지 않도록 하면 굳이 싸우지 않아도 돼요. 제 자신이 마리화나 중독자들이 있는 거리에 같이 서있지 않는다면 유혹당할 일도 없지요. 무슨 의미인지 아시겠죠? 하느님과 대화를 하는 것이 얼마나 큰 도움이 되는지 저는 알아요. 처음에는 망설인 적도 있었지만 이제는 완전히 하느님께 의지하게 되었어요. 저와 하느님이 일대일로 마주하고 있는 세계로 저의 인생을 움직일 수 있었어요. 이제 더 이상 남에게 기댈 필요가 없어요."

리어리 브룩은 자주 학교를 빠지는 아이였고, 리어리의 어머니도 이 사실을 알고 있었다. 하지만 그날 리어리는 아나코스티아 고등학교에서 수업을 마치고 학교를 나와 워싱턴 남동부를 흐르는 아나코스티아 강 건너편의 가난한 흑인 거주지를 가로질러 집으로 가던 도중이었다. 리어리는 작고 아담한 자신의 집에 거의 다다랐을 무렵, 얼이라는 남자가 뒤를 따라오고 있음을 눈치챘다.

마치 작은 새가 지저귀는 울음소리를 떠올리게 하는 "리어리"라는 이름에는 시적인 리듬이 있다. 리어리의 타는 듯한 강렬한 눈빛에 어머니로부터 물려받은 밝은색 피부는, 아프리카계 미국인이 다수를 차지하는 마을에서 눈에 띄는 것이었다. 리어리는 학교, 집, 마을에 구속된 생활 속에서 쌓여 있던 울분을 반항적으로 표출했고, 방황하면서 헤매다 넘지 말아야 할 선을 넘었다. "어떻게 해서든 법률 공부를 시키고 싶었어요." 리어리의 어머니는 웃으며 말한다. "그 애에게 넌 훌륭한 변호사가 될 거야, 하고 말한 이유가 뭔지 아세요? 그 애는 천하의 거짓말쟁이거든요. 좋은 변호사가 될 거라 생각했어요."

학교 주변을 배회하던 20대 후반에서 30대 초반으로 보이는 얼이라는 남자는 이전부터 리어리를 주시하고 있었다. 그날, 얼은 리어리 옆으로 차를 세우고 뛰어내리더니 리어리의 팔을 붙잡아 등 뒤로 비틀어 올리면서 그녀를 차 안으로 밀어 넣었다. 그는 리어리를 폭행한 뒤 14번가의 유흥가로 차를 몰아 한 지저분한 호텔로 그녀를 끌고 갔다. "이탈리아계로 보이는 뚱뚱한 남자가 그에게 열쇠를 건네주고 들여보내 주었던 것을 기억하고 있어요." 리어리가 기억을 더듬으며 말했다. "그는 제 손을 침대 머리맡 난간에 묶더니 아무리 소리쳐도 아무도 오지 않을 거라고 했어요." 그의 말대로 리어리가 아무리 크게 소리 질러도 도와주러 오는 사람은 없었다. 강간을 당하고 있던 사이에 리어리는 웃음소리를 들었다. 리어리는 누군가에게 말하면 부모를 죽이겠다고 한 그의 협박을 믿었다. "저는 회복할 수 없는 상처를 입었어요." 강간 후 남자는 리어리 집까지 차로 데려다 주었다.

당시 리어리는 이 사실을 아무에게도 말하지 않았다. 부모님이 걱정되기도 했고 무섭기도 했다. 어머니 벨마는 리어리가 학교를 빠지고 돌아다니며 마약을 하고 있는 게 아닌가 하고 의심하고 있었는데, 그런 어머니에게 틀림없이 꾸지람을 듣게 될 것이라고 생각했기 때문이다. 어머니와 리어리 사이에는 벽이 있었고, 그로부터 30년이 흐른 지금까지도 그로 인해 두 사람의 기억에는 서로 큰 차이가 있었다. "그 애는 마약을 하고 있었고, 그래서 안 좋은 쪽으로 흘러가게 된 것이라고 생각해." 벨마는 이렇게 추측했다. "백인 남자애들이랑 어울리고 있었으니까. 그 애들 가운데는 어렸을 때부터 마약을 하던 애들도 있었어. 리어리가 그런 쪽으로 흘러간 것도 이상할 게 없지."

"아니야." 리어리는 강하게 부정한다.

"학교에서 돌아오는 중간에 꼭 어디로 샜어. 바로 집으로 왔으면 나한테 바로 집으로 왔다고 말을 했을 테지." 벨마는 보란 듯 말했다. "가지 말아야 할 곳에 갔기 때문에 나한테 혼날 것이란 걸 알고 있었겠지."

이에 대해 리어리는 전혀 아니라고 반론한다. 수업을 자주 빼먹었던 것은 사실이지만 그날은 달랐다고 주장한다. 만약 강간 사건에 대해 벨마에게 이야기했다면 어떻게 되었을까?

"지금 와서는 그때 내가 어떤 반응을 보였을지 예상하는 건 어려워." 벨마는 솔직하게 말했다. "아마 어째서 집으로 곧장 오지 않고 그런 데 갔냐고 엄청 화 냈을지도 모르지."

"저는 당연히 제 탓이라고 생각했어요. 그다음 일은 말씀 안 드려도 아시겠죠?" 리어리가 말했다. "강간 사건 이후 생긴 애 때문에 낙태 수술을 받으러 병원에 갔을 때도 엄마는 오지 않았어요." 하지만 아버지는 와주었다. 벨마는 남편이 리어리의 버릇을 잘못 들여놨다며 투덜거렸다.

그날 이후 리어리는 한 가지 선택을 했다. 십대의 젊은 나이에 내리는 결정 대부분이 그러하듯 리어리가 내린 결정도 그 당시에는 그다지 중요해 보이지 않았다. 학교를 그만두고 뉴욕으로 가기로 결정한 것이다. "다른 길을 선택할 기회는 얼마든지 있었지만, 결국 도망가는 길을 선택한 것이죠." 몇 년 후, 당시를 회상하며 그녀가 말했다. "엄마한테서 받는 멸시로부터 도망쳤던 거죠."

그녀가 맨해튼에서 잡지 방문판매를 하고 있을 때의 일이었다. "어떤 사람들을 만나게 되었는데, 자기들과 같이 살지 않겠냐고 제안해 왔어요. 제가 결국 흘러들어 가게 될 곳을 그 사람들은 알고 있었던 거죠. …… 그 사람들은 그때까지 제가 몰랐던 세계를 가르쳐 줬어요. …… 그 사람들은 매우 강한 마약을 하고 있었어요. 코로 집어넣는. 그들은 아직 어린 저를 영업시간이 끝난 바로 데리고 갔어요. 바에는 블랙 라이트[일종의 자외선등] 아래 사람들이 모여 있었어요. ─ 기억하세요? 1960년대 블랙 라이트 ─ 그리고 20달러 한 장으로 마약을 살 수가 있었어요. 저는 뭐가 뭔지 아무것도 모르는 상태였어요. 모두 비싸 보이는 옷을 입고 있었거든요. 그때는 그게 사실은 싸구려라는 것도 몰랐어요. 모든 게 거기서 시작되었죠. 그때, 그 클럽에서, 처음으로 코로 들이마시는 마약을 했어요. 절대로 잊을 수 없는 경험이에요. 코로 들이마시는 것부터 시작해서 피부에 주사로 찌르는 것, 정맥주사까지 하게 되었어요. 헤로인이었어요. 적어도 2, 3년 정도 계속했어요." 마약은 그녀가 "망령으로부터 도망치는 데" 도움을 주었다.

리어리는 임신을 해 도움이 필요하게 되었고, 그녀의 부모는 뉴욕으로 리어리를 찾아왔다. 리어리는 임신 중에는 마약을 하지 않을 결심이었다. "완전히 손을 씻었어요." 리어리가 말했다. "그때 나이가 스무 살 정도 되었고, 집으로 돌아왔죠. 새 인생을 살기 위해 올바른 일들을 하려고 노력했어요." 두 번 다시 얼에 의해 나쁜 일을 당할 일이 없다는 사실을 알고 리어리는 안심했다. 얼의 아내가 얼을 죽인 것이다. "부인은 감옥에 가지 않고 끝났어요."

리어리가 자란 워싱턴 지역은 나쁜 습관을 끊기에 적당한 곳이라고는 할 수 없는 곳이었다. "정신을 차려 보면 옛날 친구들과 어울리고 있었어요. 한 번 그런 습관을 몸에 들이면 빠져나올 수 없게 돼 버려요." 리어리는 말한다. "그런 사람들하고는 아예 연을 끊어 버리지 않으면 안 돼요. 핫도그를 끊을 생각이라면 아예 핫도그 파는 곳에 가지 말아야죠. 가까이 가면 냄새를 맡게 되고 누가 사줄

지도 모르니까요. 제 인생도 그랬어요. 끊었다가 돌아왔다가 끊었다가 돌아왔다가. 몇 년 동안 끊었나 싶으면 다시 마약하는 친구들을 만나 다시 시작하고 ……." 워싱턴에서 또다시 마약의 세계로 들어오게 된 그녀는 크랙이라는 새로운 쾌락을 발견했다.

사건의 발단은 리어리가 음식 서비스 기술을 가르치던 심신 장애자 학교의 동료였다. 학교 일은 급여나 일의 내용면에서 그다지 나쁜 편이 아니었고, 젊은 친구들과도 잘 어울리며 일하고 있었다. 고등학교를 졸업하지 않은 상태라 장래에 대한 가능성은 한정되어 있었고, 중간 중간 마약중독으로 인해 직업 경력에는 단절이 있는 상태였지만, 그 직장에서만큼은 잘해 나가고 있었다. 어느 주말, 남편이 분말 코카인 장사를 하는 동료의 집에 초대받아 가기 전까지는 말이다. "앉아서 술을 마시며 잡담을 하고 있었어요." 리어리는 당시를 회상했다. "뉴스에 크랙 이야기가 나와서 제가 '왜 모두 그렇게 크랙을 하고 싶어 하는 걸까?'하고 말했어요. 아시죠? 호기심이 고양이를 죽인다. 제가 그 꼴이었어요. 그녀가 이러더군요. '뉴욕에서는 대유행이야. 나도 한두 번 한 적이 있어. 해볼래?' 저는 '아니야. 안 할래. 무서워'라고 했고, 그녀는 '아니야, 안 무서워'라고 하더니 안쪽 방으로 들어가 약을 가지고 나왔어요. 결국 새벽이 밝아 올 무렵에는 그녀의 남편이 크랙을 만들기 위해 준비해 두었던 1,200달러어치의 코카인 분말을 모두 다 써버려서, 길거리로 사러 나가는 꼴이 되었어요. 그게 시작이었어요. 예. 맞아요. 그게 모든 것의 시작이었어요. 그 이후로 거의 매주 했어요. 한 일주일 동안은 어떻게 참아 보다가도 주말이 되면 이 친구 집에 가지 않고는 못 배기게 돼요. 더이상 자신을 억제할 수 없게 돼요. 뇌가 원하는 거죠." 그때 리어리는 30대였고, 미혼이었다. 그리고 모두 아버지가 다른 아이가 넷 있었다.

"저는 크랙을 터미네이터라고 불렀어요. 육체적인 중독뿐만이 아니라 정신적·심리적·습관적 중독까지 일으키니까요. 육체적으로는 원하지 않더라도요. 그것은 지금까지 한 번도 경험해 보지 못한 뇌의 부분을 건드려요. 그리고 그 부분이 한 번 깨어나면 그걸 잠재울 수 없게 돼요. 정말이에요. 그때까지 알지 못했던 능력을 발견한 것 같은 기분이에요. 머리 회전이 빨라지고 의욕이 마구 솟아나요. 하지만 그건 단지 속임수에 불과하죠. 실제 뇌가 그 수준으로 돌아가는 게 아니니까요. 하지만 자극은 그 수준에서 느끼는 것과 같아요. 그게 15~20분 계속되다가 한순간에 없어져 버려요. 안 돼, 안 돼, 안 돼, 안 돼. 뇌는 다시 그 상태로 돌아가고 싶어 해요. 그 자극을 다시 체험하고 싶어 먹고 자고 입고 하는 것들은 모두 잊어버리게 돼요. 완전히 일상과 차단되는 거죠. 그 상태를 다시 맛보고 싶어서 아무것도 할 수 없는 상태가 되어 버려요! 육체적인 중독보다 더 악질이에요. 저라는 인간 자체를 완전히 빼앗겨 버리는 기분이에요. 영혼이 구속당해 버려 더 이상 그곳에서 빠져나올 수 없었어요. 제 목숨이 뿌리째 뽑혀 말라 가기 시작했어요. '나'라는 존재는 더 이상 존재하지 않았어요. 있는 건 오직 '그것'뿐이었죠."

리어리는 직장에 자주 지각을 하게 되었고, 결국은 결근하기 시작했다. "사람들은 제 변화를 발견하고는 그 원인도 알아차린 것 같았어요. 그리고 '저 사람을 회사에서 내보내자!' 이렇게 되었죠." 리어리가 말했다. "뭐, 범죄를 저지르기 전에 잘라 줘서 다행이죠."

실제로 리어리는 계속 범죄를 저지르고 있었다. "얼마 동안 이탈리아계 남자친구하고 함께 크랙을 팔았어요." 그녀는 말한다. "그 뒤 우리들은 펜실베이니아주로 이사했어요. 믿지 않으실지 모르지만, 5년 동안 마약을 끊었어요. 주위에 살고 있던 아미시Amish 사람들●이 준 허브 같은 걸로 안정을 찾고 있었죠." 그녀는 크랙의 세계로부터 안전한 세계로 완전히 도망친 듯 느끼고 있었다. "저는 정

● 신교의 일파인 암만Ammann파
자동차 대신 마차를 이용하는 등 현대 문명을 거부하는 생활을 하며 살아가는 독일계 기독교 재세례파(再洗禮派).

말 아무것도 모르는 바보였어요. 크랙은 세상 어디에나 있었어요." 그녀가 말했다. "그건 어디에나 있어요. 진짜로요. 거짓말이 아니에요. 바로 옆집에 있을 수도 있어요. 제가 장담하건대, 바티칸의 거리에서도 살 수 있어요. 그게 그 더러운 고개를 쳐들 때 우리는 한없이 무력해져요. 이 이탈리아 남자하고 저처럼요. 우리는 뉴욕 143번가와 브로드웨이의 교차로까지 차를 몰아 한 봉지를 샀고 다시 크랙을 시작했어요."

리어리는 마약과 일 사이를 왔다 갔다 했고 두 가지를 동시에 하는 날도 드물지 않았다. "주말이 월요일, 화요일까지 이어지는 경우가 많아졌죠. 정신을 차려 보면 목요일, 그때까지 회사를 안 간 거죠. 결국 아버지와 어머니에게 돌아왔어요." 아미시 사람들로부터 배운 말 다루는 법을 살려서 이번에는 메릴랜드 주 경마장에서 일자리를 찾았다. 그녀는 이곳이라면 엄격하고 세세한 규칙이 있기 때문에 다시는 마약을 하지 않게 되리라 믿었다. "그때도 아무것도 몰랐던 거죠. 마약은 어디에나 있어요." 그녀가 말했다. "전 제가 도망칠 수 있다고 믿고 있었어요."

마약 살 돈을 마련하는 수단의 변화가 몰락의 지표 역할을 했다. "처음에는 은행에 저금해 놓은 돈을 썼어요." 그녀가 말했다. "전 친구도 있었어요. 나름대로 괜찮은 인생을 살고 있었죠. 홈리스가 되어 길거리에서 생활한다는 게 어떤 건지 그때까지는 몰랐어요. 언제나 누군가가 뒤치다꺼리를 해주거나 필요한 것들을 주었어요. 부족함 없는 생활이었고 플로리다에도 자주 놀러 갔어요. 여기저기 여행하며 돌아다녔고 다시금 멋진 생활을 할 수 있었죠. 젊었을 적 생활이 돌아온 것 같았어요. 그런데 그게 덫이었어요. 악마는 아주 교활해요. 악마는 멋진 것들 사이에 몸을 숨기고 있어요. 너무 많은 일이 동시에 일어나면 그 사이에 뱀 한 마리가 숨어 있는 사실을 알아차리지 못해요. 돈을 다 써버리고 친구들이 없어지자 이제 저 스스로 해나가지 않으면 안 될 상황이 됐어요. 하지만 저한테는 인맥을 넓히는 능력이 있어서요, 몰래 마약을 하고 있는 사람들을 알게 되었죠. 저는 그 사람들의 다리 역할을 해주었어요. 그렇게 하면 제 몫을 구할 수 있었으니까요. 그 사람들은 밖에 나가서 마약을 살 수 없었기 때문에 저한테 돈을 주고 사오게 했어요. 그러면 저는 중개인들한테서 조금, 그 사람들한테서 조금씩 긁어모았죠. 제가 지금까지 살아 있는 것은 그래도 대놓고 훔치지 않았던 덕분이라고 생각해요." 한번은 밀매인들이 경쟁 그룹의 아파트에 난입해 무차별 총격을 가한 적이 있었는데, 리어리도 마침 그 현장에 있었고 등에 총상을 입었다. 이후 리어리는 마약 자금을 벌기 위해 매춘을 시작했다.

비슷한 상황에 있는 가정들이 대부분 그렇듯이, 리어리의 아이들은 할머니 손에서 길러졌다. 손자가 아이를 낳으면 벨마는 그 아이도 돌보았다. 벨마는 피곤에 지쳐 있었고 짐을 떠넘기는 자식들과 손자들에게 노여움을 느낄 때도 있었다. 그러나 그녀는 강철 같은 인물이었다. 남부에서 보낸 힘든 어린 시절의 경험을 통해 그녀는 집요한 끈기를 배웠다. 노예였던 조모祖母와 그 여동생에게서 그녀들의 숙모, 즉 리어리의 작은 고조할머니에 관한 이야기를 자주 듣곤 했다. "노예 주인이 일을 시켰을 때 할머니는 싫다고 하셨대. 주인은 할머니를 때리고 또 때렸지. 그래도 할머니는 싫다고 했대. 그러면 주인은 할머니를 물탱크 안이나 우물 속에 던져 넣어 버렸지. 그래도 할머니는 절대 복종하지 않았어. 할머니는 굳은 의지의 소유자였지. 차라리 주인에게 맞으면 맞았지 절대 의지를 굽히지 않았거든."

익숙하던 고장을 떠나 모험 속으로 뛰어들었던 벨미의 삶 역시 리어리의 그것과 비교해 결코 뒤지지 않았다. 그러나 두 사람이 다다른 결과는 전혀 달랐다. 앨라배마 주 한 소작 농가의 여덟 아이 가운데 한 명으로 태어난 벨마는 아직 20대였던 1940년에 고향을 떠나 혼자서 테네시를 거쳐 워싱턴으로 향했다. 그곳에서 좋은 남편을 만났고, 농림부Agriculture Department 인쇄실에 좋은 일자리를 얻었고, 하워드 대학에 학부생으로 입학했다. 그러나 졸업은 하지 못했다. 남편 호레이스는 퇴역 군인 협회에서 전기 기술자로 일했다. 리어리는 50세가 된 지금도 아버지가 백악관에서 일했던 것으로 생각하고 있었다.

마약을 끊었다 다시 시작했다를 반복하면서 리어리는 친정에 돌아왔다 나갔다를 반복했고, 매번 되돌아올 때마다 상태는 더 나빠져 있는 것처럼 보였다. "도저히 못 참겠어서 집에 들이지 않은 적도 있어." 벨마가 단호한 어조로 말했다. "그러면 이 애는 억지로 문을 부수고 들어왔어. 난 경찰을 불러 사정을 설명했지……. 리어리는 잠을 자러 들어 온 거였는데, 난 리어리가 내 집에 있는 걸 원치 않았고 그래서 경찰에게 리어리를 밖으로 내보내게 했어. '마약을 그만두지 않는 한 내 집에는 들일 수 없다'고 말했지. 물론 딸을 쫓아 보내는 건 고통스러웠어. 그런 말을 하는 것도 고통스러웠고. 경찰이 리어리를 끌어내는 걸 볼 때는 정말 가슴이 미어졌어."

리어리의 아버지는 리어리를 결코 포기하지 않았다. 리어리는 그것을 기억하고 있었다. 마지막으로 아버지를 보았을 때, 그녀는 언젠가 아버지가 자랑스러워할 만한 딸이 되어 보이겠노라고 약속했다. 그러자 아버지는 지금도 당신의 딸이 자랑스럽다고 말했다. "마치 미래를 훤히 들여다보고 계신 듯했어요." 리어리가 회상했다. "아버지가 바라는 것은 오직 제가 안전하고 행복하게 지내는 것뿐이었어요." 그녀가 말했다. "행복과 안전. 참 어려운 말이죠. 한번 생각해 보세요. 안전하지 않으면 행복할 수 없어요. 그리고 행복하지 않다면 그건 안전한 곳에 있지 못하다는 말이에요."

리어리가 길거리에서 마약을 하고 있을 때, 아버지는 세상을 떠났다. 리어리가 그 소식을 전해 들은 것은 그녀의 딸을 통해서였다. "아버지가 죽었다는 사실을 리어리도 알게 되었고, 그리고 나서 장례식 날이 되었지." 벨마가 당시를 회상하며 말했다. "리어리는 문 앞에다 자기도 올 테니 장례식에 같이 가자는 메모를 남겨 놨어. 하지만 아시다시피 영구차는 시간에 맞춰 출발하지 않으면 안 되잖아. 우리는 우리끼리 장례식을 진행했지. 그런데 같이 교회에 있던 사람들이 그러는 거야. 리어리도 와 있었다고……. 뒤쪽 자리에서 가만히 지켜보다가 우리보다 먼저 나갔다는 거야.”

“그건 아마 제 영혼이었을 거예요.” 리어리가 대꾸했다. “부끄러움에 …… 죄책감에 …… 도저히 갈 수가 없었어요. 아버지는 저의 가장 좋은 친구였어요. 저는 제 식대로 슬픔과 맞서야만 했어요. 그것이 변화의 시작이었죠.” 다시 기어오르기 위해서는 완전히 밑바닥까지 떨어질 필요가 있었던 것이다.

몇 개월 후, 그녀는 약에 취해 있을 때 사복 경찰의 승용차를 발견하고는 운전석 창문으로 다가가 이렇게 말했다. “컴퓨터로 리어리 브록을 검색해 봐요.”

“당신, 리어리 브록이야?” 경찰이 물었다.

“일단 한번 찾아봐요.”

교사죄敎唆罪로 인한 출두 명령 무시, 중죄에 해당하는 마약 소지 전과가 컴퓨터 데이터베이스에서 검색되었다. “당신이 리어리 브록인가?” 그렇다고 대답하자 경찰은 리어리를 체포하기 위해 여경을 호출했다.

“부활절 동안 감옥에서 지냈어요.” 리어리가 말했다. 재판 시스템이라는 심연으로 걸어 들어감으로써 리어리는 스스로를 심각한 위험에 처하게 했다. 그녀에게 변호사를 고용할 돈 같은 것은 없었다. 부과된 죄목이 모두 사실이었기 때문에 변호할 생각도 없었다. 흑인에다 마약중독자, 홈리스, 친구도 없고 연줄도 없는 리어리는 형을 가볍게 하는 방법이나 영리한 사법 거래를 하는 방법은 몰랐다. 법정으로 들어서며 리어리는 자신이 마약이 넘치는 거리에서 무시무시한 재활 시설로 들어가게 될 것이라고 확신했다.

그러나 운명의 장난인지 아니면 그녀가 끝내 변화를 맞이할 준비가 되어서였는지 리어리에게는 다른 종류의 재활 프로그램에 참가하라는 명령이 떨어졌다. 워싱턴 콜롬비아 지구에서는 어떤 실험을 진행하고 있었는데, 마약 초범에 한해

판사 직권으로 개선의 여지가 보이는 사람을 감옥에 보내지 않고 치료 프로그램에 참가시킬 수 있었다. 그곳에서는 철저한 소변검사를 통해 참가자를 엄격하게 감시했고, 자조 모임support group과 직업훈련에 참여하도록 유도했다. 판사는 법률 자문협회Legal Aid에서 나온 리어리의 변호사로부터 추천을 받아 그녀를 마틴 루터 킹 거리에 위치한 센터로 보냈다. 새 제도의 첫 수혜자 가운데 한 사람이 된 리어리는 그 결정을 마음 깊이 감사하게 생각했고, 지금도 당시 자신에게 도움을 주었던 변호사, 판사, 카운슬러, 센터 직원의 이름을 모두 기억하고 있었다. 그리고 자신이 작성한 자전적 글에 그들을 기록해 둠으로써 영원히 잊지 않고자 했다. "마약 재판정은 내 인생의 전환점이었다"라고 그녀는 기록하고 있었다. "우리를 맞이해 준 첫 번째 카운슬러는 화이트 선생님이었다. 그녀의 차분하고 포용력 있는 목소리와 말투는 내가 예상하지 못했던 것이었다." 리어리는 그녀가 기록하고 있듯이 "지금까지 살아온 비현실적인 세계"로부터 벗어나게 된 것이다. "그때 비로소 삶과 생활을 갈구하는 나의 진짜 모습이 나타났다. 그리고 그 욕망은 지금도 계속되고 있다."

그러나 취업은 그녀가 가지고 있는 기술이 얼마나 부족한 것이었는가를 느끼게 해주는 경험이었다. 그녀는 공인된 간호 보조사 양성 코스를 수료하고 의료 업계에서 얼마 동안 일을 했는데, 그때 자신이 컴퓨터와 관련된 것에 매력을 느끼고 있다는 사실을 깨달았다. 그녀는 자신을 제외한 사람들 대부분이 자연스럽고 능숙하게 조작하고 있는 컴퓨터 키보드나 모니터에 흥미를 느끼기 시작했다.

그리고 그것이 리어리 브룩으로 하여금 친정집에서 두 블록 떨어진 SOME 고용훈련센터에서 해리스가 맡고 있는 코스에 등록하게 만든 출발점이 되었다. 그녀는 컴퓨터에 익숙해지려 노력했고, 낯선 사람 앞에서 말을 하고 자신을 성찰하면서 스스로에 대한 자신감을 되찾았다. 그리고 그렇게 시행착오를 겪으며 일상 속에서 작은 성공을 일구어 갔다. 일찍이 경험해 보지 못했던 의욕과 자신감이 그녀의 내면에 생기기 시작했다. 리어리는 그것을 "나의 변신"이라고 표현했다.

그녀는 면접 훈련을 마치고 이력서를 깔끔하게 정리한 뒤 입사 지원서를 발송했다. 면접 날짜가 정해졌고, 그녀는 교실 컴퓨터 앞에 앉아 애써 불안감을 진정시키려 애쓰고 있었다. "두려워요. 두려움을 느끼지 않는다면 그것이 더 이상하겠죠." 리어리가 말했다. "현대사회는 약육강식이라고 세미나 수업에서 배웠어요. 면접관들은 친구가 아니라고요. 모두가 말했어요. 친근해지지 마라, 방심하지 마라. 하지만 그렇다고 기가 죽어 있을 필요는 없어요. 누구나 조금은 두려움을 느끼는 게 당연하니까요. 두려움을 느끼고 있는 편이 제 실력을 발휘할 수 있을 것 같아요. 더 강한 의지를 가지고 공포에 맞설 수 있으니까요."

버지니아 주 알링턴 시의 제록스사 사무실에서 중요한 면접을 치르는 날이 다가왔다. "아름다운 건물이었어요!" 리어리가 외쳤다. "보도에서 건물로 올라가는 계단이 대리석이었어요. 안에 들어가자 굉장히 고급스러운 분위기를 느낄 수 있었어요. 화장실도 고급이었어요. 구강 세정제, 헤어스프레이, '특대 사이즈' 알파 케리 로션도 있었어요. 손을 씻은 뒤 보습을 해주기 위한 회사의 배려지요. 고급스러운 화장실만 봐도 회사가 직원들의 일하는 환경에 주의를 기울이고 있다는 점을 알 수가 있어요. 세세한 부분까지 신경을 써주는 것이죠. 예를 들어서 구강 세정제는 일하고는 전혀 관계가 없는 것이잖아요. 하지만 직원 입장에서는 필요한 것이기 때문에 그곳에 놓여 있는 거예요. 화장실에 한번 가보세요. 정말로 기분이 상쾌해져요."

제록스는 워싱턴에 있는 몇몇 기업과 계약을 맺고 사무실 우편물실 관리, 문서 복사, 컬러 보고서 인쇄 등의 업무를 하청 받고 있었기 때문에 그것을 담당할 인력을 찾고 있었다. 그들에게 SOME 고용훈련센터 출신자는 매력적인 인재로 보였다. "면접은 굉장히 잘 풀려 나갔어요. 정말 기분 좋게 진행됐죠." 리어리가 놀라워하며 말했다. "팀플레이 경험을 강조하고 제록스에서 앞으로 얻게 될 기회 등에 관해서 제가 얼마나 기대하고 있는가를 힘주어 말했어요. 저는 이 회사가 지역사회에 어떤 식으로 관여하고 있는지를 사전에 조사해 갔어요." 면접관은 리어리에게서 깊은 인상을 받은 것 같았다. "면접관 말에 따르면 우리들하고 다른 프로그램 출신자들하고는 하늘과 땅 차이라고 했어요. 다른 프로그램 사람들은 시급에만 관심이 있다고 그러더라구요. '얼마나 주죠?' 같은 질문만 한대요. 저는 그런 쪽에 대해서는 전혀 언급하지 않았어요. 전혀 안 물어봤죠. 제 최대 관심사는 제록스의 일원이 되는 것이라는 걸 상대가 알아주었으면 했어요. 그리고 회사가 제시하는 조건과 상관없이 감사한 마음으로 받아들일 생각이었어요. 왜냐하면 저는 이 회사가 어떤 회사인지 알고 있었으니까요."

제록스는 피치스, 웬디 왹슬러와 함께 리어리도 채용했다. 기계 조작법과 관련된 교육, 연금 플랜, 스톡옵션(이것이 무엇을 의미하는지 리어리는 이해하지 못했지만), 입사 시 직장 동료에게서 받은 화분 등 일과 관련한 것은 무엇이든지 그녀를 기쁘게 해주었다. 처음 배속 받은 곳은 한 보험 관련 로비스트 사무소의 복사실이었다. 한 달 후 SOME 수료생들의 동창회에서 만난 동기들은 모두 방금 소방서 견학을 마치고 돌아온 아이들처럼 들떠 있었다. 자신은 남들보다 한 발짝 더 앞서 있다는 듯 자랑을 늘어놓거나 스스로에게 부여된 책임, 내부 정보 열람권, 고객 규모 혹은 영향력 등에 관해 짐짓 으스대며 수다를 떨었다. 리어리는 사무용품, 바인더, 자신이 로비스트를 위해 만든 보고서의 표지가 가득 들어찬 가방을 가지고 왔다. "우리 고객은 미국 전역에 서류를 보내고 있어요." 그녀가 자랑했다. "저는 도큐테크를 사용해서 인쇄도 하고 온라인으로 연결되어 있는 UPS 컴퓨터도 사용해요. 브라이스 프린터나 피트니 보우스 메일링 머신도 쓰고 있어요. 또 네트워크 장치를 활용해서 멀리 떨어진 곳에 있는 사람과도 사무 거래를 하고 있죠."

웬디가 일하고 있는 법률사무소는 규모가 매우 큰 것이어서 모스크바에도 사무소가 있다고 그녀는 자랑스레 말했다. "워싱턴 사무소에는 250명의 변호사가 있어요. 저는 우편물실에서 일하고 있는데, 지난번에 감독직으로 승진했어요. 회사에서 저보고 가장 우수한 직원 중 한 명이라고 칭찬해 줬어요."

또 다른 법률사무소에 배속되어 일하고 있는 피치스는, "우리 사무소에는 팩스실이 따로 있어서 팩스가 8대나 놓여 있어요!"라고 자랑스럽게 이야기했다. "선반이 슬라이드식으로 사방으로 움직여요. 우리 집에도 그런 게 있으면 얼마나 좋을까!"

근무하는 사무소의 "경비가 삼엄"해 10층으로 가기 위해서는 특별한 열쇠가 필요하다고 리어리가 말하자 웬디는 목에 걸고 있는 카드키를 자신 있게 들어 올렸다.

"저는 호건 앤 하트슨에서 일하고 있어요." 자신감에 가득 찬 부드러운 목소리로 큰 덩치의 리처드 아이보리가 말했다. "미국 유수의 법률 회사, 아니 '미국 최대' 법률 회사의 우편물실에서 일하고 있어요. 우편물 전체와 UPS 익일 특급을 맡고 있어요." 보내는 물건이 매우 중요한 것이어서 잘못 발송하거나 하는 실수가 생기지 않도록 해야 하는 등 책임이 무거운 역할이라고 아이보리는 설명했다. "우편물을 보낼 때는 신경을 많이 써야 돼요. 근데 저는 상사에게서 세 번이나 칭찬을 받았어요. 이번에 팩스실로 이동하게 되었어요. 많은 기대를 받고 있는 것이 느껴져요."

리어리는 새롭게 발견한 자신의 가치 탓에 현기증을 느낀 정도였다. 연봉은 1만 7천 달러에서부터 출발해 현재는 2만 달러 전후로까지 올라 있었다. 이후 제록스 회사 전체의 영업 부진이 계속된 몇 년 동안 연봉이 제자리를 맴돌았으나 그와는 상관없이 그녀의 눈앞에는 새로운 세상이 열리고 있었다. 그녀는 동창들에게, 전날 밤 어머니와 친구를 펜실베이니아 거리에 있는 존 하버드 브루 하우스에 데려가 저녁 식사를 샀고 그 후 근처 워너 극장에서 가스펠 뮤지컬을 봤다

고 말했다. 그녀의 친구가, "누가 돈을 냈는데?" 하고 묻자 리어리는, "나야" 하고
대답했다. 친구는 티켓에 적힌 금액을 보더니 "우와!" 하며 놀랐다. 리어리는 그
티켓을 그녀의 지평선이 넓어진 것을 기념하는 기념품으로서 간직하기로 했다.

리어리는 희생자에서 승리자가 됐다. 직장에서는 상사에게 칭찬받았다. 일을
배우는 속도가 매우 빨랐기 때문에 그녀를 지켜보던 어떤 상사는 그녀가 하고
있는 작업이 마치 시리얼을 먹는 것처럼 간단해 보인다고 말했다. 또 다른 상사
는 그녀의 품행에 관해 다음과 같이 칭찬의 말을 적었다.

> 아무리 힘든 날이라도 일을 가지고 블록 씨한테 가면 그녀의 미소와 태도를 보고
> 한숨 돌리고 긴장을 풀 수 있게 된다. 그리고 그러는 동안에 그녀에게 맡긴 일은 이
> 미 처리가 끝나 있다.

리어리는 순조롭게 승진을 계속했고, 보험 로비스트 사무실에서 워싱턴 종합
병원으로 옮겨 약 50대의 기계를 감독하는 일을 하게 되었다. 그 병원은 예전에
리어리가 마약중독 치료 프로그램을 받다가 중도에 탈락 처리된 그 병원이었다.
병원에서 근무한 이후에는 연방 정부의 에너지부Department of Energy로 옮겨 서비스
코디네이터와 테크니컬 서비스 매니저라는 직함을 부여받았다. 그리고 그러는
동안 회사의 주목도 받게 되었다. 그녀의 이야기는 모든 사람이 듣고 싶어 하는,
믿고 싶어 하는, 속죄와 구원의 이야기였다. 워싱턴의 TV 방송국은 리어리의 반
평생을 특집으로 다룬 프로그램을 내보냈다. 유명인이 된 리어리는 워싱턴을 중
심으로 활동하는 수티드 포 체인지Suited for Change라는 비영리단체의 활동에 협력
하기 시작했다. 이 단체에서는 정장이 필요한 여성 구직자에게 전문직 여성이
입던 옷을 제공하거나 옷을 올바르게 입는 법 등을 조언해 주고 있다. 어느 해,
리어리가 이 단체의 자금 모금 집회에서 연사로 추천되어 연단에 오른 적이 있

었는데, 우연히도 당시 이 단체의 명예 회장을 맡고 있던 사람이 대통령 영부인 로라 부시였다.

2000년, 리어리는 미연방최고재판소United States Supreme Court에 초대되어 연설할 기회를 얻었다. 워싱턴 최고재판소 마약 치료 프로그램D.C. Superior Court Drug Intervention Program이 "비폭력 범죄 마약 사범의 갱생 성공"을 인정받아 포터 스튜어트 상Justice Potter Stewart Award을 받게 된 것이다. 리어리는 새 출발의 기회를 얻은 사람들을 대표해 초대된 것이었다.

리어리는 자신이 선택되었다는 사실을 믿을 수 없다는 듯 기뻐서 펄쩍펄쩍 뛰며 나에게 전화를 걸어왔고 연설문의 준비를 도와 달라고 했다. 나는 물론 도와주겠노라고 대답했다. 그리고 그녀 자신의 말로 스스로의 경험을 이야기하는 것만으로도 충분히 훌륭한 연설이 될 것이라고 조언해 주었다. 나는 과거 2년에 걸친 인터뷰 기록을 그녀에게 보내 주었고 연설용 원고를 작성하는 것이 아니라 인터뷰 내용을 그대로 이야기하면 어떻겠냐고 권했다. 리어리는 나의 조언을 따랐다. 저녁 식사로 나온 필레 미뇽(소의 두터운 허리 고기), 엄숙한 분위기, 동석한 거물급 인사들 등등 여전히 꿈을 꾸는 듯 들떠 있는 리어리의 이야기에 의하면, 당시 법정 안에는 눈물을 훔치는 사람들로 가득했다고 한다. 안토닌 스칼리아 배석판사도 그녀에게 다가와서는 그녀의 이야기를 듣고 감동해 눈물을 흘렸노라고 말했다고 한다. 리어리는 마음속으로 이렇게 생각했다. '내가 스칼리아 판사를 감동시켰다고?'

연설을 주의 깊게 들었던 다른 판사는 그녀에게 조금 진지한 조언을 했다. 이제 그녀는 가족들에게 돌아가는 길을 찾아 떠나야 한다고. 아직 완전한 성공을 손에 쥐지 못한 리어리에게 그 조언은 올바른 것이었다. "저 때문에 인생을 무의미하게 보내 버린 우리 아이들은 저를 전혀 존경하지 않았고 사랑하지도 않았어요"라고 리어리는 말한다. 그녀는 현재 손자들을 위해 많은 노력을 쏟고 있었다.

스미소니언 박물관에 데려가거나 책을 읽어 주거나 하면서 예전에 자신의 아이들에게 그랬던 것처럼 마음속에 구멍을 뚫어 버리는 실수를 되풀이하지 않으려 애썼다. 실패한 어머니의 아이들이 성장해 어머니가 되었을 때 다시 어머니로서 실패하는, 그리고 그럼으로써 리어리와 같은 사람에게 할머니로서의 두 번째 기회를 주는, 전형적인 실패와 속죄의 유형이라 할 수 있었다.

어느 날 밤. 내가 리어리와 벨마의 집 식당에서 그들과 함께 그린 블록 집안의 가계도는 마치 알렉산더 콜더Alexander Calder[움직이는 조각 모빌로 유명한 미국의 현대미술가]의 가장 복잡한 모빌과도 같았다. 가계도는 벨마의 부모가 결혼해 여덟 명의 아이들이 태어난 지점에서부터 시작된다. 그 후 벨마와 호레이스가 결혼해 두 명의 아이가 태어났다. 리어리의 경우와 리어리 아이들의 일부, 그리고 파트너가 여러 차례 바뀌었기 때문에 그 사이에서 태어난 자손들은 매우 복잡한 상관도를 그리며 가계도 내에 혼재되어 있었다. 도선은 너무나 복잡해서 그것을 아마 모빌로 만들었다면 얼마 지나지 않아 서로 엉켜 버렸을 것이다.

리어리는 아이들에게 폭력적이었다는 사실을 인정했다. 갱생의 길을 걷기 시작한 첫 해, 부모로서의 역할을 되찾을 수 있을 거라 생각한 그녀는 의욕이 앞선 나머지 딸에게 난폭하게 대했는데, 결국 보다 못한 아들이 그녀를 멀리 떼어 놓는 지경에까지 이르렀다. 지금도 그녀와 아이들의 관계는 원만하지 않았고, 리어리의 말투에는 폭력적인 부분이 남아 있었다. 하지만 최근에는 일에 너무 열중한 나머지 이미 어른이 된 아이들과의 관계를 개선시키려는 기력이 남아 있는 것 같지 않았다. 어느 늦은 오후, 어두운 거실에서 TV를 보고 있던 리어리는 딸이 여행용 가방을 끌고 집 현관으로 들어오는 것을 발견했다. 리어리에게서는 인사 대신 비난의 말이 나왔다. "다시 집으로 들어오는 거야?"

"아니."

그리고 딸은 뒷방으로 사라졌다. 나는 그녀에 관해 리어리에게 물었다.

"저도 몰라요." 리어리가 짧게 대답했다. "노스캐롤라이나로 간다는 소문은 들었는데 자세한 건 몰라요."

리어리의 회복과 더불어 리어리와 벨마와의 관계는 다시 서로를 존중하는 관계로 변했다. 현재 두 사람은 벨마의 집에서 함께 살고 있다. 아직 주택 대출금 납부가 끝나지 않은 상태의 집이지만, 벨마의 연금 약 3만 달러에 의지해 가계를 꾸려 나가고 있었다. 리어리의 아이들 대부분은 많은 시간 동안 스스로 생활을 꾸려 왔다. 한 아들은 펜실베이니아 주에서 지붕 수리 일을, 다른 한 아들은 에너지 관리국Energy Department에서 경비 일을, 딸 하나는 제록스에서, 다른 딸 하나는 CIA 본부에서 청소 일을 하고 있다. 벨마의 집은 리어리의 딸들과 그 아이들로 끊임없이 붐볐고, 그 정신없이 돌아가는 바퀴의 중심에는 증조할머니인 벨마가 있었다. "나는 아기가 좋아." 벨마가 말했다. "하지만 우리 집에는 수가 좀 많지. 뭐든 하나면 충분한 법인데." 이제 86세로 몸도 약해진 벨마는 손녀(리어리의 딸)에 대해 불만을 털어놓았다. 손녀는 근래에 들어서야 비로소 보모에게 낮 시간 동안 아이를 맡기기 시작했다. "그렇게 하기까지 정말 얼마나 말싸움을 했는지 몰라." 벨마가 말했다. "그 애는 자기를 돌봐 주던 할머니가 더 이상 젊지 않다는 사실을 이해하지 못하더라구. 여전히 예전처럼 내가 일할 수 있을 거라 생각하는데 그건 불가능해."

자식, 손자, 증손자까지 길렀다는 사실을 벨마는 어떻게 생각하고 있을까?

"지쳤어." 희미한 미소를 지으며 그녀가 말했다. "특별한 기억 같은 것은 없어. 단지 하나의 일을 마쳤다는 느낌이지. 언제나 그다음 일을 찾고 있어."

너무나 지쳐 있는 탓인지 아니면 경험적으로 익힌 양육법에서 나오는 것인지, 증손자를 대하는 벨마의 스타일은 가끔 난폭한 면을 보였다. 어느 날 밤, 학교 교장을 하고 있는 사라라는 친구의 생일 파티에서 있었던 일이다. 점잖고 부드러운 분위기에서 어른들의 대화가 이어지고 있는 가운데 갑자기 아이를 혼내는 소리가 들려왔고 대화는 중단됐다. 벨마는 마치 선제공격을 하듯 아이에게 심한 잔소리를 퍼부었고, 평온했던 분위기는 아이의 작은 실수로 인해 금방이라도 무슨 일이 생길 듯한 팽팽한 긴장감에 휩싸였다. 벨마는 아이들에게 단 한마디도 사랑이 담긴 말을 하지 않았다. 물론 혼내지 않으면 아이들이 또 어디서 무슨 일을 저지를지 모르지만 그래도 벨마가 아이들에게 소리치는 모습을 가만히 지켜보기란 쉬운 일이 아니었다. 당시 그곳에는 3개월 된 쌍둥이, 다섯 살과 일곱 살 여자아이, 데안드레라는 이름의 세 살짜리 남자아이가 있었다.

디저트 시간이 되어 초콜릿과 바닐라 아이스크림이 든 커다란 통이 데안드레의 눈앞에 놓이게 되었다. 보통의 세 살짜리 아이라면 어떻게 했을까? 아마도 손가락으로 집어먹으려 했을 것이다. 데안드레도 그렇게 했다. 손가락을 바닐라 아이스크림에 찔러 넣자 벨마는 그 손을 찰싹 치고는 침대로 보내 버린다고 아이를 위협했다. 데안드레는 울기 시작했지만 마치 우는 것을 무서워하듯이 거의 소리를 내지 않고 울기 시작했다. "왜 울어?" 벨마가 날카롭게 물었다. 그리고 다시 침대로 보내 버린다고 위협했다. "울지 마!" 두 여자아이를 제외한 모두가 함께 사라에게 생일 축하 노래를 불러 주었고 노래 마지막에 같은 멜로디로 "하느님의 축복을"이라고 덧붙였다. 벨마는 손가락 자국이 남아 있는 부분을 떼어 내 데안드레에게 주며 마치 벌을 내리듯 말했다. 자기가 손댄 곳은 자기가 먹어야 한다고. 데안드레는 다시 울기 시작했다. "왜 울어?" 리어리는 그녀의 어머니와 마찬가지로 날카롭게 말했다. "울지 마!" 그러자 사라가 부드럽게 그 사이에 끼어들었다. 그녀는 손자국이 난 부분은 그녀가 먹겠다고 데안드레에게 말한 뒤 새 접시를 들고 왔다. 그리고 데안드레에게 초코 아이스크림과 바닐라 아이스크림 중 어떤 것을 먹고 싶은지 물었다. 누군가가 이 아이에게 무엇을 바라는지 물은 것은 그녀가 처음이었다. 데안드레가 먹고 싶은 것은 초코 아이스크림이었다. 그것이 바로 데안드레가 울었던 이유였다. 사라가 초코 아이스크림이 담긴 접시를 데안드레 앞에 놓자 바로 울음을 그쳤다.

세대를 넘어 상속되는 모든 종류의 스트레스와 중압감이 교차하는 가족이었지만 그럼에도 불구하고 리어리를 지탱해 주고 그녀가 나쁜 습관으로부터 다시 벗어날 수 있게 하는 힘이 되어 준 것은 가족의 정이었다. 약 1년 정도 흐른 뒤 리어리의 쉰 번째 생일이 되는 날, 벨마는 딸이 어렸을 적부터 좋아했던 음식으로 생일상을 차렸다. 리어리의 네 아이 가운데 세 명이 생일 파티에 참석했다. 그 당시 관계가 소원했던 아이는 한 명뿐이었다. "강요할 수는 없어요." 리어리가 마치 자신에게 충고하듯 말했다. "애들 스스로 오게 만들어야 해요. 제가 예전과는 다른 사람이 되었다는 사실을 애들이 알게 하는 식으로요."

아메리칸드림에는 까다로운 규범이 존재하며 신화의 실현은 하나의 숭고한 목표로 여겨진다. 그리고 개인(또는 가족)이 가지고 있는 최대한의 잠재력을 실현했을 때 그것은 비로소 미국이라는 나라가 숭배하는 미덕으로 인정된다. 사이공 출신으로 현재 캘리포니아 주 산타아나에 살고 있는 뜨란 가족은 미국인들이 자랑스럽게 여길 만한 그런 사람들이었다. 이 가족이 이루어 낸 것은 의욕, 기회, 검약, 교육. 건강, 인간관계, 상부상조 등이 함께 작용할 경우 얼마나 큰 위력을 발휘할 수 있는가를 증명해 주는 것이었다. 1998년 베트남에서 미국으로 이민 온 후 채 4달이 되기 전, 일가족 다섯 명 가운데 세 명이 비록 저임금이었지만 취업에 성공했다. 세 명의 수입을 합쳤을 때 가족 전체의 연소득은 4만 2,848달러였다. 그리고 이민 5개월이 채 되기도 전에, 중고차 두 대를 현금으로 살 수 있을 정도의 돈을 모았다. 그 후 1년이 지나기 전, 첫째와 둘째 아들은 지역 전문대학에 다니기 시작했다.

임금 피라미드의 최하층에 위치한 사람들의 경우, 다른 모든 것들이 문제없이 잘 굴러갔을 때 비로소 취업이 좋은 결과를 가져오게 된다. 뜨란 가족의 성공은 그런 사실을 증명한다. 즉, 자신의 능력을 믿고, 기술을 습득해 나가며, 일을 구하는 법을 배우고, 재산을 소중히 관리하고, 고난에 직면하더라도 물러서지 않는 임금노동자가 결속력 있는 가정 내에 여러 명 있을 경우를 말한다. 영웅적 이야기로밖에 들리지 않을지 모르나 사실이 그렇다. 마약, 알코올, 가정 폭력, 저학력, 질병 및 부상 등의 실패와 불운이 개입될 틈 같은 것은 없다. 부단한 노력 이외의 요소가 그 안으로 들어갔을 경우 모든 것은 무너져 내리고 만다. 뜨란 가족은 현재까지 아무 문제없이 걸어올 수 있었다.

물론 뜨란 가족은 특별한 경우로 이민자들의 전형이라고 할 수는 없다. 이들의 사례는, 모든 조건이 잘 갖추어질 리 없는 대다수의 워킹 푸어들이 안고 있는 여러 가지 문제를 대조적으로 비춰 주는 하나의 예외적 사례에 지나지 않는다. 종종 발견할 수 있는 고정관념으로 베트남, 중국, 한국 그리고 그 밖의 아시아계 사람들은 매우 근면하고 아메리칸드림을 완벽하게 체현하고 있다고 생각하는 경향이 있다. 그러나 로스앤젤레스의 레스토랑에서 일하고 있는 한국인들이 증언하고 있듯이 미국으로 건너온 후 실패한 아시아인들이 실제로는 수백만 명이나 존재한다. 좋은 조건을 갖추고 있는 뜨란 가족의 상황을 지켜본 사람이라면, 매우 간단하고 선명하게 다른 대다수의 가족들에게는 없는 요소를 집어낼 수 있을 것이다.

40대 중반의 후덕한 느낌의 뜨란 마오는 금테 안경을 쓰고 치노 팬츠*에 샌들을 신고 있었다. 웃을 때 보이는 치아는 군데군데 비어 있었고 말을 할 때 손으로 허공을 휘저어 가며 이야기를 했다. 전쟁 때 월남 공군 전기기술자로 근무했

<hr>

● 치노 팬츠Chino Pants
면바지의 일종으로 주로 갈색과 황색이 많다. 인도 주둔 영국 군인들의 복장에서 유래했다고 한다.

던 그는 미시시피 주에서 교육을 받은 적이 있었다(그래서 그의 영어는 유창하다). 그는 하사관으로 군복무를 한 탓에 1975년에 전쟁이 북베트남의 승리로 끝난 이후 "재교육 캠프"로 끌려가야만 했다. 그곳에서 1년을 보낸 후 다시 몇 년이 흐른 뒤, 그는 아이들 가운데 둘을 데리고 수천 명의 다른 베트남 사람들이 그랬던 것처럼 보트를 타고 필사의 탈출을 감행했다. 그들은 표류 끝에 인도네시아에 도착했고 그곳의 난민 캠프에서 7년을 보냈다. 당시 마오는 유엔 난민 고등 판무관United Nations High Commissioner for Refugees 사무소에서 일을 했다. 그러나 난민으로서의 지위를 인정받지 못해, 가족들과 함께 다시 베트남으로 송환되었다. 그럼에도 그는 포기하지 않았고, 2년 후 드디어 난민 자격을 인정받아 부인과 세 명의 아이를 데리고 미국에 입국할 수 있는 비자를 얻었다.

뜨란 가족은 진짜 미국인처럼 그들의 새 삶을 시작했다. 다시 말해, 그들은 빚을 떠안았다. 국제이주기구International Organization for Migration를 통해 구입한 항공권은 한 달에 125달러씩 갚아 나가지 않으면 안 됐다. 또한 얼마 안 되는 필수 가구를 구입하기 위해 친구로부터 2천 달러를 빌렸다. 세 명의 아이들은 각각 20세, 19세, 11세였는데, 첫째와 둘째는 일찍부터 취업해 가계에 보탬이 되었다. 아들 투안은 자전거 공장에서 당시 캘리포니아 주 법정 최저임금인 시급 5.75달러를 받고 일했다. 딸 프엉은 그보다 10센트 많은 시급을 받으며 자전거 라이트를 조립하는 일을 했다. 마오는 제약 회사에서 최저임금을 받으며 약을 포장하는 일을 했다. 한 달 후, 마오는 그의 유창한 영어 실력 덕택에 "칸보디아 패밀리" — 주로 캄보디아나 베트남의 새 이민자들에게 직업을 알선해 주는 — 라는 NPO에서 시급 9달러짜리 상담일을 하게 되었다. 그리고 빚은 금세 다 갚을 수 있었다.

마오는 아이들이 미국에서 성공하기 위해 필요한 두 가지 필수 조건을 분명히 이해하고 있었다. 유창한 영어 실력과 높은 학력이 그것이다. "캄보디아 패밀리"에서 이력서를 보내고 면접 준비를 하는 사람들을 도와주면서 마오는 영어를 하지 못한다는 사실이 얼마나 큰 한계인가를 알게 되었다. 그래서 그는 매일 저녁 아이들에게 영어로 된 글을 읽어 주었고 듣기 능력을 키우기 위해 TV를 보게했다. 프엉과 투안은 모두 베트남인 사이에서 일을 했기 때문에 직장에서 영어를 쓸 기회가 없었고 따라서 거의 실력이 늘지 않았다. 마오는 초초함을 감추지 않았다. "발음이 안 좋아." 나에게 허리를 굽혀 정중하게 인사를 했던 프엉에게 마오가 말했다. 프엉은 인도네시아 난민 캠프에서 올바르지만 억양이 센 영어를 익힌 터였다. "프엉은 더 열심히 연습해야 돼." 아버지는 딸을 꾸짖었다. 마오는 특히 거의 영어를 하지 못하는 아내와 열아홉 살 아들이 걱정이었다. 그는 곧 가족 모두를 영어 학교에 입학시켰고 자신도 등록했다. 또한 컴퓨터 수업도 들었다. 전쟁, 그리고 종전을 겪으며 이룰 수 없었던 대학 졸업의 꿈을 언젠가는 이루리라 생각하고 있었던 것이다.

다섯 명의 가족들은 부엌과 거실에 있는 책상 두 개를 교대로 사용했다. 성모마리아 그림이 여기저기 걸려 있었고 책상 한쪽에는 패커드 벨 컴퓨터와 프린터가 놓여 있었다. 방 두 개짜리 아파트는 5인 가족이 쓰기에는 좁았지만, 집세 675달러는 그들 가족이 지불할 수 있는 최대한의 액수였다. 마오와 아내 랑 호가 한쪽 방에서, 두 아들이 다른 방에서, 그리고 딸 프엉이 거실에서 잠을 잤다. 집 아래쪽으로 보이는 (대부분의 간판이 스페인어로 쓰여 있는) 평화롭고 고즈넉한 거리에는 아시아계와 라틴계 사람들이 작은 상점들 사이를 왔다 갔다 하는 것이 보였다. 여자 한 명이 병과 캔으로 가득 찬 커다란 비닐 봉투를 빨간색 쇼핑 카트에 싣고 밀고 가는 중이었다.

1999년 가을, 프엉과 투안은 일을 그만두고 산타아나 대학에 다니고 있었다 (프엉은 학부생으로, 투안은 GED 취득을 위해서였다). 그리고 그들의 어머니 랑 호는 부족한 수입을 보충하기 위해 근처 공장에서 펜을 조립하는 일을 했다. 급여는 최저임금이었고 의료보험과 같은 복지 혜택도 없었다. 마오의 시급은 10달러로 올라 있었다. 매주 주말, 가족들은 모여서 다음 주의 지출에 관한 계획을 세웠다. "꼭 종이에 써야 해요." 마오가 말했다. "가족 모두가 서로 협력하고 있어요. 보통은 일주일에 한 번 장을 봐요. …… 신문에서 쿠폰을 모으죠. …… 우리는 우리 가족에게 가장 필요한 것만 사요." 그러나 그들의 의견이 항상 일치하는 것은 아니었다. "저는 제 신발을 사고 싶을 때도 있어요." 프엉이 말했다. "하지만 다시 한 번 생각을 하죠. 우리는 그럴 여유가 없다. 그리고 신발은 내가 당장 필요한 것이 아니다. 돈을 아끼면 가족들이 먹을 음식을 살 수 있다……. 아버지는 말씀하세요. '그건 사면 안 돼. 이렇게 해야지. 저렇게 해야지.'" 그리고 프엉은 이렇게 말했다. "하지만 저는 스스로 판단할 수 있어요. 자기통제를 할 수 있어요." 마오의 말에 따르면, 그들은 한 달에 400~500달러를 저축하고 베트남에 있는 친지들에게도 돈을 부치고 있었다.

2002년 봄, 마오가 취업 상담을 해준 사람들 가운데 몇몇은 불경기의 직격탄을 맞고 있었다. 공장에서 해고당한 사람들은 그들의 부족한 영어 실력 때문에 임시직 알선 회사에서도 받아 주지 않았다. 그러나 뜨란 일가의 경우 현재까지는 큰 탈 없이 지낼 수 있었다. 마오의 시급은 13달러까지 올랐고, 아내의 시급은 7달러로 올랐다. 프엉과 투안은 학업을 계속하면서 아르바이트를 해 가계를 돕고 있었다. "신용카드는 가지고 있지만 거의 쓰지 않아요." 마오가 말했다. "되도록 쓰지 않으려고 노력해요. 빚을 만들고 싶지 않거든요."

1998년 미국으로 건너왔을 당시 프엉에게는 꿈이 있었다. "의사가 되어 가난한 환자들을 돕고 싶어요." 딸의 맹랑한 꿈이 겸연쩍은 듯 마오가 웃음 지었다. 그로부터 4년 뒤, 프엉은 여전히 같은 꿈을 갖고 있었다. 마오가 다시 웃음 지었다. 그러나 이번에는 그가 거는 기대에 대해 쑥스러워 하는 듯했다.

11

능력과 의지

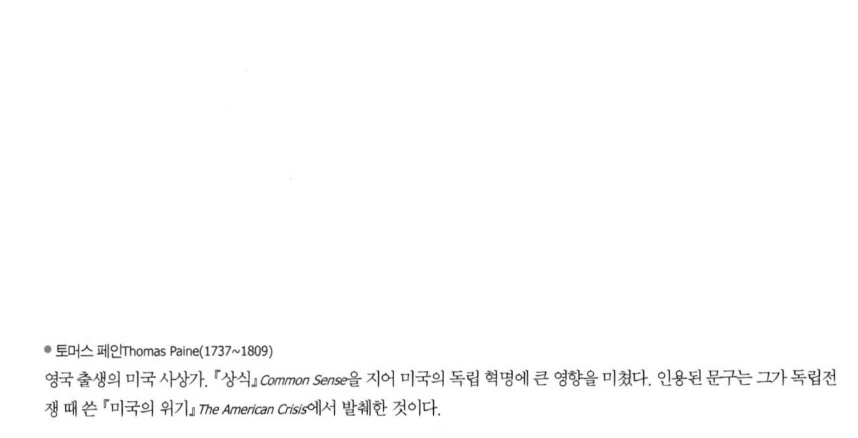

● 토머스 페인Thomas Paine(1737~1809)

영국 출생의 미국 사상가. 『상식』 *Common Sense*을 지어 미국의 독립 혁명에 큰 영향을 미쳤다. 인용된 문구는 그가 독립전쟁 때 쓴 『미국의 위기』 *The American Crisis*에서 발췌한 것이다.

지금까지 소개한 사람들을 통해 알 수 있듯이 '워킹 푸어'란 서로 상승작용하는 일련의 장애들이 모여 생겨나는 결과물이라고 할 수 있다. 저임금이면서 저학력, 장래성 없는 직업에다 제한된 능력, 넉넉하지 못한 저축과 더불어 현명하지 못한 지출, 나쁜 주거 환경과 더불어 악순환의 고리를 강화시키는 부실한 자녀 교육, 낮은 의료보험 가입률과 더불어 건강하지 못한 가정 상황 등이 그러하다.

나쁜 것은 착취적인 고용주뿐만 아니라 능력 없는 노동자이기도 하고, 과중한 업무에 시달리는 교사뿐만 아니라 다루기 힘든 학생들이기도 하고, 가난한 사람들을 농락하는 공무원들뿐만 아니라 스스로를 기만하는 빈자들이기도 하다. 정치경제적 권력 구조에 존재하는 제도적 문제와 사생활과 가정생활에 존재하는 개인적 문제, 즉 거시적 차원의 장애와 미시적 차원의 장애가 서로 강하게 작용하고 있는 것이다.

모든 문제는 한꺼번에 다루지 않으면 안 된다. 한 가지 문제에 대한 개선책이 나오더라도 그 밖의 많은 문제에 대한 개선책이 동시에 나오지 않는 한 개선책은 '지원책'은 될 수 있을지언정 '해결책'은 되지 않는다. 예를 들어, 저소득층에 집세 바우처를 제공함으로써 그들이 제대로 된 아파트에서 살 수 있도록 도움을 준다면, 아이의 천식이 진정될 것이고 그에 따라 학교에 결석하는 날도 줄어들지 모른다. 그러나 괜찮은 아파트에서 살게 되더라도 아이가 학대를 받고 있거나, 부모에게 취업에 필요한 기술이 부족하거나, 최저임금을 겨우 빌을 징도의 일을 하고 있거나, 교통비와 육아비에 많은 돈을 쏟아붓고 있거나, 무리가 가지 않을 정도의 이자로 이용할 수 있는 신용카드가 없다면, 그 가족의 상황은 결코 크게 변화하지 않을 것이다. 그들이 겪고 있는 위기 — 보통 저소득층 가정이 특정 기관에 찾아가 호소하는 종류의 위기들 — 가운데서 어느 문제를 해결할 것인가를 사회가 선택하고 선별하는 한, 다른 종류의 위기가 그 뒤를 이어 연속해

한 가지 문제에 대한 개선책이 나오더라도
그 밖의 많은 문제에 대한 개선책이 동시에 나오지 않는 한
개선책은 '지원책'은 될 수 있을지언정 '해결책'은 되지 않는다.

서 나타나고 또 나타날 것이다. 모든 것을 한순간에 해결해 줄 마법의 만병통치약magic solution을 찾고자 한다면 — 예를 들어 '취업' 같은 — 이 문제의 복잡성을 무시하는 꼴이 될 뿐이다(게다가 취업은 결코 충분한 해결책이 될 수 없다).

우리에게 필요한 첫 번째 물음은 과연 우리들이 무엇을 해야 하는가를 정확히 알고 있는가 하는 것이다. 우리에게는 어떤 종류의 문제를 해결할 수 있는 능력이 있는가? 그리고 그 문제에 대해 우리의 능력이 도달할 수 있는 최대한의 범위는 어디까지인가? 우리의 능력이 도달할 수 없는, 아직 지도에 그려지지 않은 해결 불가능한 문제의 영역은 어디인가?

두 번째 물음은 우리에게 능력을 행사할 의지가 있는가 하는 것이다. 우리는 가난한 이들이 겪고 있는 어려움을 완화시키기 위해 돈을 쓸 의지가 있는가? 희생을 감수할 의지가 있는가? 부의 피라미드 구조를 재구성할 의지가 있는가?

어떤 문제에 관해서는 아직 우리에게 해결할 능력이 없으며, 또 어떤 문제에 관해서는 해결할 의지가 없다. 그러나 한 가지 사실만큼은 알고 있다. 즉, 종합적 치료가 가장 중요하다는 것이다. 따라서 워킹 푸어 가족들이 안고 있는 문제를 파악할 수 있는 입구gateway가 필요하며 그 입구는 그들이 주로 다니는 곳에 마련해 쉽게 접근할 수 있도록 해야 한다. 보스턴 의료 센터의 의사 배리 주커맨은 그것이 어떤 형태로 가능할 수 있는지를 사회복지사 및 변호사들과 함께 보여 주었다. 워싱턴 해리스 교육 센터 교장인 시어도어 힌튼 역시 좋은 예가 된다. 그는 적은 자원에도 불구하고 매일 밤 센터를 개방해 육아 교실을 열고 있으며 의료보험에 관한 정보도 제공하고 있다. 로스앤젤레스 공영주택 같은 경우 거주자들에게 영어 교육과 직업훈련을 받을 수 있도록 기관을 소개시켜 주는 일도 하고 있다.

이런 사례는 커다란 아이디어의 씨앗에 해당한다. 병원, 학교, 공영주택, 경

찰, 사회복지관 및 그 밖의 중요한 기관의 자금이 충분하다면, 본래의 권한 이상의 것이 가능할 것이고, 서비스들을 서로 연결해 가난한 사람들이 원조 네트워크로 들어갈 수 있는 입구를 마련할 수 있다. 이것은 능력과 의지의 문제이다.

의지란 힘의 작용이라 할 수 있는데, 빈곤의 경계에서 일하고 있는 사람들은 변변한 힘을 가지고 있지 못하다. 그러나 그들에게는 실제 행사하고 있는 것 이상의 힘이 숨어 있다. 그들은 사적 영역에서는 힘을 가지고 있으나 그 힘의 대부분이 표출되고 있지 못하고 있으며, 그들이 시장에서 가지고 있는 힘은 효과적으로 조직되어 있지 않다. 그리고 정치적인 힘, 즉 선거권은 실질적으로 무시되고 있다.

진보적 성향의 민주당이 부자들에 대한 감세 정책이나 빈자에 대한 복지 삭감 정책을 비판할 때면 보수당인 공화당은 언제나 '계급투쟁'이라고 하는 무서운 망령을 되살려 낸다. 또한 그들 — 공화당과 재계 공화당 지지자들 — 은 마치 현재의 세금 우대 정책과 임금체계가 계급 격차를 강화시키는 것과는 전혀 상관이 없다고 여기는 듯하다. 예를 들어 2003년, 부시가 이끄는 백악관과 공화당의 의회 지도자들은 연소득 1만 500~2만 6,625달러의 수백만 저소득 가구를 육아수당 지급 — 아이 한 명당 400달러 — 에서 제외시켰다. 이 조치는 부유층에게 거대한 이익을 가져다 준 세제 개혁법의 일부인 '아동 세액 공제'child tax credit의 증액을 바탕으로 이루어졌다. 그러나 가난한 사람들은 반격에 나서지 않았다. 소득이 낮을수록 투표율은 낮아진다. 2000년 대통령 선거에서는 18세 이상 전체 미국 국민의 60퍼센트가 투표에 참여했다. 가구 연소득이 7만 5천 달러 이상인 사람들의 4분의 3이 투표에 참여한 것에 비해 연소득 5만~7만 5천 달러는 69퍼센트, 연소득 1만 달러 이하의 가구는 그보다 한참 낮은 불과 38퍼센트였다.[1] 스스로 선거권을 포기하는 사람을 제외하고 약 200만 명이 넘는 18세 이상 형무소 수감자와 전과자들이 많은 주에서 선거권을 인정받고 있지 못하다. 18~34세의 흑인 남성 전체 가운데 12퍼센트가 형무소에 수감되어 있으며, 그들의 압도적

다수는 저소득층이다.[2]

그런 탓에 빈곤한 사람들이나 빈곤의 경계에 있는 사람들은 정부의 관심이 절대적으로 필요함에도 불구하고 거의 정부 정책에 영향력을 미치지 못한다. 민주당을 비롯해 빈곤 추방과 관련한 여러 단체들의 움직임이 저소득층의 목소리를 찾을 수 있도록 돕는 데 효과적이었던 적은 거의 없었다. 하나의 조심스러운 실험으로 로스앤젤레스 왓츠에 있는 공영주택단지 임페리얼 코트 사무실 카운터에는 다음과 같은 작은 포스터가 붙어 있다.

중얼거림

푸념

불평

발버둥

바람

포기

근심

투표

기억하세요. 가장 밑에서부터의 한 표가 변화를 앞당깁니다.
선거인명부 등록을 위한 전화 1-800-343-VOTE

이 포스터는 재치 있게 만들어진 것이긴 하지만 아마도 그리 효과적이지는 않을 것이다. 왜냐하면 국세 조사국 조사에 따르면, 미국인은 소득과 학력이 낮을수록 투표가 중요하다고 여기는 비율이 낮아지는 경향이 있기 때문이다. 이런 불신의 경향은 쉽게 추측할 수 있는 것이기도 하다. 불신을 안고 있는 사람들 가운데 대다수는 생활에서 오는 시련에 지쳐 있고, 권력 기구에 대해 냉소적이며, 여론조사의 질문에 대해 선거는 따분하고 정치가는 믿을 수 없다고 대답한다. 선거에서 후보자들의 관심을 받지 못하는 저소득층 미국인들은 따라서 그들의 이익을 그들보다 더 부유한 사람들이 대변해 줄 것으로 기대한다. 그러나 부유층은 사회의 여러 부적절한 부분에 대해 관용적이다. 이들의 태도는 어떤 정당이 정권을 쥐고 있는가, 현재의 경제 상황은 얼마나 건강한가, 현재 미국 사회의 이타주의적 성향은 어느 정도인가 등에 의해 좌우된다. 박애의 관점에서 보자면 우리 미국 사회는 변덕스러운 사회인 것이다.

그러나 이런 문제가 손쓸 도리가 없는 종류의 것은 아니다. 여론의 주요 관심사와 정치적 태도는 언제나 가변적인 것으로서 몇 가지 가정만으로도 크게 변화할 수 있다. 만약 가구 소득 2만 5천 달러 이상의 사람들이 가구 소득 7만 5천 달러 이상의 사람들과 같은 비율로 투표한다면, 앨 고어가 인기투표에서 조지 부시를 54만 3,895표의 근소한 차이로 웃돌던 2000년 대통령 선거에서 680만 명의 투표자가 추가로 선거에 참여했을 것이다. 저소득 투표자가 급증하면, 플로리다 주처럼 한쪽으로 편향된 선거인명부 등록과 투표 시스템을 가지고 있는 곳이라 할지라도 결과는 역전되어(저소득층 투표자 가운데서 민주당을 지지한 쪽이 조금이라도 더 많을 경우) 고어가 당선될 수 있었다.

큰 표차로 선거가 결정되는 때조차 대부분 주의 선거인 투표에서 5퍼센트 혹은 그 이하의 표차로 선거가 결정되기 때문에, 680만 저소득층 추가 투표자(전체 유권자의 6.5퍼센트)가 결과를 좌우하는 힘을 가지고 있을 수도 있다. 같은 식으로 연방의회나 주 의회의 많은 선거에서도 저소득층 또는 저소득층에 가까운 사람들이 캐스팅보트를 손에 쥘 가능성이 있으며, 만약 많은 사람들이 스스로의 요구를 적극 반영한 표를 던진다면 후보자는 순식간에 그들을 향한 관심을 표명할지 모른다.

만약 민주당이 중산층의 지지를 잃는 일 없이 당의 사회복지에 대한 태도를 조금 더 분명하게만 할 수 있다면……. 만약 그들이 빈곤 추방 프로그램의 혜택을 받고 있는 시민들 사이에서 열심히 선거인명부 등록과 선거 참여 캠페인을 벌인다면……. 만약 강력한 저소득층 유권자 대표단이 공화당으로 하여금 더욱 관대한 정책을 설정하도록 압력을 넣는다면……. 만약 빈곤의 경계에서 일하는 사람들이 눈에 보이는 존재가 된다면…….

그러나 현실에서는 대부분의 미국인이 자신의 계급적 이해에 맞춰 투표하고 있지 않다. 그리고 또한 투표율이 높아지더라도 가난한 사람들이 그들의 계급적 이해에 비추어 투표하리라고 보장할 수 없다. 투표 행위는 '불만'에 의한 것보다 '바람'에 의해 동기부여 되는 것처럼 보인다. 『더 타임』이 발표한 2000년 조사에 따르면, 미국인의 19퍼센트는 자신이 임금노동자의 상위 1퍼센트에 속해 있는 것으로 생각하고 있으며, 다음 20퍼센트는 앞으로 속하게 될 것이라고 생각하고 있다. "고어가 상위 1퍼센트에게 유리한 정책을 신랄하게 비판했을 때 39퍼센트의 미국인들은 고어가 자신을 공격한다고 느낀다"고 『위클리 스탠더드』 편집부장 데이비드 브룩스는 쓰고 있다.[3]

자기기만이 투표 행위를 왜곡하면, 그 영향은 저소득층 사람들에게 미친다. 투표는 민주정치의 초석이며 정치는 워킹 푸어의 상황을 개선하는 데 가장 효과적인 수단이다. 자유기업 제도의 핵심 부분은 조세정책, 규제, 임금 지불 조건, 보조금, 조성금 등을 통해 정부에 의해 실행되는 정책의 광범위한 영향으로부터 벗어날 수 없다.

바퀴의 중심축에 정치가 있다는 사실은 빈곤 문제를 완화시키려는 노력에서 '국가에 대해 의심하는 태도'가 가지는 중요성을 부각시킨다. 정치적 힘에 대한 이중 가치적 태도ambivalence의 미묘한 균형은 역사적으로도 뿌리가 깊다. 영국의 군주제로부터 식민 주州가 독립한 이후 미국이 나아가야 할 방향성을 제시해 준 것도 이런 이중 가치적 태도였다. 토머스 페인이 1776년 『상식』*Common Sense*이라는 소책자를 통해 강하게 표현한 반감의 말을 빌리자면, "'사회'는 어떤 상황에서도 고마운 것이지만 '정부'는 어떤 최선의 상황에서도 필요악이다. 그것이 최악의 상황일 경우에는 두말할 나위가 없다."

이런 의심적 태도에 관해 추가해야 할 내용이 있다. 정교하게 만들어진 입법·사법·행정 사이의 견제와 균형, 그리고 삼권분립이 헌법에 명시된 최초 시기부터 '정부에 대한 불신'은 우리의 자유를 보장하는 역할을 해왔다. 테러의 시대를 맞이해 국가의 전제적 통치에 대한 경계심이 위험한 수준으로까지 약해져 있는 현재에도, 그것은 오늘날의 정치 논쟁 — 경제정책이나 복지 정책에 관한 — 에서 여전히 영향력을 가지고 있다. 큰 정부에 반대하고 사기업을 고무하는 보수주의자들은 국가가 시장의 자유로운 활동을 침해하는 것을 막으려 하고 있으며, 종종 환경, 노동자, 소비자에게 해를 끼친다. 보수주의 내에서도 특히 자유주의파에 의해 가장 열광적으로 지지되고 있는 이런 관점은 정부의 목적을 대단히 제한적으로 본다. 우파를 사법계로 진출시키는 데 성공한 법조계 보수파*Federalist Society*들은 "국가는 자유를 지키기 위해 존재한다"고 선언하고 있다.

그것은 틀림없는 진실이지만, 동시에 편협한 정의이기도 하다. 국가는 단지 자유를 지키기 위해서만 존재하는 것이 아니다. 국가는 약자를 지키기 위해서도 존재한다. 약자를 강하게 하고 힘이 없는 자들에게 힘을 주고 정의를 장려하기 위해서도 존재한다. "행복의 추구"를 촉진하기 위해서도 존재한다. 국가는 사람들에게 적대적인 영향력을 행사할 수 있는 동시에 광범위한 공동체를 실현시키는 데도 영향력도 행사할 수 있다. 국가는 과잉 규제나 억압을 행사할 수 있는 동시에 개척과 창조를 촉진시킬 수도 있다. 국가는 사적 영역에서는 개인을 내버려두어야 하며 공공의 이익을 위해서는 사회의 자원을 모아야 한다. 정치에는 한 가지 이상의 특성이 있으며, 그 모순을 어떤 식으로 다룰 것인가는 우리에게 중

우리들은 정부를 제어하는 동시에
이용할 필요가 있다.

요한 기술적 문제로 다가온다. 우리들이 건국 이래 지속적 실험을 계속해 왔듯이.
어떤 사회체제도 이런 모순을 해결한 적이 없다. 사회주의혁명 역시 실패로
끝났다. 마르크스주의가 실패한 것은 그것이 역사를 잘못 해석하고 있기 때문이
다. 마르크스주의는 문명의 발전 단계에서 불가피하게 계급이 없는 상태가 도래
할 것이라는 가정을 하고 있지만, 그것은 인류의 능력에 대한 단순한 평가로밖
에 볼 수 없다. 또한 마르크스주의가 실패한 다른 이유는 그 최초의 계승자이자
자칭 '세계 최초의 사회주의국가'인 소비에트 연방이 정부와 시민을 착각했기 때
문이기도 하다. 그들은 국가의 복지를 인민의 복지보다 우선시했고, 매우 거대
하고 억압적인 국유제 관료 기구를 만든 탓에 그들이 만들어 낸 것 이외에는 —
러시아 사람들이 둘러앉아 비밀스럽게 이야기를 나누던 작고 검소한 식탁을 제
외하고는 — 사실상 아무것도 존재하지 않게 되었다.

미국식 정책Americanism 역시 실패할 가능성이 있다. 실패를 회피하기 위해 많
은 노력을 기울여 정부를 유지하고 있지만, 우리가 이제부터 할 논의의 가장 중
요한 핵심은 정부를 어떤 위치에 놓을 것인가에 관한 것이다. 날카로운 경계심
을 가지지 않으면 정치는 테러 공포의 시대 속에서 독재적인 방향으로 갈 것이
고 양극화가 진전되면서 사람들 사이에는 인간에 대한 배려가 사라지게 될지도
모른다. 우리들은 정부를 제어하는 동시에 이용할 필요가 있다.

경제적 계층구조의 밑바닥에서 일하는 사람들을 돕기 위해서는 — 그들이 할
수 없는 부분에 대한 원조 및 그들에게 스스로 일어설 수 있는 능력을 키워 주는
것, 양 측면에서 모두 그들을 돕기 위해서는 — 사회 전체가 정부와 정치적 수단
을 활용할 필요가 있다. 여기서 사회적 지원 아니면 자조라는 이분법은 존재하지
않는다. 정부는 모든 것을 다 해줄 수도 없을뿐더러 완전히 발을 뺄 수도 없다. 정
부는 빈곤한 사람들에 대한 직접적인 보조도 해야 하고 안정망도 정비해야 한다.
그러나 동시에 영리적 세계와 비영리적 세계와의 — 다른 말로 하자면, 민간 산

업과 민간 자선사업과의 — 창조적인 상호작용을 조정하는 역할도 맡아야 한다.

손봐야 할 가장 명백한 과제는 임금구조다. 기업 경영자들에게는 상층의 임금을 삭감하고 아래층의 임금을 끌어올려 임금격차를 줄일 능력은 있지만, 그렇게 할 의지가 없다. 세금 구조의 개혁은 이런 기업의 정책에 영향을 미칠 수 있다. 정부는 최저임금을 큰 폭으로 올릴 법률을 제정할 능력은 있지만, 정치적인 의지가 없다. 그것은 주로 저소득층 대부분이 자신의 이해에 따라 투표하지 않거나 전혀 투표에 참여하지 않기 때문에, 그리고 그래서 민간 기업의 교묘한 로비 활동과 정치헌금에 대항하지 못하기 때문이다.

게다가 최저임금의 인상이라는 해결책은 문제의 근원을 치료해 주는 것이 아니며, 그 기술적인 문제 역시 많은 과제를 남기고 있다. 물가 상승을 고려한 실질 가치의 측면에서 봤을 때 전체적으로 해마다 내려가고 있는 연방 정부의 최저임금을 인상하더라도 현재의 경제 상황에 큰 영향을 미치지 않을 것이라는 대체적 견해에도 불구하고, 기업가의 위험 감수risk taking(적극적이고 과감한 투자 행동)를 저해하지 않으면서 과연 최저임금을 얼마만큼 올릴 수 있을 것인가에 관해서는 경제학자들 사이에서도 견해가 일치하지 않는다. 그럼에도 불구하고 실제로 11개 주와 콜롬비아 특별구(워싱턴)는 연방 정부의 최저임금인 시급 5.15달러보다 훨씬 높은 6.15~7.15달러로 최저임금을 설정해 실시함으로써 최저임금의 대폭 인상이 가능하다는 사실을 입증하고 있다.[4]

최저임금제를 개선하기 위한 아이디어 중 하나로 각 지역별 생활비에 기초해 최저임금을 서로 다르게 설정하는 방안이 있다. 또 다른 아이디어로는 생활임금 방식도 있다. 현재 약 100여 곳 이상의 군과 시에서는, 공공사업을 수주하는 민간 기업의 경우 평균 수준의 생활수준을 유지하는 데 필요하다고 간주되는 시급 6.15~14.75달러를 노동자에게 지급하도록 의무화하고 있다.[5] 이런 아이디어를 적용한 지역을 대상으로 실시한 예비 조사 결과, 지역 예산 소량 증대, 노동자 세대에 대한 정부 보조금의 감소, 직원들의 임금을 끌어내리지 않고도 저가 입찰 경쟁에서 성공하는 기업의 등장과 같은 이점이 나타나고 있다. 그러나 경제학자들 가운데는 생활임금제도가 본래의 취지와는 상관없는 사람들을 대상으로 하고 있다고 생각하는 이들도 있다. 생활임금제도의 수급 대상으로 지정된 직업을 살펴보면, 실질적으로 수급 대상이 되는 노동자들은 전문 능력을 가진 사람들 — 최저임금 상황으로부터 탈출하기 위해 도움의 손길을 필요로 하는 밑바닥의 노동자가 아니라 — 에 해당한다는 이유에서다.

사람들이 시장을 통해 벌어들이는 소득과 적정 생활을 위해 필요한 소득과의 불일치를 해결하기 위한 방법에는 몇 가지가 있다. 그중 하나가 노동한 만큼 돌아오는 노동 소득 급부Earned Income Tax Credit 방식이다. 이 급부 방식은 노동자에 대한 정부 지원금인 동시에 같은 정도로 고용주에 대해서도 정부 지원금을 제공하는 역할을 한다. 즉, 고용주는 노동자에게 그만큼의 임금을 지불하지 않아도 되는 것이다. 사실 이 복지 프로그램은 월마트에서 맥도날드에 이르기까지 많은 대기업에게 간접적인 이익을 주고 있어서 그들이 다른 기업보다 더 많은 이익을 올리는 데 공헌하고 있다. 그러나 이 세금 제도는 정성 들여 만들어 놓긴 했지만 적극적인 활용의 측면에서는 그다지 정부의 의지가 엿보이지 않는다. 이는 매년 물가 상승에도 불구하고 1996년 이래 근로 소득 급부금의 지급액이 전혀 증가하지 않은 것만 봐도 알 수 있다. 2003년 부시 대통령은 이 세제의 명목으로 의회에 1억 달러의 예산을 요구했다. 하지만 그것은 지급금을 늘이기 위한 것이 아니라 허위 신고를 검사하기 위한 650명의 회계검사관을 새로 고용하기 위한 것이었다.[6]

반면 고용주가 받는 정부 조성금은 다른 양상을 보인다. 고용주들은 새로운 산업을 유치하기 위해 서로 경쟁하는 주, 군, 시가 제공하는 혜택을 받고 있으며, 연방 정부가 빈곤 지역에 제조업자를 끌어들이기 위해 기업 장려 지역을 설정하고 세금 공제를 실시하는 것으로부터도 혜택을 받고 있다. 한 예로 앨라배마 주는 외국계 자동차 회사에 대해 고정자산세의 경감, 소득세의 일시적 면제, 노동자의 임금 인상을 위한 급부금 — 그것에 더해 사실상 노동조합이 없는 환경 — 을 통해 수백만 달러를 지원해 주고 있다.

보통 이런 혜택을 제공받으면 민간 기업은 지원이 없을 때보다도 훨씬 높은 급여를 노동자에게 지불하라는 압력을 받는 것이 일반적이지만, 그런 압력이 가해지는 일은 거의 없다. 고용 창출이라는 측면에서 인정받고 있기 때문이다. 이처럼 연방주의와 지역 정치는 국민경제의 이익을 해치는 경우가 있다. 이는 지방정부가 세 부담을 줄이기 위해 서로 맹렬하게 경쟁을 하고 있고, 그로 인해 해당 지역의 세금 기반이 흔들려 고용의 지역 분포 불균등이 일어나기 때문이다. 노동 소득 급부 장려책은 노동조합이 거의 없는 앨라배마와 기타 남부 주의 가장 가난한 몇 개 지역에서 주민 수입을 높이고는 있지만, 전체적인 고용의 흐름을 변화시킴으로써 다른 곳의 노동조합을 약화시키고 있다. 노동조합에 가입한 미국 노동자의 비율은 1995년부터 2000년 사이에 14.9퍼센트에서 13.2퍼센트로 감소했다. 앨라배마에서는 9.5퍼센트, 다른 남부 주들에서는 3퍼센트에서 8퍼센트 사이를 오르락내리락하고 있다.[7]

노동조합에 가입하는 노동자가 늘어날수록 노동자에게 돌아가는 이익은 커질 테지만, 조합이 조직되어 있어도 주차장이나 청소 업무와 같이 매우 낮은 임금밖에 받지 못하는 경우도 있다. 미국의 번영은 그 많은 부분을 저임금 노동자에 기대고 있다. 그리고 이런 상황은 좀처럼 바뀔 것 같지 않다. 따라서 현재 상황에서 노동자의 임금구조를 개선하는 가장 좋은 방법은 승진이 가능한 제도를 설치해 이들의 상향 이동이 가능하도록 하는 것이다. 즉, 새로운 노동자가 밑에서부터 유입되어 낮은 임금의 자리에 배치되고, 이상적으로는 그들 대부분이 보통 임금수준으로 승진하도록 하는 것이다.

시급 5~8달러 범위에서 일을 시작한 사람이 시급 15달러 이상으로 이동하는 것을 도와주는 효과적인 방법에는 적어도 두 가지가 있다. 한 가지는 낮은 수준의 직업적 기술과 자기 불신의 고리에 빠져 있던 피치스와 리어리 브룩을 다시 살려 낸 것과 같은 '전문적 직업훈련'이 그것이다. 노동자들은 몸으로 직업훈련을 받을 능력과 준비가 되어 있기 때문에 우리에게 필요한 것은 그들을 위해 충분한 자금을 지원하고자 하는 의지이다. 두 번째 방법은 고등학교 과정에서의 직업교육 부활과 대학에 가지 않는 사람들을 위해 도제적 관계를 형성시켜 줄 네트워크를 만드는 방법이다. 여기서도 문제는 능력이 아니라 의지다.

고교 졸업자와 대졸자의 임금격차는 많은 젊은이들이 경제적 곤란에 빠졌던 1980년대 이후 급격하게 벌어져 왔다. 중학교는 "학생 모두를 대학에 보내기 위한"college for all 교육과정을 요구하는 내외부의 압력을 반영해 이전보다 더 높은 비율의 학생을 대학에 보내고 있지만(약 60퍼센트. 이 숫자는 1970년보다 30퍼센트 상승된 것이다), 많은 학생들이 수업에 결석하거나 높은 임금을 받을 수 있는 직장에서 요구하는 직업 능력을 채 갖추기도 전에 학교를 그만두었다. 어번 인스티튜트와 아메리칸 대학의 경제학자인 로버트 러먼Robert Lerman은 "직장에서 요구하는 능력과 고등학교와 대학에서 가르치는 교육과정은 서로 동떨어져 있다"고 말한다. 그는 많은 선진 공업국과 비교해 직업훈련 면에서 미국은 뒤처져 있으며, 그것이 외국의 제조업자가 투자를 꺼리는 원인인 "중간 기능 분야의 후진성"으로 이어지고 있다고 분석한다. 스웨덴, 노르웨이, 프랑스, 영국, 일본, 오스트레일리아, 독일은 기업으로부터 자금을 지원받아 학생들이 현장 실습을 하도록 연계함으로써 실제 산업에서 필요한 능력을 갖춘 인재를 양성하고 있다. 반면 미국에 진출한 해외 제조 기업의 경우 '중간 기능 분야의 후진성'을 극복하기 위해 고육지책을 강구할 수밖에 없다. 러먼은 독일의 자동차 회사 BMW가 미국인 노동자를 교육시키기 위해 노동자들을 비행기에 태워 독일로 보내고 있다고 쓰고 있다.[8] 십대 청소년을 직업학교에 보낸다는 발상은 미국의 평등주의적 이상과 종종 마찰을 일으킨다. 그러나 평등주의는 실제로는 기회의 평등을 주는 일 없이 그 이상을 과장되게 선전하고 있다. 이상적 욕망 속에서 교육열을 불태우는 많은 부모들은 아이들에게 정해진 직업 코스를 걷게 하는 데 반대한다. 이들 부모에게는 오직 대학만이 상승을 향한 유일하고도 신뢰 가능한 진로가 된다. 문제는 오하이오 주의 보육사 크리스티와 같은 경우 — 즉, 대학 교육을 끝까지 마치지 못하고 그만두는 사람의 경우 — 냉혹한 노동시장에서 스스로를 가치 있게 하는 전문적 기능을 습득하지 못한 채 낙오될 수 있다는 사실이다. 크리스티는 대학에 들어가 중퇴하는 것보다도 전문교육과정을 배우는 편이 더 나았을 것이다.

사실 찾아보면 미국의 이곳저곳에서 특정 산업이나 노동조합, 주 정부의 보호 아래 직업훈련이 이루어지고 있는 곳이 있다. 러먼은 "미국에는 뭐든지 있다"고 말한다. "항상 누군가가 무엇인가를 어디에선가 하고 있다." 예를 들어, 위스콘신 주의 한 기관에서는 민간 기업과 연계해 인쇄, 금융, 바이오테크놀로지를 비롯한 많은 분야에서 젊은이들에게 직업훈련을 실시하고 있다. 연방 정부가 자금을 대서 가난한 아이들을 대상으로 취학 전 교육을 실시하는 '헤드 스타트'는 고등학생들에게 현장 실습의 기회를 주는 수단이 될 수 있는 제도로 아이들의 발달 과정을 통해 자연스럽게 필요한 능력을 익힐 수 있도록 해준다고 러먼은 확신하고 있다. 그러나 전국 규모의 차원에서는 이런 제도가 실시되고 있지 않으며 오직 좋은 일자리, 높은 임금을 받는 일자리만을 위해서 젊은이들을 훈련시키고 있을 뿐, 직업교육의 결함을 보완하려는 노력은 하지 않고 있다.

교육 문제에 있어서 보다 넓은 범위의 영역에서는 능력과 의지의 상호 관계가 한층 더 복잡하게 얽혀 있으며 통일된 의견이 제시되지 못하고 있다. 공립학교의 개선에 관해서 많은 책이 나와 있지만 공립학교의 불공평한 자금 배분에 관해서는 충분히 주의를 기울이지 않고 있다. 공립학교의 기본적인 시스템에는 매우 많은 결함이 있어서 두세 개 부유한 주의 부유한 지역과 가난한 지역 사이의 재원을 평등화하는 작업은 거의 성과를 거두지 못하고 있다. 대부분의 학군에서 재원의 상당 부분을 지방 고정자산세에 의존해 충당하고 있는데다 대부분의 미국인이 인종은 물론 계급적으로 분리된 지역에 거주하고 있기 때문에 그 격차는 더욱 심각해진다. 예를 들어 뉴욕 내에 있는 학군을 따져 보았을 때 세금 기반, 즉 과세 대상이 되는 모든 부동산 가치가 학생 한 명당 80만 2,047달러에서 13만 3,873달러꼴로 매우 넓게 분포되어 있으며, 학생 한 명당 매년 지출은 가장 부유한 학교가 평균 1만 3,794달러, 가장 가난한 학교가 평균 7,457달러로 그 격차가 매우 심각하다. 더구나 이는 가난한 학군에 보다 많은 지원을 해서 격차를 줄이려 노력하고 있는 주州의 이야기이다.[9]

이런 자금 조달 방법으로는 불평등을 근절할 수 없다. 보다 많은 자금을 가진 학교는 보다 나은 교육을 제공하고, 그것은 아이들의 소득 능력을 높이는 데 도움을 주며, 그 결과 어른이 된 아이들은 학교교육에 보다 많은 지출을 하는 지역에 살 가능성이 높아진다. 그리고 이번에는 그것이 인종 간 격차를 강화시킨다. 공립학교에서는 1980년대 후반 이후 인종차별이 부활되고 있는 것처럼 보이는데, 여기에는 공화당 대통령과 상원에 의해 임명된 보수파 판사들이 내리는 판결의 성향이 영향을 미치고 있는 것으로 생각된다. 현재 미국 흑인 학생의 6분의 1은 사실상 백인 학생이 한 명도 없는 학교에 다니고 있으며, 그런 학교의 많은 수는 재정적으로 가난하다. 그리고 백인 학생의 불과 7분의 1이 다민족 학교에 다니고 있을 뿐이다. 다민족 학교란 입학생의 10퍼센트 이상이 소수자 그룹으로 이루어져 있는 학교로 정의된다.[10]

주 전체나 나라 전체가 나서서 학교에 자금을 지원해 악순환을 깨려는 노력

무엇보다도 돈이
모든 병폐를 완화시켜 주지는 않는다.

이 인종 간의 분리를 완전히 막아 주지는 못할지라도 자금의 재분배를 향한 첫 걸음은 될 수 있을 것이다. 그러나 모든 해결책은 하나 이상의 새로운 문제를 낳기 마련이다. 돈에는 언제나 조건이 붙는다. 연방 정부가 납세자의 비의도적 분담금을 모아 평등하게 운용하고자 하는 생각은 미국의 지방자치 — 그리고 지방 정부에 부여된 특권 — 에 대한 강한 집착과 충돌한다. 사립학교에 발행하는 바우처*는 정교분리를 무너뜨리며 공립학교로 갈 자금을 좀먹는다.

무엇보다도 돈이 모든 병폐를 완화시켜 주지는 않는다. 교사가 사회적 가치관에 부합하는 급여를 받고, 충분한 수의 교사가 소수 학생을 맡아 개개인에 맞춘 교육을 한다 하더라도, 교사들에게 충분한 책과 현미경과 지도를 지급한다 하더라도, 아이들이 학교에 가지고 오는 모든 문제를 완전히 사라지게 할 수는 없다. 곤란이 계속되면 어떤 지점에서 우리들의 능력은 한계를 드러낼 것이다. 우리들은 젊은이들이 직면하는 모든 문제에 대한 대처법을 알고 있지 못하다. 그러나 우리들은 적어도 [어떤 기준을 가지고 무엇을 우선적으로 해결할 것인가와 같은] 문제를 선택하는 방법보다 해결하는 방법을 더 잘 알고 있다. 충분한 의지가 없다면 우리들의 능력은 빛이 바랠 것이며, 그 희미한 빛의 영역 — 우리가 어슴푸레 인식하고 있는 문제들의 영역 — 에조차 다가갈 수 없게 될 것이다.

워킹 푸어와 관련한 모든 부담에 관해서도 같은 말을 할 수 있다. 우리는 가난한 자들이 집을 마련할 수 있도록 돕는 방법과 편안하진 않더라도 그럭저럭 살만한 주거 환경을 제공하는 방법을 알고 있지만, 아는 만큼 충분히 실천하고 있지 못하다. 우리들은 알코올의존증과 마약중독에 대한 대처법을 알고 있지만, 도움이 절실한 모든 사람들을 수용할 수 있을 만큼 충분한 수의 시설을 제공하

---

* 정부가 학부모들에게 수업료를 대신할 수 있는 일정액의 현금 교환권을 지급하는 것.

우리는 …… 알고 있지만,
아는 만큼 충분히 실천하고 있지 못하다.

고 있지 않다. 우울증이나 기타 정신병에 관해서도 마찬가지다.

우리들은 빈곤의 경계에서 일하는 많은 사람들이 의료보험에서 완전히 배제되어 있다는 사실을 잘 알고 있다. 그 사람들은 메디케이드의 대상이 되기에는 수입이 너무 많고 개인적으로 보험을 들기에는 수입이 너무 적다. 이 문제에 대해 우리는 그저 부분적인 대응을 해왔을 뿐이다. 1998년 이래 정부는 아동 의료 보험 프로그램의 많은 결함을 보완해 왔다. 이 프로그램은 연방 정부가 빈곤선의 두 배 범위 이내 소득 세대의 아이들에게 의료보험을 보장하는 주에 대해, 그 원조액과 같은 금액의 정부 보조금을 주는 제도다. 뉴저지 같은 곳은 빈곤선의 3.5배 범위까지 이를 보장하고 있다. 그러나 이런 원조 프로그램에도 불구하고 빈곤 가정의 부모까지 보험 대상으로 삼는 주는 매우 적으며, 경기 침체로 인해 세수가 줄어들어 그런 제도를 시행하기가 더욱 어려워지고 있다(이 프로그램에 대한 연방 정부의 연간 예산인 40억 달러는 어림잡아 새 항공모함 한 척의 가격과 맞먹는다). 보험에 가입해 있지 않은 아이들의 약 4분의 1은 공적 보험 가입 자격을 충족시키고 있지 못한데, 이 문제는 연방 정부가 특단의 조치를 내려 재정지출을 조정한다면 개선될 수 있는 사항이다. 또한 메디케이드 수급 자격이 있는 가난한 아이들의 4분의 1이 메디케이드에 가입되어 있지 않다. 그 이유는 부모가 정부의 원조를 바라지 않거나, 복잡한 신청 절차 탓에 가입을 포기해 버렸거나, 그저 단순하게 자신의 아이가 수급 자격이 된다는 사실을 모르는 등에 있다. 우리들은 지금까지 그런 아이들을 보험에 가입시키기 위해 아웃리치 워커outreach workers[빈곤 운동 단체를 대상으로 구제 활동을 벌이는 사회복지사]에게 더 많은 자금을 지원해야겠다는 생각조차 하지 않았다. 다른 복지 서비스 역시 마찬가지이다. 빈곤 세대의 불과 3분의 1만이 식품 쿠폰이나 정부의 주택 보조와 같은 혜택을 받고 있기 때문이다.

의료보험 미가입자 4,500만 명을 안고 있는 이 나라의 임시변통적인 의료보험 서비스에 관한 보다 큰 논의는 정부의 역할, 민간 부문의 공평성, 미국의 계급 구성과 같은 큰 문제들과 관련되어 있다. 고용자 중심의 의료보험 정책은 보험 시스템을 조직할 때 생각할 수 있는 최악의 방법일지도 모른다. 이런 정책은 회사의 인건비를 상승시키고 노동자에게 비용이 많이 드는 건강관리 기관을 이용하도록 강제한다. 일부 회사에서는 피보험자의 공동 기금 규모가 너무나 작은 탓에 직원 한 명에게 암 진단을 내리는 것만으로도 직원 전원의 보험료가 급상승해 버리는 결과를 낳는다. 높은 노동 유연성의 시대에 노동자는 직장을 바꿀 때마다 보험 계획이 변해, 어떤 때는 몇 개월 동안 보험 없이 참고 지내야만 하는 경우도 발생한다. 우리들은 직장을 통해 자동차보험에 들고 있는 것이 아니다. 이런 식으로 의료보험을 유지해서는 안 된다.

그러나 우리에게 이 문제를 해결할 능력이 있는 것일까? 효율성과 과학적인 실험 정신을 해치지 않으면서 국민 모두가 보험 혜택을 받을 수 있는 제도를 만들어 내는 일은 불가능할까? 정부가 민간 부문을 압박할 수 있다는 염려에도 불구하고 연구 개발 분야에서는 그것이 성공적으로 실현되었다. 정부의 높은 자금 지출이 민간투자 영역을 자극해 같은 식으로 급성장이 나타난 것이다. 문제는 이런 현상이 의료보험의 단일 지불자 제도single-payer system가 만들어졌을 경우에도 일어날 것인가 하는 것이다. 이 경우 단일 지불자는 세금으로 자금을 대는 연방 정부가 될 것이다. 현재의 연방 정부가 메디케어medicare[고령자 및 장애자를 위한 공적 의료 부조 제도]를 통해 3천만 명의 고령자를 보장하고 메디케이드를 통해 4,500만 명의 가난한 사람들을 보장하고 있는 것처럼 말이다. 새로운 제도는 소득과 관계없이 전원에게 기본적인 의료 서비스를 제공하게 될 것이고, 우리는 그것을 "베이시케어"Basicare[국민 의료보험 제도]라고 부를 수 있을 것이다.

이런 제도적 장치가 캐나다와 영국의 사례처럼 일종의 공급 제한으로 이어질 수밖에 없다는 우려의 목소리가 있다. 예를 들어 캐나다에서는 많은 이들이 수술 후 화학요법을 받기 위해 대단히 오랜 기간 동안 기다려야 한다. 제한적인 의료 자원이 보다 평등하게 모든 사람들에게 돌아갈 수 있도록 하려는 노력이, 부유한 사람들로부터 전문가의 진료, 고도의 검사, 첨단 의료 기술에 무제한으로 접근할 수 있는 특권을 빼앗아 버리지는 않을까 우려하는 사람들도 있다. 또한 '사회화된 의료 제도'의 성질을 띤 베이시케어가 훌륭한 인재들로 하여금 의료 영역에 뛰어들어 연구를 추진하게 하는 이윤 동기를 약화시킬 것이라고 우려하는 사람도 있다. 의료 보수에 대한 정부의 규제에 분개하는 많은 의사들은 보수가 너무 낮다며 메디케이드와 메디케어 환자의 진료를 거부하고 — 또는 부유한 고령자에게 연간 예약 수수료를 부과하고 — 있다.

민간 회사의 의료보험도 미국의 의료 제도를 파국 직전까지 몰고 가고 있다. 보험회사는 보험금의 대폭 인상을 요구하면서 자사의 중역 간부들에게는 초법적인 연봉을 주고 있다. 이들은 환자들에게 정당한 이유 없이 보험에 의한 치료를 거부하기도 하며, 의료 서비스의 계급적 위계제를 강화시켜 저소득 미국인의 건강을 해치고 있다. 정부가 메디케어와 메디케이드, 아동 의료보험 프로그램을 통해 서서히 보험 영역으로 진출하고 있는 지금 이 순간에 오히려 진입을 주저하게 된다면 공공의 복지에 대한 의무를 저버리는 것이 된다. 단일 지불자 제도가 정책적으로 받아들여지게 될 때까지 조성금과 규제를 통해 어떤 형태로라도 연방 정부와 민간이 협력할 필요가 있다.

여기서 우리들은 개인의 선택이나 의료의 창의성을 저해하는 일 없이 이익을 보증한다는 두 마리 토끼를 좇을 의지가 필요하다. 만약 이런 의지가 결실을 맺어 가시적인 결과로 나타난다면, 그것이 비록 큰 정부에 대한 논란은 남더라도 사회정의 추구의 측면에서 우리가 가지고 있는 이상주의적 국가 실현에 커다란 위업으로 남게 될 것이다. 이 위업은 생각보다 간단하게 실현될 수도 있다. 만약 이 나라에서 가장 좋은 보험 서비스를 받고 있는 연방의회 의원들이, 메디케이드의 적용 대상에서 제외되어 허리 치료를 받기 못하게 된 캐롤라인 페인이나,

우리에게는
두 마리 토끼를 좇을 의지가 필요하다.

HMO로부터 구급차 비용 지불을 거절당해 어쩔 수 없이 신용 등급을 망쳐 버릴 수밖에 없었던 리사 브룩스나, 보스턴과 볼티모어 진료소에 있는 영양실조 아이들과 같은 어려움에 직면한다면, 확실하게 실현 가능하게 될 것이다.

우리들은 건강하지 못한 유년기가 성장 과정에 있는 인간에게 어떤 영향을 미치는지 잘 알고 있다. 신경 과학과 기타 과학 분야에서 얻은 연구 결과를 통해 우리는 생물학적인 것과 인지적인 것, 초기 육아와 그 이후의 기능 발달의 서로 복잡하게 얽혀 있는 관계에 대해서 많은 것을 배울 수 있다. 문제에 관한 우리들의 이해는 그 문제들을 해결하는 데 요구되는 능력보다 우선시되어야 할 것이며, 문제 해결 능력은 행동을 일으킬 의지보다 우선시되어야 할 것이다. 우리는 미국 전역에서 조기 개입 프로그램(취학 전 어린이의 교육과 보호 활동)을 전개해 왔다. 그 대부분은 훌륭한 아이디어에 의한 것들이었다. 그러나 재원이 부족한 채 훈련이 충분히 되지 않은 직원에 의해 운영되는 이들 프로그램은 불행한 악순환을 반복한다. 즉, 충분하지 못한 자금이 프로그램의 실패로, 다시 그 실패가 원인으로 작용해 프로그램에 대한 평가가 낮아지고, 낮은 평가를 받은 프로그램은 방치되는 것이다.

육아에 필요한 조건을 충분히 갖추고 있지 못한 부모들이 안고 있는 문제는, 개선 가능한 문제와 개선 불가능한 문제들이 서로 혼합되어 하나의 연속선을 그린다. 그 선의 한쪽 끝에는 단순히 강습이나 개인적인 카운슬링을 통해 쉽게 얻을 수 있는 그런 육아 지식의 결여라는 문제가 있다. 많은 유복한 부모들은 그런 지식을 얻는 데 돈을 사용하고 있으나 저소득 부모는 사회복지 기관으로부터 받는 간헐적인 무상 원조에 기댈 수밖에 없다. 부모들은 오직 아이의 비행에 주의를 기울이는 것보다 어떤 식으로 아이를 격려하면 좋을 것인가, 서로 같이 문제를 해결하고 아이들이 스스로 선택하도록 돕기 위해서는 어떻게 하면 좋을 것인가, 화를 누르기 위해서는 어떻게 하면 좋을 것인가, 아이에게 올바른 행동을 하게 하려면 어떤 현명한 방법이 있는가, 아이와 공감하기 위해 어떤 식으로 귀를 기울이고 표현할 것인가, 어떤 식으로 서로 존중할 것인가 등과 관련된 능력을 기를 필요가 있다.

그러나 연속적인 영역의 다른 한쪽 끝에서는, 개인이 앓고 있는 심각한 수준의 질병과 파괴된 가정이 아이들의 성장에 영향을 미치고 있다. 이런 영역에서는 우리가 가지고 있는 능력을 효과적으로 발휘하기가 힘들다. 이런 문제를 안고 있는 부모 가운데는 자신이 성장 과정에서 겪은 경험이 원인이 되어 올바른 육아 방법을 익히는 데 커다란 장애가 있는 사람들도 있다. 이들에게는 질책이나 충고가 그다지 영향력을 발휘하지 못한다. 우리들에게는 이 문제에 대해 별다른 대책이 없다. 예를 들어, 아이들을 양부모에게 맡기는 것 이외에 성적 학대를 막을 수 있는 방법은 아직 찾아내지 못했다. 당연히 모든 양부모 가정이 항상 모범적인 가정이라고는 할 수 없다. 또한 계급적 경계를 극복해야 하는 문제도 안고 있다.

한 사람의 인생을 결정하는 요인 가운데 유년기가 차지하는 중요성을 고려한다면, 어째서 미국 사회는 부모를 지도하고 아이를 보호하기 위해 창의적이고 풍부한 실험을 시도하는 데 총력을 기울이고 있지 않은 것일까 하는 의문이 들 수밖에 없다. 성공한 프로그램을 묘사하는 단어는 우리에게 이미 익숙한 단어들이다. 즉, '포괄적', '집중적', '고도로 전문적'이라는 것이다. 여기에 한 가지 덧붙이자면 아마 '돈이 드는'일 것이다. 외과 의사들이 수술할 단 한 명의 환자를 놓고 서로 머리를 맞대어 논의하는 것과 같은 방식으로 의학, 심리학, 아동 발달 전문가가 가족 하나하나에 초점을 맞추어 진찰을 하기 위해서는 많은 돈이 들 것이다.

세계에서 가장 부유한 나라, 미국은 이런 부담을 견뎌 낼 수 있을까. 물론 가능하다. 특히 부유층 사람들이 다소의 희생을 감수한다면 말이다. 연방 정부에 의한 유아 건강과 발육에 관한 프로그램의 성과가 시사하고 있는 바와 같이, 집중적인 관리를 시행한다면 사회복지 예산의 다른 부분에 들어가는 돈을 절약할 수 있다. 이 프로그램은 미국 전역의 8개 곳에서 985명의 아이들을 대상으로 소아과 의사, 사회복지사, 가정방문원 등이 태어나서 3세까지의 기간 동안 지속적으로 아이들의 건강을 관찰하고, 가족에게 여러 서비스를 소개하고, 교육 상 필요한 것들을 제공하도록 했다. 프로그램의 대상이 된 아이들은 3세의 시점에서 서비스를 받지 않은 아이들과 비교해 IQ 점수가 더 높았고, 사용 어휘는 더 풍부하고, 행동상의 문제는 더 적었다.[11] 다시 말해 일을 적절하게만 한다면 결과는 더 나아질 수 있다. "적은 비용으로 적당히 해치워 버리려 한다면 결국은 아무런 가시적 성과 없이 돈만 낭비하는 꼴이 되어 버린다"는 것이 캘리포니아 주 하원 의원이자 '어린이·젊은이·가족주택 선정 위원회' 회장을 맡고 있는 조지 밀러의 말이다.[12] 우리는 이 모든 것을 오래 전부터 알고 있었다. 밀러는 이미 1980년대 부터 이런 주장을 계속해 왔다.

우리들의 대규모 노력조차 충분한 수의 아이들을 포괄하지는 못한다. 가난한 아이들을 위한 취학 전 프로그램인 헤드 스타트는 새 항공모함 가격의 1.5배에 상당하는 연간 예산을 지원받고 있다. 아동보호 기금Children's Defense Fund[가난한 아이들을 지원하는 민간단체]에 따르면, 헤드 스타트의 수급 자격이 있는 아이들 가운데 불과 60퍼센트만이 서비스 신청을 하고 있다. 그리고 헤드 스타트의 규정에 따르면, 불과 50퍼센트만의 대졸 교사 채용이 의무화되어 있을 뿐이며 그들의 연봉도 평균 2만 2천 달러로 제한되어 있다. 부시 정권은 미취학아동의 독서 교육 보급을 주장하면서 이 프로그램의 존립을 흔들었다. 그것은 많은 교육 전문가들로부터 어리석은 정책이라는 비판과 논쟁을 불러일으켰다. 1995년부터 시작된 조기 헤드 스타트Early Head Start ── 생후 3세까지의 매우 중요한 시기를 대상으로 한다 ── 는 연구 조사 결과 그 유효성이 드러났으나, 미국 전역에서 수급 자격이 있는 아이들 가운데 겨우 5퍼센트만이 이를 이용하고 있다. 그러는 동안 정부는 아동복지를 위해 필요한 기금 모금에 전혀 노력을 기울이지 않았으며, 생활보호를 받는 어머니들의 노동환경을 서서히 악화시키는 등 모순된 정책을 전개했다. 우리들은 어떻게 해야 할지 아는 경우에도 그렇게 하고 있지 않은 것이다.

어떤 사회를 평가하기 위해서는 그 사회의 자기 회복 능력을 확인해 보면 된다. 뼈아픈 실수를 저질렀을 때, 그 사회 고유의 문제가 드러났을 때, 부정이 발각되었을 때, 혹은 가능성이 부정되었을 때, 정부와 기업과 여러 자선 사업 제도를 살펴보면 된다. 이와 같은 대응들은 그 나라의 건전성과 사람들의 강한 정도를 나타내는 지표가 된다.

미합중국에는 불편한 사실을 직시하고 개선을 위해 이를 예민하게 조정하는 메커니즘이 있다. 우리들은 인종차별, 환경오염, 기업의 위법행위, 방향성을 잃은 대외 정책, 경찰에 의한 학대 행위, 국내의 빈곤 문제에 대해 이 메커니즘을 작동시켜 왔다. 여전히 이들 해악은 우리 사회에 남아 있지만, 반세기 전과 비교했을 때 그중 상당 부분이 개선되어 온 것은 사실이며, 이는 우리가 이룩해 낸 성과와 우리에게 남겨진 과제가 무엇인지 시사한다. 높은 이상은 결코 완성되지 않는다. 이상을 향한 수많은 노력이 연속적인 작은 성공으로 이어질 뿐이다. 미국 노동 사회의 빈곤과 대결하는 우리들의 사명은 그런 식으로 이어나가야 한다.

만약 원인을 오직 하나로 정의할 수 있다면 대처법은 간단히 마련될 수 있을 것이다. 그것은 진보 혹은 보수 어느 한쪽의 처방전과 완전히 일치하는 것일 것이다. 체제의 착취와 개인의 무책임 중 어느 한쪽이 책임을 져야 한다면, 논쟁의 양 끝에 있는 두 진영 중 어느 한쪽은 만족감을 얻을 수 있을 것이다. 단순하게

510

기업의 탐욕스러움, 또는 정부의 무관심, 또는 빈곤한 학교가 이유라면, 진보적 해결책만으로 충분할 것이다. 원인이 단순히 부모와 자식, 교사와 노동자의 개인적인 실패라고 한다면, 보수적인 견해가 유효할 것이다. 그러나 살만 루시디 Salman Rushdie가 쓰고 있듯이 "억압은 구멍 없는 그물"이다. 빈곤은 일종의 억압이며 책임의 시작과 끝의 경계선은 분명치 않다. 이민자들은 멕시코의 빈곤에 의해 내몰리고, 아메리칸드림에 의해 노스캐롤라이나 농장으로 밀려들어 온다. 그들의 계약이민은 코요테와 콘트라티스타에 의해 이루어진다. 그들은 불결한 창고에 기거하며 농장주, 도매업자, 슈퍼 체인점, 그리고 이민자들이 수확한 오이와 토마토의 낮은 가격에 기뻐하는 소비자들로 인해 쥐꼬리만한 임금만을 지불받는다. 이처럼 책임이 광범위하게 퍼져 확산되어 있는 경우 마치 아무에게도 책임이 없는 것처럼 보인다. 그러나 진실은 그 반대다. 마치 아무에게도 책임이 없는 것처럼 보이지만 실제로는 모든 사람에게 책임이 있는 것이다.

진보와 보수 사이의 골은 정부의 크기가 어느 정도여야 하는가에 관한 입장 차이뿐만이 아니다. 양자의 골은 정치는 무엇을 해야 하는가에 관해서도 존재한다. 진보 진영과 보수 진영은 국가를 서로 다른 목적으로 이용한다. 진보당인 민주당이 정부 지원금의 증액과 가난한 사람들을 위한 복지 프로그램을 요구하는 것과 마찬가지로, 공화당 내의 '상류사회 보수층'은 커다란 정부로 하여금 결혼장려금의 조정을 통해 지방의 교육정책을 통제하고 생활보호를 받는 어머니의 출산을 억제하는 한편 빈곤과 싸우는 종교 법인의 노력주의적인 활동에 보조금을 지급하길 바라고 있다.

워킹 푸어 문제는 이데올로기적 논쟁에 의해 해결되지 않을 것이다. 정치적 논쟁은 민주주의에 없어서는 안 되는 것이지만, 해결책은 최종적으로 양쪽의 의견 차이를 초월한 것이 되어야 한다. 정치적으로 반대 세력일지라도 문제의 해결책을 찾아내기 위해서는 서로의 영역을 넘나들어야 한다. 빌 클린턴 대통령이 생활보호 대상자에 대해 생활보호 수급 기간의 제한과 노동조건을 부과하기 위해 보수파 진영의 손을 빌렸던 것과 같이, 보수파는 정부의 책임인 빈곤 구제를 위해 진보 진영의 손을 빌리는 것이 현명한 선택일 것이다. 미국이 가지고 있는 기회와 빈곤이라는 두 가지 측면은 근면한 노동을 마법의 만병통치약으로 여기는 미국적 신화에 의해서도, 또 체제가 가난한 사람들을 옭아매고 있다고 주장하는 반反신화에 의해서도 설명될 수 없다. 정부와 기업을 통한 사회의 의무와 노동과 가족을 통한 개인적 의무를 모두 하나로 통합해 인식하고 대처해 나간다면 — 또 교육을 통해 사회와 개인 양쪽이 모두 노력한다면 — 어려움은 경감될 것이다.

빈곤의 경계에서 일하는 사람들은 미국의 번영에서 없어서는 안 되는 사람들이지만, 그들의 행복은 사회 전체에서 없어서는 안 될 부분으로 다뤄지고 있지 않다. 오히려 잊힌 사람들은 스스로가 절벽에서 떨어지지 않기 위해 매일 악전고투를 계속하고 있다. 이제 우리는 부끄러움을 느낄 때가 되었다.

인생은 해결되지 않은 채 흘러가게 마련이다. 이 책의 양장본이 발행된 이후 본문에 등장한 사람들 중 일부는 행복의 길을 찾아 그 길을 걷고 있으며, 일부는 겨우 찾아낸 미래에 대한 희망을 다시 잃어버린 사람도 있다. 그리고 대부분의 경우 여전히 정체된 삶에서 벗어나지 못하고 있다. 여기 그들 중 일부를 소개하고자 한다.

앤 브래시Ann Brash / 7장

그녀는 지금도 저임금을 받는 편집자로 일하고 있으며, 아들 샌디로부터 일정 정도 경제적 지원을 받고 있다. 샌디는 다트머스사의 컴퓨터 전문가로 일하며 급여의 일부를 어머니에게 주고 있다. 하지만 앤은 딸 샐리가 뉴잉글랜드 음악

학교를 중퇴하고 꽃가게에서 시급 13달러짜리 일을 하고 있다는 사실에 크게 상심하고 있다. 앤은 샌디와 샐리에게 상승의 기회를 최대한으로 부여하고자 일 대신 가난해지는 쪽을 택했다. 만약 일을 두세 개씩 하게 되면 아이들을 충분히 만족스럽게 돌볼 만한 시간이 없어져 버리기 때문이었다. 빈곤하지만 헌신적인 부모에게 아이들이 자신과 같은 경험을 반복할지도 모른다는 공포만큼 무서운 것은 없다.

샐리가 학교를 중퇴한 이유는 성적이 좋지 않았기 때문이다. "수업 대부분을 낙제했어요." 그녀는 매사추세츠 주 브루클린의 한 꽃가게에서 손님들에 둘러싸인 채 이렇게 말했다. "학교 가는 것도 싫었어요. 학교는 원래 가기 싫어했어요." 그녀는 오페라 무대에 올라가기 직전의 긴장도 참아 내지 못했다. 이탈리아와 오스트리아의 맹렬한 더위 속에서 여름을 두 번 보내며 공부할 때의 일이었다. "너무나 긴장해서 근육까지 떨릴 지경이었어요." 그녀가 말했다. "그리고 너무 긴장한 탓에 제 음색에도 영향을 미쳤죠." 바이올리니스트 친구가 그녀의 긴장을 풀어 주기 위해 약을 건네주었는데, 그 약은 보통 고혈압이나 심장병에 처방되는 베타-블로커[혈압 강하제]였다. 그녀는 약을 먹으면서 이렇게 생각했다. "내가 좋아하는 일을 하면서 이런 일까지 해야 한다고 생각하니 과연 이 일이 저한테 맞는 일인가 하는 고민이 들기 시작했어요. 그리고 결국 이 길은 내 길이 아니라는 것을 알게 되었죠."

얼마 후 그녀는 형형색색의 꽃 속에 둘러싸여 화병에 꽃을 장식하고 예술적인 꽃꽂이를 하는 데 자신의 재능을 발휘하기 시작했다. 결혼식이나 극장 상연에 쓰일 꽃을 고르고 장식하는 것은 즐거운 일이었지만, 동시에 대학 졸업에 대한 압박도 느끼고 있었다. 그 압박은 물론 어머니와 샐리의 수업료를 지원해 주고 있던 뉴햄프셔의 부부로부터 오는 것이었다. 그녀의 설명에 따르면, 그 부부는 그녀가 공부를 계속한다는 조건에서만 그녀의 아파트 월세를 지불해 준다는 것이었다. 그녀는 하버드 대학 공개강좌 한 과목을 신청하고 듣기 시작했지만, 중도에 그만두었다. "엄마는 두려워하고 있었어요." 샐리가 말했다. "제가 학교를 나오고 당분간은 다시 복학할 생각이 없다는 사실을 알고는 몸서리를 치셨죠."

앤이 두려워하던 것 중 일부는 실제로 일어날 가능성이 있었다. "샐리가 대학 졸업장을 받았다면 의료보험이 지원되는 직장에서 일할 수 있을 텐데 그렇게 되지 못할까봐 걱정이에요." 그녀는 스스로는 해소할 수 없는 불안과 바람을 안고 있었다. "30년 전으로 돌아가고 싶어요. 그러면 저임금으로 장래성 없는 일을 계속하는 일 없이 더 열심히 노력하고 도전해서 더 많은 월급을 받을 수 있는 좋은 직장을 찾을 수 있을 것 같아요."

리어리 브록Leary Brock / 10장

전화 너머로 들리는 그녀의 목소리는 밝고 활기찼다. 이후로도 그녀는 제록스에서 조금씩 승진을 거듭하고 있었다. 그녀는 제록스 거래처 중 하나인 연방 정부 에너지부의 기술 지원 코디네이터로 연봉 2만 7천 달러를 받고 있었고, 다루는 범위도 넓어졌다. 회사는 현재도 그녀에게 투자를 계속하면서 기술자 양성 코스를 지원해 주고 있었다. 그녀는 코스를 마칠 즈음에는 복잡한 기계 수리도 할 수 있고 더불어 연봉도 세 배 정도 오를 것이라 기대하고 있었다.

제록스는 피닉스 대학이 여는 온라인 비즈니스 코스의 수업료를 부담해 주었다. 리어리는 이 기회를 통해 꼭 대학 학위를 따겠다고 결심했다. 그녀는 교회에서 시나리오 작업과 관련한 강좌도 수강했는데, 그 강좌에서 그녀가 쓴 극본 가운데 하나가 상연되었고 "인기가 아주 좋았다"며 자랑스러워했다. 그녀는 개인

적인 강인함과 사회의 여러 기관들 — 재판소, 약물중독 치료 프로그램, 직업훈
련소, 그녀의 가능성을 인정한 민간 기업 등 — 로부터 적절한 타이밍과 적절한
지원이라는 완벽한 조합의 혜택을 보고 있었다. 그녀는 마약중독자가 어슬렁거
리는 슬럼가 출신이었지만, 이제 더 이상 그곳으로 돌아갈 일은 없어 보였다.

가정생활은 안정을 찾고 있었다. 아이들은 각자 열심히 일하고 있었고, 손자
들은 자기 부모와 함께 살겠다며 다시 이사를 올 정도였다. 리어리의 어머니 벨
마는 90세가 되었고 그럭저럭 몸과 마음을 건강하게 유지하고 있었다. 하지만
미래에는 금전적인 불안이 찾아올 가능성도 있었다. 만약 벨마가 세상을 떠난다
면 주택 대출금과 세금의 많은 부분을 충당하고 있던 연금과 사회보장 급부가
끊겨 버리기 때문이다. 그리고 그녀의 가족이 살고 있는 집을 리어리가 부담해
야만 할 것이다. 벨마는 가족 모두의 안정을 유지시켜 주는 닻과 같은 존재였다.
만약 벨마가 사라지고 나면 리어리가 현재 얻은 생활의 평정과 안정을 유지할
수 있는 능력은 시험받게 될 것이다.

리사 브룩스Lisa Brooks   / 1장

아들을 위한 구급차 비용을 내느라 신용 불량 문제를 안고 있던 그녀는, 결혼과
미국 경제가 일부 직업에 부여하고 있는 비뚤어진 가치관의 덕을 보았다. 그녀
의 새 남편은 그녀가 요양소에서 정신장애를 앓는 사람들을 간호하며 벌던 얼마
안 되는 임금보다 훨씬 많은 돈을 벌었다. 그는 총기 제조 회사에서 기술자로 일
하며 주급 500~1,000달러를 벌었는데, 이런 미국 사회의 임금구조는 리사가 하
는 일의 의미를 퇴색시켜 버리기에 충분한 것이었다. 그는 성과급제로 임금을

받았고, 두 사람이 각각 데리고 온 여섯 살부터 열세 살까지의 아이들 여섯 명과 함께 살기에 충분할 정도로 돈을 벌었다.

집은 그녀의 남편 집이었고 남편의 신용 기록은 건전했다. 그는 주택 담보대출을 받아 부엌을 새로 단장했고 모기지 론을 받아 전체적으로 집을 증축했다. 그 집은 리사의 아들에게 보다 좋은 환경을 제공해 주어 고질적인 천식도 많이 좋아진 상태였다. 낡은 주거 환경 탓에 건강을 해칠 수밖에 없는 악순환의 고리는 중단된 것 같았고, 이제 더 이상 구급차를 불러 병원으로 뛰어가는 일도 일어나지 않을 것 같았다. 그럼으로써 나쁜 건강 상태가 그 사람의 전체적인 신용도를 낮추고, 높은 이자를 물어야만 하는 상황도 방지할 수 있을 것이다.

그러나 의료보험은 여전히 문젯거리였다. 리사와 아이들은 총기 회사를 통해 보험에 가입되어 있었는데, 그 보험도 약값까지 보장해 주지는 않았다. "그래서 약값은 우리가 내야 돼요. 현재는 필요한 약을 모두 사고 있지만 만약 우리들 수입이 줄어들게 되면 더 이상 약값을 댈 수 없을 거예요."

리사는 일하고 싶어 했다. 그녀는 잠시 동안 집에서 아이를 봐주는 일과 청소부 일을 하기도 했고, 소기업 경영과 관련한 인터넷 강좌를 듣기도 했다. 그리고 그녀는 유능한 간호사로 일했던 시절 돌보았던 요양 시설 사람들처럼 특수한 보조가 필요한 사람들을 위해 봉사하는 회사를 열고 싶다고 생각하기에 이르렀다. 그녀는 이렇게 말한다. "저는 이런 일하는 게 너무너무 좋아요. 예전처럼 다시 이 일을 하고 싶어요."

그녀는 수입이 너무 적어 직장에 있는 교회가 운영하는 보육원에 아이를 맡길 수가 없었고, 결국 일을 그만두고 다시 생활보호 상태로 돌아가야 했다. 그녀의 말에 따르면 식품 쿠폰을 갱신하기 위해 동사무소에 가서 서류를 내야 했는데, 회사 상사가 그에 필요한 휴가를 주지 않았다고 한다. 또한 그녀가 아직 사용하지 않은 휴가도 인정해 주지 않았고, 아동 발달 어시스턴트 자격을 얻기 위한 강좌의 수업료 지불도 거절했다. 크리스티의 설명에 따르면, 그 보육원 역시 보육사 한 명당 아이 14명을 배당하는 곳으로 그다지 좋은 곳이라고는 할 수 없었다. 긴장이 계속된 탓에 혈압은 올라갔고 그녀는 문자 그대로 양자택일을 할 수밖에 없는 상황에 처해 있었다. "저는 일하다가 죽을 것인가, 아니면 살기 위해 일을 그만두어야 하는가 중에서 선택을 해야만 해요."

그러나 그녀는 집에 앉아 생활 급부로 나오는 돈을 받으며 생활하는, 이른바 복지병에 걸린 사람들의 삶은 의미가 없는 삶이라고 생각했다. 복지 개혁은 그녀에게 취업을 요구하고 일을 경험하게 해줌으로써 직장에서 일하며 얻을 수 있는 즐거움을 일깨워 주었다. 또한 급부 기간도 거의 끝나 가고 있었으므로 — 생활보호 급부의 지급이 중지될 때까지 그녀에게는 일 년 반의 시간밖에 남아 있지 않았다 — 다음 일을 찾느라 매우 분주한 상태였다.

그녀는 가끔 공영주택 아파트에서 아이들을 봐주면서 적은 금액이지만 돈을 벌고 있었다. 얼마 전에 은행의 창구 직원을 뽑는 데 원서를 냈지만, 유일하게 자리가 난 곳은 통근하는 데 한 시간이나 걸리는 곳이었고, 그 일을 하게 되면 아이들 — 학교에 잘 적응하지 못하고 있는 — 은 엄마가 일하는 동안 집에 남겨질 수밖에 없었다. 그녀는 다음으로 전화 통신판매 일에 지원했다. 하지만 회사 쪽에서 그녀에게 그녀가 앞으로 팔아야 할 화재경보기를 포함해 기타 '지급품' 명

목으로 120달러를 먼저 지불하라고 요구해 왔기 때문에 그 회사를 수상쩍게 생
각하고 있었다.

그녀는 좀처럼 앞으로 나아가지 못하고 이리저리 길을 헤매며 시간을 허비하
고 있는 것처럼 보였다. 그녀는 타이핑 능력을 좀 더 향상시켜 사무직에 취업하
거나 보험업계에서 일하거나 청구서를 보내는 관공서에서 일하고 싶어 했다. 특
히 청구서를 보내는 일은 그녀에게 매력적으로 보였다. 독촉장을 받는 입장이
아닌 발송하는 입장이 되면 얼마나 멋진 일일까 하고 그녀는 상상했다.

그는 형무소에서 배운 정육 기술을 살리지 못하고 있었고, 호전적인 사회자, 빌
오 라일리가 진행하는 '오 라일리 팩터'라는 토크쇼는 이런 그를 중상모략했다.
오 라일리는 케빈의 부정적인 요소만을 주의 깊게 골라내어 방송했고, 개선 과
정에 있던 세세한 부분은 모두 생략해 버렸다. 이것은 어떤 진실도 이데올로기
앞에서는 무력해지고 만다는 것을 보여 주는 분명한 사례다.

이 책 『워킹 푸어』를 출판하고 난 후, 오 라일리는 그의 토크쇼에 나를 초대
했고 케빈 역시 초대하고자 했다. 케빈은 이사를 간 상태여서 나 역시 그가 어디
에 살고 있는지 알 수가 없었는데, 오 라일리는 필요하다면 프로듀서가 형무소
기록을 찾아 그를 추적할 수 있다며 의견을 굽히지 않았다. 그들은 나와 아무런
상의 없이 그들의 주장을 행동으로 옮겼고 케빈 이야기의 최신 버전을 만들기
위해 프로듀서가 케빈에게 전화를 했다. 오 라일리는 케빈을 나와 같이 출연시
키지 않았는데, 아마도 케빈이 출연했더라면 그의 왜곡된 견해를 정면으로 반박

하고 나왔을지도 모르기 때문일 것이다.

"사람들 가운데는 도저히 구원해 줄 수 없는 사람도 있습니다."

오 라일리는 이런 보수적 입장을 뒷받침하기 위해 케빈이 네 명의 서로 다른 여성―내가 이 책을 쓰기 위해 그와 인터뷰했을 때보다 두 명이 더 늘어났다―사이에 네 명의 아이를 가진 아버지라는 사실을 언급했다. 그것은 사실이었다(한 달쯤 지나, 한 명의 아기가 더 태어나 네 명의 여성 사이에서 다섯 명의 아이를 가진 아버지가 되었다).

오 라일리는 그다음으로 있지도 않은 사실을 늘어놓으며 진실은 생략해 버렸다. 그는, "케빈은 아이들의 양육비를 주지 않았고 계속 형무소를 들락거렸습니다"라고 말했다. 실제로 내가 프로그램이 끝난 후 조사한 결과, 케빈은 오직 한 차례 약 일주일 동안 구류된 적이 있을 뿐이었고, 아이들 양육비도 지불하고 있었다. 오 라일리는, "완전히 무책임한 사람이지요!"라며 호통을 쳤다. "세상에는 아주 근본적으로 책임이라는 개념이 완전히 없는, 무슨 말씀인지 아시겠죠? 책임지는 일을 선천적으로 할 수 없는 그런 사람들이 있습니다. 그런 사람은 누구도 고용하고 싶어 하지 않지요"라면서.

그러나 케빈은 직장을 구한 상태였다. 오 라일리는 그 일에 관해서는 일언반구도 없었다. 케빈이 오 라일리의 프로그램 프로듀서에게 말했던 바와 같이, 그는 자이언트 슈퍼마켓 정육 코너에서 포장을 담당하는 일을 3년 반 동안 계속하고 있었으며 시급으로 7.35달러를 받고 있었다.

케빈을 모범적인 시민이라고는 할 수 없다. 같은 상황에 처한 많은 사람들이 그렇듯이 그는 모순투성이다. 열심히 일을 하고 있는 그의 책임감은 여러 여성을 상대로 여러 아이의 아버지가 되는 그의 무책임과 공존하고 있다. 양육비 지불에 관한 그의 기록은 완전하지 못하다. 그러나 현실 생활의 다면성은 오 라일리의 정치적 단순함으로 설명되기에는 너무나도 복잡하다. 정치적 우파들이 현실 속의 케빈을 '사회가 아무런 죄책감 없이 한구석으로 쓸어버릴 수 있는, 구제 불능 식충이'로서의 빈자 이미지에 억지로 끼워 맞추는 것은 불가능하다. 그렇기 때문에 오 라일리는 케빈이 취업을 한 상태이고 그 일을 통해 번 돈의 많은 부분이 양육비로 쓰이고 있다는 중요한 사실을 교묘하게 시청자들에게 감추었고 케빈을 웃음거리로 만들었다.

현재 케빈은 자이언트 슈퍼마켓 측이 자신을 승진시켜 정육 코너 전체를 총괄할 수 있는 자리를 줄 것이라고 기대하고 있다.

톰 킹Tom King / 7장

세 명의 아이를 안은 싱글 파더 톰은 라크로스사가 부츠 제조 공장의 작업 라인 세 개 중 두 개를 폐쇄하면서 직장을 잃게 되었다. "중국인들이 우리를 모두 죽이고 있어요. 같은 신발을 만들어도 그 사람들이 만들면 한 켤레에 78센트면 족해요." 갑작스런 일의 공백이 그의 인생과 통장에 커다란 타격을 가져왔다. "온종일 할 일이 아무것도 없다는 것이 저한테는 커다란 충격으로 다가왔어요." 그는 말한다. "회사는 해고 일주일 전에 통보를 해왔어요." 그가 해고당한 것은 1월 중순경이었다. 트레일러의 수도는 또 얼어 버렸고 몇 주 동안 친구 집에서 신세를 질 수밖에 없었다. 그는 지난 달 열린 뉴햄프서 주 대통령 예비선거 때 투표를 했을까?

"아니요. 투표 안 했어요. 일자리 구하러 돌아다녔죠."

그는 아마 나에게 일이나 그 밖의 자신의 상황을 개선시켜 줄 것처럼 보이는 후보자가 아무도 없었다고, 몇 년 전에 내게 했던 말을 반복하려 했는지도 모른다. 가을이 되고 대통령 선거가 시작될 무렵에도 여전히 그는 투표하러 갈 것인지 혹은 누구에게 투표할 것인지 정해 놓지도 않은 상태였다. "그런 걸 신경 쓸 틈이 없어요. 일하느라 바쁘거든요. TV 볼 시간도 없어요."

봄이 되고 눈이 녹을 무렵, 그는 건설공사 현장에서 인부로 일하다가 곧 고철—녹슨 트럭이나 승용차, 엔진 등에서 나오는—을 모아 클레어몬트의 재활용 공장에 넘기는 비교적 안정된 일자리를 얻었다. "폐품 수집을 하고 있어요." 그가 설명했다. "고철이 있으면 모두 제게 넘기죠. 가격도 꽤 잘 쳐주고 해서 벌이는 괜찮은 편이에요." 또 그는 아버지가 시설 관리인으로 일하고 있는 200에이커(약 80헥타르)짜리 농장에서 건초 만드는 일도 하고 있었다. 6학년이 된 딸 케이트도 건초 더미를 쌓아올리며 톰의 일을 돕고 있었다. "엄마를 쏙 빼닮았어요." 톰이 말했다. "말을 얼마나 잘하는데요."

대학을 포기한 맏아들 잭은 네브래스카에서 공군 정비사로 훈련을 받고 있었는데, 할머니를 통해 잭이 현재의 상황에 만족해하고 있다는 사실을 알 수 있었다. "잭은 제대하면 아무 공항이나 가서 항공기 정비사를 할 수 있다고 자랑하더라구요." 잭의 할머니가 말했다. "그래서 내가 말해 줬지. 네 엄마도 틀림없이 너를 매우 자랑스럽게 생각할 거야, 라고. 그러니까 잭이 펑펑 눈물을 쏟더라구. 나는 나중에 톰에게 이렇게 말했지. 잭을 울리려고 그런 말을 한 건 아닌데 말이지."

최근 전화 통화에서 톰은 "잘 지내고 있어요"라며 건강한 목소리를 전해 왔다. 나는 그런 그의 목소리를 들으며 언제나처럼 그가 손으로 얼굴을 부비는 모습을 상상했다. "밥도 잘 먹고 영양을 충분히 섭취하고 있어요. 살아만 있다면 매일매일이 좋은 날이지요."

이가 다 빠져 고생하던 싱글 마더 캐롤라인은 편의점 카운터에 서있었다. 그녀 앞에는 손님들이 긴 줄로 늘어서 있었고 맨 앞에서 한 소년이 담배를 달라고 했다. 그녀는 매우 바빴다. "평소 같으면 신분증을 요구하죠." 하지만 그때 그녀는 "너무나 바빴다." 잠시 뒤 담배를 사간 소년이 주 정부 감찰관과 함께 나타났다. 소년은 주 정부 감찰을 위한 조사원이었던 것이다. 캐롤라인과 캐롤라인이 일하는 편의점은 모두 미성년자에게 담배를 판 혐의로 범칙금을 물어야만 할 상황이었다.

"눈물이 나오더군요. 너무 무서웠어요." 캐롤라인이 회상했다. 그녀는 재판정에 불려 나갈지도 몰랐고, 편의점으로부터는 해고당할 가능성도 있었다. 현금으로는 도저히 마련할 수 없는 액수의 벌금을 물어야만 할지도 몰랐다. 그녀는 공황 상태에 빠졌다. 같이 있던 매니저가 그녀를 감싸면서 그녀가 항상 신분증 제시를 요구하고 주의 깊게 검사한다고 말하자, 감찰관은 조금 누그러진 자세로 점장과 이야기해 보겠다고 했다. 불안 속에서 며칠이 흐른 뒤 감찰관으로부터 전화가 왔고, 범칙금은 물지 않아도 된다는 말을 들을 수 있었다. 단, 편의점 측에는 범칙금이 부과되었다.

범칙금 사건은 일단락되었지만 여전히 긴 노동시간과 낮은 임금 때문에 그녀는 편의점 일을 그만두고 새 일을 찾았다. "우리 가게에서 더 일해 주면 안 될까?" 점장이 물었다. "그래서, 그럼 임금을 더 올려 주고 후생 복지도 받았으면 한다고 말했죠. 그런데 그건 자기도 어쩔 수 없는 거라고 하더군요. 전 그만두기 2주일 전에 미리 통보를 했어요. 그리고 마지막 출근 날 점장이 말하더군요. 이틀만 더 일해 달라고. 여자애 한 명이 말도 없이 그만두는 바람에 일을 봐줄 사람이 없다나요. 뭐, 어쩔 수 없죠. 그렇게 해줬어요. 선반 정리하는 걸 도와주었죠. 전 정에 약해서 탈이라니까요."

그로부터 8개월 후에도 여전히 캐롤라인은 실업 상태였다. 『뉴욕 타임스』에 소개된 이 책의 발췌 부분을 읽은 독자들이 그녀의 사례를 읽고 돕고 싶다며 전화를 해왔고 그녀는 기뻐했다. 그녀는 사람들에게 자신이 진짜로 필요한 것은 제대로 된 일자리라고 말했으나 그 바람은 이루어지지 않았다. "어쩌면 프록터 앤 갬블에서 일자리를 제공해 주겠다는 전화가 올지도 모른다는 기대도 했지요." 예전 뉴햄프셔에서 그런 일을 당하고도? (그녀는 프록터 앤 갬블에서 일할 당시 허리가 아파 일요일 근무 요청을 거절했고, 회사는 곧바로 그녀를 해고했다.) "프록터 앤 갬블은 전국 각지에 공장이 있어요." 그녀가 말했다.

그녀는 간호조무사 면허를 딸 수 있는 강좌의 수업료를 재취업 프로그램이 부담해 줄 것이라고 기대했지만, 수급 대상이 되지 못한다는 사실을 나중에야 알게 되었다. 대졸 학력에다 생활보호를 받고 있지 않았기 때문이었다. 서류상 그녀는 원조를 받기에 너무 유복했던 것이다. 그녀는 고령자 돌봄 시설에서 일하길 원하고 있었는데, 이 사실을 알고는 크게 실망했다. "제 성격이 원래 그런 쪽에 맞거든요." 그녀가 말했다. "사람들을 돕는 일이요. 나이든 분을 보면 너무나 안쓰러워져요."

그녀는 지병인 요통 때문에 고령자를 들어 옮기는 데 어려움이 있지 않을까 하는 이유로 또다시 거절당했다. 실제로 그녀의 요통은 악화된 상태였다. 그녀의 치료를 맡고 있는 척추 지압사가 강한 어조로 이야기한 바에 따르면, 그녀는 10파운드(약 4.5킬로) 이상 나가는 물건을 들거나 장거리를 걷거나 허리를 굽히거나 계속해서 두세 시간 이상 서있거나 또는 앉아 있거나 팔을 어깨보다 높이 들어 올리는 일이 불가능했다. 그래서 그녀는 신체장애자가 받을 수 있는 사회보장을 신청했으나 거절당했고, 다시 재심사를 요구했지만 그것도 거절당했다.

한편 그녀는 타이핑 능력을 향상시키고 컴퓨터 프로그래밍을 배우기 위해 사무직 관련 강좌를 신청해 듣고 있었다. 그녀의 치아는 여전히 안 좋은 상태였다.

그녀는 새로 맞춘 틀니에 잘 적응하지 못했고 빼놓는 경우가 많았다. "틀니를 다시 조정하든지, 담배를 끊든지, 억지로 틀니를 끼든지 어느 쪽이든 선택해야 돼요." 그녀가 말했다.

가벼운 지적 장애를 앓고 있는 딸 앰버가 더 나은 학교교육을 받기 위해서는 뉴햄프셔 주에서 인디애나 주로 이사를 가야만 했다. "그곳(뉴햄프셔)의 학교에서 배운 것이라곤 청소하는 법밖에 없는데요, 그런 건 학교에 가지 않아도 이미 알아서 엄마를 도와줄 정도로 잘 했어요." 앰버가 말했다. 앰버는 인디애나 주로 옮기고 나서야 아동 발달 프로그램, 수학, 정치, 타이핑을 비롯한 의미 있는 수업들을 들을 수 있었다. 다음 해, 앰버는 고등학교를 졸업하고 직업훈련 프로그램에 나가기 시작했다. 그녀는 여전히 글을 읽지 못했다.

그리하여 캐롤라인 가족은 뉴햄프셔 주 클레어몬트에서 인디애나 주 먼시라는 마을로 이사를 하게 되었는데, 억지로 한 이사는 여전히 좋다고도 나쁘다고도 할 수 없는 결정이었다. "앰버는 아주 멋진 2년을 보냈어요." 캐롤라인이 말했다. "정말로 많이 성장했고 어른이 됐어요." 캐롤라인의 머리에는 7만 9천 달러에 팔아 버린 집에 대한 후회가 떠나질 않았다. 특히 그 집이 다시 시장에 나와 이번에는 10만 달러가 넘는 가격이 붙은 것을 인터넷에서 본 이후로는 더욱 그랬다. "그 사실을 알고는 앓아누웠어요." 캐롤라인이 말했다. "이젠 팔아 버려서 아무것도 할 수 없다는 사실이 더 속상해요."

피|치|스Peaches / 6장, 10장

어린 시절 심한 학대를 경험하고 홈리스가 된 적도 있는 그녀는 SOME 직업훈런소에서 실시하는 고용 훈련 프로그램을 거쳐 새로운 삶을 살게 되었고, 현재는 그 삶을 즐기고 있는 듯했다.

그녀는 지금 제록스 거래처 중 하나인 워싱턴의 민간 기업에서 우편실을 관리하고 있다. 책임 범위도 넓어졌고 연봉도 2만 6천 달러로 올랐다. 그녀가 만들어 팔기 시작한 조화造花도 출산 파티를 준비하는 사람들에게 인기를 얻기 시작해, 워싱턴 북동부의 번화한 거리에서 정기적으로 가판을 열어 판매하기에 이르렀다.

이제 그녀는 과거와의 화해를 위해 금의환향할 준비가 충분히 되었다고 느꼈다. 그녀는 자신이 자란 메릴랜드 동부 해안의 교회를 찾아 신도들 앞에서 자신의 이야기를 했고, 고통스러웠던 어린 시절 여러 곳으로부터 받았던 지원에 대해 감사의 뜻을 표한 뒤, 준비해 간 선물 상자를 지역 장로들에게 선물했다. "그들은 매우 기뻐했어요." 그녀가 말했다. "아는 부인이 하나 있는데 제가 그 집에 갈 때면 언제나 절 따뜻하게 맞아 주었죠. 저는 그 부인에게, 온몸에 멍이 들고 아무것도 먹지 못해 배고파하면서 버스 정류장에 앉아 있을 때 그녀가 만들어 준 오븐에서 갓 꺼낸 쿠키를 생각했다고 말해 주었어요."

피치스는 교회를 장중하고 올바른 질서가 지배하는 진실된 성역으로 여겼고, 훌륭한 의복을 갖춰 입은 사제들의 이미지를 잊지 않았다. 여성 사제들의 정갈한 모습은 피치스에게 하나의 상징으로 남아 있었고, 오랫동안 그녀에게 삶의 아름다움과 위안을 상기시켜 주는 역할을 했다. "제가 그 이야기를 하자 그들은 눈물을 글썽거렸어요." 피치스가 말했다. "자신들을 잊지 않고 기억해 주어 고맙다고 했어요. 저는 그들이 미사보를 쓰고 앉아 기도하기 위해 고개를 든 모습을 영원히 잊을 수 없을 거라고 했지요. 제가 가장 밑바닥에 있을 때도 그 모습은 제게 용기를 주었어요."

고향에 돌아온 피치스는 그녀가 어렸을 적 양부모 밑에서 함께 자랐던 형제를 만났다. 피치스가 고향에 온다는 소식을 듣고 필라델피아에서 감동의 재회를 위해 달려온 것이다. 그와 함께 온 아이들은 피치스를 '이모'라고 부르며 품에 안겼고, 피치스는 진짜 가족을 얻게 된 기쁨에 목이 메어 왔다. "누군가 자신을 진심으로 걱정해 주는 사람이 있다는 사실은 정말 감동적인 일이에요."

그리고 얼마 후 피치스는 마음에 드는 남자를 만났다. "젊고 멋진 신사로 아주 좋은 사람이에요." 그녀가 말했다. 남자는 워싱턴 가스 회사에서 배관 공사를 하거나 가스가 새는 파이프를 수리하는 등의 일을 했다. "결혼할 생각이에요." 그녀가 선언했다. "지금은 같이 살 집을 찾아보고 있죠."

책이 출판된 후, 그녀에게 책을 보내 주기 위해 전화를 걸어 주소를 확인한 적이 있었다. 그녀의 의사를 존중해 본명 대신 "피치스"를 사용했지만 읽어 보면 금방 자기 이야기를 찾을 수 있을 거라고 했는데, 그러자 그녀가 밝은 목소리로 이렇게 말했다. "오, 이제 제 본명을 써도 돼요!" 그녀의 이름은 셀레스틴 트래버스다.

고대인들은 태양이 뜨고 지는 불가해한 현상을 이해하기 위해 신들의 드라마에 의거했다. 그러나 우리는 더 이상 코끼리가 떠받치고 있는 지구를 상상하지 않으며, 태양신이 12시간을 주기로 어둠과 싸움을 벌이면서 패배와 승리를 반복하고 있다고 믿지도 않는다. 이런 설명은 더 이상 우리를 만족시켜 주지 못하며 여흥 이외의 의미를 가지지 못한다. 그러나 고대인을 비웃기 전에 우리 자신 또한 미래의 고대인이라는 사실을 생각해 볼 필요가 있다. 신화는 시공을 초월해 존재해 왔으며, 21세기에도 실제와 논리에 근거하지 않는 "이야기"는 불가해한 세계를 이해하는데 강력한 힘을 발휘하고 있다.

사회학에서는 실제와 논리에 근거하지 않는 이야기를 많은 사람들이 공유하고 있을 때, 그것을 신화myth라고 정의한다. 그리고 신화의 분석을 통해 우리가 사회에 대해 이해하는 많은 것들이 사실은 제한적 지식에 근거해 있고, 특수한 입장을 반영하고 있으며, 종교적 믿음을 통해 정당성을 유지하고 있음을 밝혀냈다. 사회를 잘 알고 있다고 생각했던 것이 사실은 단순하고 알기 쉬운 어떤 이야기에 만족하고 있었을 뿐이며, 나아가 그 이야기가 질서 유지와 관련된 권력과 깊은 관계를 맺고 있다는 사실을 깨닫게 된 것이다.

우리가 빈자를 이해하는 방식 역시 이런 시각에서 되돌아볼 필요가 있다. 자본주의 시스템 속에서 의미를 가지지 못하는 존재인 빈자를 이해하기 위해 우리는 "게으르고 무지하고 향락적인 습성을 가지고 있고, 때로는 훈육과 처벌이 필요하며, 때로는 동정이 필요한 사람들"이라는 설명을 받아들인다. 빈자가 빈자인 이유는 그들이 "베짱이"이기 때문인 것으로 대략적인 이해가 이루어지는 것이다. 쉬플러는 책의 첫 문장을 이렇게 시작한다. "내가 이 책에서 다루고 있는 사람들은 대부분 분노할 여유조차 없는 사람들이다." 베짱이는 스스로에 관해 이야기할 기회도, 능력도, 여유도 없는 것이다. 왜냐하면 그들의 최우선 과제는, 다른 신화에서와 달리, "불가해한 현실의 설명"이 아니라 "생존"이기 때문이다. 이 책은 생존을 위해 모든 에너지를 소비할 수밖에 없는 사람들을 대신해 그들의 진짜 이야기를 들려주고자 한다. 그리고 고대인이 세계를 이해하던 방식으로 그들을 이해하는 것을 그만두라고 말한다.

풀리처상을 받은 쉬플러의 전작과 마찬가지로 그가 가진 저널리스트로서의 재능과 경험이 훌륭하게 녹아들어 있는 이 르포르타주에서 독자들은 그가 묘사하는 "원인과 결과가 복잡하게 뒤엉킨 실타래"가 무엇인지 볼 수 있게 된다. 그리고 "능력과 의지" 사이에서 위선적이 되지 말라고 경고하는 메시지도 읽을 수 있다. 우리는 아직 사람들이 왜 가난해지는가에 대한 명확한 답을 가지고 있지 못하다. 그리고 빈곤을 대하는 정치적 태도 역시 분명하게 정하지 못하고 있다. 이 이야기는 미국의 이야기이지만 그 내용이 의미하는 바는 한국에서도 같은 정도로 유효하다. 신자유주의의 거센 파도 속에 요동치고 있는 한국에도 우리가 보지 못하는 invisible 수많은 워킹 푸어가 존재하고 있으며 사람들의 정치적 태도는 마치 공중곡예를 하듯 급선회를 반복하고 있기 때문이다.

저자가 이 책을 통해 일깨워 주듯이, 문제를 단번에 해결시켜 줄 마법의 만병통치약magic solution은 없다. 베짱이를 모조리 공장에 집어넣어 일개미로 재탄생시키는 식의 취업 정책이 효과를 발휘할 것이라고 기대하는 것은 위선의 발로에 불과하며, 변덕스러운 동정심에 근거한 시혜적 급부 정책이 효과를 발휘할 것이라고 기대하는 것 역시 어리석음과 다른 말이 아니다. 현실에는 기승전결이 없고 이야기 너머에는 실제로 고통을 경험하고 있는 당사자가 존재한다. 문제 해결에 필요한 것은 현실을 있는 그대로 바라볼 수 있는 지혜와 용기, 그리고 노력을 계속하는 데 필요한 의지와 성실함이다. 이 책을 읽는 한국의 독자들에게도 이런 저자의 메시지가 온전하게 전달될 수 있다면, 이 책이 번역된 의미는 모두 달성되었다고 할 수 있을 것이다.

이 책이 한국에서 출판되기까지 많은 분들의 도움이 있었다. 가장 오랜 시간 동안 가장 많은 공을 들였던 역자의 첫 번역작이 긴 표류 끝에 후마니타스에서 출판되는 것을 기쁘게 생각하며, 특히 창비 인문사회출판부의 강영규 편집위원에게 감사를 드린다. 그는 번역된 원고에 대단한 신뢰와 애정을 보여 주었고 사려 깊은 조언을 아끼지 않았다. 그가 보여 준 애정과 도움이 없었다면, 오랜 기간 표류하던 원고는 그대로 묻혀 버렸을지도 모르는 일이다. 후마니타스 편집부에게도 깊은 감사를 드린다. 미숙한 번역이 그나마 글의 형태를 갖추고 멋진 디자인으로 재탄생하게 된 것은 모두 편집부의 공이다. 장문의 원고를 검토해 주고 많은 유용한 조언을 해준 이덴슬리벨의 이재박 사장에게도 감사를 드린다. 후마니타스 스타일로 마감된 완성품은 그에게도 틀림없이 만족스러운 것이 될 것이다. 대학원 수업 게시판을 통해 초고를 공유할 기회를 마련해 주고 유용한 조언을 아끼지 않은 연세대학교 문화인류학과 조한혜정 교수에게도 감사를 드린다. 나에게 있어 그녀와 함께하는 시간은 그 자체로 의미가 된다. 마지막으로 번역 작업 동안 코쿤 생활이 가능하도록 정신적·물질적 버팀목이 되어 준 장명숙 여사에게도 깊은 감사를 드린다.

나일등

미주

서장 : 빈곤의 경계에서

1 자유의 여신상에 새겨져 있는 엠마 래저러스(Emma Lazaus)의 시에서 인용.

2 Richard A. Oppel, Jr., *New York Times*(2000/12/18), p. A19.

3 Albert B. Crenshaw, *Washington Post*(2003/1/23), p. E1.

4 *World in Figures* (London : The Economist Newspaper, 2003), pp. 76, 79.

5 *Webster's New International Dictionary*, 2nd ed., unabridged(Springfield, Mass. : Merriam, 1956), p. 1935.

6 *American Heritage Dictionary of the English Language*, 3rd ed. (Boston : Houghton Mifflin, 1992), p. 1419.

7 *Webster's Ninth New Collegiate Dictionary* (Springfield, Mass. : Merriam, 1983), p. 922.

8 Michael Harrington, *The Other America*(Baltimore : Penguin, 1963), pp. 173-174.

9 국세 조사국은 "세금이 포함된 현금 소득을 집계할 뿐, 자본이득이나 현금화되지 않은 급부(공영주택, 메디케이드, 식품 쿠폰 등)는 포함시키지 않는다." 빈곤의 경계선은 매년 소비자물가지수에 근거해 조정되고 있다. 더 자세한 내용은 http://www.census.gov/hhes/www/poverty/povdef.html를 참조.

10 빈곤 지수의 역사와 관련한 보다 자세한 사항은 Gordon M. Fisher, "The Development of the Orshansky Poverty Thresholds and Their Subsequent History as the Official U.S. Poverty Measure," http://www.census.gov/hhes/www/povmeas/papers/orshansky.html을 참조.

11 Kathleen Short, John Iceland, and Thesia I. Garner, Experimental Poverty Measures, 1998(Washington, D.C. : U.S. Census Bureau). 가장 최근의 자료는 다음의 문서를 참조. www.census.gov/prod/99pubs/p60-205.pdf와 www.census.gov/ prod/ 2001pubs/p60-216.pdf

12 Institute for Research on Poverty, University of Wisconsin, http://www. ssc.wisc.edu/ irp/faqs/faq3.htm

13 *The NewsHour with Jim Lehrer*, Public Broadcasting System(1997/05/17).

14 *Weekend Edition*, National Public Radio(2000/01/16).

1장 돈 그리고 그 반의어

1 Robert Pear, "Aid to Poor Faces Tighter Scrutiny," *New York Times*(2003/02/05), p. A1.

2 어번 인스티튜트(Urban Institute)의 경제학자 로버트 러먼(Robert Lerman)에 따름.

3 시러큐스 대학교 TRAC의 분석에 따름., David Cay Johnston, *New York Times*(2000/04/16), p. A1과 (2001/02/16), p. A1, http://trac.syr.edu/tracirs/findings/national/ratesTab3.html.

4 H&R 블록 본사가 발표한 비율에 따르면, 2001년의 경우 약간 인하되었다. 200~500달러의 경우 29.95달러, 501~1,000달러의 경우 39.95달러, 1,001~1,500의 경우 59.95달러, 1,501~2,000달러의 경우 69.95달러, 2,001~5,000의 경우 86.95달러이다.

5 H&R 블록사의 세금 환부에 관한 대출 및 관련 소송에 관해서는 다음 기사에 더 자세한 내용이 기술되어 있다. David Cay Johnston, New York Times(2000/07/02), Section 3, p. 1. 또한 같은 기자가 쓴 2001/02/28일자 p. C1 실린 글도 참조.

6 Cristopher Bowe, *Financial Times*(2000/02/23), p. 11.

7 Peter T. Kilborn, *New York Times*(1999/06/18), p. A1.

8 Tamar Lewin, *New York Times*(2001/02/13), p. A14.

9 Richard A. Oppel, Jr., *New York Times*(1999/05/26), p. C1.

10 *Consumer Reports*(2001/01), pp. 20-24.

11 Geraldine Fabrikant, *New York Times*(2000/12/03), Section 3, p. 17.

12 Vivienne Hodges and Stuart Margulies, *Stanford 9th Language Arts Coach Grade 4*(New York : Educational Design, 1998).

13 Tom Wolfe, *The Bonfire of the Vanities*(New York : Bantam, 1987), pp. 142-143.

2장 열심히 일해도 소용없다

1 Alan Weil and Kenneth Finegold, *Welfare Reform : The Next Act*(Washinton, D.C. : Urban Institute Press, 2002). Introduction at http://www.urban.org/pubs/welfare_reform/intro.html.

2 Robert Lerman, "Single Parents' Earnings Monitor," Urban Institute(2001/10/26과 2002/12/26), www.urban.org에서 입수 가능.

3 Jack P. Shonkoff, Chapter 37.2, "Mental Retardation," in Richard E. Behrman, Robert M. Kliegman, and Ann M. Arvin, eds., *Nelson Textbook of Pediatrics*, 16th ed. (Philadelphia : Saunders, 2000), pp. 126-129.

4 Barbara Ehrenreich, "Two-Tiered Morality," *New York Times*(2002/06/30), Section 4, p. 15. 그리고 Ehrenreich, *Nickel and Dimed*(New York : Holt, 2001), p. 146.

5 *Now with Bill Moyers*, PBS(2002/11/08).

3장 제3세계를 수입한다

1 노동착취공장 감시단은 다음 단체들로 구성되어 있다. Asian Pacific American Labor Alliance, Asian Pacific American Legal Center, Coalition for Humane Immigrant Rights of Los Angeles(CHIRLA), Korean Immigrant Workers Advocate(KIWA), Thai Community Development Center, Union of Needletrades, Industrial and Textile Employees, Asian Law Caucus, Asian Immigrant Women Advocates, Equal Rights Advocates.

2 Julie A. Su, "El monte Thai Garment Workers : Slave Sweatshops," http://www. sweatshopwatch.org/index.php?s=68.

3 Julie A. Su, "Making the Invisible Visible : The Garment Industry's Dirty Laundry," *The Journal of Gender, Race and Justice*, University of Iowa College of Law, vol. 1, no. 2(1998년 봄).

4 Nancy Cleeland, "Garment Makers' Compliance with Labor Laws Slips in L.A.," *Los Angeles Times*(2000/09/21), p. C1. 2000년도 연방법 위반 총 건수를 보면, 샌프란시스코 의류 회사 전체의 25퍼센트, 뉴욕 의류 회사 전체의 48퍼센트가 위법행위를 저질렀다. Victoria Colliver, "S.F. Clothing Firms Clean Up Their Act," *Los Angeles Times*(2002/05/29), p. B1.

4장 치욕의 수확

1 Mary Jordan and Kevin Sullivan, "With Raised Hopes, Migrants Face Peril on Mexico Border," *Washington Post*(2002/10/30), p. A1.

2 Esbach, Karl, Jacqueline Hagan, and Nestor Rodriguez, "Causes and Trends in Migrant Deaths Along the U.S.-Mexico Border : 1985-98," University of Houston, http://www.uh.edu/cir/death.htm.

3 Farm Subsidy Database, Environmental Working Group, http://www.ewg.org.

4 Margaret Reeves, Kristin Schafer, Kate Hallward, and Anne Katten, "Fields of Poison : California Farmworkers and Pesticides"(San Francisco : Pesticide Action Network North America, United Farm Workers of America, California Rural Legal Assistance Foundation, 1999). 선천성 결손증에 관한 정보는 캘리포니아, 임페리얼 카운티(Imperial County) 참조.

5 Ibid.

6 Anthony DePalma, *New York Times*(2000/10/03), p. C1.

7 Tim Weiner, *New York Times*(2001/05/03), p. A1. 현재, 온라인 송금, 현금카드, 미국인 고용주가 멕시코 국내 계좌로 직접 임금을 지급할 수 있도록 하는 등의 조치를 통해 수수료를 낮추기 위한 네트워크들이 멕시코 정부의 노력에 의해 생겨나고 있다.

8 *New York Times*(2002/01/01), p. C1과 2003/05/27, p. A12.

9 Maria Panaritis and Thomas Ginsberg, *Philadelphia Inquirer*(2002/12/12).

5장 의욕을 꺾어 버리는 직장

1 워싱턴, D.C.의 어번 인스티튜트(Urban Institute)에서 발표된 논문(1999/05/06), Philip Moss and Chris Tilly, "Soft Skills, Race, and Employment : Evidence from Employers." 자동차 부품 제조업체, 보험업체, 소매업 등의 고용주를 대상으로 한 인터뷰 결과에 따르면, 신입 사원에게 요구되는 중요한 자질로서 약 74~100퍼센트가 소프트 스킬을, 22~67퍼센트가 하드 스킬을 들었다.

2 워싱턴, D.C.의 SOME 고용훈련센터의 고용 개발 담당자 패리시 위긴스(Parrish Wiggins)와의 인터뷰(2002/05/20).

6장 아버지의 죄

1 Judith Lewis Herman, *Trauma and Recovery* (New York : Basic Books, 1992), pp. 96, Ⅲ.

2 S. M. Horwitz, L. V. Klerman, H. S. Kuo, and J. F. Jekel, "Intergenerational Transmission of School Age Parenthood," *Family Planning Perspectives* 24(1991) : 168-177.

3 Kevin Fiscella, M. D., M. P. H.; Harriet J. Kitzman, Ph.D.; Robert E. Cole, Ph.D.; Kimberly J. Sidora; and David Olds, Ph.D., "Does Child Abuse Predict Adolescent Pregnancy?" *Pediatrics* 101(1998년 봄) : 620-624.

4 Maya Pines, "A Child's Mind Is Shaped Before Age 2," *Life*(1971/12).

5 Barry Zuckerman and Robert Kahn, "Pathways to Early Child Health and Development," in Sheldon Danziger and Jane Waldfogel, eds., *Securing the Future : Investing in Children from Birth to College* (New York : Russel Sage Foundation, 2000), pp. 92-93.

6 Pines, "A Child's Mind."

7 "Educational Day Care Can Reduce Risk of Mild Retardation," *Growing Child Research Review* 8, no. 10(October 1990, from *American Journal of Public Health* 80, no. 7, p. 844.

8 Alexandra Starr, "Does Universal Preschool Pay?" *Business Week*(2002/04/29), p. 98.

9 Lisbeth B. Schorr, *Within Our Reach*(New York : Anchor/Doubleday, 1988), pp. 163-168.

10 "Parents As Teachers : A Research-Based Program," http://www.patnc.org/researchevaluation.asp.

8장 몸과 마음

1 Economic Research Service, United States Department of Agriculure, *Household Food Security in the United States*, 2002/FANRR-35, http://www.ers.usda.gov.

2 Jack P. Shonkoff and Deborah A, Phillips, eds., *From Neurons to Neighborhoods : The Science of Early Child Development*(Washington, D.C. : National Academy Press, 2000), pp. 204-205.

3 Joycelyn Guyer and Cindy Mann, "Employed but Not Insured : A State-by-State Analysis of the Number of Low-Income Working Parents Who Lack Health Insurance"(Washington, D.C. : Center on Budget and Policy Priorities, 1999). Barry Zuckerman and Robert Kahn, "Pathways to Early Child Health and Development," in Sheldon Danziger and Jane Waldfogel, eds., *Securing the Future : Investing in Children from Birth to College* (New York : Russel Sage Foundation, 2000), p. 96에서 인용.

4 Shonkoff and Phillips, *Neurons*, p. 208.

5 Zuckerman and Kahn, "Pathways," p. 96. Marie C. McCormick, "The Outcomes of Very-Low-Birthweight Infants : Are We Asking the Right Questions?" *Pediatrics* 99 no. 6 : 869-876에서 인용.

6 Shonkoff and Phillips, *Neuronsi*, pp. 207-209.

7 Zuckerman and Kahn, "Pathways," p. 90.

8 Ibid., p. 92.

9 Shonkoff and Phillips, *Neurons*, p. 238.

10 Steven Parker, Steven Greer, and Barry Zuckerman, "Double Jeopardy : The Impact of Poverty on Early Child Development," *The Pediatric Clinics of North America*, 35, no. 6(1988/12) : 1234.

11 Niomi Richman, Jim Stevenson, and Phillip J. Graham, *Preschool to School : A Behavioral Study* (New York : Academic Oress, 1982), Zuckerman and Kahn, "Pathways," p. 98에서 재인용.

12 Ibid., pp. 213-214.

13 Mary Carlson and Felton Earls, "Psychological and Neuroendocrinological Sequelae of

Early Social Deprivation in Institutionalized Children in Romania," *Annals of the New York Academy of Science* 807(1997) : 409-428, Zuckerman and Kahn, "Pathways," p. 91 에서 재인용.

14 Shonkoff and Phillips, *Neurons*, p. 237.

15 Parker et al., "Double Jeopardy," p. 1232.

16 M. Duyme, A.-C. Dumaret, and S. Tomkiewicz, "How Can We Boost IQs of 'Dull Children'? : A Late Adoption Study," *Proceedings of the National Academy of Sciences* 96, no. 15 : 8790-8794, Shonkoff and Phillips, *Neurons*, pp. 286-287에서 재인용.

17 David Brown, *Washington Post*(2002/09/19), p. A3.

9장 꿈

1 Jonathan Kozol, *Savage Inequalities* (New York : HarperCollins, 1992), p. 20-21.

2 Ibid., p. 83.

10장 열심히 일하면 해낼 수 있다

1 Barbara Ehrenreich, *Nickel and Dimed* (New York : Holt, 2001), p. 149.

11장 능력과 의지

1 "Voting and Registration in the Election of November 2000," U.S. Census Bureau, *Current Population Report*, February 2002, Table B, pp. 6-7.

2 *Los Angeles Times*(2003/04/07일자), p. A20. 그리고 *New York Times*(2003/04/07), p. A12. 2002년 현재 전체 수감자의 숫자는 2백만 명을 넘기고 있으나 그 가운데 약 8만 9천 명이 시민권을 갖고 있지 못하다. 그리고 1만 명 이상이 18세 미만이다.

3 David Brooks, "The Triumph of Hope Over Self-Interest," *New York Times*(2003/01/12), Section 4, p. 15.

4 U. S. Department of Labor, http://www.dol.gov/esa/minwage/america.htm.

5 The ARCON Living Wage Resource Center, http://www.livingwagecampaign.org/short wins.php.

6 Robert Pear, "Aid to Poor Faces Tighter Scrutiny," *New York Times*(2003/02/05), p. A1.

7 Bureau of Labor Statistics(2005/01/27).

8 직업훈련 프로그램 및 도제식 훈련 프로그램 등을 실시하는 데 기여했던 1994년의 '학교에서 직장으로' 고용 기회 법률(School-to-Work Opportunities Act)은 주 정부로부터 충분한 자금을 지원받았으나 실질적으로 거의 아무런 성과를 올리지 못한 채 클린턴 정부 때 연장 신청이 각하되었다. Robert I. Lerman, "Promoting Quality Careers with Intensive School-to-Work Activities," paper for the Association for Public Policy and Management, Dalla, Texas(2002/11), p. 7-9 및 저자와의 인터뷰.

9 1999~2000년의 수치. New York State Department of Education, http://www. oms.nysed.gov/faru/Analysis/99-00/Table%209.html.

10 Gary Orfield, Erica Frankenberg, and Chungmei Lee, "A Multiracial Society with Segregated Schools : Are We Losing the Dream?"(Cambridge, Mass. : The Civil Rights Project of Harvard University, 2003/01/16).

11 Jack P. Shonkoff and Deborah A. Phillips, eds., *From Neurons to Neighborhoods : The Science of Early Child Development*(Washington, D.C. : National Academy Press, 2000), p. 211.

12 Lisbeth B. Schorr, *Within Our Reach* (New York : Anchor/Doubleday, 1988) p. 293.

기타